THE NIV APPLICATION COMMENTARY

NIV 적용주석

월터 리펠드 ● 목회서신

솔로몬

NIV 적용주석 시리즈 – 목회서신

2014년 11월 3일 초판 1쇄 인쇄
2014년 11월 7일 초판 1쇄 발행

지은이 | 월터 리펠드
옮긴이 | 이덕신
펴낸이 | 박영호
펴낸곳 | 도서출판 솔로몬

주소 | 서울시 동작구 사당로 155 신주빌딩 B1
전화 | 599-1482
팩스 | 592-2104
직영서점 | 596-5225

등록일 | 1990년 7월 31일
등록번호 | 제 16-24호

ISBN 978-89-8255-527-5 94230
ISBN 978-89-8255-449-0(세트)

THE NIV APPLICATION COMMENTARY

WALTER L. LIEFELD

NIV 1 & 2 TIMOTHY, TITUS

From biblical text... to contemporary life

이 시리즈는 성경의 영원한 메시지를 이 시대에 말하기를 추구하는 목사와 교사들을 위한 필수적인 도구가 될 것을 약속한다.

—빌리 그레이엄

NIV 적용주석 시리즈는 내가 바라는 사역의 열정과 동일한 목표—하나님의 말씀의 온전한 영향을 느낄 수 있도록, 메시지를 현대의 청중들에게 전하는 것—를 공유하고 있다.

—빌 하이벨스, 윌로우 크릭 교회

NIV 적용주석은 '하나님의 말씀을 행하는 자들'을 양육하는 데 헌신하고 있는 목사와 여타 사람들을 위한 탁월한 자료다.

—릭 워렌, 새들백 교회

이 주석 시리즈는 진부하지 않다. 그것은 새로운 시대의 신선함으로, 친구의 포옹처럼 직접적으로 들려지고 전달될 수 있도록, 오래된 강력한 하나님의 말씀을 현재로 가져오는 일을 제대로 해내고 있다.

—유진 피터슨, 리젠트 대학

해석의 실타래에서 제대로 된 적용을 얻기 원한다면, NIV 적용주석은 바로 당신을 위한 것이다! 이 시리즈는 원 의미와 현대적 의미에서 탁월하다. 나는 이 주석을 전적으로 추천한다.

—하워드 핸드릭슨, 달라스 신학교

NIV 적용주석 시리즈는 이전에 학자들이 다루지 않았던 것을 과감하게 다룬다—목사와 교사들이 매일 직면하는 성경적 적용의 실제적 세계로 나아간다. 이것이 바로 좋은 주석 시리즈가 가져야 하는 모든 것이다.

—레잇 앤더슨, 우드데일 교회 목사

이것은 21세기의 설교 주석이다.

–조지 브루샤바르, 베델 대학의 신학교 총장

성경의 세계에서 도시 중심가로 적절히 순회하는 주석이 드디어 나왔다.

–켄트 휴 박사, 일리노이주 휘튼 대학교회 목사

NIV 적용주석은 성경이 무엇을 의미하고, 그것을 어떻게 적용해야 하는지, 또 어떻게 반응해야 하는지를 알기 원하는 독자들에게 크게 봉사한다.

–스튜어트 브리스코, 엘름브룩 교회 목사

NIV 적용주석 시리즈는 하나님의 말씀을 설교하고 가르치는 모든 이들에게 매우 탁월한 도움이 될 것을 약속한다.

–J. I. 패커, 리젠트 대학

NIV 적용주석은 NIV 성경에 기반한 철저하고 권위 있는 주석의 긴급한 필요를 충족시킨다. 이 시리즈를 모든 복음주의 공동체의 도서관과 서재에서 곧 발견하게 될 것이다.

–제임스 케네디 박사, 코랄 리지 장로교회 담임목사

차례

시리즈 서문 ... 9

편집자 서문 ... 15

저자 서문 ... 19

약어표 ... 21

서론 ... 23

목회서신의 개요 ... 45

참고 문헌 ... 49

목회서신 본문 ... 53

시리즈 서문

NIV 적용주석 시리즈는 독특하다. 대부분의 주석들은 우리들이 사는 이 세상에서 성경의 세계로 거슬러 올라가는 여행을 한다. 이 주석들은 우리를 성경의 세계와 분리시키는 시간, 문화, 언어 그리고 지형의 장벽을 넘어설 수 있게 한다. 하지만 그것들은 과거로의 편도 티켓만을 제공할 뿐이고, 돌아오는 여행은 우리들이 알아서 할 수 있다고 가정한다. 이런 주석들이 성경의 각 권이나 구절의 '원 의미'를 설명하지만 '현대적 의미'를 탐구하는 데는 우리에게 거의 아무런 도움을 주지 못한다. 이런 주석들이 제공하는 정보가 가치가 있기는 하지만, 단지 절반의 임무를 다하고 있을 뿐이다.

최근에 몇몇 주석들이 다소 현대적인 적용을 주석의 목표 중 하나로 포함시켰다. 하지만 그 적용이 자주 피상적이며 도덕적인 데서 그치고 있다. 또 다른 주석집들은 주석이라기보다는 인쇄된 설교처럼 들린다.

NIV 적용주석 시리즈의 주된 목표는 고대의 메시지를 현대의 정황으로 가져오는 어려우면서도 중요한 임무를 가지고서 여러분을 돕는 것이다. 이 시리즈가 완성된 하나의 책으로서 적용에 초점을 맞추지만 저자들은 성경 구절의 원 의미에서 현대적 의미로 나아가는 '과정'을 통해서 독자들이 스스로 생각할 수 있도록 돕는다. 본 시리즈는 주석서이지 대중적인 강해서는 아니다. 이것은 참고서적이지 경건 서적은 아니다.

본 주석은 '원 의미', '상황잇기' 그리고 '현대적 의미'라는 세 항목으로 시리즈의 목표를 이룰 수 있도록 구성되었다.

원 의미

이 항목은 원래의 배경에서 성경의 의미를 이해하도록 돕는다. 여기서는 간결한 형태로 전통적인 주해의 모든 요소들을 논한다. 성경 본문의 역사적, 문학적, 문화적 배경들이 여기에 포함된다. 주석 시리즈의 저자들은 문법과 구문론 그리고 성경 단어들의 의미와 관련한 문제들을 논한다. 시리즈 저자들은 성경구절들의 주요한 개념들을 탐구하고, 성경의 저자들이 이 개념을 어떻게 발전시키는가를 연구한다.

이 항목을 읽고 나면 '원 청중'이 갖고 있었던 문제와 의문, 그리고 관심을 이해하게 되고, 성경의 저자들이 어떻게 이런 이슈들에 대처했는지를 알게 될 것이다. 이런 이해가 오늘날 성경 본문의 합법적인 적용을 행할 수 있는 기초를 제공해준다.

상황잇기

이 항목은 성경의 세계와 오늘날의 세계를 잇는 다리를 놓는다. 즉 성경 본문의 시간적인 측면과 초시간적 측면에 초점을 맞춤으로써 원래의 배경과 현대의 배경을 서로 연결시켜 준다.

하나님의 말씀은 시간적이다. 성경의 저자들은 구체적인 상황과 문제 그리고 질문들에 대해 이야기하였다. 여호수아의 저자는 진노하시는 전사이신 하나님의 손에 난공불락의 도성으로 보였던 여리고의 함락을 이야기함으로써 원 독자들의 용기를 북돋아 주었다(수 6장). 바울은 할례의 결과에 대해서 그리고 율법으로 의롭다함을 얻으려는 위험성을 갈라디아인들에게 경고하였다(갈 5:2-5). 히브리서의 저자는 그리스도가 모세, 아론계열의 제사장들, 그리고 구약성경의 희생제사보다도 우월하시다는 것을 독자들에게 확증하려고 애썼다. 요한은 초기 영지주의의 형태를 가르쳤던 자들의 "영을 시험해 볼" 것을 독자들에게 촉구했다(요일 4:1-6). 이와 같은 경우에 성경의 시간적인 본질이 추상적이 아니라 '구체적'인 상황에서 우리로 하여금 하나님의 말씀을 들을 수 있게 해준다.

하지만 성경의 시간적인 본질은 몇 가지 문제를 낳을 수 있다. 지금 우리의 상황과 난제와 의문들이 성경의 사람들이 직면했던 것들과 항상 직접적으로 연관이 있을 수는 없다. 따라서 성경 시대의 사람들에게 주어진 하나님의 말씀이 항상 우리와 연관이 있어 보이지는 않는다. 예를 들어, 할례가 칭의의 필수적인 요소라고 주장하면서 지금 당신보고 할례를 받으라고 언제 누가 그렇게 주장하였던가? 그리스도가 아론계열의 제사장보다 우월하다는 것에 오늘날 얼마나 많은 사람들이 관심을 쏟고 있는가? 초기 영지주의를 드러내도록 의도된 "실험"이 현대 문화에서 얼마나 가치가 있겠는가?

다행히도 성경은 시간적일 뿐만 아니라 '초시간적'이다. 하나님이 원 청중들에게 말씀하셨던 것처럼 성경 말씀을 통해서 지금 우리에게도 여전히 말씀하신다.

우리는 성경의 사람들과 공통된 인간성을 공유하고 있기 때문에 성경 시대의 사람들이 직면했던 문제들과 하나님이 그들에게 주셨던 해결책 속에서 '보편적인 특징'을 발견한다. 성경의 초시간적인 본질이 모든 문화의 모든 시간에 능력으로 말씀한다.

성경이 시간적이면서도 초시간적인 측면을 갖고 있음을 인식하지 못하는 사람들은 여러 가지 문제에 직면할 수 있다. 예를 들어, 히브리서와 갈라디아서 또는 신명기와 같은 시간적인 성경책으로 인해 지루함을 느낀 사람들은 오늘날 그런 책들이 의미 없어 보이기 때문에 다시는 그것을 읽지 않으려고 할 수 있다. 한편으로 성경의 초시간적인 본질을 확신하고 있지만 시간적인 요소를 분별하지 못하는 사람들은 멜기세덱의 반차를 좇은 제사장에 대해서 "열변을 토하지만" 청중들은 잠을 자고 있고, 설상가상으로 구약성경의 거룩한 전쟁을 오늘날의 하나님의 대적자들에게 물리적인 방식으로 적용하려고 시도할 것이다.

따라서 이 항목의 목적은 성경의 시간적인 본문에서 무엇이 초시간적인지(또는 무엇이 초시간적이 아닌지)를 여러분들이 식별하도록 돕는데 있다. 예를 들어, 구약의 거룩한 전쟁(성전, 聖戰)은 신약의 영적인 전쟁과 어떻게 관련이 있는가? 바울의 주요한 관심이 (그가 갈 5:6에서 말하고 있는 것처럼) 할례가 아니라면, 그는 무엇에 관심이 있는가? 아론계의 제자장직이나 멜기세덱에 대한 논의가 오늘날 우리와 관련이 없어 보인다면, 오늘날 이 구절에 담겨진 가치는 무엇인가? 1세기의 특정 이단을 분별하기 위해 맞추어진 실험으로 오늘날의 "영을 검증"하려면, 어떤 성경적 검증이 더 적합할 것인가?

하지만 이 항목은 성경 본문에서 어떤 것이 초시간적인지를 밝힐 뿐 아니라 초시간적인 것을 발견하는 방법을 알 수 있도록 돕는다. 주석 시리즈의 저자들은 본문에 함축되어 있는 것들을 명시적으로 밝힌다. 그들은 통상적으로 직관적인 과정을 취하여 논리적이고 정리된 방식으로 그것을 설명한다. 할례가 바울의 주요한 관심사가 아님을 우리는 어떻게 알 수 있는가? 성경 원문이나 배경의 어떤 단서가 바울의 진정한 관심이 더 깊은 차원에 속한 것임을 깨닫게 하는가?

물론 우리들과 원 독자들간의 역사적인 거리가 상당히 있는 구절들은 더 많은 취급을 요할 것이다. 하지만 역사적인 거리가 그리 길지 않거나 겉으로 보기에 거의 존재하지 않는 구절들은 덜 주의를 기울여도 될 것이다.

마지막으로 덧붙여 말하고 싶은 것은 이 항목이 성경 본문의 '현대적 의미'를 논의하기 위한 방식을 준비하고 있기 때문에 이 항목과 뒤이어지는 '현대적 의미'

항목간에는 분명한 단절이나 예리한 구분은 주어지지 않는다. 하지만 두 항목들을 종합해서 읽을 때, 여러분들은 성경의 세계에서 오늘의 세계로 이동하는 강력한 감정을 체험하게 될 것이다.

현대적 의미

이 항목은 성경이 처음 작성되었을 때에 그러했던 것처럼 오늘날에도 성경의 메시지가 권능으로 역사하도록 만들어 준다. 당신이 예루살렘, 에베소, 또는 고린도에 대해 배운 것을 시카고, 로스앤젤레스, 또는 런던에서 오늘날 필요한 것들에 어떻게 적용할 수 있는가? 본래 헬라어, 히브리어, 아람어로 전해진 메시지를 우리 자신의 언어로 어떻게 명료하게 전달할 수 있는가? 본래 다른 시대와 문화에 전해진 영원한 진리를 취하여, 유사하지만 다른 필요를 갖고 있는 문화의 사람들에게 어떻게 적용할 수 있는가?

이런 목표를 이루기 위해서 이 항목은 몇 가지 핵심적인 영역에서 도움을 준다.

(1) 이 항목은 원 청중들이 직면했던 상황과 문제 또는 의문들에 상응하는 현대적인 문제들을 식별하도록 돕는다. 현대의 상황이 원 청중들이 직면했던 상황과 좀처럼 일치하지 않기 때문에, 당신의 적용이 연관성이 있으려면 유추적인 상황들을 찾아야 한다.

(2) 이 항목은 성경 본문을 오늘날 적용할 수 있는 다양한 배경들을 탐구한다. 개인적인 적용을 살피기도 하지만, 개인적인 관심을 넘어서서 대체로 사회와 문화에 대해 생각하도록 고무시킨다.

(3) 이 항목은 성경본문을 적용하는 데서 발생할 수 있는 문제나 난관들을 환기시킨다. 그리고 어떤 본문이 적용할 수 있는 다양한 합리적 방식들이 있다면 (즉, 기독교인들이 서로 일치하지 않는 영역이 있다면), 본 시리즈의 저자들은 독자들이 이런 다양한 견해들에 관심을 갖고, 스스로 이런 이슈들에 참여하도록 돕는다.

이런 목표를 추구하는 본 시리즈의 기고자들은 두 가지 극단을 피하였다. 하나는 이 주석이 얼마 지나지 않아 구식이 되지 않도록 너무 구체적인 적용을 피하는 것이고, 다른 하나는 현대인의 삶과 문화와 연관짓지 못하는 아주 일반적인 방식으로 성경 본문의 의미를 논하는 것을 삼가는 것이다.

무엇보다도 본 주석 시리즈의 기고자들은 이 주석이 도덕책이나 설교집이 되지 않도록 상당한 노력을 기울였다. NIV 적용 주석 시리즈는 바로 써먹을 수 있는 설교 자료집을 제공하려 했다기보다는 당신이 하나님의 말씀을 능력으로 전달할 수 있도록 돕는 도구, 개념, 그리고 통찰을 제공하려 했다. 당신으로 하여금 이 목표를 이룰 수만 있게 한다면, 우리는 이 시리즈의 목적을 이룬 셈이다.

편집자 서문

우리는 우리의 문화를 특징짓고 교회에 도전하는 다수의 비기독교적 교훈과 철학을 어떻게 다루어야 하는가? 사도 바울은 동일한 도전에 직면했으며 목회서신에서 그 대답을 제공한다.

바울은 물론 다음과 같이 분명한 것을 진술함으로 시작한다. 그것들에 대적하도록 가르치라. 그러나 그는 훨씬 더 이상의 것을 행한다. 월터 리펠드가 다음 주석에서 설명하는 대로, 사도는 어떻게 그것들에 대적하여 가르칠지를 권고한다. 바울은 디모데와 디도에게 거짓된 교훈에 맞서는 방법과 태도에 대한 조언과 권고를 제공하며, 무엇을 하지 말아야 할지와 무엇을 해야 할지 양자 모두에 대해 이야기한다.

(1) 무엇을 하지 말아야 할지에 대해, 바울은 비기독교적 교훈을 다루는 데 있어서의 커다란 위험에 대해 경고한다. 그 위험은 처음 보기에 다음과 같이 단순한 것으로 보일 것 같다. 시간 낭비. 곧 바울은 불경건한 잡담을 피하며 예수 그리스도의 복음과 같은 참으로 중요한 일에 집중하라고 말한다. 일차적으로 이 조언은 상당히 합당하다. 그러나 바울 자신이 목회서신 및 다른 서신에서 거짓된 교훈의 위험을 경고하는 데 상당한 시간을 들이므로, 아마도 여기에는 단순한 시간관리 세미나가 교정할 수 있는 것 이상의 것이 있을 것이다.

정확히 "불경건한 잡담"은 무엇인가? 그것은 "실제적 의미를 결여하고 있는" "세속적이며 불경한" 대화이다. 바울에게 "실제적 의미"란 우주에서 가장 실제적인 것, 곧 하나님과 관련된 것이다. 불경건한 잡답은 내용이나 목적 양자 모두에 있어 예수 그리스도의 복음의 증진에 대해 말하지 않는 대화이다. 다른 말로, 바울이 권고하고 있는 것은 우리의 대화가 최상의 어의(語義) 그대로 "당파적"(partisan)이 되라는 것, 곧 거짓된 교훈에 대한 단순한 비평, 아무 귀결점 없는 비평에 시간을 결코 낭비하지 말라는 것이다. 정반대로 바울은 우리가 항상 복음에 근거하여 이야기할 것을 원한다.

(2) 이 당파심이 옹졸하고, 승리주의적이며, 자기중심적이 되는 것을 막아 주는 것은 무엇인가? 바로 여기가 무엇을 해야 할지에 대한 바울의 권고가 개입되는 지점이다. (시간을 낭비하는 방식이 아니라 복음을 증진시키는 방식으로) 거짓된 교훈에 대해 이야기할 때, 우리는 정말로 신사적이어야 한다. 여러분은 아마도 우리가 사랑의 법, 곧 명료하며, 자비롭고, 긍정적이어야 함을 뜻하는 법을 좇아야 한다고 말할 수 있을 것이다.

ⓐ 명료성이 바울에게 중요한 것은 메시지의 중대성 때문이다. 다른 곳에서 그는 좋은 음악이란 독특하게 소리 내지는 음표로 이루어진다고 말하는데, 왜냐하면 나팔이 분명한 소리를 내지 않으면, 아무도 전투를 준비하지 않을 것이기 때문이다(고전 14:8). 이것은 신학적 버전의 스트렁크(Strunk)와 화이트(White)의 명료하고 단순한 글쓰기의 요청이다. 하지만 바울에게 그것은 (비록 중요한 부분의 하나이지만) 단순히 명료한 의사소통의 문제만이 아니라, 다음과 같이 성육신의 본질에 대한 실제적 반성이다. 하나님은 단지 예수 그리스도 안에서 인간의 육신을 입으신 것만이 아니라, 자신을 인간에게 나타내시는 데 있어 효과적일 바로 그 방식으로 그렇게 하셨다. 아무런 은밀한 영지주의적 교리도 여기에 존재하지 않는다!

ⓑ 자비가 또한 중요하다. 바울에게 이것은 거짓 교훈 앞에서의 유약하고 형식적인 온순함이 아니다. 자비는 헌신적인 은혜로움이다. 명료성과 마찬가지로, 바울은 자비를 신학적 범주, 곧 이 경우 모든 죄인에 대한 하나님의 은혜에 대한 인간의 반향과 불완전한 모방으로 여긴다. 어떻게 우리는 거짓 교훈으로 우리의 신앙을 위협하는 자들에게 자비를 나타낼 수 있는가? 단지 하나님이 우리에게 쏟아부어주시는 자비를 다시 나누는 방식을 통해서만 그러할 것이다. 우리는 이러한 종류의 은혜로움을 우리 자신 안에서 찾을 수 없다.

ⓒ 이것은 바울의 세 번째 방법론적 원리, 곧 낙관주의로 이어진다. 바울이 말하길, 거짓 교훈에 맞서 싸우는 일에 있어 효력이 있는 것은 분노의 맹비난이나 비관주의적인 절망이 아니다. 오히려 효력이 있는 것은 우리가 행하는 모든 일의 앞과 중심에 있는 "우리 안에 있는 소망"을 지키는 일이다. 우리는 항상 스스로 낙관적이며 소망스러운 것으로 느낄 수는 없기 때문에, 이것은 때때로 신중함이 거짓 교훈과 맞서는 데 있어 보다 나은 담대함의 요소임을 의미할 수도 있다. 우리는 단지 거짓 교사에 대해 인내해야 할 뿐만 아니라, 우리 자신에 대해서도 인내해야 한다.

목회서신은 적절하게 명명된 것이다. 곧 그 서신들은 복음의 급진적인 요구와 자주 상치되는 세상에서 어떻게 그리스도인으로서의 우리의 소명을 실행에 옮길지에 대한 유익하고 건전하며 실제적인 권고를 제공한다는 의미에서 목회적이다. 사랑의 법으로 살라고 바울은 말한다. 명료하고 자비로우며 낙관적이 되어라. 그러면 거짓 교훈은 예수 그리스도의 좋은 소식의 영원한 진리에 비해 별것 아닌 것으로 보일 것이다.

테리 머크(Terry C. Muck)

저자 서문

목회서신은 다년간 필자에게 위로와 교훈을 주었는데 이 주석을 집필하는 기간에 가장 크게 그러했다. 빈번한 주제 반복과 교리, 교훈과 개인적 회상의 뒤얽힘을 포함하는 복잡성이 저작 연대와 저작권 문제에 더해진다. 그러나 아마도 바로 이러한 특징들 때문에 필자는 목회서신에 가장 많은 관심을 가지게 되었을 것이다. 신학 교육(트리니티 복음주의 신학교에서 신약을 가르침)과 사역(IVF, 설교, 목회) 양자에서 평생을 보내며, 필자는 이 서신이 좌절감을 가져다주는 것이 아니라 삶 가운데 실제적이라는 것을 발견해왔다. 목회에서 사람을 비롯한 여타의 문제들이 거듭 재등장하고 영향을 발휘한다. 주님의 교훈이 우리가 본질에 초점을 유지하도록 하기 위해 거듭거듭 들려질 필요가 있다. 가르침 가운데, 교리가 명확히 설명되며 재강조될 필요가 있고, 오류가 거듭하여 분별되고 다뤄질 필요가 있다. 모든 상황에서 유혹들은 새로운 방식과 오래된 방식을 동시에 취한다.

이 이중적 관점에서, 필자는 실제적인 면을 생각하지 않고 주해하거나, 본문에 통제될 필요를 의식함 없이 상황잇기와 현대적 의미를 다룰 수 없었다. 어떤 면에서 필자는 주해가 더 많은 노고를 요구하지만 "실제적" 부분들이 더 많은 도전을 준다는 것을 발견했다. 필자는 설교 예화를 미리 계획하는 일이 항상 어려웠는데, 마치 설교를 할 때에야 비로소 떠오르도록 예정된 것 같다! 아마도 여기에도 그런 면이 있는 듯 하며, 만일 필자가 간혹 어떤 주제의 출처를 대지 못한다면, 십중팔구 그 사례가 필자 자신의 관찰과 경험에서 나오기 때문일 것이다.

따라서 이 서신들의 개인적 성격은 필자의 주석과 그 준비의 개인적 성격과 병행되는 것이다. 이것은 불가피하게 다수의 사람들이 그것에 참여했는데, 단지 연구, 저술과 편집상의 안내만이 아닌, 인생에 있어서도 그러했음을 의미한다. 거의 30년 동안 하늘에 계신 필자의 아버지는 선교사가 되길 원하셨지만, 그것이 가능하지 않았을 때, 성경 연구와 교수, 전도와 상담에 전념하는 의사가 되셨다. 그분은 이 목회서신에 명령된 교리와 생활의 결합의 본보기이셨다. 어린 시절 어머니의 영향과 아내 올리브의 끊임없는 격려는 결코 글로 적절히 표현될 수 없을 것이다. 그 외에 올리브는 주석을 크게 개선한 고된 타자일과 면밀한 질문들을 제공했다. 성년이 된 자녀 데이비드와 비벌리(Beverly)와 홀리(Holly)와 그들의 가족들의 계속적인 격려와 도전 전부가 일조를 했다.

만약 필자가 확대된 서문을 쓴다면, 모든 학생, 특히 목회서신 수업에서의 모든 학생과 섬기던 교회들에서 필자를 격려한 모든 사람의 이름을 포함시킬 것이다. 후자의 사람들 가운데, 래리 스미스(Larry Smith)는 일리노이 주 레익 포레스트(Lake Forest)의 그리스도 교회(Christ Church)의 다수의 소중한 교우들 중의 한 명이었는데, 그는 그들의 목회자인 필자에게 난해한 인생의 문제들을 질문했다. 그는 원고를 철저히 조사하고 필자를 그와 같은 사업가들이 추구하는 방식의 더 어려운 질문과 더 실제적 답으로 점차 몰고 갔다. 또한 트리니티에서의 과 동료들, 특히 이전의 학장(academic dean)이었던 케네스 칸처(Kenneth S. Kantzer)에게 감사를 표하길 원하는데, 그는 자신의 시간을 헌신함으로 우리가 가르침과 저술에 시간을 내며 또한 학생과 가족과 교회를 위한 시간을 가질 수 있도록 해주었다.

이 주석을 쓰는 기쁨 중의 하나는 이전의 학생이었던 스캇 맥나이트(Scott McKnignt)의 유용한 편집상의 조언을 받는 것이었다. 필자의 원고에 대한 주의 깊은 관심으로 인해 그에 대한 필자의 감사는 훨씬 더 확대되었다. 또한 메리앤 메예 톰슨(Marianne Meye Thompson)과 이전의 학생이었던 존경하는 클라인 스노드글래스(Klyne Snodgrass)의 초기의 편집상의 제안들에 빚을 졌다. 테리 머크(Terry Muck)의 원고에 대한 서면상의 논평은 기쁨이라는 주제에 대한 친구간의 대화와 같았다. 이 주석 책에 대해 나누었던 잭 쿠하체크(Jack Kuhatschek)과의 첫 번째 대화를 회상한다. 그때 이후의 긴 시간 동안의 그의 인내와 격려는 수차례의 개인적인 지연을 헤쳐 나가도록 도왔다. 또한 어떤 저자든 존더반의 편집인인 벌린 버브루기(Verlyn Verbrugge)의 능숙한 손에 원고를 맡기는 일은 복된 것이다.

약어표

BAGD	W. Bauer, W. F. Arndt, F. W. Gingrich and F. W. Danker, eds. *A Greek-English Lexicon of the New Testament and Other Early Literature.* Chicago: Chicago Univ. Press, 1979.
DPL	*Dictionary of Paul and His Letters.* Gerald F. Hawthorne, Ralph P. Martin and Daniel G. Reid, eds. Downers Grove, Ill.: InterVarsity, 1993.
EDNT	*Exegetical Dictionary of the New Testament.* Horst Balz and Gerhard Schneider, eds. 3 volumers. Grand Rapids: Eerdmans, 1990-1993.
EDT	*Evangelical Dictionary of Theology.* Walter A. Elvell, ed. Grand Rapids: Baker, 1984.
EEC	*Encyclopedia of Early Christianity.* Everette Ferguson, ed. New York: Garland, 1990.
EvQ	*Evangelical Quarterly*
ICC	International Critical Commentary
ISBE	*International Standard Bible Encyclopedia*
JBL	*Journal of Biblical Literature*
JETS	*Journal of the Evangelical Theological Society*
JSNT	*Journal for the Study of the New Testament*
JSNTSup	Journal for the Study of the New Testament Supplement Series
JTS	*Journal of Theological Studies*
KJV	King James Version
LSJ	Henry G. Liddell and Robert Scott. *A Greek-English Lexicon.* Rev. ed. by Henry Stuart Jones. Oxford: Clarendon, 1968.
LXX	Septuagint

NASB	New American Standrard Bible
NIDNTT	*New International Dictionary of the New Testament Theology.* Colin Brown, ed. 4 volumes. Grand Rapids: Zondervan, 1975-1986.
NIV	New International Version
NKJV	New King James Version
NLT	New Living Translation
NRSV	New Revised Standard Version
NTS	*New Testament Studies*
REB	Revised English Bible
RestQ	*Restoration Quarterly*
SBL	Society of Biblical Literature
SBLDS	Society of Biblical Literature Dessertation Series
TDNT	*theological Dictionary of the New Testament.* G. Kittel, G. Friedrich, eds., trans. G. W. Bromiley. 9 volumes. Grand Rapids: Eerdmans, 1964-1974.
TynB	*Tyndale Bulletin*
UBS	United Bible Societies

서론

이 시리즈의 대부분의 다른 주석은 서론에서 현대적 의미에 대한 별개의 란을 마련한다. 현재의 서론은 자료와 의미를 결합함으로 일반적 방식에서 다소간 벗어난다. 이 서신들의 성격에 관한 관찰을 한 이후에, 우리는 원수신자와 현대의 독자 양자 모두의 이중적 관점에서 저작권, 배경, 교리와 같은 전통적 문제들을 다룰 것이다. 따라서 단지 저작권과 같은 개별적 주제를 따로 찾아보기 보다는 그 전체로서 본 서론을 읽는 것이 유용할 것이다. 예컨대, 수신자에 대한 부분은 저작권이라는 골치 아픈 문제에 대한 유익한 접근법을 제공하도록 의도되는데, 이는 다시 이 서신들에서 진실성에 대한 강한 강조와 관련된다.

목회서신의 성격

우리가 아는 한, 버도트(D. N. Berdot)가 1703년에 자신의 저술 속에서 그 서신들 일체를 묘사하기 위해 목회적이라는 용어를 사용한 첫 사람이었다. 반세기 후에, 안톤(P. Anton)은 이 서신들에 대한 주석에서 그 용어를 사용했다.[1]

그러한 묘사에 대한 이유는 다음과 같이 분명하다. 그것들은 특정한 필요를 지닌 교회를 목양하도록 파송된 개인들에게 수신된다. 이것은 특별히 디모데전서와 디도서에 대해 사실인데, 디모데후서는 교회적이기 보다 개인적이다.

그러나 목회적이라는 용어가 이 서신들에 적합한가? "사자" 혹은 "사도의 대리인"으로 묘사될 수 있을 디모데와 디도에게 주어진 책무는 사도의 권위를 요하는 문제들을 다루는 것이었다. 주어진 목양의 성격은 일상적인 신도의 돌봄 보다 거짓 교훈과 맞서 싸우는 일과 더 관계된다. 그것들의 목적은 장기적으로 신도들 가

---

1. Knight, The *Pastoral Epistles*, 3에서 버도트(Berdot)와 함께 인용된 *Exegetische Abhandlung der Pastoralbriefe S. Pauli*(Halle, 1753-55).

운데서 스스로 목회자로 사역하는 일 보다는 교회들 안에 안정된 지도력을 세우는 일이었다. 하지만 목회적인 관심과 은사와 개인적 자질이 그 두 사도의 대리인과 그들이 그 교회들 안에서 확립하려고 했던 장로들 양편 모두에게 이 위기 기간 동안 요구되었다. 바울은 이전에 에베소 장로들에게 "하나님의 교회의 목자"가 되라고 권고했었다(행 20:28). 그런 목회적 자질들이 오늘에 요구되며, 목회적이라는 용어는, 비록 완전히 적합한 것은 아니지만, 가치를 지닌다. 그렇다면 디모데와 디도의 바울과의 관계는 무엇이었는가? 무엇이 그들의 임무였는가?

디모데와 디도의 저자와의 관계

저자는 디모데를 자신의 "믿음 안에서 참 아들"(딤전 1:2)과 "내 사랑하는 아들"(딤후 1:2)이라고 부르며, 디도를 "같은 믿음을 따라 나의 참 아들"(딛 1:4)이라고 부른다. 이 사람들과 바울의 상호적인 경험에 대한 그런 표지들에도 불구하고, 많은 학자는 이 친밀한 관계의 표현은 가상의 수신자에 대한 익명의 서신에서의 구성요소라고 주장한다. 하지만 그 서신들의 여타의 그것들에 대한 언급들을 함께 고려하면, 독자는 실제적이며 친밀한 관계를 자연스럽게 추정하게 된다. 더욱이 바울의 보다 초기의 서신들에서 이 두 사람의 바울과의 관계에 대한 언급들과 (디모데의 경우에 있어) 사도행전에서의 언급들은 그 문헌을 이해하는 데 중요하다.

디모데는 바울의 1차 선교 여행시 바울의 말씀을 들었을 수 있으며, 아마도 그 때 회심했을 것이다. 디모데에 대한 첫 구체적인 언급은 사도행전 16:1-5에 있는데, 거기서 그는 바울의 2차 선교 여행에 참여한다. 청년 디모데는 바울의 신임을 얻었으며, 가끔 디모데가 개별적인 임무로 파송되는 동안(살전 3:1-6), 두 사람은 자주 긴밀하게 동역했다(참조. 행 18:5; 19:22; 또한 고후 1:1; 빌 1:1; 골 1:1; 살전 1:1; 살후 1:1에서의 디모데에 대한 공저자로의 지칭). 바울 서신에는 디모데의 바울과의 동역에 대한 더 많은 증거가 존재한다(고전 4:17; 16:10-11; 또한 바울이 그를 "나의 동역자"라고 부르는 롬 16:21). 물론 목회서신들 안에서 바울은 디모데에 대해 따스하게 이야기하는데, 주석 과정에서 이 사례들을 관찰할 것이다.

디도는 바울의 문제 해결사였던 것 같다. 신약성경에 기록되지 않은 추가적 서신의 가능성을 포함하는 바울과 고린도인들 간의 서신과 일련의 방문은 추적하기가 어렵다. 하지만 디도가 고린도에서 바울을 대신하여 중요한 역할을 한 것은 분명하다. 그의 이름이 고린도후서 2:12-13과 7:5-7, 13-15 뿐만 아니라 민감한 헌금의 문제에 관한 몇몇 구절(8:5-6, 16-19)에 나온다. 바울은 12:14-18에서 디도의 노고를 칭찬했다. 또한 디도는 갈라디아서 2:1-5에 기술된 중대한 방문시 예루살렘에 바울과 함께 갔다. 디도서에서 분명한 것은 바울이 그레데에 그를 남겨줄 때 여전히 또 하나의 난해한 임무가 주어졌었다는 사실이다. 목회서신에 기술된 기간 중에 바울은 디도에게 니고볼리에 있는 자신을 방문하라고 요청했다(딛 3:12). 마지막으로 필시 목회서신 중 마지막에 기록된 것의 말미에, 디도는 아마도 바울에게 또 하나의 임무를 받고 달마시아로 가는 중이었다(딤후 4:10).

선행하는 개요는 우리에게 특별히 두 가지를 보여준다. (1) 디모데와 디도에 대한 개인적인 언급들을 목회서신의 나머지 부분에서 분리하며 목회서신을 그 두 사람과 바울 간의 계속적인 "실시간적" 관계라고 부를 수 있는 것에서 분리하기는 어렵다. 이 관찰은 그 자체로 그 서신들이 사도바울 자신에 의해 기록되었거나 거명된 수신자들에게 실제로 보내진 것에 대한 증거가 되지 않는다. 그것이 가리키는 것은 만약 역사적 바울과 역사적 디모데와 바울이 저자와 수신자가 아니라면, 우리는 단지 역사에게 허구로 이탈할 뿐만 아니라, 본문의 자연스럽고, 적절한 이해에서 이탈한다는 점이다.

(2) 여기서 역사적 실재성을 전제하며, 우리는 에베소와 그레데의 난해한 문제와 적대적인 사람들을 다루기 위해 바울은 아마도 그 교회들의 지도자 보다 나이와 사회적 지위와 신분이 낮았지만 경험이 있고, 가까운 동료인 두 사람을 선택했음을 알게 된다. 이것은 바울이 지도자를 뽑는 원리의 일면을 가리킨다.

디모데와 디도가 직면한 상황은 아마도 처음 보기보다 심각했다. 거짓 교훈이 이미 에베소에서 공격적으로 진전되고 있었다. "거짓 교훈(개역개정-'다른 교훈')을 가르치다"라는 복합 동사에서 현재 시제의 사용(딤전 1:3)은 이 행위가 이미 진행 중이었으며 단지 미래에 닥쳐올 재난의 징조가 아니었음을 지시한다. 1:4에서 "신화와 끝없는 족보"에 대한 언급은 복잡하고 밀교적인 이단을 암시한다.

거짓 교훈의 본질은 주석 자체에서 다뤄질 것이지만, 여기서 우리는 그것이 유대주의적 요소들의 부적절한 적용을 포함했음을 관찰한다(1:7-11의 "율법"에 대한 언급을 참조하라). 거명되는 두 이단자(그 증거로 보건대 이단자라는 용어는 과도하게 강한 표현이 아닌 것 같다)인 후메내오와 알렉산더의 가르침은 신성모독을 포함했거나 혹은 신성모독적 방식으로 말해졌는데(1:20), 이것은 그들을 사탄에게 내어주는 일을 요구했다. "후일에 어떤 사람들이 믿음에서 떠나 미혹하는 영과 귀신의 가르침을 따르리라"는 말씀은 거짓 교훈이 단순히 인간의 사변이 아니라, 귀신의 거짓말이었음을 보여준다(4:1). 그 교사들 자신이 단지 오도된 것이 아니라 "외식함으로 거짓말하는 자"였다(4:2). 또한 거짓 교훈에는 다음과 같이 금욕적인 차원이 있었다. "혼인을 금하고 어떤 음식물은 먹지 말라고 할 터이나"(4:3). 귀신의 가르침과 거짓말에 대해 읽은 후에, 우리는 "불경건한 신화와 수다쟁이 노파의 이야기"(개역개정–'망령되고 허탄한 신화', 4:7)는 상대적으로 심각하지 않은 것으로 생각할지도 모른다. 하지만 "경건"과 대비된다는 사실은 그것들이 방심할 수 없는 것이었음을 보여준다. 6:3-10에서의 거짓 교훈에 대한 추가적 언급은 돈에 대한 탐욕 역시 한 요소였음을 보여준다(6:6-10).

디모데후서의 시기 즈음에 거짓 교사들의 활동이 쇠퇴한 것 같이 보일지 모른다. 하지만 디모데후서 2:17-18은 최소한 거짓 교훈의 중요한 한 가지 측면에 대한 중대한 단서를 제공한다. 후메내오와 알렉산더는 "진리에 관하여 그릇되었는데" 곧 그들은 "부활이 이미 지나갔다"고 말했다. 이것은 처음에 심각하게 보이지 않을 수 있지만, 바울은 이것을 가르침에 의해 "어떤 사람들의 믿음을 무너뜨리느니라"라고 말한다. 이 가르침은 종종 과도하게 실현된 종말론(over-realized eschatology)이라고 명명된다. 율법과 유대교의 가르침에 관심을 가진 자들로서, 이 거짓 교사들은 십중팔구 현 시대와 도래할 시대의 두 시대 개념에 익숙했을 것이다. 또한 그들은 그 도래할 왕국의 개시에 대한 예수의 가르침에 대해 알았다. 아마도 그들은 여전히 미래의 사건들에 관한 예수와 바울의 종말론적 가르침을 무시하거나 반박했을 것이다.

다수의 학자가 다음과 같이 고린도 교회의 어떤 사람들이 동일하지는 않지만 유사한 교훈을 가르쳤었다고 결론을 짓는다. 기독교인들이 미래의 시대의 상당히 많은 실제를 이미 경험하고 있었으므로 그들 주변의 생활의 요청의 어떤 것을 무시하며, 따라서 우월한 영성에 자만했을 수 있다. 고린도인들의 이 과도하게 실현된 종말론은 금욕주의와 영적 교만으로 표현되었다. 그러나 에베소의 이단자들의 오류는 다소간 달랐던 것 같다. 고린도의 사람들이 부활이 없다고 분명히 말하고 있었던 반면(고전 15:12), 후메내오와 빌레도는 부활이 지나갔다고 말하고 있었다. 이것은 그들이 정통 교훈의 상당량을 부인했음이 틀림없으며, 어떤 사람들의 믿음을 무너뜨리기에 충분할 정도로 강력하게 부인했음을 뜻한다.

디모데가 에베소에서 직면한 심각한 상황과 거짓 교훈의 또 하나의 지적은 디모데후서 3:6-9에서 발견된다. 거짓 교사들은 냉정한 자제력을 결여하고 죄악 된 욕구에 끌리는 여인들을 희생자로 삼았다. 이 여인들에 대한 흥미로운 견해는 "항상 배우나 끝내 진리의 지식에 이를 수 없느니라"라는 것이다(3:7). 그러므로 이 여인들은 일정 수준 이상으로 착취에 노출되어 있었다. 목회서신의 다른 단서들과 더불어, 이 단락은 어떤 학자들에게 (비록 혹자들이 주장하는 바와 같이 여성 일반은 아니지만) 이 여성들을 거짓 교훈에 특별히 취약하게 만드는 무언가가 있었음을 암시했다. 이 상황과 에베소에서 여신 숭배의 현저함과 (특별히 나중에 영지주의에 결합되었을 초기적 개념들에서) 여성의 역할과 여성에 대한 인식의 중대한 사회적 변화를 가정하면, 목회서신의 해석자는 이 요소들을 바울이 특별히 디모데전서 2:9-15에서 여인에게 두었던 제한들의 이유로 고려해야 한다.

그러나 우리는 이 문제에 있어 성급하게 지혜롭지 못한 결론으로 나아가지 말아야 한다. 여기서 논쟁점들은 복합적이며, 그것들의 해결은 중대하다.[2] 본 주석에서 사용된 접근법은 에베소 교회의 상황에 대한 이해를 위해 주로 목회서신 내의 자료에 의거하며, 해석을 결정하는 것이 아니라 그것에 정보를 제공할 때 그런 외적 배경을 허용한다. 특히 여성과 관련하여 사회 종교적 배경을 무시하는 것은 부적절할 것이지만, 여성의 상황은 로마 제국 전체에서 일률적이지 않았으며 에베소의 환경은 어떤 학자들에 의해 과장되었을 수 있다. 그렇지만 우리는 현실적이 되며 현대 북미에서의 여성의 상황과 그에 대한 인식은 1세기의 어떤 곳에서 발견할 수 있을 것과 상당히 상이함을 인정해야 한다. 본문의 적용은 주의하여 이루어져야 한다.

거짓 교훈에 직면하여, 디모데와 디도에게 바울에 의해 사도의 대리인으로서의 권위가 주어졌다. 그리하여 사도 바울의 유일무이한 권위가 이 두 사람의 사역을 통해 에베소와 그레데의 교회로 확장되었다. 앞에서 언급한 대로, 그들의 사역은 현대의 목회자의 그것과 동일시될 수 없다. 그들은 사도 바울의 이름으로 특정한 상황을 다루기 위해 보내졌다. 즉 그들은 바울의 명령 하에서 갔으며 그의 지시들을 이 교회들의 상황에 적용하도록 위임되었다(특히 딤전 1:3-5; 4:1의 주석을 참조하라).

디모데전서 4:13의 "읽는 것과 권하는 것과 가르치는 것에 전념하라"는 바울의 언사가 "내가 이를 때까지"라는 단서를 앞에 두고 있는 사실은 이 사명이 장기적

2. 그 증거에 대한 평가와 이 배경과 관계되는 참고 문헌에 대해서는 딤전 2:12에 관한 주석을 참조하라.

인 것이 아니라 오히려 필요한 목적을 완수하기 위한 제한된 시기의 것임을 시사한다. 다른 방식으로 말하자면, 사도의 대리인으로 디모데와 디도는 오늘날의 교회 사역자들이 주장할 수 있는 것보다 더 개인적인 권위를 지녔는데, 왜냐하면 우리는 성경의 권위 하에 있기 때문이다. 동시에 그들의 사역은 오늘날의 전형적인 목회자의 그것보다 더 초점이 맞추어진 것이었는데, 비록 그 초점이 전도와 같은 다른 사역을 배제하지는 않았지만 말이다(딤후 4:5).

디모데와 디도의 사도의 대리인으로서의 이 독특한 역할의 함의를 이해하는 것이 중요하다. (1) 그들의 사역은 바울의 강력한 권위의 연장이며, 이 사실은 세 서신 모두에서 교훈의 필수적인 부분이다.

(2) 그들의 책무의 제한된 초점을 이해하는 일은 그들의 사역과 관련된 본문을 오늘의 교회의 상이한 성격의 사역에 무분별하고 부적절하게 적용하는 일을 막는다.

(3) 이 세 목회 서신의 내용은 "실시간의" 이 사도의 대리인들의 임무와 매우 밀접하게 연관되기 때문에, 만약 우리가 이 상황과 그들을 통한 사도적 권위의 실제적 연장을 가볍게 제쳐놓지 않는다면, 그 서신들의 저작에 있어서의 바울의 역할을 배제할 수 없다. 만약 우리가 디모데와 디도라는 이름들이 단지 이상적 인물 혹은 "모든 목회자"를 나타낸다고 가정하면, 그 서신들의 실제 상황과 저작권을 복원하려는 시도는 시작부터 불운에 처하게 된다.

결국 이 재구성은 사도행전 20:17-38과 관련된다. 에베소 장로들에 대한 이 연설에서 바울은 "사나운 이리"가 양떼를 공격하며 다른 반대자들이 "여러분 중에서도" 나올 것이라고 예언했다. 디모데에 대한 서신들은 이 예언과 조화되는 상황을 암시한다. 만일 디모데와 디도와 바울에 대한 거명이 완전한 허구라면, 이 연관성은 상실된다.

지금까지 묘사한대로 역사적 디모데와 디도를 바울의 서신들의 실제 수신자로 가정하는 일은 여전히 다루어져야 할 문제들을 남겨두고 있는데, 특히 바울과 디모데와 디도의 여정을 추적하는 일의 어려움이 그러하다. 사도행전의 종결 이후 바울과 이 두 동료의 선교 여행들에 대한 가정은 우리에게 전체적인 그림을 제공하지 않는다. 아마도 동쪽으로 다음으로는 서쪽 스페인으로의 (그 과정에서 또 한 번의 체포를 경험하는) 바울의 추가적인 선교 여행들의 가능한 재구성에서, 그는 디모데와 함께 에베소를 방문한 것으로 보인다. 이 방문이 얼마간이었는지 추산될 수 없지만, 바울이 사도행전 20장에서 그 교회에서 공격하는 이리와 은밀히 득세

할 거짓 교사에 대한 에베소 장로들에게 한 예언이 불행히도 실현되고 있음을 깨닫기에 충분히 긴 기간이었다. 그것들은 반격하고 수정하기 위해서는 바울의 권위로 사역할 어떤 사람의 방문을 요구할 만큼 심각한 것이었다.

어떤 이유인지 바울은 다음으로 에베소를 떠나 북동쪽 마게도냐로 나아가기로 결정했다(참조. 딤전 1:3). 바울은 비록 디모데가 여전히 상대적으로 젊지만, 에베소 교회의 문제들을 다룰 지혜와 원숙함을 지녔음을 알아보았음에 틀림없다. 따라서 "마게도냐로 갈" 때에 그는 디모데에게 "어떤 사람들을 명하여 다른 교훈을 가르치지 말도록" "권했다"(1:3).

바울과 디도가 그레데를 방문한 것이 디모데와의 에베소 방문 이전인지 아니면 마게도냐 방문 이후인지 결정하는 일은 불가능하다. 디도서 1:5의 "내가 너를 그레데에 남겨 두었다"라는 표현은 가장 자연스럽게 이해하기는 바울이 디도와 함께 그레데에 있었으며, 바울이 다시 이동할 때 그를 거기에 남겨 둔 것을 가리킨다. 그 일 이후의 여정에 대한 재구성은 아마도 디도가 그레데를 떠나 니고볼리에서 바울과 합류하는 것일 것이다(딛 3:12). 아마도 그 이후 바울은 스페인으로 갔으며, 그 로마제국의 서쪽 지역에 있는 동안 체포되고 투옥되었다. 어느 시점인가 바울은 디도를 달마디아로 보냈다(딤후 4:10).[3]

목회서신의 저작권과 윤리적 교훈

저작권에 대한 함의와 더불어 수신자들의 정체를 고려하고 나서, 이제 우리는 저작권의 문제를 더 살펴보아야 한다. 본 서론은 이 문제들의 실제적 함의에 대한 관심을 포함하기 때문에, 저작권과 이 서신들의 윤리적 성격의 관계에 관하여 물어야 한다. 만일 디모데와 디도가 단지 문학적 허구의 방편이며 알려지지 않은 가명의 저자에 의한 책의 인물들이라면, 과연 기만의 그림자를 피할 수 있겠는가?

문학적 허구라는 용어가 강하게 보일지 모르지만, 편견을 갖도록 의도되지는 않았다. 가명의 저자 사용은 1세기에 받아들여졌지만, 지적할 바와 같이 기독교 문헌에서는 그렇지 않은 것 같다. 목회서신의 경우 그것은 저자와 거명된 수신자들

3. 이 재구성은 사도행전의 종결 이후의 바울에 의한 추가적 선교 활동의 가정에 기초함이 강조되어야 한다. 판 브루겐(J. van Bruggen)은 목회서신의 저술과 부대 상황이 사도행전에 포함되는 시기에 발생했을 가능성에 주의깊은 관심을 기울였다. 그의 *Die geschichtliche Einordnung der Pastoralbriefe*(Wuppertal: Brockhaus, 1981)을 참조하라.

양자 모두와 관계되는 "이중 가명 사용"이라고 바슬러(Bassler)가 (동의하며) 호칭한 것일 것이다.[4] 하지만 저자와 수신자들의 관계에 있어 일정 정도의 진실성의 유보를 포함하는 몇 가지 다른 선택 사항이 존재한다.[5]

(1) 한 가지 선택 사항은 바울과 그의 두 동료에 대한 개인적 의견을 담고 있는 부분들이 보다 이른 서신의 진정한 단편이라는 것이다. 이것은 그 부분들을 곧이곧대로 보며 아마도 바울의 이름의 그 서신들의 저자로서의 사용을 정당화하는 장점이 있다. 그것은 전체로서의 그 서신들과 바울의 인정된 저작들 간의 문체적이며 언어적이고 신학적인 차이 모두를 설명하지 못하는 단점이 있다. 그것은 문학적 단위들로서의 그 서신의 성격을 변경한다. 더욱이 그것은 여타의 후속 문제들과 더불어 완성물의 후기 연대를 여전히 요구한다. 그것은 또한 그 단편들을 바울의 삶과 여행의 실제 기간들에 맞추는 일을 요구한다.

(2) 아마도 바울은 필기자, 곧 서기를 이용했을 것인데, 그에게는 이례적인 재량권이 주어져서 바울의 생각을 서기 자신의 문체와 어휘로 재구성하는 일로 귀결되었을 것이다. 하지만 심지어 그러한 자유를 가정한다고 하더라도 그런 사람이 우리가 그 서신들에게 발견하는 독특한 신학을 또한 개발했을 가능성은 더 적다. 이 문제는 이하에서 더 논의될 것이다. 가장 가능성이 큰 필기자 역할의 후보는 누가이다. 독특한 어휘를 관찰하며 (만일 누가에 대한 전승을 가정한다면) 세련된 의사가 사용했을 용어들, 곧 정통 교훈에 대한 묘사로 "건강한" 또는 "건전한"과 같은 것들을 발견하기는 쉽다.

(3) 또 하나의 선택 사항, 곧 선행하는 것의 정반대의 견해는 바울이 목회서신들을 서기의 도움이 없이 자기 자신의 손으로 기록했다는 것인데, 이는 일반적으로 그에게 귀속되는 다른 서신들을 그가 구술시킨 것과 대비된다. 이것은 매우 가능성이 없는 것 같으며, 오늘날 대부분 바울이 서신을 작성할 때 공저자와 아마도 서기를 두었음을 인정한다. 자신의 손으로 큰 글자를 쓰는 일에 대한 언급(갈 6:11)은 십중팔구 바로 그 결론적 언사를 지칭한다. 마지막 여행들에서 바울이 서기를

---

4. Bassler, *I Timothy, 2 Timothy, Titus*, 24.

5. 저작권에 관한 주장과 논거의 다양한 자료에 대한 반복된 언급 대신에, 이 각주는 유용한 저작들에 대한 제안을 제공할 것이다(참고 문헌을 참조하라). 핸슨(A. T. Hanson)은 51쪽의 강경한 서론을 지니는데, 거기서 바울의 저작권을 논박한다. 동일하게 강경한 (또한 단지 3쪽이 더 긴) 것이 조지 나이트(George Knight)의 서론인데, 그것은 바울의 저작권에 대한 학자적이며, 훌륭히 연구된 방어를 포함한다. (반대하는) 바슬러와 (찬성하는) 타우너(Towner)의 논의는 보다 간결하며 매우 유용하다. 바울의 저작권을 지지하는 엘리스(E. Ellis)의 탁월한 논문인 "Pastoral Letters"는 *DPL*, 658-66에서 쉽게 이용할 수 있다.

쉽게 이용하지 못했거나 특별히 교회보다는 개인적 벗들에게 쓰고 있기 때문에 서두르고 긴급하게 작성했을 가능성은 확실히 있다. 그럼에도 불구하고 바울에게 돌려지는 모든 그 서신들의 문체적 증거는 이 이론에 들어맞지 않는다.

(4) 아마도 그 서신들은 십중팔구 바울의 사후에 그와 다른 사람에 의해 실제로 쓰였지만, 바울이 참된 저자로 합당하게 여겨질 수 있는 이유들이 존재한다. 그것들은 일반적 의미로 익명적이지 않는데, 왜냐하면 실제 저자가 자신의 목적을 위해 바울의 권위를 허위로 주장하거나 문학적 허구를 사용함으로 바울의 이름을 영화롭게 하려고 그것들이 바울에게 귀속되지 않았기 때문이다. 오히려 그것들은 디모데와 디도에 대한 바울의 실제 교훈을 담았으며, 바울이 자신의 생애 말기에 가르치던 실제 신학적 진리를 전달했다. 그것들은 다만 이 모든 것을 (편집된 내용과 더불어) 그 교회들과 잘 소통되며 그 교회들의 필요들에 적합한 한 형태로 보존하도록 의도되었다. 그런데 그 형태가 그 필요들에 적합했던 이유는 그 필요들이 바울의 계속적 존재의 상실에서 야기되었기 때문이다. 이 구조에 있어 그 서신들은 문학적 허구가 아니다. 디모데와 디도는 바울의 진정한 관심 대상이었지만, 실제 배경이 되는 역사적 무대는 나중의 것이었으며 문체와 언어가 불가피하게 바울 자신의 저술과 상이하다.

(5) 대부분의 복음주의자와 다른 이들이 취하는 선택 사항은 바울 자신이 그 서신들을 썼으며, 이따금씩 서기의 도움을 받았다(여기서 문체상의 차이가 연유함)는 것이다. 신학적 강조점에서의 변경의 많은 부분은 상황의 성격, 특히 에베소와 그레데에서의 거짓 교훈의 내용에 기인했다. 전형적인 바울의 주제들의 부재는 ⓐ 그가 이 주제들을 이전에 적절히 다루었음과 ⓑ 그가 이제 당면하고 있는 상이한 주제들로 인한 것이었을 것이다. 이 선택 사항은 또한 이전에 사용하지 않던 주제와 어휘를 고르는 선택의 특권과 더불어 바울의 사고에서의 신학적 발전을 참작한다. 그는 또한 ("건전한" 곧 "건강한"과 같은) 누가의 어휘와 개념의 일부에 의존했을 수 있는데, 누가가 저술에 참여했는지의 여부와 별개로 그러하다. 이 견해는 목회서신들이 단지 바울이 아마도 가르쳤을 것이거나 가르쳤던 것으로 보고되는 것이 아니라 실제로 가르친 것으로 평가한다.

몇 가지 요소가 이 서신들의 저작권을 결정하는 데 있어 중요하다. 외적 증거가 자주 논의되었다. 그 사실들 자체는 분명한데, 그것들의 중대성이 해석자의 입장에 의해 논박되는 경향이 있다. 주후 135년 경 사망한 (또한 본 주제에 대해 20년쯤 전에 쓴) 폴리갑과 (주후 96년에 고린도인들에게 글을 쓴) 로마의 클레멘트는 목회서신들을 분명히 언급하는데, 주후 140년 경 글을 쓴 순교자 저스틴 또한 마찬가지다. 자신의 가르침에 대한 유용성을 기초로 기독교 저작들의 수용 여부를 판단한 이단자 마르시온(2세기 중반)은 그것들의 진정성을 거절했다.[6]

목회서신들이 바울에 의해 쓰인 것으로의 첫 번째 언급은 주후 180년 경이었다(Irenaeus, *Against Heresies* 2.14.7; 3.3.3). 그것들은 무라토리안 정경(Muratorian Canon, 주후 170-180년 경 수집된 공인 성경 저작 목록)에서 언급되었다. 저작권에 있어 가장 심각한 문제는 (비록 완전한 모음집은 아니었지만) 아마도 주후 200년 경 기록된 체스터 비어티 파피루스 문서(Chester Beatty Papyrus, P^{46})에서 그것들이 누락되어 있다는 점이다. 자주 간과되어 온 초기 교회의 하나의 추가적인 증거는 주후 211년 경 자신의 죽음 이전 미확인 시기에 글을 쓴 안디옥의 교부의 진술인데, 그것은 사도의 이름을 빌린 위경적 저작은 거절되어야 한다는 것이었다. 고대인들이 그런 저작을 쉽게 승인했다고 주장하며 목회서신들이 위경적이라고 여기는 저작권에 대한 현대 이론들에 대비할 때, 그런 증거는 중대하다.

보다 상세한 조사로 장기적인 관심을 요할 다른 요소들 중에 문체에 대한 최근의 연구와 목회서신에서의 헬라적 도덕 관습의 등장이 있다. 문체에 있어, 이런저런 통계적 조사의 독자는 설득력 있는 주장들의 양과 표면적 중요성에 깊은 인상을 받지 않을 수 없다. 이 접근법은 문체와 대상 저작권을 수량화하는 시도에 있어 어휘와 문법적 요소들을 포함시킨다. 하지만 수 년간 연구들은 서로의 주장된 사실과 논점에 자주 대답하지 못해왔다. 또한 (검토될 자료의 선정과 같은) 사용된 통계적 방법론은 종종 부적절하거나 완전히 잘못된 것이었다. 이전의 연구들은 보다 정교한 컴퓨터 프로그래밍의 장점이 없었다. 그러나 가장 발전된 기술일지라도 단지 그것에 전달된 정보만큼만 유용한 법이다.

그 주제에 대한 가장 최근의 연구 중 하나는 미런드(D. L. Mealand)의 여러 조사와 도표들을 종합한 편찬물인데, 그것들은 요한서신들, 히브리서 그리고 베드로전후서와 같은 자료들을 주요 바울서신들과 정밀하게 분리하는 방법론은 또한 목회서신들을 별개의 집단으로 분류한다는 것을 보여준다.[7] 이 연구에 대한 평가는 에베소서와 골로새서 역시 바울의 주요서신들과 뚜렷이 상이하며 (빌립보서와 같은) "부차적"(minor) 바울저작들 역시 또한 일정한 차이를 나타낸다는 점

6. 터툴리안이 자신의 *Against Marcion* 5.21.에서 이 사실을 기록한다.

7. D. L. Mealand, "The Extent of the Pauline Corpus: A Multivariate Approach," *JSNT* 59 (1995): 266-86.

을 주의해야 한다.[8]

의미 있는 분석을 위해 대략 동일한 크기의 대표적 표본들을 수집하려는 시도로 주요 바울서신들의 단지 특정 부분들만이 모든 목회서신들의 비교적 큰 단위들과 대조되게 사용되었다. 이 접근법의 가장 큰 약점은 목회서신들 내의 단락들은 (디모데와 디도에 대한 개인적 언사와 헬라적 도덕 관습을 보여주는 단락과 같은) 가능한 "단편들"이 서로 비교될 수 있도록 나눠지지 않았다는 것이다. 사용된 방법론과 표본들에 대한 이의 제기에도 불구하고, 다양한 연구가 저작권 문제와 관련이 있는 것 같은 차이를 드러냈다는 사실은 무시될 수 없다. 큰 노고를 요하는 분석이 계속되어야 할 것이다.[9] 헬라 저작과 유사한 도덕 관습의 등장 역시 저작권 문제와 관련되지만, 그것은 그 문제를 초월한 중대성을 지닌다. 자신의 주석 과정에서 바슬러는 "당시의 철학적 도덕 강화를 반영하는 '선한 싸움을 싸우라'는 교훈", "경건"(유세베이아)과 "단정함"(셈노테스)의 용어와 개념, 종교적 의무로서의 부모 봉양, (에픽테투스의 저작들에서 견유학파 철학자에게 그리고 딤후 2장에서 좋은 군사에 적용된) 집중을 방해하는 것에서 벗어나라는 요청, 그리고 도덕적 "경기자"로서 덕을 향한 분투의 중요성(딤후 2장)과 "대적자들을 부정적 대조 대상(negative foil)으로 제시하는 수사적 장치"를 예거한다.[10]

물론 그런 사례들은 목회서신에 대한 후기 연대를 증명하지 않는다. 예컨대 에픽테투스는 두 사람이 동일한 관념의 세계를 공유하기에 충분히 가깝게도 바울이 설교하고 저술한 시기 즈음에 태어났다. 그런 언급들은 승인된 바울서신들에 미지의 것이 아니다. 오히려 그 관련성이란 헬라의 도덕주의자의 기대를 능가하는 일에 목회서신들이 초기 바울 저작들보다 더 많은 관심을 가진 것 같다는 것이다. 그러나 관습적 도덕성에 대한 그런 관심과 상기는 우리가 이미 알고 있는 바울과 불일치하지 않는다.

바울서신들에서의 윤리에 대한 강한 강조 역시 저작권 문제와 관계가 있다. 만약 그런 표준들을 가르치려고 의도하는 저자가 독자들을 자신이 아닌 바울이 저자로 생각하도록 속이려고 시도함으로 정직과 진실을 스스로 저버린다고 한다면 이

---

8. 또한 이 접근법의 방법론과 타당성에 대한 평가는 상이한 저자들을 가정하는 베드로서신들에 대한 현대의 견해들과 달리, 그것들이 문체상 실제적으로 함께 집단을 형성한다는 점을 주목해야 한다.
9. 어휘와 문체에 대한 조사에 관해서는 I. H. Marshall, "Recent Study of the Pastoral Epistles," 11-12를 참조하라.
10. Bassler, *1 Timothy, 2 Timothy, Titus*, 46, 51, 84, 95, 140, 162.

상할 것이다. 만약 이 서신들이 바울이 실제로 가르친 것이 아니라, 다만 바울이 아마도 가르쳤을 것만을 전달한다면, 그 저자의 동기가 아무리 고상했을지라도, 그런 사람을 윤리적 혹은 도덕적 교사로 신뢰하기는 불가능할 것 같다.

신학과 윤리

보다 초기 바울 저작들과 대비하여 이 서신들에 부재하거나 혹은 고유하게 특징적인 다수의 특정한 교훈의 요소들이 존재한다. 다른 서신들과 달리 부재한 요소들은 칭의와 바울 특유의 의미의 "그리스도 안에서"라는 관용표현을 포함한다. 목회서신에 특징적인 독특하게 현저한 요소들은 구주 하나님에 대한 언급과 현현 주제를 포함한다. 기독교 메시지의 본질로서의 "믿음"과 "진리"와 같은 주제는 디모데전서 1:19; 2:4; 3:9; 4:1, 3, 6; 5:8; 6:10, 12; 디모데후서 2:25; 3:7-8; 4:7; 디도서 1:1, 13에 나온다. 또 하나의 주제는 "건전한" 교훈(가르침, 말, 또는 믿음)으로 디모데전서 1:10; 6:3; 디모데후서 1:13; 4:3; 디도서 1:9, 13; 2:1-2에 나온다. 이것들은 주석의 적절한 곳들에서 주목을 받는데, 디모데전서 1:15; 3:1; 4:9; 디모데후서 2:11; 디도서 3:8의 "미쁜 말"(또는 "믿을 수 있는/진실한 말", KJV)이라는 문구의 반복적 등장과 바울과 그의 대리인들에게 맡겨진 "위탁"의 개념(딤전 6:20; 딤후 1:14) 역시 그러하다.

구주 하나님. 목회서신의 가장 명백한 신학적 특징의 하나는 구원자로서의 하나님에 대한 반복된 지칭이다. 초기 바울서신들과 사도행전의 바울의 메시지가 신의 특성, (구원자의 역할과 같은) 신적 특질, 또한 심지어 퀴리오스("주")를 그리스도에게 귀속시키는 반면, 목회서신은 구원을 그리스도를 중재자로 삼는 하나님께 직접 귀속시킨다.

하지만 이것은 그리스도를 손상시키는 것이 아니다. 그리스도의 현현(곧 나타남)에 대한 새로운 강조는 그런 생각에 반대된다. 주변의 이방세계에서 도덕적으로 무흠하게 살라고 그리스도인들에게 호소하는 이 세 서신에서, "참된 믿음에 대한 *이방인의* 스승"(딤전 2:7) 된 바울은 "모든 사람이 구원을 받으며 진리를 아는 데 이르기를 원하는" *한 분 참되신* 하나님을 높인다(딤전 2:3-4, 이탤릭체 덧붙임). 디모데후서 4:1에서 "살아 있는 자와 죽은 자를 심판하실 하나님과 그리스도" 양자 모두에 대한 언급은 바울의 아테네 공회에서의 언사를 상기시킨다. 그러나 이 하나님은 단지 심판만 가져오시는 것이 아니라, 모든 사람에게 은혜와 구원의 기회를 가져오신다(딛 2:11). 이 절은 또한 뒤에서 재론할 현현 개념을 담고 있다. 따라서 "우리 구주 하나님의 자비와 사랑하심이 나타났다"(딛 3:4, 또 하나의 현현 언사). 하나님이 이것을 행하신 것은 우리의 행위로 인한 것이 아니라, 성령의 매개와 "우리 구주 예수 그리스도로 말미암은" 것이다(5-6절).

따라서 그리스도의 구원 사역은 하나님의 구원 사역과 분리되거나 종속되는 것이 아니라, 전 세계에 대한 하나님의 사랑이라는 문맥에서 선포된다(하나님의 보편적 관심이라는 이 큰 구도에서의 기도의 위치에 대한 딤전 2:1-7의 주석을 참조하라). 이 모든 것에는 우리가 사도행전이나 바울 사도의 초기 서신에서 보는 것으로서의 바울신학과 양립할 수 없는 것은 아무 것도 존재하지 않는다. 이 주제는 목회서신들의 문맥상 이해 가능한데 왜냐하면 그것들은 주변 세계에 증거가 되기를 추구하는 다양한 가정교회의 배경으로 흩어진 하나님의 교회에 수신되기 때문이다.

현현 단락과 그리스도의 신성. 큰 "경건의 비밀"(또는 "[우리의] 종교의 비밀")은 기본적으로 현현, 곧 옹호와 용인을 포함하는 그리스도의 현시이다(딤전 3:16; 주석을 참조하라). 목회서신은 승리주의적이지는 않지만, 즉 하나님의 나라의 성공을 강력하게 선언하지는 않지만, 그래도 강한 옹호의식이 존재한다. 불신앙 가운데서 하나님의 자신의 구원이 알려지게 하셨다. 이사야는 하나님이 "하늘을 가르고 강림하시고…주의 원수들이 주의 이름을 알게 하시기를" 보길 고대했다(사 64:1-2). 그는 "일어나라 빛을 발하라 이는 네 빛이 이르렀음이니라"라는 하나님의 선포(사 60:1)를 보고하며, 나라들이 하나님의 빛으로 나아올 것을 예언하고(3절), 또 "나는 나를 구하지 아니하던 자에게 나 자신을 드러냈다"라는 하나님 자신의 말씀을 기록했다(65:1). 목회서신이 그런 구절들을 구체적으로 암시하든 그렇지 않든, 우리는 하나님이 이제 자신의 구원을 모든 사람에게 나타내셨다는 공통된 주제를 볼 수 있다(딛 2:11).

이 서신들은 비록 그 교회들의 문제를 의도에 둔 것이지만 또한 ("주로"라고 말할 수 있을까?) 그 교회들의 선교적 책무와 관련된다. 이점에서 그것들에는 다음과 같은 이중의 초점이 있다. (1) 그리스도의 계시와 그리스도를 통해 하나님에 의해 성취된 구원, 그리고 (2) "우리 구주 하나님의 교훈이 매력적이 되도록" 단지 메시지뿐만이 아닌 삶의 방식에서도 그 계시를 반영해야 할 교회와 그 지도자들의 의무(딛 2:10).

(단지 에피파노 뿐만이 아니라, 에피파네이아와 파네로오에 의해서도 표현되는) 나타남의 개념은 그 서신들에서 상이한 지시점과 함께 몇 곳에 나온다. (1) 그

것은 그리스도의 초림을 의미한다. 디모데전서 3:16은 그리스도를 명칭이나 직함으로 명기하지 않으며, 대신 대명사 "그"(혹은 일부 사본에서, "하나님")를 사용하는데, 이것은 그리스도를 지칭하는 것이 분명하다. 다른 두 절에서 그리스도는 "은혜"라는 단어를 사용하는 환유에 의해 지칭된다. 예컨대 디모데후서 1:10은 말하길 하나님의 은혜가 "우리 구주 그리스도 예수의 나타나심으로 말미암아 드러났으니 그는 사망을 폐하시고 복음으로써 생명과 썩지 아니할 것을 드러내신지라." 디도서 2:11에 따르면 "구원을 가져오는 하나님의 은혜가 모든 사람에게 나타났다."

(2) 하나님의 말씀이 바울의 전도를 통해 나타났다. "자기의 정하신 때에 자기의 말씀을 전도로 밝히셨으니(파네로오) 이 전도는 우리 구주 하나님이 명하신 대로 내게 맡기신 것이라"(딛 1:3).

(3) 그리스도의 재림, 곧 파루시아가 목회서신에서 현현으로 불린다. 우리는 "우리 주 예수 그리스도께서 나타나실 때까지 흠도 없고 책망 받을 것도 없이 이 명령을 지켜야" 한다(딤전 6:14). 바울은 "살아 있는 자와 죽은 자를 심판하실 하나님과 그리스도 앞에서 그가 나타나실 것과 그의 나라를 두고" 명령한다(딤후 4:1). 사도 바울은 선한 싸움을 싸웠으며 다음과 같이 말한다. "이제 후로는 나를 위하여 의의 면류관이 예비되었으므로 주 곧 의로우신 재판장이 그날에 내게 주실 것이며 내게만 아니라 주의 나타나심을 사모하는 모든 자에게도니라"(딤후 4:8). 또한 우리는 "복스러운 소망 곧 우리의 크신 하나님이요 구주이신 예수 그리스도의 영광스러운 나타나심"을 기다린다(딛 2:13). 목회서신의 다른 구절들도 그리스도의 신성을 확실히 지지하지만, 방금 인용한 구절이 그 표현에 있어 특히 중요하다.[11]

교회론. 교회 조직에 대해 많은 것이 목회서신에서 말해지지 않지만, 큰 강조가 교회 지도자에게 두어진다. 자주 논쟁되는 이것의 가장 곤란한 측면은 "감독자"(the overseer)와 "장로"(elders)의 관계이다. 전자의 단어 에피스코포스는 단지 단수로만 그리고 단지 정관사를 동반하고서만 나온다(딤전 3:2; 딛 1:7). 다른 고려점들을 제쳐놓는다면, 이것은 집단보다는 개인을 가리키는 것으로 보인다. 단어 프레스뷔테로이, 곧 "장로들"은 (그 단어가 "늙은 남자"를 뜻하는 딤전 5:1; 딛

---

11. 주석, 특히 Murray J. Harris, *Jesus As God: The New Testament Use of Theos in Reference to Jesus* (Grand Rapids: Baker, 1992)의 주경적 토론에 대한 언급을 참조하라.

2:2을 제외하고); 디모데전서 5:17("잘 다스리는 장로들"); 5:19("장로에 대한 고발은…받지 말 것이요"); 그리고 디도서 1:5("각 성에 장로들을 세우게 하려 함이라")에 나온다. 디모데전서 5:19을 제외하고, 이 단어는 목회서신에서 복수이다.

상세한 논의는 여기서 가능하지 않지만, 개요를 제공하는 것이 유용할 것이다. (모두가 상호 배타적인 것은 아닌) 몇 가지 선택 사항이 가능하다. (1) 이미 단일 감독직(monoepiscopate)으로의 경향이 있었을 정도로 바울의 죽음 오랜 후에 목회서신이 쓰였다. "감독자"(overseer)의 등장은 바로 그 발전의 초기 단계들을 표시한다. 이 경우 흠정역(KJV)의 단어 "감독"(bishop)은 시대착오적이지만, 바로 그러한 방향을 가리킨다. 이 견해에서 에피스코포스라는 용어의 사용은 바울의 지시는 아니지만, 교회의 변화하는 교회론의 영향을 보여준다.

(2) 에피스코포스라는 용어는 헬라 문헌의 일반적 용례에서 차용되는데, 거기서 그것은 관리 혹은 책임 있는 사람을 가리킬 수 있다. 바울은 이 용법을 잘 알고 있었고, 그것이 적절하다고 생각하며, 아마도 특정한 직책은 아니지만, 다스림과 같은 교회 지도자 직분의 특정한 측면을 묘사하기 위해 그것을 사용했을 것이다.

(3) 장로들은 유대 지도자 직분과 다소간 회당을 본 따 만들어진 교회에서 일반적이었다. 독자들은 이 유대 배경을 가정하고 그에 맞춰 교회론적 이해를 형성해야 할 것이다.

(4) 앞선 견해에 기초하는 자연스런 가정—한동안 학자들에게 통용되던 것—은 진짜 바울은 장로들에 의한 지배보다는 사람들에 의한 카리스마적 은사들의 표현을 장려했다는 것이다. 카리스마적 사역이 교회에 공식적 지도자들을 두는 일과 양립할 수 없는지가 매우 크게 논쟁되었다. 어쨌든 혹자는 목회서신은 바울의 시기 이후에 형성되었음에 틀림없는 보다 조직된 교회에서의 견해들의 혼합을 나타낸다고 주장한다. 이러한 입장에 따라 에피스코포스와 프레스뷔테로스는 일반적으로 동일한 지도자를 지칭하는 상호 대체적 용어로 여겨진다.

우리는 잠시 멈추어 그 용어들이 동일 집단의 지도자에게 적용된다고 생각하는 하나의 주요 이유는 양 용어 모두 바울의 에베소 교회 지도자들에 대한 연설의 보고에서 ("목자들"과 나란히) 나온다는 점임에 주목할 수 있을 것이다(행 20:17-38, 특히 17, 28절). 더욱이 빌립보서의 인사말에서 바울의 프레스뷔테로이가 아닌 에피스코포이와 디아코노이라는 용어의 사용은 그가 용이하게 한 용어를 다른 용어의 동의어로 사용했음을 시사한다. 이 견해는 장로들에 관한 단락에서 "감독자"가 등장하는 점에 의해 강화된다(딛 1:7).

(5) 또 하나의 견해가 최근에 제안되었다.[12] 유대교와 초기 교회의 장로직은 공식적인 직책이 아니라, 보통 노인에게 주어지는 명예직이었다. 가정교회의 지도자들을 이런 식으로 묘사하는 것은 적절했을 것인데, 왜냐하면 그들은 최소한 대부분 가정 자체의 가장 공경되는 구성원이었기 때문이다. 루스드라에서 바울과 바나바는 그 교회에 의해 그와 같이 여겨지는 것이 틀림없는 명예 지도자들(케이로토네오)을 지적했다(행 14:23). 이것은 교회 직분자의 선출도 임명도 아니었다. 바울은 이것을 "교회마다" 혹은 "각 교회에서"(카트 에클레시안) 행했다. 시간이 지남에 따라, 많은 도시에 몇 개 교회가 있었으며, 따라서 다수의 장로들이 "각 성"(카타 포린)에는 활동하는 다수의 장로들이 있었는데, 여기서 디도서 1:5에서 그 용어를 사용하는 지시가 유래되었다. 관사를 가진 단수 "감독자"의 용례는 명예 장로들과 다르게 일단의 교회들의 공식적 지도자였던 개인을 가리킨다. 이것은 단일 감독직으로 향하는 한 단계였다.

그 제안 전체를 다루진 않지만, 우리는 이것은 사도행전 15:2, 4, 6, 22-23; 16:4의 "사도들과 장로들"이라는 어구의 장로들을 명예적이며, 비공식적인 의미로 여겨야 함을 요구한다는 점에 주목해야 하는 데, 그것은 가능하지만 논쟁될 수 있다. 장로들을 우리가 "직책"으로 부를 수 있는 것에 선출되거나 임명됨이 없이 인정과 순종을 받는 존경받는 가정교회 지도자로 보는 일은 단지 교회의 정해진 직책을 차지하기 때문에 혹은 그러는 동안 존경받고 순종되는 선출직분자로 보는 일보다 진실에 더 가까울 수 있다.

여기에 미묘하지만 중대한 차이가 있다. 장로를 보는 이 두 방식 중 전자는 목회서신에 "직책"에 해당하는 헬라어가 없다는 사실에 보다 부합한다. 그런 견해는 아무튼 교회의 권위 있는 지도자로서의 장로의 존재에서 이탈하지 않는다. 그 권위는 다음과 같이 디모데전서 5:17에서 분명하다. "잘 다스리는 장로들." 따라서 비록 목회서신은 지도자 조직이 여전히 발전 중에 있을 때 작성되었지만 그 교회는 권위를 결여하지 않았다. 장로의 명예적 지위를 보존하는 한편 에피스코포스라는 용어가 특별한 감독자의 지위를 지칭하는 것으로 설명하는 캠벨의 시도는 칭찬할 만한데, 비록 그의 재구성에는 여전히 엉뚱한 점들이 있긴 하지만 말이다. 결국 그 초기 증거는 한결같지 않으며 결론적이지 않다.

12. R. Alistair Campbell, *The Elders: Seniority Within Earliest Christianity*(Edinburgh: T. & T. Clark, 1994).

우리는 앞의 논의에서 교회론의 문제가 연대와 저작권의 문제와 관련된다는 점을 발견할 수 있다. 바울의 죽음 훨씬 뒤의 후기 연대를 가정하기 위해 제안되는 이유의 하나는 장로들의 조직이 이미 염두에 두어지고 있었다는 점이다. 에피스코포스라는 용어의 사용은 이 이론을 뒷받침한다. 그러나 다음과 같은 점들 역시 주장될 수 있다. (1) 그레데를 제외하고 대부분의 교회에서 장로들은 이미 있었으며, (2) 이 두 교회에는 거짓 교훈의 빠른 확산이 있었고, (3) 바울이 배신으로 인해 당혹스러워 한 갈라디아에서의 병행되는 보다 초기의 (교리적으로 더 악화된) 상황을 가정하면(갈 4:20), 이 오류의 가속화가 불가능하지 않으며, 또 (4) 부분적으로, 이제 에피스코포이라 불리는 자들을 포함하여, 권위적 지도자 직분을 강화함에 의해 거짓 교훈을 처리하는 것은 군주적 감독직의 부상으로 귀결되는 종류의 초기 대응이었다. 왜 이 모든 일이 바울의 생애에 발생했을 수 없는지에 대한 아무런 이유도 존재하지 않는다.

윤리적이며 도덕적인 교훈. 아마도 목회서신의 가장 독특한 특색은 윤리적이며 도덕적인 순결에 대한 거듭된 강조일 것이다. 두 사도의 대리인, 교회 지도자, 그리고 모든 기독교인이 책망 받지 않으며 도덕적으로 사는 일에 대한 깊은 관심이 있다. 이것은 단지 다수의 것 중의 한 주제 혹은 서신의 "실천적인" 후반부로 떼어둔 주제가 아니라, 건전한 교훈과 불가분적으로 연관되며 서신 전체의 구조와 관련되는 것이다. 기독교인은 단지 내적으로 거룩한 삶만을 살아서는 안 되며, 공적으로 기독교적 방식의 도덕적 우월성을 증명하는 방식으로 살아야 한다.

거짓 교사와의 다툼이 심각한 윤리적 함의를 지니는 점에 대한 바울의 관심이 이전의 로마 투옥에 후속되는 몇 년간 증가했을 가능성이 있다. 그는 경험이 넓어졌으며, 누가와 같은 조언자들에게 보다 열심히 귀 기울였고, 윤리에 관심이 많은 유대인과 이방인의 도덕적 기대를 능가하는 일이 필요함을 보다 절실하게 깨달았을 수 있다. 에베소와 그레데의 대적자들은 비판에 취약했으며, 논쟁에서 최선의 방법을 선택하는 일이 필요했다. 그들의 행위는 바울이 앞서 직면했던 어떤 것보다 훨씬 더 불량했을 수 있다.

이 모두는 명예와 수치의 중요한 사회적 요소와 연관된다. 고대 세계에서 수치는 단순히 잘못을 행하고 그 행위에 대해 부끄러워하는 문제가 아니었다. 그것은 특정한 행위뿐만이 아닌 관습과 습관에 대한 대중적 승인과 불승인의 문제였다.[13]

---

13. 보다 초기 바울서신에서 몇 가지 관련된 구절은 다음과 같다. 롬 9:3; 10:11; 13:7; 고전 1:26-29;

목회서신에서 장로는 교회 내부만이 아닌 외부에서도 명예와 존경을 얻을 수 있어야 했다.[14]

그러나 그 개념을 표시하는 것은 명예와 수치라는 특정 단어의 용법을 넘어선다. 단정함(셈노테토스)이 장로들에게 주요했는데, 따라서 자녀들이 그들을 이렇게 여겨야 한다(딤전 3:4). 집사와 그 아내들 역시 그 자질을 지녀야 했는데(3:8, 11, 또한 정중함의 개념을 지니는 형용사 셈노스가 사용됨), 늙은 남자와 디도 자신도 마찬가지였다(딛 2:2, 7). 노예들은 자기 주인들을 "범사에 마땅히 공경할 자로 알지니 이는 하나님의 이름과 교훈으로 비방을 받지 않게 하려 함이었다"(딤전 6:1). 공동체에서 비난할 점이 없는 것은 감독자에게 중요했으며(3:2), 과부를 "명부"에 올리는 책임을 맡은 자들은 그 행위의 관찰자가 되어 그들 자신이 책망 받을 것이 없도록 해야 했다(5:7, 주석을 참조하라). 헬라 도덕주의자와 공유된 이 관심들은 목회서신에서 강하게 기술되며 또한 전통적으로 바울에게 돌려지는 다른 서신들에도 나온다. 가정규례(household code)의 형태들이 에베소서 5:21-6:9과 골로새서 3:18-4:1에 나오며, 수치스러운 일을 피하는 일은 고린도전서 11:2-16에서 중대하다.

이 사례들은 기독교인이 자기 자신과 교회와 구원자를 수치스럽게 하지 않는 윤리적 표준을 고수하는 일의 중요성을 보여준다. 디도서 2장에서의 적절한 행위의 이유들은 이것을 풍성하게 설명한다. (1) "이는 하나의 말씀이 비방을 받지 않게 하려 함이라"(5절; 여기서 "비방하다"는 헬라어 단어 브라스페메오, "신성모독하다"의 번역임), (2) "이는 대적하는 자로 하여금 부끄러워 우리를 악하다 할 것이 없게 하려 함이라"(8절), 그리고 (3) "이는 범사에 우리 구주 하나님의 교훈을 매력적이게(개역개정-'빛나게') 하려 함이라"(10절, 거기서 "매력적이게 하다"로 번역된 헬라어 단어 코스메오는 "장식하다, 가꾸다"를 뜻함).

윤리적이며 도덕적 관심이 교리와 결합된다. 그 이유 때문에 여기서 이것이 행해지는 한두 주요 단락을 인용하는 것이 불가능하다. 관련 구절들이 드러날 것이며, 그때에 주석을 할 것이다. 이 결합은 그 자체로 중대하다. 그것은 교리적 가르침이 개인적 순결함과 통합되는 바울의 이상적 기독교 지도자 상을 반영하는데, 이것은 불순한 교리가 불순한 도덕에 동반되는 지도자와 대비된다.

4:10; 11:6-7, 14-15; 12:23-24, 26; 14:35; 고후 4:2; 6:8; 8:23; 살후 3:1.

14. 딤전 3:7; 5:17을 참조하라.

목회서신의 다른 특징들

신학적 강조점에 부가하여 목회서신은 몇 가지 다른 독특한 특징을 나타낸다. 일부는 언어적인데, 교훈을 묘사하는 "건전한" 혹은 "건강한"의 용례와 같은 것이다(주석의 관련 구절을 참조하라). 그것은 또한 저작권에 대한 논의에서 자주 든 소량의 언어 증거의 하나이다(앞을 참조하라). 두 가지가 더 특별한 관심을 받을 가치가 있다.

자료 단락의 교대. 교리와 실천의 친숙한 이중적 구분 대신(예. 롬 1-11장과 12-16장) 목회서신은 권고와 교리와 사례 사이에서 빈번히 이동한다. 이 유형이 각 서신에 나타난다. 예를 들어, 서론 이후에 디모데전서 1장에는 교훈의 단락(block, 3-7절), 다음으로 이 교훈의 이유(8-11절), 후속하여 개인적 간증(12-14절), 그리고 "미쁜 말"과 간증과 송영(15-17절), 그 다음으로 또 하나의 교훈의 단락(18-20절)이 나온다. 디모데후서 2장에는 교훈(1-7절), 교훈의 기초(8-13절), 그리고 추가적 교훈(14-26절)이 나온다. 디도서 3장은 교훈(1-2절), 기초(서사와 미쁜 말을 포함함, 3-8절), 추가적 교훈(9-11절), 그리고 결론(12-15절)으로 구성된다.

그것이 우리가 전통적으로 바울에게 돌려지는 서신들에서 보아온 문체와 상이하다는 사실은 단지 저작권과 구조만이 아니라 그 내용의 연구와 교훈과도 관련된다. 독자는 변경되는 다른 어휘와 접속사에 동반되는 모든 변경과 각 단락의 주제와 목적을 주의 깊게 관찰해야 한다.[15]

논증의 방식. 이 서신들은 또한 방어(믿음을 지킴)와 공격(거짓 교사와 그 가르침을 반대함)의 반복적 전략을 담고 있다. 특히 정관사를 수반할 때 "믿음"이라는 단어는 자주 교리를 뜻한다. 언제 그것이 개인적 신앙이 아닌 교리를 지칭하는지 항상 분명한 것은 아니지만, 몇 가지 예는 디모데전서 3:9; 4:6; 5:8; 6:10, 12, 21; 디모데후서 4:7; 디도서 1:13; 2:2이다. 목회서신의 가장 주목할 만한 특색의 하나는 반복되는 "미쁜" 혹은 "믿을 수 있는" 말이다(딤전 1:15; 3:1; 4:9; 딤후 2:11; 딛 3:8; 주석의 해설을 참조하라).[16]

바울은 단지 믿음을 방어할 뿐만 아니라, 강력하게 오류를 공격한다. 그것 자체

---

15. 피터 부쉬(Peter G. Bush, "A Note on the Structure of 1 Timothy," *NTS* 36 [1990]: 152-56)는 그 단락을 (1:12-20과 6:11-16, 20, 21a 사이에서) 수미상관법(inclusio)의 구조에 맞추는 디모데전서에 대한 분석을 제안한다.

16. Knight, *The Faithful Sayings in the Pastoral Letters*를 참조하라.

는 독특한 것이 아니다. 특별히 주목할 점은 그가 디모데와 디도가 가질 거짓 교사에 대한 태도와 그들이 논쟁을 다루어야 할 방식이다. 디모데전서 시작부에서 바울은 거짓 가르침의 문제와 그것을 제지할 필요성을 제시한다(1:3-4, 6-7, 19-20). 이 단락에서 그는 디모데에게 "선한 싸움을 싸우라"고 말하지만, 그 말을 자세히 설명하지는 않는다. 거짓 교사와 그 오류에 대한 바울의 묘사는 4:1-2에서 계속되는데, 그 후에 디모데에게 오류와 진리를 지적하며 "불경건한 신화와 수다쟁이 노파의 이야기"(개역개정－'망령되고 허탄한 신화', 6-7절)와 아무런 관계도 맺지 말라고 권고한다. "투기와 분쟁과 비방을 야기하는 언쟁" 등등에 대한 심각한 이야기(6:4-5)에 이어 거짓과 디모데에게 "망령되고 헛된 말을 피하라"는 교훈이 나온다(20절).

디모데후서의 사례 중에 "[이단자들에게] 하나님 앞에서 말다툼을 하지 말라고 경고하는" 반면, 디모데에게는 "망령되고 헛된 말을 버리라"(딤후 2:14, 16)고 하는 권고가 있다. 후메내오와 빌레도에 대한 강한 어조의 언사(17-18절) 후에, 디모데에 대한 조언은 다음과 같다. "어리석고 무식한 변론을 버리라 이에서 다툼이 나는 줄 앎이라 주의 종은 마땅히 다투지 아니한다"(23-24절). 대신 디모데는 회개와 사탄에게서 벗어남을 바라며 자비롭고 온유한 훈계를 해야 한다(25-26절).

마찬가지로 디도도 "어리석은 변론과 분쟁과 다툼을 피해야 하는데, 이것은 무익하고 헛되기 때문이다"(딛 3:9). 바울은 "불화를 야기하는 사람"(개역개정－'이단에 속한 사람')은 "부패하고 죄악 되다"고 설명한다(10-11절). 따라서 대조가 뚜렷하다. 거짓 교사들은 악한 반면, 주의 종들은 그들의 방법을 사용하지 않으며 깨끗하고 자비로우며 낙관적이어야 한다.

명령의 어휘. 본 주석은 명령의 용어에 특별히 주목한다. 이것은 마귀와 질병과 "원수의 모든 능력"에 대해 (사람에 대해가 아님, 눅 10:19; 참조. 마 10:1; 막 3:15; 6:7; 눅 9:1) 예수께서 제자들에게 주신 혹은 주님께서 지니신 것과 같은 "권위"가 아니다. 복음서들은 권위에 대한 헬라어 단어(엑수시아)를 44번 사용한다. 그것은 목회서신에 단지 한 번 나오는데, 세속적 권위를 지칭한다. 목회서신의 다른 곳에서 영어 단어로 "권위"(authority)는 새국제성경(NIV)에서 희귀한 단어인 아우텐테오(주석을 참조하라)를 번역하는 디모데전서 2:12과 명사 에피타게("명령")를 번역하는 디도서 2:15에 나온다. 그렇지만 목회서신의 명령의 어휘는 강력하고 변동적이며 주로 바울이 디모데와 디도에게 내린 특정한 명령이나 지시를 지칭하는데, 결국 그들은 그것들을 교회에 전달해야 한다(특히 딤전 1:1, 3; 딛 1:3을 참조하라).

건전한 교훈과 건전한 삶: 진실성의 중요성. "건전함"의 개념으로 돌아가 우리는 "건전한 교훈"이 건강함에 대한 단어인 휘기아이노와 휘기에스와의 다른 결합과 더불어 빈번히 나오는 점에 주목한다(딤전 1:10; 6:3; 딤후 1:13; 4:3; 딛 1:9, 13; 2:1-2, 8). 바울에게 이것은 단순히 재치 있는 회화적 언어가 아니다. 그의 관심은 건전한 삶으로 표현되는 건전한 믿음이다. 그는 점점 더 교훈과 삶에서의 거짓의 슬러리, 곧 신학적 대적자에게서 발견되는 부정한 교리와 윤리의 추한 혼합을 혐오한 것 같다. 그는 절박하게 필요한 것은 단지 교사와 여타 교회 지도자의 말에서의 진리뿐만 아니라 삶에서의 진리였음을 깨달았다. 바울서신을 가장 특징짓는 것은 교리가 아니라 거룩한 삶과 결합되는 교리이다.

아마도 다음과 같이 디모데전서 4:16이 이 주제를 가장 간명하게 표현한다. "네가 네 삶(개역개정—'네 자신')과 가르침을 살펴 이 일을 계속하라 이것을 행함으로 네 자신과 네게 듣는 자를 구원하리라." "구원하다"라는 이 놀라운 단어의 사용에 의해 바울은 기독교인이 복음의 실제성을 증명하는 그런 도덕적으로 우월한 삶을 삶으로 타인의 구원에 열쇠를 쥐고 있음을 나타낸다. 삶과 교훈은 승리를 가져오는 조합이다.

건전한 가르침과 경건한 생활에 대한 이 관심은 선교적 목적을 지니지만, 또한 하나님을 영화롭게 하는 수단이기도 하다. 이것은 다음과 같이 특별히 디모데전서에서 분명하다.

- "건전한 교훈"은 "복되신 하나님의 영광의 복음을 따른다"(1:10-11)
- 하나님은 바울을 다룸에 있어 오래 참으심을 보이신다(1:16)
- "선행은 하나님을 경외한다 하는 여자들에게 마땅한 것이다"(2:10)
- 바로 "하나님의 집"에서 사람들은 잘 행동해야 한다(3:15)
- 우리는 "하나님이 지으신 모든 것"에 감사해야 한다(4:4)
- 과부를 적절히 돌보는 일은 "하나님 앞에 받으실만한" 종교적 행위이다(5:4)
- "하나님 앞에서" 신자는 거룩한 경외심을 표해야 한다(5:21)
- "하나님의 이름이 비방을 받지 않도록" 노예들은 주인들을 공경해야 한다 (6:1)

이 모든 것은 목회서신을 특징짓는 송영들과 일치한다(딤전 1:17; 6:15-16; 딤후 4:18).

목회서신의 신중심적 성격에 대한 인식은 대조적으로 흔히 이 서신에 돌려지는 "그리스도인의 시민직"(Christian citizenship)[17]이라는 주제의 부적절성을 드러낸다. 심지어 가정 개념이 목회서신의 주요 요소임에 대한 인식조차도 건전한 교훈과 경건한 삶과 송영의 결합이라는 주제에 충분한 자리를 부여하지 못한다. 앞의 디모데전서 1:11에서 인용된 "영광의 복음"에 대한 언급에서 보여 지듯이 하나님의 구원이 이 모든 것의 기본이다. 타우너는 구원을 "그 메시지의 중심점"이라고 부른다.[18] 믿음과 경건한 성품의 결합은 그 서신의 앞부분인 디모데전서 1:5, 곧 "이 교훈의 목적은 *청결한 마음*과 *선한 양심*과 *거짓이 없는 믿음*에서 나오는 사랑이거늘"에 나오는데, 이것은 1:19, 곧 "*믿음과 착한 양심*을 가지라"에서 부분적으로 반복된다(이탤릭체 덧붙임).

주석의 절차

마지막 유의점과 함께 마무리하고자 한다. 목회서신의 문체는 자료 단락들을 교대하며 이것들 내에서 주제와 그 관련 어휘를 반복하는 것이기 때문에, 주석자는 어디에서 그리고 어떻게 그것들을 과도한 반복 없이 최상으로 다룰지를 결정해야 한다. 가장 자연스러운 방식은 한 주제를 처음 언급된 곳에서 완전히 논의하는 것이다. 그러나 이것은 나중의 구절에서 이 주제에 대해 연구하고 단지 그곳에서 주석을 찾을 독자에게는 그리 도움이 되지 않는다. 그러므로 후속되는 절차는 주제나 어휘를 처음 언급시 적절하게 보이는 만큼 철저하게 다룰 것이다. 이것은 주경상의 통일성을 이루려는 바램과 함께 특별히 단지 디모데전서에만 나오는 중대한 문제들과 관련하여 그 책에 대한 주석의 초과적 분량을 야기했다. 필자는 나중의 구절에서는 주어진 주제에 대한 이전의 주석이 어디에서 발견될 수 있을지를 지시하려고 시도했지만, 독자는 특정 주제에 대해 모든 관련구절을 찾아보며 관심사항과 연관될 수 있는 (상황잇기와 현대적 의미를 포함하여) 모든 단락을 다루도록 권장된다.

---

17. 디벨리우스(Dibelius) 이후 자주 사용된 용어.

18. Towner, *The Goal of Our Instruction*, 75-119. 타우너의 저작은 학자들이 목회서신의 신학과 목적, 특히 "그리스도인의 시민직"의 개념을 일반적으로 잘못 해석하는지에 대한 대가다운 모음집이다.

목회서신의 개요

디모데전서

A. 인사(1:1-2)

B. 바울에게 받은 디모데의 사명(1:3-20)

1. 거짓 교사의 문제(1:3-7)
2. 율법과 그 용도의 문제(1:8-11)
3. 바울에 대한 주님의 은혜와 소명(1:12-17)
4. 디모데의 사명에 대한 재확인(1:18-20)

C. 전도를 증진시킬 교회에서의 행실(2:1-15)

1. 기도시의 행실(2:1-8)
2. 배우는 동안의 여성의 행실(2:9-15)

D. 교회에서 존경받는 지도자의 중요성(3:1-13)

1. 장로에게 기대되는 행실(3:1-7)
2. 집사와 그 여성 동료에게 기대되는 행실(3:8-13)

E. 경건(3:14-16)

1. 교회에서의 경건(3:14-15)
2. "경건의 비밀"(3:16)

F. 바울의 과제에 대한 추가적 세부 내용(4:1-16)

1. 바로잡아야 할 오류들(4:1-10)
2. 디모데 자신의 삶과 사역(4:11-16)

G. 교회에서의 사회적 관계(5:1-6:2)

1. 나이와 성별의 구분을 초월한 디모데의 관계(5:1-2)
2. 과부에 대한 돌봄(5:3-16)
3. 장로에 대한 존경(5:17-20)
4. 다양한 지시(5:21-25)

5. 종과 상전(6:1-2)

H. 거짓 교사와 탐욕에 대한 강한 비판(6:3-10)

I. 디모데에 대한 결론적 명령(6:11-21)

디모데후서

A. 인사(1:1-2)

B. 개인적 격려(1:3-14)

1. 디모데의 영적 유산에 대한 상기(1:3-7)
2. 신실함의 이유(1:8-12)
3. 건전한 교훈에 대한 명령(1:13-14)

C. 바울의 상황(1:15-18)

1. 친구들의 버림을 받음(1:15)
2. 오네시보로의 도움을 받음(1:16-18)

D. 권고(2:1-26)

1. 인내에 대한 격려(2:1-7)
2. 인내의 이유(2:8-13)
3. 논쟁에 관한 구체적 교훈(2:14-26)
   a. 파괴적인 논쟁(2:14-18)
   b. 가정의 참되고 거짓된 구성원(2:19-21)
      i. 신분 확인(2:19)
      ii. 분리(2:20-21)
   c. 회개에 대한 교훈(2:22-26)

E. 혹독한 시기의 도래(3:1-13)

1. 악덕의 목록(3:1-5)
2. 여성을 희생시킴(3:6-9)
3. 박해(3:10-13)

F. 성경의 능력(3:14-17)

G. 바울의 디모데에 대한 마지막 명령(4:1-8)

1. 전도와 여타 사역들(4:1-5)
2. 바울의 개인적 성찰(4:6-8)

H. 결론(4:9-22)

1. 바울의 상황(4:9-18)
2. 교우들에 대한 인사말(4:19-21)
3. 축도(4:22)

디도서

A. 시작부(1:1-4)
   1. 서론(1:1-3)
   2. 인사(1:4)
B. 그레데 교회들에서 장로의 필요성(1:5-16)
   1. 첫 지시들(1:5)
   2. 장로의 자격(1:6-9)
   3. 그레데인 중의 특별한 문제들(1:10-16)
C. 윤리적 교훈(2:1-15)
   1. 수미상관법 A:[1] 윤리적 교훈의 규범(2:1)
   2. 늙은 남자에 대한 교훈(2:2)
   3. 늙은 여자에 대한 교훈(2:3)
   4. 늙은 여자의 젊은 여자에 대한 교훈(2:4-5)
   5. 젊은 남자에 대한 교훈(2:6-8)
   6. 종에 대한 교훈(2:9-10)
   7. 윤리적 가르침의 기초(2:11-14)
   8. 수미상관법 B: 디도의 윤리적 교훈에 대한 책임의 재진술(2:15)
D. 선행의 중요성(3:1-11)
   1. 일반적 진술(3:1-2)
   2. 하나님의 구원하시는 은혜의 실제적 결과(3:3-8)
   3. 논쟁의 피하는 지혜(3:9-11)
E. 결론적인 개인적 언사(3:12-15)

---

1. C 부분은 수미상관법(inclusio)이라는 문학적 장치에 의해 2:1과 2:15에서 한 데 결합되는데, 그것은 내용의 일체성을 나타내기 위해 한 단락의 처음과 끝에 유사한 표현을 사용하는 것이다.

참고 문헌

성경 교육과 설교에 가장 유용한 최근 주석들

Fee, Gordon. *1 and 2 Timothy,* Titus. New International Biblical Commentary. Peabody, Mass.: Hendrickson, 1984. 유용한 헬라어 음역을 포함한 영어 (NIV) 본문에 대한 주석. 또한 새롭고 면밀한 주해를 보여준다. 이 주석은 읽기 쉬우며 주에서 따로 다루는 주해상의 문제에 대한 상세한 논의를 담고 있다.

Knight, George W. *The Pastoral Epistles.* New International Greek Testament Commentary. Grand Rapids: Eerdmans, 1992. 오랫동안 목회서신을 전문적으로 연구한 학자의 최근의 가장 자세한 주석. 나이트는 "미쁜 말"에 대한 작품으로 이미 정평이 나있었다.

Stott, John. *Guard the Truth: The Message of 1 Timothy & Titus.* Downers Grove, Ill.: Intervarsity, 1996. 동일 본문에 대한 스토트의 박식하고 실제적이며 경건한 능력은 이것을 이 두 서신에 대한 매우 가치있는 주석으로 만든다. 스토트의 강해설교를 들었던 사람들은 동일한 방식을 인쇄된 형태로 보는 일을 환영할 것이다.

Towner, Philip H. *1-2 Timothy & Titus.* The NIV New Testament Commentary Series. Downers Grove, Ill.: Intervarsity, 1994. 매우 읽기 쉬우며 강해와 적용이 탁월하게 결합되어 있다. 타우너는 후에 개정되어 The Goal of Our Instruction(이하 참조)이라는 제목으로 출판된 목회서신에 대한 자신의 박사 논문에 기초했다.

학문을 위한 다른 최근 주석들

Bassler, Jouette M. *1 Timothy, 2 Timothy, Titus.* Abingdon New Testament Commentaries. Nashville: Abingdon, 1996. 최신식의 연구서임. 광범위한 역사적이며 사회학적 자료에 기초함. 절별보다는 문학적 단위별로 본문을 분석

함. 주로 신학 연구자를 대상으로 하지만, 헬라어 본문을 포함시키지 않음.

Dibelius, Martin, and Hans Conzelmann. *The Pastoral Epistles.* Hermenia. Philadelphia: Fortress, 1972. 이 시리즈의 다른 저작들과 함께 이것은 최고의 비평적인 독일적 학식을 대표한다. 설교자에게는 거의 도움이 되지 않지만 학자에게는 매우 중요한 저작이다.

Hanson, A. T. *The Pastoral Epistles.* New Century Bible Commentary. Grand Rapids: Eerdmans, 1982. 아마도 주후 90년 뒤의 바울 이후의 시기와 저작권을 고수하는 사람의 관점에서 학문적이면서도 유능하게 제시된 연구물을 원할 때 항상 참조할 만함.

Kelly, J. N. D. *The Pastoral Epistles.* Harper's New Testament Commentaries. New York: Harper & Row, 1963. 이것은 하퍼 시리즈의 저명한 학자들(그 중에 로마서의 바레트[C. K. Barrett]와 요한계시록의 케어드[G. B. Caird]가 있음)에 의해 쓰여진 주석의 하나이다. 그것은 목회서신에 관해 입수 가능한 최고의 주석 중 하나이다. 켈리는 바울의 저작권을 훌륭히 변론한다.

오래된 중요한 주석들

Calvin, John. *Commentaries on the Epistles to Timothy, Titus, and Philemon.* Ed. Pringel. Grand Rapids: Eerdmans, 1948. 이 저자는 소개를 필요로 하지 않는다. 그의 주석 중 이 특별한 사례는 교회 정치에 대한 그의 사려 깊은(그리고 강력한) 견해들을 반영한다.

Ellicott, Chas. J. *A Commentary on the Epistles of St. Paul,* vol. 2.Philadelphia: Smith, English, & Co., 1868. 고전적인 19세기 주석의 하나임. 헬라어 본문에 기초하는데, 그 본문의 매 구절에 빼곡한 주석을 하고 있다.

Lock, Walter. *The Pastoral Epistles.* The International Critical Commentary. Edinburgh: T. & T. Clark, 1924. 오래되었지만 뛰어난 국제 주석 시리즈의 덜 알려졌지만 가치 있는 저작임. 헬라어 본문에 기초하고 2차 자료뿐만 아니라 1차 자료도 자주 언급하면서 간명한 주석을 하고 있다.

Scott, E. F. *The Pastoral Epistles.* The Moffatt New TestamentCommentary. London: Hodder & Stoughton, 1936. 이것은 영어 본문의 오랫동안 애용 되어온 주석으로 현학적 토론이 제외되어 있다. 스캇은 뉴욕 유니온 신학교의 교수였다.

다른 관련 전문 연구서들

Donelson, L. R. *Pseudepigraphy and Ethical Arguments in the Pastoral Epistles.* Tübingen : Mohr/Siebeck, 1986.

Kidd, Reggie M. *Wealth and Beneficence in the Pastoral Epistles : A "Bourgeois" Form of Early Christianity?* SBLDS 122. Atlanta : Scholars, 1990.

Knight, George W. *The Faithful Sayings in the Pastoral Letters.* Kampen : Kok, 1968 ; reprinted, Grand Rapids, 1979.

Marshall, I. Howard. "Recent Study of the Pastoral Epistles." *Themelios*, 23/1 (1997) : 3-29.

Moule, C. F. D. *Essays in New Testament Interpretation.* Cambridge : Cambridge Univ. Press, 1982. Pages 113-32, "The Problem of the Pastoral Epistles : A Reappraisal."

Prior, Michael. *Paul the Letter Writer and the Second Letter toTimothy.* JSNTSup 23. Sheffield : Sheffield Academic Press, 1989.

Towner, Philip H. *The Goal of Our Instruction : The Structure of Theology and Ethics in the Pastoral Epistles.* JSNTSup 34. Sheffield : Sheffield Academic Press, 1989.

Verner, David C. *The Household of God : The Social World of the Pastoral Epistles.* SBLDS 71. Chico, Calif. : Scholars, 1983.

Young, Frances. *The Theology of the Pastoral Letters.* Cambridge : Cambridge Univ. Press, 1994.

디모데전서 1:1-2

1 우리 구주 하나님과 우리의 소망이신 그리스
도 예수의 명령을 따라 그리스도 예수의 사
도 된 바울은
2 믿음 안에서 참 아들 된 디모데에게 편지하
노니 하나님 아버지와 그리스도 예수 우리
주께로부터 은혜와 긍휼과 평강이 네게 있을
지어다

원 의미

신약성경 시기의 서신의 시작 구절은 관례적 방식을 따랐는데, 그것은 발신자와 수신자 양자의 이름을 포함하며, 후자에 대한 호의적인 말과 평안을 염려해 주는 소원을 수반한다.[1]

발신자와 그의 권위 (1:1a)

바울이 자신을 "그리스도 예수의 사도"로 여기는 것은 빌립보서와 데살로니가 전후서를 제외한 다른 모든 서신에서 자신의 신원을 확인하는 방식과 유사하다. 참된 복음이 무엇이며 무엇을 뜻하는지에 대해 강력한 권위적 선언을 하기 위해 준비하는 갈라디아서에서 바울은 자신의 독특한 사도직의 함의에 대해 상술했다(갈 1:1-2). 거짓 교훈을 다룰 예정인 여기서 그는 이례적인 어구인 "우리 구주 하나님의 명령을 따라"를 사용한다. 우리는 몇 구절에서 바울은 자신이 "하나님의 뜻에 따른"(고전 1:1; 고후 1:1; 엡 1:1) 부르심(참조. 롬 1:1)으로서 사도가 되었다고 이해한 것을 알지만, 이것은 그가 자신의 사역을 하나님의 "명령"에 귀속시

1. 신약성경 시기의 서신의 형식에 대해서는 S. K. Stowers, *Letter Writing in Greco-Roman Antiquity* (Philadelphia: Westminster, 1986); P. T. O'Brien, "Letters, Letter Forms," *DPL*, 550-53을 참조하라.

키는 서신에서의 유일한 인사말이다. 여기서 사용된 강한 어조의 단어(에피타게)는 1:5, 18; 4:11; 5:7; 6:13, 17; 디도서 1:3; 2:15에 재등장한다.[2]

하나님과 예수에 관한 특유의 요소 (1:1b)

바울은 하나님을 "우리 구주"라고 칭한다. 우리는 예수를 우리의 구주로 생각하는 데 너무나 익숙하기 때문에 그 용어의 하나님을 묘사하는 용법이 이목을 끈다. "우리 구주 하나님"이라는 어구는 구약성경 전체에서 단지 다섯 번 나오며(대상 16:35; 시 65:5; 68:19; 79:9; 85:4) 신약성경에서는 단지 여섯 번 등장하는데, 그 중 다섯 번이 목회서신에서 그러하다(이 구절; 딤전 2:3; 딛 1:3; 2:10; 3:4; 유 25). 디도서 1:3에서 그 어구는 여기에서와 같이 인사말에 나오는데, 거기서 그것은 또한 "명령"이라는 단어와 연결된다.

비록 "구원"이라는 단어는 신약성경에서 46번 나오고 "구원하다"라는 단어는 107번 나오지만, "구주"라는 단어는 단지 24번 나오는 점을 인지하는 일은 주목할 만하다. 바울서신에서 그것은 단지 두 번만 목회서신 밖에(엡 5:23; 빌 3:20) 나오는 반면, 10번은 안에 나온다(딤전 1:1; 2:3; 4:10; 딤후 1:10; 딛 1:3, 4; 2:10, 13; 3:4, 6). 그러므로 신약성경에서 이 단어의 등장의 거의 절반이 목회서신에서 발생한다. 그런 단어들은 디모데에 대한 바울의 시작 언사(또한 디도에 대한 그것)에 권위와 위엄의 무게를 덧붙인다. 거듭거듭 이스라엘의 구원을 가져다 주신 하나님은 참된 믿음의 보존에 대해 바울에게 명령할 권위를 지니신 분이다.

더 나아가 바울은 그리스도 예수를 "우리의 소망"이라고 기술한다. 이 어구는 다른 어떤 곳에서도 나오지 않으며, "우리의 소망이신 하나님"이라는 어구 역시도 마찬가지이지만, 확실히 그 개념은 나타난다. 예를 들어, "여호와여 우리가 주께 바라는 대로 주의 인자하심을 우리에게 베푸소서"(시 33:22). 디도서의 세 본문이 다음과 같이 "소망"이라는 단어를 가지고 있다: "영생의 소망"(1:2; 3:7) 그리고 "복스러운 소망 곧 우리의 크신 하나님이요 구주이신 예수 그리스도"(2:13). 의미심장하게도 "하나님"과 "구주"라는 단어가 그 구절에서 예수 그리스도와 관련하여 재등장한다.

---

2. 1:3과 다른 구절들 그리고 특히 상황잇기에서 딛 1:3에 대한 주석을 참조하라.

수신자(1:2a)

디모데는 바울의 "믿음 안에서의 참 아들"이다. "참된"이라는 단어(그네시오스)는 보다 일반적 단어인 아레데스와 다른데, 후자는 "거짓된"에 반대되는 "참된"을 뜻한다. 현 단어는 "불합법적인" 혹은 "가짜의"와 반대되는 "진정한"을 뜻한다. 그 단어는 합법적 결혼 안에서 태어난 자녀에 대해 사용될 수 있을 것이며, 여기의 상징적 진술에서 그것은 디모데의 바울과의 관계를 가리킨다. 바울은 이 청년을 루스드라에서 만났는데, 사도행전 16:1은 그를 유대인 어머니와 이방인 아버지를 둔 "제자"로 묘사한다. 디모데후서 1:5은 디모데의 "거짓이 없는" 믿음을 언급하는데, 그것은 그의 할머니 로이스와 어머니 유니게 속에 "먼저 있었다." 어려서부터 디모데는 성경을 알았는데, 그것을 통해 그는 "그리스도 예수 안에 있는 믿음으로 말미암은 구원"에 이르게 되었다(3:15).

믿음에 대한 이 반복된 용어와 그의 어머니에 대한 신원확인은 바울의 디모데에 대한 "믿음 안에서의 참 아들"이라는 지칭의 배경이 된다. 디모데의 어머니는 유대교 신앙이라는 그의 성장 배경을 제공했으며, 바울은 그의 기독교 신앙을 배양했다. 그는 사도행전 16장의 서사의 시작부에서 "제자"라고 불리므로, 그는 아마도 바울의 앞선 루스드라 사역을 통해 바울의 도착 이전에 십중팔구 기독교인이 되었을 것이다(행 14:8-20). 또한 디모데에 대한 영적 재능의 수여에 참여했다(딤전 4:14; 딤후 1:6).

다른 현존 바울서신들은 개인이 아닌 교회에 (빌립보에서는 그 지도자들에게) 보내진다. 바울서신 외에 명백히 개인적인 단지 빌레몬서만이 개인에게 보내진다. 이 사실은 초대 교회들 복수의 지도자를 가졌으며 디모데와 디도는 (곧 사도 바울에 의해 그의 권위를 덧입은 대표자로 보내진) "사도의 대리인"으로서 특별한 사명을 단지 가졌기 때문에 개인적으로 보내진다는 인상을 준다. 이 서신들은 십중팔구 단지 개인적 읽기만을 위한 것이 아니며, 이 두 대리인에게 부여된 권위를 인증하는 공적 문서로 기능했을 것이다.

호의의 소원(1:2b)

1세기 서신은 수신자의 계속적인 안녕을 비는 호의의 소원을 표현하는 것이 관례였다. 바울은 이 목적으로 특정 기독교 용어들을 사용하지만 또한 기독교적 의미를 지닌 일반 용어를 사용하기도 한다. 여기서 그는 이 생각들을 "은혜와 긍휼과 평강"이라는 말로 표현한다. 헬라어를 말하는 사람들은 보통 카이레라는 말로 친구에게 인사한다. "은혜", 곧 카리스(*charis*)는 유사한 발음을 지닌다.

바울의 세 번째 인사말인 에이레네(영어 단어 irenic[아이레닉, "평화의"]을 파생시킴)는 "평강"을 뜻한다. 이 단어는 히브리어 인사말 샬롬을 회상시키는데, 그것은 평강뿐만 아니라 온전함과 안녕을 함의한다.

바울서신의 이 두 의례적 두 단어에 부가적으로 디모데전후서는 "긍휼"(*ḥesed*)을 덧붙인다(참조. 또한 요이 3). 이 단어는 유감 또는 동정의 개념을 반영할 수 있다. 그것은 하나님의 언약 안에 있는 자들에 대한 긍휼과 호의의 함의를 지니는 히브리어 헤세드를 상기시킨다. 은혜와 긍휼이라는 단어는 혜택을 받는 자들이 스스로 채울 수 없는 필요가 있음을 암시한다.

자신의 대부분의 서신에서 바울은 여기에서와 같이 이 자애로운 호의가 "하나님 아버지와 그리스도 예수 우리 주께로부터" 온다는 점을 나타낸다. 이것은 성령이 은사를 주신다는 사실을 부인하는 것이 아니며, 다만 관대함을 성부 하나님께 돌리며(약 1:17) 하나님의 은혜를 우리에게 전달하시는 그리스도의 이름을 덧붙이는 것이다.

상황잇기

상황잇기가 항상 중요하지만, 시작하는 인사말은 너무나 익숙하기 때문에 그것 역시 관심을 요구하는지를 깨닫지 못할 수 있다. 이 처음 두 절과 같은 본문을 마치 처음으로 보는 것 같이 주의 깊게 읽는 것이 유익하다.

사도. 의사소통은 공유된 참조점들(points of reference)을 요구하기 때문에 한 개념, 사건, 인물 혹은 대상에 대한 언급은 만약 독자에게 그 주제에 대한 일정한 지식이 없다면 무의미하다. 예를 들어, 만약 우리가 자신을 "챈서러"(Chancellor)라고 밝히는 미지의 사람에게 편지를 받는다면, 발신자의 어휘로 그 단어의 의미를 파악할 필요가 있을 것이다. 이것은 미국대학의 명예 총장과 외국의 총리와 아마도 영국의 정부 관료 중 누구에게서 온 것인가? 유사한 방식으로 우리는 바울서신의 동시대의 독자가 사도라는 용어가 무엇을 의미하는 지를, 특별히 이 단어가 거의 2천 년 전의 상이한 문화와 언어에서 어떻게 사용되었는지를 단순하게 추정할 수 없다.

비록 그런 사람이 공적 사절과 같은 사자가 고대 헬라어로 사도라 불리는 점을 알았다 할지라도, 그 사람은 예수의 사도들과 바울과 같은 소수의 다른 사람에 대한 그 용어의 특별한 용법을 알지 못했을 수 있다. 미쉬나에 반영된 후대의 유대 세계에서 샤리아(shaliach)이라는 용어는 사명을 띠고 보내지며 보내는 사람 자신과 같이 맞아져야 할 사람을 나타냈다(*m. Ber.* 5:5). 신약성경에서 가룟 유다에 의해 버려진 "사도적 사역"을 계승하도록 선출되는 일에 대한 조건은 후보자가 주 예수의 사역 동안 동행했으며 그분의 부활을 증언했다는 규정을 포함했다(행 1:21-26). 이와 같이 바울의 부활하신 주님에 대한 목격과 하나님의 그에 대한 선택은 그가 사도로 봉사하는 자격을 부여했다. 그러므로 그는 자신을 "그리스도 예수의 사도"라 칭한다. 이것을 특정 문화에 대해 번역하는 번역자는 사도직의 의미를 표현하는 동시에 왜 바울이 "명령" 하에서 사역했는지를 설명해주는 문화 적합적인 용어를 채택할 필요가 있을 것이다.[3]

하나님과 그리스도. 하나님과 그리스도의 관계는 이해하고 설명하기 어렵다. 1절에서 명령은 하나님과 그리스도 예수 양자 모두에게서 온다. 하나님에 대한 비삼위일체적이며 일신론적인 견해를 가진 사람들에게 하나님이라는 용어는 그리스도를 배제한다. 다신론적 종교를 가진 사람들에게 그리스도 역시 신일 수는 있지만, 두 인격(기독교 용어로 성부와 성자)은 상이한 신으로 여겨질 것이다. 성경적 견해는 하나님이신 한 분만 존재하시는데 그분은 세 인격으로 존재하신다는 것이다. 그러므로 본성에 있어 하나님이시며 인격에 있어 성자이시다. 많은 시도가 삼위일체를 예시하기 위해 이루어져 왔지만, 물질세계에서 그렇게 하려는 노력은 실패할 것인데, 왜냐하면 하나님은 본질에 있어 물질이 아니라 영이시기 때문이다. 더욱이 인간 경험으로 비논리적이거나 불가능한 것이 하나님에 대해 논리적이고 가능한 것을 결정하지 않는다.[4]

바울은 하나님을 "우리 구주"라고 칭한다. 그리스 문화의 종교적 측면이 로마와 그것과 혼합되어 있던 헬라 시기에 구주라는 용어는 다양한 신화적 인물에 적용되었다. 하지만 개인적으로 죄책을 제거함으로 사람들을 자신과의 관계 맺게 하는 신적 존재는 어떤 사례에서도 존재하지 않았다. 구원에 대한 신약성경의 이해

---

3. 사도라는 용어에 대한 문헌은 방대하다. 비록 오래되긴 했지만, 그 의미에 대한 중대한 시기의 토론의 문헌을 담고 있는 참고 문헌을 수록한 유용한 개요에 대해서는 D. Muller and C. Brown, "Apostle," *NIDNTT*, 1:126-37을 참조하라. 보다 최근의 논의에 대해서는 P. W. Barnett, "Apostle," *DPL*, 45-51을 참조하라.

4. 그리스도가 "하나님"으로 불리는 구절에 대한 매우 뛰어난 연구에 대해서는 Murray J. Harris, *Jesus As God: The New Testament Use of Theos in Reference to Jesus*(Grand Rapids: Baker, 1992)를 참조하라.

는 그리스로마 세계에서 유래하지 않는 구약성경의 그것과 일치한다.[5] 하나님은 영적이며 인간적인 영역 양자 모두에서 구주이시다. 오늘의 다원주의적 세계에서 이 개념의 중요성을 이해하는 데 있어, 우리는 기독교적 구원의 독특성을 옹호할 필요가 있다.

물론 이 독특성은 임마누엘("우리와 함께 하시는 하나님")이신 그리스도가 우리의 구주가 되시기 위해 죽으셨다는 진리를 포함한다. 그분의 죽음과 부활은 용서와 영생을 가져온다. 그러므로 바울이 그리스도 예수를 "우리의 소망"이라고 칭할 때, 그분은 당시의 다양한 문화에서 견지되던 개념을 초월하여 계신다. 디모데후서 1:10에서 말씀되듯이 그리스도는 "사망을 폐하시고 복음으로써 생명과 썩지 아니할 것을 드러내셨다."

현대적 의미

명확성과 권위의 필요. 방금 언급된 성경적 소망은 자주 미래의 삶에 대한 주관적이고 모호한 낙관주의에 의해 대체되는 경향이 있다. 사람들을 기독교적 소망으로 초대할 때 우리는 기독교 메시지가 어떻게 소망의 유일한 기초가 되는지에 대한 명확한 설명과 더불어 그렇게 해야 한다. 또한 우리는 다른 진리들과 마찬가지로 이 진리를 성경적 권위로 선포해야 한다. 이 권위는 목회서신에서 중요한 주제이다. 만약 원 독자가 이 사도직이 바울에게 무엇이 정통적 가르침인지(혹은 아닌지)를 선언할 권위를 부여한다는 의식을 했다면, 거짓 교훈을 거부하는 디모데의 시도는 고압적으로 보일 수 있을 것이다.

바로 그것은 특별히 민주적이고 다원주의적인 세계관을 지닌 오늘날의 사람들의 사례일 것이다. 간혹 시민들이 지배자에게 이례적 권위를 부여할 것인데, 많은 이들이 다년간의 획일적인 공산주의 통치 이후 비효율적인 민주주의적 체제로 여긴 것에 대한 반작용으로 본서가 집필되는 동안 벨라루스(Belarus)에서 발생한 것과 같은 경우이다. 그러나 오늘날 선택권이 있는 대부분의 나라에서 전체주의는 거절된다. 마찬가지로 다양한 광신적 사교 집단에서 발생하는 것과 같이 단순한 인간이 하나님에게서 기원한 권위를 지닌다고 주장하는 견해는 많은 이들에게 중세적으로 혹은 훨씬 더 나쁘게 보일 것 같다. 그러나 우리는 바울이 신적인 보증과 함께 이 서신들에서 말하는 것을 말하고 있다고 진술하기를 주저하지 않아야 한다.

5. 구원에 대한 구약과 신약의 가르침에 대해서는 Liefeld, "Salvation," *ISBE*, 4:287-95를 보라.

게다가 진리가 객관적으로 알려지며 우주가 배타적인 신적 권위에 의해 지배될 수 있다고 하는 일관성 있는 우주에 대한 전체 개념은 후현대적 세계관과 배치된다. 바로 그 본성상 디모데전서 1:1은 후현대인에게 용납될 수 없을 것이다. 그러므로 본 절의 요소들은 일정한 정의를 요구할 뿐만 아니라, 그 안의 전제들은 그 함의들이 용납될 수 있기 전에 일정한 일치를 요구한다.

이 서신이 디모데에게 수신되었다는 사실은 우리에게 어떤 의미가 있는가? 성경을 현대적 삶에 적용하려고 시도할 때 종종 우리가 성경 인물의 성격과 상황을 파악하는 것이 유용하다. 보통 서사(narrative)를 연구할 때 우리에게 익숙한 사건과 인물을 발견하기는 쉽다. 하지만 당시의 저명한 기독교 인사에 의해 "아들"이라 불리고 거짓 교훈을 바로잡고 거짓 교사를 반박할 어려운 사명이 주어지는 한 청년을 자신과 동일시 할 수 있는 많은 독자가 있지 않다. 그러나 우리 다수와 관련된 그의 삶과 사명의 측면들이 존재한다. 물론 우리는 사도행전과 바울이 그에게 쓴 두 서신에서 그와 그의 바울과의 관계에 대해 입수하는 다양한 분량의 정보를 수집할 필요가 있다. 우리는 그의 개성(예컨대 딤후 1:6-8을 참조하라)과 연소함(딤전 4:12)에 대한 일정한 결론들을 내릴 수 있다.

더욱이 디모데와 그의 사명에 대한 언급은 후속 구절들과 함께 우리로 하여금 교회를 교리적으로 순수하게 지키는 어렵지만 필수적인 과제를 환기시키는 역할을 할 것이다. 장로들이 세워진 곳에서 이것은 그들의 과업이다(에베소의 바로 이 교회의 장로들에 대한 바울의 지시에 대해서는 딤전 3:1-7을 참조하라; 또한 감독자에 대한 요구 사항에 대해서는 딤전 3:1-7을 참조하라). 그러나 준비되도록 교훈될 필요가 있다. 여기서 바울과 디모데의 관계에서 예시되며 디모데후서 2:2에서 명시되는 교훈의 연속이 여전히 적용될 수 있으며 적용되어야 한다.

기독교적 어휘. 1절의 "소망"이라는 단어와 마찬가지로 2절의 "은혜와 긍휼과 평강"이라는 단어들은 적절히 이해될 때 현대의 기독교적 어휘에서 중요한 자리를 점한다. 그러나 그것들은 오늘날 설명을 필요로 한다. 은혜라는 용어의 문제는 그것이 한편으로 기독교적 용법에서 과도하게 특정한 내용에 국한되어 신학적 지식이 없는 사람들에게 자주 소통하지 못하며, 다른 한편으로는 "어메이징 그레이스"(amazing grace)라는 찬양의 거의 보편적인 사용에서와 같이 너무나 일반적인 용어가 되어서 그 고유의 내용의 많은 부분을 상실한다는 점이다. 기독교에 대해 전혀 모르는 사람에게 "은혜가 네게 있을지어다"라고 읽는 것은 "기가 그대와 함께 하길"(the Force be with you)라고 듣는 것이 미국의 스타워즈(Star Wars) 영화의 어휘를 모르는 사람에게 그러한 것과 같이 무의미할 수 있다. 그러므로 "은혜"의 의미는 단순히 하나님이 우리에게 무상의 구원을 주신다는 것이 아니다. 그것은 또한 "그리스도의 지불로 인한 하나님의 풍요"(God's Riches At Christ's Expense) 이상의 것인데, 비록 그 두음문자에 진리가 담겨있지만 말이다. 그 단어에 대한 고대 헬라어의 용법은 타인에게 도움을 요구하는 데 있어 수혜자 편에서의 무능력을 암시한다. 우리는 다른 아무런 선택의 여지도 없기 때문에 은혜를 필요로 한다.[6]

중간의 용어 긍휼은 자존심을 상하게 하는 것 같이 보인다(신학적으로는 실제로 그렇다). 누가 긍휼을 필요로 하는 위치에 있길 원하겠는가? 그러나 신실한 교인, 특히 전례적 교회 예배 의식의 참여자들은 퀴리에 엘레이손("주여, 긍휼을 베푸소서")이라고 말함에 있어 그 필요를 인정한다. 이 개념의 중요성을 이해하는 관건은 자신의 죄와 결핍에 대한 건전한 인식을 지니는 일이다.

마지막 용어 평강은 오늘날 다수의 적용에서 그 의미가 너무나 희석되어서 사람들이 그것을 특별히 그리스도의 십자가상의 죽음을 통해 하나님과 화해됨으로 인해 초래된 하나님과의 평화로 이해하는 것으로 여길 수 없다. 우리는 타인이 하나님과 불편한 관계에 있으며 화해를 필요로 함을 알도록 하는 데 주저하지 말아야 한다.

6. 필립 얀시의 *What's So Amazing About Grace*(Grand Rapids: Zondervan, 1997)는 또한 우리가 은혜를 타인에게 베풀 필요성에 대해 이야기한다.

디모데전서 1:3-7

3 내가 마게도냐로 갈 때에 너를 권하여 에베
소에 머물라 한 것은 어떤 사람들을 명하여
다른 교훈을 가르치지 말며
4 신화와 끝없는 족보에 몰두하지 말게 하려
함이라 이런 것은 믿음 안에 있는 하나님의
경륜을 이룸보다 도리어 변론을 내는 것이라
5 이 교훈의 목적은 청결한 마음과 선한 양심
과 거짓이 없는 믿음에서 나오는 사랑이거늘
6 사람들이 이에서 벗어나 헛된 말에 빠져
7 율법의 선생이 되려 하나 자기가 말하는 것이
나 자기가 확증하는 것도 깨닫지 못하는도다

원 의미

여기서 디모데에게 요청된 것은 전혀 통상적인 사명이 아니었는데, 이것은 바울이 "너희를 굳건하게 하고 너희 믿음에 대하여 위로하려고" 디모데를 데살로니가로 보냈던 때와 대비된다(살전 3:2). 부도덕한 사람들의 거짓 교훈 때문에 그곳의 상황이 심각하게 불건전한 것이 바울에게 분명해졌을 때 디모데는 이미 에베소에 있었던 것으로 보인다. 그러므로 바울은 다음과 같은 구체적인 목적을 위해 디모데로 하여금 그곳에 "머물도록 권한다". 이 거짓 교사들이 멈추도록 명하기 위해(3절). 이전에 마게도냐로 갈 때에 바울은 원래 디모데에게 이것을 행하도록 권했으며, 이제 그 명령을 강화하고 있다.[1]

권하다라는 동사(파라칼레오)는 (강한 어조를 지니긴 하지만) 따스하고, 개인적인 느낌을 지니는데, 이것은 후속되는 명하다라는 동사의 비개인적이며 명령법적 함의와 대비된다. 바울은 디모데에게 거짓 교사들이 오류를 퍼뜨리는 일을 그만두도록 요구할 권위를 부여한다. "명하다"에 대해 3절에서 그가 사용한 동사(파

1. 바울의 실제 문장 구조는 "내가 너를 머물라 권한 바와 같이"이며, 그 문장에는 아무런 주동사도 없다. 그가 의도한 바를 표현하는 몇 가지 방식이 있다. (1) "내가 너를 권한 바와 같이, 머물라"(NIV), (2) "내가 [일전에]…한 바와 같이, 내가 너를 머물라 권한다"(NRSV), (3) "내가 너를 머물도록 권했다"(NLT), 또는 아마도 "내가 너를…하도록 권한 바와 같이, 나는 네가 머물기를 원한다."

랑겔로)는 (주로 복음서와 사도행전에서) 신약성경에 32번 나오는데, 그 중 다섯 번이 디모데전서에 나온다. 이 서신에는 또한 그 명사형(파랑겔리아)의 신약성경의 다섯 용례 중 둘이 등장한다. 명령을 뜻하는 또 하나의 동사 형태(에피타소)는 목회서신에서 전혀 사용되지 않지만, 명사 형태(에피타게)의 일곱 용례 중 셋이 목회서신에 있다(우리는 1절에서 그것들 중 하나와 이미 마주쳤다). 이것은 권위의 개념이 목회서신에서 얼마나 중요한지를 가리킨다.

일부 번역들에서 파랑겔 어군의 헬라어 단어들은 단지 지시나 지도와 같이 명령보다 가벼운 함의를 지닌 영어 단어들로 번역된다. 사천 명을 먹이신 일에서 예수께서는 파랑겔로라는 단어로 무리에게 지시를 내리시는 반면, 오천 명에 대한 유사한 지시에서는 다른 단어들이 켈류오와 에피타소가 나온다. 이 기사들이 문자적으로 유사하며 켈류오와 에피타소가 일반적으로 "명령"의 강한 함의를 지니므로, 우리는 다른 동사 파랑겔로 역시 그런 권위의 어조를 띤다고 추정할 수 있다.[2] 또한 당국이 예수의 이름으로 전도하지 말도록 사도에게 내린 명령들에서 파랑겔로를 사용한 점에 주목하라(행 4:18; 5:28, 40). 이 모든 것은 단순한 통계를 넘어 우리에게 디모데가 에베소서에서 행사할 권위에 정당한 중요성을 부여하도록 주의시킨다.[3]

"거짓 교훈을 가르치다"로 번역되는 단어(헤테로디다스칼레오)는 6:3에 재등장한다. 그 문맥은 그것이 (NRSV에서와 같이) 단순히 "다른" 어떤 것이 아님을 보여주는데, 이것은 아마도 이 단어의 어원("다른 어떤 것을 가르치다") 자체가 암시할 수 있는 바와 같다. 6장에서 이 동사는 "우리 주 예수 그리스도의 건전한 교훈"과 "경건한 가르침"에 대비되므로, 우리는 "건전하지" 않은 것은 단지 다를 뿐만 아니라, 거짓된 것임을 알게 된다. 갈라디아서 1:6-8에서 바울은 사람들이 돌아서

2. 참조. 마 15:35; 막 8:6(헬라어 파랑겔로), NIV "그가 말씀하셨다"(4,000명의 무리가 앉아서 먹도록 말해진다); 마 14:19(헬라어 켈류오), NIV "그가 지시하셨다"(5,000명); 막 6:39(헬라어 에피타소), NIV "예수께서 지시하셨다"(5,000명).

3. NIV에는 "어떤 사람들에게 거짓 교훈을 가르치지 않도록 명하다"로 나오며, NLT는 "잘못된 교훈을 가르치고 있는 자들을 멈추다"로 나오고, NRSV는 "어떤 사람들에게 어떤 다른 교훈도 가르치지 않도록 지시하다"로 나온다. 어떻게 NIV가 가장 강한 표현("거짓…명하다")을, NLT가 중간적 표현("잘못된…멈추다")을, NRSV가 가장 약한 표현("다른…지시하다")을 사용하는지 주목하라. 메시지 성경(The Message)의 다음과 같은 의역은 그 명령과 오류 양자 모두의 심각성을 거의 전달하지 않는다. "가르침이 정상적인 상태를 유지하도록 다만 매사를 훤히 파악하라." 이것은 주는 잘못된 인상은 디모데가 "매사를 훤히 파악할" 수 있는 한 에베소에서의 가르침은 "정상적인 상태"로 건전했으며, 그 교사들은 디모데의 어떤 교정의 명령도 필요로 하지 않는다는 점이다.

고 있는 "다른 복음"은 "실제로 아무런 복음도 아니며" "영원한 형벌을 받아야" 한다고 말한다. 헤테로디다스칼레오를 약화시키는 것은 진리와 오류에 대한 바울의 강한 교훈을 과소평가하는 일이다.

4절 초두의 "또한…아니다"(nor)라는 단어는 거짓 교훈에 추가적인 무언가를 소개하는 것이 아니라, 그 교훈의 특정 측면들을 밝히고 있다. "어떤 것에 몰두하다"는 여기서 그것에 관심을 기울이다를 뜻한다. 우리는 과도하게 어떤 것에 지적으로 매료될 수 있는데, 이것은 그것에 대한 인격적 숭상을 반드시 동반하는 것은 아니다. 이 경우 "신화"와 "족보"는 거짓 교사들과 그들의 추종자들에게 일종의 매혹을 유발하는 것이다. 민속 신화가 한 사회가 특정 관습이나 신념의 기원을 표현하는 방식들과 결부되는 어떤 가치를 지닐 수 있는 반면, 신약성경에서 지칭되는 종류의 신화는 불경스러우며(곧 성스럽지 않으며, 딤전 4:7), 진리에 위반되고(딤후 4:4; 딛 1:14), 참된 기초나 고상한 전통 없이 교묘히 지어낸 것이다(벧후 1:16).

"족보"가 여기서 각각 디도서 1:14에서 "유대적인" 것으로 불리며 디도서 3:9에서 "율법에 대한 다툼"과 함께 나오는 "신화"와 연관된다는 사실은 이것들이 (아마도 창세기를 포함하는) 거룩한 유대 저작들에서 발견되는 족보임을 시사한다. 혹자는 영지주의 이단을 그 지시 대상으로 보았는데, 그것은 우주적인 인물들의 목록을 가지고 있다. 이것은 시대착오적인데, 왜냐하면 한 체계로서의 영지주의는 후대에 나타났기 때문이다. 그러나 그것은 유대주의의 일부 요소를 통합시켰으며, 영지주의적 사상의 다양한 측면의 기원들을 추적하는 일은 종종 난해하다. 목회서신에서 족보에 대한 언급들의 유대적 배경은 어떤 발전된 영지주의적 개념도 기껏해야 부차적으로 여길 것을 요구한다.[4] 그러나 이 문맥에서 중요한 점인 기독교 사상에 대한 그것들의 유해한 영향을 깨닫기 위해 "신화"와 "끝없는 족보"의 원천과 성격을 정확하게 규명하는 일이 필수적인 것은 아니다.

그 결과는 "변론을 낸다"는 것인데, 변론이라는 단어(에크제테시스)는 헬라어

---

4. 이 문제에 대한 정보와 견해의 자료 중에 다음과 같은 것들이 있다. F. Büchsel, "γενεαλογία," *TDNT,* 1: 663-65; "γενεαλογία," BAGD, 153; Fee, *1 and 2 Timothy, Titus,* 41-42; Knight, *Pastoral Epistles,* 73-74; Kelly, *Pastoral Epistles,* 44-45. 타우너는 필로(*Moses* 2.46-47)와 사해 사본(1QS 3:13-15)을 참조하며 이것들은 "그 용어 자체가 단지 가족명과 후손 목록만이 아닌 중요한 구약성경의 인물에 관한 교훈적인 이야기도 지칭하는 언급임을 명백하게 한다"고 말한다(*1-2 Timothy & Titus,* 45-46). 여기서 사용된 단어의 의미의 불확실성을 가정할 때, "영적 계보"(NLT) 혹은 "공상적인 가계도"(The Message)와 같은 의역보다는 문자적인 "끊없는 족보"(NIV, NRSV)를 유지하는 것이 더 낫다.

신약성경에서 유일무이하다. 그것은 조사나 논쟁이나 토론을 뜻하는 광의의 단어이다. NIV의 "논쟁"은 그 광의의 뜻을 담아내고 있지만 지적 사변이라는 기본적 개념을 표현하지 않는다.[5] 디모데전서 6:4에서 관련된 단어(제테시스)는 "언쟁"과 짝을 이루고 디도서 3:9에서는 "분쟁과 다툼"과 짝을 이룬다. 그러므로 아마도 "논쟁적 사변"이 그 뉘앙스를 최상으로 표현할 것이다.

논쟁적 사변 대신 장려되어야 하는 것은 "하나님의 경륜[오이코노미아]"이다. 바울은 이 단어를 (배타적이지는 않지만) 특별히 청지기직으로서 바울에 의해 관리되는 하나님의 계획과 사역에 대해 사용한다(참조. 고전 9:17; 엡 3:2, 9; 골 1:25).[6] 이 경륜은 논쟁적 사변과 대비되는데, 아마도 부분적으로 효과적이며 통합적일 것이기 때문일 것이지만 여기서는 특별히 "믿음에 의한" 것이기 때문이다. 우리는 하나님이 행하고 계신 것에 대한 신뢰로부터 생각하고 행동해야만 한다. 끝없는 유해한 논의를 낳는 거짓 교훈이 본 서신의 관심사이다. 그것이 하나님이 계시하신 것에 대한 불신앙에서 유래한다. 따라서 믿음의 거절은 그 문장의 단순한 부가 사항이 아니라, 에베소 교회의 타락의 주요 요인이다.

믿음은 사랑과 마찬가지로 기독교 어휘에서 기본 용어이다. 바울은 계속하여 사랑을 "이 명령의 목적"으로 언급한다. 목적의 인지가 이 서신에서 중요하다. 3절에서 바울은 디모데에게 어떤 사람들이 거짓 교훈을 금하도록 명령하는 목적으로 에베소에 머물라고 말했는데, 이것은 우선적으로 사랑으로 이어져야 할 명령이다. 3절의 동사 "명령하다"와 5절의 명사 "명령"(개역개정—'교훈')이 동일한 어근을 가지는 점에 주목하라.

하지만 기독교적 사랑은 단지 거짓 교훈에 반대하는 것보다 큰 명령의 목적일 것 같기 때문에, 아마도 우리는 그 지칭 대상을 더 살펴보아야 한다. 7절의 "율법"에 대한 언급과 8-11절의 주요 주제는 바울이 사랑으로 이어지는 명령으로 언급하는 것은 바로 구약성경의 율법, 특히 모세 율법일 가능성을 시사한다. 바울이 "사랑은 율법의 완성이니라"고 말하는 로마서 13:10에 주목하라. 그렇지만 바울은 아무데서도 율법을 지칭하기 위해 파랑겔리아(본 절의 "명령")를 사용하지 않는다. 더욱이 디모데전서 1:18에서 바울은 이 동일한 헬라어 단어를 사용하며 "이 교훈"

5. NRSV는 단순하게 "사변을 촉진하는"이라고 하며, NLT는 "끊없는 사변"이라는 표현을 포함하는 의역이 있고, 메시지 성경(*The Message*)은 그 절을 "탈선하여 어리석음에 빠지는"으로 축소시킨다.

6. 나이트는 오이코노미아에 대한 유익한 논의를 제공하는데, J. Reumann, "*OIKONOMIA*-terms in Paul in Comparison With Lucan Heilsgeschichte," *NTS* 13(1966-67): 147-67을 참조한다.

이라고 지칭한다. 따라서 우리는 5절에서 언급되는 "명령"은 바울의 디모데에 대한 전체 교훈이며, 이는 다시 적절히 적용될 경우의 하나님의 율법과 일치한다고 결론내릴 수 있을 것이다.

몇 가지 추가적 관찰이 이것이 사실임을 입증한다. (1) "이 명령"이라는 어구에서 "이"라는 단어는 지시 대명사로 사용되는 헬라어 정관사를 나타내며, 따라서 문맥상의 화제를 가리킨다. (2) 거짓 교훈을 가르치지 말라는 명령은 지역 상황을 초월하여 적용점을 지닌다. 하나님의 계시된 말씀(구약의 율법을 포함하는)은 거짓 교훈에 의해 왜곡되지 않아야 한다. (3) 18절에서 에팡겔리아("교훈")의 추가적 용례에 또한 목적에 대한 언급이 있는데, 이 경우 그것은 "…하도록"(so that)에 의해 이끌어진다.

"이 명령의 목적"은 율법의 완성(롬 13:8-10)과 마찬가지로 "사랑"이다. 바울이 5절에서 이야기하는 사랑의 견고성은 단순한 감정과 대비되게 그것이 다음과 같은 성품의 순전함이 있기를 요구한다는 사실에 의해 입증된다: "청결한 마음과 선한 양심과 거짓이 없는 믿음"(5절). 세 가지 면 모두가 단일 전치사 "에서"(에크)에 의해 이끌어진다는 점이 가리키듯이, 그것들은 일체를 이루며 개별적이고 이질적인 특성이 아니다. 양심에 대한 헬라어 단어 쉬네이데시스는 신약성경에서 30번 나오는데 그 중 6번이 목회서신에 나온다.[7]

바울은 6절에서 사람들이 "이것들(NRSV, 곧 5절의 미덕들)에서 벗어났다"고 진술함에 의해 이 순전함의 문제를 추가적으로 다룬다. NIV의 "wandered"(배회했다)는 우연성을 암시하는 것으로 오해될 수 있는데, 여기서 사용된 동사(아스토케오)는 과녁을 "빗나가다, 이탈하다, 혹은 의도적으로 어떤 것에서 떠나다"를 뜻한다.[8] 이단자들은 기독교적 성품에서 벗어나 공허하고 "무의미한" 말에 빠지는

7. 바울서신 전체에 걸친 양심에 대한 이해에 대해서는 Towner, *1-2 Timothy & Titus*, 47, 또한 J. M. Gundry-Volf, "Conscience," *DPL*, 153-56을 참조하라. 우리 현대 서양 문화에서의 독자와 달리, 바울의 독자는 개인적 양심의 측면보다는 명예와 수치의 공동체적 측면에서 생각했을 것이다. 그 문화에서 사람들은 집단의 의견을 의식했다. 이것은 바울의 개인의 책임에 대한 강조를 희석시키지 않는다. 1:5 외에 목회서신의 다른 용례는 다음과 같다. 딤전 1:19("믿음과 착한 양심을 가지라"); 3:9("깨끗한 양심에 믿음의 비밀을 가진 자라야 할지니"); 4:2(에베소에서 거짓 교훈은 "자기 양심이 화인을 맞아서 외식함으로 거짓말하는 자들"로 말미암아 나타난다); 딤후 1:3("내가…청결한 양심으로…섬겨 오는 하나님께 감사하고"); 그리고 딛 1:15("더럽고 믿지 아니하는 자들에게는…오직 그들의 마음과 양심이 더러운지라").

8. 바울이 목회서신에서 사용하는 또 하나의 단어는 플라나오, 곧 "배회하다 또는 속이다"(딤후 3:13; 딛 3:3을 참조하라)라는 말인데, 그것은 고대 종교 논쟁에서 중요한 역사를 가지고 있다.

데, 여기서 확고부동한 행위 또는 존재와 헛된 말이 뚜렷하게 대비된다. "무의미한"이라는 단어는 "무용성"의 개념을 내포하지만, 디도서 1:10에서 바울은 "헛된 말을 하는 자"(다른 형태의 동일한 어근의 용어, 마티오스)를 불순종하고 속이는 자와 함께 분류하므로, 그 헛됨의 개념은 중립적이 아니고 부정적이다. 그 어근의 용어는 "무익한, 무용한, 공허한, 열매 없는"과 같은 단어로 번역될 수 있다. 목회서신에서 그것은 디도서 3:9에 나오는데, 거기서 그것은 변론과 다툼을 묘사한다.[9] 베드로후서 2:18은 이단자들이 "허탄한 자랑의 말을 토하며"(NRSV, "과장된 터무니없는 말을 하며") 그릇되게 행하는 사람들에게서 겨우 피한 자들의 천하고 음란한 본성에 호소한다고 말씀한다. 디모데전서의 이런 종류의 용어의 사용은 만일 거짓 교사들이 제재되지 않고 계속하도록 허용될 경우에 에베소 교회가 직면할 위험을 강조한다.

헛된 말을 하는 동일한 사람들이 "선생이 되려 하며"(7절) 사랑과 청결한 마음과 선한 양심과 거짓이 없는 믿음을 배척하는 사람들이 "율법"의 선생이 되려고 하는 것은 반어적이다. 반어법은 7절에서 그들이 자기가 말하는 것이나 자기가 확증하는 것도 이해하지 못하는 진술에 의해 계속된다. "율법의 교사"로 번역된 단어는 누가복음 5:17에 나오며, 그것은 사도행전 5:34에서 위대한 교사 가말리엘을 묘사한다. 그것과 여기의 문맥에서 암시되는 것은 이 사람들이 아마도 특별히 십계명에 적용되는 판례법과 관련하여 구약성경에 대한 권위를 인정받기를 원했다는 점이다. 그런 교사들은 특정 "사례"와 경우들에서 사람들에게 무엇을 행하거나 행하지 않아야 하는지를 말해주는 의기양양한 경험을 했을 것이다. 누가복음 12:13은 그들이 아마도 추구했을 지위의 사례를 제공하는데, 거기서 예수님은 "선생님 내 형을 명하여 유산을 나와 나누게 하소서"라고 말하는 어떤 사람에 의해 율법의 권위자로 대해진다.

상황잇기

믿음과 진리와 사랑. 이 단락에서 바른 교리의 중요성을 가정할 때 1:5의 명령의 목적이 교리적 교정일 것이라고 기대했을지 모른다. 대신 그것은 사랑이다. 이것은 바울의 교훈에 있어 하나의 감상적 전환이 아닌데, 곧 성경에서 사랑은

9. 또한 다음을 참조하라. 행 14:15; 고전 3:20; 15:17; 약 1:26; 벧전 1:18; 그리고 롬 1:21; 8:20; 벧후 2:28의 관련 형태들.

약한 감정이 아니다. 사랑은 "죽음 같이 강하고 그것의 질투는 무덤 같이 양보할 줄 모르며 그것은 맹렬한 불 같이 타오르고 강렬한 불길과 같다"(아 8:6). 신학적으로 "사랑은 율법의 완성이며"(롬 13:10) 두 대 계명(하나님 사랑과 이웃 사랑, 마 22:36-39)의 핵심이다. 사랑은 하나님의 율법의 신성하게 정해지고 의도된 목표이다. 또한 그것은 하나님이 성자를 보내신 일(요 3:16)과 주님의 우리를 위한 죽음(갈 2:20)과 우리의 그분에 대한 희생적 봉사(고후 5:14)의 원동력이다.[10] 사랑(5절)은 자신의 마음을 청결하게 하는 일과 "선한 양심"에서 발생한다. 이것들은 다시 단지 "거짓이 없는 믿음"이 있는 자들에게만 가능하다. 그리고 이 세 가지—청결한 마음과 선한 양심과 거짓이 없는 믿음—가 전체로 함께 존재할 때 그 결과가 사랑이다. 예수님은 "사함을 받은 일이 적은 자는 적게 사랑하느니라"고 말씀하실 때 이 관계의 일면을 보여주셨다(눅 7:47).

거짓 교사들과 대조되게 디모데는 "진지한(개역개정—'거짓이 없는') 믿음"과 "선한 양심" 양자 모두를 고수해야 한다. 믿음을 수식하는 "진지한"이라는 단어는 깨끗한 양심의 중요성을 강화한다. 바울이 믿음을 "진지한" 것으로 지칭할 때, 그는 어떤 사람에게 신앙이 있는지 없는지(즉, 신자인지 아닌지)의 여부를 다루지 않으며 또한 작은 믿음인지 큰 믿음인지에 관심하지 않는다.[11] 오히려 그것은 믿음이 진정한지 위선적인지, 선의인지 가식적인지의 문제이다. 한 번 더 그는 우리의 성품에 대해 다루고 있는 것이다. 역설적이게도 양심이 부패한 자들은 바로 금욕을 행하며(딤전 4:2-5) 틀림없이 자기 자신의 의를 자축하고 있을 자들이다. 그러므로 진지함과 선한 양심을 지니는 일 양자 모두는 주의 종을 특징짓는 것이 틀림없는 순전함의 표지이다.

"청결한 마음"(5절)이라는 표현은 곧바로 예수님의 팔복, 곧 "마음이 청결한 자는 복이 있나니 그들이 하나님을 볼 것임이요"를 상기시킨다. 마음은 구약과 신약 성경 양자 모두에서 내적 인격 전체를 나타낸다. 그것은 시편과 잠언에 빈번히 나온다.[12] 디모데후서 2:22에서 바울은 디모데에게 다음과 같이 조언한다. "너는 청

---

10. 목회서신에서 사랑을 언급하는 구절은 다음과 같다. 딤전 1:14; 2:15; 4:12; 6:10, 11; 딤후 1:7, 13; 2:22; 3:3, 10; 딛 2:2, 4; 3:4, 15.

11. 마 6:30; 8:26; 14:31; 16:8; 17:20; 눅 12:28에서 예수님의 "작은 믿음"에 대한 언급을 참조하라. 예수께서는 넓은 눈금자로 재어진 믿음의 양 보다는 주어진 상황에서의 믿음의 부족을 묘사하기 위해 이 표현을 사용한다. 즉 만약 제자가 작은 극소량의 믿음이라도 소유한다면 산을 옮길 수 있을 것이다.

12. 몇 가지 예로, "내가 전심으로 여호와께 감사하오며"(시 9:1; 참조. 111:1), "나의 마음은…기뻐하리이다"(13:5; 참조. 16:9; 28:7), "내가 낙심하였음이니이다"(40:12; 참조. 73:26), "내 마음이 확정되었

년의 정욕을 피하고 주를 깨끗한 마음으로 부르는 자들과 함께 의와 믿음과 사랑과 화평을 따르라." 그 결과 본 절은 "청결한 마음" 뿐만 아니라 "사랑"과 "믿음"이라는 단어도 공통으로 가지고 있다. 더욱이 "선한 양심"과 "믿음"이라는 단어는 여기와 본장의 끝(19절) 양자 모두에 나온다.[13]

중요한 주제. 이것은 목회서신에서 신앙과 성품, 정통교리와 정통실천, 건전한 교훈과 도덕적 삶의 결합의 첫 번째 용례인데, 그것은 목회서신에서 하나의 주요 주제로 발전될 것이다. 주의 종의 순전함은 자체로도 중요하며 거짓 교사들과 대비된다는 면에서도 중요한데, 후자는 자신들의 교훈과 마찬가지로 비열하다. 이 서신들에 1세기의 관례적 도덕 표준과 유사한 악덕과 미덕에 대한 언급들이 존재한다는 사실은 진정성을 손상시키는 것이 아니라 오히려 적합성을 보여준다. 장로와 집사와 그 가족을 포함하는 주의 종들은 이웃의 것을 이하의 도덕적 수준으로 살지 않아야 한다. 이방인들 역시 역겨운 행동을 하면서도 일정한 도덕을 가지고 있었으며, 일관적이지 않은 기독교인들 비판하고 그들의 가르침을 물리치기 쉽다.

이런 맥락에서 디모데에게 이단은 관용되지 않아야 한다고 분명하고 강력하게 말할 때 바울은 여기에서 이단자들의 가장 중요한 특징은 논쟁을 유발하는 일임을 밝힌다.[14] 이 특징과 대비되는 것, 곧 명령의 목적인 사랑에 주목하라(5절). 따라서 만약 (역사 내내 일부 호전적 신앙의 옹호자들이 해왔던 것처럼) 디모데가 화를 분출하는 방종으로서 이단을 근절하는 사명을 수행한다면, 그는 태도에 있어 거짓 교사와 같을 것이며, 그 "목적"을 망각한 것일 것이다.

5절에서 논의되는 세 표현, 곧 "청결한 마음과 선한 양심과 거짓이 없는 믿음" 중 가운데 것인 "선한 양심"이 아마도 일반적으로 가장 적게 이해되는 것 같다. 양심은 도덕적 판단을 하는 하나님이 주신 본유적인 능력이다. 그것은 우리에게 무엇이 옳은지 아니면 그른지를 말해주지 않지만, 우리에게 가르쳐진 것에 근거하여 그것은 특정한 도덕적 선택이 그 지식에 일치하는지의 여부를 분별한다. 우리는 양심에 따라 결정할 책임이 있다. 만약 특정 행위의 정당함에 의심이 있다면 로마

고"(57:7; 참조. 108:1; 112:7), "네 마음을 명철에 두며"(잠 2:2; 참조. 2:10; 23:15), "하나님이여 내 속에 정한 마음을 창조하시고"(시 51:10).

13. 또한 4:2과 주석을 참조하라.

14. 헬라어 단어 하이레시스는 목회서신에 나오지 않는다. 이단과 이단자가 본 주석에서 사용되는 이유는 다음과 같다. (1) 그것은 (시간이 흐름에 따라) 선택, 철학적 체계, 종파, 분파와 불화라는 뜻을 내포하며, (2) 그것은 또한 교리적 오류를 뜻하게 되었다. 그러므로 그것은 에베소에서 발생하고 있던 파멸적 상황을 적절히 묘사해준다.

서 14:23은 우리에게 그것을 따르지 말 것을 지시한다. 그런 행위는 믿음에 기초하지 않으며, "믿음을 따라 하지 아니하는 것은 다 죄다."

이 사실은 심지어 자신의 양심을 충실하게 따르는 기독교인일지라도 행위에 있어 다를 수 있음을 보여주는데, 왜냐하면 기초(그들이 채택하고 양심이 준거점으로 삼는 기준)가 서로 다를 수 있기 때문이다. 누구의 양심도 무오류적일 수 없다. 심지어 하나님의 율법을 알지 못하는 자들도 양심이 있으며 도덕적으로 책임이 있지만(롬 2:12-16), 그들의 도덕적 판단은 결함이 있을 수 있다. 진지함과 선한 양심은 주의 종의 중요한 특징이다. 그런 자질은 너무나 약하거나 모호하게 보여서(교회사의 악명 높은 시기들에 발생한 바와 같이) 오류가 만연했을 때 종종 주요 요건이 아니었을 수 있다. 그런 시기에 전선이 그러지며 십자군의 불굴의 열의가 지도자의 가장 중요한 필요조건으로 보일 것이다. 그러나 그것이 바로 우리가 목회서신을 필요로 하는 이유—곧 우리의 우선순위를 바로 정하기 위해—이다.

현대적 의미

오류를 다루는 방식. 오늘의 우리에 대한 목회서신의 메시지는 단지 어떻게 특정한 종류의 이단을 식별할 것인지에 대한 것만이 아니다. 그 메시지는 또한 (아마도 어떤 상황에서는 더욱 중요한) 그런 이탈들이 다뤄져야 할 방식에 대한 것이다. 건전한 교사가 어떻게 이단에 맞서야 하는지가 어떤 이단에 맞서야 하는지와 함께 주목을 받는 일이 목회서신 연구에서 점차 분명해질 것이다. 오늘날 목회서신의 주요 적용점은 단순히 바른 교리를 지키는 것이거나, 더 더욱 이 서신에서 발견할 수 있을 교회조직의 특정 형태를 주장하는 것이 아니라, 교리와 삶의 통일성의 중요성이다.

바울은 선교 여행 중에 철학 전파자와 이교 숭배자와 같은 이방 순회 전도자들을 접할 경우가 있었는데, 그들은 자신들의 순진한 신봉자와 회심자에 의지하여 생계를 꾸려나갔다. 우리는 이 떠돌이 전도자들 일부의 명성은 나쁜 가르침과 악한 생활의 슬러리임을 드러냈다는 당시의 충분한 증거를 가지고 있다.[15] 그러나 심지어 기독교 안에서도 교회들이 세워져 가고 바울의 통제 범위가 너무 넓어 효과적이지 않게 되었을 때 그는 점차 교회들 내의 교사들의 삶에서 그런 혼합의 경

15. 슬러리(*Slurry*)는 광산업과 야금술에서 액체 상태의 점토, 시멘트, 석탄과 같은 입자의 혼합물에 대해 사용되는 용어이다. 필자는 그것을 불순한 교리와 행동의 혼합 상태를 묘사하는 것으로 사용한다.

우들을 목도하게 되었다. 그는 부패하며 부패하게 하는 교훈과 결합되는 불경건을 목도했다(딤전 1:18-20; 4:1-2; 딤후 2:16-17; 3:1-9; 딛 1:10-14). 그러므로 바울은 불순한 교리와 불순한 생활의 악한 슬러리에 맞서기 위해 단지 순수한 교리 혹은 순수한 생활만이 아닌 이 양자의 결합을 촉구했다. 그가 요구하는 교리는 단지 올바를 뿐만 아니라 "건전한" 것이었다. 건전한 혹은 건강한 교리는 도덕적이며 건강한 삶을 낳는다. 이 결합은 기독교인과 특별히 기독교 교사에게만 중요한 것이 아니며, 또한 그 자체로 메시지의 진실성에 대한 증거이기도 하다.[16]

오류의 식별. 선행하는 것은 교리적 오류에 대치할 현대적 책무를 축소하지 않는다. 목회서신은 이것을 행함에 대해 우리에게 무엇을 가르치는가? 교리적 이탈에 대해 경고하는 신약성경의 메시지를 우리 자신의 상황에 적용하기 위해 성경적 배경을 가능한 한 온전히 이해하는 것이 도움이 된다. 하지만 이것은 목회서신에서 좌절감을 주는 책무일 수 있는데, 왜냐하면 그것은 이단을 밑도 있게 제시하지 않기 때문이다. 이것은 결점이 아닌데, 왜냐하면 인사에서 그 용어들에 대해 주목한 바와 같이, 수신자들은 후대의 독자들이 가지지 못한 정보를 가졌기 때문이다. 그들은 조각들을 결합할 수 있었을 것이다.

하지만 목회서신 도처에 불일치점들이 무엇이었는지에 대한 다수의 단서가 존재한다. 바울이 "거짓 교훈"을 언급하는 1:3에서 이미 살핀 바와 같이 우리는 중요한 것은 단지 실천이나 견해의 문제가 아니라 진리의 문제였음을 안다. 그는 "신화와 족보"를 지칭하지만, 이 용어들은 다소간 모호하며, 따라서 오류의 본질을 식별하는 데 큰 도움이 못된다. 또한 우리는 이 사람들이 오해한 율법에 관한 어떤 것이 존재함을 아는데, 왜냐하면 명백하게 그들은 그것을 "적법하게" 사용하고 있지 않기 때문이다(8절). 다소의 추가적 정보가 목회서신의 이후 구절들에서 발견될 것이다. 그러나 설령 이 진리로부터의 이탈에 대해 원하는 만큼의 정확하고 다채로운 그림을 그릴 수 없다 하더라도, 우리가 전적인 실패에 놓여 있다고 할 수 있겠는가? 그것은 우리가 1:3-7과 같은 구절에서 오늘날의 교리적 이탈을 식별하는 데 도움을 주기에 충분히 구체적인 어떤 것도 얻어낼 수 없음을 의미하는가? 정반대로 우리가 본문을 적용할 수 있는 몇 가지 방식이 있다.

---

16. 바울이 이 "결합" 곧 교리와 삶의 통일성을 강조하는 구절은 다음과 같다. 딤전 1:5, 19; 2:8-15; 3:2-13, 15-16; 4:2, 6-7, 11-12, 15-16; 5:5-6, 8, 10; 6:1-2, 6-10, 11-12; 딤후 2:19-22; 딛 2:1-10; 3:8 (또한 서론을 참조하라).

(1) 비록 저술 당시 바울의 마음에 있었던 것에 상응하는 현대의 특정한 오류를 식별할 수 없을지 모르지만, 우리는 보통 우리 자신의 상황에서 상응하는 잠재적인 문제를 구체화할 수 있기에 충분한 1세기 교회의 상황의 양상을 식별할 수 있다. 예를 들어 율법의 적법한 사용은 수세기에 걸쳐 논쟁의 사안이었으며, 기독교의 분파들 간에 합당한 차이들이 존재한다. 그러나 만약 우리가 강한 율법주의적 태도 혹은 반대의 방종주의를 만난다면, 율법에 대한 이 잘못된 오용 이면에 있을 수 있는 교리적 전제를 조사할 수 있다.

(2) 또 하나의 접근법은 우리 교회(또는 교회의 교제)의 정상적 성장의 방해물들의 존재에 유의하는 것이다. 한 가지 방해물은 아마도 에베소 교회에서와 마찬가지로 논쟁일 수 있다(1:4). 이것은 논쟁이 항상 이단을 가리킨다는 것을 뜻하지 않는데, 왜냐하면 심지어 정통 신학자나 교회 지도자도 개인적 의제와 죄된 동기로 인해 논쟁에 내몰릴 수 있기 때문이다. 그러나 논쟁은 또한 기본 교리적 전제의 근본적 차이에서 발생할 수 있는데, 특별히 어느 한쪽이 정통 교리와 모순되는 생각을 받아들일 경우에 그러한다. 교리적 병독의 존재 가능성에 대한 또 하나의 단서는 하나님의 사역이 믿음으로 진행되고 있지 않지 않느냐의 여부이다(4절을 거듭 참조하라). 재정적 이익과 개인적 "제국 건설"이 믿음을 대체할 수 있을 때, 일탈적인 교리 역시 그러할 수 있다. 새로 개척된 교회나 선교 사역의 근저의 미묘한 기반의 전환을 수반하는 하나님에 대한 의존의 약화가 존재할 수 있다.

필자는 소년 시절 교리적으로 연합되고 당시 현대주의로 불리는 것을 반대하는 일단의 교회들이 있던 것을 회상한다. 하지만 그 연합체의 한 교회가 다른 교회들의 능력을 지니거나 다른 교회들만큼 발전을 이루지 못했던 것 같다. 한 지혜로운 기독교인이 그 교회의 목사의 설교의 심각한 결점을 인지했다. 믿음의 근본적 사항들이 명확하게 선포되고 있지 않았다. 오래 지나지 않아 그 목사는 떠났고 오늘날 우리가 복음적 신앙이라 부를 것에 대한 아무런 서약도 하지 않는 단체에 참여했다. 많은 이에게 그 목사의 이동은 완전히 뜻밖의 일이었다. 그러나 "하나님의 사역"에서의 무능력의 원인이 본질적으로 교리적임을 인지했던 사람들에게는 그렇지 않았다.

(3) 소위 현대주의자와 근본주의자 그리고 보다 최근에 자유주의자와 복음주의자의 대립의 역사를 고려해 볼 때 건전하지 않은 교리를 가진 사람들이 인지되고 해명이 요구되지 않기가 전보다 오늘날 더 어려워진 것으로 보인다. 또한 오늘날 우리는 그 교수진과 졸업생들이 이단을 분별하고 다루는 일에 잘 준비된 우수하고

신학적으로 건전한 다수의 신학교를 가지고 있다. 그렇지만 성경과 교리에 대한 광범위하며 위험한 무지의 이유들이 존재한다. ⓐ 한 가지 이유는 공립학교에서 성경 사실들과 교회사에 대한 언급의 부족이다.

ⓑ 다른 하나는 부분적으로 가족 저녁 식사 시간의 사라짐으로 인한 가정 성경 읽기와 교훈의 감소이다.

ⓒ 더욱이 목회자들의 행정 업무, 공동체 관련 행사 그리고 상담에 대한 몰두는 자주 연구 시간의 감소를 뜻한다.

ⓓ 또한 설교자들이 비교인들과 젊은 세대에 접근하는 일에 대한 과도한 열중 때문에 교리적 설교가 등한시될 가능성이 있다. 젊은 세대가 장시간에 걸친 비관계적 설교를 소화하는 데 어려움을 가지며, 현대 설교가 이 청중들에게 맞추려는 진지한 적응 과정에서 자주 교리적으로 약화된다는 점이 현재 널리 인정되고 있다. 만약 교리적 가르침의 일정한 제공이 이루어지지 않는다면, 기독교인과 구도자 양자 모두 교리적 문제를 제대로 다루기 위해 필요한 기초를 결여하게 될 것이다. 방문을 받는 기독교인들이 성경 진리에 뿌리박혀 있다기보다 축호전도를 다니는 이단자들이 자주 자신의 신념을 진술하는 데 더 잘 훈련되어 있다. 사람들이 "신화와 끝없는 족보"의 현대적 상응물에 대해 들으면서도 그것들을 어떻게 다루어야 하는지를 알지 못할 수 있다. 그리고 교사들이—율법에 대해서든 오늘날의 더 최신의 화제에 대해서든—교리적 문제들에 대해 "확증할"(7절) 때 평균적인 사람은 그 교사들이 "자기가 말하는 것을 알지 못한다"는 사실을 거의 모를 것이다.

상대주의에 대한 검토. 또 하나의 현대의 문제는 신학적 순수성을 위한 교리적 입장과 대비되게 종교적이며 윤리적 화제들은 자주 다원주의와 가치와 같은 상대주의적 용어를 포함한다는 점이다. 기독교의 가르침은 자주 단지 상대적 가치만을 지니는 것으로 평가된다. 절충주의는 어떤 한 종교 기관이나 신앙 체계에 헌신하지 않는 대신 자의적으로 이것들의 특정 측면들을 취사선택하는 방식의 종교관과 신앙관이다. 개인적으로 관심을 끄는 가르침이나 윤리적 척도가 정당하게 여겨진다. 따라서 오늘날 다수의 가톨릭 신자가 마리아에 대한 가톨릭의 가르침을 수용하지만 산아제한에 대한 가톨릭의 가르침은 거절한다. 종교적 권위와 신학적 절대주의가 거절된다.

가치라는 용어는 무해하며 심지어 유익하게 보이는 것 같지만, 그것은 도덕의 빈약한 대체물일 수 있다. 상이한 가치 체계들이 도덕적 절대 원칙들과의 동일한 지위를 요구하고 있는 것이다. 세계 전역의 다양한 문화에서 그리고 오랜 기간 동안 기독교 선교사들은 전하도록 사명을 받은 복음 자체와 도덕적 표준과 교리 양자 모두를 타협하지 않으면서 전도하려는 사람들의 신앙과 실천들에서 존재하는 참된 가치들을 어떻게 인정할지를 결정해야 했다.

디모데전서 1:8-11

8 그러나 율법은 사람이 그것을 적법하게만 쓰
면 선한 것임을 우리는 아노라
9 알 것은 이것이니 율법은 옳은 사람을 위하
여 세운 것이 아니요 오직 불법한 자와 복종
하지 아니하는 자와 경건하지 아니한 자와
죄인과 거룩하지 아니한 자와 망령된 자와
아버지를 죽이는 자와 어머니를 죽이는 자와
살인하는 자며
10 음행하는 자와 남색하는 자와 인신 매매를
하는 자와 거짓말하는 자와 거짓맹세하는
자와 기타 바른 교훈을 거스르는 자를 위함
이니
11 이 교훈은 내게 맡기신 바 복되신 하나님의
영광의 복음을 따름이니라

원 의미

언어유희로 바울은 율법(노모스)이 적법하게(노미노스) 사용되어야 한다고 말한다. 물론 합당한 사용은 그것의 목적의 이해를 요구한다. 이 문제 그리고 특별히 은혜로 구원받은 자들의 삶에서의 율법의 기능에 대한 많은 신학적 토론이 있었다.

바울은 한 곳 이상에서 이 문제에 대해 상세히 언급하지만 현 구절 외에 갈라디아서 5:13-26에 대한 논급이 아마도 가장 유익할 것이다. 거기서 율법은 다음과 같은 단일 명령으로 요약된다: "네 이웃 사랑하기를 네 자신 같이 하라." 물론 이것은 하나님에 대한 사랑을 "가장 큰 계명"으로 전제한다(마 22:37-38). 갈라디아서의 구절은 계속하여 "죄된 본성(문자적으로 '육체')의 행위"가 "성령의 열매"로 대체되어야 함을 보여주는데 그것은 "사랑과 희락과 화평과 오래 참음과 자비와 양선과 충성과 온유와 절제로서 그와 같은 것들을 거스르는 법은 존재하지 않는다"(갈 5:22-23). 여기 디모데전서에서 바울은 바로 그 율법에 반하여 행동하는 자들을 갈라디아서 5:19-21에서와 같이 이제 개인적 방탕 가운데 있는 것이 아니라 하나님께 반대하며(딤전 1:9a) 인간에게 적대적인(9b-10a절) 상태에 있는 것으로 묘사한다. 그런 사람들은 하나님도 이웃도 사랑하지 않는다.

9절은 율법[1]이 의인이 아니라 "불법한 자와 복종하지 아니하는 자"를 위해 만들어졌다[2]는 원칙을 세운다. 옳은 것을 행하기를 거부하는 자들은 그들이 행하고 있는 것이 잘못된 것임을 밝혀주는 표준에 직면할 필요가 있다. 바울은 이렇게 기록했다: "내가 율법이 요구하는 것을 이해하지 못할 때에는 괜찮았지만 진리를 알게 되었을 때 율법을 범하고 죄인 되었으며 죽을 운명에 처했음을 깨달았다"(롬 7:9, NLT). 만약 이전에 율법에 전념했던 바울이 그런 방식으로 직면할 필요가 있다면, 그 죄악들이 다음 단락에서 열거되는 자들은 얼마나 더 그러하겠는가.

9-10절의 죄악 목록은 단지 고대 윤리 저작들에서 발견되는 소위 "악덕 목록들"을 상기시킬 뿐만 아니라, 다음과 같이 십계명의 주제들을 따른다(신 5:6-21).[3]

디모데전서 1:9-10	**십계명(신 5:6-21)**
불법한 자와 복종하지 아니하는 자와 경건하지 아니한 자와 죄인과 거룩하지 아니한 자와 망령된 자	나 외에는 다른 신들을 네게 두지 말지니라
아버지와 어머니를 죽이는 자	네 부모를 공경하라
살인하는 자	살인하지 말지니라
간통하는 자와 변태 성욕자	간통하지 말지니라
노예매매를 하는 자	도둑질하지 말지니라
거짓말하는 자와 거짓 맹세하는 자	네 이웃에 대하여 거짓 증거하지 말지니라

1. "율법"이라는 단어(노모스)는 9절의 헬라어 본문에서 무관사적이다. 즉 그것은 "그"라는 정관사를 가지고 있지 않다. 하지만 이것은 그 단어를 부정적(indefinite)으로 만들지 않는데, 비록 그것이 법 일반을 지칭하지만 말이다. 비록 정관사가 나오지 않더라도 문맥상 모세 율법이 염두되고 있음이 분명한데, 이것은 바울이 이방인들은 "율법"을 가지고 있지 않다고 말하는 롬 2:14과 "율법"이 아브라함으로부터 400년 후에 왔다고 하는 갈 3:17에서와 마찬가지이다. 보통 바울이 법을 언급할 때 모세율법을 뜻한다.
2. "만들어지다"(케이타이)는 여기서 법적 의미를 지닌다. 그 단어는 또한 "주어지다, 존재하다, 유효하다"로 번역될 수 있다(BAGD, 426).
3. 영(Young)은 이 목록이 십계명을 반향하며 또한 목회서신 안에 있는 "헬라와 유대의 교량 역할을 하는 문화"(Hellenistic-Jewish bridge culture)에 부합함을 보여준다(*Theology of the Pastoral Letters*, 24-28).

대부분의 비교는 따로 설명이 필요 없다. 하나님을 숭배하지 않는 자에 대한 묘사는 무례의 다양한 측면을 포함한다. "간통하는 자"(딤전 1:10)로 번역된 단어는 광의적이며 (제7계명과 마찬가지로) 성적 부도덕의 다양한 행위에 적용되는 것으로 이해된다. 그렇지만 신명기 5:18의 히브리어 나아프는 간통을 의미했으며(또 하나의 단어 자나는 간음 일반에 대해 사용됨), 신약성경의 시기에 비록 헬라어 단어 포르네이아가 성적 부도덕에 대해 광범위하게 사용되었지만 그것은 (문맥에 따라) 특별히 간통을 지칭한다. 여기서 사용되는 포르노이는 적절하게도 NIV에서 "간통하는 자"로 번역된다. NIV의 "변태 성욕자"는 헬라어 아르세노코이, 곧 남성 동성애자에 대한 번역이다(NRSV "남색하는 자", NLT "동성애자"). 노예매매는 도둑질의 이례적인 사례이지만, 당시 사회에서 이해될 수 있으며 매우 흔했다(또한 출 21:16; 신 24:7을 참조하라).

10절은 특정한 것에 일반적인 것으로 이동하는 수사법을 사용한다. 율법에 의한 판단과 교정을 요구하는 죄악을 열거한 후 바울은 "건전한 교훈을 거스르는 여타의 모든 것"이라고 일반화한다. 10-11절에는 몇 가지 중대한 점이 있다.

(1) 구약성경의 율법에 거스르는 것은 또한 기독교의 교훈에도 거스른다.
(2) 참된 교훈은 "건전한" 혹은 건강한이라고 불린다. 이 단어는 의학 용어이며 (아래를 참조하라) 목회서신의 저술에서의 누가의 일정한 참여 혹은 영향의 단어일지도 모른다(서론을 참조하라).
(3) 건전한 교훈은 다시 "영광의 복음을 따르는" 것이다. 비기독교인들이 복음 전파를 통해 들었던 처음 가르침과 교리의 가르침을 통해 받아들인 후속적 교훈은 서로 일치한다.
(4) 이 복음은 "복되신 하나님"께로부터 온다. 이것은 그것의 진실성과 커다란 중요성 양자 모두를 강조한다.
(5) 그 복음은 바울에게 맡겨지는데, 이것은 바울의 권위와 그것을 전달한 책임 양자 모두를 표현한다.

"건전한 교훈"이라는 표현은 단지 목회서신에만 나온다. "건전한"은 형용사로 사용되는 동사 휘기아이노, 즉 "건강하다"의 분사를 나타낸다.[4] 그것은 "말", "교

4. 목회서신에서 그 동사의 용례는 딤전 1:10 이외에 6:3; 딤후 1:13; 4:3; 딛 1:9, 13; 2:1-2이다.

훈", 또는 "믿음에 있어"와 결합된다. 모든 사례에서 그것은 참된 신앙을 묘사하기 위해 사용된다. 보통 근접 문맥이 그것이 거짓 교훈과 대조되는 참된 신앙임을 보여준다. 건강하다라는 문자적 의미의 동사 자체만의 형태는 신약성경의 다른 곳으로 단지 누가복음과 요한삼서에서만 발견된다.

이것은 "병들지" 않고, 온전하며 오류라는 질병에 저항력이 있는 가르침을 묘사하기 위해 특별히 목회서신에서 사용된 실감나는 상징적 표현이다.[5] 대조적으로 거짓 교사들은 언쟁에 "건강하지 않은[노소스, 병든] 관심"을 가졌다(딤전 6:4). 1:9-10에 열거된 십계명에 반하는 죄악들은 이 건전한 교훈에 "거스른다." 이 죄악들이 단지 과실이나 실수가 아님을 보여주기 위해 바울은 "율법이 만들어졌다"(9절)라는 어구의 단어 케이타이("만들어지다 혹은 주어지다"와의 언어유희로 보이는 단어(안티케이타, "대항하는, 반대하는, 상반되는")를 선택한다.

10-11절의 어휘에는 추가적인 함의가 존재한다. 불건전하고 병들었으며 거짓된 교훈은 "복되신 하나님의 영광스러운 복음"이라는 강력한 대적물을 가진다. 명사 "영광"(여기서 속격으로 형용사적으로 사용됨)은 또한 1:17(존귀와 영광이 하나님께 돌려짐); 디모데후서 2:10("그리스도 예수 안에 있는 구원을 영원한 영광과 함께" 받는 일에 대해 언급); 4:18(영광이 하나님께 다시 돌려짐); 그리고 디도서 2:13("우리의 크신 하나님 구주 예수 그리스도의 영광스러운 나타나심[또는 영광의 현현, NRSV]")에 나온다. 여기의 그 어구가 (1)(저자에 익숙한 셈어적 관용어법을 따르는) "복되신 하나님의 영광스러운 복음"과 (2) "복되신 하나님의 영광의 [혹은 영광을 말하는] 복음" 둘 중 어떤 것으로 이해되어야 하는지를 논의하면서 나이트는 올바르게도 보통 "그리스도의 영광의 복음"이라고 번역되는 병행 표현이 나오는 고린도전서 4:4을 참조한다.[6] 그러므로 (2)의 번역이 여기서 적절하다.[7]

5. 그 단어가 "건전한" 보다는 "합리적인" 또는 "이성적인"을 뜻하며 바울서신에 대한 바울의 저작권을 반대하기 위해 사용되는 그리스와 헬라적 용례에 의존하는 대안적 견해에 대해서는 Dibelius and Conzelmann, *Pastoral Epistles*, 24-25를 참조하라. 그들의 설명의 문제점은 인용하는 문학적이며 언어적인 자료가 아니라 그들의 방법론이다.

6. 피터슨(Peterson)의 메시지 성경(*The Message*)에서의 의역은 그 고린도서의 표현에 적절한 현대적 변형을 가하여 "그리스도와 함께 빛나는 메시지"라고 되어 있다. 그렇지만 딤전 1:11에서 영광에 대한 중요한 용어가 "큰"이라는 단순한 단어에 의해 의역에서 모호하게 되는 것은 불행하다. (앞 절에서 "건전한 교훈"이라는 중요한 주요 어구가 전혀 나오지 않으며 아마도 10-11절의 간결한 요약에서 "진리"라는 단어에 의해 대신 말해지는 것 같다. 이것은 익숙하지 않은 사람들을 위해 성경적 용어를 현대화하려는 칭찬할 만한 시도에서 우리가 직면하는 난점이다.

상황잇기

기독교인과 구약성경의 율법. 신학자들은 신약 시대의 신자에 대한 구약 율법의 기능에 대해 오랫동안 논쟁해왔다. 그것은 이 세대를 위해서는 부적절한 것으로 폐기되어야 하는가? 그것은 단지 인간의 죄성을 드러내는 한도에서 용도가 있는가? 그것은 기독교인의 삶의 표준으로 가르쳐져야 하는가? 기독교인은 사회를 그 율법과 조화되게 하는 일을 추구해야 하는가?[8]

이 단락은 이 용법 중 어떤 하나도 배제하지 않으며 마찬가지로 그 질문들에 직접적으로 답하지 않지만, 몇 가지 근본적 원리를 제공한다. 8-11절은 세 가지 점을 지적한다. (1) 그것들은 "양식 있는 기독교인"[9]이 지니는 지식("우리가 아노라", 8절)을 율법을 오용하는 거짓 교사의 무지와 대조한다. (2) 그것들은 비록 디모데가 율법의 선생이 되려고 하는 자들을 반대하지만 율법 자체는 선하기 때문에 긍정되어야 한다고 가르친다(8절, 참조. 롬 7:12). (3) 그것들은 율법의 가르침의 합당한 목적에 대해 독자에게 중요한 통찰을 제공한다(딤전 1:9-10).

이 단락의 직접적 관심사는 오늘날의 우리의 관심사들과 동일하지 않은데, 후자는 세속 사회의 영역에서 구약 율법의 가능한 역할, 율법이 현시대에 기독교인의 삶의 기초로서 기능해야 하는 정도, 또는 구원사에서 율법의 기능과 같은 것들이다. 대신 특정한 관심사, 곧 이 서신들이 다루고 있는 문제가 존재한다. 아마도 이단자들은 교회에서 자신들의 목적을 달성하기 위해 율법을 엄격하게 적용하고 있었던 것으로 보인다. 우리가 완전하게는 알지 못하는 방식으로 그들이 율법을 의도되지 않은 교리적이거나 윤리적인 역할에 억지로 끼워 맞춤에 의해 "의로움"에 적용하고 있었다. 합당한 자들에게 존경과 공경을 돌리고 조세를 바칠 것을 촉구하는 문맥에서 사랑이 율법이 완성이라(롬 13:7-8)고 기록한 동일한 사도(바울의 저작권을 가정할 경우)가 그런 적용을 그 적법한 기능들의 하나로 거의 배제하

7. 이런 연유로 NRSV와 NLT는 딛 2:13에서 NIV를 수정하는 데 동참하여 "영광스러운 나타나심"에서 "[그리스도의] 영광의 현현"과 "[그리스도의] 영광이 드러날 때 놀라운 사건"으로 각각 바꾼다. 메시지 성경은 "[그리스도께서] 나타나실 때 영광스러운 날"이라고 하는데, 이것은 영광의 개념을 그리스도보다는 시간에 적용하고 있다. 그 구절에 대한 필자의 주석을 참조하라.

8. 구약성경의 율법, 곧 토라는 부분적으로 주경학적 불확실성 때문에 다양한 방식으로 적용되며 오용되었다. 예수님은 산상설교에서, 특히 마 5:17-48과 "너희가 들었으나 나는 너희에게 이르노니"의 사례들에서 율법의 문제를 다루셨다. 이것은 정확한 의미는 여전히 논쟁된다. 바울은 그리스도가 율법의 "마침"이시라고 말씀한다. 여기의 "마침"은 헬라어 텔로스를 나타내는데, 그것은 목적과 단절 양자 모두를 뜻할 수 있으며, 이것들 중 바울이 무엇을 의미하거나 강조하는지 역시 논쟁된다.

9. Kelly, *The Pastoral Epistles*, 48.

지 않았을 것이다.

비록 우리에게 명백하지는 않지만 왜 바울이 단지 율법이 죄인들을 위해 있다고 말할 뿐만 아니라 정죄의 빛에 드러날 필요가 있는 특정 죄인들을 범주별로 밝히고 있는지의 특정한 이유가 있음에 틀림없다. 율법은 아마도 에베소 신자와 거짓 교사들에게 익숙한 일종의 악덕의 목록으로 기능한 것 같다. 이것은 율법의 적법한 용도의 하나는 주어진 문화에서 어떤 형태를 취하든 상관없이 죄를 지적하는 일임을 시사한다. 독자의 주목을 끄는 것은 노예매매를 하는 자와 거짓말하는 자와 여타의 율법이 반대하는 죄인들을 언급하고 난 다음 그가 그것을 율법을 오용하고 있는 당사자들의 교훈과 연관짓는 점이다("건전한 교훈을 거스르는 여타의 모든 것"). 거짓 교사들은 자신들의 총이 자기 자신들을 향하도록 돌려졌음을 발견했을 것이다.

진리의 표준. 종종 다른 점에서는 논리적인 사람들도 명백한 논리적 결론을 내리고 그것에 의거하여 행동하는 데 어려움을 겪는다. 이 단락에서 진리의 표준은 "영광스러운 복음에 *부합하는* 건전한 교훈"이다(이탤릭체 덧붙임). "영광스러운 복음"에 부합하지 않는 어떠한 가르침도 명백히 건전한 교훈이 아니며 거절되어야 한다. 그렇지 않으면 개인적, 개인적, 또는 감정적 이유일 것들로 인해 우리는 이단이 우리의 공부 모임, 청소년 프로그램 또는 교회 자체로 슬며시 침투하도록 허용하게 된다. 우리가 어떤 가르침이 복음에 "부합하지" 않는 것을 간과하도록 선택하는 이유는 아마도 고의적이거나 혹은 좋은 교육의 부재일 것인데, 어떤 경우든 교회의 지도자들이 책임을 져야 할 것이다. 바울은 근본적인 복음에 분명히 부합하지 않는, 단지 율법에 대해서 뿐만이 아닌 모든 기본적 교리의 요소에 대한, 어떠한 가르침도 거짓된 것으로 선언되어야 함을 시사한다.

현대적 의미

오늘날에 있어서의 구약의 율법. 오늘날 소수의 기독교인들만이 구약의 율법에 대한 심도 있는 토론에 참여할 것이다. 하지만 이 단락의 상황이 오늘날의 기독교인의 전형적 상황과 확고하게 관련될 수 있는 두 가지 방식이 존재한다. (1) 아마도 자각하지 못한 채로 기독교인들은 과욕적인 율법의 적용에 기초한 행위나 행동에 대해 비판받을 수 있다. 이것은 필연적으로 바울 당시의 유대주의자들의 활동의 의미에서의 율법주의인 것은 아니며, 곧 사랑의 율법을 망각하는 율법주의라고 할 수 있다. 이것은 전체적인 원리는 무시하면서 행위나 신학적 견해의 이런 저런 세목에 초점을 맞출 때 일어난다.[10] 예수께서는 "박하와 회향과 근채의 십일조는 드리되 율법의 더 중한 바 정의와 긍휼과 믿음은 버린" 자들에 대해 말씀하셨으며 "이것도 행하고 저것도 버리지 말아야 할지니라"라고 하셨다(마 23:23). 이것은 명백히 율법폐기적이지 않으며, 관점의 수정이다.

(2) 이 구절이 오늘의 기독교인과 관련되는 또 하나의 방식은 무엇이 복음의 진리에 부합하며 부합하지 않느냐를 식별하는 일에 있어서의 실패와 관계된다. 지난 수십 년에 걸쳐 이단 전파자들이 축호전도를 할 때 사용하는 모두 언사는 변해왔다. 이 언사는 이제 방문을 받는 사람의 일반적인 종교 인식 또는 일반적으로 받아들여지는 "가족의 가치"에 더 호소하는 것 같다. (그런데 이것은 과거의 방문 판매자가 판매의 권유 자체를 하기 전에 가능한 한 자주 "그래요, 맞아요"라고 말하며 사람들에게 접근한 것과 마찬가지이다). 무엇이 복음에 부합하고 무엇이 그렇지 않은지 분별하기가 점점 더 어려워지고 있다.

진리와 오류를 분별하기. 앞에서 주목한 대로 어떤 기독교인들은 오늘날 많은 교회에서의 불충분한 성경적이며 교리적인 교육 때문에 그 차이를 식별할 준비가 되어 있지 않은 것 같다. 만약 우리가 두 근본적으로 다른 교회 문화—1930년대와 1990년대의 문화—를 대조하면, 그 상황은 보다 분명해질 것이다. 앞선 시대에 종교적 교양이 높은 수준이었다. 교회 안팎의 다양한 전도 모임에서 그리스도께로 나아오게 된 사람들은 자주 회심 이전에도 복음의 진리에 대해 이미 잘 숙지하고 있었다. 그들은 오늘날의 대부분의 사람들보다 더 많이 성경을 알았으며 상당한 교리를 알았다. 물론 오늘날 기독교 신학과 성경 교육을 미리 경험하지 못한 사람들이 그리스도께로 나아오고 있다는 사실은 마땅히 감사할 일이다. 그러나 그들이 그토록 저조하게 교육되고 있다는 사실은 그렇지 않다.

우리는 새로운 기독교인들에게 결여하고 있는 그런 기초 지식이 가능한 빨리 제공되는 일을 살피는 일에 추가적 노력을 기울일 필요가 있는데, 그럴 때 그들은 "복음"과 이단의 차이를 말하고 후자를 성공적으로 저지할 수 있게 될 것이다. 또한 우리는 구도자들에게 회심의 시기가 되었을 때 그 신앙의 근거가 될 토대를 제공하기 위해 우리의 설교(그리고 예배)에서 충분한 성경적 교리를 포함시킬 필요가 있다.

10. 필자는 이것들을 중요하지 않은 "유사 사실"(factoids)과 유비되게 "유사 교리"(doctoids)라고 칭하고 싶다.

하지만 또한 참된 기독교의 영역 내부에 비록 이단적 진술은 아니지만 복음에 합당하지 않은 설교와 주석과 논문과 심지어 찬양의 단편들이 존재할 수 있다. 천사들이 금으로 만든 비파와 날개를 가진 것이 사실인가? "그들이 여전히 갈라진 하늘을 통해/ 평화로운 날개를 펴고서 내려온다"는 것이 사실인가? 우리는 매년 크리스마스에 "그 맑고 환한 밤중에"(It Came Upon a Midnight Clear)라는 찬양에서 그것을 노래한다. 만약 우리가 그것을 상징적으로 노래한다면 전혀 해로울 것이 없지만 그것의 시적 윤색을 인지해야 한다.

일전에 한 예배 인도자가 우리는 "성부와 함께(원래대로임) 예배합니다"라고 말하는 것을 들었으며 우리가 "주님 위로 높여지게 하소서"라고 기도하는 것을 들었다. 이것들이 단순히 말실수였다고 추정하지만, 그것들은 공예배에서의 신중함의 필요성을 예시한다. "기뻐하며 경배하세"(Joyful, Joyful We Adore Thee)라는 찬양에서 우리는 "당신 성부시여 우리의 형제 그리스도시여, 사랑 안에서 사는 모두는 당신의 소유입니다"라고 노래한다. 만약 우리가 이것을 히브리서 2:11-12과 요한일서 4:7의 배경을 염두에 두고 노래한다면, 전혀 문제될 것이 없지만, 많은 사람들이 그것을 자유주의 신학의 전제를 염두에 두며 따라서 복음에 합당하지 않는 의미로 그것을 노래한 것이 틀림없다.

이 관찰들은 지나치게 세심한 것 같지만, 진리는 정확성을 요구한다. 하지만 우리는 추가적으로 분명한 이단을 인지할 때 그 동기 혹은 오류를 가르치는 사람을 공격해야 하는지의 여부를 질문해야 한다. 바울은 목회서신에서 이것을 공개적으로 행했다. 아마도 우리는 한편의 노골적인 비도덕성과 복음에 대한 대적과 다른 한편의 개인적인 생각을 구분해야 할 것인데, 후자는 비록 부당하게 보이더라도 하나님께서 판단하시도록 남겨놓는 것이 가장 좋을 것이다.

자주 공개적으로 밝히길 꺼려하든 공격적으로 매우 비판적이든 그 선택은 판단하는 사람의 성격을 반영한다. 오늘날의 풍토에서 후자의 태도는 경청을 신속하게 상실할 것이다. 만약 그 명령의 목적이 사랑이며 청결한 마음을 요구한다면(1:5), 우리는 타인의 죄와 오류를 언명할 때 우리 자신의 동기를 점검해야 한다. 또한 우리는 목회서신에 표현된 도덕적 판단은 성령의 영감으로 기록되었으며 따라서 이단자들의 동기에 대한 평가에 있어 정밀하다는 점을 명심해야 한다. 우리는 이점에 대해 아무런 이견도 제기할 수 없다.

디모데전서 1:12-17

12 나를 능하게 하신 그리스도 예수 우리 주께
내가 감사함은 나를 충성되이 여겨 내게 직
분을 맡기심이니
13 내가 전에는 비방자요 박해자요 폭행자였으
나 도리어 긍휼을 입은 것은 내가 믿지 아니
할 때에 알지 못하고 행하였음이라
14 우리 주의 은혜가 그리스도 예수 안에 있는
믿음과 사랑과 함께 넘치도록 풍성하였도다
15 미쁘다 모든 사람이 받을 만한 이 말이여 그
리스도 예수께서 죄인을 구원하시려고 세상
에 임하셨다 하였도다 죄인 중에 내가 괴수
니라
16 그러나 내가 긍휼을 입은 까닭은 예수 그리
스도께서 내게 먼저 일체 오래 참으심을 보
이사 후에 주를 믿어 영생 얻는 자들에게 본
이 되게 하려 하심이라
17 영원하신 왕 곧 썩지 아니하고 보이지 아니
하고 홀로 하나이신 하나님께 존귀와 영광이
영원무궁하도록 있을지어다 아멘

원 의미

바울은 12절의 주님 되신 그리스도에 대한 감사에서 단락의 절정이 되는 17절의 왕 되신 하나님에 대한 경배로 이동한다. 이 절들 사이에서 그는 특정한 것(신성모독자인 바울에게 긍휼이 베풀어짐, 13-14절)에서 일반적인 것(그리스도께서 죄인을 구하시려 오심, 15절)으로, 그리고 또 다시 특정한 것(죄인 된 바울에게 긍휼이 베풀어짐, 15b-16절)으로 이동한다.

바울에게 주신 하나님의 은혜로운 사명(1:12-14)

바울의 감사는 자신에게 능력을 주신 분에 대한 것이다. 빌립보서 4:13에서 그는 "내게 능력 주시는 자 안에서 내가 모든 것을 할 수 있느니라"라고 포괄적으로 언명하는 반면, 목회서신의 뒷부분에서는 단지 비난자들을 직면해야 했던 때에 주님께서 능력을 주신 특정한 경우에 대해 기록한다(딤후 4:16-17). 사도 바울은 또한 디모데에게 "그리스도 예수 안에 있는 은혜 가운데서 강하라"고 격려했다(딤후 2:1). 이 권고에서 힘에 대한 개념은 신체적인 힘이 아니라 봉사를 위한 도덕적 능력과 확고함을 가리킨다. 그러나 그 능력이 하나님에게서 오지만, 충성됨이 바울에게 요구된다. "그리고 맡은 자들에게 구할 것은 충성이니라"(고전 4:2). 이 충성은 바울이 사명을 얻게 하는 미덕이 아니라, 하나님에 대한 "봉사"(디아코니아, 딤전 1:12)의 요건이다.

디아코니아라는 단어는 신약성경에서 34회 나오며 디아코네오("봉사하다")라는 단어는 37번 나온다. 고린도전서 12:5은 우리에게 "직분은 여러 가지나 주는 같으며"라고 알려준다. 신약성경의 도처에서 다수의 상이한 종류의 봉사가 봉사(또는 "사역")를 특정한 직제나 지위에 한정시키지 않고 언급된다. 사도행전 6:2, 4에서 식탁의 수발(즉, 궁핍한 과부에게 음식을 제공하는 일)과 사도의 하나님의 말씀 교훈 양자 모두 "봉사"라고 불린다. 바울의 경우에 봉사는 그의 회심만큼이나 독특하게 이방인의 큰 사도가 되는 것이다.

13-14절은 바울의 빌립보서 3:4-6에서의 증언과 흥미로운 대비를 이루는데, 거기서 그는 이전에 자신의 성취들에 대해 자부심을 가졌던 것으로 스스로를 묘사한다. 거기서 그는 자신의 교회에 대한 핍박을 열심의 증거로 들며 "율법의 의로는 흠이 없는 자"라고 자신을 묘사한다. 그는 즉각 이 언사에 후속하여 "그러나 무엇이든지 내게 유익하던 것을 내가 그리스도를 위하여 다 해로 여길뿐이다"라고 이의 제기를 한다(7절). 그러나 이것은 여기 디모데전서 1:13의 "전에는 신성모독자요 박해자요 폭행자였다"라는 강한 자기 비난에 비해 온건하다.

신성모독은 하나님의 이름을 손상하는 일, 곧 구약 시대에 죽음으로 벌해질 수도 있는 끔찍한 행위와 태도이다(레 24:16). 그것의 심각성은 또한 디모데전서 1:20에서 분명한데, 거기서 바울은 두 사람을 "신성을 모독하지 못하도록 사탄에게 내주었다"라고 말한다.[1] 여기 13절에서 바울은 신성모독을 박해와 폭력과 연관짓는데, 이것은 자신이 어떻게 많은 기독교인을 투옥하고 그들의 죽음에 동의했을 뿐만 아니라(참조. 행 8:1) 그들을 강제로 신성모독하게 했는지에 대해 말하는 아그립바 왕에 대한 그의 "증언"(행 26:9-11)에서의 행위와 마찬가지이다.

하나님께서 자신에게 왜 은혜를 베푸셨는지에 대한 바울의 디모데에게의 설명

1. 무엇이 신성모독으로 여겨졌느냐에 대한 추가적 통찰은 "네가 사람이 되어 자칭 하나님이라 함이로라"는 이유로 예수님을 돌로 치려한 자들의 언사에서 얻어진다(요 10:33). 또한 T. Rees, "Blaspheme; BlasphemY," *ISBE*, 1:521-22를 참조하라.

은 그가 "무지와 불신앙 가운데서" 행했기 때문이라는 것이다. 그것은 비기독교이던 시절에 알지 못하고 행한 혹자를 하나님께서 자동으로 용서하신다는 점을 뜻하지 않으며, 다소의 사울에게 다가가시는 데 있어서의 하나님의 주권적 은혜를 표현하는데, 당시 그는 *기독교인들*이 신성모독적 행위를 한다고 생각하며 그들을 제거하려 노력함으로 하나님께 영광을 돌리려고 했었다.

이제 "은혜"가 13절에 언급된 "긍휼"에 부가되는 14절은 에베소서 2:4-5을 반영하는데, 거기서 바울은 죄로 죽은 자들의 상태를 묘사한 뒤 다음과 같이 기록한다. "긍휼이 풍성하신 하나님이…우리를 그리스도와 함께 살리셨고 너희는 은혜로 구원을 받은 것이라." 또한 바울이 최상급을 사용하는 에베소서(예. 휘페르발로와 휘페르에크페리수, 엡 1:19; 2:7; 3:19-20)와 같이, 여기 디모데전서 1:14에서 이 은혜는 "내게 풍성하게(휘페르플레오나조) 부어졌다"라고 기록된다.

인상적이게도 5절에서 바울의 디모데에 대한 명령의 목적을 형성하는 믿음과 사랑이 여기서는 다소 다른 역할로 "그리스도 예수 안에" 있는 자질로 재등장한다. 만약 "믿음"이 (피스티스가 실제로 뜻할 수 있듯이) "신실함"으로 이해된다면, 이것은 그리스도께서 소유하시는 자질을 지칭할지도 모른다. 만약 그것이 보다 개연성 있게 보이듯이 바울이 이전의 불신앙(13절)과 대비되는 신앙이라면, 그것은 원천되신 그리스도 예수로부터 입수할 수 있는 믿음을 지칭한다. 믿음과 사랑은 은혜와 마찬가지로 하나님에 의해 풍성히 베풀어진다. 또한 이것은 에베소서 2장 특히 친숙한 "너희는 그 은혜에 의하여 믿음으로 말미암아 구원을 받았으니 이것은 너희에게서 난 것이 아니요 하나님의 선물이라"(2:8-9)라는 구절을 연상시키는데, 거기서 하나님이 베푸시는 구원은 문법상으로는 분명하지 않지만 믿음의 선물 자체를 포함하는 것으로 보인다.

하나님의 바울에 대한 긍휼(1:15-16)

15절은 바로 앞의 명사 피스티스와 관련된 형용사인 피스토스와 함께 시작된다. 종종 "믿을 수 있는"("이것은 믿을 수 있는 말이노라", KJV)으로 번역되는 그것은 여기서 신뢰할 수 있는 것을 뜻하며, 따라서 NIV는 "여기에 미쁜 말이 있노라"라고 한다.[2] 이 어구는 목회서신에서 몇 번 더 나온다(3:1; 4:9; 딤후 2:11;

2. NLT의 "이것은 진실한 말이노라"는 그 단어의 의미를 평가절하한다. 어떤 것이 의존함이 없이도 진실일

딛 3:8). 디모데전서에 나오는 그 구절 중 둘이 "완전한 용인의 가치가 있는"이라는 말을 덧붙인다.[3]

이 미쁜 말은 다음과 같은 기독교 복음의 핵심을 담고 있다. "그리스도 예수께서 죄인을 구원하시려고 세상에 오셨도다." 바울은 당시 고유명이 되었던 "그리스도"("기름부음을 받은 자")를 예수라는 인물명과 결합한다. 앞에서 주목했듯이 그 순서는 목회서신에서 일반적이다. "세상에 오셨도다"라는 표현은 선재를 암시하지만 요구하지는 않는다. (우리는 강아지가 세상에 온다라고 말할 수 있다.) 하지만 빌립보서 2:5-8과 골로새서 1:15-17과 같은 구절은 바울이 하나님의 아들의 선재 사상을 고수하고 있었음을 확실히 나타낸다.

"죄인을 구원하기 위함"이라는 그리스도의 오심의 목적은 2000년 동안 하나님 앞에서 자신의 죄책을 의식하고, 주 예수의 성육신과 구원을 위한 죽음의 구속사건이 죄인 된 그들을 위해 성취된 것으로 감사히 받아들인 사람들에 의해 환영되었다. 더욱이 이 구절에서 그리스도께서 오신 목적이 되는 두 극단적 대상이 언급된다. 하나는 9-10절에 기술된 죄인의 집단이며, 다른 하나는 자신의 모든 의로운 행위에도 불구하고 자신을 "죄인 중의 괴수"라고 칭하는 바울 자신이다.

이 두 극단은 로마서 5장의 어법을 드러낸다. 5:8에서 사도 바울은 "우리가 아직 죄인 되었을 때에 그리스도께서 우리를 위해 죽으셨다"라고 기록하며, 더 나아가 죄인을 "무력하고", "불경건하며", "원수"라고 묘사한다(5:6, 10). 그는 자기 자신이 여기 이 집단에 속하는 것으로 간주할 뿐만 아니라 가장 비천한 자리에 위치시키고 있는데, 그 이유는 그의 기독교인뿐만이 아닌 주님 자신에 대한 적극적 박해 전력 때문이다(회심시 하늘로부터의 소리가 "나는 네가 박해하는 예수라"[행 9:5]라고 말씀할 때 바울에게 분명하게 된 바와 같음).

하나님께서 바울에게 긍휼을 보이신 것은 다만 자비의 행위만이 아닌데, 비록 그것이 참되고 놀라운 일이지만 말이다. 16절은 그는 하나님의 "무제한적인 인내"의 본보기였다고 설명한다. 어떤 의미에서 용서받은 죄인인 모든 사람이 하나님의 긍휼과 인내를 드러낸다. 하나님께서 우리를 위해 행하신 일은 "그분의 영광스러운 은혜를 찬송하도록 하기 위해" 존재한다(엡 1:6). 유대인과 이방인이 일체가 되는 놀라운 결합으로 교회 자체가 "하늘에 있는 통치자들과 권세들에게…하나님의

수 있다. 메시지 성경은 다음과 같이 그 어구를 (영문에서) 역순의 관용어로 훌륭하게 표현한다. "여기에 명심하고 의존할 수 있는 말이 있노라."

3. "미쁜 말"에 대한 상세한 연구를 위해서는 Knight, *The Faithful Sayings*를 참조하라.

각종 지혜를" 드러낸다(엡 3:10). 그러나 바울은 자기 자신(딤전 1:15의 끝의 강조형 에고, "나 자신")을 비록 하나님께 적대적이며 악하지만 하나님께서 회심을 인내로 기다리시며 관용하시는 모든 반역자의 원형으로 본다.[4]

이 믿음의 결과는 "영생"이다. 우리는 6:12에서 이것이 우리가 현재 "취할" 수 있는 미래의 삶임을 깨닫는다. 요한복음 5:24은 우리에게 신자는 "영생을 *소유하며*" "사망에서 생명으로 *옮겨졌다*[헬라어 완료시제]"고 말씀한다(이탤릭체 덧붙임). 그것은 우리가 참여하는 하나님의 생명으로 끝없는 생명의 연장 이상의 것이다.

송영(1:17)

17절은 이 감동적인 간증을 절정에 다다르게 한다. 그것은 하나님을 (1) 왕, (2) 시간의 한계를 초월하시는, (3) 사멸하실 수 없는, (4) 비가시적인 분, 그리고 (5) 홀로 하나님으로 존재하시는 분으로 찬미하는 송영[5]이다.

일찍이 창세기 21:33에서 그리고 시편 10:16, 이사야 26:4, 또 신약 도처에서(참조. 롬 16:26), 하나님은 영원하신 것으로 인정된다. 여기의 표현은 문자적으로 "시대들의 왕"(King of ages)이다.[6] 하나님의 이 특징은 성자에게 사실인데(히 1:8-12), 그분은 "어제나 오늘이나 영원토록 동일하시며"(히 13:8), "세세토록 사

---

4. 15절과 16절의 "죄악의"(NIV)라는 단어는 문자적으로 "첫째의"이며 따라서 "맨 먼저의"로도 번역될 수 있다(참조. NRSV). NIV는 솜씨 좋게 양 절의 문맥상의 의미를 표현하기 위해 부정적 단어 "죄악의"를 사용한다. 메시지 성경은 다음과 같이 멋들어진 의역을 한다. "나는 전적인 긍휼이 없이는 결코 그것을 이룰 수 없을 사람, 곧 공개적 죄인의 제일의 증거입니다. 그런데 이제 그분은 당신을 막 영원히 신뢰하려는 참에 있는 자들에게 나, 곧 당신의 끝없는 인내의 증거를 보이십니다." "막 하려는 참에 있다"는 말은 곧 발생할 행위를 묘사하는 멜론톤의 가능한 의미 중 하나를 선택하지만, 그것은 매 경우 바울의 사례가 회심 바로 전에 작용할 것임을 암시한다. 그것은 용인될 수 있게도 NIV와 NRSV에서 "할 것이다"로 번역되지만, 이 양자 모두의 번역은 운명의 뉘앙스, 곧 자주 그 의미의 중요한 요소인 임박한 어떤 것이라는 뉘앙스를 주지 못한다. 요지는 미래에 믿을 예정인(멜론톤) 자들에게, 바울이 격려가 되는 사례로 역할한다는 점이다.
5. 송영이란 종종 찬미의 형태를 띠며 하나님의 경배할 만한 속성들을 기념하는 신경적 내용을 지닌 진술이다. 본 절의 뒷부분에서 사용된 영광의 헬라어 단어는 독사인데, 그것에서 "송영"(doxology)이 파생된다. 한 개인의 실존과 타인들의 그에 대해 견해(양 개념 모두가 관련 헬라어 단어 도케오에 담겨 있음)가 그의 명성이 된다. 하나님의 명성은 바로 그분의 영광이다. 우리는 우리의 경배에 의해 하나님의 실존에 무엇을 덧붙이지 않으며, 다만 그분을 "영화롭게 한다." 곧 우리는 그분의 명성을 높여 드린다.
6. 이 용어의 의미에 대한 논의에 대해서는 *TDNT*, 1:200-202의 키텔(Kittel)을 참조하라. 또한 1:469; 2:77을 참조하라.

시는" "처음이요 마지막이시며…살아 계시는 자"(계 1:17-18)이시다. 하나님은 불멸적이시다. 곧 그분은 사멸하시거나 어떤 형태의 부패도 당하실 수 없다(롬 1:23). 하나님의 영원성과 불멸성의 관계는 전자가 그분이 말해질 수 없는 과거의 시기에서 끝없는 미래까지 존재하시는 것으로 묘사하는 반면, 후자는 그분의 본성이 결코 부패를 경험할 수 없는 것으로 묘사한다는 것이다. 하나님은 또한 비가시적인 분으로 숭앙된다(딤전 6:16).

이 송영에서 열거되는 하나님의 모든 특성은 구약성경의 묘사와 일치한다. 이교도의 세계에서 "신들"은 가시적이며 인간에 의해 만들어진 우상의 형태로 숭배되지만, 참되신 하나님은 불가시적이다. 실제로 그분은 "홀로 하나이신 하나님"이시다(또한 딤전 6:15의 "복되시고 유일하신 주권자"와 롬 16:27의 "유일하게 지혜로우신 하나님"을 참조하라). 존귀와 영광은 단지 그분께만 속한다.

상황잇기

3-11절은 결국 구약 율법의 진리를 재확인하게 되는 복음의 진리를 확고부동하게 지키는 일의 중요성을 힘차게 규명했다. 에베소의 거짓 교사들은 이미 오류를 소개하기도 하고 논쟁적 사변에 관여하기 시작하기도 했으며, 따라서 제지될 필요가 있다. 바울은 또한 에베소 교회에 대한 이 침투에 맞서도록 디모데에게 권한을 줄 자신의 권리를 언명했다. 그러나 바울은 단지 호전적이지만 한 것은 아니다. 그는 신적 사명을 의식한다. 그에게는 책무, 곧 신탁이 주어졌다. 특별히 그에게는 복음 자체가 맡겨졌는데(11절), 그것은 그 신봉자들에 대한 대적자였던 그를 변화시켰던 것이다. 그는 디모데의 의무들을 제시하는 일에 있어 자기 자신에 대한 하나님의 은혜에 대한 너무나 엄청난 감사를 표현하지 않고서는 더 앞으로 나아갈 수 없다.

그가 두 주요 단락으로 신학적 단언들과 그것들의 함의들을 제시했던 바와 같은 그의 보다 초기 서신들에서의 순차적인 저술에 익숙한 독자는 목회서신에서의 개인적 언사의 빈번한 삽입에 놀랄지도 모른다. 만일 에베소의 이단이 1-11절이 가리키는 것으로 보이는 만큼이나 심각하다면 바울이 공식적이고 체계적인 논의를 중단하고 자신의 개인적인 과거 죄악과 현재의 사명을 말하는 것은 이상한 것 같다. 하지만 이 서신들이 디모데와 디도에게 교리적 엄정함과 개인적 사역과 성품을 어떻게 결합할지를 보여주도록 의도된 개인적 전언으로 여겨진다면 이에 대한 이유가 분명하게 된다. 바울의 개인적 본보기가 디모데에게 중요하다.

또한 물론 디모데에게 상기할 점으로 주어진 것이 에베소 교회에 거기서 매우 능력 있게 복음을 전파했던 사람의 재권면으로 전달될 것이다. 바울이 자신의 소명을 확인하도록 강요됨을 느꼈던 다른 상황들(예. 고후 10:1-11:15; 갈 1:11-2:10)에서 와는 달리, 여기서의 그의 언사는 방어적이거나 반격적이지 않다. 그들은 하나님께서 그를 구원하셨으며 그에게 복음을 맡겼다는 점에 감사와 경외를 표한다. 그것은 여기서 이상한 여담으로 보일지도 모르지만, 바울의 관점에 이해할 만 하며 또한 우리에게도 유익하다.

그러나 이 단락의 삽입의 또 하나의 이유가 존재한다. 11절은 "내게 맡기신 바 복되신 하나님의 영광스러운 복음"이라는 언급으로 끝난다. 바로 그 복음 자체가 바울의 간증으로 이어지며, 그는 왜 그에게 그것이 맡겨졌는지를 설명하기 원한다. 앞 단락 끝의 11절의 헬라어 어순은 이 관계를 재강화한다. 그 절은 강조형 단어 "나"(에고)로 끝난다. 우리는 아마도 그것을 다음과 같이 의역할 수 있을 것이다. "바로 *나 자신*에게 맡기신…복음."

신탁[7]의 개념이 6:20; 디모데후서 1:12, 14; 디도서 1:3에 나오는데, 그것은 목회서신에서 부여된 권위의 결과로 중요하다. 고린도전서 9:16에서 바울은 이렇게 기록한다. "내가 복음을 전할지라도 자랑할 것이 없음은 내가 부득불 할 일임이라 만일 복음을 전하지 아니하면 내게 화가 있을 것이로다." 그 장의 문맥은 바울의 자신의 사도로서의 권리의 확인과 그 사도권에서 얻을 수 있을 특권의 포기이다. 그 특권을 받아들이지 않을지언정 그는 그 책임을 방기할 수 없다.

현대적 의미

증인으로서의 그리스도인의 특징. 우리가 계속하여 관찰할 바와 같이 목회서신 도처에서 바울은 하나님의 종의 그러한 특징을 강조한다. 이 특징은 저자인 그와 직접적 수신자 디모데와 그 교회 지도자들에게 적용되며, 우리에게도 확대 적용된다. 비록 설교자가 자기 자신과 자신의 구원과 자신의 복음을 전할 책임에 대해 항상 이야기할 수는 없더라도 우리는 자신의 하나님에 대한 체험의 개인적 측면을 빼놓지 말아야 한다. 건전한 교훈과 개인적 순전성의 결합이 이 서신들에게 중요한 것과 똑같이 우리의 사역에서의 선포와 간증의 결합도 그러하다. 우리는 이 주제를 자주 재논의하고 추가적으로 살필 것이다.

7. 어떤 때는 동사 형태 피스튜오에 의해 어떤 때는 명사 파라데케에 의해 전달된다.

개인적 체험이 오늘날 호소력이 있다. 강해가 예전처럼 환영되지 않고 그런 이유로 포기되어서는 안 되겠지만, 그것은 간증을 동반해야 한다. 개인적으로 필자는 타인의 간증을 설교에 삽입하는 것이 효과적임을 발견했으며, 훨씬 더 자주 그렇게 할 걸 하고 후회하기도 한다. 초신자의 특별한 간증을 듣는 일에 더하여 회중은 설교자의 배우자와 장로와 집사와 그들의 가족과 경배와 찬양 사역자와 청소년 사역자와 주일학교 교사 등등의 간증을 듣는 데서 큰 유익을 얻을 수 있다.

간증의 능력 있는 효과는 일리노이주 레익 카운티(Lake County)에서의 일련의 남성조찬 모임에서 경험되었는데, 그것은 필자를 포함한 몇 명의 사람들이 몇 해 전 시작한 것이다. 캘리포니아주의 유사한 전도방식을 모델로 삼아 이것은 "솔직한 담화가 있는 조찬"(Straight Talk Breakfasts)으로 불린다. 주요 연설자는 보통 사업가나 스포츠 인물—한 번은 우주인을 초청하기도 했음—로 그들은 개인적 간증을 하고 회심 요청에 그것을 적용한다. 담화 전에 자주 인근 지역의 또 한 명의 사람이 간증을 한다. 이 모임들은 900명 이상이나 되는 참가자를 이끌었으며 매 조찬 후에 많은 사람들이 "결신 카드"에 그리스도를 믿는다고 표시하는 결과를 수반했다. 이런 방식으로 결코 설교를 들으려고 오지는 않았을 수천 명의 남성들이 공감할 수 있는 사업 실패나 도덕적 실패나 결혼 실패와 내적 죄책감과 충족되지 않은 열망의 인정 그리고 그리스도의 죽음과 부활로 말미암은 주님과의 화해와 화평의 간증을 들을 수 있었다.

따라서 바울은 자신의 훌륭한 자격만을 주장한 것이 아니라 자기 자신이 하나님의 은혜로 구원받은 죄인이며 이 위대한 신탁을 겸손히 받았음을 보여준다. 주 예수께서는 일찍이 많이 용서받은 자가 많이 사랑한다고 말씀하셨다(눅 7:47). 바울이 독자에게 하나님의 사랑을 확신시키는 한 가지 방법은 그 자신이 개인적으로 얼마나 많이 용서받았는지를 보이는 것일 것이다.

하나님의 은혜의 복이 너무도 광대하여 우리는 우리 자신의 유익을 위해서만이 아니라 하나님의 영광을 위해 구원받는다는 점을 망각하는 경향이 있다. 이것은 에베소서 1:6, 12, 14; 2:6-10에서 두드러지게 명시된다. 따라서 바울은 여기 디모데전서 1:16에서 자신이 하나님의 은혜의 현시라는 사실을 의식한다.

송영. 적절하게도 바울은 1:17에서 송영으로 마무리한다. 우리의 삶이 하나의 계속적인 송영, 곧 하나님을 찬양하며 사는 삶이어야 함을 상기하는 일은 진부하지 않다.

디모데전서 1:18-20

18 아들 디모데야 내가 네게 이 교훈으로써 명
하노니 전에 너를 지도한 예언을 따라 그것
으로 선한 싸움을 싸우며
19 믿음과 착한 양심을 가지라 어떤 이들은 이
양심을 버렸고 그 믿음에 관하여는 파선하였
느니라
20 그 가운데 후메내오와 알렉산더가 있으니 내
가 사탄에게 내준 것은 그들로 훈계를 받아
신성을 모독하지 못하게 하려 함이라

원 의미

1장의 시작 절들과 마지막 절들 사이의 어휘의 교차가 인상적이다. 바울은 2절과 18절에서 디모데를 "내 아들"이라고 부른다. 3절에서 그는 디모데에게 거짓 교사들에게 명령할(파랑겔로) 것을 말하며, 18절에서는 동일한 동사의 명사형(파랑겔리아, "교훈"으로 번역됨, NIV)을 사용하지만, 이번에는 디모데 자신에게 명령한다. 3절에서 바울은 디모데에게 에베소에 머물라고 한 이전의 권고를 언급하며, 18절에서 디모데에 대한 이전의 "예언"을 언급한다. 사도바울은 에베소와 관련된 예언을 뜻하지 않는다. 오히려 그는 거기서의 디모데의 사역이 바울의 권고뿐만이 아닌 그에 대해 행해진 예언과도 일치하기를 원한 것이다. 이 예언은 다소간 그가 거기서 싸울 싸움, 곧 앞부분에서 언급되지 않은 것과 관련된다.

다음 단어들인 "믿음과 선한 양심"(19절)은 5절의 "선한 양심과 진실한 믿음"을 역순으로 취한다(그곳의 주석을 참조하라). 후속 어구의 구조 역시 (모든 단어가 그런 것은 아니지만) 유사하다: "어떤 이들이 이것들에게 벗어났다"(6절)와 "어떤 이들이 이것들을 거절했다"(19절). 마지막으로 7절은 이름을 거명하지 않으면서 몇몇 이단자를 지칭하는 반면, 20절은 두 이단자를 거명한다. 그러므로 이 두 단락에는 1장을 하나의 문학적 단위로 표시하는 일종의 길고 복합적인 수미상관법이 존재한다.

나이트는 18절의 "주다"(파라티데마이, NIV)라는 단어는 어떤 것을 타인에게 맡긴다는 개념을 띠며, 자주 또 다른 사람에게의 후속되는 전달의 개념을 동반한다고 말한다.[1] 따라서 주어진 교훈이나 명령은 바울에게서 디모데에게 전해지며 에베소인들에게 적용된다. 에베소에서 디모데의 권위는 우리가 타당한 이유로 사도의 대리인이라 칭할 수 있는 자로서 특별히 그에게 위임된다.

우리는 "예언"이 무엇이었는지 알지 못하지만, 4:14은 디모데가 예언적 메시지를 안수시 받은 은사의 매개로 언급한다(그곳의 주석을 참조하라). 그 "은사"가 무엇인지 확인되지는 않지만, 1:18의 "교훈"과 "예언"의 목적은 그가 잘 싸우도록 하기 위한 목적이며, 따라서 그 은사는 십중팔구 사역 자체에 대한 것이 아니라 사역을 수행하는 수단에 대한 것일 것이다. 그 사역은 바로잡는 교훈을 하는 과정에서 대치와 충돌을 포함했을 것이기 때문에 그 은사는 아마도 디모데후서 1:7에 언급되는 능력과 사랑과 절제였을 것이거나 혹은 그것들을 포함했을 것이다.

이단자들이 거절한 것을 가리키는 19절에서 "이것들"로 번역되는 단어(헬라어로 관계대명사)는 여성 단수형이며 따라서 선행하는 피스틴("믿음")과 쉬네이데신("양심") 양자 모두와 일치한다. NIV는 이 단어가 양 개념 모두를 가리키는 것으로 이해하고 그것을 "이것들"로 복수화한다. NRSV는 둘째 단어를 선택하고 "양심을 거절함으로"라고 의역한다. 그것은 실제로 확대되어 그 명령의 목적인 사랑을 낳는 청결한 마음과 선한 양심과 진실한 믿음의 결합을 지칭할 수도 있다(참조. 1:5). 이것은 거짓 교사를 특징짓는 이단과 개인적 부도덕의 나쁜 혼합과 디모데를 특징지어야 할 건전한 교훈과 경건한 삶의 결합의 대조를 두드러지게 할 것이다.

그 관계대명사의 지시 대상에 대한 우리의 이해에 상관없이, "어떤 이들이…자신들의 믿음을 파선하게 한"(NIV) 것은 바로 그 거절의 태도로 인한 것이다. 바울은 "믿음"에 정관사를 사용하는데, 그것은 목회서신의 다른 데서와 마찬가지로 믿음의 본체, 곧 필수적인 기독교 교리를 가리킬 수 있다. 만약 그렇다면, 이단자들은 그것을 파선시키려고 했던 것이 아니라, 오히려 그 믿음에 관하여(페리) 파선함을 겪었을 것이다. 여기서 사용된 동사는 파선을 야기하는 것이 아닌 파선을 겪는 것을 뜻한다. 그렇지만 믿음은 방금 그 절에서 자기 자신의 믿음 혹은 신뢰라는 개

---

1. Knight, *Pastoral Epistles*, 107-8(BAGD, 623을 참조함), 그것은 중간태로 사용될 때 이런 의미일 수 있다(또한 참조. 눅 12:48; 딤후 2:2).

연성 있는 의미로 언급되었기 때문에, 그 정관사는 소유적 의미를 지닐 수 있다. 따라서 그 이단자들은 그들 자신의 개인적 믿음에 대하여 파선을 겪었다.[2]

후메내오는 디모데후서 2:17에서 재등장한다. 알렉산더는 바울이 에베소에 있던 때 소동이 일어났을 동안 말하려고 시도했던 사람과 동일 인물일지도 모른다(행 19:33). 사도행전은 그가 마치 독자들에게 알려졌던 것처럼 그들을 언급하는데, 이것은 만약 그가 에베소 교회에서 알려졌다면 그러할 것이다(또한 딤후 4:14과 주석을 참조하라).[3]

상황잇기

이 종결 단락은 1장에 긴밀한 통일성을 부여한다. 시작 인사말에 디모데가 에베소에 있어야 할 필요에 대한 진술이 후속되는데, 그것은 거기서 그의 주요 임무를 명시한다. 그가 직면할 문제에 율법에 대해 왜곡된 견해를 가진 자들의 가르침이 포함된다. 이것은 율법에 대한 토론으로 이어지며, 다시 복음에 대한 언급을 거쳐 바울의 간증으로 넘어간다. 이제 에베소에 대해 주어진 디모데의 과제에 대한 처음 진술이 명령으로 변형됨에 의해 상술될 필요가 남아 있게 되는데, 이것이 이 마지막 단락의 역할이다.

예언에 대한 언급이 여기서 중대하다. 디모데는 바울의 분명한 교훈의 말과 따라야 할 예언적 지시 양자 모두에서 유익을 얻었다. 이것은 목회서신이 분명한 교회적 구조에도 불구하고 고린도서들에서 보이는 교회 사역의 카리스마적 특성(예. 고전 11:4-5, 7-11; 14:1-40)과 부조화되지 않음을 보여준다. 또한 그것은 디모데에 대한 바울 자신의 교훈이 그 예언적 언사와 일치함을 보여준다. 이것은 아마도 앞서 바울에게 발생했던 것이 틀림없는 일종의 내적 갈등에서 디모데를 벗어나게 했을 것 같은데, 그때 바울의 벗들은 아가보의 예언 때문에 바울의 계획을 변경하도록 강권했다. 아가보의 예언은 비록 바울로 하여금 예루살렘을 향한 여행을 중지하도록 명령하지는 않았지만, 그의 의향을 재고하게 하는 이유는 되었다(행 21:10-14).

기독교 사역은 선포 이상의 것인데, 곧 그것은 전투이다. 이름은 바뀌지만 후메내오와 알렉산더 같은 사람들이 대대로 신앙고백을 하는 그리스도인들의 모임

2. BAGD, 644 (sub *peri* [1e])

3. 또한 F. F. Bruce, *The Acts of the Apostles: Greek Text With Introduction and Commentary*, 3rd rev. (Grand Rapidds: Eerdmans, 1990), 419를 참조하라.

에 침투해왔다. 바로 "파선시켰다"와 "훈계를 받아 신성을 모독하지 않도록 사탄에게 내주었다"라는 표현이 이단의 심각성을 강조한다. 또한 이단에 저항하는 일에 대한 이 단락에서 바울은 "믿음과 선한 양심"이라는 말을 그 장의 앞부분으로부터 취한다. 건전한 종교적 신앙과 성품의 순전함을 결합하는 바울의 디모데에 대한 교훈에서의 표현의 반복은 목회서신의 주요 특징일 뿐만 아니라 주님에 대한 봉사에 있어 디모데를 계승할 모든 기독교인에 대한 바울의 최종 유산이기도 하다.

어떤 사람을 사탄에게 내준다는 말이 무엇을 뜻하는지 명확하지 않다. 그것은 "부끄러움을 느낄 수 있도록" 어떤 사람과 사귀지 말라고 데살로니가후서 3:14-15에서 지시되는 것보다 훨씬 더 강한 조치인 것으로 보인다. 그 어휘는 고린도전서 5:5의 것과 가까운데, 거기서 부도덕한 사람은 "사탄에게 내주어져야[파라디도미, 디모데전서의 여기와 같음]" 한다. 디모데전서에서 그 목적은 교정이며, 고린도전서에는 "육신"을 멸함에 의해 그 사람의 영을 살리기 위함인데, 그 육신을 멸함이란 NIV에서와 같이 죄악 된 본성을 멸하는 일 또는, 아마도 더 개연성 있게 보이듯이, 근친상간을 범한 자를 신체적인 괴롭히는 일을 뜻할 수 있을 것이다. 사탄의 역할은 이 세상의 임금(요 12:31; 14:30; 16:11)으로서의 것일 것인데, 거기서 파문된 사람은 이제 교회 공동체의 보호를 받지 못하고 악에 노출되어 살게 된다. 이 두 사람은 신성을 모독하지 않도록 배워야 한다. 그들은 이미 교회 안에 있기 때문에 그들의 신성모독은 부지중에 행한 바울의 그것보다 심각하다.

현대적 의미

디모데의 소명. 디모데는 받았던 예언과 바울의 구체적 교훈 양자 모두를 통해 자신에 대한 하나님의 지시를 확신했다. 에베소에서의 바울의 대리인으로서의 지명 이전에 디모데는 바울이 자신을 선택한 바로 그 사실에 근거하여 하나님의 "선교적" 사역으로의 이끄심에 대해 확신했다(행 16:1-5).

특별한 사역들에 마음의 문이 열려 있는 다수의 기독교인이 하나님이 자신을 부르시는지의 여부를 확실히 알고 싶어 한다. 몇 가지 중요한 문제가 이 질문에 대한 결론적 논의 얼마간 전에 살펴져야 한다. 한 가지 주요 문제는 하나님께서 구약 시대에 선지자들을 부르신 것과 동일한 방식과 정도로 신약 시대에 사람들을 부르시는지의 여부이다. 만약 신약성경에 규정된 특정한 "소명"이 존재한다면, 우리는 (1) 어떤 사역이 그런 소명을 요구하는지(여기서 논하기에는 너무 큰 주제임)와 (2)

무엇이 소명의 본질인지를 분별해야 한다. 우리가 소명을 받는 내적 의식 또는 감정이 존재해야 하는가, 만약 그렇다면, 우리는 어떻게 주관주의를 피할 수 있는가? 소명의 인지적 필요성 또는 특정한 영적 은사 부여 부분이 존재하는가?

우리가 "목회 소명"이라고 칭할 수 있을 것의 사례가 신약성경에서 빈번하지 않음에 주목해야 한다. 다음과 같은 것들이 눈에 띈다. 예수의 제자들을 부르심(참조. 특히 막 3:14-15; 그들의 임무의 상세에 대해서는 눅 5:1-11), 지상명령(마 28:16-20), 베드로의 사명(요 21:15-19), 사도행전 1:8에서 부활하신 주님이 제자들에게 주신 사명, 다메섹으로 가는 도중의 바울의 회심과 다메섹에서의 아나니아를 통한 후속된 지시(9:1-19), 바울과 바나바의 1차 선교 여행에 대한 사명(13:1-3) 그리고 한 "마게도냐 사람"에 대한 바울의 꿈(16:9-10). 이것들 외에 디모데의 경험을 제외하고 신약성경에는 우리가 보통 생각하는 바와 같은 소명의 아무런 사례도 존재하지 않는다.

디모데가 경험했던 것은 다른 기독교인들을 통한 하나님의 뜻의 자신에게의 전달이었다. 바울은 다음과 같은 경우들에서 이 매개자들 중의 한 사람이었다. (1) 사도행전 16장에서 디모데를 루스드라에서 선택할 때, (2) 디모데를 마게도냐로 보낼 때(살전 3:2-5), 그리고 (3) 디모데로 하여금 에베소에 머물도록 지시할 때(딤전 1:3). 또한 우리는 바울과 장로들의 디모데에게의 안수시에 예언이 주어졌음을 안다(참조. 딤전 4:14; 딤후 1:6). 그리고 만약 디모데전서 1:18에 언급된 예언이 그 안수의 시기와 다른 때에 주어졌다면, 그것은 다른 기독교인들이 하나님의 지시를 그에게 전달한 또 다른 사례일 것이다. 이 모두에서 우리는 에베소의 신자들이 디모데의 추천에 참여했다고 추정할 수 있을 것이다.

신약에서의 소명. 신약에서의 소명은 하나님께서 사용하시는 방식에 따라 다음과 같이 분류될 수 있다. (1) 예수의 들을 수 있는 목소리, (2) 바울의 독특한 회심, (3) 마게도냐에 관한 꿈, 그리고 (4) 다른 기독교인을 통한 하나님의 부르심. 심지어 바울 자신의 특정 사명도 단지 하늘에서의 목소리뿐만이 아니라 다른 신자, 곧 아나니아를 통해 왔다(행 9:15-16).[4] 이것은 마게도냐로의 부르심을 제외하고 승천 이전의 예수에게서 직접적으로 또는 다른 신자를 통해 오지 않는 어떠한 목회 소명의 사례도 존재하지 않는다는 사실을 뜻한다. 이상의 모든 것은 우리가 "소명"을 무엇이라 규정하든 기독교 공동체의 중요성을 강조하며 만약 어떤 사람이 다른

4. 명백히 바로 아나니아를 통해 바울에게 그가 "행해야 할" 것이 말해졌다(행 9:6).

기독교인의 확증이 없이 단지 내적인 지시의 느낌만을 가질 경우 큰 주의를 요하게 한다.

디모데의 경우는 하나님께서 그가 이루길 원하신 사역을 인지할 만한 확고한 근거를 소유했다. 비록 우리가 일상생활 가운데 성령의 내적 인도하심을 소유하지만(롬 8:14), 우리는 우리에게 지시를 하며 우리가 하나님이 성취하도록 부르시는 사역이라고 생각할 것을 확증하는—또는 의문시하는—기독교 공동체, 곧 교회를 무시하지 말아야 한다.[5]

"예언"을 들음과 바울의 교훈을 통해 하나님께 가까이 오게 된 디모데와 사탄에게 내어진 후메내오와 알렉산더 간에 강한 대비가 이루어진다. "사탄에게 내주었다"가 어떤 함의를 지니든 상관없이 그것은 확실히 교회 공동체와의 분리를 포함한다. 필자의 한 친구는 증조할아버지가 "크게 타락하여" 치리를 받은 기록을 읽었던 적이 있다. 진기하게 보일지 모르지만 그것은 오늘날의 관례보다 십중팔구 1세기의 기독교인들이 죄를 바라보고 어떤 사람을 공동체에서 내보내는 방식에 훨씬 더 가까울 것이다. 가정교회에서의 따스한 교제가 금지되고 이교적이며 불경건한 세상의 "임금"인 존재의 영향에 노출되는 것은 당시에 무시무시한 일이었을 것임에 틀림없다.

후현대주의와 분별의 필요성. 마지막 단락의—또 디모데전서 1장 전체의—메시지는 진리가 칭찬되어야 마땅한 반면, 오류는 식별되고 교정되어야 한다는 점이다. 이것은 현대 기독교인에게 어려운 과제이다. 다원주의와 후현대주의의 본질 자체가 이것을 비대중적이게 만들었다. 후현대주의는 수십 년 동안 우리에게 영향을 미쳐왔는데, 이제 단지 철학과 신학과 문학뿐만 아니라, 예술과 음악과 건축에서도 그러하다. 과거의 규범과 표준, 곧 어떤 종류의 형식과 실재와 구조에 대한 묘사도 오래 전에 구식이 되었다.[6]

최근에 평신도들은 해체(deconstruction)라는 말이 더 많이 들려지고 그것의 성경연구와 신학에 대한 영향이 더 분명해짐에 따라 그것에 대해 더 많이 인식하게 되었다.[7] 후현대주의자는 전통적인 거룩한 저작들과 그 교훈들을 해체할 것이다.

5. 소명과 교회의 확증에 대한 이 전체 문제는 또한 디모데가 안수를 받는 구절들과 연관된다. 따라서 이 논의는 딤전 4:14; 딤후 1:6의 주석에서 계속될 것이다.

6. 후현대주의에 대한 몇 가지 유용한 저작은 다음과 같다: David S. Dockery, ed., *The Challenge of Postmodernism: An Evangelical Engagement*(Wheaton: Victor, 1995); Jimmy Long, *Generating Hope: A Strategy for Reaching the Postmodern Generation*(Downers Grove, Ill.: InterVarsity, 1997); Dennis McCallum, ed., *The Death of Truth*(Minneapolis: Bethany, 1996).

이를테면 이것이 저자나 예술가가 "의미한" 것이라고 주장하며 한 문학이나 예술 작품에 단일한 의미를 돌리는 일은 오늘날 많은 영역에서 용인되지 않는다. 한 사람은 단지 자기 자신의 관점에서 예술이나 문학에 접근할 수 있으며, 후현대주의에서 어떠한 "세계관"의 구성도 부당하게 여겨진다. 아무 것도 보편적 진리나 가치나 의미를 소유하지 않는다.

뉴턴의 물리학의 쇠퇴와 같은 발전이 20세기의 것인 반면, 권위와 절대적인 것에 대한 거절은 현대 사회에 국한되지 않는다. "참으로…말하시더냐?"(창 3:1)라는 뱀의 말에서 엘리야 시대에 거짓 선지자와 거짓 제사장과 디모데가 에베소에서 직면한 거짓 교사에 이르기까지 "하나님의 진리"를 언명하는 자는 편협하며 달갑지 않게 여겨져 왔다. 하지만 그 사람은 "하나님의 진리"가 바로 그것이며 성경 본문에 대한 어떤 개인적이며 특이한 해석이 아님을 확실할 것임에 틀림없다.

그런 문제들에 맞설 때 우리는 자주 사람들과도 맞서게 된다. 교회 안에서 "싸움"의 비유는 대화뿐만이 아니라 관계도 묘사한다. 우리는 바울의 싸움에 대한 언급이 개인적 성실성에 대한 것임을 기억해야 한다(딤후 4:7). 그러나 그런 용법은 다른 교리를 지닌 사람들과의 개인적 대치가 바람직스러움을 반드시 암시하는 것은 아니다. 목회서신이 전개됨에 따라 우리는 반역으로 인해 교회를 파괴하고 있는 자들에 대한 날카로운 질책뿐만이 아닌, 또한 거짓 교사에 대한 인내심 있고 상냥한 진리로의 복귀 요청의 중요성을 보게 될 것이다.

적절한 본문이 목회서신의 필수 요소이며 문맥에 상관없이 단순하게 인용을 위해 끄집어 내지거나 우리가 직면할 수 있는 현대적 상황에 무차별적으로 적용될 수 없다. 목회서신은 단지 부분이 아닌 전체로서 적용될 필요가 있다. 만약 그렇게 하지 않는다면, 우리는 하지 말아야 할 것을 관용하거나 얻기를 추구하는 자들을 멀리하게 할 위험이 있을 것이다.

---

7. 해체의 과정은 한 본문의 언어를 분리하고 떼어내며, 그렇게 함으로써 그것을 철학적이며 신학적인 확언을 포함한 객관적 진리의 어떤 타당성과도 단절시킨다. 여기서 이 복잡한 주제를 다루지는 않지만, 우리는 우리의 인간적 생각이 실제로 한 본문의 독법과 진리를 이해하려는 우리의 시도 속에 개입되며, 우리의 생각은 자주 주관적이고 다소간 오류가 있다는 점을 인정할 수 있다. 하지만 인간의 죄성과 우리의 지각의 왜곡과 편파성이라는 사실들이 하나님의 진리가 전혀 파악될 수 없음을 뜻하는 것은 아니다. 행 17:22-31; 롬 1:18-20; 딤후 3:14-17, 그리고 고전 1장 등이 관련 구절이다. 이것들과 여타의 관련 주제들에 대한 포괄적 논의를 위해서는 Kevin J. Vanhoozer, *Is There a Meaning in This Text?* (Grand Rapids: Zondervan, 1998)을 참조하라. 해체에 대해서는 Grant R. Osborne, *The Hermeneutical Spiral* (Downers Grove, Ill.: InterVarsity, 1991), 380-86을 참조하라.

디모데전서 2:1-7

1 그러므로 내가 첫째로 권하노니 모든 사람을
위하여 간구와 기도와 도고와 감사를 하되
2 임금들과 높은 지위에 있는 모든 사람을 위
하여 하라 이는 우리가 모든 경건과 단정함
으로 고요하고 평안한 생활을 하려 함이라
3 이것이 우리 구주 하나님 앞에 선하고 받으
실 만한 것이니
4 하나님은 모든 사람이 구원을 받으며 진리를
아는 데에 이르기를 원하시느니라
5 하나님은 한 분이시요 또 하나님과 사람 사
이에 중보자도 한 분이시니 곧 사람이신 그
리스도 예수라
6 그가 모든 사람을 위하여 자기를 대속물로
주셨으니 기약이 이르러 주신 증거니라
7 이를 위하여 내가 전파하는 자와 사도로 세
움을 입은 것은 참말이요 거짓말이 아니니
믿음과 진리 안에서 내가 이방인의 스승이
되었노라

원 의미

이단자에 관련된 디모데의 에베소에서의 일반적 사역에 대한 논의에서 바울은 기도의 화제로 이동한다. 이 단락의 목적은 복음이 누구에게나 전파될 수 있을 질서 잡힌 사회에 대한 기도를 격려하려는 것이다.

통치자를 위한 기도(2:1-4)

"이 단락의 핵심 단어는…보편성이다."[1] 교훈은 "모든 것 중에(NIV) 첫째로" 기도는 "모든 사람을 위하여 하되…왕들과 모든 권세 있는 자들을 위하여 하라" 이는 우리가 "모든 경건과 거룩함으로" 생활을 하려 함이라 이것이 하나님 앞에 받으실 만한 것이니 하나님은 "모든 사람이 구원을 받기를 원하시느니라" 왜냐하면 "그리스도 예수께서…모든 사람을 위하여 자기를 대속물로 주셨기" 때문이라(이

1. Lock, *Pastoral Epistles*, 24.

탤릭체 덧붙임).

구문은 압축적이다. 1절은 추론적인 운, 곧 "그러므로"로 시작하는데, 이것은 그것을 선행하는 것과 연결한다(따라서 그것이 어떤 초대 교회의 지침의 발췌인 것을 가능하지 않게 함). 자주 "그러므로"가 바로 선행하는 단락(1:18-20)과 보다 이전의 것 중 어떤 것과 관련되는지에 대한 질문이 물어진다. 앞부분에서 살폈듯이 첫 번째 장은 시작 절들이 종결 절들에서 재진술되면서 수미상관법으로 일체를 이루므로 바울은 아마도 시작 인사말 뒤의 전체 부분을 가리키고 있을 것이다. 그는 단지 이단에 대적할 필요성을 밝힐 뿐만 아니라 복음에 대한 자신의 사명과 열정도 진술해왔다.

복음이 합당한 반응을 얻으려면 다음과 같이 2장과 3장에 제시된 몇 가지가 필요하다. 복음을 진전시킬 상황을 위한 기도(2:1-7), 기도와 배움시의 적절한 행동(2:8-15), 삶이 복음과 일치하는 감독자와 집사의 선택(3:1-13), 그리고 "경건의 비밀"에 합당한 공동체에서의 행위(3:14-16). 4장은 이단의 공격을 받는 교회에서의 교리적이며 개인적인 순결성을 지키는 일에 대한 디모데에게의 개인적 교훈을 재개한다.

현 단락(2:1-7)은 1:3("내가 권한 바와 같이")과 유사하게 "내가 권한다"라는 말로 시작한다. 1:4-20에서의 서신의 이유에 대한 중요한 진술 후 바울은 이제 디모데에 대한 교훈을 시작한다. 그는 명령과 권고 사이를 왔다 갔다 하는데 양자는 그의 사도직과 디모데에 대한 아버지 같은 관계 양자가 그러하듯 결합된다. "모든 것 중에 첫째로"는 선행함의 순서를 가리키는데, 그것은 또한 중요성의 순서를 암시할 수 있다.

바울은 다른 데서와 마찬가지로 1절에서 기도에 대해 몇 가지 단어를 사용한다.[2] 그런 목록은 중복적일 수도 있지만, 아마도 바울은 기도의 폭넓음을 다양한 측면에서 표현하고 있는 듯한데, 이 측면 각각이 여기서 적절하다. 우리는 바울이 가장 일반적인 단어로 시작할 것이라고 기대할지 모르지만, 대신 그는 데에세이스("간구들")로 시작하는데, 아마도 여기서 집중적인 간구에 주요한 관심을 가지기 때문일 것이다. 그는 바로 기도에 대한 보다 일반적 단어인 프로슈카스를 후속시킨다. 다음으로 엔튜크세이스("도고들"; NIV는 보다 관용어적으로 집합적 의미에

2. 주요 사례는 빌 4:6이다. 다양한 형태의 기도에 대해서는 W. Liefeld, "Prayer," *ISBE*, 4:938-39를 참조하라.

서 단수를 사용함)를 권고하는데, 이것은 통치자를 위해 간청하는 여기에 나오는 첫 번째 기도의 성격이다. 마지막으로 그는 유카리스티아스("감사들", NIV는 다시 단수임)를 언급하는데, 이것은 이미 빌립보서 4:6에서 보여준 바와 같이 간구에 수반될 것이다. 감사는 통치자에 대해 행해지는데, 그들에 대해 우리는 단지 기도할 뿐만 아니라 감사한다. 이것은 로마 황제 시대에 주목할 만한 개념이다. 복수형은 "왕들"과 "권세 있는 자들"이라는 말들에 확대 적용되는데, 전자는 심지어 네로와 같은 자들 역시 포함할 것이고, 후자는 "모든"에 수식을 받으므로 제국뿐만 아닌 지역의 권세자도 포함할 것이다.

압축적인 구문상의 구조는 "that"이라는 단어(NIV에서 2절 중간에 나옴)에서도 계속되는데, 그것은 기도의 의도되는 결과들을 이끈다. 바울의 고요한 생활에 대한 소원은 그가 단순히 그리스도인의 개인적인 평온함을 추구한다는 것을 뜻하지 않는다.[3] 그의 목적과 전적인 열정은 복음이 자유롭게 사회에 퍼뜨려지는 것인데, 그것은 평화로운 상황에서 가장 효과적으로 진작될 것이다. 하지만 그것은 복음의 전달자들이 방해받지 않도록 하기 위함만이 아닌데, 즉 그것은 그들의 "평안하고 고요한 생활"이 바울이 디모데에게 거듭 지시한 방식인 "모든 경건과 거룩함으로" 실천되게 하기 위한 것이다.

"경건"(유세베이아)이 신약성경에서 나오는 15번 중 10번이 목회서신에서 이다. 그것의 다음 용례는 3:16절에서 "신비"를 묘사하며, 계속하여 4:7, 8; 6:3, 5, 6, 11; 디모데후서 3:5; 디도서 1:1에 나온다. 그것은 (오늘날의 "종교"와 "종교적인" 만큼이나) 바울의 동시대 비기독교인에게 잘 알려진 용어이다. "거룩함"(또는 "단정함", 셈노테스)과 그것의 형용사형 파생어 셈노스("존경할 만한")는 디모데전서 2:2; 3:4, 8, 11; 디도서 2:2, 7에 나온다. 공동으로 이 지칭들은 하나님의 종들—특히 디모데와 장로와 집사를 포함하는—이 세상에서 좋은 평판을 지니는 일의 중요성을 강조한다. 나중에 바울은 디모데에게 그리스도인의 생활이 관찰자들에게 복음의 타당성과 매력을 확증해야 한다고 기록한다(딛 2:5, 8, 10; 주석 참조).

현 단락에서 바울은 그리스도인 일반이 경건함과 거룩함이라는 두 미덕으로 온전히 특징지어져야 함을 강조한다. 목회서신의 도처에서 충분한 지지를 받는 함의

3. 또한 여기서 그 교훈은 디벨리우스와 콘첼만이 이해하는 방식의 "훌륭한 시민직"으로 이해되지 말아야 한다(참조. *Pastoral Epistles*, Excursus: "The Ideal of Good Christian Citizenship," 39-41). 타우너는 *The Goal of Our Instruction*에서 이 해석을 설득력 있게 비판한다.

는 세상이 신자의 그리스도인다운 인격을 목격할 때 복음이 질서 있고 평화로운 사회에서 진작될 뿐만 아니라, 참된 것으로 인정될 것이라는 점이다.[4]

후속 절들이 이 해석을 지지한다. 4절 시작의 "who"(NIV에서 관계대명사로 사용되어 앞의 하나님을 수식하는 절을 이끎)라는 단어는 자주 그러하듯이 "왜냐하면"이라는 암시적 의미를 가진다.[5] 하나님은 모든 사람을 위한 이 기도들을 받으실 것인데(1절), 왜냐하면 그분은 모든 사람이 구원을 받기를 원하시기 때문이다(4절). 이 목적으로 선한 정부와 고요한 생활 역시 하나님께 선하고 받으실 만한 것이다(3절). 이 구절은 선택이냐 보편구원이냐의 질문을 다루고 있지 않지만, 그런 문제들을 상기시킨다. 하나님이 원하시는 것은 모든 사람이 구원을 받는 것이다. 그런데 이것은 그들이 예수께 대해 반응하는지의 여부와 관계없이 구원하려 하신다는 것과 동일하지 않은데, 이것은 개인적 반응의 요구에 대한 성경의 전체 지침과 모순될 것이다. 그것은 보편적이기 보다 포괄적일 수 있는데, 이는 하나님께서 누구이든 어디에 살든 구원되기를 원하심을 의미한다.[6]

"구원을 받다"와 "진리의 지식에 이르다"는 상이하지 않으며 중첩적인 경험이다. 이 용어는 바울의 헬라적 동시대인들에게 익숙했지만, 여기서 다른 의미를 지닌다. 신들은 신봉자를 다른 악의 세력에서 구원하는 것으로 생각되었다. 또한 구원은 신비종교에 입교함으로 경험된다고 생각되었다.[7] 진리의 지식은 단지 인지적인 것일 수 있었지만, 발전된 영지주의 체계에서 그 용어들은 추가적 뉘앙스들을 지니게 되었다.[8] 그러나 여기서 그것은 보다 히브리적 의미를 지닌다. 구원은 하나님의 능동적 역사인데, 그분은 구원하실 수 있는 능력과 연민을 가지고 계신다. 그 진리가 파악되며 개인적으로 소유되며 우리의 행위를 변화시키도록 허용되어야 한다. 이런 의미를 고려할 때 "진리의 지식"이 목회서신의 다른 곳들인 디모

4. 피는 경건한 생활과 복음의 불신자에 대한 매력의 이 관계를 인정한다. 그는 다음과 같은 살전 4:11-12의 유사함을 지적한다. "고요한 삶을 사는데 열심을 가지라…이는 너희의 일상생활이 외인의 존경을 얻도록 하기 위함이라"(Fee, *1 and 2 Timothy, Titus*, 63).

5. 예를 들어, 우리는 "Michael, who likes good food, would especially appreciate this restaurant"(좋은 음식을 좋아하는 마이클이 이 식당에 특별히 감사할 것이다)라고 말할 수 있다. "who"에 의해 이끌어지는 절은 단지 마이클을 수식할 뿐만 아니라 왜 그가 그 식당이 제공하는 것에 감사하는지의 이유를 밝혀준다.

6. "모든 사람"의 개연성 있는 유사한 용법에 대해서는 딛 2:11과 주석을 참조하라.

7. M. Slusser, "Salvation," *Encyclopedia of Early Christianity*, Everett Ferguson, ed. (New York: Garland, 1990), 특히 825쪽을 참조하라.

8. Carl F. Henry and R. K. Harrison, "Know, Knowledge," *ISBE*, 3:48-50을 참조하라.

데후서 2:25; 3:7; 디도서 1:1에서 추가적으로 나오는 것은 적절하다.

이 기도의 근거(2:5-7)

하나님의 사람에 대한 관심은 포괄적이며, 그분의 "한 하나님" 되심(5절)은 배제적인 동시에 포괄적이기도 한다. 여기에서 강조되지 않지만 성경 도처에 암시되고 명시되는 진리인 어떤 다른 하나님도 존재하지 않는다는 의미에서 배제적이다. 그분은 유일하신 하나님으로 이교 우상숭배자들의 상상에서와 달리 아무런 경쟁자도 존재하지 않는다. 그러나 포괄적으로 그분은 모든 사람의 하나님이요 구주로 인정되기를 원하신다.[9]

만약 그렇다면, 단지 한 중보자만이 계신다는 것이 논리적이기도 하고 타당하기도 하다. 구약과 신약은 거룩하신 하나님과 죄악 된 인간 사이의 중보의 필요성을 보여준다. 예수 그리스도는 예언자요 제사장이요 왕이시다. 특별히 그분의 제사장의 역할, 곧 신과 인간 양자이시며 자신을 희생 제물로 내어주신 일에서 그분은 유일하신 참된 중보자이시다.[10] 그분은 자신을 "대속물"로 주셨다. 곧 그분은 우리를 속박에서 벗어나게 하셨다. 우리의 현대적 상황에서 우리는 대속물을 돈으로 치르는 일을 생각하지만, 종종 생각되는 바와 달리, 사탄에게 대속의 몸값을 치르지 않으셨다. 대속물은 그분께서 자기 자신을 죽음에 내어주신 것이었다(막 10:45).[11] 그분은 모든 사람을 "위하여"(휘페르, 곧 "도우려고") 이것을 행하셨다.

휘페르라는 전치사는 또한 대리("대신")를 나타낼 수도 있다. "헬라어 신약성경에서 전치사와 신학"[12]이라는 글에서 머리 해리스(Murray Harris)는 안티와 달리 휘페르가 대표와 대리 양자 모두를 표현할 수 있었음에 주목한다. 본 단락에서 대리의 개념은 "대속물"(안티뤼트론)이라는 단어에서 이미 암시된다. 전치사 휘페르에 포괄적 단어 "모든"(총칭적인 안드로폰, 곧 "사람"을 수식함)이 후속되는데, 이것은 그리스도를 통해 성취된 하나님의 구원 사역의 광범위한 규모를 다시 한 번 강조한다.

---

9. 목회서신의 구원과 구원자되신 하나님에 대한 주제와 그 참고 문헌에 대해서는 Frances Young, *The Theology of the Pastoral Letters*를 참조하라.
10. R. S. Wallace, "Mediation," *ISBE*, 3:299-305를 참조하라.
11. Leon Morris, *The Atonement: Its Meaning and Significance*(Leichester, England: Intervarsity Press, 1983), 116-19.
12. *NIDNTT*, 3:1196-97을 참조하라.

다음 어구는 주경자들을 당혹시켜왔다. 그것은 문자적으로 "적절한[또는 적당한] 때의 증거[또는 증언]"라고 번역된다. 다음의 것들이 이 어구의 가능한 해석에 포함된다. (1) 그것은 접속사에 의해 선행부와 연결되지 않으므로 "모든 사람을 위하여 자기를 대속물로 주신"의 병치 어구로 여겨질 수 있다. 이 경우 대속물로서의 예수의 죽음은 모든 사람을 위한 하나님의 구원 사역의 증거이며, 꼭 적당한 때에 발생했다. (2) 그러나 대신 바울은 현재 주어지고 있는 증언으로서의 자기 자신의 가르침을 간접적으로 가리키고 있을지도 모른다.[13] 어떤 경우든 바울은 "전파자"(herald)와 "사도" 양자 모두로서의 자신의 사명을 다시 한 번 언급하는데(7절), 그는 이것을 엄숙하게 확언한다.

상황잇기

통치자를 위한 기도. 만약 바울의 1:12-17에서의 간증이 갑작스럽게 등장한 것이라면, 또 한 번의 자신의 소명에 대한 언명으로 마치는 2:1-7의 기도 요청 역시 그러할 것이다. 비록 "그러므로"의 헬라어 단어(1절)가 논리적 강조점 없는 전환의 단어로 사용될 수 있지만, 여기에서 앞선 단락들과의 의도적인 연관이 존재하는 것 같다. 이것은 바울이 통상적으로 하는 종류의 기도 요청이 아니다. 예를 들어 에베소서 6장의 기독교인의 전신갑주에 대한 구절에 뒤따르는 요청을 생각해보자. 거기서 사도 바울은 자기 자신과 메시지를 전파함에 있어서의 자신의 담대함을 위한 기도를 요구한다. 신약 도처에 복음, 치유, 전도에 있어서의 담대함 등과 관련된 다양한 기도 요청이 나온다. 특유하게 본문의 요청은 권세 있는 자들을 위한 것이다. 왕들만을 위한 것은 아니지만, 그 단어의 용법은 그 요청에 초점을 둔다. 우리는 단지 복음 또는 전도자와 증거자에 대한 하나님의 능력을 위해서만 아니라 복음이 작용하는 환경에 영향을 줄 결정을 하는 관리들을 위해서도 기도해야 한다.

그 행위의 폭(기도와 도고와 감사)과 그 대상이 되는 자들의 수("모든 사람…왕들과 모든 권세 있는 자")는 이것이 중대한 일임을 보여준다. 이 세상과 그 정부들은 하나님의 활동의 장이다. 비록 복음이 공산주의자들 치하의 다수의 곳들에서 보듯이 독재 체제에서도 흥왕할 수 있지만, 그것은 결코 추구할 이상은 결코 아니

---

13. 다른 가능성과 예거에 대해서는 Lock, *Pastoral Epistles*, 28, Dibelius and Conzelmann, *Pastoral Epistles*, 41-42, Knight, *Pastoral Epistles*, 123을 참조하라.

다. 또한 직접적인 목표는 단지 "평화롭고 고요한 생활하는 것" 역시 아니다. 이것을 초월하여 그것은 "모든 경건과 거룩함으로" 살기 위한 것이다. 더욱이 이것까지 초월하여 그 목표는 사람들이 구원을 받도록 하려는 것임을 시사한다(4절).

기독교적 증거와 다원주의. 바울은 다시금 자신의 인생 목표 곧 "전파하는 자와 사도" 된 소명으로 돌아온다(7절). 그는 이 단락에서 자신을 표현함에 있어 강렬하다. 그의 흥분과 책임감이 뚜렷하다. 우리는 "모두"(문자적으로 "모든 사람")를 위해 기도해야 할 뿐만 아니라 하나님께서 모든 사람이 구원을 받기를 원하심을 깨달아야 한다. 이러한 의도로 기도의 대상이 되어야 할 다수의 통치자와 하나님께서 구원되고 진리의 지식에 이르기를 원하시는 다수의 사람이 단지 "한 하나님 그리고 하나님과 사람 사이의 한 중보자"만 계신다는 사실과 대비된다. 현재의 다원주의적 시대에 우리는 "하나님께 이르는 많은 방식이 존재한다"고 말하는 경향이 있다. 그러나 "그리스도께 이르는 많은 방식이 존재하지만 하나님께 이르는 단 하나의 방식만이 존재하는데, 그것은 곧 그리스도로 말미암는다"라고 말하는 것이 더 합당할 것이다.

하나님께 이르는 단 하나의 방식만이 존재한다는 것이 맞느냐에 대해 논쟁할 때, 모든 사람이 실제로 구원받을 수 있을 그런 방식을 제공하신 분은 바로 하나님 자신이라는 점이 종종 망각된다. 다원주의는 보편구원론과 혼동되지 말아야 하는데, 비록 양자가 보통 동일한 결론에 도달하지만 말이다. 보편구원론은 모든 사람이 복음에 대한 반응과 상관없이 구원될 것이라는 주장이다. 다원주의는 한 종교만 옳은 것이 아니라 모든 종교가 일정한 가치를 지닌다는 주장이다. 오늘날 다원주의는 자주 공격적인 입장을 취하는데, 곧 다원주의자들이 부당하다고 생각하는 유일한 믿음은 자신의 종교만 옳다고 하는 믿음이라는 점에서 그러하다. 그러므로 모순적이고 불합리하게도 다원주의적 이상은 그런 견지를 거절한다는 점에서 흔들리게 된다. 다원주의의 도전은 단지 배타적 주장을 반복하는 일이 아니라, 포용력 많은 성경적 개념의 참된 성격의 포괄주의를 강조하는 일에 의해 아마도 가장 잘 대처될 것이다. 즉 복음은 모든 문화의 모든 사람들을 위한 것이다. 모든 문화적 배경에서의 이 단락의 적용의 열쇠는 그것의 포괄성이다.[14]

---

14. 다원주의에 대한 많은 저작이 최근에 나왔다. 필자는 특별히 D. A. Carson, *The Gagging of God: Christianity Confronts Pluralism*(Grand Rapids: Zondervan, 1996); D. L. Okholm and T. R. Phillips, *More Than One Way? Four Views on Salvation in a Pluralistic World*(Grand Rapids: Zondervan, 1995)를 추천한다. 기독교와 여타 세계 종교에 대해서는 또한 Carl E. Braaten, *No Other Gospel:*

목회서신의 목적이 주로 교회 직제에 대한 교훈을 제공하는 것이라고 여기는 사람들은 왜 이 단락이 예배 의식에서 기도의 보다 폭넓은 측면들을 다루고 있지 않는지에 대해 질문해야 한다.[15] 대신 여기의 교훈들은 앞에서 언급된 목적을 달성하는 데 좁게 초점이 맞추어진다. 우리는 다음과 같은 지침을 추정할 수 있다. 기도는 교회의 영적 사역의 정규적인 부분의 하나이며, 아마도 결론내릴 수 있듯이, 주요 부분의 하나이다. 그것은 목적의식이 있어야 하며 무계획적이어서는 안 된다. 교회와 공동체(아마도 국가로 확대될 수 있음)의 유익이 더 큰 목표인 복음의 폭넓은 수용과 함께 유념되어야 한다.

현대적 의미

그리스도가 없는 자들에 대한 우리의 메시지. 신학자들과 다른 사람들이 수세기 동안 다뤄온 것 중에 가장 난처한 질문 중 하나는 그리스도를 믿지 않는 혹은 그리스도에 대해 결코 들어본 적이 없는 자들의 운명에 대한 것이다. 그런 복잡한 질문이 이 간략한 논의에서 만족스럽게 다뤄질 수는 없겠지만, 우리가 그러한 질문에 아마도 기여할 수 있을 구절을 발견하게 될 때 이 같은 질문을 염두에 두는 것이 좋다.

아마도 여기서 열쇠가 되는 단어는 헬라어 델로(NIV와 NLT의 4절에서 "원하다"로 번역됨, NRSV는 "바라다"임)이다. 그것의 의미의 폭은 어떤 것이 행해지기를 바람에서 어떤 것이 행해지기를 작정함까지 망라된다. 정확한 동의어는 아니지만 유사한 단어인 불로마이가 다음과 같이 베드로후서 3:9에 나온다. "주의 약속은 어떤 이들이 더디다고 생각하는 것 같이 더딘 것이 아니라 오직 주께서는 너희를 대하여 오래 참으사 아무도 멸망하지 아니하고 다 회개하기에 이르기를 원하시느니라". 방금 예거한 번역판 셋 모두 여기서 불로마이를 "원하다"로 번역한다. 델

Christianity Among the World's Religions(Minneapolis: Fortress, 1992); Daniel B. Clendenin, *Many Gods, Many Lords: Christianity Encounters World Religions*(Grand Rapids: Baker, 1995); Ajith Fernando, *The Supremacy of Christ*(Wheaton: Crossway, 1995); Lesslie Newbigin, *The Gospel in a Pluralist Society*(Grand Rapids: Eerdmans, 1989); Edward Rommen and Harold Netland, eds., *Christianity and the Religions*(Pasadena: William Carey Library, 1995); Kevin J. Vanhoozer, ed., *The Trinity in a Pluralistic Age*(Grand Rapids: Eerdmans, 1997)을 참조하라. 다른 종교들의 관점을 포함하는 논의에 대해서는 Kenneth Cragg, *The Christ and the Faiths*(Philadelphia: Westminster, 1986); Hans Küng, Josef van Ess, Heinrich von Stietencron, and Heinz Bechert, *Christianity and World Religions*(Maryknoll, N. Y.: Orbis, 1986)을 참조하라.

15. Scott, *Pastoral Epistles*, 19.

로와 불로마이 양자 모두 어떤 것을 하기를 바라거나 보다 강한 의미로 어떤 것을 하려는 특정한 의도 혹은 계획을 지칭할 수 있다.[16] 적어도 이 두 구절은 하나님께서 사람들이 구원 없이 죽어가는 일을 전혀 기뻐하지 않으심을 보여준다. 하지만 그것들 중 어떤 것도 하나님께서 그들 자신의 그리스도에 대한 입장과 무관하게 사람들을 구원하신다는 것을 가르치지 않는다.

오늘날 복음을 전할 때 모든 배타적인 종교적 주장에 현대적 거부감을 지닌 사람들을 멀리하지 않기가 어렵다. 진리에 관계되는 한 우리는 그리스도께서 그것에 이르는 유일한 길임을 확신한다. 그러나 이것을 오늘의 세계에서 어떻게 선포하느냐가 사람들을 우리의 복음으로 이끌 수도 멀리하게 할 수도 있다. 유약함이나 타협함 없이 우리는 그 좁은 길을 선포해야 하지만, 그렇게 함에 있어 우리는 길, 곧 놀라운 길이 존재함을 강조해야 한다. 우리는 바로 그 길을 제공하는 일에서의 하나님의 사랑(요 3:16)과 십자가의 희생을 통해 바로 그 길이 되시는 일에서의 그리스도의 은혜를 보여주는 것이 중요하다.

바로 대속물이 존재한다. 우리의 메시지는 침울함이나 파멸이 아니라 중보자 곧 바로 그리스도 예수라는 사람에 의해 만들어진 열린 길이다. 우리가 단 한 명의 중보자가 존재한다고 말하는 방식에 따라 부정적인 어감—모든 타종교는 잘못되었으며 오만하고 독단적이게도 우리만 옳다—이 전달될 수도 있고 긍정적인 어감—하나님께서는 모두가 구원되기를 원하시며, 우리는 그분께 나아오는 모든 사람을 위한 길과 수단을 겸손하고 기쁘게 선포한다—이 전달될 수도 있다.

의미 있는 결정을 할 수 있을 만큼 하나님과 죄악과 구원에 대해 충분히 알지 못한 사람에 대해, 필자는 우리가 아브라함의 다음과 같은 수사적 질문에 동의할 수 있다고 생각한다. "온 세상의 심판자께서 옳은 일을 행할 것이 아니니이까?"(창 18:25). 얼마나 많이 하나님이—혹은 우리가—어떤 사람이 구원되기를 바라든 간에, 하나님께서 그것을 성취하시는 단지 한 가지 길만이 존재한다. 그것은 "모든 사람을 위하여 자기를 대속물로 주신" 그리스도로 말미암는 놀라운 길이다.[17]

---

16. 전자의 의미로는 마 20:21; 행 17:20; 19:30; 빌 1:12을 참조하며, 보다 강한 의미로는 마 1:19; 행 5:28; 7:39; 골 1:27을 참조하라. 그러나 심지어 그런 예거들에서도 의미의 중첩이 존재할 수 있다.

17. 그리스도를 거절하는 사람들의 운명에 대한 문제와 복음을 결코 들어보지 못한 사람들에 대한 질문에 대해서는 다음을 참조하라. William V. Crockett and James G. Sigountos, eds., *Through No Fault of Their Own? The Fate of Those Who Have Never Heard*(Grand Rapids: Baker, 1991); Millard J. Erickson, *How Shall They Be Saved? The Destiny of Those Who Do Not Hear of Jesus*(Grand Rapids: Baker, 1996); Gabriel Fackre, Ronald H. Nash, and John Sanders, *What About Those Who Have Never*

우리의 사명과 태도. 바울은 7절에서 다음과 같이 자신의 삶의 분명한 목적에 대한 진술을 한다. "이 목적으로 내가 전파하는 자와 사도로 세우심을 입었노라." "이 목적으로"라고 번역된 헬라어 표현은 에이스 호, 곧 "그것을 향하여"이다. 이것은 우리가 바울의 사도적 사명의 적어도 한 역할을 스스로 취할 수 있는 한 사례인데, 그것은 복음을 전파하며 "참된 믿음의 교사"가 되는 것이었다. 하나님께서 복음을 결코 들어보지 못한 자들을 어떻게 다루실지에 대한 우리의 견해가 어떠하든, 우리의 인간관계의 범위 내에서 가능한 한 모든 사람이 그리스도의 복음을 알게 되도록 살피는 것이 우리의 책임이다.

"권세 있는 자들"을 위해 기도하라는 바울의 권면은 그들을 비판하거나 조롱하는 일부 기독교인의 경향과 반대된다. 시카고 지역의 한 초대형교회의 목사는 마땅하게도 그들이 클린턴 대통령에게 쉿 하는 야유의 소리를 낼 때 청중을 경고했다. 디모데전서의 이 단락은 우리 모두가 지도자에 대한 태도를 점검해 보게 하는 계기가 되어야 한다. 비록 목회기도에서 권세 있는 자들에 대한 매주의 문장이 단순히 천편일률적인 것이라 할지라도, 그것에 대해 전혀 기도를 안 하는 것보다는 낫다. 예전을 중시하는 교회들에서 행해지듯이 "당신의 종"이라는 말이나 그 이름을 사용하면서 지도자를 위해 기도하는 일은 우리로 하여금 하나님의 인도를 필요로 하는 그 지도자의 인간적 본성을 상기시킨다.

Heard?(Downers Grove, Ill.: InterVarsity, 1995); Ronald H. Nash, *Is Jesus the Only Savior?*(Grand Rapids: Zondervan, 1994); Clark H. Pinnock, *A Wideness in God's Mercy: The Finality of Jesus Christ in a World of Religions*(Grand Rapids: Zondervan, 1992); Clark H. Pinnock and Robert C. Brow, *Unbounded Love*(Downers Grove, Ill.: InterVarsity, 1994). 또한 앞의 각주 14를 참조하라.

디모데전서 2:8-15

8 그러므로 각처에서 남자들이 분노와 다툼이
없이 거룩한 손을 들어 기도하기를 원하노라
9 또 이와 같이 여자들도 단정하게 옷을 입으며
소박함과 정절로써 자기를 단장하고 땋은 머
리와 금이나 진주나 값진 옷으로 하지 말고
10 오직 선행으로 하기를 원하노라 이것이 하
나님을 경외한다 하는 자들에게 마땅한 것이
니라
11 여자는 일체 순종함으로 조용히 배우라
12 여자가 가르치는 것과 남자를 주관하는 것을
허락하지 아니하노니 오직 조용할지니라
13 이는 아담이 먼저 지음을 받고 하와가 그
후며
14 아담이 속은 것이 아니고 여자가 속아 죄에
빠졌음이라
15 그러나 여자들이 만일 정숙함으로써 믿음과
사랑과 거룩함에 거하면 그의 해산함으로 구
원을 얻으리라

원 의미

바울은 기도의 내용에 대한 교훈을 이미 했다. 여기서 후속되는 것은 기도의 방식과 관련된다. 내용은 신학과 관계되는 반면, 방식은 태도와 외관과 관련된다.

기독교 교회에서 태도와 행위(2:8)

이 절에서 운("그러므로")의 사용은, 비록 단순히 관용적이고 비본질적인 전환의 표시일 수도 있지만(NIV는 생략함), 내용이 태도에 영향을 미친다는 점을 암시한다. 평화롭고 고요한 생활을 위해 권세 있는 자들을 위해 기도하도록 교훈되는 자들은 군말 없이 스스로 기도해야 한다. "내가 원한다"는 "내가 권한다"(2:1)나 "내가 허락하지 않는다"(12절) 만큼 강하지 않으며 확실히 "[하나님이] 원한다"와 동일하지는 않겠지만 강한 선호를 나타낸다. 비록 그것이 명령은 아니지만 여기서 사용된 단어(불로마이)는 한 개인이 일어나기를 강하게 원하거나 기대하거나 심지어 의도하는 것을 표현한다.

"남자들"로 번역된 단어(아네르의 복수형)는 보통 남성을 의미하지만, 고전적 헬라 수사법에 여성을 포함하는 용례가 있기도 하다. 하지만 여기서 그것은 9절의 "여자들"과 뚜렷이 대비된다. 이 방침은 유대 회당의 공기도와 일치하지만, 그리스도인의 모임에서는 여자들이 기도했다(고전 11:5).[1] "어디서나"(개역개정—"각처에서")는 고린도전서 14:33의 "모든 성도의 회중들에서와 같이"를 연상시키는데, 거기서 주제는 공적 모임에서 여자의 역할이다. 이 사실은 본 구절의 바울의 가르침이 단지 에베소의 교회에만 적용된다는 추정에 반대하도록 주의시킨다.[2] "거룩한 손"을 든다는 것은 (씻고 제의적으로 정결한 것으로서) 손 자체에 강조점을 두지 않는다. 그런 견해는 예수의 가르침에 거스른다(마 15:1-2, 10-11). 오히려 남자들이 손을 들어 올리는 관례적인 유대 방식으로 기도할 것이 가정된다. 따라서 그 손들은 그 생활이 하나님의 거룩하심과 조화되는 남자들의 소유일 것이다.

성경은 우리의 기도의 효력에 영향을 주는 통제 가능한 요소들이 있음을 가르친다. 이것들은 주로 관계적인데, 곧 하나님과의 관계(숨겨진 죄, "계획된" 죄, 신뢰의 결여)와 타인과의 관계("우리가 우리에게 빚진 자를 탕감하여 준 것 같이 우리의 빚도 탕감하여 주시옵고", 마 6:12, 14-15에서 주기도문 뒤에서 추가적 해설을 위해 예수께서 고르신 조건임) 양자 모두에서 그러하다.[3] 디모데전서 2:8에서 "분노"와 "다툼"은 하나님께서 공기도를 하는 자에게 요구하는 거룩한 삶과 부조화되며, 또한 효과적인 기도에 대립된다.

기독교 교회에서 여자의 태도와 행위(2:9-10)

이 절들은 구문과 어순의 의미를 어떻게 평가하느냐에 따라 상이하게 해석되어 왔다. 주요 문제는 9절에서 "기도하다"의 생략과 앞 절의 기도를 대체하는 것으로 보이는 "옷을 입다"의 구문상의 역할이다.

이하와 같은 구조로 구문상의 요소들이 헬라어 본문에 나온 순서대로 열거된다.

---

1. 기도하는 여자를 그리는 초기 그림들에 대해서는 Ruth A. Tucker and Walter L. Liefeld, *Daughters of the Church: Women and Ministry From New Testament Times to the Present*(Grand Rapids: Zondervan, 1987)의 57쪽과 93쪽의 삽화와 92쪽의 해설을 참조하라.
2. 문자적으로 "어디서나"는 "모든 곳[토포스]"을 번역하고 있다. 디모데전서 2:8의 토포스에 대한 논의를 위해서는 E. Ferguson, "τόπος in Timothy 2:8," *RestQ* 33(1991): 65-73을 참조하라.
3. Walter L. Liefeld, "Lord's Prayer," *ISBE*, 4:162.

구문상의 요소	8절	9절
주동사	내가 원한다	[암묵적임]
주동사의 부정사 목적어	**기도하기를**	
지시 대상의 대격 (부정사의 "주어")	그 남자들	여자들
부사적 수식어		
장소	모든 곳	
방식	손을 듬	고상한 옷차림으로
	분노와 다툼이 없이	염치와 예의바름으로
표현되지 않은 주동사 "내가 원한다"의 부정사 목적어		**옷을 입기를**
추가적인 부사적 수식어		땋은 머리…가 아니라 선행으로

우리가 직면하는 질문은 바울이 (1) 여자들은 (공적으로) 기도하지 않으며 기도 대신 그들의 사역은 단정하게 옷을 입는 일임을 암시하려고 의도하는가, 아니면 (2) 독자가 여자들 역시 기도하며(아마도 NIV에서 "또한"으로 번역되며 문자적으로는 "이와 같이"인 호사우토스에 의해 암시됨) 기도하는 동안 단정하게 옷을 입어야 함을 기대하는지의 여부이다. 바울이 두 번째 절의 첫 번째 표현된 동사를 부정사 형태로 하는 이유는 문법적 정확성을 위한 것이다(왜냐하면 그는 아마도 부정사였을 동사 "기도하기를(to pray)"을 생략하기 때문에). 그것은 구문이 아닌 사고의 전개에 있어 8절의 분사 에파이론타스("[거룩한 손을] 들다")에 대응된다. 만약 바울이 남자의 기도에 상응하는 것이 여자의 단정한 옷차림임을 명확하게 진술하기를 의도했다면, 왜 동사 "옷을 입다"를 8절의 부정사 형태의 "기도하다"에 대응하는 9절의 선행하는 빈자리에 배치하지 않았는지를 질문해야 한다.

헬라어 문장에서 전달되는 기본적으로 두 종류의 정보가 존재함을 상기하는 일이 도움이 될 것이다. 한 가지는 "메시지" 혹은 "내용" 정보라 불릴 수 있는 것이며, 다른 하나는 "구조" 정보이다. 전자는 우리가 단어 의미(예를 들어, 사전적 또는 어의론적 의미)에서 얻는 것이다. 이것은 명사, 동사, 형용사, 부사, 전치사, 접속사, 접두어, 접미어 등등의 의미를 포함한다. 구조 정보는 우리가 단어의 상대적 배열, 명사의 격 어미, 동사와 간접 목적어의 관계 등에서 얻는 것이다. 구조는 보통 구문에 의존하지만, 구조적 의미는 또한 (구문과 독립적일 수 있는) 어순에서도 발견된다.[4] 양 종류의 정보 모두 한 절이나 문장에서 어의론적 전체를 형성하기 위해 결합된다.

2:9을 메시지 정보의 차원에서 분석하는 데 있어 우리는 "기도하다"를 의미하는 동사의 부재에 주목한다. 추가적으로 구조 정보의 차원에서 두 가지 사실을 주목할 만하다. (1) 구문에 따르면, "옷을 입다"가 암묵적인 동사 "내가 원하다"의 유일하게 표현되는 부정사 목적어이다. (2) 어순에 따르면 바울이 여자의 기도를 전제하고 더 나아가 여자가 어떻게 기도시 옷을 입어야 하는지를 기술하는 것으로 이해될 수 있다. 다음으로 그는 기도의 상황을 초월하여 비싼 옷차림의 적절한 대체물로서의 선행의 역할을 언급한다. 해석자는 (1)과 (2) 중에서 선택해야 하거나, 양자 모두가 가능하다.

바울이 여자가 교회 모임에서 기도하는 것을 배제하고 있다는 주장을 의심하게 하는 이 구절 외부의 주요 이유는 고린도전서 11:2-16의 여자의 머리를 가리는 일에 대한 바울의 교훈이 여자가 기도하고 예언했다는 사실에 기초한다는 점이다(5절). 바울이 정규적 교회 모임을 염두에 두고 있다는 점에 대한 어떠한 의문도 이 구절과 후속하는 "너희가 교회로 모일 때"(18절)의 주의 만찬에 대한 구절이 함께 나올 뿐만 아니라, "내가 너희를 칭찬한다"(2절)와 "내가 너희를 칭찬하지 않는다"(17절)라는 유사한 어구들에 의해 구조적으로 결합된다는 사실에 의해 사라지게 된다. 성만찬은 선행하는 장(10:14-22)에 언급되며, 따라서 바울이 11장을 기록할 때 교회 예배가 이미 염두에 두어졌다.

물론 바울이 여기 디모데전서에서 고린도전서와 상이한 종류의 기도를 염두에 두었을 가능성이 있지만, 그러한 견해는 그런 차이를 가리키는 정황상의 아무런 증거도 존재하지 않기 때문에 추정하기 어렵다. 고린도전서와 디모데전서 양자 모두에 외모에 대한 관심(전자의 머리를 가림과 후자의 단정한 옷차림)이 존재하는데, 이는 양 모임 모두가 공적임을 암시한다. 여자의 기도에 대한 견해가 어떤 것이든, 디모데전서 2:8-10의 교훈의 주요 목적은 기도의 행위를 명하는 것이 아니라 기도와 예배를 할 동안 남자와 여자 양자 모두의 태도이다(아래 10절에 대한

4. 인상적인 어순의 사례는 사도행전의 절정의 마지막 단어로서의 아콜루토스의 배열이다(투옥되었음에도 불구하고 "바울은 주 예수에 대해 담대하고 지장없이 [문자적 번역] 가르쳤다").

주석을 참조하라).

바울이 남자와 여자의 종교적 관례와 관련하여 도덕의 표출의 문제를 다루고 있음이 이런 사고의 전개에서 이제 분명하다. 그는 그들의 외양이 내적 성품과 모순되지 않아야 함을 주장한다. 9-10절의 사례는 여자의 내적 경건이 선행으로 표출되어야 한다는 것이다. 고대 헬라에서 그리고 일정 정도 바울 당시에도 여전히 사치스런 복장과 머리모양과 보석은 도덕적 정직함과 참된 경건과 부조화한다고 여겨졌다. 따라서 기독교인 여성은 "단정하게" 옷을 입어야 했다.

의복과 머리모양과 보석에 대한 기술은 그것들이 왜 부적합했는지에 대한 두 가지 이유를 시사한다. (1) 하나는 과도한 비용이다. 금에 대한 언급이 바로 그 증거이며 부적절한 복장을 묘사하기 위해 사용된 형용사가 "비싼"이다. (2) 다른 하나는 부도덕한 행위와의 전통적인 관련성이다.[5] "염치로"는 사치의 반대가 아니며, 고대의 수치와 영광의 개념과 연관된다. 여기서 사용된 명사(아이도스)는 존경, 자존, 또는 수치를 뜻할 수 있다. 우리는 부도덕한 일을 행함 때문이 아니라 칭찬받을 만한 겸양의 태도로서 부끄러움을 느낄 수 있을 것이다. "예의바름"(아마도 "단정함"이라는 번역이 더 나음)은 기독교인 여성의 외모에 있어서의 절제의 또 하나의 요소로서 이것과 일치한다. 요컨대 그들은 부를 과시하는 일과 부도덕성을 나타내는 일을 피해야 한다.

그런 외양은 우리에게 사소하게 보일지 모르지만, 고대 세계에서는 그렇지 않았다. 그것이 기독교적 견지에서 교리적 문제는 아니지만, 복장은 도덕적으로 예민한 유대인과 이교도에게 중요한 의미가 있었다. 호사스럽고 값비싼 옷을 입고 보석을 착용하는 일에 대한 반대가 어떻게 단지 단정한 일일 뿐만 아니라 "선행"이기도 한지에 대해 주목하라(10절). 이 문맥에서 선행은 그것이 누군가에게 가져다주는 도움뿐만이 아니라 특별히 기독교에 대해 증거하는 것으로 인해 중요한 것이다.

바울은 목회서신에서 선행을 강조한다.[6] 어떤 행동들은 내밀하게 겸손히 행해져야 하지만(참조. 마 6:16-18의 예수의 말씀), 예수께서는 "너희 착한 행실을 보고 하늘에 계신 너희 아버지께 영광을 돌리도록" 우리의 빛이 타인들 앞에 비추게 해야 한다고 가르치셨다(5:16). 목회서신의 선행에 대한 몇 가지 구절들은 명시적

5. Cynthia L. Thompson, "'Cosmetics': The Social Power of Cliches." 이것은 AAR/SBL 연례 모임에서 발표된 논문이며, 필자가 아는 한 아직 출판되지 않았다.

6. 딤전 3:1; 5:10(2번), 25; 6:18; 딤후 2:21; 3:17; 딛 1:16; 2:7, 14; 3:1, 8, 14을 참조하라.

으로 그것들에 대한 공적 인지를 언급한다. 예를 들어, 과부가 부조 명부에 올려지기 위해서는 "선한 행실이 잘 알려져" 있어야한다(딤전 5:10). 선행은 "밝히 드러나고" "숨길 수 없다"(딤전 5:25). 디도서 2:7은 대적자들이 기독교인에 대해 나쁘게 말할 아무 것도 없음으로 인해 부끄러워하도록 젊은 남자들로 하여금 "선행의 본"(NRSV)이 되어야 한다고 말한다.

여자들이 참여하던 "예배"(10절)가 방금 암시한 바와 같이 공기도를 포함했을 수 있는 교회에서의 예배 행위에 제한되었는지는 논란의 여지가 있다. NIV의 번역, 곧 "하나님을 예배한다고 고백하는 여자들"은 이 여자들이 자신들의 예배의 대상이 하나님임을 고백했을 때에 아마도 교회 의식으로서의 예배 행위가 실제로 고려되고 있음을 함의한다고 볼 수 있다. 물론 이 함의는 일상생활에서의 예배를 배제하지 않는다. 여기서 "예배"에 해당하는 단어는 데오세베이아인데, 이것은 경건 일반을 가리키며, 반드시 예배 행위만을 가리키지 않는다. 하지만 그것은 디오그네투스서(Diognetus) 4:5에서 그 단어가 그러하듯이 교회 예배를 의미할 수 있다. 거기서 그것은 이교 예배에서와 달리 기독교에서는 가시적인 장신구의 사용을 요구하지 않는 종교 의식을 가리킨다.

여자들이 배우는 일에 대한 특별한 교훈(2:11-15)

다음 단락은 동일한 주제를 계속한다. 11절은 헬라어 본문에서 "여자는 조용히"[7]라는 말로 시작한다. 또한 조용함에 대한 동일한 단어가 12절을 마무리하며 수미상관법이라 불리는 것을 형성하는데, 그것은 문학작품의 한 단락의 시작과 끝을 표시하기 위해 동일하거나 유사한 단어나 어구를 사용한다. 이 장치는 바울이 배움에 있어 조용함의 태도가 여자에게 얼마나 중요한 것으로 여겼는지 보여준다.

이 조용함과 대비되는 것은 가르치는 일과 남자를 주관하는 일이다(12절). 그 대비되는 표현들이 12절의 중간에서 강한 반의어 알라("그러나, 그렇지만", NIV에서는 번역 안 됨)에 의해 분리된다. 비록 구조가 요구하는 것은 아니지만, 11-12절

---

7. 어떤 이들은 헬라어 단어 헤쉬키아를 "침묵"이라는 단어로 번역하지만 바로 앞의 2절의 상응하는 형용사 헤쉬키온은 ("조용한[고요한] 생활"이라는 어구에서) "조용한"을 분명하게 의미한다. 11절에서 그것은 침묵과 조용함 둘 중 어느 것도 의미할 수 있을 것이기 때문에 그 장의 앞선 용례와 일치하는 의미가 최소한 선호되어야 한다. 기독교인의 행실이라는 주제와 관련된 이 장의 통일성을 고려하면 이것은 특별히 그러하다.

의 조용함의 태도는 가르치는 일을 배제하며 순종의 태도는 주관하는 일을 배제하는 것으로 이해될 수 있다. 이것은 유대인과 헬라인 양자 모두에게 놀랍지 않았을 것인데, 왜냐하면 양 문화 모두 여자가 가르치는 일을 허용하지 않았기 때문이다.[8] 로마 제국의 일부 지역에서 보다 허용적 태도가 존재했지만, 일반적으로 여자에 대한 지배적인 태도가 바울의 접근방식에서 선호되었을 것이다. 이 사실은 본문의 우리 시대에의 적용에 있어 주의를 요구할 것이다. 배움에 있어 여자의 조용함과 순종의 해석의 추가적인 요소는 이 태도가 랍비 수하의 남성 학생들에게도 기대되었다는 점이다. 그런데 랍비는 임명 후에 가르치는 일과 주관하는 일 양자 모두를 행했을 것이다.

12절의 의미에 대한 상당한 일련의 문헌이 존재한다.[9] 논의되는 주제들 가운데 다음과 같은 것들이 있다. "내가 허락하지 않는다"의 의미, "가르치다"와 "주관하다"는 단어의 의미, 아담과 하와를 언급하는 이유, 그리고 만약 있다면 15절의 12절과의 관계.

(1) 바울의 도입 어구인 "내가 허락하지 않는다"의 적절한 이해는 세 가지 분리된 결정을 요구한다. ⓐ 이것은 금지인가? 영어에서 "내가 허락하지 않는다"는 "내가 금지한다" 만큼 강하게 들리지 않는다. 하지만 허락과 불허는 강한 표현이었는데 유대 독자들은 특별히 그것에 익숙했을 것이다.

ⓑ 현재 시제의 사용은 바울이 단지 일시적인 금지만을 의도함을 뜻하는가? 그것은 미래에는 허락할 수도 있지만 현재에는 어떤 일시적 이유로 그렇지 않음을 함의하는 "내가 지금 허락하고 있지 않다"로 의역될 수 있는가? 비록 그것이 단순한 사실을 표현하는 현재 직설법의 보통의 서사 용례일 가능성이 더 많은 것 같지만 그런 경우일지도 모른다. 중요한 것은 시제가 아니라 법이다.

---

8. Sigountos and Shank, "Public Roles for Women in the Pauline Church," *JETS* 26(1983): 289-92.
9. 대표적인 최근의 저작은 다음과 같은 것들을 포함한다. Douglas J. Moo, "What Does It Mean Not to Teach or Have Authority Over Men? in *Recovering Biblical Manhood and Womanhood*, John Piper and Wayne Grudem, eds. (Wheaton: Crossway, 1991), 179-93; Richard Clark Kroeger and Catherine Clark Kroeger, *I Suffer Not a Woman: Rethinking 1 Timothy 2:11-15 in Light of Ancient Evidence* (Grand Rapids: Baker, 1992); Craig S. Keener, Paul, *Women and Wives*(Peabody, Mass.: Hendrickson, 1992), 101-32; Andrew C. Perriman, "What Eve did, What Women Shouldn't Do: The Meaning of *αὐθεντέω* in 1 Timothy 2:12," *TynBul* 44 (1993): 129-42; Andreas J. Köstenberger, Thomas R. Schreiner, and H. Scott Baldwin, eds., *Women in the Church: A Fresh Analysis of 1 Timothy 2:9-15* (Grand Rapids: Baker, 1995), and Rebecca Merrill Groothuis, *Good News for Women*(Grand Rapids: Baker, 1997), 209-29.

ⓒ 그러므로 바울은 왜 명령법을 사용하여 그것을 명령으로 만들지 않고 이 직설법 형태를 사용할까? 디모데에게 그가 무엇을 허락하지 않는지를 말하는 이유는 디모데가 동일한 관례를 따르도록 하기 위한 것임에 거의 의심의 여지가 없다. 그러나 후세대의 관점에서 읽을 때, 바울이 "여자가 가르치는 것을 허락하지 말라" 또는 "여자는 가르치거나 주관하지 말아야 한다"와 같은 명령을 내리지 않은 것은 얼마나 의미심장한가? 신학적으로 성령께서 바울로 하여금 교회가 모든 시기에 그 관례를 따르도록 강제하는 것으로 해석될 수 있을 명령법 구문을 사용하도록 이끄셨을 수도 있겠지만, 대신 영속적으로 구속하지 않는 방식으로 그의 관례 묘사하는 구문을 사용하도록 이끄셨다는 점에 주목하는 일은 의미심장할 것이다.[10]

(2) "가르치다"의 의미는 무엇인가? 목회서신에서 그 단어와 동족어들의 용례를 고려할 때, 그것은 십중팔구 예수와 그분의 핵심적인 가르침을 수반하는 "그 믿음", 곧 사도적 교훈의 권위 있는 전달을 가리킬 것이다.[11] 앞에서 주목한 대로, 여성 교사는 헬라와 유대 사회 양자 모두에서 용납되지 않았다. 또한 여자는 증인으로 계수되지 않았다(고전 15:3-8의 증인 목록에서 바울이 여자를 언급하지 않는 사실에 반영됨). 여자가 가르치며 그리스도에 대한 사도적 증거를 선포하는 일을 허용하는 것은 역효과를 낳았을 것이다.

"주관하다"는 그 의미가 그리 명확하지 않다. 헬라어 동사 아우덴테오와 그 관련 형태들은 헬라 문헌에서 드물며, 그 단어는 단지 신약성경의 여기서만 나온다. 그 용법은 수세기에 걸쳐 변천되었는데, 타인에게 자신의 뜻을 강요하는 매우 불쾌하고 무서운 방식과 권위를 가지거나 행사하는 일에 대한 보다 온건한 표현 양자 모두를 포함했다. 주경자의 책무는 바울의 시대와 상황에서 사람들이 그것을 무엇이라고 이해했을지 식별하는 일이다. 문제는 단어가 갑작스럽고 되돌릴 수 없게 의미를 변화시키는 것이 아니라 점진적이며 때로는 이전의 함의로 돌아가기도 하면서 그렇게 한다는 사실에 의해 더 복잡해진다. 연구의 상호 타협 가운데 가장 최근의 상당한 연구(또한 주목할 만하게도 여자를 제한하는 견해의 지지자의 연구)는 최종결정을 위해 필요한 문맥과 함께 "통제하다, 지배하다, 강요하다, 영향

---

10. 심지어 명령법도 단지 관련된 상황에서만 유효한 것으로 이해될 수 있는데, 익숙한 사례는 "거룩한 입맞춤으로 인사하라"이다. 가르치는 일과 같이 그 행위도 문화적 의미를 지닌다.
11. 특별히 다음과 같은 것들을 참조하라: 딤전 4:11; 6:2; 딤후 2:2의 디다스코; 딤후 4:2의 디다케, 그리고 딤전 1:10; 4:6, 13, 16; 5:17; 6:1, 3; 딤후 3:10, 16; 4:3; 딛 1:9; 2:1, 7, 10의 디다스칼리아.

을 주다, 권위를 취하다, 또는 권위를 무시하다"를 가능한 의미로 제안한다는 점이 의미심장하다.[12]

아우데("또 아닌"; NIV는 "또는")로 연결되는 두 단어 디다스케인("가르치다")과 아우덴테인("주관하다")의 문법적 관계에서 디다스케인이 목회서신에서 긍정적 행위로 여겨지므로 아우덴테인 역시 그러하다고 결론 내려질 수 있을 것이다.[13] 하지만 아우덴테인을 긍정적 의미로 이해하는 일은 강한 의미를 지니는 것을 배제하지 않는다. 아우덴테오의 의미에 대한 토론에서 종종 간과되는 것은 바울이 권위와 관련된 일반적인 어군에 속한 단어인 엑수시아조 보다 이 희귀한 동사를 선택했다는 점이다.[14] 디모데전서 2:12의 주경자는 왜 만약 바울이 일반적 의미의 권위에 대해 기록한다면 매우 강한 의미들의 역사를 지닌 가장 이례적인 단어를 선택했는지를 질문해야 한다.

이상의 모든 것을 고려할 때 바울이 금지하는 권위의 소유가 교회가 선출한 장로단의 공동결정에의 참여와 동일하다는 주장은 의심될 수 있을 것이다. 마지막으로 12절의 절은 가르치는 일과 주관하는 일의 금지를 남자(또는 혹자가 제안하듯이 여자 자신의 남편)에 대한 것으로 특별히 제한하며 심지어 그 상황에서도 여자에 대한 어떤 다른 사역도 배제하지 않는다는 점에 주목해야 한다.

(3) 아담과 하와에 대한 언급(13-14절)에 있어 바울은 다음과 같이 하나님의 남자와 여자의 창조 순서에 호소한다. "아담이 먼저 지음을 받았다." 이 어구는 다음과 같은 고린도전서 11:8을 상기시킨다. "남자가 여자에게서 난 것이 아니요 여자가 남자에게서 났다." 바울은 계속하여 디모데전서 2:14에서 하와의 속음에 호소하는데, 이는 다음과 같은 고린도후서 11:3을 상기시키는 절이다. "뱀이 그 간계로 하와를 미혹한 것 같이 너희 마음이 그리스도를 향하는 진실함과 깨끗함에서 떠나 부패할까 두려워하노라." 이것은 주경자로 하여금 이 구약성경의 언급들의 적용이 바로 우리 앞에 있는 구절보다 광범위함을 인정하도록 주의시킨다. 고린도

---

12. H. Scott Baldwin, *Women in the Church: A Fresh Analysis of 1 Timothy 2:9-15*, in A. J. Köstenberger, T. R. Schreiner, and H. S. Baldwin, eds. (Grand Rapids: Baker, 1995), 65-80. 크루거와 그의 저서 *I Suffer Not a Woman*이 크게 비판되었는데, 어느 정도 타당한 이유를 수반한다(참조. R. W. Yarbrough, "*I Suffer Not a Woman*: A Review Essay," *Presbyterion* 18 [1992]: 25-33). 그렇지만 그것은 (가능한 시대착오와 논의 다른 차원들의 혼동에 대한 경고와 함께) 고려될 필요가 있는 아우덴테오의 강한 의미를 지지하는 자료들을 제공한다.

13. Köstenberger in Köstenberger, Schreiner, and Baldwin, eds., *Women in the Church*, 103.

14. 흥미롭고도 성경의 성 구분 연구에 중요하게도 엑수시아조라는 동사는 고전 7:4에 나오는데, 거기서 바울은 성적으로 남편과 아내가 서로의 몸을 상호 주관한다고 말한다.

전서의 구절은 여자가 머리를 가리는 것을 착용하는 일을 지지하기 위해 아담의 존재의 우선성을 사용하며, 고린도후서의 다른 구절은 (남자를 포함하여) 모든 그리스도인이 하와와 똑같이 속을 수 있음을 보여준다.

이 사실은 하와가 "죄인이 되었다"(문자적으로 "죄에 빠지다")는 본 구절에서의 바울의 지적에 더하여 그의 요지가 종종 주장되는 바와 달리 단지 여자가 남자보다 더 쉽게 속는다는 것이 아님을 보여준다. 주동사의 확언은 "죄인이 되었다"인데, 이것은 동시에 발생하는 행위를 나타내는 정황 분사에 의해 표현된 "속아"를 수반한다. 그리스도 전후 수세기 동안 하와가 인류를 도탄에 빠뜨린 죄인으로 경멸되었다. 본 구절에서 병행어법이 그를 지으심과 그가 속은 자가 아니라는 사실과 관련하여 아담에게 초점을 맞추고 있다.

아담이 먼저 지음을 받고,
　　하와가 그 후며.
[그리고] 아담이 속은 것이 아니라,
　　여자가
　　　　　　속아
　　죄인이 되었노라.

이 구절의 함의는 상황잇기 부분에서 더 완전히 토의될 것이지만, 두 가지 추가적 관찰이 여기서 있어야 한다. ⓐ13-14절을 이끄는 "왜냐하면…. 때문이다"(가르)는 앞선 진술의 근거를 나타낼 수도 있고 그것의 설명을 제공할 수도 있다. 즉 창세기에서 인용된 상황은 여자의 제한을 요구하는 것일 수도 있고 그것을 설명하는 것일 수도 있는데, 후자의 경우 유비에 의한 것이다. 혹자는 그것이 중요한 차이라고 여긴다. 후자의 독법에서 바울은 하와의 죄가 필연적으로 그가 가하고 있는 제한들로 이어진다고 주장하지 않으며, 오히려 그녀의 속음이 타인으로 하여금 어떤 여자도 속는 일에 노출되어 있으며 따라서 교사나 지도자로 신뢰할 수 없기 때문에 이 제한들을 가한다고 주장하는 것이다.

ⓑ 추가적 관찰은 여자를 제한하는 사람들이 타락을 여자의 남자에 대한 불순종의 결과로 해석하는 일이 일반적이 되었다는 점이다. 이것은 창조 서사의 요소들이 여자가 타락 전에 순종적인 것으로 묘사하는 일을 요구할 뿐만 아니라, 존재하지 않은 어떤 것을 타락 기사에 삽입하여 독해하는 일이기도 하다. 또한 그것은

내적 모순을 가져오는데, 왜냐하면 불순종적인 것은 속는 것과 동일하지 않기 때문이다. 창세기와 디모데전서 양자 모두의 성경 언급은 하와의 불순종이 아닌 속음에 대한 것이다.

(4) 15절은 많은 연구와 가설의 대상이어 왔다. 다음과 같은 주목할 만한 점들이 있다. ⓐ 주절의 주어는 동사 어미(아무런 주어도 거명되지 않음)가 가리키는 단수의 "그녀"이다. 항상은 아니지만 일반적으로 그것이 그 절의 조건을 충족하는 어떤 여자도 가리킬 수 있다고 추정된다. 주동사는 "구원될 것이다"(미래 시제)이며 "만일 그들이 거하면"으로 시작하는 조건의 충족을 가정한다(이하의 [c] 참조).

ⓑ "구원되는"의 의미가 논쟁된다. 그 단어는 위험이나 질병에서 벗어나는 것을 의미할 수 있다. 그것은 주로 한 사건과 관련하여 복음서에서 몇 차례 "치료되는"으로 번역된다(마 9:21, 22[2번]과 병행구절들, 또한 막 6:56; 10:52; 행 4:9; 14:9 참조). 보통 바울의 저술에서 구원받음은 죄나 심판에서의 구원을 가리킨다(비록 이것이 빌 2:12의 "두렵고 떨림으로 너희 구원을 이루라"에서 쟁점이 되지만). 종종 어떤 사람은 다른 사람이 구원될 수 있는 길을 열었다(고전 7:16; 딤전 4:6). 그렇지만 그것이 여기서 또 다른 또는 확장된 의미를 지니는 일이 가능하다.

ⓒ 표면적으로 여자가 구원되는 것은 "정숙함으로써 믿음과 사랑과 거룩함에 거하는 일"이라는 조건을 충족시키는 데 달려있으므로 공로에 기초하는 것으로 보인다.

ⓓ 또 다른 요소는 "구원되는"을 수식하는 전치사 구, 곧 디아 테스 테크노고니아스("출산을 통해" 또는 문자적으로 "그 해산을 통해")가 존재한다는 점이다. 그 어구는 (i) "출산의 고통을 통해" 구원됨(이 경우 "구원"은 보존과 구조의 보다 넓은 의미로 되돌아감), (ii) "출산의 수단을 통해" 구원됨(이 경우 오직 은혜로만의 구원과 충돌하는 것으로 보임), 또는 (iii) "출산의 고통과 수단 양자 모두를 통해" 구원됨을 뜻할 수 있다.[15] 하지만 (iv) 네 번째로 가능한 견해는 전치사의 속격 목적어 테크노고니아스가 관사를 가진다(곧 "그 출산")는 사실에 특별히 주목한다. 이 관사의 등장은 특정한 출산의 사례가 염두되는 것을 가능하게 하는데, 그것은 보통 그리스도의 출생으로 이해된다.

디모데전서의 문맥과 창세기의 관련 문맥 양자 모두를 고려할 때 이 네 번째 선

15. 이 이중의 의미는 Murray Harris, "Prepositions & Theology in the Greek New Testament," *NIDNTT*, 3:1177에서 제안된다.

택 사항이 가장 자연스러운 의미이다. 디모데전서와 창세기 양자 모두에서 하와의 죄악에 대한 언급은 출산에 대한 언급에 의해 후속된다(실제로 창세기 구절에는 두 가지 그런 언급이 존재함). 아담과 하와의 타락 기사에 뒤따르는 창세기 3:15-16에는 승리를 거두는 후손에 대한 약속("내가 너로 여자와 원수가 되게 하고 네 후손도 여자의 후손과 원수가 되게 하리니 여자의 후손은 네 머리를 상하게 할 것이요 너는 그의 발꿈치를 상하게 할 것이니라")과 여자의 출산시의 고통에 대한 예견("여자에게 이르시되 내가 네게 임신하는 고통을 크게 더하리니 네가 수고하고 자식을 낳을 것이며")이 나온다. (특정한) 아이의 출산을 통한 구원과 출산의 고통을 통한 구원의 필요성이 이와 같이 창세기와 디모데전서 양자 모두에서 암시된다.[16] 또한 이 맥락에서 창세기의 후속 말씀이 타락의 결과로 인한 남편의 여인에 대한 새로운 지배에 관한 것이라는 점이 중요할 수 있다. "너는 남편을 원하고 남편은 너를 다스릴 것이니라."[17] 우리는 두 본문을 다음과 같이 묘사할 수 있다.

디모데전서 2:12-15 여자가 **남자**에게 자리를 양보한다
아담이 먼저 지음을 받았다
하와는 속고 죄를 범했다
여자는 **출산**을 통해 구원될 것이다
만일 믿음 등등에 거하면.

창세기 3:1-20 **아담**이 먼저 지음을 받았다
하와가 속고 죄를 범했다
그녀의 **후손**의 발꿈치가 뱀의
후손에 의해 상할 것이다
그녀의 **후손**이 뱀의 후손의
머리를 상하게 할 것이다
여자는 **출산**시 고통을 지닐 것이다
남자는 여자를 다스릴 것이다.

16. 이그나티우스와 다른 사람들은 그녀의 출산(다른 헬라어 단어가 사용됨)으로 말미암아 우리의 구원이 가능하게 된 동정녀 마리아에게 영광을 돌렸다.

17. 여자에 관한 신약 구절들에 대한 일반적 견해의 하나는 남자의 여자에 대한 지배가 십자가상에서 종결되었으며 검토되는 본 구절과 같은 문제 구절들에 대한 부정적 해석에 의해 영속되지 않아야 한다는 것이다. 그 점은 여기서 토론의 대상이 아니지만, 주경자들이 성별 관계에 있어 타락과 구속의 영향을 심각하게 고려할 필요성만을 지적하고자 한다.

이 도해는 우리로 하여금 디모데전서의 출산에 대한 언급은 창세기 3장의 하와의 후손에 대한 언급에 대응된다는 점을 관찰하도록 돕는다. 또한 그것은 남자의 여자에 대한 다스림에 대한 창세기이 후속 예언을 강조한다. 남자의 여자에 대한 다스림이 타락의 결과라는 사실은 비록 그가 구체적으로 단지 타락시 하와의 역할만을 언급하지만 바울이 이 사실 역시 염두에 두고 있었을지에 대한 의문을 제기한다. 만약 그렇다면, 다음과 같은 추가적 질문이 도출된다. 우리가 출산시 여자의 고통을 경감시키려고 하는 것과 똑같이 남자가 여자에 대해 추구하는 때로 공격적이고 억압적인 통제를 누그러뜨려야 하는가? 적어도 결혼과 교회에서 지도자 직분을 추구하는 남자는 지배하려는 남성적 경향을 인정하고 제어해야 한다.

하지만 이것이 모든 문제를 해결하지 않는다. "그 출산"이라는 말의 사용은 그리스도의 출생을 가리키는 다소 모호한 방식이다. 마리아도 그리스도도 여기서 거명되지 않으며 다른 데서 성경은 구원의 수단으로 그리스도의 출생이 아닌 죽음을 강조한다. 또한 "만일 그들이 거하면"이라는 조건절은 그리스도의 오심과 관계되지 않게 보이며 여전히 여자의 구원의 조건으로 존재한다.

ⓔ 이것은 우리를 다음 문제로 이끄는데, 그것은 첫 번째 동사의 단수형("그녀가 구원될 것이다")의 다음 동사의 복수형("만일 그들이 거하면")으로의 이례적인 변경이 존재한다는 것이다. 이것은 필연적이지는 않지만 가능하게도 특정한 것에서 일반적인 것으로의 전환으로 설명될 수 있을 것이다. 마지막 절은 목회서신의 문헌에서 익숙한 일단의 단어들을 지닌다. 목회서신에서 "믿음"(피스티스)은 33회, "사랑"(아가페)은 10회 나오며, 또한 "정숙하게"(오프로쉬네)는 1회(2:9)만 나오지만 동일 어근의 관련어는 8회 등장한다. "거룩함"(하기아스모스)은 목회서신의 다른 데서는 나오지 않지만 거룩함의 개념은 (2:2을 포함하여) 빈번하게 등장한다. 이것들은 "공로"가 아니라 신자를 특징짓는 성품이다. 이것은 세상에서 그리스도인에게 기대되는 태도라는 강조점을 지닌 이 특정한 장의 적절한 결론이 된다.

그렇다면 결론적으로 우리는 15절이 그 여자의 씨가 구원을 가능하게 했음을 보여주는 것으로서 하와에 대한 언급을 수반하는 14절과 잘 조화된다고 제안할 수 있을 것이다. 그것은 여자가 유혹하는 거짓 교사들을 피하고 결혼에 반대하는 그들의 가르침(딤전 4:3)을 피하고 대신 아이를 낳으며(만약 "출산"이 우선적으로 혹은 심지어 이차적으로라도 이것과 관련된다면) 평범한 삶을 살 필요성과 조화된다. 이것은 여자를 비하하거나 가정에 가두어 놓지 않는다. 왜냐하면 바울이 여자가 배우는 일을 이미 교훈했기—실제로 명령했기—때문이다(11절).[18]

상황잇기

주의 깊은 해석의 필요성. 이 단락, 특별히 12-15절은 아마도 비슷한 길이의 다른 어떤 구절보다도 최근 수 년 동안 더 많은 관심을 받아왔다. 그것은 교회에서 성 역할에 관심을 가진 사람들에 의해 탐구되었으며 아마도 이용되었다. 접근법은 관심사만큼 다양했다. 적용을 위한 구체적인 제안(현대적 의미 부분 참조)을 감행하기 전에 우리는 교회적이며 역사적이고 사회적 배경을 지닌 본문에서 그 직접적 상황을 넘어선 의미로 전환할 때 관련되는 문제들을 고려해야 한다.

비록 우리는 일반화를 피해야 하며 주경적이며 해석학적 발견에 있어서의 수정과 뉘앙스를 인식해야 하지만, 두 가지 주요 접근법이 확인될 수 있다. 한 가지 접근법은 그 본문을 여자가 비록 남자와 동일한 가치가 있지만 시초부터 남자에게 순종하도록 의도되었다는 일련의 성경적 교훈의 주요 단편의 하나로 본다. 다른 하나는 여자의 어떠한 순종도 하나님의 이상에 반하며, 아담과 하와의 타락에 기인했고, 그리스도의 희생을 통해 교회에서 번복되었지만, 성경의 잘못된 해석들에 의해 영속화되어왔다는 것이다.

이 입장들의 수정은 다음과 같은 점들에 대한 다양한 견해를 포함한다. 타락 전 아담과 하와의 관계, 전적으로 남성만의 제사장 직분과 예수의 전적으로 남성만의 사도 직분, 구약과 신약에서 사역한 여성의 사례들, 예수의 여성에 대한 긍정적 견해, 에베소서 5:22-23에 기술된 부부 관계의 본질, 바울의 여성 동역자에 대한 긍정적 태도, 사도행전 18:24-26; 로마서 16:1-15; 고린도전서 11:2-26; 14:33-35; 갈라디아서 3:28의 의미, 그리고 문화적 요소들의 가능한 역할.

이 성경 구절과 문화적 요소들이 아무리 관련성이 있고 1세기의 에베소에서 여성의 지위와 이미지가 무엇이었을지라도 우리는 상황잇기에서 중요한 상황 파악을 위해서는 목회서신 자체 이외의 것을 관찰할 필요가 없다. 디모데후서 3:6-7은

18. 이 절에 관한 많은 문헌이 존재한다. 다양한 견해를 가진 몇 개의 최근 저작만 고른다면 우리는 다음과 같은 것들을 언급할 것이다. Andreas Köstenberger, "Saved Through Childbearing?" *CBMW News* 2 (1997): 1-6 (이전의 논문의 축약); Douglas J. Moo, "What Does It Mean Not to Teach or Have Authority Over Men? in *Recovering Biblical Manhood and Womanhood*, 192; S. E. Porter, "What Does It Mean to be 'Saved by Childbirth' (1 Timothy 2:15)?" *JSNT* 49 (1993): 87-102. 쾨스턴베르거는 "구원되는"을 속는 일로부터 보호되는 것, 곧 사탄에게서 보호되는 것으로 본다. 무는 출산을 여자의 가정에서의 봉사 일체의 환유어로 본다. 포터는 "구원되는"을 바울신학적 의미로 보며 출산이 동정녀의 예수의 출산뿐만이 아닌 여자가 자녀를 가지는 일 역시 가리킨다고 여긴다. 하지만 그녀는 지적된 성품들에 거해야 한다.

우리에게 희생되고 있는 연약한 여자들, 곧 "항상 배우나 진리의 지식에 이를 수 없는 여자들"에 대해 전한다. 상론할 필요 없이 이 상황은 적어도 에베소의 일부 여성들과 가르치는 일은 커녕 배우는 일에서도 그들의 적합성에 깊은 영향을 준 문제들에 우리의 주의를 환기시킨다. 해석자는 디모데전서 2:12을 그런 심각한 문제가 없는 교회에 적용하는 데 있어 조심해야 한다. 낮은 수준의 여자의 교육, 특별히 종교 교육이 그들로 하여금 배우라고 하는 명령뿐만이 아니라 그들의 사역의 제한과도 관련되는지를 질문하는 것이 중요하다.[19]

또 다른 관점과 질문의 형태로 문제를 재진술하면 다음과 같다. 신약성경은 여자가 하나님의 은사를 받고 성령의 능력을 힘입으며, 만약 구체적이며 정황적인 금지가 존재하지 않는 한, 제한 없이 사역하도록 소명을 받는 것으로 보는가?, 아니면 그것은 여자가 남자에게 맡겨진 특정 사역들에 종사하는 일에서 금지된다고 보는가? 문제는 부적절하며 아마도 오도하는 명칭으로 인해 모호하게 된다. "평등주의자"가 혹자에 의해 채택되지만, 반대자들은—비록 많은 여자들이 특정 사역에서 제한되는 한 평등하게 여겨지지 않는다고 느낀다는 점이 주목되어야 함에도 불구하고—자신들 역시 평등성을 고수한다고 주장한다. "보완주의자"가 다른 이들에 의해 채택되었지만, 교회에서 그리고 점차적으로 사회에서 남녀가 서로를 보완한다는 점이 널리 인정되고 있다고 주장될 수 있다. 양 용어 모두 적절하거나 정확하지 않으며 양자 모두 그것을 사용하는 사람에게 독점되지 않는다.

현 구절에 대한 입장들에 관하여 아마도 엄중한 객관성을 지니고 다음과 같이 말하는 것이 최선일 것이다. (1) 어떤 사람들은 "제한적" 입장을 가지며 바울이 모든 상황과 문화에서 여자가 남자를 가르치거나 주관하는 일을 제한시킨다, (2) 반면 다른 사람들은 "비제한적"인데 이런 저런 사유로 바울이 허용하지 않는다고 말하는 것(심지어 허용되지 않는 관례들의 의미도 논쟁됨)은 모든 시대와 장소에서 제한적인 것으로 여겨져서는 안 된다는 입장을 가진다는 의미에서 그러하다. 만약 이러한 논쟁이 우리로 하여금 기도와 단정함과 선행과 여자가 배우라는 명령과 15절에 기술된 도덕적 성품들에 대한 현 구절의 광범위한 교훈들을 보지 못하도록 막는다면 불행할 것이다.

문맥의 중요성. 디모데전서 2:8-15의 주제들—남자가 기도시 거룩한 손을 드는 일, 여자가 비싼 보석과 유행하는 머리모양 없이 단정한 옷차림으로 예배하는 일,

---

19. 딤후 3:6-7에 대한 상황잇기 부분의 주석을 참조하라.

그리고 여자가 남자를 가르치거나 주관하지 않는 일—은 서로 무관한 것으로 보일지도 모른다. 추가적으로 어떤 문제들(예를 들면, 보석)은 오늘날 많은 지역에서 아무런 영적 중요성도 없는 것으로 보일지 모른다. 하지만 다른 것들은 엄청난 교회적 중요성을 지니는 것으로 보일 수 있다(예를 들어, 여자의 사역). 이 주제들의 상호관계를 먼저 이해하지 않는 적용과정은 현명하지 못할 것이다.

이 모든 분야의 공통 요소는 그것들이 공적 행위와 관련되며 이 행위는 "모든 경건함과 거룩함으로 평화롭고 고요한 생활"을 하는 일(2절)과 연관되고 이것은 다시 비기독교 세계에 대한 교회의 전도(3-7절)와 관계된다는 점이다. 만약 본 주석이 신앙과 행위의 상호관계를 목회서신의 주요 특징으로 보는 점에 있어 옳다면, 현 구절은 그것의 중요한 사례이다. 우리는 1장에서 기독교 지도자에게 있어 믿음만이 아닌 선한 양심의 필요성을 보았고, 3장에서는 장로들에게 있어 공적 평판의 중요성에 주목할 것이다. 물론 예배의 사적 측면이 있겠지만 여기 2장에서 고려되고 있는 것은 예배시 교회의 공적 측면이다. 바울은 교회 직제보다 훨씬 더 교회 행위에 대해 관심한다. 그 관심사는 궁극적으로 선교 전략과 관계된다.

일정 정도 타당하게도 오늘날 기독교인들은 그리스로마 세계의 이교도들이 불경건하고 부도덕했던 것으로 회고하는 경향이 있다. 헬라 시대의 유대교와 기독교 저자 양자 모두 이교의 결점들에 대해 기록했으며, 우리 중 다수가 그들의 시각을 통해서만 그 세계를 바라본다. 그들의 관례의 많은 부분이 도덕적으로 비난될 수 있다는 것은 사실이다. 그러나 이교도 도덕 철학자들의 개화된 감시 하에 있던 고대의 개인적이며 공적인 삶의 측면들이 있었다. 일정 정도 이 측면들은 개인적 경건보다 질서 유지의 수단으로 더 중요했다. 그렇지만 하나님의 명성이 훼손되지 않도록 기독교인들이 사적인 삶과 공적인 행위에 있어 그 아래로 떨어져서는 안 되는 표준들이 있었다. 이것이 목회서신의 주요 고려점이다.

고대의 표준들의 잘 알려진 사례의 하나는 갖가지 종류의 "가정규례", 곧 고대 헬라에서 가정과 외부 사회에서 전통적으로 준수된 의무와 관계의 목록이었다(서론 참조). 이것들이 신약 시대에 명확한 형태로 존재하거나 목회서신의 가르침에서 중대한 구성 요소였다고 여기서 여겨질 수는 없지만, 우리는 대인관계상의 행위의 합리적인 규범에서의 일탈이 기독교인에게 모순되는 것으로 주의되었을 것이라는 사실을 간과해서는 안 된다.

이 실상은 특별히 디도서 2장에서 명시된다(아래에서 이탤릭체 덧붙여짐).

- 4-5절: "그러면 그들[늙은 여자들]이 젊은 여자들을 그 남편과 자녀를 사랑하며 자제하며 순결하며 집에서 분주하며 자비로우며 자기 남편에게 복종하도록 훈련할 수 있는데 *이는 아무도 하나님의 말씀을 비방하지 않게 하려 함이라.*"
- 6-8절: "유사하게 젊은 남자들을 자제하도록 권면하되 범사에 네 자신이 선한 일을 행함에 의해 본이 되며 너의 교훈에 있어 순전함과 진지함과 건전함과 책망할 것이 없는 바른 말을 나타내라 *이는 대적하는 자로 하여금 우리에 대해 나쁘게 말할 아무것도 없으므로 부끄럽게 하려 함이라.*"
- 9-10절: "노예들을 자기 주인들에게 범사에 복종하며 기쁘게 하려고 노력하고 말대 꾸하지 말며 훔치지 말고 오히려 온전히 신뢰될 수 있음을 보이도록 가르치라 *이는 범사에 우리 구주 하나님의 교훈을 매력적으로 만들게 하려 함이라.*"

우리는 우리의 성경의 윤리적 교훈의 사용이 성경 문맥의 원 의도와 일치하는지를 확실히 해야 한다. 여기의 원리들이 베드로전서 2:11-12(2:13-3:7의 사고의 전개에 주목하라)에서 확인된다. 그리스도를 모범으로 삼아 우리 모두는 적절한 순종과 존경(3:7의 남편의 아내에 대한 존경을 포함하여)의 자세를 가져야 한다.

윤리적 원리의 이해. 두 가지 보완적 사실을 인지하는 일이 필요하다. (1) 비록 일시적인 상황에 적용되더라도, 성경에서 가르쳐지는 윤리적 관례와 명령은 신학적 근거에 기초한다. 몇 가지 사례는 출애굽 이후 광야에서의 성막에 대한 교훈들(하나님의 거룩성에 기초함), 예수께서 언급하신 이방인이 기도에 있어 장황한 말의 끝없는 반복에 대한 거절(하나님의 아버지되심에 기초함), 그리고 우상에게 바쳐진 고기를 먹는 일에 대한 결정(다른 신의 비존재에 기초함)이다.

(2) 그렇지만 한 상황에서 특정한 반응이나 일련의 관례를 요구하는 동일한 신학적 진리가 의미가 있기 위해 다른 상황에서는 상이한 반응과 관례를 요구할 수 있을 것이다. 이것의 한 구약의 예는 하나님의 거룩성에 기초하는 레위기 19장의 일련의 명령이다. 이것들은 도적질이나 거짓말과 같은 죄에 반대하는 명령만이 아닌 "두 종류의 재료로 짠 옷"을 입지 말라는 지시도 포함한다(19절). 이 교훈들은 더 이상 구속력이 없는 모세법에 속할 것이지만, 하나님은 여전히 거룩하시며, 우리는 이 동일한 진리를 삶 속에서 선포할 대체적 방식을 발견할 필요가 있다. 신약의 사례는 여자가 머리 가리개를 착용하는 일(고전 11장)과 발을 씻는 일(요 13장)

을 포함한다. 머리를 가리는 일의 신학적 근거(예컨대, 그리스도의 머리되심과 창조 질서)는 발을 씻는 일의 그것(예수께서 주이시요 선생이심)만큼 중대하다. 기독교인들이 이 관례들이 어떻게 현대 문화에서 재현되어야 하는지에 불일치한다는 사실은 그런 문제들에 일정한 숙고가 필요함을 보여준다. 성경적 성별 관계와 그리스도의 주되심을 표현하는 다양한 방식이 존재한다.

오늘날 성경의 독자가 특정한 관례들, 특히 자신의 문화에서 보통 따르지 않는 것들의 이유를 파악하기가 때로 어렵다. 심지어 상세한 주경적 지식도 뉘앙스를 놓칠 수 있다. 다뤄지는 본문과 사회의 보다 큰 배경이 중요하다. 때로 성경적 관례는 한 상황에서는 의미가 있지만 다른 상황에서는 그렇지 않다. 실제로 원래의 배경과 다른 상황에서 반복될 때 그것들은 이상하게 보이며 심지어 사람들이 외면하게 만들 수도 있다. 명백히 필요한 절차는 신학적 근거, 수반되는 성경 본문의 이유, 관례의 목적, 그리고 동일한 목적을 이루며 동일한 신학적 진리를 표현하는 대체적 관례를 요구할 변화된 상황을 규명하는 일이다.

이것은 성경을 문화에 의해 해석하는 문제가 아닌데, 그것은 하나님의 말씀을 상대화할 수 있다. 오히려 성경은 당대의 문화를 넘어서며 자주 그것에 반대한다. 분명하게도 본문 당시의 문화에 어떻게 적용되도록 의도되었는지를 이해할 때 우리는 우리의 상황에 성경을 더 잘 적용할 수 있을 것이다. 따라서 문화는 통제 장치가 아니라 목표이다. 어떤 성경적 관례가 우리의 매우 상이한 문화에서 동일한 방식으로 불변화되고 재현되도록 전수되어야 하는지에 대한 식별은, 만약(이 단어가 여기서 중요함) 규명될 수 있다면, 원래의 문화적 목표의 정확한 이해에 의해 더 분명해진다. 이것은 우리로 하여금 또한 특정 명령과 관례가 삶의 실제 상황을 다루면서 성경에 왜 나오는지의 기능적 이유를 규명하는 데 도움을 줄 것이다.

배경 자료를 평가하는 일에서의 어려움. 이런 관찰을 하면서 아마도 목회서신의 다른 어떤 구절보다 이 구절에서 상황과 연결 짓는 일이 더 어렵다는 점이 인정되어야 한다. 혹자는 여기에서 두 지평—원 배경(본문의 배경과 문화적 배경 양자 모두의 현 구절의 맥락)에서의 독자의 지평과 현대 독자의 지평—을 통합하는 일이 특별히 어려움을 관찰했다.

몇몇 학자가 최근에 배경의 문제를 다뤘다.[20] 보흐(S. M. Baugh)의 논문이 에베소의 배경에 관한 최신의 발언이다. 또한 그것이 결정적인 발언인지는 지켜봐야 한다. 아데미 숭배의 영향이 에베소 교회의 여자들에게 실제로 영향을 미쳤을 수 있다. 에베소의 아데미가 로마 제국의 다른 유사한 여성 신보다 더 강력한 성적 표상이었는지는 불일치점이 있지만, 제국 도처에서 기독교 회심자가 그런 표상에 익숙했다는 점에는 의문의 여지가 없다. 해석상의 문제는 이것이 현 본문의 해석에서 주요 요소일 것인가의 여부이다. 왜냐하면 본문이 모든 시기의 모든 곳에서 여자를 제약한다고 생각하는 사람들에게 그것은 별 의미가 없다. 바울이 신화와 왜곡된 교리로 인해 여자들이 거짓 교사들에게 심한 영향을 받는 에베소 교회의 심각한 상황을 다루고 있었다고 생각하는 사람들에게 그것은 중대한 의미가 있다.

해석의 현대적 영향에 관한 질문. 물론 현대 독자의 지평은 다르지만, 여기서 질문은 이편저편의 지지자들이 자기 자신의 문화에 맞추기 위해 해석학을 왜곡시켜 왔는지의 여부이다. 오늘날 어떤 사람들이 비제약적인 입장을 견지하는 사람들을 페미니즘적 경향과 영향에 굴복한다고 비난하는 일이 흔하다.[21] 불행하게도 초대 교회의 여성에 대한 보다 큰 그림, 여성의 사역이 새로운 것이 아니며, 가족 해체가 단지 여성의 자유의 책임만이 아니고, 기독교인들은 선거하며, 대학에 다니고, 동일 노동에 대해 동일 보수를 받을 여성의 권리와 같은 대의들을 자주 지지해왔다는 사실 등등의 많은 부분이 망각되는 경향이 있어왔다.[22] 수세대의 설교와 주석에 있어 남성 지도자 직분에 대한 견해의 부정적 영향 역시 마찬가지이다. 우리 모두가 비성경적 영향에 주의를 기울여야 한다.

특정한 문제들. 또한 많은 토론에서 간과되는 것은 12절이 아무런 명령도 가지고 있지 않다는 사실이다. 디모데나 여자들이나 교회들에 주어지는 가르치거나 주관하는 일에 대한 아무런 명령도 없다(원 의미 부분을 참조). 그렇지만 그런 관례는 중요했다. 교회가 당시의 일반적인 관례로서 여성들로 하여금 머리 가리개를 착용하도록 함에 의해 바울 당시의 부부관계에 있어서의 수치를 피했던 것과 똑같이 (고전 11:2-16 참조), 여성들은 남자를 가르치거나 주관하는 일을 금함에 의해 교

---

20. 특별히 다음을 참조하라. Sharon Hodgkin Gritz, *Paul, Women Teachers, and the Mother Goddess at Ephesus*(Lanham, Md.: Univ. Press of America, 1991); Kroeger, and Kroeger, *I Suffer Not a Woman*, esp. 47-58, 127-70, 193-211; and 크루거의 저작을 크게 비판하는 S. M. Baugh, "A Foreign World: Ephesus in the First Century," in Köstenberger, Schreiner, and Baldwin, eds., *Women in the Church*, 13-52.

21. 야브라우(R. W. Yarbrough)는 그것이 본문에 대한 비제약적 견해를 가진 사람들에게 영향을 주었음을 확신한다("The Hermeneutics of 1 Timothy 2:9-15," in Köstenberger, Schreiner, and Baldwin, eds., *Women in the Church*, 155-96.

22. 교회사에 걸친 여성과 사역에 대한 역사적 개관인 Ruth Tucker and Walter Liefeld, *Daughters of the Church*를 참조하라. 이 역사적 관점이 논쟁에서 자주 간과된다.

회에서 고요함과 순종을 표현했다.

하지만 바울은 다음과 같이 11절에서 명령법을 사용한다. "여자는 조용함과 일체 순종함으로 배워야 하느라(만다네토)." (유의점: 이것을 "배우도록 하라"['Let⋯ learn,' NRSV, NASB, KJV]로 번역하는 것은 영어 독자로 하여금 그것이 명령적이기 보다 허용적인 것으로 생각하게 할 수 있다.) 동사는 3인칭 단수형인데, 왜냐하면 바울은 디모데를 통해 간접적으로 여자들에 대한 명령을 하고 있기 때문이다. "조용함과 일체 순종함으로"라는 수식어들이 중요하다. 현대의 논의에서 여자들이 배우라는 명령보다 바울이 부여한 제약점들에 훨씬 더 많은 관심이 주어지는 것은 불행하다.

고린도전서 11:2-16의 관련성. 바울의 제한들을 영속적이고 보편적으로 유지하도록 제공되는 가장 강력한 주장의 하나는 그의 창세기 기록에 대한 언급이다. 이것을 바울이 고린도전서 1장에서 성경적이며 신학적인 사실들을 사용하는 방식과 비교하는 일이 중요하다. 고린도전서 11장에서 바울이 공예배시의 명예와 수치에 관심하는 것이 분명하다(불명예, 수치, 영광과 같은 단어들이 거기서 의미심장함). 여자가 아마도 머리를 단정히 묶어서 머리가 적절히 가려지도록 유지함으로 남편에 대한 합당한 태도를 보이는 것이 중요했다. 바울은 여인의 머리에 대한 자신의 교훈을 뒷받침하기 위해 다음과 같이 일련의 집중적인 성경 언급을 하고 있다. (1) 모든 남자의 머리는 그리스도이시다, (2) 남자는 여자의 머리이다, (3) 그리스도의 머리는 하나님이시다, (4) 남자는 하나님의 형상과 영광이다, (5) 여자는 남자의 영광이다, (6) 남자가 여자에게서 난 것이 아니라 여자가 남자에게서 났다, (7) 남자가 여자를 위해 지음을 받지 않고 여자가 남자를 위하여 지음을 받았다, 그리고 (8) 천사들이 고려되어야 한다.

디모데전서에서 여자의 교훈과 권위에 대해 제공되는 것보다 고린도전서에 오늘날의 교회에서 대체적으로 폐기된 여자의 머리 가림에 대한 관례에 대해 제공되는 훨씬 더 큰 성경적이며 신학적인 지지가 있음을 본다. 하지만 오늘날 여자들은 이 후자의 구절에 근거하여 널리 제한된다. 만약 여자들이 머리 가리개를 착용함과 다른 방식으로 고린도전서의 여덟 가지 진리를 지켜야 한다고 합당하게 주장된다면, 여자들이 가르치는 일과 주관하는 일을 삼가는 것과 다른 방식으로 디모데전서의 그 두 진리를 지키는 것 역시 확실히 합당하다.

또한 우리는 고린도전서 11:3-10의 남녀의 관계에 대한 바울의 강한 논증에 이어 그가 다음과 같이 기록한다는 점에 주목해야 한다. "그러나 주 안에는 남자 없이 여자만 있지 않고 여자 없이 남자만 있지 아니하니라 이는 여자가 남자에게서 난 것 같이 남자도 여자로 말미암아 났음이라 그리고 모든 것은 하나님에게서 났음이라"(11-12절). 즉 모임시 공적으로 말할 때 여자의 태도가 왜 중요한지를 구약을 언급함으로 설명한 후, 그는 영적으로 "주 안에서"는 문제가 달라짐을 보여준다. 그는 남녀의 상호의존성을 언명하고 비록 남자가 창조시 먼저이지만, 여자는 후손을 이어가는 일에 있어서는 먼저라고(남자를 낳음) 진술한다. 결국 하나님의 삶의 궁극적 원천이시며, 따라서 연대기적 순서는 덜 중요하다.

주 안에서 구약의 남녀 관계와의 관련성이 고린도전서에서 다소 수정되기 때문에, 하와에 대한 거의 보편적인 정죄(특별히 많은 랍비의)가 있었으며 따라서 여자의 가르치는 능력이 널리 무시된 시기의 디모데전서의 하와의 속음에 대한 언급이 다른 상황들에서의 여자의 사역에 생각만큼의 관련성을 지닐지에 대한 합당한 질문이 존재한다.

현대적 의미

적절한 태도의 영적 유익. 오늘의 교회는 본 구절의 사용에서 중대한 영적 유익을 얻을 수 있다. 본장은 모든 사람이 "구원받고 진리의 지식에 이르기"를 원하시는 하나님의 소원을 성취하는 궁극적 목적을 지닌 기도 요청으로 시작했다(2:4). 우리는 이 목적은 오늘날에 유효할뿐더러 그 장의 나머지 부분이 그것과 일치한다고 생각할 수 있을 것이다. 남자와 여자가 무엇을 할 수 있고 없느냐라는 너무 좁은 문제에 집중해서 단락 전체의 의미를 놓칠 가능성이 있다. 그 기도 요청은 그리스도인이 기도하는 방식을 포함하며 어떻게 살고 배워야 하는지에 대한 남녀에게의 추가적 교훈을 수반하기 때문에, 우리는 하나님께 영광을 돌리며 타인을 그분께로 이끄는 태도와 관례를 확신 있게 좇아야 한다.

오늘날 부당한 분노를 표현하고 여타 범죄를 저지르는 이른 바 도덕적 의제(낙태 시술 병원의 폭파와 백인 우월주의의 표명을 바로 떠올릴 수 있음)를 지닌 사람들의 매우 많은 경우가 존재하므로 거룩한 손을 들 수 있다는 것(8절)은 대단히 중요하다. 또한 오늘날 기독교인 여성이 비판의 원인이 되지 않으면서 화장품과 유행에 따르는 복장을 이용하지만, 옷차림에 대한 지출의 제한과 단정함의 고려에 대해 이야기 할 일정한 여지 역시 여전히 존재한다. 이것은 또한 세상에서의 우리의 증거와 관련된다. 만약 11-15절이 단지 사방의 벽으로 둘러싸인 건물 내부의 교회 직제에만 적용된다면, 본장의 목적의 중요한 것이 상실된다.

물론 해석의 커다란 차이 때문에 11-15절의 적용을 규정하는 일은 난해하다. 그러나 이 절들에서 장려된 단정한 태도는 그 벽 바깥의 교회의 증거를 촉진할 수 있다. 이것은 남성과 여성의 관계를 여전히 특징짓는 엄격함뿐만 아니라 특별히 20세기 중반에 소위 급진적 페미니스트에게서 들곤 한 거친 요구와도 대조된다. 이 구절은 그 안에서 믿음과 사랑과 경건과 예의바름을 찾을 수 있도록 모든 여성을 허드레 가사일과 자녀 출산에 제한하는 것으로 해석될 필요가 없다.[23]

신학과 윤리와 관습. 또한 우리는 바울이 여자에게 두는 특정한 제한을 그 문맥 속에서 관찰해야 한다. 이 장은 단일체이며 화장품과 교훈과 같이 표면상 상이한 문제들은 서로 관련된다. 화장품과 보석같이 우리가 오늘날 사소하게 여길지 모르는 것이 명백히 고대 세계에서는 큰 윤리적 중요성을 지녔다. 여자가 남자를 가르치는 것과 같은 오늘날 아마도 신학적 문제로 여길 수 있을 일이 당시에는 도덕적 메시지를 전달하는 관습으로 더 의미가 있었을 것이다. 그러나 이 관습은 오늘날 거의 도덕적 의미를 지니지 않는다. 고린도전서 11:2-16에서 여자의 머리와 관련하여 모든 성경적이며 신학적 진리를 지적한 뒤에도 바울이 그 구절의 말미에서 자신이 지지한 것을 "관습"(쉬네데이아, NIV "관례")이라 부른다는 점에 유의하라. 우리는 의미심장하며 전도 대상자를 소외시키지 않는 방식으로 여성들이 에베소서 5장에 기술된 종류의 남편과의 관계와 고린도전서 11장에 나타난 종류의 존경할 만한 공적 자세를 드러낼 수 있는 방법들을 강구해야 한다.

일관성의 중요성. 이것을 행함에 있어 우리가 비일관성을 피하는 일이 결정적으로 중요하다. 필자는 (여자가 설교하거나 남자를 가르치는 일을 금지한 한 교회의 지하에서) 여성들에게의 이야기를 마무리한 여성 선교사에 대해 아는데, 남자들은 단지 옆의 부엌에서 듣고 있었을 뿐이다. 또 다른 교회는 한 여성 선교사가 혼자 이야기하도록 하기 보다는 그녀와 회견을 했으며, 나중에는 한 선교대회에서 한 유명한 여성 설교자의 녹음테이프를 틀었다. 또 하나의 경우 여성이 자신들의 교회에서 설교하는 것을 허락하지 않는 어떤 선교회 임원들이 다른 교회를 방문하여 여성의 설교를 들었다. 외국에서 교회를 개척하고 지도하는 한 여성 사역자의 필름을 상영한 한 교회가 여자들이 공적으로 성경봉독도 하지 못하게 했다. 일전에 한 십대 청년이 여자들이 아래층의 청년 모임에서는 기도를 이끄는 일은 괜찮은데 위층의 대예배에서는 그렇지 않은 이유가 무언지 질문한 적이 있다.

23. "단정함"(*NRSV, NLT*)이 아마도 *NIV*의 "예의바름" 보다 나은 소프로쉬네의 번역일 것이다.

비일관성을 피하는 일에 덧붙여, 율법주의와 독단주의를 피하는 것이 지혜롭다. (현대적 용어로 우리는 "미시적 관리[micro-managing]"를 부가할지도 모른다.) 우리는 소년이 여자 교사에게 성경 배우기를 멈춰야 하는 나이에 대한 토론을 듣는다. 또한 우리는 여자가 할 수 있는 사역과 그렇지 않은 것의 광범위하고 상세한 목록을 보아왔다. 정밀한 규칙을 세우려는 시도는 문제를 사소하게 만들거나 엄격한 율법주의가 되게 하는 경향이 있을 수 있다.

여성의 가르침에 대한 바울의 제한은 여성 교사에게 배우는 일을 거절한 세계에서 합당했다. 바울 당시 신약성경은 아직 완성되어 반포되지 않았으며, 따라서 사람들은 권위 있는 육성의 말씀에 의존했다. 오늘날 어떤 사람이 남녀의 교회 수업에서 성경을 가르칠 때, 그 사람은 유일한 권위가 아니며, 언제든지 열려진 성경과 함께 누구에 의해서든 반대되거나 교정될 수 있다. 강단에서 남성과 여성 설교자 양자 모두 스스로 권위를 지니지 못한다. 곧 권위는 그들이 선포하며 그들을 주관하는 하나님의 말씀에 있는 것이다.

1세기에 바울은 구원을 위해 여러 사람에게 여러 모습이 될 각오가 되어 있었다(고전 9:2). 한 여성 대학 총장이 남녀 대학생으로 구성된 성경 수업을 가르치는 일을 금지하는 일이 사람들을 "걸려 넘어지며" 복음에서 돌아서게 할 수 있는 오늘날, 사도 바울은 우리가 그렇게 금지하는 일을 부적절하다고 생각하지 않을까? 오늘날 자주 물어지는 상이한 종류의 질문은 여성이 여성 집단에서만 은사를 사용하도록 제한되어 하나님이 그녀에게 주셨을 수 있는 영적 지도자직의 은사를 교회가 상실하는 것이 합당하냐의 여부이다.

이것들이 합당한 질문을 제기하게 하는 실제 상황이다. 만약 한편으로 바울의 제약이 여자들로 하여금 오늘날 남자에 대한 선교적 가르침을 행하는 일, 혼성 성경 공부를 인도하는 일, 또는 장로단에서 섬기는 일에서 금하도록 의도되었다면, 이 제약들은 무시되지 않아야 한다. 만약 다른 한편으로 바울이 복음 전도에 방해가 되지 않음과 같은 선교적 원리들에 우선적인 가치를 두며, 머리를 가리는 일과 혼성 모임에서 남성에게 가르치는 일을 제한하는 것과 같은 관례를 이차적인 것으로 여겼다면, 우리는 그러한 관심에 일관성을 유지할 필요가 있다. 의심의 여지없이 사려 깊은 독자는 양 편 모두에서 강점을 발견할 것이다.

올바른 질문을 하기. 이 구절이 여성들이 남자를 가르치는 어떤 일이나 교회 지도자 직분에의 어떠한 참여도 금지될 것을 요구하는지를 검사하기 위해 다음과 같은 질문들을 물을 수 있다.

1. 이 맥락에서 동사 아우덴테의 사용은 여자들에게 어떠한 종류의 권위도 금지하는가, 아니면 통제하거나 지배하거나 스스로 권위를 취한다는 보다 강한 의미가 여기서 염 두되어 제한의 범위를 제한시키고 있는가?
2. 만일 오늘날 여성이 혼성의 집단을 가르친다면, 그것은 그리스도에 대한 초기 사도 전통이 1세기에 지녔던 것과 동일한 권위를 함의하는가?
3. 여성이 남성을 가르치거나 남성이 책임이 있는 지도자단의 일원이 되는 것이 바울 당시처럼 오늘날도 도덕적 예의범절에 위배되는가?
4. 명령법으로 표현되지 않았음에도 불구하고, 바울의 사도적 관례의 묘사("내가 허락 하지 않는다")는 모든 시대와 상황에 대한 명령이었는가?
5. 성경을 잘 모르는 현대 사회를 다룰 때, 여자가 남자를 가르치거나 지도자 직분에 참여하는 일을 금지함에 의해 아담의 연대기적 우선성과 하와의 속음을 반영하는 것 이 의미가 있는가?
6. 만약 우리가 여자가 가르치거나 지도자 직분에 참여하는 일을 금하도록 요구한다면, (그 관례의 여덟 가지 성경적이며 신학적인 이유를 고려할 때) 머리 가림에 대한 바울의 교훈과의 해석학적 일관성을 위해 우리는 그 관례 역시 오늘날 요구해야 하는가?

답변을 적용하기. 만약 이 질문들 중 어떤 것에 대한 우리의 대답도 불확정적이며 여성을 제한하는 일에 대한 합당한 의구심을 낳는다면, 그녀들이 성령이 부여하신 은사를 교회에서 온전히 발휘하는 일을 막는 데 주저하는 것이 당연하다. 이 구절, 특히 12절에 특정한 현대적 의미를 부여하기 난해하다는 사실 자체가 방금 간추린 어려운 질문들을 직시하며 성경적이라고 잘못 여겨왔을 어떤 관례도 더 이상 행하지 않을 필요가 있게 한다. 이 질문들은 우리로 하여금 그 대답들에 부지런히 임하며 문제를 다르게 결정하는 사람들을 존중하도록 장려하기 위해 열거된다.

이 문제에 대해 두 대립되는 편이 존재함을 보았다. 과도한 단순화의 위험에도 불구하고, 이 두 견지를 요약하는 것이 유용할 수 있다. (1) 11-15절에서 바울이 여자가 남자를 가르치거나 그에 대한 어떠한 종류의 주관도 허용하지 않는다고 결론짓는 일을 피할 아무런 합당한 방법도 없다. 더욱이 이 금지는 에베소의 사회종교적 조건에 국한되지 않았다. 따라서 그것을 서양 혹은 여타의 현대 문화를 위해 조정하는 어떠한 시도도 무익하며 잘못되었다. (2) 바울의 진술은 에베소와 에베소 교회의 특정 상황들을 대상으로 했는데, 곧 이방 종교에서의 여성의 유별성과 교회에서 여성을 희생시킴과 같은 것이다. 그것은 조정 없이 다른 상황들에 적용하는 것은 잘못되었다.

(1)의 장점은 본문의 낱말과 문법에의 초점이다. 약점은 보다 넓은 문맥 충분한 관심을 기울이거나 적용의 문제를 온전히 고려하지 않는 것이다. (2)의 장점은 목회서신이 우리 자신의 것과 상이한 특정 상황들을 다루기 위해 쓰였음에 대한 인식이다. 약점은 아마도 왜곡할 수 있는 데까지 이를 수 있게 배경을 과도하게 강조하며, (어떤 사람들의 주장에서) 본문을 곡해한다는 점에 있다.

(3) 하지만 가능한 세 번째 접근법이 존재한다. 이 단락의 어휘와 문법과 구조와 2장의 문맥이 하나의 일체로 여겨진다. 그것은 단지 기독교인의 축복으로서 뿐만이 아니라 또한 비기독교인에게 다가가는 데(3-7절) 있어 "모든 경건과 거룩함으로 평화롭고 고요한 삶"(2절)을 이끌어 가는 일의 중요성을 다룬다. 이것은 목회서신 전체의 논조와 목적과 일치한다. 바울은 디모데가 자신의 여자를 제한하는 명령을 따르기를 의도하는 반면, 신중하게도 그것을 모든 시대와 장소에 대한 명령으로 진술하기를 피한다. 그 교훈들은 에베소의 상황에만 제한되지 않으며, 여자가 특정한 공적 제약점을 넘어서는 것을 부도덕하게 여긴 유대와 이방 모든 문화에 적용된다. 바울은 고린도전서 9:20에서와 같이 선교적 목적을 지니는데, 거기서 그는 "율법 아래에 있는 자 같이 된 것은 율법 아래에 있는 자들을 얻고자 함이라"라고 말한다. 본 구절에 대한 이 접근법에 따르면, 적용은 당시에 적절했지만 지금은 회심에 방해가 될 수 있는 동일한 제약들을 반복하는 일이라기보다 우리 자신의 사회적 배경에서 바울의 선교적 목적의 성취를 촉진하는 일이어야 한다.

이 문제가 어떻게 결정되든 간에 기도로 시작하고 남자 편에서의 평화로운 거룩함과 여자 편에서의 단정함을 포함하는 이 구절의 이상들은 오늘의 기독교인들에 의해 좇아져야 한다. 또한 남자는 종종 행해온 바와 달리 여성에 대한 학대나 가혹한 지배를 정당화해서는 안 된다. 여자는 역시 종종 행해온 바와 달리 9-15절에서 가르쳐지는 은혜로운 성품들에 대한 추구를 간과하지 말아야 한다. 그리고 어떤 교회도 이 문제들에 대해 분열해서는 안 된다. 불화를 조장하는 것은 목회서신이 그토록 강하게 정죄하는 거짓 교사들 수준으로 떨어지는 일이다. "평안의 매는 줄로 성령이 하나 되게 하신 것을 힘써 지키라"(엡 4:3).

디모데전서 3:1-7

1 미쁘다 이 말이여, 곧 사람이 감독의 직분을
얻으려 함은 선한 일을 사모하는 것이라 함
이로다
2 그러므로 감독은 책망할 것이 없으며 한 아
내의 남편이 되며 절제하며 신중하며 단정하
며 나그네를 대접하며 가르치기를 잘하며
3 술을 즐기지 아니하며 구타하지 아니하며 오
직 관용하며 다투지 아니하며 돈을 사랑하지
아니하며
4 자기 집을 잘 다스려 자녀들로 모든 공손함
으로 복종하게 하는 자라야 할지며
5 (사람이 자기 집을 다스릴 줄 알지 못하면 어
찌 하나님의 교회를 돌보리요)
6 새로 입교한 자도 말지니 교만하여져서 마귀
를 정죄하는 그 정죄에 빠질까 함이요
7 또한 외인에게서도 선한 증거를 얻은 자라
야 할지니 비방과 마귀의 올무에 빠질까 염
려하라

원 의미

에베소 교회는 오류를 가르치고, 적어도 몇몇 경우 부도덕하게 사는 사람들로 인해 어려움을 겪었다. 기독교인들, 특별히 여성들이 괴롭힘을 당했고 도움을 필요로 했다. 1장에서 바울은 디모데로 하여금 진리를 가르칠 뿐만 아니라 또한 그 교훈에 합당한 삶을 살 것을 촉구했다. 2장에서 그는 남자와 여자 양편 모두에 대해 하나님의 진리에 부합된 행실의 중요성을 강조했다. 이제 바울은 교회가 도덕적으로 자격이 있으며 "책망할 것이 없는" 지도자를 가질 것을 확실히 함에 의해 거짓 교사 문제를 다루는 또 하나의 조치를 취한다. 이 장은 14-16절에서 "경건의 비밀"에 대한 해설과 함께 절정에 이를 것이다.

그레데의 문제에 대한 바울의 접근법 역시 유사했는데, 곧 그는 디도에게 장로들을 임명하라고 썼다(딛 1:5-9). 에베소에 장로들이 이미 있었지만(행 20:17), 명백히 어떤 자격의 강화가 필요해졌다. 디모데전서의 본문은 거짓 교사 중 어떤 사람이 장로였는지 집사였는지 말하지 않으며, 자격의 목록에 알려진 지도자들 중에 교리적 오류가 있었다는 데 대한 아무런 암시도 존재하지 않는다. 실제로 그 자격들은 교리를 단지 간접적으로만 다루며, 반면 강조점은 거의 전적으로 도덕적 순전성에 있다.

감독자의 자격들을 열거하기 전에, 바울은 그들의 사역의 중요성을 확언한다. "여기에 미쁜 말이 있노라"(1절)는 초대교회에서 유포되었던 어떤 중요한 언사를 가리키거나 아니면 단순히 "여러분은 이것을 의지할 수 있습니다"를 의미할 수 있다(참조. 1:15; 또한 4:9; 딤후 2:11; 딛 3:8 주석). 어느 쪽이든 이 어구는 중요한 주장을 이끈다.[1] 이런 방식으로 봉사하기를 바라는 자들은 아마도 고린도전서 3:12-14에서와 같이 귀중한 재료들로 교회를 세우는 자들로 격려되어야 하는데, 그것은 참으로 "고상한" 책무이다.

바울이 여기서 교회 지도자 직분에 대해 사용하는 단어는 에피스코페이다. 그것은 번역하기가 어려운데, 아마도 "감독자 직분"(overseership)이 최상의 문자적 번역일 것이다. 그것은 감독자(overseer)의 일 혹은 지위를 묘사한다.[2] 감독(bishop)이라는 용어가 사용되어야 하는지는 감독직이 신약 이후에 발전된 것이었는지에 대한 역사적 질문과 연관된다. 신약성경 안에서 그 단어는 누가복음 19:44과 베드로전서 2:12에 나오는데, 거기서 그것은 하나님의 방문과 그분의 세상을 감독하며 함축적으로 심판하시기 위해 오심을 가리킨다. 그것은 "하나님께서 네게 오시는 때"이다(눅; 참조. 베드로의 "그분이 오시는 날"). 동일한 헬라어 단어가 욥기 31:14의 70인경 번역판에 나오며 욥에 대한 하나님의 미래의 "심문"을 뜻한다. 욥기 10:12에서 그것은 하나님의 보호 또는 돌봄을 가리킨다. 돌봄의 개념에서 책임의 개념이 나오는데, 어떤 것에 책임이 있는 사람은 그것을 "맡은" 것인데, 이는 아론의 아들 엘르아살은 장막 전체를 맡았던 것과 같다(민 4:16).

그 단어의 잘 알려진 용례는 사도행전 1:20에 있는데, 그것은 "그의 에피스코페를 타인이 취하게 하소서"라고 하며 시편 109:8을 인용한다. 이것은 유다와 그의 사도로서의 책임을 가리킨다. 함의는 사도의 지위에 채워져야 할 결원이 있었다는 것이며, 따라서 "직분"이라는 단어가 이 경우 적절할 수 있다. ("직분"과 "기능"의 차이는 직분은 그 순간 재임자가 없을 경우에도 존재하는 지정된 지위를 가

1. 어떤 사람들은 이 구절의 "미쁜 말"이 여인에 관한 선행 절(2:15)을 가리킨다고 제안했지만, 그 절은 형식과 내용 양자 모두에 있어 중대한 격언으로 인용될 성격의 진술이 아닌 것 같다.
2. 번역은 "감독의 직분"(KJV), "감독의 지위"(NKJV), "감독자의 직분"(NASB), "감독의 직분"(NRSV), "지도자 직분"(REB), "교회의 지도자 직분"(*The Message*), "장로"(NLT), 그리고 NIV의 "감독자가 됨" 등을 포함한다.

리킨다.) 하지만 에피스코페는 항상 직분을 암시하는 것은 아니다.

여기 디모데전서 3:1에서 바울이 지위나 직분이 아니라 기능("고상한 책무")에 의거하여 감독자가 되는 일을 규정한다는 점이 주목할 만하다. 그는 사람들로 하여금 지위가 아니라 책임을 추구할 것을 격려하고 있다. 이 책임이 또한 "직분"인지의 여부는 부분적으로 우리가 그 단어에 부여하는 의미에 달려있다.[3] 우리는 "직분"에 해당하는 아무런 단어도 여기 헬라어 본문의 에피스코페에 동반되지 않는다는 점을 관찰해야 한다. 그러나 그 문제가 어떤 식으로 결정되든, 에피스코페는 동반되는 자격들이 암시하듯이 특별한 책임과 지도자 직분의 지위를 표사한다.

감독자라는 용어가 장로와 동의어인지에 대한 많은 불확실성이 존재해왔다. 사도행전 14:23에서 바울과 바나바는 자신들이 그때까지 세운 각 교회에 "장로들"을 임명했다. 20:17에서 바울이 에베소에서 소집한 사람들은 "장로들"이라 불리지만, 28절에서 그는 성령이 그들을 교회를 목양하는 "감독자들"로 만드셨다고 말한다. 분명히 "장로들"과 "감독자들"은 이 구절에서 동일한 집단을 가리킨다. 이 두 단어에 대한 사용이 교회가 장로들을 임명할 수 있지만, 단지 성령만이 그들을 감독자로 만드심을 암시할 수 있다고 주장되어왔다. 그러나 그런 구별은 여기 디모데전서의 요지인 것 같지 않다. 마찬가지로 "장로"는 사람을 가리키는 반면, "감독"은 사역을 가리킨다는 견해도 의심스럽다. 그런 구별들에 기반하여 초대 교회에서 직무들의 어떠한 직접적인 범주화를 찾는 일도 근거가 박약하다.

물론 장로는 모세 시기에서 제2성전 유대교에 이르기까지 유대교에서 잘 알려져 있었다. 신약성경에는 기독교 장로의 역할을 유대교의 그것과 급격하게 구분하는 아무런 구절도 없다. 에피스코포스는 세속 사회에서 다양한 종류의 책임 있는

3. 특별히 막스 베버의 저작 이래로 사회에 존재하는 다양한 유형의 지도자 직분과 권위("공직"을 가지는 지위를 포함하여)에 대한 많은 토의가 있어왔다. 바울의 교회들과 관련한 이 문제들에 대한 한 고무적인 분석을 위해서는 특별히 Bengt Holmberg, *Paul and Power*(Philadelphia: Fortress Press, 1978)을 참조하라. 신약 학계에 두 종류의 지도자 직분, 곧 은사적인 것과 공적인 것에 대한 오래 지속된 논의가 있어왔다. 어떤 사람들은 이것들이 실제로 상호 배타적인 것으로 생각했는데, 곧 고린도 교회는 은사적 지도자 직분의 사례이며 (이른바 보다 후대의) 목회서신은 공적인 지도자 직분을 반영한다고 여겼다. 다른 사람들은 고린도전서 12장에 인지할 수 있는 조직이 있으며 목회서신에 은사적 행위(안수시의 영적 은사의 부여, 딤전 4:14; 딤후 1:6)가 있다는 점에 주목했다. 십중팔구 이 두 유형의 지도자 직분은 서로 겹쳐진다. 한 유용한 요약과 결론에 대해서는 Ronald Y. K. Fung, "Charismatic versus Organized Ministry?", *EvQ* 52(1980): 195-214. KJV은 헬라어 본문에는 나오지 않는 몇 개의 문맥에서 "직분"(office)이라는 단어를 사용한다(눅 1:8-9; 롬 12:4; 딤전 3:1; 히 7:5). 수세기 동안 그 번역판의 영향은 수세대의 독자들로 하여금 공식적인 직분이 이 사례 모두에 존재한 것으로 추정하도록 이끌었다. 이 상황은 불행하게도 현 구절에서 기능보다는 직분에 의거하여 먼저 생각하도록 만든다.

지도자 직분, 곧 주로 공민으로서의 혹은 재정상의 그것을 묘사하기 위해 사용되었다. 디도서 1장에서 바울은 명백하게 동일한 집단을 "장로들"(5절)과 "감독자들"(7절)로 지칭한다. 감독자들이 교회를 "목양하기" 때문에(행 20:28), 그들을 또한 목회자들(pastors, 목자에 대한 라틴어에서 유래함)이라고 부르는 것이 합당한데, 비록 이것이 목양의 사역을 감독자단에게만 제한시키지는 않지만 말이다.

또한 감독자들은 "너희 가운데서 수고하고 주 안에서 너희를 다스리며 권하는 자들"(살전 5:12)과 히브리서 13:7의 "하나님의 말씀을 너희에게 일러 주고 너희를 인도하던 자들"과 동일한 사람들인 것이 분명한 것 같다. 히브리서 13:17에서 저자는 독자들에게 다음과 같이 명령한다. "너희를 인도하는 자들에게 순종하고 복종하라 그들은 너희를 지키기[문자적으로, "방어하기"]를 자신들이 청산할 자[NIV의 "남자"에 상응할 아무런 헬라어도 없음]인 것 같이 하느니라 그들로 하여금 즐거움으로 이것을 하게 하고 근심으로 하게 하지 말라 그렇지 않으면 너희에게 유익이 없느니라."[4] 신약의 영적 은사들과 영적으로 은사가 있는 사람들에 대한 목록은 "지도자 직분"(롬 12:8)을 취하며 "행정의 은사"(고전 12:28)를 지닌 자들을 포함한다.

2-7절에서 바울은 감독자들에게 몇 가지 중대한 윤리적 요구를 제시한다. 감독자가 "책망할 것이 없어야" 한다는 그의 염려가 동일한 헬라어 형태가 나오는 과부에 대한 5:2(NIV, "비난에 노출되지 [않아야]")과 6:14에서도 유사하게 나올 것이다. 이것은 후속 교훈들에게 설명되는데, 그것은 한 개인이 전혀 죄가 없는 것이 아니라 도덕적으로 주의 깊고 책임감 있는 것을 묘사한다. 목회서신의 더 뒤에서 바울은 세 사회적 계층의 사람들에게 도덕적 교훈을 할 것이며 그 각각을 비난을 피하며 복음을 확장함의 중요성에 대한 언급으로 뒷받침한다(딛 2:5, 8, 10).

감독자가 "책망할 것이 없는" 첫 번째 방식은 아내에 대한 신실함이다. 자주 관찰되는 바와 같이 여기서 사용되는 표현은 문자적으로 "한 여자[혹은 아내]의 남자[혹은 남편]를 번역하지만, 이것은 주의 깊은 해석을 요한다. 그것은 "단지 한 아내의 남편"(NIV), "한 아내의 남편"(NASB), "단지 한 번 결혼한"(NRSV), 또는 "아내에게 전념하는"(The Message) 또는 "아내에게 신실한"(NLT) 중 어떤 것을

4. 또한 벧전 5:1-2을 참조하라. 거기서 베드로는 (자신을 "동료 장로"라 칭하면서) 교회 지도자들에게 글을 쓰며 그들을 단지 사역("감독자로 섬기면서 돌보고 있는 하나님의 양 무리의 목자가 되라")에 있어서만이 아니라, 성품("억지로 하지 말고 하나님의 뜻을 따라 자원함으로 하며 더러운 이득을 위하여 하지 말고 기꺼이 하며")에 있어서도 권면한다.

의미하는가? 동일한 표현이 아래의 12절에 나오는데, 거기서 인용된 번역본 각각이 여기와 동일한 용어를 사용한다. 역순의 어구가 5:9에서 "한 남자[혹은 남편]의 여자[혹은 아내]"라고 나오는데, NIV는 그것을 여기서 사용되는 것과 상응하는 어구로 번역하지 않고, 오히려 "남편에게 신실한"으로 번역한다.[5]

2절의 용어는 여성형 우니비라로 로마 여성, 전형적으로 로마의 귀족 기혼 여성(matron) 중 한 명을 지칭한 라틴어에 상응한다. 그것은 종종 비석의 헌사로서 발견되는데, 거기서 그것은 여성이 남편을 너무나 존경하여 재혼하지 않았음을 암시한다. 하지만 이혼이 로마제국에서 증가함에 따라 그 단어는 더 이상 단지 한 번만 결혼한 것을 의미하지 않게 되었으며, 따라서 다른 용어들이 훌륭한 성품을 묘사하는 데 사용되게 되었다. 반대로 우니비라는 여전히 단 한 번의 결혼을 함의하며 하위의 사회 계층의 여성들에 대해 사용되게 되었다.[6] 이러한 전개는 그 용어가 널리 사용되도록 만들었으며 따라서 새롭고 성장하는 기독교 교회에 대해서도 소용되게 했다. 결국 교회는 그것을 과부가 된 이후 독신으로 사는 사람들을 지칭하기 위해 사용했다.[7]

이 세속 배경으로부터 바울이 단지 한 번의 결혼을 의미하기 위해 이 용어를 사용했다고 결론 내릴 수 있을 것이다. 하지만 우리는 성품의 순결성이 이 구절의 주요 관심사이며 그 세속 상응어가 사람의 성품을 명예롭게 하는 수단으로 사용되었음을 기억해야 한다. 신실함과 명예는 배우자의 죽음 후 재혼을 삼가는 일에 의해 표현될 수 있었을 것이다. 장로가 한 번 이상 결혼했는지에 대해 율법주의적이 되기보다, 바울은 여기서 초대 교회의 활동 무대가 되는 사회에서 존경을 얻을 결혼의 표준을 가리키는 어구를 선택했다. 전념과 신실함은 다만 한 남자나 여자가 혼자 된 후 재혼을 했느냐 보다 그 사회에 보다 의미심장한 것을 전달했을 것이다.[8]

"절제하는"(네팔리오스)라는 단어는 단지 포도주의 이용과만 관련되지 않으며, 그 의미가 문맥에 의해 결정되어야 한다. 집사의 아내나 여집사를 가리키는 11절에서 그것은 "악의적인 말을 하는 자가 아니며"와 "모든 일에 신뢰할 만한"

---

5. NLT는 세 구절 모두에서 신실함이라는 용어를 사용하며, NASB는 3:12에서 "단지 한 아내의 남편" 그리고 5:9에서 "한 남자의 아내"를 가지고 있고, KJV은 모든 곳에서 "한 아내의 남편" 또는 상당 어구를 지니며, NRSV는 "단지 한 번 결혼한"이라는 관용어로 일관되게 번역한다.

6. Majorie Lightman and William Zeisel, "*Univira*: An Example of Continuity and Change in Roman Society," *Church History* 46 (1977): 25-26.

7. Ibid., 30-32.

8. 5:9의 주석의 과부에 적용되는 유사한 방향의 토의를 참조하라.

사이에 나온다. 또한 그것은 디도서 2:2에 나오는데, 거기서 "늙은 남자"에 대한 묘사의 목록은 네팔리오스로 시작하여 "존경할 만한"과 "자제하는"과 같은 일반적 덕목으로 넘어간다. 늙은 여자에게 말하는 다음 부분은 "절제하는"이라는 단어가 없지만 "많은 포도주에 중독된"이라는 절제의 한 분야를 명기한다. 이것은 여자가 남자보다 더 알코올에 중독되기 쉽다는 것을 암시하는 것이 아니라, 양자 모두에게 적용되는 몇 가지 예시의 하나이다. 여기 디모데전서 3장에서 "술취함"이라는 단어가 3절에 따로 나타난다. 아마도 그것이 2절의 "절제하는"에 의해 함의되지 않거나, 또는 그 단어가 의미하는 것을 설명할 것이기 때문에 따로 열거되었을 것이다.

유사하게 "자제하는"(2절)은 3절의 "폭력적이지 않은"에 의해 후속된다. 후자는 아마도 전자에 의해 함의될 수 있는데, 비록 "절제하는"에 보다 넓은 적용성이 있을 것이지만 말이다. 십중팔구 이 다양한 용어들이 도덕주의적인 세속 저작들에 나오며 대중의 시각에서 칭찬받을 만한 성품을 대표하는 것으로 일반적으로 이해되는 덕목들과 유사한 덕목들의 모음을 표현하는 것으로 보는 것이 최상일 것이다.

"존경할 만한"(2절)은 감독자가 좋은 평판을 지녀야 한다는 사실을 요구한다.

"대접을 잘하는" 일은 자주 직면하게 되는 열악한 여행 환경 때문에 1세기에 중요했다. 사려 깊은 사람들은 방문자들을 잘 대접할 것이다. 그 단어는 저녁 식사에 친구를 초대하는 일보다 훨씬 이상의 것을 함의한다. 5:10의 과부에 대한 교훈 역시 "환대"를 포함하고 있다(참조. 또한 롬 12:13; 히 13:2; 벧전 4:9).

"가르칠 수 있는"(하나의 헬라어 단어 디다키톤을 나타냄)이라는 어구는 지식이 아닌 능력을 가리킨다(참조. 이단자들에 대한 언급에 이어 바울이 디모데가 그들을 반박할 방식과 그렇게 행해야하는 능력으로 넘어가는 딤후 2:24). 비록 거짓 교훈의 유포 때문에 진리를 가르치는 일이 에베소에서 중요했지만, 강조점은 바른 교리보다는 능력에 있는데, 바른 교리는 전제되었을 것임에 틀림없다.[9]

"술취하는 버릇이 있는"이라는 어구(3절)는 함축적으로 알코올 음료의 절제된 사용을 허용한다(참조. 5:23). 하지만 그 의도는 절제에 대한 권고를 넘어선다. "폭력적이지 않으며…다투기를 좋아하지 않고" 또한 "돈을 사랑하는 자가 아닌"이라는 후속 언사와 함께 그것은 거짓 교사와 여타 불경건한 사람들의 극도로 공

9. 대비되게도 딛 1:9의 장로에 관한 단락은 형용사형 디다키코스를 가지고 있지 않고, 대신 상이한 거짓 교훈의 정황에서 장로의 교리적 순전함을 다룬다.

격적인 습관들과 반대되는 행위들을 명령한다. 이 표현들은 대조의 방식으로 감독자들에게 요구되는 성품을 묘사하는 역할을 한다. 다시 한 번 디모데후서 2:23-24의 나중 교훈은 다음과 같이 유사하다. "어리석고 무식한 변론에 결코 상관하지 말라 그것들이 다툼을 야기하는 줄 네가 알기 때문이라 주의 종은 마땅히 다투지 아니하고 대신 모든 사람에 대하여 자비로우며 가르칠 수 있으며 분개하지 않아야 하노라." 참되거나 거짓된 교사들을 특징짓는 논증 방식과 돈에 대한 태도가 매우 중요한 화제들이므로 바울은 디모데전서 6:3-10에서 강조와 더불어 그 화제들로 돌아갈 것이다.

다음 자격, 곧 "그는 자기 집을 잘 관리해야 한다"(4절)는 단지 보다 확장된 것일 뿐만 아니라 설명을 내포하고 있기도 한다. 자신의 가족을 관리하는 일과 교회를 돌보는 일의 병행점은 세심한 관심을 요구한다. 비교의 요지가 어디에 있는지를 보는 것이 중요하다. 이 병행에는 다음과 같은 한 가지 공통 요소가 존재한다. 감독자가 책임을 맡은 사람들을 인도하고 돌볼 능력. 다른 요소들은 (1) 감독자가 관계해야 하는 사람(가족과 교회), 그리고 (2) 그의 지도자 직분을 묘사하기 위해 사용된 단어들(관리와 돌봄).

자녀와 다른 친척과 노예를 포함하는 1세기의 보다 확대된 가족은 강력한 가족 관리 기술을 요구했다. 병행되는 사회학적 단위인 교회에서 지도자의 기술은 "관리하는 일"이 아닌 "돌보는 일"이다. 이것은 관리에 아무런 돌봄도 내포되지 않다거나 돌봄에 아무런 관리도 내포되지 않다는 것을 의미하지 않는다. 그러나 그 지도자들이 자신들을 우선적으로 관리자로 보는 교회에는 재장이 찾아올 수 있을 것이다. 우리는 히브리서 13:17에서 교회 지도자들에게 순종해야 했음을 안다. 지도자에 대해 다른 단어를 사용하며, 그 본문은 이렇게 말한다. "너희를 인도하는 자들에게 순종하고 복종하라." 그런데 이 강조점은 현 구절과 다른데, 여기서 바울은 지도자의 권위가 아니라 돌봄의 측면을 강조한다. 심지어 집에서도 아버지는 단지 명령을 내림으로만 자신의 의무를 수행해서는 안 된다. 자녀는 아버지에게 "순종해야" 할뿐만 아니라, 아버지에 대한 "적절한 존경심"을 가져야 한다. 다시 한 번 강조점은 장로의 성품에 있다.

동일한 관찰이 6절의 "그는 최근의 회심자여서는 안 된다"에 대해 되어 질 수 있다. 비록 그것이 심각할지라도, 경고는 교리적 미성숙에 대해서가 아니라 성품의 결함, 곧 "교만"의 위험에 대해 주어진다. 거짓 교사들은 무엇보다 "교만했는데"(딤후 3:4), 여기서 교만은 도덕적 타락이 아니라 영적 미성숙에 기인한다. 그렇지만 교만의 결과는 다음과 같이 어두운 것이다. 그런 사람들은 "마귀와 동일한 정죄에 빠진다."

이 정죄는 가혹하게 보일지도 모르는데, 왜냐하면 "교만하게 되는(튀포오) 것"은 아마도 오늘날 우리에게 심각하거나 비난받을 만한 것으로 여겨지지 않기 때문이다. 하지만 동일한 동사가 종말에 대한 바울의 묘사에 나오는데, 그것은 "자랑하며 자만하며 비방하며…배신하며 조급하며 교만하며"(딤후 3:2-4)와 같은 죄악된 태도를 포함한다. 잠언 21:4이 주장하듯이, "눈이 높은 것과 마음이 교만한 것은…죄니라."[10]

7절은 앞에서 지적한 대로 "수치"를 피하기 위한 외인에게 "좋은 평판"의 중요성을 강조한다. 그러나 바울은 또한 사탄의 도사린 위험성을 염두에 둔다. 심지어 보다 성숙한 감독자들도(바울은 더 이상 최근의 회심자에 대해 말하고 있지 않음) "마귀의 올무에" 빠지는 일을 경계해야 한다. 바울은 다음과 같이 사탄의 악의적인 의도들을 깊이 인식하고 있다. "근신하라 깨어라 너희 대적 마귀가 우는 사자같이 두루 다니며 삼킬 자를 찾나니"(벧전 5:8).

상황잇기

지도자 직분의 필요성. 지도자의 선택은 바울에게 결정적으로 중요했다. 지도자 직분이 초대 교회에서 취한 형태 그리고 심지어 그 용어에 있어 상당한 유동성이 있었을 수 있다. 신약성경에서 사용되는 장로와 감독자라는 용어들을 구별되는 지도자 직분의 범주로 규정하기가 어렵다. 명명법과 배경의 차이점들에도 불구하고, 그것들은 개인과 의무에 있어 서로 중첩되었을 것 같다.

파악되어야 할 가장 중요한 것은 인정되고 권위 있는 교회 지도자 직분의 필요성이다. 그것은 사도들의 가르침을 전달한다는 점과 그것과 일치하지 않는 자들에 대한 치리와 관련하여 권위 있다는 의미다. 그런 지도자 직분의 필요성은 바울과 바나바가 1차 선교여행의 귀로 중에 놀라운 속도로 장로들을 임명한 사실에서 보여 지는데(행 14:23), 비록 그 당시에는 믿은 지 몇 달밖에 안된 사람들을 임명했

10. 어떤 사람들은 여기서 겔 28:1-19의 두로의 통치자에 대한 암시를 찾는데, 거기서 몇몇 용어는 실제로 사탄을 묘사하고 있는 것처럼 들린다(예컨대, 12-14절의 "네가 완벽의 표본이었으며…에덴에 있었고…지키는 그룹으로 임명되었도다"). 비교의 요지는 교만과 "마귀와 동일한 정죄"에 빠짐에 대한 여기의 바울의 용어이다. 에스겔은 하나님의 정죄를 다음과 같이 보고한다. "네 마음이 교만하여 말하기를 나는 신이라" 그리고 "네가 무시무시한 파멸에 이르렀고 더 이상 있지 못하리로다"(19절).

지만 말이다. 처음에 선택은 바울과 바나바에 의해 이뤄졌지만, 사도 바울은 모든 곳에서 직접 이것을 할 수는 없었을 것이다. 바울의 직접적 참여를 넘어서 모든 교회에 경건한 지도자 직분이 지속되도록 일정한 규정이 만들어져야 했다.

에베소(그리고 그레데)의 악화되는 상황이 그런 규정을 필요하게 했다.[11] 거기서 교리적이며 도덕적으로 결함이 있는 지도자들의 활동이 자격 있는 장로들의 필요를 명백하게 했다. 시간이 지나고 장로를 임명할 만한 어떤 사도도 더 이상 없게 됨에 따라, 여기와 디도서의 지침들이 방향을 제공하게 되었다. 따라서 에베소와 그레데의 상황은 섭리에 의해 그때로부터 현재까지 전 세계의 많은 상이한 교회에 알맞은 신적으로 영감된 교훈으로 소용되는 결과를 가져왔다. 결과적으로 생긴 지도자 직분이 사도적 계승의 전통을 거쳐 계속되든 그렇지 않든, 여기와 디도서 1장의 메시지들은 교리적으로 건전한 교회들의 존속을 위해 필수적이다.

자격 있는 지도자의 필요성. 3:1에서 "미쁜 말"의 포함은 또한 자격 있는 지도자의 존재의 중요성을 강조한다. 그것은 그 사역에 공적으로 소용되는지에 대해 신중하게 논쟁하는 사람들을 대상으로 한다. 교회는 자격 있는 사람들을 찾아야할 뿐만 아니라, 유망한 인재들이 교회 안에서 언젠가 그 사역에 자격 있게 할 자질들을 개발할 수 있어야 한다. 교회가 연례 모임에서 선출할 사람들을 마지막 순간에 찾는 것으로는 충분하지 않다. 그것은 장기적이고 지속적인 과정이다. 기독교인으로서의 삶의 이른 시기부터 우리는 장로직과 같은 특별한 사역의 가능성을 겸손히 고려하는 일과 더불어, 교회의 유익을 위해 영적으로 성장하며 성령의 은사들을 사용해야 한다. 비록 이 구절이 그렇게 말하지는 않지만, 장로들과 여타 성숙한 기독교인들은 새신자들이 이 방향에서의 하나님의 인도를 구하도록 격려해야 한다.

바울이 그 책무를 "고상한"이라고 묘사한 선택은 어떻게 그것이 그런 형용사의 수식을 받을 만한 가치가 있는지 질문하도록 이끈다. 우리는 오늘날 이 단어를 많이 사용하지 않는다. 그것은 매우 소수만이 가치가 있는 존엄성의 어감을 전달한다. 대신 구직 기간에 우리는 성취적이고 만족스러우며 재정적으로 보상을 받고 즐길 수 있고, 아마도 사회에서 필요한 일을 찾는 경향이 있지만, 그것이 고상한지의 여부는 생각하지 않는다. 그 헬라어는 대부분의 문맥에서 단순히 "좋은"을 의미하는 평범한 낱말이지만, 헬라어 문헌의 빈번한 사례에서와 같이, 그런 특별한

---

11. 나중에 초대 교회에서 점증하는 이단의 위협 때문에 교리에 대한 추가적 설명과 감독이라는 공적 직함이 주어지는 단일 지도자의 임명 양자 모두가 발생했다.

문맥에서 이러한 고결한 뉘앙스를 지닌다.

종종 장로에게 요구되는 자질의 대부분이 성경의 다른 곳에서 기독교인들 일반에게 권면되는 점이 지적된다. 따라서 한 아내의 남편이며 술꾼이 아니라는 등의 상술들이 장로가 아닌 기독교인은 다처이거나 빈번히 술취할 수 있음을 함의하지 않는다. 성경적 관점은 장로가 타인의 모범으로 기독교적 성품의 본을 보여야 한다는 것이다. 장로가 되는 것은 권리가 아니라 책임감 있는 사람의 특권이다.

해석자들은 "한 아내의 남편"이라는 어구가 여자를 배제하는지에 대해 의견이 다르다. 이것은 두 방식 중 하나로 여겨질 수 있다. (1) 이 어구는 저자에 의해 여자를 장로직에서 배제하도록 의도되었다. 또는 (2) 이것은 단지 유대인의 장로가 남성이었던 일반적 상황을 전제할 뿐이다. 만약 (1)에 해당한다면, 이것은 ⓐ 여자가 모든 시기에 금지되거나, 또는 ⓑ 바울 당시의 상황에서 여자가 금지되지만 (명시적인 금지가 없으므로) 모든 시기에 대해 그렇지는 않는 것으로 해석될 수 있다. 만약 (2)에 해당한다면, 단지 여자 장로의 가능성이 아마도 당시에 매우 희박하여 남성중심의 언어가 자연스러웠을 뿐이며 배제되도록 의도되지는 않았을 것이다.

2세기 경 (유대교와 기독교 양자 모두에) 여성 장로의 증거가 있다는 점이 언급되어야 한다. 이 주장의 일부는 과장되었거나 증명하기 어렵지만, 그 증거가 완전히 제외될 수는 없다. 여자가 남자와 함께 장로가 되어야 하는지의 여부는 부분적으로 여자의 사역에 대한 다양한 성경 구절(딤전 2:12을 포함하여)의 해석과 적용에 그리고 부분적으로 장로가 해당 교회에서 행하는 사역의 종류에 좌우될 것이다. 심지어 2:12이 여자를 남자에 대해 권위를 지니는 일에서 배제한다고 여기는 일부 사람들도 장로직이 여자에게 열려있다고 생각하는데 왜냐하면 (1) 장로가 교회에서 지니는 권위는 공동체적인 것이지 회중 가운데서 일개인이 타인들을 지배하는 문제가 아니며, 또한 (2) 장로직의 목양 사역은 모든 사람이 여자의 참여에서 유익을 얻을 일이기 때문이다.

감독자와 장로. 우리는 성경 시대에 장로와 감독자가 동일했다고 추정하지만, 지도자 직분의 의무들이 다양했음을 기억해야 한다(참조. 딤전 5:17). 이것은 하위 집단들이 있었음을 암시할 수 있을 것이다. 분명히 (아마도 각 가정 교회에, 확실히 한 성에) 복수의 지도자와 복수의 지도자단이 있었다. 아마도 명확하게 규정되는 세 집단들(장로들과 감독자들과 집사들)이 있었을 것인데, 그 집단들은 중첩되는 역할들을 맡고 있었을 것이다. 그 경우에 확실하지는 않지만, 사역에 따라 어떤 사람들은 장로로 어떤 사람들은 감독자로 알려졌을 가능성이 있다.

바울이 에베소서 4:11에서 몇 가지 사역들(사도, 선지자, 복음 전하는 자, 목사와 교사)을 열거할 때, 개인적으로나 집단적으로 어느 누구에게도 감독자나 장로라는 직함을 부여하지 않는다는 점은 주목할 만하다. 로마서 12:3-8과 고린도전서 12:28-30에서 다양한 은사의 사역들이 거명되지만, 이것들의 활용이 장로나 감독의 특정 영역이라는 것을 나타내지는 않는다. 그 구절들은 지도자 직분의 사역을 포함한다(롬 12:8; 고전 12:28). 디모데전서로 돌아가 보면, 다음과 같이 장로 가운데 다양한 역할이 있는 것 같다: "교회의 일을 잘 지도하는 장로들은 배나 존경할 자로 알되 말씀과 가르침에 수고하는 이들에게 특별히 그리할 것이니라"(딤전 5:17). 여기의 "특별히"는 "다시 말해"(I mean)라는 뜻을 지니지만(그 구절의 주석을 참조하라), 그렇지 않다면 바울은 장로들 중의 전문 사역을 인정하고 있는 것인데, 이는 모두가 아니라 일부가 가르침과 설교에 집중하는 일을 수반한다.

따라서 우리는 다음과 같이 결론 내린다. (1) 각 성과 아마도 한 성의 각 가정 교회에 지도자단이 있었으며, (2) 그 구성원은 장로 혹은 감독자로 알려졌는데, 그 용어는 아마도 사회적 상황과 역할에 따라 달랐을 것이고, (3) 각 집단 안에 지도자직(교회를 다스리지만 "주장하는 자세를 하지 않음", 벧전 5:3), 설교와 가르침(딤전 5:17), 지킴과 목양을 비롯한 다양한 책무들이 있었으며, 그리고 (4) 성령께서는 또한 이 사역들에 요구되는 동일한 은사들의 일부를 장로나 감독자가 아닌 다른 신자에게도 나누어주셨다.[12]

현대적 의미

목자로서의 감독자(혹은 장로). 우리는 오늘날 지도자 직분을 기업의 사고로 평가하는 경향이 있다. 따라서 장로직은 성취, 보상, 또는 진급의 기회로 보일 수 있다. 장로의 의무들이 회사 이사회 구성원의 그것들과 병행되는 것으로 여기기가 너무나 쉽다. 이것은 장로들의 모임을 기본적으로 의사 결정을 위한 시간으로 인식하는 일로 이어질 수 있는데, 그 결정에 따라 경영자(목사와 비견될 수 있을 최고경영자)가 이사회의 지침을 수행하게 된다. 이 시나리오에서 장로들이 목회적 관심과 돌봄을 자신들의 책임 영역 밖에 있으며 대신 목사의 것에 속하는 것으로 여기는 일이 가능하다.

12. 우리는 초대의 바울과 비바울 교회들의 관례에 있어서의 균일성의 정도를 알지 못한다. 그러므로 (여기서 토론할 수 없는) 한 보충적인 질문은 교회구조가 목회서신의 대상 교회들에서 보다 고린도교회에서 덜 발전되고 더 신축적이었는지의 여부이다.

이것은 흔하고 심각한 오해이다. 그것은 사도행전 20:28("목자가 되라")에서 에베소 장로들에 대한 바울의 교훈과 베드로전서 5:2("너희의 돌봄 가운데 있는 하나님의 양 무리의 목자가 되라")에서 장로들에 대한 베드로의 교훈에 의해 교정된다. 목자됨의 사례들(시 23편과 요 10장의 선한 목자와 벧전 5:4 우리의 "목자장") 역시 교정책으로 역할한다. 오늘날 교회가 새로운 조직 형태를 띠고 "목사"가 회중의 개인적 필요에 점점 덜 직접적으로 관여할 수 있게 됨에 따라, 목양적 관심은 장로들의 영적 지도자 직분의 본분에서 훨씬 더 멀어진 것들로 전이될 수 있게 된다. 그러므로 장로들의 목양 사역이 오늘날 필수적이며 중대하다.

이것은 신약의 장로들과 동일한 기능을 수행하는 "장로들"이라 불리는 공식 집단을 가지는 것이 필수적인지의 질문을 제기한다. 물론 교단들은 수 년간 지도자 직분의 명칭과 목사직 자체가 교회의 장로직과 동격인가에 대해 의견을 달리해왔다. 몇몇 대형 교회는 목회자 직원과 "평신도" 지도자를 지도자 위원회(leadership council)에서 통합시켰는데(아마도 여성도 포함시킴), 여기서는 단지 일부 구성원만이 보다 전통적인 장로의 사역에 책임을 지는 반면 다른 사람들은 심방, 예배와 음악, 전도, 훈련 등등에 보다 집중적으로 관여한다. 그런 지도자 위원회가 많은 현대 교회에 전형적인 보다 대형의 책임들을 보다 효과적으로 아우를 수 있다고 합당하게 주장될 수 있다.

두 가지 역설. 교회사의 역설 중 하나는 적어도 부분적으로는 통일성을 장려하려고 의도된 성경의 규정들이 종종 정반대의 결과로 이어졌다는 것이다. 예를 들어 일차적 의미에 부가하여 빵이 신자의 연합된 몸을 상징하는 성체 성사나 성찬식이 대신 불일치와 분열의 이유가 되었다. 동일한 것이 세례에 대해서도 사실이다. 또한 이것은 양떼를 안전하게 함께 있도록 보호하는 역할을 지닌 장로들에 대해서도 마찬가지이다. 교단들이 교회 정치 체제의 형태에 대하여 심지어 서로 분리해온 것은 불행하다. 또한 교회들이 여자 장로의 문제로 분열되고 있다.

개별 교회에 심각한 영향을 줄 수 있는 또 하나의 역설은 양떼를 양육하는 데 전념하는 성품의 사람이어야 하는 지도자 직분의 사람들이 대신 종종 양떼를 지배하며 다른 영적 은사의 사람들의 열망을 좌절시킨다는 점이다. 권위적인 지도자들이 일부 가정 교회 운동과 일부 초대형교회, 또한 각양의 규모의 교회에 큰 해를 초래했다. 교회사 도처의 교단적 분리와 분열의 일부는 디모데전서 3장에 명확하게 제시되는 자질들을 결여한 지도자들로 인한 것이었다. 교회를 뒤흔드는 스캔들들은 배우자에 대한 부정, 분노, 다툼과 탐욕과 같은 행위에 대한 경고의 무시에서 유발될 수 있다. 권력에 들뜨게 된 사람이 "평범한" 기독교인이 따르는 도덕적 제약들을 무시하기가 쉽다.

명확한 교회 직제가 존재하는가? 교회 지도자들은 수세기 동안 어떤 교회 직제가 성경적 가르침과 모범을 가장 잘 대표하는가를 결정하는 일에 몰두해왔다. 이 분야에서 결론들은 무관심이나 자신의 교단적 관례에 대한 수동적 만족으로부터 끊임없는 탐구와 실험에 이르기까지 광범위하다. 모든 새로운 선교 사업이 새로운 교회들이 세워짐에 따라 이 문제와 씨름해야 했다. 동일한 일이 20세기 후반의 독립 교회들의 급속한 성장에 대해서도 사실이었다. 그 다양한 기관들을 더듬음에 의해 코끼리의 형상을 구성하는 유사한 사례가 단지 관련된 다양한 성경의 단편들을 "더듬음"에 의해서만 신약의 교회 구조를 결정하려고 시도하는 일에 적용될 수 있다. 우리는 신약의 교회가 공유한 광범위한 특징들을 발견해야 할뿐만 아니라 차이점들이 이 특징들을 필연적으로 양보하게 하는 것은 아니라는 점을 인지하기도 해야 한다.

주님의 사람들에게 은사들을 나눠주는 일에 있어 하나님의 영의 카리스마적 사역을 강조하는 고린도전서 12장은 교회 정치 체제의 구조를 다루지 않으며, 따라서 배제하는 것은 아니다. 우리가 그 주제를 다루는 구절들을 관찰할 때, 우리는 장로들에 의한 지도자 직분을 본다. 교회를 재방문할 때 바울과 바나바가 장로들을 임명한 일을 다시 한 번 상기하라(행 14:23). 예루살렘을 향한 마지막 여행 이전에 바울은 드로아에서 에베소에서 온 장로들을 만났다(20:13-38). 디도서 1:5에서 교회가 적절히 세워지는 일은 장로들이 임명되기 까지는 성취될 수 없다는 점이 보여 진다. 이것은 개인적 지도자 직분의 여지가 전혀 없음을 뜻하지는 않지만(우리는 그것이 행 15:13-21의 예루살렘 공의회에서 행사됨을 본다), 사도행전 6:3-6에서 재정적 문제를 다루는 지도자들의 선택은 회중에 의한 것이었으며, 바울은 고린도전서 5:4-5에서 전체 회중이 결정하도록 지시했다.

복수의 지도자 직분. 이 구절들은 초대 교회가 보통 복수의 지도자 직분을 가졌다는 결론을 허용한다. 의심의 여지없이 일반적으로 몇 개의 가정교회가 있는 한 성(city)에서 각 소 집단이 아마도 한 명의 주요 지도자를 가졌는데, 그는 또한 성의 복수의 장로단에서 활동했다. 하지만 구조와 정치 체제의 문제들은 여기서 고찰하기에는 너무나 방대하며, 디모데전서 3장의 주요 주제가 아니기도 하다. 신약성경은 어떤 곳에서도 교회 구조에 대한 완전한 지침을 주지 않는다. 여기서 강조점은 장로의 자격들에 있으며, 에베소의 정황의 문맥에서 이 자격들의 주요 요소는 기독교적 성품이다.

도덕적 지도자 직분. 미국의 20세기 말을 특징짓는 것으로 기억될 현저한 사회적 변화의 하나는 1960년대의 관대함에서 우리가 특별히 공직자들 중에서 도덕적 표준에 대한 새로운 책임으로 이동한 것 같다는 점이다. 몇 가지 놀라운 예가 군대에서 일어났다. 한 때 심지어 합동참모본부의 부원(Joint Chief of Staff)의 임명까지 도덕적 문제가 되었다. 대중은 자신들보다 선출직 공무원들에 대해 더 높은 도덕적 기준을 요구했던 것 같다. 하지만 클린턴 대통령의 인정된 도덕적 실패에 대한 최근의 관용은 지도자의 도덕 생활이 이제 덜 중요하게 여겨지고 있음을 나타낸다.

디모데전서 3:1-13은 모든 기독교인의 삶의 표준이 되어야 할 것과 상이하지는 않지만 장로와 집사 중에서 더 엄격하게 관찰되어야 할 행동 기준을 지시한다. 도덕, 가정에서의 책임과 공동체에서의 평판에 대한 것이 아닌 유일한 자격은 가르침과 교리에 대한 것이다. 장로들은 "가르칠 수 있어야" 하며(2절), 집사는 "깨끗한 양심으로 믿음의 깊은 진리들을 고수해야" 한다(9절). 심지어 이 요구들도 중단 없이 행위적 요구들 중간에 배치되며, 집사들은 단지 진리를 이해할 뿐만 아니라 그것을 "깨끗한 양심으로" 그것을 지켜야 한다(참조. 1:5, 19).

감독자의 임명. 이 자격들의 견지에서, 어떻게 교회는 누가 감독자나 장로로 봉사할 것인지를 결정할 수 있는가? 만약 주요 자격들이 사업에서의 성공과 강력한 대중 연설에 의해 증명되는 지도력의 기술이라면 더 용이할 것인데, 왜냐하면 이것들은 분명할 것이기 때문이다. 확실히 많은 교회에서 장로와 집사는 그런 탁월함 때문에 선출되어 왔다. 그러나 어떻게 교회가 덜 분명한 영적이거나 도덕적인 특징들을 지닌 사람들을 발견하는가?

필자는 다음과 같은 방식을 사용하여 하나님께서 인정하시는 사람들을 인지하는 일의 중요성을 강조함에 의해 대중 선거의 함정을 피하려고 노력한 한 교회를 안다. 연례 모임 전 일요일에 설교는 교회 지도자 직분의 본질과 하나님께서 지도자 직분을 위해 선택하시는 종류의 사람에 대한 것으로 할애되었다. 장로와 집사의 자격들이 분명하게 제시되었다. 회중이 연례 모임에 참여했을 때, 특별한 투표 용지가 주어졌다. 맨 상단에 장로와 집사의 자격에 대한 목회서신의 말씀이 있었다. 회중은 그 자격들에 부합되며 그 삶이 디모데전서 3장과 디도서 1장의 가치들을 반영하는 사람들을 생각하도록 요청되었다.

따라서 이 표준들에 상응하는 것으로 여겨지는 사람들 중에서 그들은 다음과 같은 세 질문의 하나 이상에 답하며 적절하다고 생각하는 이름들을 열거해야 했다. (필자가 최대한으로 기억하기에) 한 질문은 "당신은 누구를 장로로 따르고 순종할 만큼 충분히 존경하십니까?"였다. 다음 질문은 "당신은 누구에게서 하나님의 말씀을 배우셨습니까? 누가 당신에게 성경과 교리를 사적으로나 공적으로 가르쳤습니까?"였다. 마지막 질문은 "당신이 영적 생활에 있어 상담을 필요로 했을 때 누구에게 찾아가곤 하셨습니까? 누가 목자다운 방식으로 당신에게 사역을 감당했습니까?"였다. 상이한 질문에 대해 상이한 이름이 떠오를 수 있을 것이다.

이렇게 하는 것의 장점은 명백하다. 그것은 잘 알려진 교회 인물의 인기보다 장로들의 삶과 사역에 초점을 맞춘다. 또한 이것은 단순히 친한 사람을 선택하는 일을 피하도록 도움을 준다. 방금 언급한 교회에서 이 일이 행해졌을 때 건전한 뜻밖의 결과들이 나왔다. 당연하게도 어떤 하나의 절차가 모든 교회에서 적절하지는 않을 것이다. 교회가 성장함에 따라 불가피하게 누가 장로로 가장 잘 역할을 감당할지를 아는 일이 점점 더 어려워지게 된다.

방금 언급된 동일한 교회는 자신들의 교회 역사의 나중 단계에서 두 가지 방식으로 후자의 문제를 취급했다. 연례 모임 전에 회중이 후보 지명을 장로들에게 하도록 요청되며, 다음으로 장로들이 이 후보 지명을 고려하고 자신들의 제안을 덧붙인 뒤, 회중에게 알려지게 되는 "후보 지명"을 했다. 회중이 결정한 후, 비록 장로로 선출되지 않았지만, 상당수의 사람들의 지지를 얻은 사람은 장로들과 면담하고, 만일 유망성이 있는 것 같으면, 1년 동안 "인턴 장로"(elder in training)로 장로회의에 참석하도록 초청되었다. (은밀한 문제들이 토의될 때는 그들이 참석하지 말도록 양해가 구해졌다.) 다음 연례 모임에서 보통 그 은사 있는 사람의 평판은 회중의 다수의 반응을 이끌어내기에 충분할 정도로 강해졌다. 이것은 후보 지명이 일반 청중에게서 행해질 때 발생하는 문제들의 일부를 피했는데, 후자는 제안되는 피지명자나 지명자에게 곤란을 가져오지 않으면서 자격이 의심스러운 사람을 검열하기 어렵게 한다.

이 체계는 물론 완벽하지 않았으며, 추가적 수정이 요구되었지만, 하나님이 선택하시는 장로를 분별하는 거룩한 문제를 일반 정치적 절차의 해악에서 벗어나게 하고자 할 때 유용할 수 있는 착상을 제공하기 위해 언급할 가치가 있다. 어떤 수정된 절차가 집사에 대해 후속될 수 있을 것이다.

이혼자가 감독자나 장로가 될 수 있는가? 장로에 관한 이 구절을 오늘날의 교회에 적용하고자 할 때, 이혼 뒤의 재혼의 문제가 사별 뒤의 재혼의 질문보다 더 자주 나타난다. 입장은 다음과 같이 서로 매우 다르다. (1) 이혼자는 재혼하지 않았을 경우에도 장로가 될 수 없는데, 왜냐하면 이혼은 관계에서의 실패를 가리키기 때문이다. (2) 이혼 뒤 재혼한 사람들은 배제되는데, 왜냐하면 단지 그들이 한 번 이상 결혼했기 때문이다. 이 입장은 이전의 배우자가 재혼하지 않은 상태로 남아있는 사람에 대해 보통 더 강경하게 취해진다. (3) 만약 이혼이 회심 전에 발생했다면 그런 사람은 장로가 될 수 있다. (4) 만약 이전의 배우자에게 잘못이 있다면, 특별히 만약 그 배우자가 간음을 했거나 또는 폭력적이거나 도착적인 행위를 했다면, 그런 사람은 장로가 될 수 있다. (5) 그런 사람은 단지 화해를 위한 진지한 시도들을 한 이후에만 장로가 될 수 있다. (6) 이혼 자체는 장로로서의 봉사를 금지하게 하지 않는다. (7) 이혼을 하고 재혼을 해본 사람들은 하나님께서 용서하시고 치유하시기 때문에, 또한 아마도 그런 사람들이 경험 때문에 다른 사람들을 효과적으로 상담할 수 있기 때문에 봉사할 수 있다.

이 문제는 여기서 전면적이며 책임 있게 논의하기에 너무 복잡하지만, 다음과 같은 관찰들은 유용할 것이다. (1) 한편으로 개인이 하나님의 견지에서 새롭게 되므로 회심이 차이를 발생시킨다. 다른 한편으로 결혼은 단지 기독교적이 아닌 사회적 관계이며, 개인이 새롭게 될 수 있는 반면, 상황은 변하지 않았으며 한두 가정이 계속하여 유해한 영향을 받을 수 있다.

(2) 한편으로 비록 제안된 장로가 회심했으며 주요 잘못이 이전의 배우자에게 있다고 할지라도, 이혼은 개인적 결함, 지혜의 결여, 혹은 상담과 치유가 요구되는 여타의 특징을 나타낼 수 있다. 다른 한편으로 그런 고려는 모든 장로 후보에게 적용되어야 하는데, 왜냐하면 이혼을 피했다는 것이 개인과 결혼과 가정이 건강함을 보증하지 않기 때문이다.

(3) 오늘날의 복잡한 사회에서 책임을 결정하는 일은 자주 어려우며, 이전의 배우자의 상태 역시 파악하기가 어렵다. 만약 질문이 단지 이전의 배우자가 재혼을 했느냐가 아니라 다른 사람과 관계를 가졌느냐의 것이라면, 모든 문제가 매우 불분명해지게 된다.

(4) 장로가 완벽한 결혼 생활을 해왔으며 탁월한 모범이 되는 것이 이상적인 것인가, 아니면 아마도 이전의 죄악으로 인한 것일지라도 장로가 불완전한 결혼 경험을 해왔으며 따라서 교회에서 유사한 문제를 겪는 사람과 공감하며 도움이 될 수 있는가?

그런 문제들에 있어 율법주의적이 될 수 있으며, 우리는 주석의 여러 쪽을 할애하여 교회의 내부적인 결정들에 대해 법률화하기를 원하지 않는다. 하지만 이 만큼은 제안될 수 있다. 장로가 "비난할 점이 없어야" 한다는 기분은 확실히 현재의 생활 관련된다. 바울 자신이 과거의 죄악이 용서되었으므로 사도가 될 수 있었다고 기록한다. 동시에 종종 이혼과 재혼이 장로의 증거와 사역을 방해할 수 있는 계속적인 영향을 미친다. 그런 사람을 장로직에 고려하기 전에 문제들이 해명될 필요가 있을 수 있다. 죄와 용서, 이혼과 재혼을 거친 장로가 실제로 보다 현명하고 이해심 많은 상담자가 될 수도 있다. 동시에 어떤 사람은 상담을 맡는 장로가 될 필요가 없다.

이혼을 했는지가 주요 문제가 아니다. 문제는 삶과 가정에 대한 돌봄이 지금 기독교의 모범이 되느냐의 여부이다. 삶이 너무나 뒤엉켜 있어서 장로직이 아닌 다른 여러 사역 기회의 하나를 추구하는 것이 더 바람직한 경우들 역시 존재한다고 말할 필요가 있다. 하지만 특별히 회심 전에 분명히 이전의 배우자로 인해 야기된 이혼을 견뎌 낸 경건한 사람의 증거는 하나님의 은혜의 강력한 본보기일 수 있다.

한 가지 추가적 질문은 결혼한 적이 한 번도 없는 사람이 장로가 될 수 있느냐의 여부다. 신약 시대에 장로는 십중팔구 결혼한 남성이었을 것이기 때문에, 그 조건들의 표현이 그러한 실재를 반영하는 것은 이상하지 않다. 결혼한 적이 한 번도 없는 사람이 상담에서 귀중할 수 있는 경험을 결여하고 있다는 것은 사실이지만, 그 사람이 독신 생활을 통해 귀중한 자제력을 입증한 것일 수도 있다. 독신은 장로직의 장벽으로 여겨질 필요가 없다. 본문은 그런 진술을 하지 않으며 오히려 성별 관계의 순결성과 성품을 다룬다.

자녀. 자녀가 불신자일 뿐만 아니라 무례한 반항의 생활을 하는 장로 후보의 문제는 난해하다. 이것은 장로가 교회를 돌보는 일에 자격이 없게 만들 수 있는 자녀를 양육하는 일에 있어서의 결함이 존재하는지에 대해 질문하게 한다. 부모에게 아들이나 딸이 아직 기독교인이 아닌 것에 대해 반드시 책임이 있는 것이 아니며, 그것은 부모조차도 어찌할 수 없는 개인적 결단이다. 그렇지만 부모가 너무나 불공평하고 비일관적이어서 자녀가 동일한 신앙을 받아들이는 일에 반발했을 수 있다. 가족 관계는 부모 학대 사례 또는 자녀 학대를 겪었다고 주장하는 사람 편에서의 "허위 기억 증후군"(false memory syndrome)의 사례가 장로 후보가 지지를 받아야 할지 아니면 거절되어야 할지를 결정하는 일을 더욱 난해하게 만들 정도로 오늘날 너무나 복잡하다.

오늘날 유능한 교사된 장로를 가지는 일의 중요성. 후현대주의의 본질과 영향은 장로의 자격의 중요성을 더해준다. 기독교적 진리의 진술이(심지어 변증학적 신앙의 변호조차도) 오늘날의 "이교도들"로부터 거의 아무런 반응도 얻지 못하는 때에, 교회를 대표하는 사람들의 삶에서의 진리의 입증되는 실재는 훨씬 더 중요해진다. 우리는 진리가 중요하며 성경이 구원의 복음을 내포하고 있음을 알지만, 그것을 우리의 세계에 전달하기 위해서는 우리의 삶에서 유효성을 드러냄을 통해 그것이 참됨을 증명해야 한다.

최근 수십 년 동안 대중 매체에 의해 널리 알려지게 된 설교자에 관한 추문들과 "복음 진리"에 대한 비판적 의견들이 결합되면서, 이것은 훨씬 더 중대하게 되었다. 장로들은 하나님의 말씀과 그 교의들을 보다 부지런히 연구하며, 교수법을 단련하고, 시대를 이해하며, 진리를 가르침뿐만 아니라 삶에서도 적용함에 의해 이 상황을 알고 대처해야 한다. (과거와 달리) 설교자와 교수들이 단순히 그런 문제들을 다루는 것으로 충분하지 않다. 다른 사람들, 특히 교회를 감독할 책임이 있는 사람들이 마음과 정신과 삶을 현 세계에서의 이러한 생활의 과제에 기울이는 것이 필요하다.

소위 자유주의자와 복음주의자 간의 또는 1900년대 초기 수십 년의 현대주의자와 근본주의자 간의 대치라는 최근 역사를 고려할 때, 건전하지 않은 교리를 가진 사람들이 책임의 추궁을 모면하기가 이전보다 오늘날 더 어려워진 것 같다. 또한 우리는 교수진과 여자와 남자 졸업생들이 이단을 식별하며 다루기에 잘 준비된 다수의 탁월하며 신학적으로 건전한 신학교들을 가지는 장점을 지녔다. 그렇지만 여전히 교회들이 교리적 가르침의 양과 강도를 회중이 교리적 문제들에 식견 있게 대처할 수 없는 정도로 제한하고 있을 수 있다. 그러므로 장로들이 잘 배우고, 기민하며, "가르치는 일에 유능한" 것이 긴급하다. 또한 장로들은 오늘날의 복음주의 세계의 경향들에 대한 평가에서 공평함을 유지할 필요가 있다. 몇몇 중요한 교리들에 대한 견해 차이가 복음주의자들 내부에서도 증가하고 있다. 우리는 목회자들이 이 문제들에 대해 잘 알고 있기를 바라지만, 어떤 사람들은 그렇지 않을 수 있다. 또한 신학적으로 기민한 목회자는 비록 정식 신학 교육을 받지 않았더라도, 장로들 역시 확실히 최소한 기본적인 성경과 신학 주제들에 대해 적절히 교육을 받도록 해야 한다.

개인 기독교인 여론 형성자들이 출판과 다양한 여러 대중 매체를 통해 자신의 전문성을 넘어서는 문제들에서 인기와 인정되는 권위를 축적하기가 쉬울 수 있기 때문에, 장로들은 회중에 대한 교회 외부로부터의 영향에 대해 알고 있어야 한다.

또한 그런 여론 형성자들이 지역 교회의 교리적 권위를 빼앗을 수도 있다. 또한 그들은 동의하지 않는 지도자들의 평판 그리고 결과적으로 사역을 부당하게 약화시킬 수 있는데, 비록 문제가 필수적인 교리에 대한 것이 아닐 경우에도 그러하다. 최근 수 년간 정치적 견해, 여자의 사역, 성경 번역과 교회 음악과 같은 다양한 분야의 문제가 공개적이며, 때로는 분열적으로 그리고 충분한 지식 없이 다루어져왔다. 장로들은 하나님의 양 무리를 이단뿐만 아니라 그런 다른 유해한 영향들로부터 보호할 수 있다.

오늘의 우리에 대한 목회서신의 메시지는 신화나 족보, 율법의 오용, 또는 다른 일탈을 다루든 간에 단지 특정한 종류의 이단을 식별하는 일 뿐만 아니라, 아마도 어떤 경우는 보다 중요하게도 그런 일탈이 다뤄져야 할 방식을 식별하는 일이다. 건전한 교사들이 어떻게 이단에 맞서는지가 어떤 이단들에 맞서야 하는지와 함께 강조되는 것이 목회서신의 연구에서 점차 분명해질 것이다.

디모데전서 3:8-13

8 이와 같이 집사들도 정중하고 일구이언을 하
지 아니하고 술에 인박히지 아니하고 더러운
이를 탐하지 아니하고
9 깨끗한 양심에 믿음의 비밀을 가진 자라야
할지니
10 이에 이 사람들을 먼저 시험하여 보고 그 후
에 책망할 것이 없으면 집사의 직분을 맡게
할 것이요
11 여자들도 이와 같이 정숙하고 모함하지 아니
하며 절제하며 모든 일에 충성된 자라야 할
지니라
12 집사들은 한 아내의 남편이 되어 자녀와 자
기 집을 잘 다스리는 자일지니
13 집사의 직분을 잘한 자들은 아름다운 지위와
그리스도 예수 안에 있는 믿음에 큰 담력을
얻느니라

원 의미

바울은 집사에 대한 이 단락을 그 의무에 대한 아무런 규정이나 묘사 없이 시작한다. 우리는 그들이 이 서신의 발신자와 수신자 양자 모두에게 잘 알려졌을 것이라고 결론지어야 한다. 디아콘으로 시작되는 헬라어 어휘군은 듣는 어떤 사람도 봉사 능력을 갖춘 특정인을 가리키는 것으로 알았을 것이다. 그러나 신약성경 어디에도 어떻게 그들이 인정된 집단으로 존재하게 되었으며 그 의무들이 무엇이었는지에 대한 아무런 기술도 없다.

구체적인 과부 집단의 재정적 필요를 돌보기 위해 임명된 일곱 사람(행 6:1-6)이 아마도 집사의 전신이었을 것이다. 교회가 커지고 지도자들을 말씀과 기도 사역에 집중하지 못하게 할 필요들이 늘어남에 따라(행 6장의 사도들에게서와 같이), 이 필요들을 충족시키기 위해 임명된 자들이 집사로 불리게 되었을 수 있다. 이 시나리오의 한 가지 문제점은 사도행전 6:3의 사람들에 대한 자격("성령과 지혜가 충만한")이 바울이 여기서 언급하는 것과 같지 않다는 것이다. 하지만 틀림없이 발전하는 교회에서 사람들이 특정 봉사 영역에서 함께 일할 필요가 있었으며, 그런 집단을 묘사하는데 소용되는 단어("집사")가 있었기 때문에, 목회서신의 시기에 이 용어가 사용되고 있었던 것은 놀랍지 않다. 그 단어는 바울이 자기 자신과 동료에 대해 복음(고전 3:5; 엡 3:7)과 새 언약(고후 3:6)의 종들(디아코노이)인 자들이라고 할 때 사용할 만큼 충분히 고귀했다. 그렇지만 또한 장로나 감독자와 집사라고 불리는 구별되는 집단이 있었으며, 따라서 현 구절은 후자에 대해 교훈하는 것으로 나아간다.

교회 지도자의 행실과 공적 평판에 대한 바울의 관심은 집사를 "존경할 만한 남자들"이라고 표현하는 데서 계속된다. "남자들"이라는 단어는 헬라어 본문에는 없지만, 명사 디아코노스의 성에서 추정된다. 하지만 바울 시대에 그 단어의 여성형이 없었다는 점에 주목해야 한다.[1] "존경할 만한"은 셈노스를 번역한 것인데, 그것은 적절한 존경을 주고받는 일 양자 모두를 하는 위엄 있는 사람을 묘사하는 단어이다. 줌과 받음의 이 두 측면은 같은 어원의 명사 셈노테스가 3:4에서 감독자의 자녀에게 요구되는 존경의 태도를 가리키도록 허용한다. 동일한 단어가 다음과 같이 2:2에 나온다. "모든 경건과 거룩함[NRSV, 위엄]으로 고요한 생활을 하려 함이라." 비기독교인들, 아마도 "왕들"과 "권세 있는 자들"이 기독교인들이 어떻게 생활하고 있는지 주목할 수 있기 때문에, 또 하나의 가능한 번역인 "순전함"이 그 맥락에 잘 맞을 수 있을 것이다. 여기서 그 용어는 숨김없는 순전함으로 행동하여 의지할 수 있는 사람을 묘사한다.

다음 묘사인 "진지한"은 이것을 추가적으로 지지한다. 이 단어는 타인에 대해 상충되는 성질을 드러내지 않는 언사의 사람에 적용된다(문자적으로 "일구이언하지 않는", NRSV).

감독자와 같이(3:3) 집사는 음주와 돈에 대해 절제를 실천해야 한다. "부정한 이익을 추구하는"(NIV)으로 번역되는 아이스크로케르데스는 수치의 개념(아이스크로—)을 내포한다. 이것은 목회서신의 복음을 수치스럽게 하지 않을 평판에 대한 반복적 주제와 일치한다.

감독자에 대한 조건이 아니라 집사와 관련하여 교리에 대한 언급("믿음의 깊은 진리", 9절)이 있는 것은 이상하게 보일지도 모른다. 그 이유는 아마도 이것은 장

1. 디아코노스의 여성형의 부재는 롬 16:1의 뵈뵈에 관한 문제의 해결을 제공할지 모른다. 동사형이 일반적으로 봉사하다를 뜻하는 반면, 신약에서 명사형은 보통 단순히 봉사자 이상인 지위를 가리킨다. 우리는 그 형태가 16:1에서 남성형이며 뵈뵈가 여성이었기 때문에, 그것은 거기서 "집사"를 뜻할 수 없고 "봉사자"로 번역되어야 한다고 추정할 수 없다. 만약 저자가 그녀가 집사임을 말하길 원했다면, 그렇게 하기 위해 남성형을 사용하는 것 이외에 다른 아무 방식도 존재하지 않았다.

로에게는 당연시되지만 집사에게는 중요시되지 않을 수 있기 때문일 것이다. 헬라어 뮈스테리온을 "신비"라기 보다 "깊은 진리"로 번역함에 의해 NIV는 단지 특정한 사람들만 파악할 수 있는 은밀한 교훈이 있다는 가능한 오해를 피하지만, NLT의 "계시된 진리"가 이것을 더 낫게 수행한다. 하나님의 뮈스테리온은 단계적으로 드러내시는 역사 전체에 걸친 그분의 주권적 사역이다. 예를 들어 그 왕국의 신비는 선과 악이 하나님의 심판의 때까지 공존한다는 진리(마 13:1-52)와 이스라엘이 완악해진 기간 동안 하나님께서 이방인에게 자비를 베푸신다는 진리(롬 11:25-27)와 교회에서 유대인과 이방인 한 몸으로 결합된다는 진리(엡 3:2-6)를 포함한다. 그리스도는 하나님의 신비의 중심이시다(골 1:25-27).

여기서 확장된 어구 "믿음의 신비"(문자적 번역)는 광범위한 일련의 핵심 진리들을 표현한다. 이것은 다음과 같은 목회서신에 특징적인 "믿음"이라는 단어의 의미와 일치한다: 모든 신자가 붙잡아야 할 진리. 집사는 "깨끗한 양심으로 이 중요한 교훈들을 (단단한 확신과 함께) "고수해야" 한다. 이것은 바울이 교회를 이끌고 섬기는 자들이 개인적 순전함을 주장하는 추가적인 한 사례이다. 그러나 그들의 양심으로 충분하지 않은데, 곧 그들은 집사로 봉사하기 전에 책망할 것이 없는지 확실히 하기 위해 "먼저 시험되어야 한다."

11절은 집사에 대한 교훈을 중단하고 여자에 대한 지시를 한다. 귀네라는 단어는 "여자"와 "아내" 둘 다를 의미할 수 있으며, 따라서 이들이 집사의 아내인지 아니면 집사로 봉사하고 있던 여자인지를 말하는 것은 불가능하다. 그들은 "동일한 방식으로"라고 번역되는 단어에 의해 8-10절에서 다뤄지는 집사들과 구분되는 것으로 신분이 확인된다. 한편으로 이 절은 집사에 대한 교훈 안에 나오기 때문에, 그 아내의 행위가 조건의 일부로 의도될지 모른다. 만약 귀나이가 여자 집사였다면, 우리는 그녀들이 그 구절과 따로 다뤄질 것을 기대했을 것이다. 다른 한편으로 11절은 이제 여자 집사들에게 적용되는 8-10절의 요약일 수 있는데, 이 경우 그것은 그녀들에게 해당되지 않을 한 아내의 남편 됨에 대한 다음 진술 전에 여기에 삽입된 것이 된다.

또한 처음에 집사로 봉사한 여자들은 집사의 아내였으며, 따라서 그녀들이 자신들의 남편에 해당하는 단락 안에서 다뤄지는 것이 자연스러웠을 수도 있다. 감독자에 대한 단락 안에 유사한 교훈이 없는 것은 이상한 것 같다. 우리는 그들의 아내의 성품이 최소한 집사들의 아내의 성품만큼 중요했을 것이라고 생각할 것이다. 그러나 만약 당시에 여자들이 장로가 아니라 집사로 섬기고 있었으며, 또한 만약 그 여자들이 처음에 집사의 아내였다면, 그 그림은 분명해진다.

집사의 가족관계에 대한 12절은 감독자에 대한 3:2b, 4-5와 상응하며(주석 참조), 정절과 흔들림 없는 가족의 중요성을 재강화한다. "봉사한"(13절)이라는 번역은 이전의 일정한 봉사 기간을 암시할 수 있는데, 비록 이것이 시간과 관련 없는 행동을 표현할 수 있는 분사의 부정과거 시제에서의 필연적 추론은 아니지만 말이다. "훌륭한 지위"와 "그리스도 예수에 대한 믿음의 큰 확신"이라는 묘사 어구들은 봉사하는 일이 얼마나 고상한 책무인지를 드러낸다. "지위"(바드모스)는 도덕적 의미로 "영향력 있는 유리한 위치"[2]를 뜻할 수 있지만, 나중에 교회 계급 구조에서의 지위나 계급에 대해 사용되게 되었다. "그리스도"라는 단어는 목회서신의 거의 모든 경우에서와 같이 "예수"라는 단어와 함께 사용되며 그것을 선행한다. 집사의 충성스런 봉사가 그들 자신의 "믿음의 큰 확신[또는 담력]"을 강화한다는 점이 주목할 만하다.

상황잇기

봉사의 본보기. 타인을 돌보는 역할을 맡는 초대 교회의 집단에 대한 첫 번째 직접적인 언급은 사도행전 6:1-6에 나온다.[3] 그들은 음식 분배에서 무시되던 헬라어를 말하는 과부들에게 제공하기 위해 "식탁 시중을 드는 일"을 해야 했다. 그들의 봉사는 분명히 비록 직접적인 필요가 음식이었지만, 단순하게 "시중자"(waiter)가 되는 것만이 아니라, 또한 과부의 물질적 필요를 돌보는 것이었다. 사도행전 6장에서 이것을 하도록 임명된 집단은 어떤 직함으로 알려지지 않지만, 그들의 사역은 확실히 집사들이 행했을 것과 유사하다.

인도주의적 봉사는 헬라 세계에서 다양한 방식으로 행해졌다. 서로 돌보며 필요시에 돕는 동일한 관심을 지닌 사람들의 연합체들이 있었다. 인지 가능한 사회적 집단으로 조직된 기독교인들이 인간적 필요를 충족시키는 책임에 일정한 준비를 할 필요가 있는 것이 당연했다. 하지만 이 필요는 물질적인 것을 넘어섰다. 만약 세속적이며 유대적인 공동체에 자신의 집단의 다른 구성원을 섬기는 일에 고귀함이 있었다고 한다면, 이것은 기독교에서도 사실이었다.

더욱이 디아코노스라는 헬라 문헌에서 종종 전달자인 사람에 적용되었다. 사도

2. Lock, *Pastoral Epistles*, 41.
3. 이것 전에 예수와 제자들의 필요들을 섬기던 여자들이 있었다(눅 8:1-3).

행전 6장에서 임명된 일곱 사람 중 한 명인 스데반이 또한 전달자—그의 경우 복음 전도자—였다는 사실이 이와 관련하여 의미를 지니는지는 말하기 어려운데, 디아코노스라는 단어가 부재한 것을 고려할 때 그러하다. 바울은 자신을 복음(엡 3:7; 골 1:23)과 새 언약(고후 3:6)과 교회 (골 1:25)의 "종"으로 묘사한다. 증인이 되는 일과 타인을 돌보는 일 양자 모두 모든 기독교인의 관심사인 반면, 인간 몸의 기능에서 필요한 전문화가 교회, 곧 그리스도의 몸의 기능을 위해서도 요구된다. 그러므로 시대와 대륙에 걸쳐 교회들이 초대 교회에서 집사에 의해 수행되던 유형의 사역들에 대비하는 일이 필요했다.

사람들을 도우며 행정적 지도력을 제공하는 능력들은 고린도전서 12:28의 "하나님께서 임명하신" 자들의 목록에서 치유와 방언의 카리스마적 은사 사이에 끼워지지만, 29-30절("다 사도이겠느냐…"로 시작됨)에서 반복되지 않는 27-28절의 유일한 은사들이다. 이것은 모두에게 주어진 은사이며, 따라서 이 뒤의 절들에서 제한된 집단에 속하지 않았기 때문인가? 또 하나의 가능성은 그들이 하나님이 임명하신 자들이지만, 그들의 사역은 카리스마적 은사가 아니라 단지 섬길 의지만을 요구했다는 것이다.

교회가 존재하는 곳마다 디모데전서 3장에 제시된 지도자 직분과 봉사의 본보기가 중요하다. 어떤 형태와 어떤 목적이든 재정적 책임을 진 사람들은 또한 높은 가시성과 책임성의 지위를 가지고 있는 것이다. 그들이 교회 재원을 내부적으로 관리하든 외부인에게 교회의 도움을 펼치든, 그들의 개인적 순전함이 중대하다. 어떠한 미량의 탐욕(8절)도 돈을 다루는 사람 중에서 치명적이며, 알코올의 남용은 신뢰성을 문제를 제기하고, "일구이언하는" 것은 어떠한 정직의 주장도 무력화시킬 것이다. 그런 지도자들은 또한 교회의 교리적 확신을 잘 대표해야 하며 더욱이 "깨끗한 양심으로"(9절) 그렇게 해야 한다.

집사를 규정하는 일의 난점. (1) 신약성경에 집사의 의무에 대한 구체적인 묘사가 없으며, (2) 비록 교회를 섬겼지만 사도행전 6장의 "일곱 사람"은 "집사"라 불리지 않고, (3) 신약성경의 사회적 배경에서 "집사"라고 불리는 특정 집단에 대한 증거부족이 존재한다는 사실 등을 고려할 때, 상황들을 서로 "연결짓는 일"은 어렵다. 우리는 장로들이 양 떼를 다스리고 가르치며 돌보았으며 집사는 정의상 봉사를 행했음을 안다. 또한 우리는 사도 바울이 자신과 자신의 동료들을 복음과 새 언약의 종으로 여긴 것을 알지만, 그런 용법은 집사라 불리는 사람들의 공동체적 역할을 해명하지 않는다. 또한 선교 여행들 동안에 예루살렘의 핍절한 자들을 위한 재정을 모금할 때 바울이 집사와 같은 역할을 했음을 유의하라(고후 8:1-15).

사도행전 14:23은 우리에게 바울과 바나바가 장로들을 임명했음을 말하지만, 그 본문은 집사는 언급하지 않는다. 빌립보에서 바울은 기독교인 전체 집단과 더불어 "감독자들과 집사들" 양자 모두를 수신자로 한다(빌 1:1). 사도행전 14장에서 그들의 누락과 디도서 1:5-9의 지도자에 대한 교훈에서 집사들의 부재는 우리로 하여금 다음 둘 중 하나를 추론하도록 이끌 수 있을 것이다. (1) 집사는 단지 필요시 임명되었을 것이며 모든 교회의 상설 위원회로 존재하지 않았거나, (2) 집사가 아닌 장로가 주요 지도자 집단이었으므로 집사에 대한 특정 언급은 상황에 달려 있었다. 빌립보서와 여기 디모데전서 3장의 장로와 집사 양자에 대한 병행하는 교훈으로부터, 비록 그들의 의무가 달랐을지라도, 양 집단 모두 일정한 지도자의 지위를 공유했음이 추론될 수 있을 것이다.

이 시기에 교회 정치 체제가 여전히 유동적이었는지 그리고 만약 그렇다면 여전히 열려진 선택 사항들이 존재했는지 질문하는 것은 적절하다. 성경은 교회가 항상 장로로 불리든 아니든 일단의 지도자와 교사를 인정해야 하며, 또한 재정적이거나 여타의 합당한 개인적이고 공동체적 필요의 돌봄에 대비해야 한다고 가르치는 것 같다. 이 사람들은 집사로 반드시 불려야만 하는 것은 아니지만, 항상 봉사하기 위해 존재해야 한다.

만약 우리가 사회적 배경에서의 유사한 집단에 대한 보다 큰 지식을 가진다면 집사의 신분과 독특한 역할을 밝히는 데 도움이 될 수 있을 것이다. 앞에서 언급한 연합체들은 필요를 채우는 데 전념했지만, 교회에서 행해지던 일과 정확히 병행되는 것을 발견하기가 어렵다. 헬라 종교들에는 디아코노이가 있었는데, 거기서 그들의 역할은 다양한 신과 여신들을 섬기는 일이었다. 유대 회당은 빌딩의 관리자로 섬기는 하잔으로 알려진 봉사자를 가지고 있었는데, 보다 중요하게 그는 거룩한 성경 두루마리를 관리하고 자녀 학교에서 성경을 가르친 보조자였다(헬라어로 휘페레테스, 눅 4:20). 이 인물이 기독교 집사의 개념에서 중요한 요소가 되었는지를 결정하기는 어렵다.[4]

시간이 흐름에 따라, 집사의 역할이 보다 규정되게 된다. 이그나티우스가 주후 107/108년에 로마에 갔을 때, 한 집사가 그와 함께 왔으며,[5] 우리는 이즈음 감독과

4. 또한 고전 4:1을 참조하라. 그 단어는 신약성경에서 간수와 여타 유대 관원을 지칭하며 빈번히 나온다.

5. Ignatius, *Philadelphians* 11.1.

장로(presbyter)와 집사의 삼중직이 형성되고 있었음을 안다. 집사들은 필요한 사람들에게 나눠주기 위한 기증물을 모으는 일에 있어 중요한 역할을 가지게 되었다. 하지만 수세기에 걸쳐 그들의 중요성이 거룩한 직제의 제1단계로 저하되는 경향이 있었는데, 비록 칼빈과 여타의 사람들이 그들에게 보다 중대한 사역을 회복시키려고 시도했지만 말이다.

당연하게도 봉사에 전념하는 집단에 대한 필요는 정부의 자원의 도움을 받을 수 있는지의 여부를 포함하여 경제적이며 다른 여타의 상황에 의해 요구되는 봉사의 종류에 따라 달라질 것이다. 교회 건물과 여타 설비의 관리는 설비의 규모와 복잡성에 달려 있을 것이다. 확실히 일부 집사의 역할은 급여를 받는 고용인에 의해 수행되어야 하지만, 만약 자비의 자원 봉사의 행위가 그친다면, 돌봄의 공동체에서의 초기 집사들의 정신이 사라진 것이다.

현대적 의미

봉사자로서의 지도자 직분. 봉사자로서의 지도자 직분(servant leadership)이 1980년대 경에 두드러지게 되었다. 경영 분야들에서 그것은 필요해진 교정을 가져왔다. 그것은 기업 세계에 도입하기에는 어려운 이상임이 증명되었지만, 그렇게 하는 일이 실제로 세속 사회보다 교회에서 훨씬 더 용이한가? 기독교인들은 확실히 그리스도의 모범을 존중하며 성경과 교회사의 다른 훌륭한 본보기들을 가지고 있지만, 우리 인간이 인정받고 유명해지고자 하는 내적 욕망이 있는 한, 그 본보기들에 따르는 일이 어려움을 발견한다.

봉사자로서의 지도자 직분에 대한 한 난해한 문제는 정의상 그것이 시작하는 지도자 지위를 암시하며, 교회는 다만 그토록 많은 지도자를 수용할 수 있다는 것이다. 그런데 만약 우리가 지도자 직분을 한 사람이 다른 사람의 심령을 인도하고 발전시키는 모든 사역이라고 생각한다면, 그것은 심지어 가장 비천한 관계에도 적용될 수 있다. 그러므로 교회에서 한 사람은 (1) 봉사자의 태도로 지도자 직분을 행사함에 의해, 또는 (2) 경건한 모범으로 이끄는 방식으로 섬김에 의해 봉사자로서의 지도자가 될 수 있을 것이다. 양자 모두의 방식으로 봉사자 됨이 공적으로 섬기든 아니든 기독교인을 특징지어야 한다. "사역"은 지배가 아니라 봉사의 특권이나 기회가 되어야 하는데, 이는 디아코노스라는 단어가 명시하는 바와 같다(참조. 벧전 5:2-3).

집사의 사역의 다양성. 오늘날 집사직은 감독교회의 위계제도(episcopal hierarchy)

의 제1단계와 침례교회에서 사실상으로 운영 주체인 것을 포함하는 다양한 것을 뜻한다. 집사의 사역의 핵심 요소가 지도력이 아니라 봉사이지만, 봉사의 측면은 대중적 이해에서 쉽게 최소화된다. 교회가 필요로 하는 것과 인근 공동체가 필요로 하는 것은 그리스도의 이름으로 실행되는 사랑이다.

실제로 "Love INC"(Love In the Name of Christ, "그리스도 안에서의 사랑")라는 이름으로 그 이상을 구체화시킨 전국의 다양한 지역에서 섬기는 한 기구가 존재한다. 필자는 다양한 실제적이고 인지되는 필요를 가진 사람들을 이 단체에 추천할 수 있었다. 그들은 면담 그리고 때로는 다른 지역 기구들의 파일들을 교차 검토함에 의해 누가 진짜로 당장의 필요에 대해 도움을 받을 수 있는지, 누가 재정 상담과 구직 기회에 의해 가장 잘 섬겨질 수 있는지, 또 누가 이기적인 이유로 기부를 원하는지 식별할 능력이 있었다. 필자가 섬긴 한 교회에 설비를 관리하며 여타의 필요를 다루는 집사회가 있으며, 또한 다양한 필요의 상황에 놓여있는 사람들을 은밀하게 돕는 "성 야고보회"(약 1:27에 근거함)가 있고, 또한 "Love INC" 역시 소용된다. "Love INC"나 성 야고보회 양자 모두 "집사"로 불리지 않지만, 그것들은 대내외적으로 집사의 사역의 많은 부분을 감당할 수 있다.[6]

오늘날 많은 교회에서 "집사회"는 건물 수리와 봉급과 기금모금과 여타의 교회 재정 분야들을 다루기 위해 필요하다. 그들이 물질적 필요의 영역에서 활동할 때에 십중팔구 신약성경의 집사가 수행한 사역들의 일부를 실현하고 있다. 하지만 그런 모임은 소명의 "중심"을 상실하기 쉬운데, 비록 지붕이 새는 것을 고치는 일이 하나님의 백성에 대한 봉사에 속하며, 자선기금을 통해 많은 핍절한 개인에게 돈을 보낼 수 있지만 말이다.

목적. 초기 집사들의 목적을 달성하기 위해, 세 가지 일이 필수적이다. (1) 교회는 디모데전서 3장에 기술된 도덕적이며 영적인 순결함이 있는 남녀를 찾는 데 솔선해야 한다. (2) 그런 사람들은 봉사하려는 이상과 가슴과 의지가 있어야 하며, 공적 임명 전에 구체적인 자비의 행위들을 통해 이것을 이미 드러내야 한다. 그들은 집사라고 지칭되기 전에 집사이어야 한다. (3) 교회는 회중 전체를 대표하여 이것을 의도적 사역으로 만들어야 한다. 그것은 공동체 일반에 보여 져서 공동체가 교회의 사랑을 베푸는 사역을 경험할 뿐만 아니라 인지할 수 있도록 해야 한다. 윈손

---

6. 물론 지역 단체가 아마도 다룰 수 없는 대규모 필요를 다루는 여타의 패러처치(parachurch)나 세계적 기구들이 존재한다.

은 오른손이 하는 일을 알지 못해야 하며 자신의 구제 행위에 대해 "나팔을 부는 일"은 잘못인 것이 사실이다(마 6:2-4). 그러나 동시에 예수께서는 이렇게 말씀하시기도 하셨다: "이같이 너희 빛이 사람 앞에 비치게 하여 그들로 너희 착한 행실을 보고 하늘에 계신 너희 아버지께 영광을 돌리게 하라"(5:16).

그렇다면 봉사자가 되는 일과 집사가 되는 일의 차이는 무엇인가? 실마리는 로마서 12장과 고린도전서 12장에서 발견될 수 있을 것이다. 장로라 지칭되는 인정되는 지도자 집단이 있는 동시에 다른 한편으로 이 구절들이 지도자로 은사가 있으며 섬기는 개인을 언급하는 것과 똑같이, 집사라 지칭되는 인정되는 지도자 집단이 있는 동시에 로마서 12:7에는 섬기는 일(디아코니아라는 단어가 사용됨)에 대한 언급 역시 존재한다. 우리는 집사가 되지 않으면서 활동적인 봉사자가 될 수 있다. 타인을 영적으로 인도하기 위해 장로가 반드시 되어야 하지 않는 것과 똑같이, 타인을 유익하게 섬기기 위해 반드시 집사가 되어야 하는 것은 아니다(참조. 고전 12:28).

하지만 교회에서 사람들이 집사로 선출되도록 하며 교회 전체를 대표하여 책임 있게 행동하는 책무가 주어질 필요가 있다. 그들은 영적이며 실제적인 방식으로 사람들을 돌보고 탐욕과 속임 없이 교회의 재정 업무를 다루며, 교회가 필요로 하는 설비들을 제공해야 한다. 이것은 단지 개별적이며 개인적인 사역을 넘어선다. 그것은 교회에 임명되고 책임 있는 집사들의 공동적인 헌신이다. 비록 위에서 인용된 빛과 선행에 대한 예수의 가르침은 모든 그리스도인에 대한 말씀이지만, 집사는 전체 회중을 대표하여 이것을 수행할 특별한 권한을 가진다.

디모데전서 3:14-16

14 내가 속히 네게 가기를 바라나 이것을 네게
쓰는 것은
15 만일 내가 지체하면 너로 하여금 하나님의
집에서 어떻게 행하여야 할지를 알게 하려
함이니 이 집은 살아 계신 하나님의 교회요
진리의 기둥과 터니라
16 크도다 경건의 비밀이여, 그렇지 않다 하는
이 없도다

그는 육신으로 나타난 바 되시고
영으로 의롭다 하심을 받으시고
천사들에게 보이시고
만국에서 전파되시고
세상에서 믿은 바 되시고
영광 가운데서 올려지셨느니라

원 의미

14-15절에서 1인칭 단수의 언급과 개인적 상황에 대한 기술("내가…가기를 바라나…만일 내가 지체하면…") 양자 모두는 독자로 하여금 저자가 바울이라고 여기도록 이끈다. 만일 이것이 바울의 어떤 추종자에 의해 구성된 것이었다면, 그것은 바울 자신이 쓰고 있는 것처럼 보이게 하는 교묘하거나 노골적인 속임수였을 것이다.[1] 이 가능한 지체에 관한 염려는 섭리에 의해 바울로 하여금 본장의 교훈을 쓸 뿐만 아니라 그와 관련하여 교회의 중요성을 확언하고 16절의 신경적 진술을 덧붙이도록 했다.

이 서신의 목적은 주로 거짓 교훈과 교사를 다루는 것이지만, 진리와 개인적 순전함의 필요성에 있어 하나님의 "집"으로서의 교회 관계와도 관련된다. 바울은 다음과 같은 그의 목적에 대한 진술로 감독자와 집사에 대한 단락을 마무리함에 의해 이점을 강조한다. "너로 하여금 하나님의 집에서 어떻게 행하여야 할지를 알게

1. 이상의 것과 반대되는 입장에 대해서는 바슬러의 주석에서 다음과 같이 언급하는 설명적인 말을 참조하라. "그 서신의 허구적 상황…결과적인 시나리오는 그 서신의 교훈을 소개하는 하나의 이상적 구실이 된다.…"(*1 Timothy, 2 Timothy, Titus*, 72).

하려 함이니…교회." 그런데 여기서 집이라는 용어가 다시 나온다(또한 3:4-5, 12 참조).

그러나 그 구절은 다음과 같이 교리를 강조하는 것으로 나아간다. "살아계신 하나님의 교회요 진리의 기둥과 터니라." 이 표현은 "당신은 그리스도시와 살아 계신 하나님의 아들이시니이다"라는 베드로의 위대한 고백과 "이 반석[곧, 터] 위에 내 교회를 세우리니"라는 예수의 대답을 생각나게 한다(마 16:16, 18).[2] "기둥"과 "터"라는 단어들은 구약의 하나님의 집인 성전의 견고한 구조를 상기하도록 의도되었을지도 모른다.

16절에서 바울의 위대한 신경적 진술의 소개는 "아무런 의심의 여지없이"라는 확언과 함께 시작한다. 이것이 신경의 신빙성에 적용될 수 있을 것이지만, 문법적으로는 술어 주격 위치에 있는 "위대한"이라는 묘사를 받는다. 아무도 그 신경이 참으로 "위대하다"는 것에 동의하지 않을 수 없으며, 따라서 그것은 "아무런 의심의 여지없는" 자리에 위치하는 것이 된다. 만약 신경 자체의 신빙성이 관심사였다면, 바울은 십중팔구 대신 유사한 어구인 "여기에 미쁜 말이 있노라"를 사용했을 것이다. 여기서 그의 강조점은 "경건의 비밀"이라 불리는 계시된 진리의 장엄함이다.

"신비"(뮈스테리온; 참조. 3:9 주석)라는 단어는 역사에 걸친 자신의 주권적 사역에 대한 하나님의 계시를 묘사한다. 이 문맥에서 바울은 아마도 그리스도를 그 신비의 중심으로 생각하고 있을 것이다(참조. 골 1:25-27). 그리스도는 성육신과 이후의 단계들의 자신의 경험을 통한 계시(예를 들면, "죽음에서 부활하심에 의해 하나님의 아들임을 능력 있게 선언하시기") 전까지는 알려지지 않으셨다. "경건"(유세베이아; 또한 2:2의 이 단어에 대한 주석 참조)은 종교나 개인적 경건을 뜻하며 헬라 문헌에서 사용된 광의의 용어이다. 그리스도는 기독교라는 종교와 우리의 영적 생활의 원천이시다(참조. 고전 1:30). 그러므로 "경건의 비밀"은 계시되고 변호되는 그리스도 자신이시다.

이 주목할 만한 진술의 찬송적 형태는 구조에 대한 분석을 요구한다.[3]

---

2. 또한 다음 구절들을 참조하라. "너희가 어떻게 우상을 버리고 하나님께로 돌아와서 *살아 계시고 참되신 하나님*을 섬기는지"(살전 1:9), 그리고 "이 닦아 둔 것 외에 능히 다른 *터*를 닦아 둘 자가 없으니 이 터는 곧 예수 그리스도라"(고전 3:11, 이탤릭체 덧붙임).

3. 이 찬미의 기원은 미지이다. 바울이 포함시킨 찬미(혹은 찬미의 단편)인지 아니면 직접 작성한 것인지 불분명하지만, 구조 때문에 찬미로 추정된다. 우리는 그것을 정경적 배경에서 성경의 일부로 본다. (광범위한 초기 필사본의 지지에 근거한 연합성서공회(UBS) 본문에서의 A등급을 고려할 때) "원문의 첫 번째

분명히 구조가 내용보다 덜 중요하겠지만 구조를 연구하는 일은 독자로 하여금 내용과 그 강조점들을 주의 깊게 살피는 데 도움을 준다. 가능한 것들 중에 다음과 같은 것들이 있다.

(1) 연대기적

그는 육신으로 나타나신 바 되시고	예수의 성육신
성령에 의해 변호되시고	예수의 지상 생애
천사들에게 보이시고	예수의 부활
만국에서 전파되시고	선교적 선포
세상에서 믿은 바 되시고	이 선포에 대한 반응
영광 가운데서 올려지셨느니라	하늘에서의 예수의 승인과 영화

여기서 명백한 문제는 연대기적으로 마지막 어구는 순서상 보다 앞에 속하는 것 같다는 것이다. 또한 연대기를 확고하게 결정하기 어렵게 하기에 충분한 모호함("성령에 의해 변호되시고[또는 의롭다 하심을 받으시고]"의 의미와 "천사들에게 보이신" 때)이 그 신경에 존재한다. 성령에 의한 변호는 부활시에 발생했을 수 있으며(참조. 벧전 3:18, "성령에 의해 살리심을 받으셨으니"), 예수께서는 승천시에 "천사들에게 보이셨을" 수 있다. 그런데 "올려지셨다"라는 마지막 어구는 사도행전 1:2에서 승천을 가리키며 또한 누가복음 9:51에서 거의 확실히 승천을 언급하며 나온다. 어떻게 이것이 선교적 선포와 그에 대한 만국의 반응에 의해 선행될 수 있겠는가?

(2) 교호적

지상적	천상적
그는 육신으로 나타나신 바 되시고	성령에 의해 변호되시고

천상적	지상적
천사들에게 보이시고	만국에서 전파되시고

단어가 "하나님"보다는 "그런데 그는(who)"이었다는 사실이 찬미를 나타낸다고 보통 생각되는데, 비록 견해들이 그 점과 관련하여 빌 2:5-11에 대해서는 변경되고 있지만 말이다.

지상적	천상적
세상에서 믿은 바 되시고	영광 가운데서 올려지셨느니라

이 구도는 문학적 구조에 더 많은 관심을 기울이며 자체로 일관적이다. 2극적 구조는 독자(그리고 화자)로 하여금 그리스도의 계시의 두 중심지에 초점을 두도록 한다.

(3) 강조적

각 행의 중간 부근에 헬라어 접미사 데(3인칭 단수 부정 과거 수동형을 나타냄)의 재등장은 그 동사들에 관심을 끌게 한다. 각 동사는 일종의 입증이나 명시나 증명이다. 이것은 헬라어 본문의 실제 구조에 깊이 뿌리박혀 있으며 어떤 다른 구도가 제안되더라도 성립한다.

(4) 교차대구법적

A. 그는 육신으로 나타나신 바 되시고	지상에서의 현현
B. 성령에 의해 변호되시고	영적 영역에서의 승인
C. 천사들에게 보이시고	천상적 존재의 파악
C′ 만국에서 전파되시고	인간의 파악
B′ 세상에서 믿은 바 되시고	지상적 영역에서의 승인
A′ 영광 가운데서 올려지셨느니라	하늘에서의 현현

교차대구법(역순으로 단어, 구, 혹은 여기서와 같이 개념을 반복하는 것을 포함하는 문학적 구조)은 연속적인 개념들이나 그들의 관계들에 주목하게 하기 위해 고대 시대에 수용된 구조상의 구도였기 때문에, 여기서 하나의 가능성으로 고려하는 것이 합당하다. 그러나 저자의 의도를 넘어서서 그런 구도를 본문에 부적절하게 강요하지 않도록 주의해야 한다.

상황잇기

문맥에서 본 찬송. 이 찬송은 2-3장의 매우 훌륭한 결론이다. 그것은 그것 이상이라고도 할 수 있는데, 곧 절정이요 핵심이다. 독특한 문학적 형태이며, 선행하는 절들과 관련된 필수적 진리를 포함하고, 독자로 하여금 찬양의 최고의 시점에 이르게 한다는 점에서 그것은 절정이다. 바울이 "하나님의 집에서 어떻게 행하여야 할지"(3:15)를 논해온 선행하는 장들과 1장에서 처음 언급한 이단에 어떻게 대처해야 하는지를 논하는 4장의 교리적 연결 중심축을 이룬다는 점에서 그것은 핵심이다.

바울은 교회에서 지혜롭고 경건한 사역과 지도자 직분이 교리적 순수성의 유지에 필수적이며 교리와 행위가 밀접하게 연관됨을 명확히 했다. 앞에서 지적한 대로 디모데전서에서 장로직의 조건은 교리적 검토를 포함하지 않는다. 그 누락은 그것이 의도적으로 개인적 도덕성과 성품에 무게를 둔다는 점에서 의미심장하다. 그러나 이 찬송은 교리가 그 모든 것의 중심에 있음을 보여준다. 그것은 근본적으로 기독론적이다. 어떤 문학적 구도가 원래의 의도에 가장 근접하든 상관없이 그것은 우리의 주님을 영광스럽게 한 다양한 사건에 관심을 이끈다. 지배적인 개념은 영속적인 과거에 성부와 함께 하셨으며 인간에 의해 보여 지지 않으셨던 분이 성육신으로 드러나셨다는 것이다. 성령에 의해, 승천시 그분을 환영한 천상적 존재들에 의해, 그리고 그분에 대한 설교를 듣고 믿은 인간에 의해 그분이 받아들여지고 영광 받으셨다. 이 찬송의 이미지들은 대표하는 것이지, 전부가 아니다. 그것들은 찬양의 수단(이 구절은 단순히 연구되기만 할 수 없음)과 추가적 찬양의 표본 양자를 제공한다.[4]

찬송과 기독론. 예수의 사역과 죽음과 부활과 현재의 영광과 도래할 영광의 연속적인 단계들을 기리는 그분에 대한 위대한 찬송가들이 존재한다. 다른 것들은 그분의 존재와 사역의 측면들을 망라한다. 이것들 중에 다음과 같은 것들이 있다. "면류관 가지고"("Crown Him With Many Crowns," Matthew Bridges and Godfrey Thring), "모든 광채를 넘어 부요하셨던 당신"("Thou Who Wast Rich Beyond All Splendour," Frank Houghton), "예수의 이름에"("At the Name of Jesus," Caroline Maria Noel), "예수, 무엇보다 높으신 이름"("Jesus! The Name High Over All," Charles Wesley), "일찍이 가시면류관을 쓰셨던 머리"("The Head That Once Was Crowned With Thorns," Thomas Kelly), "모든 영광스러운 이름에 참여하자"("Join All the Glorious Names," Isaac Watts), "오 그리스도시여 당신께로 옵니다"("We Come, O Christ, to Thee," E. Margaret Clarkson). 이 중

4. 영(*Theology of the Pastoral Letters*, 59-68)은 목회서신의 기독론에 관한 다른 구절들과 함께 이 구절을 개요한다.

가장 최근의 것은 호튼(Houghton)과 클락슨(Clarkson)의 것이다. 우리는 현대적 의미 단락에서 현대 찬양의 기여에 대해 언급할 것이다.

16절의 기독론적 찬송에서 인상적으로 제시된 진리들은 세기에 걸쳐 그리고 1세기 에베소를 이어온 다양한 사회에서 지속되어왔다. 성경이 그런 집약적이고 체계적인 찬송을 포함한다는 사실은 각 문화에서 진리로 수용될 수 있는 방식으로 핵심 교리들을 재생산하는 기획을 정당화할 것이다. 민족과 종족과 다양한 집단이 노래와 서사와 일화와 행동과 상호 대화와 같은 매우 상이한 방식으로 세대에 걸쳐 진리를 정기적으로 전달해왔다. "열방에 말할 이야기"가 존재하는데, 이것은 그것을 잘 말하기 위해 하나님이 주신 능력을 최대화할 것을 요구한다.

교회력과 성구집은 예수의 생애와 사역의 주요 측면을 기념하게 하는 틀과 성경적 배경을 제공할 수 있다. 그러나 다른 방식들 역시 존재한다. 중세 시대와 같이 예수의 생애의 사건들을 그리거나 재연하는 일은 필수적이지 않지만, 그 이야기를 각 시대에 명시하는 방식들이 존재한다. "예수 영화"는 우리 시대에 이 일을 훌륭하게 수행해왔다.

16절의 찬송의 기능은 명백히 디모데를 통해 에베소의 신자들로 하여금 거짓 교사들에 의해 무너질 수 없는 교회의 기초에 대해 상기하도록 하는 것이다. 그리스도에 대한 교리(기독론)는 기독교신학의 변하지 않는 필수 요소이다. 항상 복음의 적대자들이 있을 것이기 때문에, 이 찬송은 항상 필요하며 토대가 된다.

십자가를 빼놓은 찬송의 수록은 착오가 아닌데, 왜냐하면 하늘과 땅에서의 변호와 수용을 수반하는 주요 주제인 신현으로서의 그리스도의 오심이 여기서 적절하기 때문이다. 신현 주제는 목회서신의 다양한 곳에서 반복된다(딤전 6:14; 딤후 1:10; 4:1, 8; 딛 2:11, 13; 3:4). 유사 기독교적 혹은 반 기독교적 가르침은 자주 모호한 종교적 언어로 가려져 있다. 대비되게 그리스도의 현현에 대한 이 찬송은 본성상 공개적이다. 바울이 말했던 바와 같이 이 일들은 "구석에서 행해지지 않았다"(행 26:26).

현대적 의미

그리스도의 진리를 선포하기. 기독론의 중심성은 부단한 강조를 요구한다. 본주석의 저술 시기까지의 수 년은 복음서의 예수에 대한 새로운 관심, 곧 불행하게도 "예수 세미나"와 결과적인 출판물들의 회의주의로 특징지어지는 관심을 목도했다. 동시에 저명한 복음주의와 천주교의 지도자들이 그리스도의 신성을 포함한 몇몇 중심 교리에 대한 신의를 선언했다. 어떤 다른 영역에서의 일치가 사회적이거나 도덕이거나 전도와 관련된 사업에서의 협력을 위해 필요하다 할지라도, 기독론이 항상 모든 친교의 필수적 기초여야 한다.

1998년 남침례교인들(Southern Baptists)은 연차 총회를 솔트 레이크 시(Salt Lake City)의 모르몬교도 지역에서 개최했다. 이것은 양 편 모두에서 모르몬교도가 진정한 기독교인인지에 대한 상당한 논의를 야기시켰다. 모르몬교도에 대한 지속적 문제 중 하나는 그리스도와 그분의 희생적 죽음과 부활과 승천과 관련된 성경적 용어들에 덧붙여진 의미의 문제이다. 현 찬송은 모든 기독론적 논의에 상당히 기여한다.

"베이비 붐 세대"와 "엑스 세대"의 종교에 대한 다수의 연구는 현대의 찬송이 하나님에 대한 객관적 진리에 대한 정적 진술보다 하나님과의 개인적 친교의 표현임을 지적했다. (하지만 그리스도에 대한 가장 열정적인 찬송의 일부는 중세 시대의 수도원에서 유래했음을 또한 유의해야 한다.) 또한 이 세대에게는 진리에 대한 배움이 그 적용에 수반되어야 한다. 영원한 진리는 직접성을 지닌다. 멀리 계신 하나님은 또한 내재적이시어야 한다. 정적인 것이 동적인 것으로 전환되어야 한다. 목적 없음과 희망 없음이 다루어져야 한다.

3:16의 기독론적 찬송의 메시지는 이 관심사들에 부합된다. 그 구조 자체가 명사보다는 동사에 의거한다. 그것은 우리에게 오신 그리스도와 그분이 받으셨으며 우리에게 더 받으시기에 합당한 반응에 중심을 둔다. 그리스도의 선포는 반응을 일으킨다. 곧 그리스도께서 성육신에서 승천으로 이동하시기 때문에 희망과 목적의식이 있게 된다. 오해된다고 느끼는 사람들은 변호를 필요로 하셨던 그리스도와 공감할 수 있다. 기독교인으로서 외로움을 느끼는 사람들은 그리스도에 대한 신앙이 우리 세계에서 참으로 얼마나 널리 퍼져있는지를 상기함에 의해 위로받을 수 있다. 자기중심적인 사람들은 이 그리스도 중심의 찬송에 의해 우리의 관심과 애정의 중심이 어디에 있어야 하는지를 상기할 수 있다. 이 모든 것과 함께 객관적인 기독론적 기초가 여전히 있어야 한다.[5]

전통적이며 현대적인 교회 음악. 만약 모든 세대가 노래할 필요가 있어왔다면 그것은 우리 자신의 일이기도 하다. 비록 다수의 방식으로 우리는 음악에 있어 수동

5. 이것이 현대 예배 음악에 부재해왔다고 생각하는 것은 잘못이다. 우리는 현대 찬양의 초창기의 곡의 하나인 멜로디 그린(Melody Greene)의 "구원자 계시네"("There Is a Redeemer")를 좋은 예로 생각한다.

적이지만 말이다. 우리가 휴대용 시디플레이어를 가지고 다님에 따라 시디, 라디오, 텔레비전 혹은 멀티미디어 컴퓨터가 없었던 과거 세대를 상상하기 어려워졌다. 우리는 선조들만큼 직접 노래하지 않는 것 같으며, 오히려 노래를 듣는 일을 좋아한다. 하지만 아마도 매 주요 도시마다의 한 개의 고전 음악 방송국의 설립은 말할 것도 없고, 대부분의 방송국에서 우리가 듣는 것은 갑자기 높아지는 가락 그리고, 훨씬 덜하게도, 이지적인 대위법(celebral counterpoint)보다는 박자와 감정에 호소한다.

많은 전통적 찬송이 단일 주제에 대한 초점과 같은 오늘날 우리에게 감흥을 주는 특징들을 결여하고 있다고 말해진다. 현대 "경배 찬양"을 비판하는 사람들은 종종 그것이 과거의 찬양만큼 성경적이지 않다고 주장한다. 그것은 최근 몇 십년 간의 합창곡과 여타 노래에 대해서는 사실이었지만, 현대 경배 찬양의 최고의 작품들에 대해서는 사실이 아니다. 그것들 다수가 성경, 자주 시편의 인용이다. 신학자 잔 프레임(John M. Frame)의 현대 경배 음악에 대한 강한 변론이 1997년에 나타났다.[6]

각 시기의 교회 음악은 강조점과 누락점을 지녀왔다. 하나님을 높여드리며 영광을 돌릴 일련의 예배를 계획함에 있어 우리는 풍성하고 다양한 교리적 내용이 있도록 확실히 해야 한다. 만약 기쁨과 영광에 대한 열광적인 강조가 있다면, 또한 십자가와 고난과 제자도에 대해서도 관심이 주어져야 한다. 우리는 단지 그리스도만이 아니라 성부 되신 하나님과 성령의 인격과 사역 역시 경배하도록 주의하기를 원한다. 성부 하나님 우편에서의 고양과 현재적 중보기도가 매우 드물게 언급되는 것 같은데, 그리스도에 대한 천상적 영접에 대한 초점을 지닌 현 찬송은 그 소홀함을 교정하는 데 도움이 되도록 잘 편입될 수 있을 것이다.

우리의 개인적인 경건의 시간 역시 다양한 시기의 교회사의 찬송집을 묵상함에 의해 크게 풍성해질 수 있다. 주제별로 찬송을 수록하는 것이 찬송집의 특성인데, 이것은 신앙의 주요 교리들이 포함되도록 하는 일을 확실히 하는 수단이다. 교회 예배용으로 사용할 수 있는 찬송과 찬양의 목록을 만드는 한 방식은 디모데전서 3:16과 같은 구절로 시작하여 교리적 내용과 경배함에 있어서의 유용성과 찬양하는 기독교인들을 교훈함에 있어서의 잠재력 등을 검토하는 것이다.

---

6. 다음과 같은 그의 책을 참조하라. *Contemporary Worship Music: A Biblical Defense*(Phillipsburg, N.J.: Presbyterian and Reformed, 1997).

다른 주요 구절들 역시 검토될 수 있다. 물론 시편들이 명백하지만, 또 다시 그것들은 성경 신학의 전 범위를 포함하고 있지는 않다. 골로새서 1장과 빌립보서 2장이 위대한 찬송과 경배 찬양들을 산출해 왔다. 그러나 비록 그것들이 중요하다고 하더라도, 우리 자신의 개인적인 하나님에 대한 예배는 또한 찬송과 찬양에서 다양한 교리적 주제들을 결합하며 하나님의 임재에 단독자로 있는 시간 속으로 통합시키는 일에서의 그러한 신중함으로부터 유익을 얻을 수 있다.

설교자는 일생의 다수의 설교에서 "우리의 종교의 신비"를 전달할 책임을 맡고 있다. 우리를 위협하는 이단들은 에베소의 그것들과 다를 것이지만, 그 핵심적인 기독론적 메시지는 적절성이 있으며 거듭거듭 선포되어야 한다. 16절의 개별적인 동사의 확언들("나타나셨다", "변호되셨다", "보이셨다", "선포되셨다", "믿어지셨다", "올려지셨다")은 그리스도와 그분의 주장들에 대한 제시에서 그분에 대한 지상적이며 천상적인 수용으로 이동한다. 이것이 기독교 전도와 선교의 목적이다. 곧 신실한 설교와 가르침, 효과적인 증거와 변증학. 이것을 재확인하는 것이 신자의 영속적이며 기쁨 넘치는 책무이다.

디모데전서 4:1-5

1 그러나 성령이 밝히 말씀하시기를 후일에 어
떤 사람들이 믿음에서 떠나 미혹하는 영과
귀신의 가르침을 따르리라 하셨으니
2 자기 양심이 화인을 맞아서 외식함으로 거짓
말하는 자들이라
3 혼인을 금하고 어떤 음식물은 먹지 말라고
할 터이나 음식물은 하나님이 지으신 바니
믿는 자들과 진리를 아는 자들이 감사함으로
받을 것이니라
4 하나님께서 지으신 모든 것이 선하매 감사함
으로 받으면 버릴 것이 없나니
5 하나님의 말씀과 기도로 거룩하여짐이라

원 의미

4:1의 "성령이 밝히 말씀하시기를"은 "어디에서"라는 질문을 유발시킨다. 바울이 에베소의 장로들—지금 이단에 직면하고 있는 지도자들과 같은 사람들—에게 연설할 때 그는 도래할 교리적 변절에 대해 경고했다(행 20:17-35). 그 대화의 와중에 그는 자신의 행위와 장로들의 임명 양자 모두와 관련하여 성령을 언급했다. 우리는 이것과 여타의 사례들에서 바울이 그 교회와 관련하여 성령의 직접적인 활동을 의식했음을 알게 된다. 또한 우리는 성령께서 도래할 변절에 대한 예언을 포함하는 자신의 서신들을 저술함에 있어 바울에게 영감을 주셨음을 안다(살후 2:1-11). 고린도전서 7장에서 바울이 한 문제에 대해 주 예수의 직접적인 명령을 갖지 않았을 때, 그는 자기 자신의 견해가 아니라, 하나님의 성령께서 가르치신다고 이해한 것을 저술했다(참조. 10-12, 40절).

또한 우리는 예수께서 미혹하는 거짓 선지자들의 도래를 예언하셨음을 안다(마 24:11; 막 13:22). 요한계시록 2-3장의 일곱 교회에 대한 편지들 중에 하나는 에베소에 대한 것인데, 그것은 거짓 사도들에 대한 교회의 대적을 예언했다. 이 편지들은 영광 받으신 주님에 의해 요한에게 주어졌지만, 또한 "성령이 교회들에게 말씀하시는 것"을 표현한다고 말한다(2:7; 또한 참조. 2:11, 17, 29; 3:6, 13, 22). 그러므로 우리는 다음과 같이 예수께서 말씀하신 것은 또한 성령께서 말씀하신 것임을 안다. "주는 성령이시다"(고후 3:17). 그러므로 바울은 발생할 이단에 대한 주 예수의 가르침, 성령께서 영감된 성경에 포함시키신 경고, 또는 성령께서 신자에게 주시고 주의 이름으로 교회에 전하신 예언을 가리키고 있었을 것이다(고전 14:26).

단지 이 구절에서만 발견되는 표현인 "후일에"는 일련의 단계로 보아지는 시간 개념을 담고 있다. 유대 사상가들은 현 시대와 도래할 시대에 대해 말했다. 기독교적 관점에서 우리는 도래할 시대의 축복에 이미 참여하고 있는데, 왜냐하면 메시야가 오셨기 때문이다. 메시야가 다시 오실 때까지의 기다림에 대해 인식하지만, 우리는 새 시대, 그 왕국에 있으며 이미 "천상의 영역"을 경험하고 있다(엡 2:6; 참조. 골 3:1-4). 히브리서는 "하나님께서 선지자들을 통하여 우리 조상들에게 말씀하신 과거"와 바로 자신의 아들이신 분에 의해 "우리에게 말씀하신 이 마지막 날들"을 대조한다(히 1:1-2). 이 "마지막 날들"은 하나님의 영의 남녀와 노소에 대한 부어주심과 주의 이름을 부름에 의한 구원의 가능성으로 특징 지워지지만(욜 2:28-32; 행 2:17-21), 다른 한편으로는 하나님의 진리를 거절하는 "조롱자들"에 의해서도 특징 지워진다(벧후 3:3; 유 18).

디모데전서 4:1에서 바울은 "믿음을 버리는" 사람들을 가리킨다. 여기서 사용되는 동사(아피스테미)는 이탈이나 물러남의 행위를 묘사하기 위해 신약뿐만 아니라 70인경의 고전 헬라어 문헌의 다수 구절에 나온다.[1] 여기서 그 용법의 함의는 단순하게 그들이 부주의하여 벗어나는 것이 아니라, 이전에 가졌던 믿음(곧 교리)을 능동적으로 버리거나 "단념하는"(NRSV) 것이다.

이 본문은 배후에 대한 일견을 주며 이단의 실제 범인은 이단자가 아니라 그들을 속이고 가르친 악한 영적 세력임을 드러낸다. 이것은 에베소서 6:12을 상기시키는데, 그것은 우리의 영적 전투는 인간이 아닌 보이지 않은 영적 권세에 대항하는 것임을 알려준다. "속이다"(플라나오)라는 단어는 목회서신에서 몇 차례 나온

1. 구약성경의 다수의 것들 중 몇 가지 예는 창 14:4; 민 14:9; 대하 21:8; 29:6(여호와와 그분의 성전을 저버리는 문맥에서의 비신실성을 뜻함); 겔 20:38(반역을 뜻함)이다. 그것은 신약성경에서 중립적이거나 좋은 의미로 몇 번 나온다(예컨대 딤후 2:19에서의 "떠나다"). 부정적 의미는 시험시의 "이탈하는" 자들에 대한 눅 8:13의 땅의 비유의 해석에 나온다. 히 3:12-14에서 "살아 계신 하나님에게서 돌아서는" 사람들은 "죄의 속임수로 완고하게 되지" 않으며 "끝까지 견고히 붙드는" 자들과 대비된다. 관련 명사 아포스타시아는 영어 "배교(apostasy)"의 근원이며 살후 2:3에서 "불법의 사람"이 나타날 때에 일어날 반역에 대해 사용된다.

다. 바울은 종교적 기만을 특히 가리키며,[2] 그런 용어는 기독교 영역만이 아닌 이교에서의 설교자들 중의 논쟁을 특징짓는다.

그 단어의 능동형과 수동형인 "속임과 속음"의 용례가 주목할 만하게도 디모데후서 3:13에 나온다. 거기서의 두 가지 추가적인 관심점이 현 구절과 관련된다. (1) 한 가지는 "악한 사람들과 속이는 자들[고에테스]"에 대한 언급이다. 후자의 단어는 로마 제국 도처를 돌아다니며 사람들을 속이고 사취하는 일종의 사기 행위를 저지르던 사람들을 묘사하며 1세기의 폐해("마법사")에 대해 통용되던 용어였다. 기독교 순회 설교자뿐만 아니라 이교 순회 설교자들도 서로 (사악한 마술사라는 의미로) 고에스 혹은 마고스라고 하며 비난했다. 그런 사람들의 이야기를 들으러 가는 사람들은 진리에서 떠나고 타인을 속이는 종교적이며 철학적인 사기꾼들을 경계해야 했다.[3]

(2) 이 구절과 디모데후서 3:13의 두 번째 비교점은 비록 후자가 "후일"이라는 어구를 사용함에도 양자 모두가 악화되는 상황(속이는 자들이 "더욱 악하여지다")을 묘사한다는 것이다. 감람산 종말론 강화에서 예수께서는 속이는 자들이 "할 수만 있으면 택하신 자들도 미혹할" 것이라고 예언하셨다(마 24:24).

하지만 디모데전서 4장에서 바울의 강조점은 인간 사기꾼보다는 사람들이 속게 만드는 초자연적 권세에 있다. 그들은 "영"과 "귀신"으로 불리며, 그 자체로 초인간적 영향력을 지닌다. 이 악한 영적 존재는 악한 인간, 곧 "외식함으로 거짓말하는 자들"을 통해 역사한다. 다음 세 가지가 그들을 특징짓는다. 그들은 겉모습과 다르며, 그들의 가르침은 거짓이고, 그들 자신의 양심은 화인을 맞아서 둔감해질 지경에 이르렀다.

3절에 예거된 두 가지 거짓 가르침—"혼인을 금함"과 "어떤 음식물은 먹지 말라고 함"—은 이해하기 쉽지 않다. 단서가 디모데후서 2:18에서 발견될 수 있을 것인데, 거기서 부활이 지나갔다는 가르침은 강하게 부인된다. 기독교인이 이미 다음 세대에 진입했다는 개념은 살핀 바와 같이 진리의 측면을 가지지만, 명백히 그것이 이 이단자들에 의해 가르쳐지고 있던 방식은 그렇지 않다. 결혼이 어떤 상황에서 지혜롭지 않을 수 있는 경우들에서 그들에게 이것은 성령 안에서의 새 생명이

2. 특히 살후 2:3-5을 참조하라.

3. 순회 설교자들이 어떻게 그런 용어를 사용하며 서로를 폄하했는지에 대한 묘사를 위해서는 다음을 참조하라. Walter Liefeld, *The Wandering Preacher As a Social Figure in the Roman Empire*(Ann Arbor: University Microfilms, 1968), 272-99.

나 개인적 자제의 문제가 아니다.[4] 두 번째 요소는 개인적인 음식에 대한 확신, 유대 음식법, 또는 우상에 바쳐진 고기를 삼가는 일로 완전히 설명될 수 없을 것 같다.[5] 오히려 오류는 모든 결혼과 어떤 음식들[6]이 그 자체로 잘못되었다고 하며 반대하는 판단인 것 같다.

이 결론은 4절에서 바울의 "하나님께서 지으신 모든 것이 선하다"라는 진술에 의해 강하게 반대된다. 만약 이 거짓 교훈이 바울이 골로새서 2:21에서 비판하는 금지들("붙잡지도 말고 맛보지도 말고 만지지도 말라")과 어떤 연관성이 있다면, 그것은 골로새의 이단—그리고 우리가 영지주의로 아는 형태를 실제로 취하는 다른 교훈들—과 물질세계 또는 그 일정 측면이 악하다는 전제를 공유할 것이다. 하지만 우리가 디모데전후서에서 지니는 유일하게 분명히 관련되는 정보는 어떤 사람들이 부활이 지나갔다고 가르쳤다는 것이다. 일정한 방식으로 이단자들은 결혼과 어떤 음식이 불필요하며, 심지어는 잘못된 변경된 혹은 고조된 영적 환경을 생각하고 있었다.[7]

바울은 "믿으며…진리를 아는" 사람들이 하나님이 지으신 것을 감사함으로 받는다고 말할 때 그런 생각들이 잘못임을 나타낸다. 우리는 유비에 의해 바울이 결혼에 대해 동일한 것을 말할 것이라고 추정할 수 있지만, 구절이 진행함에 따라 그것은 단지 음식만을 다룬다. 어의론적 양식에 대한 정밀한 관찰이 여기서 필수적이다.

[음식물을] **하나님이 지으신 바니**
  [거짓 교사들이 **금하는**]
    받을 것이니라
      감사함으로

---

4. 바울은 고전 7장에서 그 일을 다루는데, 교훈 과정에서 그는 결혼 자체가 잘못이거나 비영적인 것이 아님을 분명히 한다.
5. 바울은 롬 14장과 고전 8장에서 그런 문제들을 다룬다.
6. NIV는 음식 앞에 "어떤"이라는 단어를 삽입한다. 그 단어가 일반적이며, 우리는 사람들이 이것들을 먹었던 것으로 추정할 수 있기 때문에, 그들은 특정 종류의 음식들은 선택하고 다른 것들은 거절했던 것이 틀림없다.
7. 타우너는 다음과 같은 가치있는 관찰을 제공한다. "그러나 또한 이 행위가 죄악으로의 타락 전에 창 1장과 2장에 주어진 본보기를 따름에 의해 부활의 낙원 생활을 재현하려는 시도를 반영한 것이 가능하다 (Towner, *1-2 Timothy & Titus*, 104-5). 그는 부활시 결혼이 없을 것이라는 예수의 가르침(마 22:30)을 언급하며 "채식주의가 에덴/낙원에서 규칙이었던 것 같다"고 제안한다.

믿고 **진리를** 아는 자들이
하나님께서 지으신 모든 것이 선하매
[음식을 금하면서 거짓 교사들이 한 바와 달리] **버릴 것**이 없나니
받으면
감사함으로
하나님의 말씀과 기도로 거룩하여짐이라.

음식을 거절하는 것은 하나님의 창조 사역을 부정하는 일이다. 그것을 받고 감사하는 것은 그 사역과 우리의 하나님에 대한 의존을 인정하는 일이다. 참된 하나님과 창조 세계 사이에 중요한 인과관계, 곧 나중에 영지주의자들이 세계는 악하며, 하나님 자신에 의해 직접적으로가 아니라 매개자에 의해서만 창조될 수 있었다는 잘못된 개념 때문에 부인한 어떤 것이 존재한다. 거짓 교사들은 분명히 감사하지 않았는데, 이것은 하나님에 대한 인간의 반역의 중심에 놓인 죄악이다(롬 1:21).

이 이단자들의 혼동이 얼마만큼이나 유대 음식법의 왜곡이었을지는 확실하지 않다. 베드로 자신이 "하나님께서 깨끗하게 하신" 어떤 음식도 "불결하지 않다"고 인정해야 했다(행 10:15). 예수께서는 일찍이 "무엇이든지 밖에서 사람에게로 들어가는 것은 능히 사람을 '불결하게' 하지 못한다"(막 7:15)고 진술하심으로 구약 음식법의 오용을 다루셨다. 받음에 대한 강조는 음식을 그것을 지으신 하나님의 손에서 받아들이는 의식적 행동을 암시한다. "일용할 양식"에 대한 하나님에게의 기본적인 의존(마 6:11)에서 거짓 교사들에 의해 역시 거절된 결혼의 아름다운 신비에 대한 경험(엡 5:32)에 이르기까지, 우리는 하나님의 선물을 감사함으로 받아야 한다.

감사와 기도와 하나님의 말씀은 음식을 먹기에 합당하게 만든다. 이것은 음식을 취하는 매번 축복의 형식적 행위가 필요함을 뜻하지는 않지만, 그것은 그 원천과 "하나님이 지으신 모든 것이 선하다"라는 사실의 인정이 적절하고 바람직함을 시사한다. 주 예수께서 5천명과 4천명을 먹이신 일에 대한 모든 기사는 그분이 감사를 했다고 언급하는 데 유념하는데(마 14:19; 15:36; 막 6:41; 8:6; 눅 9:16; 요 6:11), 물론 예수께서는 최후의 만찬시 떡을 떼고 포도주를 나누시기 전에 감사하셨다(마 26:26-27; 막 14:22-23; 눅 22:17, 19). 또한 유대 식탁 축도는 오랜 전통이다.

우리는 속된 것이 "거룩하여 질", 곧 하나님께 드려지고 그분께 속하는 것으로 인정될 수 있음을 안다. 만약 불신 배우자와 부부의 자녀들이 고린도전서 7:14의 의미로 "거룩하게 될" 수 있다면, 확실히 하나님의 음식이라는 선물은 거룩하게 되며 먹을 수 있게 되는데, 이단자들이 반대로 어떤 교리적 이유를 지니든 무관하게 그러하다. 이 거룩해짐은 "하나님의 말씀과 기도"로 성취된다.

바울이 5절에서 어떤 특정 성구를 염두에 두는지에 대한 몇 가지 제안에도 불구하고, 바울의 저작 내에서 "하나님의 말씀"이라는 표현의 용례는 구약보다 더 광범위한 지시대상을 가리킨다. 더 중요한 것은 목회서신이 특정한 성경 본문들을 언급할 때, "하나님의 말씀"이라는 어구가 그것들을 도입하기 위해 사용되지 않으며(딤전 5:18; 딤후 2:19), 목회서신이 단일 단어 로고스("말씀")를 사용할 때, 그것이 특정한 본문을 언급하지 않는다(참조. 4:6; 딤후 2:15; 4:2; 딛 1:3)는 사실이다. 이것은 성경이 배제된다는 것을 의미하지 않지만, 아마도 저자는 감사의 기도시 상기되는 (물론 주로 성경으로부터 알려진) 하나님의 진리를 염두에 두고 있을 것이다.[8]

상황잇기

"후일"의 거짓 교훈. 이 단락은 단지 거짓 교사에 대한 현행의 관심사와 관련하여 선행하는 구절들뿐만 아니라, 특별한 방식으로 3:16의 찬송과도 관련된다. 찬송의 공개적 진리들과 4:1-3에 기술된 기만적인 거짓말들 간의 대비가 존재한다.[9] 본장에 기술된 거짓 교훈들과 교훈들 자체의 은밀한 특성이 "후일"을 특징짓는다.

이것은 역사의 어떤 시기를 가리키는가? 한 문화의 구술되는 혹은 기록되는 전승들에서 초기의 황금기에 대한 한 종족의 기억을 발견하는 일은 이례적이지 않다. 그런 시기는 위대한 성취와 평화의 때로 기억되었다. 문명은 발흥하며 쇠락한

8. 그 기도는 "실제적인 축복의 기도"이며 말씀은 유대 관례에 따르면 [그 기도의] 내용을 이루었던 성경의 발췌이다라는 켈리의 제안은 가치가 있는데(Kelly, *Pastoral Epistles*, 97), 만약 우리가 "성경의 발췌"와 더불어 "성경의 진리"를 포함시킬 수 있는 것을 허용한다면 말이다.

9. 3:16과 4:1 사이에는 아무런 문법적 단절도 없다. 접속사의 사용(데)은 연결을 표시한다. 헬라어 문법에서 대부분의 문장을 접속사로 연결하며, 보통 새로운 단락이나 주제가 소개될 때만 그것을 누락하는 것이 관례인 것이 사실이지만, 있을 때는 그 기능이 관찰되어야 한다. 이 경우 그것은 강한 접속사가 아니며(NRSV에서는 "그런데"[now]로 느슨하게 나타내지고, NIV에서는 누락됨), 그 존재는 일정 수준의 연속성을 나타낸다.

다. 성경 역사 자체가 쇠퇴의 주기들을 연대기적으로 기록한다. 실제로 역사에 대한 세대별 분석은 모든 "세대"가 사람들이 하나님을 기쁘게 해드리는 능력과 관련하여 실패로 종결되었다. 이 비참한 실패의 행로 저편에 신약과 구약성경 양자 모두가 "주의 날", 곧 하나님께서 결정적으로 역사하시는 날로 말하는 것이 놓여 있다. 무책임하게 하나님께 불순종하면서도 그 때가 도래할 때 만족스럽게도 하나님께서 그들에게 특별한 복을 가져다주실 것을 기대하는 사람들은 자신들에게 주의 날은 기쁨이 아니라 심판을 뜻함을 배울 필요가 있다(암 5:18).

1절에서 사용된 표현인 "후일"은 시간상의 그 특정한 지점을 가리키지 않으며, 그 시기를 선행하는 시기의 개념을 담고 있다. 그것은 다소간 유사한 어구인 "마지막 날들"(the last days)을 상기시킨다. 그 어구의 한 형태가 구약의 때와 대비되는 그리스도의 때를 가리키기 위해 히브리서 1장에서 사용된다(히 1:2). 사도행전 2:17에서 베드로는 요엘 2:28을 해석하기 위해 동일한 어구를 사용한다. 다른 구절들에서 그 어구는 하나님의 결정적 행동의 중대한 때를 앞에서 바라본다(사 2:2; 호 3:5; 미 4:1; 요 6:39-40, 44, 54; 11:24; 12:48; 약 5:3; 벧후 3:3). 현 구절(딤전 4:1)과 디모데후서 3:1("혹독한 시기"를 가리킴) 양자 모두에서 마지막 날들에 대한 묘사는 독자로 하여금 이미 일어나기 시작한 것을 경계하도록 하기 위해 의도되는 것 같다. 보다 큰 도덕적 타락이 아직 일어날 수 있을 것이지만, 만일 목회서신이 기술하는 상황이 이 서신의 시기에 발생하고 있지 않았다면, 그 서신의 문맥에서 바울이 이때를 언급하는 일은 거의 무의미할 것 같다.

방금 언급된 표현의 세 형태("이 마지막 날들", 히 1:2; "후일", 딤전 4:1; "마지막 날들", 딤후 3:1)는 묘사된 상황이 교회 시기 동안 혹은 "주의 날" 이전의 심각한 도덕적 타락이나 교리적 일탈의 모든 시기에 이러저러한 형태로 발생할 수 있음을 허용하는 것 같다. 이 마지막 날들에 어떤 문제들이 되풀이 될 것으로 예상될 수 있는지를 살피는 것이 유용하다. (1) 한 문제는 믿음에서의 이탈이다(또한 이것을 생생하게 상술하는 벧후 2:1-22; 유 8-16을 참조하라). (2) 이 배교의 이면에 악한 영들이 있다. 확실히 모든 오류가 사탄이나 귀신에게서 직접적으로 기원하지는 않지만, 믿음과 진리의 거부는 자주 악령에 의해 조장된다. 마귀는 "거짓의 아비"이다(요 8:44). (3) 귀신의 영들은 그들의 역사의 매개가 되는 인간 협력자를 가지며, 따라서 귀신의 가르침이 "위선적인 거짓말쟁이들을 통해 오는" 일은 놀랍지 않다(딤전 4:2).

하나님의 선물을 받는 원리. 본문에서 후속되는 거짓 교훈의 특징은 실제로 전영지주의적(pre-Gnostic)이지는 않더라도, 영지주의적인 것과 닮은(Gnostic-like) 금욕주의에서 유래했을 수 있다. 금지들은 처음에 너무나 특정하며 규모에 있어 제한적이므로 그것들을 다룰 일반 원리들을 제안하기가 어렵게 보일지 모른다. 특정한 음식들의 단순한 절제는 한 문화에서 이례적이지 않지만, 사람들에게 결혼할 권리를 부인하는 것은 일부 이교와 종교 직제를 제외하고는 이례적이다.

바울은 여기서 이 문제들에 대해 제안되는 어떠한 규칙에도 적용되는 몇 가지 원리를 약술한다. (1) 모든 것이 하나님에 의해 지어졌으며, 창세기 1장에서 거듭 진술되듯이, 선하다. (2) 하나님이 지으신 선물들은 받아져야 하며 거절되어서는 안 된다. (3) 하나님의 선물들은 감사함으로 받아져야 한다. (4) 하나님의 선물들을 소비하는 일은 진리의 이해와 함께 일어나야 하며 하나님의 말씀과 기도로 성별되어야 한다.

종교적이길 추구해 온 많은 사람들이 하나님 자신이 지으신 선물들을 거절함으로 그렇게 하려 한 것은 역설이다. 이것은 기독교의 금식과 동일하지 않는데, 그것은 음식 혹은 하나님에 대한 전적 헌신을 방해할 수 있는 다른 어떤 것에 대한 일시적 배제의 행위라고 할 수 있다. 하지만 보통 기독교인은 건강하고 만족하는 삶을 위해 하나님이 공급하시는 모든 것을 기쁘게 받아들인다.[10] 영성의 규율로서 소비하며 소비하지 않는 것에 초점을 맞추는 일의 문제는 창조자와 공급자 되시는 하나님과 영성의 참된 본질과 실제에 대한 관심을 딴 데로 돌린다는 점이다. "하나님의 나라는 먹는 것과 마시는 것이 아니요 오직 성령 안에 있는 의와 평강과 희락이라"(롬 14:17).

현대적 의미

"마지막 날들"에 대처하는 일. 우리가 오늘날 교회 시대의 전체 기간 중 어디에 위치하든 그리고 "마지막 날들"에 얼마만큼 이르렀든, 대부분은 현재 미혹하는 영들의 편에서의 강력한 활동이 존재하는 것 같음에 동의한다. 몇 세대 전에는 단지 해외 선교사들만 보통 마주쳤던 신념과 행습들이 현재는 북미 도처에서 발견된다. 이것은 귀신들림(우리 시대에도 역시 하나의 위협임)과 동일하지 않은데, 그것은 하나 이상의 악령이 개인을 통제하는 일이다. 현 구절에서 염두 되고 있는 것은 사람들로 하여금 진리에 눈멀게 하며 오류에 설득되게 하는 악한 활동이다.

10. 탐욕과 지나침의 죄가 6장에서 다뤄진다.

부활하신 예수께서는 바울로 하여금 "그 눈을 뜨게 하여 어둠에서 빛으로 사탄의 권세에서 하나님께로 돌아오게 하려고" 이방인에게 가라고 말씀하셨다(행 26:18). 귀신의 통제의 증거를 보이지 않는 사람들조차도 "어둠의 지배" 하에 있을 수 있으며 "[하나님께서] 사랑하시는 아들의 나라"로 데려가질 필요가 있다(골 1:13). 또한 사탄은 나라들을 미혹한다(계 20:3). 이것들이 "미국에서 만들어진" 이교들에 더해질 때, 성경적 진리에 대한 적대는 엄청나다. 다원주의와 후현대주의의 사조는 불관용이라는 비난을 유발하지 않으면서 경쟁하는 신념 체계에 맞서는 일을 어렵게 한다. 1960년대에 다수의 기독교인 부모가, 정통 기독교적 가르침 하에 자라난 자녀들이 동양의 종교들로 돌아설 때, 놀라고 당황했다. 이후 몇 십 년 동안은 "뉴 에이지"의 가르침이 나타나게 되었다.

상황은 그때 이후 한층 더 복잡해졌다. 성경은 우리에게 하나님께서 당신의 교회에 주신 은사 중 하나가 영을 분별하는 일이라고 말씀하신다(고전 12:10). 이 은사가 오늘날 절박하게 요구된다. 그러나 우리는 하나님의 말씀과 다양한 주장을 검사할 표준이 되는 건전한 교리를 배우는 일에 있어 특별한 은사부여를 필요로 하지 않는다. 하나님의 진리를 명확하게 가르치며, 주요 교리를 강조하고, 덜 중요한 문제(소위 아디아포라)에 대한 독단적 태도를 피하며, 사랑을 하나님의 명령의 목적으로 역설하는 교회들은 거짓 교훈들을 잘 다룰 능력이 있다. 그들은 진리와 기독교적 삶에 신실할 젊은이들을 가르치기에 좋은 위치에 있다.

절제의 종류를 분별하는 일. 오늘날 본 단락의 거짓 교사들이 행하는 부류의 금지의 사례들이 있는가? 우리는 셰이커 교도들을 예거할 수 있는데, 그들은 결혼을 금지했으며 결과적으로 거의 사멸한 종파이다. 다수의 종교가 이런저런 종류의 음식법을 지닌다. 본 구절은 종종 가톨릭교회를 비판하는 데 사용되었는데, 그 신부는 결혼하지 않으며 (미국에서 적어도 수십 년 전까지) 금요일에는 고기를 금할 것으로 기대되었다. 하지만 이 행습은 디모데의 대적자인 유기된 거짓 교사들의 심각하게 악한 가르침에 상응하지 않는다.

그러므로 이 구절은 이런저런 형태의 절제를 하는 사람들을 함부로 정죄하는 데 이용되어서는 안 된다. 로마서 14장은 이 문제를 자세히 다룬다. 현 구절에서 오늘날 적용될 수 있는 중요한 진리는 우리가 기만적이며, 그 가르침이 성경에 위배되고(아마도 귀신에게서 유래함), 또 그 행습이 악한 근원의 결과로 나타나는 사람들을 조심해야 한다. 처리되어야 할 구체적 오류는 하나님의 피조물이 부분적으로든 전체적으로든 선하지 않다는 추정이다.

비록 피조물의 일부이지만 어떤 것들은 해롭고 섭취되지 않아야 마땅하다는 것을 언급하는 일은 물론 진부할 것이다. 독과 어떤 약품은 음식이 되도록 결코 의도되지 않았다. 담배는 과거 수십 년에 걸쳐 많은 이목의 중심에 있었으며, 담배 경영자들은 특별히 청년들을 의존하도록 유혹하는 일을 추구함에 의해 판매를 증대시킨 것에 대한 비난에 직면해야 했다. 덜 분명한 것이 알코올의 사용이다. 한편으로 성경은 포도주의 즐거움이나 의료적 사용(딤전 5:23)을 찬양하지만, 다른 한편으로, 절제할 것을 경고한다(3:3). 그러나 우리 앞에 있는 구절에서 그것은 역기능적인 화학이거나 사회적 효과의 문제가 아니라, 물질세계의 내재적 선함에 대한 부인의 문제이다.[11]

금욕주의와 사회를 등지는 일은 극단적 자기 수양, (선하지만 불필요하다고 여기며) 피조물의 일부에 대한 평가절하, 혹은 물질세계가 내재적으로 악하다고 하는 영지주의자들에 의해 예시되는 신념에서 귀결될 수 있다. 거절되어야 하는 것은 바로 이것들 중 마지막의 것이다. 다른 것들은 우선순위의 문제이다. 하나님께서는 즐길 수 있도록 놀라운 세계를 지으셨는데, 곧 여타의 다수의 기뻐할 것들 중에 미와 질서와 음악과 색깔과 향기와 모양을 그 예로 들 수 있다.

---

11. 예를 들어, 불교는 기독교인들과는 다른 이 세계와 욕망과 열반의 궁극적 "상태"(혹은 무의 상태)의 본성에 대한 견해들을 지니는데, 그것조차도 영지주의와 같지 않다. 우리 자신의 문화에서 현 구절부터 다루어져야 할 것은 아마도 다만 물질세계에 대한 경시의 문제일 것이다.

디모데전서 4:6-10

6 네가 이것으로 형제를 깨우치면 그리스도 예
수의 좋은 일꾼이 되어 믿음의 말씀과 네가
따르는 좋은 교훈으로 양육을 받으리라
7 망령되고 허탄한 신화를 버리고 경건에 이르
도록 네 자신을 연단하라
8 육체의 연단은 약간의 유익이 있으나 경건은
범사에 유익하니 금생과 내생에 약속이 있느
니라
9 미쁘다 이 말이여 모든 사람들이 받을 만하
도다
10 이를 위하여 우리가 수고하고 힘쓰는 것은
우리 소망을 살아 계신 하나님께 둠이니 곧
모든 사람 특히 믿는 자들의 구주시라

원 의미

"진리"(3절)와 "하나님의 말씀"(5절)에 대한 언급은 바울로 하여금 디모데에게 "네가 따라온 믿음과 좋은 교훈의 진리"(6절) 안에서의 훈련을 상기시키도록 이끄는데, 이것은 목회서신의 중요한 강조점이다. "양육되다"라는 어구는 "영양분이 공급되다"에 해당하는 헬라어를 나타내는데, 이것은 성장하는 기독교인에게 있어 가르침의 생명 유지 역할의 중대한 묘사이다. 어떤 사람들은 영적 발전에 있어 젖먹이로 남아있는 것이 사실이다(고전 3:2). 하지만 디모데는 그렇지 않은데, 왜냐하면 그는 믿음의 영양분을 공급 받았기 때문이다. 신약성경은 그의 가르침의 다음과 같은 세 가지 원천을 열거한다: 어머니와 조모로부터의 성경 지식(딤후 1:5; 3:14-15), 사도행전 16:2에서 추론되는 교회에서의 경험, 그리고 바울 밑에서의 봉사훈련. "양육되다"라는 단어의 현재 시제는 영양분 공급과 성장의 이 과정이 계속적인 것임을 암시한다.

여기서 "좋은" 것으로 지칭되는 디모데가 받은 "교훈"은 목회서신에서 보통 "건전한"으로 묘사된다(딤전 1:10; 딤후 4:3; 딛 1:9; 2:1). 디모데전서 4:13에서 교훈은 디모데의 타인에 대한 사역의 한 요소로 나온다(그 절에 대한 주석 참조).

또한 현 단락에서 디모데가 배운 것은 타인들, 특히 "형제들"(6절)에게 가르쳐져야 한다. 바울은 현대 번역에서 "그리고 자매들"을 포함시키는 일을 정당화해 주기에 충분할 만큼 빈번하게 남녀 양자 모두와 관련하여 형제들이라는 용어를 사용한다(예컨대 롬 12:1). 다른 말로 의심의 여지없이 바울은 여자들 역시 이것들을 배우도록 의도한다(참조. 딤전 2:11). 이 사람들은 십중팔구 단지 지도자만이 아니라, 디모데의 자격을 알고 존경하는 교회 전체일 것이다. 이 서신은 그의 대리적 권위가 확증을 필요로 하는 어느 때든지 바로 제시되도록 디모데의 수중에 있었을 것이다.

"이것들을 지적하는 것"(6절)은 디모데의 과제를 표현하는 한 가지 방식이다. 11절의 "명하고 가르치다"는 그것을 표현하는 보다 강력한 방식이다. 이것을 함으로 그는 "그리스도 예수의 좋은 사역자"가 될 것이다. "사역자"(디아코노스)는 3:8(주석 참조)에서 묘사되는 특정 집단뿐만이 아니라, 하나님을 섬기는 모든 사람에게 해당하는 단어이다. 바울은 자신의 서신들에서 이 단어를 자기 자신과 그와 더불어 전도와 선교 사역에서 섬기는 모든 사람에 대해 사용한다(롬 16:1; 고전 3:5; 고후 3:6; 6:4; 11:23; 골 1:7, 23, 25; 4:7).

이 사명의 소극적 측면은 열매 없는 "불경건한 신화와 수다쟁이 노파의 이야기"에 대한 개입을 피하는 일이다. 그런 교훈은 단지 확인 가능한 실체("신화")나 종교적 재가(여기서 사용되는 단어 "불경건한"은 거룩한 성전의 경내 밖의 영역이라는 개념에서 유래하는 일군의 의미를 가짐)를 결여할 뿐만 아니라, "수다쟁이 노파의 이야기"보다 더 신뢰할 수 있는 것이 못된다. 이 언급은 현대인의 귀에 성차별적이며 노인 차별적으로 들리지만, 노년의 여자들이 자신의 손주들에게 해주던 의미 없는 이야기를 묘사하는 데 유익한 관용적 표현이었다.[1] 의도적이든 아니든 이단자들의 불경건하고 믿을 수 없는 가르침에 대한 이 묘사는 디모데의 엄격한 경건 훈련과 9절에서 언급되는 "미쁜 말"과 대조를 이룬다.

이 경건 훈련은 신체 훈련을 훨씬 넘어설 정도로 매우 중요하다(8절). 바울이 후자가 "약간의 유익"을 가지고 있다고 말하기 때문에 주석자와 설교자들은 다양한 강조의 정도로 디모데로 하여금 신체적으로 건강을 유지하도록 하는 권면을 가정해왔다. 여기서 어의론적 양식을 살피는 것이 중요하다. 7절의 마지막 절에 다음

---

1. LSJ, 359에서 *γραύς*라는 항목 하에 있는 정보뿐만 아니라 Plato, *Republic* 1.350을 참조하라. 대조적으로 자녀들이 어머니와 조모로부터 받은 유형의 교육을 참조하라(딤후 1:5).

과 같은 중대한 두 단어가 나온다. "훈련하다"(굼나제)와 "경건"([프로스] 유세베이안, NIV는 구 전체를 "경건하도록"으로 번역함). 바울은 8절에서 굼나즈라는 어근을 고르고 명사형("훈련", 헬라어로 굼나시아)으로 표현하며 이것은 "약간의 유익"을 지닌다고 평가한다. 그러나 그의 강조점은 거기에 있지 않다. 그는 "경건"(유세베이아)라는 단어를 고르고 구문상 병행적인 진술을 하며, 다음과 같이 소마티케 굼나시아, 곧 "신체적 운동" 대신 유세베이아 그리고 대충 "약간의 일"을 뜻하는 프로스 오리곤 대신 프로스 판타, 곧 "모든 일"로 대체한다.

소마티케 굼나시아	프로스 오리곤	에스틴 오페리모스("유익하다")
유세베이아	프로스 판타	오페리모스 에스틴("유익하다")

강조점은 분명히 두 번째 절에 있으며, 첫 번째 절은 디모데에 대한 약간의 운동을 하라는 명령이나 신체적 단련에 대한 비하가 아니라, 비교의 기초로 기능한다. 두 번째 절의 프로스 판타("모든 일")는 이것이 "금생과 내생 양자 모두에 대해" 약속이 있다는 추가적 설명에 의해 더욱 확대된다. 이것은 바울이 말하는 "약간의 유익"이 장래의 것과 대비되는 이생의 상대적인 짧음을 가리킨다는 점을 시사한다. 이 사고가 거짓 교사들의 금욕주의에 대한 바울의 거절(1-5절)을 뒤따르는 것이 가능하지만, 본문은 직접적인 관련을 입증하지 않는다.

9절이 가리키는 "미쁜 말"(1:15 주석 참조)은 십중팔구 10절보다는 8절에서 발견되는 언사일 것이다. 본문의 흐름을 결정하기 위해 필자가 앞에서 구성한 것과 유사한 도해가 나이트에 의해 8절과 9절이 결합되어 유사한 말을 이루는 것을 보여주기 위해 사용된다.[2] 10절이 아마도 그 "미쁜 말"이 아닌 추가적이며 필시 보다 강력한 이유는 그것이 종종 "왜냐하면…때문이다(for)"로 번역되는 접속사 가르에 의해 이끌어지며, 본문에 삽입되는 인용이라기보다 선행하는 것의 설명이나 이유를 제공하는 것 같다는 점이다. 그것은 바울의 교훈의 근거로서 8절을 가리킨다.

10절의 다음 절은 헬라어 단어 호티로 시작하는데, 이것은 "that"("…이", 절을 이끄는 접속사임) 또는 "because"("…이기 때문에") 둘 중 하나를 의미할 수 있다. "that"으로 이해될 때, 그것은 "미쁜 말"과 같은 인용문을 이끌 수 있을 것이다. 하지만 이미 지적한 바와 같이 이것은 아마도 그 경우가 아닐 것이다. 그러므로 만약

2. Knight, *Pastoral Epistles*, 199.

호티라는 동사가 "because"를 의미한다면, 바울이 왜 분투하는지의 이유를 제공하는데, 그것은 다시 "미쁜 말"을 이루는 8절의 디모데에 대한 바울의 말의 기초를 제공한다. 따라서 역순으로 표현되면 8-10절은 다음을 암시한다. "우리는 구주 되신 하나님께 소망을 두며, 따라서 열심히 사역하는데, 우리는 경건 훈련을 보상할 내생 때문에 이것을 행한다." 만약 이것이 그 절 관계들에 대한 올바른 이해라면, 소망에 대한 주목이 여기서 두드러지는데, 그것은 "내생의 약속"(8절)과 "살아 계신 하나님께 두는 소망"에서 표현된다.

NIV는 이 절들을 다르게 번역하며, 10b절이 "미쁜 말"인 것으로 이해한다. 9절에서 새 단락을 시작함으로 그것은 "이것이 미쁜 말이노라"를 선행하는 자료에서 분리시킨다. 다음으로 그것은 괄호로 만들고 가르를 "for"("왜냐하면…때문이다")보다는 "and"("그런데")로 번역하여 9절과 10절의 두 번째 절 사이에 오는 가르절의 문제를 다룬다. 그 결과는 다음과 같다. "이것이 미쁜 말이노라…(그런데 이것을 위해 우리는 애쓰노라…), 곧 우리가 우리의 소망을 두는 것이." 대비되게 NRSV는 모든 것을 동일한 단락에 유지시키며 다음과 같은 순서를 가진다. "…내생. 그 말은 확실하며 완전히 받아들일 만하도다. 왜냐하면 이 목적으로 우리가 수고하며…때문인데 우리의 소망을…두었기 때문이라."[3]

다음과 같은 10절의 두 어구가 오해되지 않기 위해 세밀한 관심을 요구한다. "모든 사람"과 "특히 믿는 자들의 구주." 이 말들은 하나님께서 궁극적으로 모든 사람을 구원하신다(보편구원론이라 불리는 개념)는 것을 뜻하는 것으로 여겨질 수 있을 것인데, 비록 신자들이 다소 특별한 방식으로 이것을 경험할 것이지만 말이다. 그러나 이것은 다음과 같은 몇 가지 이유로 그 경우가 아니다. (1) 바울과 예수 그리고 성경 일반은 어떤 사람들은 고의적으로 하나님의 구원 은혜를 거부하기 때문에 모든 사람이 구원되는 것은 아님을 명시한다.

(2) 구주(savior)라는 용어가 비신학적 의미, 곧 하나님께서 모든 사람을 돌보시며, 치유하시고, 해악에서 구하신다는 의미로 이해될 수 있지만, 이것은 목회서신의 "구주"(Savior)의 용법에는 맞지 않는다.

---

3. 또한 유사한 구조를 위해서는 NLT를 참조하라. 연합성서공회(UBS) 헬라어 본문은 8절 뒤에 마침표를 가지고 있으며 9절 뒤에 세미콜론을 가지고 있으며, 따라서 그 "미쁜 말"을 후속부와 연결한다. 각주는 다양한 번역들에 대한 구두점 해석을 보여준다. NLT의 독자는 대부분의 다른 번역본들과 달리, 그것이 피스티스 호 로고스의 매 용례를 다르게 번역하며, 여기서는 8개의 단어를 사용하는 것을 주목할 것이다. 불행하게도 이것은 독자로 하여금 한 상투적 문구의 반복을 유의하지 못하게 하며 따라서 바울이 매우 중대하게 여기는 일련의 인용문들을 열거하고 있다는 사실을 분명하게 전달하지 못한다.

(3) 성경에서 "모든"이라는 단어는 자주 신자들을 지칭하며, 문맥이 이것을 밝힌다.

(4) 현 문맥에서 "모든"은 "모든 종류의"를 뜻할 수 있는데, 이것은 인류를 가리키는 안드로포스의 사용의 지지를 받는 가능성이다(그것은 NIV와 달리 "사람들"(men)이 아니라 "민족[사람]들"(people)이라는 번역으로 표시되어야 함).

두 번째 어구인 "특히 믿는 자들의 구주"는 여기서 사용되는 헬라어의 최상의 번역이 아니다. 보다 개연성 있게 그것은 "특정하게도"(in particular) 또는 "말하자면"(I mean)을 뜻한다(갈 6:10에서와 같이, 아마도 빌 4:22; 딤전 5:8, 17; 딤후 4:13; 딛 1:10-11 역시 그러함).[4]

상황잇기

개인적 차원에서 이단에 맞서는 일. 양떼의 보호가 목자의 (비록 유일한 것은 아니지만) 주요한 책임이다. 사도행전 20장에서 에베소 장로들에 대한 바울의 연설은 이것을 강조한다. 그는 약탈자들이 "진리를 왜곡시킬 것이다"라고 말한다(30절). 이제 디모데는 동일한 양떼를 돌보는 일에 참여하며 침투해 들어온 오류에 맞서야 한다.

그러나 이 오류의 심각성에도 불구하고 이 구절은 신학적 문제들에 대해 추가적으로 디모데에게 교훈하지 않는다. 바울은 디모데가 따라온 "좋은 교훈"과 "믿음의 진리"를 언급하며 디모데의 기독교적 유산을 가리키는 것이 사실이다. 그러나 바울의 약속은 만약 디모데가 이것들을 지적하면, 미혹하는 영들을 정복하거나, 거짓 교사들을 물리치거나, 또는 양떼를 오류에서 구원할 것이라는 것이 아닌데, 비록 그 결과들이 중요할 것이지만 말이다. 대신 바울은 "그리스도 예수의 좋은 사역자"된 디모데 자신에게 집중한다. 그는 다음 단락(4:11-16)에서 개인적 삶에 대해 디모데에게 권면하는 일로 진행한다. 선교사와 하나님을 섬기는 여타의 사람들에 대해 자주 말해지듯이, 사람이 사역보다 중요하다.

바울은 이 추천 후에 맞닥뜨리는 "불경건한 신화"를 완전히 피하라는 교훈을 이어간다. 그러나 다시 바울은 이 신화나 "수다쟁이 노파의 이야기"를 묘사하거나 디모데에게 그것들과 어떻게 싸울 것인지를 보여주지 않는다. 물론 이것은 바울이

4. T. C. Skeat, "'Especially the Parchment': A Note on 2 Timothy IV.13," *JTS* 30 (1979): 173-77을 참조하라.

디모데가 대적하길 원하는 이단들의 정확한 본질을 규명하려고 시도하는 데 있어 우리의 좌절감을 더하게 한다. 하지만 바로 이 사실이 목회서신은 우선적으로 교회 직제나 교리 양자 중 어느 것에 대한 안내서도 아님에 대한 강한 지표이다. 우리가 빈번히 지적했듯이 이 서신은 교리와 삶의 철저한 결합물이라는 점에서 독특하다. 목회서신의 진짜 메시지는 이것들 중 어느 하나가 아니라 양자의 결합이다.

그러므로 현 구절에서 바울은 거짓 교훈을 언급하지만, 이것에 대해 부연하는 대신 그는 바로 디모데가 그 교훈에 반응하며 살아야 하는 방식에 대해 말한다. 이 신화와 이야기들에 연루되는 일과 대립되는 것은 이 맥락에서 신학이라는 무기를 그것들에 대항하여 들이대는 것이 아니라 경건하게 되는 것이다. 엄격하면서도 기이한 이단자들의 생활방식은 똑같이 엄격한 경건의 생활방식으로 대처되어야 한다. 이것은 "금생과 내생"에 엄청난 유익이 있다. 확실히 이 모든 것은 우리가 진리를 가지고 하나하나 오류와 결코 맞서 싸워서는 안 된다는 것이 아니라, 다만 그와 같은 일은 이 책의 주요 메시지가 아니라는 것이다. 오류와 불경건의 혼합이 진리와 경건의 결합과 역으로 비교된다. 그것이 이 구절에서의 모든 문화와 시대에 대한 메시지이다.

신화와 이야기와 소망. 그 구절의 그 주요한 요지를 잃지 않으면서도 우리는 또한 모든 시대는 그 자체의 신화와 설화를 지닌다는 사실도 고려해야 한다. 고대 그리스로마 종교를 연구해 온 사람들은 신들의 이름이 두드러지지만, 사람들의 삶을 지배한 것은 바로 민속 신앙(folk religion)이었음을 깨달아 왔다. 다산과 재산 경계의 보호와 개인적 건강이 사람들의 관심사이며 종교적 행동을 요청하던 것들이다. 신화와 설화는 구전과 이교 사제와 인쇄물과 전화, 그리고 현재는 인터넷에 의해 퍼져 왔다. 인터넷에는 아무런 진리의 기준도 아무런 오류의 검열도 존재하지 않으며, 심지어 노골적인 오류를 담고 있는 기독교 자료들도 퍼 날라지며 전 세계에 걸쳐 문자 그대로 재생된다.

8절의 마지막 부분은 내생에 우리의 관심을 유도한다. 우리가 그것에 대해 말하는 순간 우리는 소망의 영역에 있게 된다. 이것은 로마서 5장과 8장 또는 베드로전서 1:3-9의 장대한 구절에서 만큼 목회서신에서 현저한 것은 아니다. 그러나 그것은 여기에 있고, "미래에 대한 전망"을 배제하면서, 현재의 악이든 현재의 활동이든, 우리의 현재 상황에 집착하지 않도록 하는 상기물로 기능한다. 하나님은 "살아 계시며", 모든 우리의 현재 경험을 초월하시고, 구주이시다. 그와 같이 그분은 우리를 우리의 죄악뿐만 아니라 모든 현재 상황에서도 구원하신다.

현대적 의미

과학 기술의 시대에 초점을 유지하기. 우리는 기독교 지도자들이 아마도 최근 기억으로 다른 어떤 시기보다 더 잘 알려져 있으며, 따라서, 복음에 대해 보다 큰 잠재적 유익 혹은 방해 요인이 되는 시기에 살고 있다. 물론 이것은 텔레비전과 다른 매체에서 기독교 지도자들에 대한 노출 때문에 상당 정도 사실이다. 또한 새로운 교회의 설립자들 자신이 그 교회의 눈에 띄는 초점이 되는 경향이 있다. 그들로 하여금 교회 개척과 성장에 있어 성공적이게 해주는 자질들—공격성과 실제적 기술과 하나님의 말씀을 현대 청중에게 말하는 능력—자체가 그들을 돋보이게 하는 자질들이다.

텔레비전 프로그램과 기독교 라디오 방송과 기독교 출판물은 자연히 성공적인 설교자와 교회 설립자들을 대서특필하게 된다. 이것은 이 그리스도의 종들에게 무거운 짐을 지운다. 자신의 사역 매우 초기에 빌리 그레이엄은 모든 재정에 있어 공명정대함을 유지하며 아내 외의 다른 여자와는 결코 혼자 함께 있지 않기로 결심했다.[5] 하지만 모두가 그런 지혜를 따르는 것은 아니며, 그런 지혜가 없는 자들의 타락은 50년 전에 그랬을 것보다 오늘날 훨씬 잘 알려진다. 그것은 항상 설교자들이 과거보다 더 취약해서 라기보다는 더 눈에 띄기 때문이라고 할 수 있다.

이 구절은 자기수양을 촉구한다. 그것은 경건과 신체적 훈련의 비교에서 암시된다. 경건은 수동적이지 않고 능동적이다. 신체적 훈련이 몸을 개발하고 유산소 운동이 폐의 기능을 증진시키는 것과 마찬가지로, 경건한 행보는 성품에 유익한 효과를 가져다준다. 신체적 훈련의 중요성을 최소화하려는 시도가 요즈음은 덜 귀에 들리는데, 연구들이 운동과 적절한 식이요법의 수명에 대한 영향을 입증하기 전보다 그러하다. 그것은 바울이 8절에서 확언하듯이 유익을 지니지만, 영적이며 도적적인 건강이 그것을 훨씬 능가한다.

영성 형성. 최근 수십 년 동안 오랫동안 가톨릭 신자들에 의해 사용되던 영성 형성(spiritual formation)이라는 용어가 개신교 복음주의자들 가운데서 더 널리 알려지게 되었다. 영적 성장, 도덕적이며 윤리적인 의식, 성경의 구체적 적용, 기도와 묵상에의 전념, 믿음의 공동체에의 참여와 같은 분야에 의식적인 관심이 주어져야 한다는 인정이 존재한다. 복음주의 신학교들은 과거에 학문에 집중하는 경향이 있었다. 일반적으로 그 신학교들은 영적 성장은 교회의 책임이기 때문에, 신학교는

5. Billy Graham, *Just As I Am*(New York: HarperCollins; Grand Rapids: Zondervan, 1997), 128.

교육과정에 이것을 포함시킬 필요가 없었다. 목회훈련의 영적 측면에 어떤 관심이 주어졌다고 한다면 그것은 주로 채플 예배와 소그룹의 영역에서 그러했다.

하지만 이제 보다 의도적인 영성 지도와 영성 개발에 관한 특정 과목들이 기독교 대학과 신학교의 학문적 교과과정의 구성 요소로 등장하고 있다. 한 가지 사례는 단지 교육 공동체뿐만 아니라 기업 공동체에서도 신학교들이 이 과정을 촉진하도록 장려하는 배넉번(Bannockburn) 연구소와 트리니티 국제 학교의 협력이다.[6]

교회와 학교 양자 모두에서 때때로 여전히 등한시되는 것은 성품의 개발이다. 기도와 성경읽기와 모임 참석과 간증과 예배와 구체적인 성경 본문에 대한 순종과 영적 통찰의 순간과 심지어 부흥 역시 모두 엄청나게 중요하다. 하지만 산발적인 행위와 행사가 성품을 반드시 개발하는 것은 아니다. 성품은 이 영성 훈련을 우리의 삶과 태도와 결정, 그리고 관계와 행동과 결부되도록 결합함에 의해 개발될 것이다.

오늘날 기독교 사역의 다양한 국면에서 우리의 작업의 도구들이 평범한 것이 아니며, 우리에게 소용되는 놀랍도록 다양한 과학 기술에 과도하게 몰두하게 될 가능성이 있다. 전자 장비, 인터넷, 시디롬 자료와 같은 도구의 사용은 (어떤 이들의 고백에 따르면) 이미 너무나 많은 관심과 시간을 빼앗는다. 이것이 하나님과 홀로 대면하는 시간과 하나님에 대한 예배와 의존에서 우리의 주의를 분산시키는 정도로, 우리를 디모데전서 4:6-10의 목적에서 멀어지게 할 수 있다.

과학 기술에 너무 몰두하기 쉬울 뿐만 아니라, 우리는 또한 우리 자신의 악과의 투쟁에 집착할 수 있다. 디모데전서 4장은 귀신의 가르침에 대한 언급으로 시작하며, 따라서 바울은 의식적으로 당면 문제들에 있어 보이지 않는 세계를 의식적으로 다루고 있다. 그러나 디모데에 대한 그의 교훈은 그것에 집중되지 않는다. 그의 교훈은 오히려 성품의 개발과 훈련을 다룬다. 또한 바울은 단지 디모데가 당시에 관련된 일에만 초점을 맞추지 않는다. 그는 경건이 "금생과 내생 양자 모두에 대해" 지니는 약속에 근거하여 앞을 바라본다.

이것은 "살아 계신 하나님께 두는 소망"의 주제를 이끌며 일상적 책무의 진창에서 허우적거리는 경향이 있을 수 있는 그리스도의 사역자의 초점을 고양시킨다.

---

6. 그 연구소의 사업 중 하나는 영성 개발을 장려하기 위해 세워진 개인적이며 관계적인 성장을 위한 센터(The Center for Personal and Relational Growth)이다. 연구소의 주소는 2065 Half Day Road, Bannockburn, IL 60015, USA이다.

바울이 그리스도를 위해 고통 받았던 일을 열거하면서, 고린도후서 11:28에서 다음과 같이 덧붙인다. "이 외의 일은 고사하고 아직도 날마다 내 속에 눌리는 일이 있으니 곧 모든 교회를 위하여 염려하는 것이라." 단지 (에베소의 사람들 같이) 거짓 교훈에 유혹을 받을 수 있는 자들에 대해서뿐만 아니라, 일상적 분투 가운데 있는 모든 신자에 대해 책임감을 느끼는 목회자와 선교사와 여타 사역자들은 현 구절의 8-10절에서 위를 바라보며 살아 계신 하나님께 소망을 두는 일을 배울 수 있다. 그분은 모두의 구주이시며, 우리가 매일같이 수고하며 목양하는 사람들을 우리 자신보다 더 많이 무한적으로 돌보고 계신다.

디모데전서 4:11-16

11 너는 이것들을 명하고 가르치라
12 누구든지 네 연소함을 업신여기지 못하게 하
고 오직 말과 행실과 사랑과 믿음과 정절에
있어서 믿는 자에게 본이 되어
13 내가 이를 때까지 읽는 것과 권하는 것과 가
르치는 것에 전념하라
14 네 속에 있는 은사 곧 장로의 회에서 안수 받
을 때에 예언을 통하여 받은 것을 가볍게 여
기지 말며
15 이 모든 일에 전심 전력하여 너의 성숙함을
모든 사람에게 나타나게 하라
16 네가 네 자신과 가르침을 살펴 이 일을 계속
하라 이것을 행함으로 네 자신과 네게 듣는
자를 구원하리라

원 의미

11-16절은 선행하는 단락들을 요약하며 부연하는 일련의 중대한 명령을 담고 있다. 다시 한 번 우리는 파랑겔로(1:3 주석 참조)를 만나게 되는데, 이것의 전통적 의미는 "명령을 내리다"에서 "권고하다"와 "응원하다"에 이르기까지 다양하다. 여기서 비인칭 목적어인 "이것들"과 함께, 그것은 "명령하다"를 뜻한다. 바울이 1:3과 5에서 디모데에게 명령하고 명령을 내릴 권한을 부여한 것과 똑같이, 다시 4:11에서 바울은 디모데에게 "이것들을 명하고 가르치라"고 말한다.

1:3에서 디모데는 어떤 사람들에게 "거짓 교훈을 더 이상 가르치지 말라"고 명령해야 했다. 거짓을 가르치는 일에 대한 부정적 명령을 한 후에, 바울은 이제 이 서신에서 읽은 진리를 가르치라는 긍정적 명령을 내린다. 바울은 "이것들"을 분명하게 규정하지 않는다. 가능한 선택 사항은 다음과 같다. (1) "모든 사람 특히 믿는 자들의 구주"라는 10절 끝의 교리적 진술, (2) 미쁜 말의 내용(9절, 십중팔구 8절을 가리킴), (3) 앞선 "이것들"의 용례(6절) 이후의 모든 것, (4) 서신의 모든 교리적 진술, 또는 (5) 에베소 교회에 적용될 수 있는 그 서신의 모든 것. "이것들"이 거듭 나타난다는 사실에 비추어 볼 때,[1] 여기와 다른 곳에서 그것은 아마도 (5)를 가리키

는 것 같다. 동시에 그 단어는 바로 앞선 진술(들)에 의해 유발되며, 따라서 (1)과 (2)는 확실히 배제되지 않는다. 존 스토트는 12절은 디모데의 연소함을 표현하는 반면, 11절은 바울의 교훈들을 그 교회들에 전달할 디모데의 책임에 대해 말한다고 관찰한다. 이 두 절은 "극적 대비" 가운데 있는데, 거기서 디모데는 "자신의 나이를 넘어선 기독교적 지도자 직분에 부름 받는다."[2] 이 대비는 우연한 현상이 아니라 돌격을 이끌며, 나이든 사도가 준 검을 휘두르는 상대적으로 젊은 전사에게 있어 어두운 오류와 대적하는 희미하게 빛나는 진리라는 중대한 구상(plot, 만약 우리가 서신에서 그것을 그렇게 칭할 수 있다면)을 표현한다.

사람들이 그의 연소함을 얕보지 않도록 하라는 격려(12절)는 디모데의 나이 문제를 제기한다. 부유한 젊은 관헌 이야기에서 동일한 단어(네오테스)는 생애의 앞선 시기를 가리키는데, 비록 십중팔구 일부 번역본들에서 "소년"(boy)이라는 단어가 함의할 수 있는 것만큼 어리지는 않을 것이지만 말이다(눅 18:21, NIV). 마태복음에서 그 남자는 네아니스코스라고 불리는데, 이것은 20대 중반에서 30대까지의 남자를 묘사할 수 있다(마 19:20, 22). 고대 문헌에서 그 단어가 묘사하는 나이층의 사례들을 든 후에, 나이트는 사도행전 7:58에서 누가가 동일한 단어를 바울을 묘사하는 데 사용한다는 유용한 지적을 했다.[3] 만약 개연성 있는 바와 같이 디모데가 30대였다면, "젊은" 혹은 "청년"과 같은 단어는 현대 독자에게 그릇된 인상을 줄 수 있는데, 왜냐하면 우리는 일반적으로 이 단어들을 10대 혹은 20대 초반의 사람들에게 돌리기 때문이다.

교회 지도자의 삶에 있어서의 건전한 교훈과 경건한 생활의 필수적 결합이라는 목회서신 도처에 스며들어 있는 주제가 여기에 재등장한다. 목회서신에는 필요한 미덕(또는 그 문제에 관한 교리) 모두가 함께 나오는 아무런 단일 구절도 존재하지 않는다. 이 구절에서 핵심이 되는 단어는 다음과 같은 다섯 영역에서의 "본"이라는 낱말이다. 말과 삶과 사랑과 믿음과 정절. 이것들은 적절한 "본"(튀포스)을 이루기에 충분히 구체적이지만, 또한 통틀어서 생각할 때 충분히 포괄적이기도 하다.

로크(Lock)는 튀포스가 데살로니가전서 1:7에서 유추되는 "'신자가 따르는 본보기'라기 보다"(딛 2:7의 지지를 받는) "신자가 무엇인가의 본보기"라고 이해한

1. 예컨대 다음을 참조하라. 딤전 3:14; 4:6, 11, 15; 5:7, 21; 6:2; 딤후 2:2, 14; 딛 2:15; 3:8.
2. Stott, *Guard the Truth*, 119.
3. Knight, *Pastoral Epistles*, 205.

다.[4] 디모데의 삶의 방식은 "모든 사람에게 호소력이 있으며…그들을 완전한 구원으로 이끌 것이다." 그는 베드로전서 5:3의 "양 무리의 본이 되는 일"은 디모데전서 4:12의 합당한 병행물이 아니라고 생각하는데, 후자는 외인들에 대한 본이라고 그는 여긴다. 나이트는 반대 입장을 견지한다.[5] 주경상의 선택이 이 둘 중에서 있어야 하지만, 궁극적 결과는 동일한 것인데, 이는 자신이 그리스도를 따르는 것 같이 자신의 본을 타인이 따르길 원하는 바울의 바람에서 예시되는 바와 같다(고전 11:1). 따라서 만약 디모데가 에베소 신자들에게 기독교적 미덕의 본이 된다면, 그들은 그와 더불어 불신 세계에 본이 될 것이다. 그러나 이 단계에서 디모데는 그 신자들에게 본이 되어야 한다. 13절에서 언급되는 설교와 가르치는 일은 "말"에 있어서의 본이 될 수 있는 한 가지 방식이다. 이후에 바울은 디모데로 하여금 "언쟁"을 하지 않도록 경고한다(6:3-5; 딤후 2:14-16).

"삶"(12절)은 아나스트로페를 번역한 것인데, 이것은 특정 상황에서의 행동이나 행위(갈 1:13) 혹은 삶의 방식(엡 4:22)을 묘사할 수 있다. 여기서 그것은 사랑과 믿음과 정절에서 표현되는 성품의 특성들과 더불어 후자를 뜻한다. 이것은 1:4-5의 반복 부분이다.

"내가 이를 때까지"(13절)는 "실시간의" 언급이며 따라서 서신의 진정한 바울 저작권을 지지하는 일과 디모데의 사명을 맥락 속에 두는 일 양자 모두에서 역할을 한다. 그의 책무들은 우리가 오늘날의 목회자의 사역에 대해 생각하는 것과 같은 사역들이 아닌데, 왜냐하면 "까지"라는 단어는 바울의 귀환의 때에 달려있는 디모데의 사역의 제한된 혹은 불확정적 기간의 개념을 이끌기 때문이다. 그런 연유로 그 본문은 성경을 읽고 설교하고 가르치는 일이 목회자의 전체 또는 심지어 주요 책무라는 어떠한 암시도 하지 않는다. 하지만 그것이 디모데의 주요 책무인 것은 디모데가 에베소에서의 교리적 대립에 있어 바울을 대변했을 때이다.

그렇지만 에베소의 장로들이 이단을 경계하도록 교훈되며(행 20:28-30) 장로의 가장 중요한 사역이 설교와 가르치는 일이다(딤전 5:17)라는 사실을 고려할 때, 하나님의 말씀을 가르치는 일이 분명히 교회에서 최고로 중요한데, 비록 그것이 모든 목자나 장로의 구체적 사역은 아니지만 말이다. 마찬가지로 이 본문은 성경의 읽기와 설교와 가르침이 예배의 주요 구성 요소임을 함의하지 않는다. 피는 이

4. Lock, *Pastoral Epistles*, 52.
5. Knight, *Pastoral Epistles*, 205.

렇게 관찰한다. "비록 이것이 확실히 디모데가 공예배에서 해야 할 것을 가리키지만, 이것이 모범을 제공하는 의도를 지니는 것은 너무 편협한 견해이다."[6] 그는 "공예배가 기도(2:1-7; 고전 11:2-16), 노래(골 3:16; 고전 14:26; 참조. 딤전 3:16), 은사적 언사(살전 5:19-22; 고전 11:2-26; 12-14), 그리고 주의 만찬(고전 11:17-34)을 포함했음"을 보여주는 성경 구절들을 든다.

설명과 훈계를 수반하는 성경 본문의 읽기는 회당뿐만 아니라 초대 교회에서의 성경 사용을 반영한다. 누가복음 4:16-21에서 우리는 회당에서의 절차의 한 사례를 보는데, 거기서 성경이 읽혀지고 설명되었다. 권면은 성경 자체에 비해 부차적이다. 사도행전 13:13-15은 다음과 같이 그 차이를 보다 분명하게 보여준다. "율법과 선지자의 글을 읽은 후에 회당장들이 [바울과 바나바에게] 사람을 보내어 물어 이르되 형제들아 만일 백성에 대한 격려의 메시지가 있거든 말하라 하니." 나이트는 "격려"라는 단어(파라클레시스)가 여기 디모데전서 4:13의 "가르치는 일"의 그것과 동일함을 지적한다.[7]

"성경"이라는 단어는 13절의 헬라어에 나오지 않지만 암시되는데, 왜냐하면 성경 읽기가 예배 의식에서 관례였기 때문이다. 거룩한 성경의 봉독의 중요성은 골로새 교회가 자신들에 대한 그의 서신을 라오디게아 교회에서 읽혀지도록 하며 라오디게아에 대한 서신이 골로새 교회에서 읽혀지도록 하라고 하는 바울의 요청의 중대성을 명시한다. 스토트는 이렇게 말한다. "이것들은 특별한 교훈들이다. 그것들은 사도들이 자신들의 저술들을 구약성경의 수준에 놓는다는 것을 가리킨다."[8]

14절은 디모데에 대한 긴급한 말씀뿐만 아니라, 또한 이 서신을 듣고 있을 에베소 교회의 사람들에 대한 확언의 메시지와 우리 자신과 같은 미래의 독자들을 위한 디모데의 인생에서의 중요한 사건에 대한 일견 역시 포함한다. 바울은 여기서 디모데의 "은사"(카리스마, 고전 12장에서와 동일한 단어임)를 언급한다. 우리는 그 장에 있는 다른 것들과 마찬가지로 이 은사가 성령에 의한 부여였음을 추정할 수 있을 것이다. 또한 우리는 그것이, 비록 사역의 여러 활동들을 겪음에도 불구하고, 사람들이 의지하지 못할 수도 있는 영적 능력이었음을 추정할 수 있을 것이다. 그것을 "등한시하는 것"은 디모데의 영적 유효성을 방해할 것이다.

다음과 같은 두 가지 가시적 행동이 디모데가 은사를 받을 때 발생했다. 신적인

---

6. Fee, *1 and 2 Timothy, Titus*, 107.
7. Knight, *Pastoral Epistles*, 207-8.
8. Stott, *Guard the Truth*, 121.

예언의 말씀이라는 언사와 일단의 장로에 의한 안수. 헬라어 전치사들은 안수가 영적 은사의 수여를 수반했지만(헬라어 메타, "함께"), 은사가 실제로 주어진 것은 바로 "예언의 메시지를 통한[디아]" 것이었음을 가리킨다. 하지만 디모데후서 1:6에서 바울이 "[자신]의 손으로 안수함을 통해" 은사가 디모데에게 있었다고 말하는 사실은 전치사들의 구분이 은사가 주어지는 통로인 예언의 메시지와 더불어 안수를 배제하지 않는다는 것을 의미할 수 있다. 가장 주목할 점은 본문이 그 은사가 어떤 직분의 수여였다고 말하지 않는다는 것이다.

이 행위를 성직 임명으로 부르는 것이 일반적이다. 켈리는 심지어 자신의 본 절에 대한 번역에서 그 용어를 사용하기도 한다.[9] 교회론(성직 임명의 의의)과 교회사(우리가 이후 두 세기까지 행해지지 않았던 것으로 아는 성직 임명)의 문제를 별개로 하면, 다음과 같은 두 가지 기본적인 해석상의 문제가 존재한다. 안수의 성경적 의의와 랍비를 임명하는 유대 관례.

(1) 구약과 신약성경에서 안수는 상징적인 것 이상이다. 단순히 사람에게 손을 얹는 일은 축복하는 일과 치유하는 일을 동반했을 수 있다. 손을 "올려놓음"이나 "얹음"(동사 사막은 단순한 접촉이 아니라 기댐을 암시함)이 모세의 계승자로서의 여호수아의 임명을 수반했다(민 27:18, 23). 신명기 34:9에 따르면 그는 지혜의 영이라는 추가적 은사를 받았다. 대조적으로 민수기 11:16-17, 24-25에서 장로의 임명은 안수를 포함하지 않았다. 레위인들이 특별한 봉사 사역에 구별되며(민 8:14, 19) 바울과 바나바가 특별한 사역을 위해 구별될 때(행 13:2), 손을 얹는 일이 있었다(민 8:10; 행 13:3). 이 경우들에서 안수는 전임자나 상위자가 아니라, 동료들에 의해 행해졌다.

(2) 바울 시대에 랍비가 안수에 의해 임명되었다는 아무런 증거도 없다. 이것은 산헤드린에 사람들을 입회시키기 위해 행해졌지만(*m. Sanh.* 4:4), 그런 관례는 랍비의 임명과 상응하지 않는다. 전에는 랍비 임명이 디모데전서 4:14의 배경이 된다고 생각되었지만, 보다 최근의 연구는 바울 당시에 유대 랍비의 임명이 안수를 사용했다고 하는 증거가 있어도 거의 없을 뿐만 아니라, 실제로 반대되는 상당한 증거가 있음을 보여주었다. 또한 랍비가 임명되는 역할이 디모데의 그것과 상이했음을 유의하라. 디모데의 경우에 가장 중요한 것은 그가 예언의 말씀과 안수를 그 가시적 확증인 영적 은사를 받았다는 것이다.[10]

---

9. Kelly, *Pastoral Epistles*, 107.

15-16절은 당연히 선행하는 것을 뒤따른다. 그가 받은 거룩한 수여와 그의 앞에 놓인 거룩한 책무는 전심의 헌신을 요구하지만, 또한 삶에 있어 비일관성이 없어야 할 것을 요구한다. 바울은 디모데가 "삶과 교리"를 결합해야 한다는 교훈을 반복하는 데 주저하지 않는다. 그는 이것들을 살펴야 하는데, 왜냐하면 타인들이 지켜보기 때문이다. 곧 그들은 "[그의] 진보를" 볼 것이다. 실제로 바로 이 목적을 위해(히나, "…하도록") 그는 그토록 부지런해야 한다.

16절의 인내에 대한 요청은 바울의 타인들에 대한 언사와 일치한다(롬 11:22; 골 1:22-23; 참조. 행 13:43). 놀라운 것은 디모데가 만약 인내한다면(이 생각은 이미 고전 15:2에 있음) 구원 받을 것이다가 아니라 "[그 자신]과 [그의] 청자들 양자 모두를 구원할" 수 있다는 점이다. 타인의 주시 하에서 거룩한 삶을 이끌어가는 주의 종의 필요성에 대한 강조점을 지니는 목회서신의 문맥에서, 이 절은 다음과 같이 그것을 부정적으로 진술함에 의해 가장 잘 해석될 수 있다. "만약 네가 삶 가운데 경건에 합당한 교리를 결합하지 않는다면, 너는 구원에 대한 너의 주장에 거짓말을 하는 것이며 구원 받기를 추구하는 타인들에게 방해 요인이 될 것이다."

상황잇기

교리와 삶에 관하여. 성직 임명 설교와 훈계는 자주 디모데후서 4:1-5에 기초하며, 그것들은 보통 사역의 의무들, 특히 설교에 중심을 둔다. 그러나 이 구절은 목회서신에 특징적인 바로 그 교리와 삶의 결합을 드러낸다. 디모데전서 4:11의 시작 언사는 권위 있는 선포와 가르침을 제시한다. 이것은 디모데의 의무이지만, 또한 간접적으로 명령에 순종하고 가르침을 배우라고 하는 회중에 대한 의무이기도 하다. 하지만 후속되는 것은 특별히 디모데를 위한 것인데, 거기에는 다음과 같은 결합이 존재한다. 12절은 삶을 강조하고, 13절은 사역과 성경을 강조하며, 14절은 디모데의 은사를 강조한다.

우리에게 디모데가 당시에 나이가 얼마였는지가 결코 말해지지 않지만, 분명히

---

10. 안수에 대해서는 다음을 참조하라. Marjorie Warkentin, *Ordination*(Grand Rapids: Eerdmans, 1982); Lawrence A. Hoffman, "Jewish Ordination on the Eve of Christianity," *Studia Liturgica* 13 (1979): 11-41; Edward J. Kilmartin, "Ministry and Ordination in Early Christianity Against a Jewish Background," *Studia Liturgica* 13 (1979): 42-69; Stephen Westerholm, *Jesus and Scribal Authority*, Coniectanea Biblica N. T. Series 10 (Lund: CWK Gleerup, 19780, 26-39; Everett Ferguson, "Laying on of Hands: Its Significance in Ordination," *JTS* 26 (1975): 1-12; and David Daube, *The New Testament and Rabbinic Judaism*(London: Athlone, 1956), 224-46.

그는 어떤 사람들이 그에게 돌려야 마땅한 존경을 주저하게 만들기에 충분히 젊었다. 언어 치료사들이 증언할 수 있는 바와 같이, 설교자들은 종종 권위 있는 목소리를 얻기 위해 보통 때 보다 저음으로 말하려는 시도 가운데 도움을 구한다. 바울은 여기서 그런 종류의 어떤 것도 지지하지 않는다. 디모데가 받아야 하는 관심과 존경은 생활의 모범에서 오는 것이어야 한다. 언급되는 "말"은 인위적인 우렁찬 목소리의 웅변의 과시와 거리가 멀게도 자애로우며 그리스도인다운 것이어야 한다. "삶"이라는 단어는 일반적 행실과 관계되는 반면, "사랑과 믿음과 정절"은 구체적인 삶의 영역을 대표한다.

기독교인의 사역은 상황별로 다를 것이지만, 11절에서 언급되는 자질들은 모든 시기와 장소와 사역에서 행해질 수 있다. 반대로 13절의 설교 사역은 구체적이며 초점이 맞추어진 것이다. 수세기에 걸쳐 전례를 따르는 교회들에서 성만찬이 중심적이었으며, 칼빈주의적인 교회를 비롯한 다른 교회들에서는 설교 사역이 보통 가시적 초점이었다. 일부 교회들에서 영적 은사 그리고 다른 교회들에서 구도자 예배에 대한 보다 최근의 강조는 이 관점을 다소 변경시켰지만, 진리의 말씀의 선포는 항상 중요한 자리를 차지할 것이다. 이것은 특별히 에베소와 같이 진리로 교정되어야 하는 오류가 있는 모든 곳에서 중대하다.

성경의 "공적 봉독"은 자국어 성경의 넓은 보급과 함께 이전만큼 중요하지 않은 것 같지만, 성경을 구할 수 없으며 높은 문맹률이 있는 곳에서는 필수적이다. 성경의 이 봉독과 강해는 디모데의 회중 중 다수의 귀에 새롭고 신선했을 것이다. 모든 설교자들에 대한 도전은 말씀이 공적이며 사적으로 수용될 수 있으며, 유효하고, 이해 가능하도록 하는 일을 확실히 하는 것이다. 어떤 회중도 하나님의 말씀의 강해의 필요성을 결코 초월하지 않는다.[11] 만약 교회가 전도의 일을 행하고 있다면, 그것은 영속적인 유치원과 같다. 항상 기초를 필요로 하는 사람들이 있을 것이다. 성경에 관한 바울의 디모데에게의 명령은 근본적인 것들의 수정을 결코 필요로 하지 않을 것인데, 비록 읽기와 설교와 교육의 방법과 언어는 다양할 수 있지만 말이다.

하나님의 은사. 자신의 책무를 수행하기 위해 디모데는 하나님이 안수시 주신 은사에 의존해야 한다. 그 은사의 성격이 밝혀지고 있지 않지만, 그것은 의심의 여지

11. 본문에서 설교까지 이루는 방법들에 대해서는 W. Liefeld, *New Testament Exposition*(Grand Rapids: Zondervan, 1984)를 참조하라.

없이 초자연적 부여이다. 디모데는 그렇지 않다면 소유하지 않았을 어떤 것을 받았다. 그것은 새로운 용기, 확신, 혹은 담대함이었을 수 있다. 그것이 무엇이든 그 사례는 성령의 명백한 사역을 나타냈다.

마찬가지로 "예언의 메시지"는 성령의 사역이었다. 성경의 예언에 대한 가르침대로 이것은 단순히 인간 수준에서의 어떤 지혜로운 언사가 아니었다. 오히려 하나님이 말씀하고 계신 것이었다. 이 은사와 예언은 함께 디모데로 하여금 사역에 있어 능력을 부여하고 그가 참으로 그리스도 예수의 특별한 사역자임을 존재하는 사람들에게 보여주는 하나님의 특별한 방식이었다. 실제적 안수의 주요 기능은 영적 은사를 전달하는 것이었을 수 있거나, 혹은 우선적으로 장로들의 신임과 추천을 표현했을 수 있다. 필자의 개인적인 경험을 이야기하자면, 존경받는 장로와 목회자들이 필자에게 안수했던 일에 대한 회상은 필자가 소명과 사역에 대해 의심이 들 때 평안과 확신을 주었다.

현대적 의미

안수. 디모데의 안수에 관한 14절을 적용함에 있어 우리는 너무 많은 의미를 그것에 부여하거나 마땅히 도출해야 할 전부를 도출하지 못하는 일이 없도록 주의할 필요가 있다. 그것은 교단의 목회신학에 따라 오늘날 성직 임명에 대해 간주되는 것 이하이기도 하며 이상이기도 하다. (1) 그것이 이하라는 의미로, 대부분의 성직 임명 의식은 디모데에게 주어지지 않은 교회적 지위와 특권을 전달하려는 의도를 지닌다. 만약 디모데가 경험한 것이 성직 임명과 오늘날의 성직 임명을 위한 표본과 같다면, 우리는 몇 가지 역사적 난관에 직면하게 된다.

ⓐ 신약성경에는 아무런 분명한 성직 임명의 사례도 없다. 안수의 다른 사례들은 상이한 목적들을 위한 것이었다. 바울과 바나바는 사도행전 13장에서 그들에게 안수될 때 이미 기독교 사역 가운데 있었으며, 그들의 구별된 사역은 평생의 사역이 아니라 그들의 1차 선교 여행과 함께 "완료되었다"(행 14:26).

ⓑ 더욱이 디모데의 안수가 랍비의 성직 임명과 비교되어왔지만, 후자가 안수와 함께 행해졌다는 아무런 랍비에 관한 증거도 없다(앞 참조).

ⓒ 게다가 랍비의 봉사와 권위의 성격은 기독교 사역자의 것과 달랐다. 초대교회는 우리가 지금 견진성사라고 부르는 것 그리고 다음으로 우리가 안수례로 아는 것에 있어 손의 사용과 관련된 변화되는 양식을 수반하는 관례의 발전을 보였다. 안수 의식은 제3세기까지는 확정되지 않았다. 만약 성직 안수식에서 우리가 성직

후보자가 전에 가지지 않았던 전례상의 지위나 특권을 수여한다면, 우리는 적어도 목회서신에 기록된 대로의 디모데의 경험을 넘어서고 있는 것이다.

ⓓ 디모데에게—또는 사도행전과 신약성경의 서신들에 묘사된 초대 교회의 그 밖의 어느 누구에게도—설교하거나 세례하거나 성만찬의 사회를 보는 배타적 권한이, 마치 이것들이 "평신도들"에게는 없었던 권한인 것처럼, 주어진 아무런 증거도 존재하지 않는다.

(2) 디모데의 안수가 오늘날 다수의 개신교 교회에서 성직 임명에 일반적으로 돌려지는 것 이상인 의미가 존재한다. 대체로 이 교회들에서 성직 임명은 하나님이 행하고 계시는 것보다 참여자가 행하고 있는 것에 중심을 둔다. 은사를 강조하는 교회들은 여기서 예외이지만, 보통 성직 임명시 하나님께서 성직 후보자에게 영적 은사를 부여하고 계신다는 의식이 거의 없다. 또한 하나님으로부터 성직 후보자에게 전달되는 어떠한 육성의 예언도 없다. 전형적인 것은 성직 후보자가 무릎을 꿇고 안수를 받을 때, 기도가 그 후보자 자신을 위해 올려지는 일이다. 그런 기도가 중요하다는 것은 거의 말할 필요가 없지만, 그것은 하나님께서 성직 후보자에게 아래로 다가오시기 보다는 인간이 하나님께 위로 다가가는 행위이다.

이것은 성직 임명 안수식이 중단되어야한다는 것이 아니라, 오히려 그 의미에 대해 재검토되어야 함을 뜻한다. 디모데의 경험은 정확한 표본이 될 수는 없을 것이지만, 사도행전 13장에서 바울과 바나바를 구별하는 일과 마찬가지로 합당한 요소와 교훈을 지닌다. 특별한 과제와 특별한 사역 가운데 하나님을 섬기는 사람들은 그렇게 인정되며 확인되고 위임되어야 한다. 기도가 중요하지만, 하나님께서 당신이 선택하는 어느 방식으로든 응답하시는 데 대해 마음이 열려져 있어야 한다.

이것은 (구약성경의 제사장직과 달리) 특권이 있는 성직자의 상위의 배타적 계급으로의 승진이 아니라, 하나님께서 하나님의 백성들 위에서가 아니라 그들 가운데서 사역하도록 당신의 교회에 주신 사람을 승인하는 것임이 깨달아져야 한다. 선교사의 파송은 아마도 디모데보다는 바울과 바나바에 대한 안수와 보다 밀접하게 비교될 수 있을 것이다.

디모데는 여기서 자신이 이와 같이 받은 은사를 등한시하지 않도록 당부된다. 하나님이 영예롭게 되며 그분의 역사는 단순히 우리의 성직 임명 안수에 대한 기억이 아니라 하나님께서 주신 영적 은사들이 우리를 통해 온전하고 능력 있게 발휘되도록 허락하심에 의해 촉진된다. 이 은사가 여기서 디모데가 행하도록 명해지는 바와 같이 설교하고 가르치는 일이든, 아니면 (딤후 1:6-7이 암시하는 바와 같이) 용기이든, 아니면 그것이 여기서 설명되지 않으며 아마도 우리 각자에게 상이한 다른 어떤 무엇이든, 우리는 이 본문을 통해 그것을 명심하며 실행에 옮기도록 권고된다.

디모데전서 5:1-16

1 늙은이를 꾸짖지 말고 권하되 아버지에게 하
듯 하며 젊은이에게는 형제에게 하듯 하고
2 늙은 여자에게는 어머니에게 하듯 하며 젊은
여자에게는 온전히 깨끗함으로 자매에게 하
듯 하라
3 참 과부인 과부를 존대하라
4 만일 어떤 과부에게 자녀나 손자들이 있거든
그들로 먼저 자기 집에서 효를 행하여 부모
에게 보답하기를 배우게 하라 이것이 하나님
앞에 받으실 만한 것이니라
5 참 과부로서 외로운 자는 하나님께 소망을
두어 주야로 항상 간구와 기도를 하거니와
6 향락을 좋아하는 자는 살았으나 죽었느니라
7 네가 또한 이것을 명하여 그들로 책망 받을
것이 없게 하라
8 누구든지 자기 친족 특히 자기 가족을 돌보
지 아니하면 믿음을 배반한 자요 불신자보다
더 악한 자니라
9 과부로 명부에 올릴 자는 나이가 육십이 덜
되지 아니하고 한 남편의 아내였던 자로서
10 선한 행실의 증거가 있어 혹은 자녀를 양육하
며 혹은 나그네를 대접하며 혹은 성도들의 발
을 씻으며 혹은 환난 당한 자들을 구제하며
혹은 모든 선한 일을 행한 자라야 할 것이요
11 젊은 과부는 올리지 말지니 이는 정욕으로
그리스도를 배반할 때에 시집 가고자 함이니
12 처음 믿음을 저버렸으므로 정죄를 받느니라
13 또 그들은 게으름을 익혀 집집으로 돌아 다
니고 게으를 뿐 아니라 쓸데없는 말을 하며
일을 만들며 마땅히 아니할 말을 하나니
14 그러므로 젊은이는 시집 가서 아이를 낳고
집을 다스리고 대적에게 비방할 기회를 조금
도 주지 말기를 원하노라
15 이미 사탄에게 돌아간 자들도 있도다
16 만일 믿는 여자에게 과부 친척이 있거든 자
기가 도와 주고 교회가 짐지지 않게 하라 이
는 참 과부를 도와 주게 하려 함이라

원 의미

이 서신의 다음 긴 단락(5:1-6:2)은 관계에 대한 것이다. 목회서신에서 건전한 교리와 경건한 삶을 결합하는 일의 중요성에 대한 반복되는 강조를 고려할 때, 바울이 내적 성품을 공적으로 드러낼 가능성이 매우 큰 삶의 영역에 매우 큰 관심을 기울이는 것은 놀랍지 않다.

기독교 가정에서의 관계(5:1-2)

1-2절은 그 주제에 대한 간략한 개요를 제공한다. 그 교훈들은 포괄적이며 다음과 같은 네 가지 모든 가능한 관계를 망라한다. 늙은 남자와 젊은 남자와 늙은 여자와 젊은 여자. 교훈은 보통의 가정교훈들에서 그랬을 바와 달리 그들의 의무들과 관련하여 이 집단들을 향하고 있지 않다. 대신 그것들은 디모데를 향하고 있는데, 이는 그의 그들과의 관계 속에서 그를 인도하기 위함이다.

이것들 중 첫 번째는 단수 "늙은 남자"이며, 다른 것들을 복수이다. 이 문맥에서 헬라어 단어 프레스뷔테로스는 교회 장로가 아니라, 나이를 가리키는 것이 분명하다. 비록 디모데에게 거짓 교훈과 거짓 교사를 다룰 상당한 권한이 주어졌지만, 늙은 남자들에 대한 그의 태도는 그들의 교정이 필요할지라도 가혹하지 않아야 한다. 이것이 특별히 그러한 것은 교회에서의 그의 관계들은 가정에서의 그것들과 같기 때문이다. 또한 주의 종은 "다투지 아니하고 모든 사람에 대하여 온유해야 하기 때문에"(딤후 2:24), 디모데는 확실히 늙은 남자를 "가혹하게" 다루지 말아야 한다. 여기서 "꾸짖다"(에피플레소)에 사용된 동사는 어떤 사람에게 주먹을 휘두르다(여기서 상징적 용법으로 말로 타격을 가하다)를 뜻한다.

이 금지는 대조되는 명령에 의해 후속되는데, 이것은 이어지는 세 사례를 지배한다. 긍정의 동사 "훈계하다"(exhort)는 파라칼레오(1:3; 2:1; 6:2에서 "urge[권하다, 촉구하다]"로 번역됨)이다. "urge"라는 단어는 현재의 영어 문장 구조에 맞지 않으며(예를 들어, 그 문장은 디모데가 젊은 남자들로 하여금 무엇을 하도록 촉구해야 하는지 말하지 않음), "preach"(설교하다, 4:13은 관련 명사를 "설교하는 일"로 번역함)라는 번역은 너무 강한 어조일 것이다. 다른 두 관계는 주의 종이 젊은 여자들을 "온전히 깨끗함"으로 대하는 일의 중요성을 강조한다는 것 이외에 거의 설명을 필요로 하지 않는다.[1]

과부에 대한 돌봄(5:3-16)

"과부를 선별하는 일은 초대교회에서 목회적인 골칫거리였을 뿐만 아니라, 또

1. 목회서신에서의 가정이라는 주제에 대한 중요한 연구를 위해서는 David C. Verner, *The Household of God*, SBLDS 71(Chico, Calif.: Scholars, 1983), 161-66을 참조하라.

한 현대 주석자들에게 주경상의 골칫거리이기도 하다."[2] 처음 보기에 누가 과부이며, 심지어 누가 궁핍한 과부인지 명백한 것 같을 수 있다. 디모데와 그의 동역자들은 왜 그들을 선별하는 데 도움을 필요로 하는가? 기본 주제는 어려운 과부들에게 재정적 도움을 제공하는 일인 것 같지만, 다뤄질 필요가 있는 이와 관련된 몇 가지 질문이 있다. 본문은 다음과 같은 질문들이 그 교회에서 물어지고 있었음을 암시한다. (1) 어떤 과부가 참으로 궁핍한가? (2) 무엇이 가족과 여타 친척의 책임인가? (3) 그 교회는 어떻게 어떤 과부가 그 목록에 포함될 자격이 있는지를 결정할 수 있는가? (4) 그 교회는 어떻게 그 목록에 자격이 없는 여자들을 다루어야 하는가?

주경자가 직면하는 주요 문제들은 다음과 같다. (1) 이 구절은 왜 목회서신의 그 지점에 나오는가? (2) 우리는 어떻게 "실제로 과부"(NRSV, NIV는 "실제로 궁핍한", 3절)라는 어구를 이해해야 하는가? (3) 그 "목록"은 무엇인가? 그것은 모든 "실제" 과부를 포함하며 재정적 원조만을 위한 것인가, 아니면 아마도 사도 이후 교회의 과부의 직제와 유사한 교회에서의 명예 혹은 봉사의 역할을 지닌 과부들의 특별 목록인가? (4) 그 목록에 자격이 없는 과부는 방탕한 생활 방식에 빠지고 사탄을 따를 것 같다고 왜 추정되는가? (5) 이 구절은 다수의 주석자가 본 서신에서 특별히 거짓 교사들에 의해 희생되고 있는 여자들에 대하여 보게 되는 문제의 한 원인이 되는가?

고대 로마 제국에서 수명은 짧았다. 사람들은 40대에 늙은 것으로 여겨졌다. 홀아비들은 거의 없었는데, 남자들은 일찍 사망했다.[3] 과부들은 부유할 수도 있었으며 따라서 그녀들의 남자들에 대한 매력은 신체적 아름다움 이상의 것일 수 있었다. 젊고 부유한 과부는 특별히 바람직했을 것이다. 아마도 이것이 디모데가 에베소에서 사역하던 교회의 사회적 배경을 묘사할 것이다. 우리는 소용되는 남자들보다 미혼의 여자들이 더 많았으며, 이들 중 일부가 재정적으로 핍절했을 수 있으며, 다른 이들은 방탕한 생활 방식에 빠지고 결국 사탄 자신의 손에 넘겨졌을 수 있다고 추정할 수 있다.

과부에 대한 돌봄은 유대 전통에서 중대했다. "여호와…신 가운데 신이시며 주 가운데 주시오 크신 하나님께서는" "고아와 과부의 소송을 변론하시는" 분이시다

2. B. W. Winter, "Providentia for the Widows of 1 Timothy 5:3-16," *TynB* 39(1988): 83.
3. L. P. Wilkinson, *The Roman Experience*(Washington, D. C.: Univ. Press of America, 1974), 26.

(신 10:17-18). 하나님의 백성은 동일한 일을 해야 했다. "너는 과부나 고아를 해롭게 하지 말라"(출 22:22). "너는 객이나 고아의 송사를 억울하게 하지 말며 과부의 옷을 전당 잡지 말라"(신 24:17). "객이나 고아나 과부의 송사를 억울하게 하는 자는 저주를 받을 것이라"(신 27:19; 참조. 사 1:17; 슥 7:10).

과부에 대한 유대적 관심은 또한 다음과 같이 신약성경에도 나온다. "하나님 아버지 앞에서 정결하고 더러움이 없는 경건(religion)은 곧 고아와 과부를 그 환난 중에 돌보고 또 자기를 지켜 세속에 물들지 아니하는 그것이니라"(약 1:27). 사도행전 6:1-6은 초대 예루살렘 교회가 과부들, 곧 먼저는 히브리어를 말하는 자들과 다음으로는 헬라어를 말하는 자들에 대해 가졌던 관심을 드러낸다. 유대교 밖의 그리스로마 세계에서 과부는 남편 집에서 아들들의 돌봄을 받아야 했거나, 만약 그것이 가능하지 않을 경우, 부모의 집으로 돌아가야 했다.[4]

디모데전서의 이면에서 작용했을 수 있는 하나의 요소는 명예와 수치라는 고대 개념이다. 3절의 "인정"은 "명예를 주다[존경하다]"(티마오)에 해당하는 헬라어 동사를 번역하는 것이다. 이 단어는 17절(뒤의 주석 참조)의 유사한 명사(티메)의 경우인 것처럼 보이는 재정적 원조를 가리키는가? 배경으로서, 만일 결혼한 여자가 합당한 수치심을 가졌다고 한다면, 남편의 명예에 참여했던 것임이 관찰되어야 한다. 이 수치는 나쁜 행위 때문에 부끄러운 것과 동일하지 않았으며, 단순히 정숙함과 관련되지도 않았다. 말리나(Malina)와 네이레이(Neyrey)는 다음과 같이 진술한다.

> 남성의 후견 하에 있는 여자들(예를 들어, 특히 과부와 이혼한 여자)은 여성의 명예를 박탈당하며, 따라서 여성보다 남성과 같이 되어 성적으로 야수적이며, 공격적이며, 결국 위험한 것으로 여겨진다. 단지 재혼만이 그녀들의 참된 성적 역할을 회복시킬 것이지만, 자주 이것은 사회적으로 가능하지 않다. 이것은 과부와 이혼녀의 불안정한 지위를 가리킨다.… 과부에 대한 그런 문화적 태도가 디모데전서 5:3-16에 분명히 표현된다.[5]

디모데전서 5:3-6:2은 사람들의 세 집단에 대해 언급하는데, 그 중 둘은 사회

4. Winter, "Providentia for the Widows," 85.
5. Bruce J. Malina and Jerome H. Neyrey in *The Social World of Luke-Acts: Models for Interpretation*, Jerome H. Neyrey, ed. (Peabody, Mass.: Hendrickson, 1991), 44.

적 집단(과부와 노예)이며 하나는 두 집단 사이에 나오는 교회적 집단(장로)이다. 이것이 현 구절의 위치를 설명해주는 것 같은데, 특별히 "명예"의 개념이 연결선이라면 말이다(5:3, 17; 6:2). 또한 여성은 2장에서 그리고 장로는 3장에서 관심을 받는다. 돈이라는 주제는 6장에 다시 나타난다. 목회서신에 전형적인 바와 같이, 주제들은 모여 있기보다 흩어져 있다.

바울의 주장에 대한 요약. 주제가 이제 과부라고 한다면, 교회는 어떻게 그들의—사회적이며 개인적이며 종교적인—필요를 다뤄야 하는가? 첫 번째 단계는 재정적 필요를 결정하는 일이었다. 바울은 남편이 사망한 모든 사람이 이 지원에 자격이 있지 않음을 밝힌다. 어떤 사람들은 돌봄을 받고 있으며, 어떤 사람들은 지원을 자천할 방식으로 생활하고 있지 않다. 따라서 누가 지원을 받는지를 결정할 목적으로 "과부"의 정의를 제한할 필요가 있다.

디모데로 하여금 "실제로" 과부인 자들을 존경할 것을 가르친 후(3절), 바울은 그들을 첫 번째로 혼자이며 돌볼 아무런 가족 구성원이 없는 자들로 정의한다. 더욱이 쾌락을 추구하며 사는 것과 대비되게 하나님을 신뢰해야 한다(5-6절). 9-10절에서 열거되는 세 특징이 "그 명부"에 올려 져야 하는 자들의 신원을 밝힌다(이 목록이 무엇인지에 대한 주석에 대해서는 아래 참조). "그 목록"에 올려 지기 위해 과부는 육십이 넘어야 하며(9절), 남편에게 신실했어야 했고(9b절), "선한 행실"의 평판이 있어야 한다(10절). 다음 절들(11-15절)은 젊은 과부들이 왜 이 목록에 올려 지지 않아야 하는지를 설명한다. 그 단락은 이제 여성 가족 구성원에 초점을 맞추어 가족이 자신에게 속한 과부를 돌봐야 함에 대한 반복의 말로 종결된다(16절).

구체적 상세. 시작하는 동사인 "존경하다"(3절의 티마오; NIV, "합당한 인정을 하라")의 뜻은 분명하다. 앞에서 언급된 명예에 관한 배경 개념에 더하여, 이 단어는 훌륭한 사람을 존경하는 일, 심지어는 숭배하는 일을 뜻하는 고상한 역사를 가지고 있다. 확실하지 않은 것은 현 구절에서 그것이 금전적 선물이나 급료를 제공함으로 존대한다는 확장된 의미를 지니는지의 여부이다. 그 의미가 십중팔구 관련된 헬라어 명사 티메(17절)에 덧붙여져 있는데, 그것은 고려를 정당화하기 충분할 만큼 인접해 있다. 그 절은 "교회의 일을 잘 지도하는 장로들은 배나 존경할 자로 알되 말씀과 가르침에 수고하는 이들에게 특별히 그리할 것이니라"라고 지시한다. "사례비" 혹은 "재정적 지원"이라는 뜻이 십중팔구 다음과 같은 18절에 의해 의도된다. "성경에 일렀으되 곡식을 밟아 떠는 소의 입에 망을 씌우지 말라 하였고 또 일꾼이 그 삯을 받는 것은 마땅하다 하였느니라."

하지만 곧 뒤에서, 노예가 주인을 "존경하라"(honor, NRSV) 또는 "공경하라"(respect, NIV)고 말해진다. 그 상황에서 그것은 금전의 부여를 함의하지 않는다. 다른 말로 티마오는 현 구절에서 역시 단순히 "존경하다" 또는 "공경하다"를 뜻할 수도 있다. 재정적 지원이 이 구절의 주제인 것은 사실이지만, 그 사실이 3절에서 그런 의미를 요구하는 것은 아니다. 더욱이 비록 공식적이며 보수를 받는 과부의 직제가 있었지만, 그것은 9-10절까지는 직접적으로 다뤄지지 않는다. NIV의 "합당한 인정을 하다"는 아마도 약한 어조이지만, 그 구절의 목적을 가리키는데, 곧 그것은 그 교회가 지원을 받을 자격이 있는 과부들의 신원을 확인하는 일을 촉구하려는 것이다.

동사 티마오는 3절에서 명령형인데, 이것은 우리가 과부에게 마땅한 바를 부여하는 일의 여부가 선택적이지 않음을 가리킨다. 과부에 대한 존경과 지원은 공동체가 심각하게 수행해야 하는 책임이다. 그러나 그 구절은 긍정적이며 부정적 의도 양자 모두를 가진다. 긍정적으로는 "실제로" 과부인 자들이 찾아내지고 도와져야 하는 반면, 부정적으로는 자격이 없는 자들은 결코 과부로 여겨지지 않아야 한다.[6] 그것은 그들의 큰 슬픔을 간과하는 일이 아니라, 오히려 그들의 재정적 필요를 결정하는 일이다. 이 단락은 우리가 생각하는 바 단어 그대로의 "목회적" 구절이 아니다.

4-8절은 자신의 "종교"(religion)와 자신의 타인에 대한 관심의 관계를 확립한다. 그 다섯 번째가 "네 부모를 공경하라 그리하면 네 하나님 여호와가 네게 준 땅에서 네 생명이 길리라"(출 20:12)인 십계명에서 나왔을 수 있다. 여기서 "공경하라"(honor)는 명령이 이 구절과 그 구절 사이의 핵심어일 수 있다. 비록 아무런 직접적 연관도 없지만, 다음과 같은 공통적인 중요한 진리가 존재한다. 참으로 종교적인 사람은 타인을 존경할 것인데, 이는 또한 이웃을 사랑하는 일에 대한 소위 "두 번째" 대 계명에서 발견되는 진리이다. 마가복음 7:9-13(부모를 돌봄과 같은 의무를 회피하기 위해 주장되는 종교적 변명을 이용하지 않음에 대한)의 예수의 가르침 역시 그 계명을 담고 있다. 앞에서 인용된 야고보서 1:27은 고아와 과부를 보살피는 일을 칭찬한다.

바울은 8절에서 가족 구성원이 자기 가족을 돌봐야 하며 만일 그렇지 않을 경

6. NIV의 "실제로 궁핍한 과부들"은 헬라어의 "실제로 과부들"을 의역한 것인데, 관심을 사로잡는 효과의 일부를 상실하지만, 그 의미는 정확하게 표현한다.

우는 불신자보다 더 악한 것으로 여겨져야 한다고 설명하고, 4절은 최고로 책임이 있는 가족 구성원은 과부의 자녀임을 밝힌다. 종교적 차원은 또한 "이것이 하나님 앞에 받으실 만한 것이니라"라는 4절의 종결부에 의해 강조된다. 사람들의 필요, 특히 자기 자신의 필요를 모르는 체 할 때 우리는 참으로 경건할 수 없으며 하나님을 기쁘시게 할 수 없다.

그러나 만약 과부의 가족이 과부를 대하는 방식에 있어 하나님께 책임이 있다면, 그녀 역시 자신의 태도와 생활에 있어 하나님께 책임이 있다(5절). 궁핍한 과부를 "실제로 과부"인 자라고 하는 묘사가 이제 3절에서부터 반복된다. 그녀의 네 가지 세부적인 특징은 다음과 같다. (1) 그녀는 "전적으로 홀로" 남겨졌으며, (2) "하나님께 소망을 두고", (3) "기도하며 하나님께 도움을 구하며", (4) "주야로" 그렇게 한다. 이것들은 자격 있는 과부를 선정하는 데 있어 중요성의 오름차순 가운데 있을 수 있다. 혼자된 것으로 충분하지 않은데, 왜냐하면 혼자되고 외롭지만 하나님을 바라보지 않을 수 있기 때문이다. 어떤 사람은 하나님을 참으로 신뢰하지만 기도에 전념하지 않을 수도 있다.

5b절은 양자 모두 기도를 뜻하는 두 단어를 포함하는데, 하나는 보다 일반적 용어(프로슈케, "기도하다")이며, 다른 하나(데에시스, "구하다", 신약에서 덜 빈번함)는 도움을 간청하는 일을 시사한다. 후자는 과부 자신과 타인을 위한 탄원을 암시하는 반면, 전자는 종교적인 예배의 표현을 시사한다. 동사 "계속하다"와 함께 "주야로"라는 어구는 전적인 헌신을 표현한다. 그것은 우리에게 "성전을 떠나지 아니하고 주야로 금식하며 기도함으로 예배했으며" 아기 예수에 대해 증거했던 나이 많은 과부 안나를 상기시킨다(눅 2:37).

"참된" 과부 신분에 대한 영적 자격들은 자기 잇속만 챙기는 과부와의 대비에 의해 강조를 받게 된다(6절). 그녀를 묘사하는 희귀한 헬라어 단어(스파탈라오)는 단지 다른 두 성경 구절에만 나오는데, 그것들은 소돔을 묘사하는 에스겔 16:48의 70인경과 "제멋대로" 사는 부자를 묘사하는 야고보서 5:5이다. 그것은 단지 이 과부는 인생을 즐기는 반면, "참된" 과부는 침울한 금욕 가운데 사는 것을 의미하는 것이 아니라, 그녀가 타인은 상관하지 않으며 자기 자신만의 즐거움을 극도로 추구하는 반면, 자격 있는 과부는 하나님에게서 즐거움을 얻는다는 것을 의미한다. 자기 본위적인 사람은 "살았으나 죽었다"고 할 수 있는데, 이것은 다른 사람의 죽음을 겪은 사람들에 관한 구절 안에 나오는 흥미로운 어구이다. 이것은 (엡 2:2에서와 같이) 그녀의 하나님과의 관계를 가리킬 수 있을 것이다.

디모데가 교회가 "책망에 노출되지" 않도록 다른 명령들뿐만 아니라 세속적인 과부에 관한 이 명령을 전달한다는 점은 중요하다(7절). 다른 사람들이 기독교에 대해 어떻게 생각할지에 대한 그런 관심은 목회서신의 다른 데에도 나온다(딛 2:5, 8, 10의 목적을 표현하는 절들을 참조). 이 절들에서 함의는 불신자들이 비판할 비일관성을 찾고 있다는 것이다.

이 단락은 가족을 부양하지 않는 자들에 대한 경고와 함께 마무리된다(8절). 야고보서 3:14("믿음을 부인하다")과 유다서 4("예수 그리스도를 부인하다")에 사용되는 강한 어조의 다음과 같이 여기에 나온다. 무책임한 사람은 "믿음을 부인했다." 바울은 "불신자보다 악한"이 무엇을 의미하는지를 명시하지 않지만, 고린도전서 5:1은 이교도들 가운데서도 발견되지 않는 죄를 범하는 사람을 묘사한다. 로마서 2:14에 따르면 이방인들은 (알지 못하는) 유대 율법이 가르치는 바를 본성으로 여전히 행할 수 있다. 앞에서 언급된 그리스로마의 문헌은 과부에 대한 관심을 보여준다. 그러므로 기독교인은 주변에 있는 불신자의 도덕적 기준 아래로 떨어져서는 안 된다.

9-10절에서 바울은 과부가 "그 명부에 올려지기 위해" 무엇이 필요한지를 설명한다. NIV는 명확성을 위해 그것을 "과부의 명부"라고 칭하지만, 이것은 특별한 종류의 명부, 곧 다른 과부들이 하는 것과 다른 특별한 방식으로 봉사하는 과부의 "직분"에 있는 사람들의 명부라고 주장한다. 우리는 사도 이후 교회에 과부의 직제가 있었음을 아는데, 그것은 명백히 현 구절의 교훈에서 생겨난 것이다. 나중에 또한 동정녀의 직제가 있었는데, 결국 수녀원이 세워지게 되었다. 과부들은 "하나님의 제단"(altar of God)으로 불렸는데, 이것은 그들의 하나님에 대한 헌신에 대해 가졌던 존경을 보여준다.[7] 이그나티우스는 "과부라 불리는 동정녀들"[8]에 대해 이야기했는데, 이것은 재혼하지 않고 하나님을 위해 살겠다는 이 여자들의 선택에 대한 지칭이다.

히폴리투스(Hippolytus, 주후 170-235)는 어떤 과부가 과부의 직제에 속할 자격이 있을 것인지에 대해 다음과 같이 유념했다.

과부가 임명될 때 안수되는 것이 아니라 이름으로 선택될 것이다. 그러나 만약 오래

7. Polycarp, *Epistles to the Philippians* 4.3.

8. *Ignatius, To Smyrna* 13.1.

전 에 남편을 잃었다면, 임명되게 하라. 그러나 만약 그녀가 최근에 남편을 잃었다면, 신뢰 하지 않도록 하라. 비록 나이가 들었다할지라도 한동안 시험 기간을 두어야 하는데 왜 냐하면 자주 욕정이 일어나 자신을 그것에 내주기 때문이다. 과부는 단지 구두로 임명 되게 하며 등록된 과부 속에 포함되도록 하라.[9]

4세기 말에 사도 헌장(Apostolic Constitutions)은 훌륭한 과부는 정숙하며 탐욕적이지 않고 "집에 있는 것으로" 발견되어야 한다는 것을 비롯한 추가적 교훈들을 발전시켰다.[10] 이것은 우리에게 과부의 직제 혹은 직분을 가지게 되는 디모데전서 5장에서 4세기까지의 궤적을 보여준다. 히포클리투스는, 비록 교회 내에서 그런 구분되는 사역 집단을 이루기 때문에 혹자들은 그들이 일정 종류의 안수의 합당한 후보라고 여겼음에도 불구하고, 과부들이 성직자의 직분으로 안수되지 않아야 함을 주장했다.

그러나 디모데전서는 교회에 과부의 공식적 직제가 있어야 한다고 가르치는가? 사회학적 관점에서 "직분"의 표지의 하나는 일정 종류의 임명으로 표시되는 특별한 선택이다. 다른 하나는 보통 일정한 급료가 있다는 점이다.[11] 과부의 "등록"은 일정 종류의 공식적 임명을 암시했는지와 여기서 언급되는 재정적 원조가 봉사에 대한 보수에 속했는지를 아는 것이 도움이 될 것이다. 그러나 성경이나 다른 어떤 초대 기독교 저작에도 이것에 대한 확실한 증거가 거의 없으며, 이것은 아마도 후대 상황을 반영한 해석일 것이다.

물론 또 하나의 고려사항은 신약성경이 장로와 집사에 대한 것 이외에 다른 어떤 직분을 생각하는지의 여부인데, 만일 실제로 직분이라는 용어가 심지어 거기서도 적절하다면 말이다. 한 가지 문제는 "직분"에 해당하는 아무런 헬라어 단어(예컨대 지도자 직분의 권위를 가리키는 프로스타시스)도 신약성경에서 사용되지 않는다는 점이다. KJV(흠정역)은 신약성경에서 "직분"이라는 단어를 8번 사용했지만, 그 본문들의 아무 데에도 "직분"에 해당하는 특정 단어가 없다.[12] KJV의 광범

9. *Apostolic Tradition* XI.1.4.5. 그는 다음과 같이 부연한다. "그러나 그녀가 안수되지 않는 것은 봉헌물을 바치지 않는다거나 제의적 사역을 담당하지 않기 때문이 아니다. 그러나 안수는 성직자를 위한 것으로, 그 사역에 기인한다. 그러나 과부는 기도를 위해 임명되며, 이것은 모든 기독교인의 역할이다."

10. *Apostolic Constitutions* 3.7.

11. B. Holmberg, *Paul and Power*(Philadelphia: Fortress, 1978).

12. 롬 11:13에서 KJV는 바울이 "내가 내 직분을 찬미한다"라고 말하는 것을 가지고 있지만, 여기에 "직분"이라는 단어는 단지 디아코니아, 곧 "봉사"일 뿐이다. 12:4의 "모든 지체가 같은 직분을 가진 것이 아니

위한 사용은 수세대의 독자에게 "직분"이 표준적 개념인 것으로 보였음을 의미했다.[13] 봉사를 위한 과부의 직제가 이렇게 이른 시기에 있었는지에 대한 한 가지 단서가 있을 수 있다. 그것은 디모데전서 3:11에 있는데, 거기에는 "여자들"에 대한 특별한 교훈들이 있다(주석 참조). 이들이 장로나 집사와 병행되는 직제를 형성했는지 혹은 집사의 아내들이었는지에 대한 질문은 집사의 아내들이 나중에 남편의 사역과 구별되게 조직되게 되는 사역에서 봉사했다고 대답될 수 있을 것이다. 만약 그렇다면, 과부들의 사역은 비공식적 집단에서 공인되는 직제로 발전되는 유사한 역사를 가졌을 수 있다. 하지만 "디모데전서가 성직자의 일원으로 등록될 과부에 대해 이야기한다"[14]라고 말하는 것은 시대착오적이다.

또한 우리는 3절의 과부를 존경(NIV, "인정")하는 일에 대한 언급이 어떤 특별한 명부에서의 등록을 암시하지 않지만, 9절의 카타레고는 그러함을 관찰해야 한다.[15] 하지만 추가적 증거 없이 그 차이점은 두 가지 구별되는 범주, 곧 일반적인 "존경"(재정적 지원을 뜻함)과 봉사하는 과부의 직제로의 수용을 전제하는 데 충분하지 않다. 생각건대 그 인정 자체가 공식적 "임명"의 구성 요소가 되며 3절의 "존경"은 봉사에 대한 보수를 포함했을 것이지만, 3절이 이끄는 단락은 9-10절 만큼 많이 공식적 직제를 묘사하는 것 같지 않은데, 거기서는 (의미심장하게도) 아무런 보수도 언급되지 않는다.

그러므로 우리는 그 "명부"가 9절에서 처음으로 언급된다는 입장을 취하는데, 왜냐하면 바울은 (구체적 나이와 같은) 지원의 조건에 대한 보다 구체적인 상세를 제공하고 있기 때문이다. NIV(새국제성경)와 NRSV(새개정표준성경) 양자 모두가 "명부에 올려 지다"로 번역하고 있는 동사는 선별과 등록을 뜻함에 틀림없다. 따라서 비록 그것이 봉사의 직제에서 편입을 뜻하지는 않더라도, 확실히 재정적 원조를 받을 자격이 있는 한정적이며 공개적으로 인정되는 집단의 명단에 올리는 일

다"에서 헬라어는 프락시스, 곧 "역할"이다. 딤전 3:1의 "만약 사람이 감독의 직분을 바란다면"에서 "직분"이라는 단어는 단지 에피스코페, 곧 "감독[관리]"(oversight)을 가리킨다. "집사의 직분을 사용하게 하라"와 "집사의 직분을 사용했다"라는 어구들(딤전 3:10, 13)에서, "직분"으로 번역되는 헬라어 단어는 단지 디아코네오, 곧 "봉사하다"의 한 형태일 뿐이다. 세 가지 사례에서 KJV은 [유대] "제사장직"을 가리키는 어구에 "직분"을 삽입한다(눅 1:8, 9; 히 7:5).

13. "직분"은 항상 존재하며 재임자를 요구하는 지위를 함의한다는 점에서 역할과 구분될 수 있을 것이다. 예를 들어, 만약 한 상원의원이 사망하면, 다른 사람이 그 직분을 채우도록 임명되어야 한다. 반면 법무장관(attorney general)은 특정 목적으로 잠시 역할을 맡도록 특별 검사를 임명할 것이다.

14. Kroeger and Kroeger, *I Suffer Not a Woman*, 91.

15. BAGD가 드는 한 사례는 병적 등록이다(412).

을 뜻한다.

60세(9절)는 고대 세계에 늙은 것으로 여겨졌지만, 플라톤이 자신의 이상적 국가에서 제사장의 봉직에 취임하기에 가장 좋은 것으로 결정한 시기였다.[16]

그 다음 조건의 의미는 논쟁된다. 문자적으로 그것은 "한 남자의 여자 [또는 아내]"이지만, 그것이 문제를 해결하지 않는다. 그것은 "단 한 번 결혼한"(NRSV)인가 아니면 "남편에게 신실한"(NIV)인가? (성별이 조정된) 동종의 어구가 디모데전서 3:2에서 집사를 묘사한다(주석 참조). 그것은 라틴어 낱말 우니비라에 상응한다(그 성별은 보통 여성형이며, 관례적으로 여자에 해당되었다). 그 단어는 로마의 귀족 기혼 여성(matron)에게 적용되었으며 심지어 비석의 헌사에서도 발견되었다. 이혼이 로마제국에서 증가함에 따라 심지가 견고한 기혼 여성은 더 이상 단지 한 번만 결혼한 것으로 여겨지지 않았으며, 다른 경칭의 용어들이 사용되었다. 반대로 우니비라라는 용어는 단 한 번 만 결혼한 다른 사회 계층의 여성들에 대해 사용되게 되었다.[17]

이것은 그 표현이 새롭고 성장하는 기독교 교회에 소용되게 했다. 결국 교회는 그것을 보다 특정한 방식으로 과부가 된 이후 결혼하지 않은 사람들을 지칭하기 위해 사용했다.[18] 그러므로 이 세속적이며 이교적 용법에 근거할 때 그 표현이 어떤 사람이 단지 한 번만 결혼했음을 뜻했던 것으로 보일 수 있을 것이다. 하지만 현 구절에 이 제한적 의미를 부여하는 것은 내적 모순으로 귀결된다고 주장 되어왔다. 즉 비록 바울은 보수를 받는 과부가 두 번째 결혼하지 않았어야 함을 요구하지만(9절), 젊은 과부에 대한 바울의 언사는 그들이 재혼해야 한다는 것이다(14절). 그러나 그의 젊은 과부에 대한 조언은 그들을 부도덕함으로부터 지킬 뿐만 아니라 둘째 남편에 의해 재정적 지원이 제공되도록 하려고 의도되었을 수 있다. 우리는 당면 문제가 재혼에 대한 정죄가 아니라 재정적 원조를 하느냐 마느냐의 것임을 기억해야 한다. 그 교회가 어떻게 나중에 두 번째 결혼 뒤 다시 과부가 된 젊은 과부들의 필요에 대응해야 하는지는 진술되지 않는다.

아마도 우리가 도달할 수 있는 최상의 결론은 바울이 여기서 비[非] 재혼(no remarriage)의 이상을 표현한다는 것이다. 당시에 여기서(또 3:2에서) 사용되는

16. 그의 *Laws* 757d를 참조하라.

17. Majorie Lightman and William Zeisel, "*Univira*: An Example of Continuity and Change in Roman Society," *Church History* 46 (1977): 25-26.

18. Ibid., 30-32.

어구는 초대 교회의 활동 무대가 되는 사회에서 존경을 얻었던 배우자 관계에 상응한다. 그 용어는 유동적이었으며, 당시의 기독교 공동체 내에서 그가 혹은 그녀가 재혼했는지의 여부 보다는 개인의 도덕적 삶과 더 관계된 의미를 지녔다. 그러므로 "남편에게 신실한"(NIV)이라는 번역이 십중팔구 그 조건의 취지를 가장 잘 전달할 것이다.

10절의 "선한 일로 잘 알려진"이라는 어구는 다음과 같은 3:7의 장로의 조건에 대한 어구와 유사점들을 지닌다. "그는 또한 외인에게도 좋은 평판이 있어야 할지니." 양 절 모두 마르튀르(문자적으로 "증거": "잘 알려진"과 "평판")라는 어근에서 파생된 단어 그리고 비록 상이한 문법적 관계에 있지만 칼로스("좋은, 선한")의 형태를 가진다. 장로에게서와 마찬가지로, 과부의 평판이 그 교회에서의 인정을 위해 중요하다. 선한 행실은 "온갖 종류"의 것이어야 한다. 바울은 다음과 같은 네 가지 현저한 사례를 열거한 후 이 일반성을 진술한다. "자녀를 양육하는 일과 환대하는 일과 성도들의 발을 씻는 일" 그리고 "어려움에 처한 사람들을 돕는 일."

11-15절에서 젊은 과부와 늙은 과부의 대비는 우리가 생각했을 수 있는 것보다 더 강하다. 그것은 단지 젊은 과부가 재혼하며 따라서 재정적 도움을 필요로 하지 않을 것 같다는 말이 아니다. 그들은 명부에 올려지기보다 거절되어야 하는데 왜냐하면 성적 욕망이 그들과 그리스도 사이에 오게 될 것이다. 그 동사(카타스트레니아오)는 사치스럽게 지냄 혹은 욕정에 가득찬 충동에 빠짐이라는 개념을 담고 있다. 요한계시록 18:9에서 그 동사의 기본형 스트레니아오("사치스럽게 살다, 육신적으로 살다")는 바벨론과 더불어 사치스럽게 사는 지상의 왕들을 묘사한다. 관련된 명사(스트레노스)는 18:3에 나오는데, 거기서 그것은 호색이나 사치를 뜻한다. 문제는 젊은 과부가 재혼하는 일에 있지 않은데, 왜냐하면 바울은 14절에서 젊은 과부의 재혼을 권면하기 때문이다. 오히려 그것은 명사 크리스토스의 그 동사와의 관계가 나타내는 바와 같이, 그들이 충동 때문에 그리스도께로부터 멀어지게 된다는 것이다.

그러한 관점을 고려할 때 이 젊은 과부들이 심판될 것이라는 점은 놀랍지 않다(12절). 그들은 "처음 맹세"를 저버렸다. 이것은 과부의 명부에 올려질 때 한 맹세를 뜻할 수도 있는데, 그것은 단지 바울의 젊은 과부에 대한 제한들 이전 혹은 그것들에도 불구하고 행해진 경우였을 수 있다. 그것은 그리스도를 따르겠다는 처음 약속을 가리킬 수도 있지만, 이것은 회심을 묘사하는 일반적 방식이 아니다. "처음 맹세"가 무엇을 뜻하는지를 정확히 결정하기 어렵지만, 분명한 것은 그것이 그들이 저버린 서약이라는 점이다.

이것들은 과부의 상황이 얼마나 불안정했는지에 대한 다소 전면적인 언급이다(완화하는 고려 점들에 대해서는 아래를 참조하라). 그러나 여전히 추가적 문제, 곧 젊은 과부가 책임을 회피하기 위해 자유를 사용하는 경향이 존재한다(13절). 이것은 여자가 남자보다 더 게으름에 빠지기 쉽다는 것을 암시하지 않는다(게으른 것은 아마도 여자가 아니라 남자일 것이라고 하는 살후 3:6-15을 참조하라). 당연히 친구를 방문하는 데 여유 시간을 사용하는 일은 한담의 가능성을 포함하지만, 그것이 재혼한 여자에게 더 큰 개연성이 있는 것인가?

선호되는 대안(14절)은 젊은 과부가 재혼하는 것인데, 이는 욕정을 만족시키기 위함이 아니라 아이를 가지며 집을 관리하는 책임을 지기 위함이다. 바울이 아이를 가지는 것을 지지하지만, 왜 그러한지에 대한 이유를 제시하지 않는다는 점은 주목할 만하다. 아마도 이것은 2:15에 근거하여 해석될 수 있을 것이다. 단순한 실제적 이유는 돌볼 아이를 가지는 것이 "집집으로 돌아" 다니는 경향을 감소시킬 것이라는 점일지도 모른다. 그러나 확실히 만약 그가 또한 아이를 갖는 일이 결혼에 있어 바람직하다고 생각하지 않았다면, 이 두 번째 이유로 아이를 갖는 일을 권고하지 않았을 것이다. 그렇다면 그것이 여타의 아내보다 재혼한 과부에게 더 큰 이유가 되겠는가?

또한 바울은 젊은 과부들에게 "집을 관리하라"고 권고한다. "관리하다"에 대한 단어는 오이코데스포테오인데, 이것은 그 동족어들과 함께 흥미로운 역사를 가진다. 그 동사와 관련 명사들은 점성술에서 "집"에서의 지배적인 운성에 대해 사용되었다. 명사 형태에서 그것은 다음과 같은 마태복음 10:25에서와 같이 가족의 아버지 혹은 집의 주인을 묘사하는 데 사용될 수 있다. "그 집의 우두머리를 바알세불이라 하였거든 하물며 그 집 사람들이랴." 점성술이 고대에 지녔던 권위 있는 역할과 이교적 사고에서 바알세불의 군림하는 역할을 고려할 때, 오이코데스포테오는 재혼한 젊은 과부의 가정에 대한 책임에 대해 사용하기에 특이한 용어이다.[19] 그것은 이 여자가 새 가족 가운데 강한 관리의 역할을 지닐 것임을 가리킨다.[20]

"비방의 기회"가 있지 않도록 하라는 염려는 7절과 일치한다(앞의 주석 참조). "대적"은 나쁜 상황을 이용할 수 있을 것이며, 바울은 그 대적을 "사탄"이라고 바

19. LSJ, 1204를 참조하라.

20. 이 본문은 가정에서 아내의 역할을 평가할 때 기억되어야 한다.

로 밝힌다(15절). 젊은 과부의 일부는 이미 "사탄에게 떠나갔기" 때문에, 우리는 12절에 왜 그렇게 심판에 관한 가혹한 말이 있는지를 이해하게 된다. 사탄은 인간의 죄와 연약함을 이용할 수 있다(고전 7:5; 고후 2:11; 엡 4:26-27).

한 번 더 그리고 결론으로(16절) 바울은 가족이 과부를 돌봐서 교회에 대한 추가적 부담을 방지하라고 권고한다. 도와야 할 사람은 믿는 여자이다.[21] 그 절의 마지막은 참으로 궁핍한 과부에 대한 바울의 관심을 보여준다. 만약 도중에 그가 주제를 궁핍한 과부에서 봉사의 직제상의 과부로 변경했다면, 이제 분명히 그의 처음 관심사로 돌아갔다.[22]

상황잇기

사람들을 대하기. 기독교인의 타인과의 관계는 확실히 기독교인의 삶의 다른 측면들보다 덜 중요하지 않으며, 또한 다수의 의무 중 하나의 의무에 불과한 것이 아니다. 예수께서는 타인에 대한 용서를 우리 자신의 용서의 조건으로 만드셨을 뿐만 아니라(마 6:14-15), 만약 우리가 단지 우리를 사랑하는 자를 사랑하며 우리의 형제자매에게만 인사하면, 경멸받는 세리와 이방인 이상의 것을 하지 않고 있는 것이라고 말씀하셨다(5:46-47). 만약 이것이 모든 기독교인에게 중요하다면, 지도자 직분에 있는 기독교인에게는 확실히 중대하다.

하지만 라디오 방송에서 부드러운 목소리가 들려지거나 출판물에서 유쾌한 글이 읽혀지는 동일한 사람이 이면에서는 선동가일 수도 있다. 슬프게도 종종 기독교 지도자가 더 중요해지면 질수록 동료들을 덜 중요하게 생각하게 된다. 그것은 디모데에게는 그런 식이 아니었는데, 비록 어떤 사람이 교정을 필요로 했을 경우에도 말이다. 곧 그 젊은 목회자는 그 사람을 가혹하게 꾸짖지 않고 마치 자신의 아비처럼 권면해야 했다(1절).

그것이 디모데보다 나이든 남자들에 대한 교훈이었다. 그러나 그는 또한 젊은

21. 바울이 여성형 보다 남성형을 사용했을 가능성이 있는데, 비록 필사본의 증거는 그 원문이 여성형인 쪽으로 더 기울지만 말이다. 이것은 고대 필사자가 남성을 우선시하기 위해 본문을 변경한 처음 사례가 아닐 것이다.

22. 추가 연구를 위해서는 또한 다음을 참조하라. M. Bassler, "The Widows' Tale: A Fresh Look at 1 Tim. 5:3-16," *JBL* 3 (1984): 23-41; R. A. Campbell, "*kai malista oikeion*: A New Look at 1 Timothy 5.8," *NTS* 41 (1995): 157-60; Verner, *The Household of God*, 161-66; Paul Veyne, ed., *A History of Private Life. 1. From Pagan Rome to Byzantium*, trans. Arthur Goldhammer(Cambridge, Mass.: Harvard Univ. Press, 1987), 75, 497-98, 535, 568, 598, 604; B. W. Winter, "Providentia for the Widow."

남자들에게도 가혹하지 않아야 했는데, 곧 그들은 형제같이 대해져야 했다. 우리는 얼마나 많은 목회 조력자들과 인턴들이 멘토의 가혹한 비판 때문에 기독교 목회 사역을 포기했는지를 보며 놀라게 된다. 물론 이 구절에서 언급되는 남자와 여자들이 디모데와 긴밀하게 사역하고 있었는지에 대한 아무런 암시도 없다. 또한 당시에 널리 퍼진 여성에 대해 저평가하는 견해를 고려할 때, 심지어 진지한 기독교 남성조차도 그리스도 안에서 자신의 자매된 자들에 대해 우월감에 빠질 가능성이 있었다. 어떤 문화에서 선교사들은 여성에 대해 가져야 하는 존중을 결여하는 것이 확실히 가능한데, 특별히 그들이 자기 자신의 인종이나 사회 집단에서 남성에게 존중을 받지 않는다면 그러하다. 또한 기독교 목회 사역 가운데 있는 자들을 포함하는 혹은 특별히 그 사람들인 남성이 자기 자신의 목적을 추구하며 회중 가운데서 젊은 여자를 "이용하기"가 쉽다.

과부의 궁핍함. 1-2절의 교훈은 1세기의 궁핍한 집단인 과부들에 대한 바울의 관심을 기울임을 준비한다. 그가 어떻게 이 주제와 관련하여 교리와 삶을 결합하여 취급하는 방식을 사용하는지를 보는 일은 유익하다. 4절에서 과부의 자녀와 손주들이 "먼저 자신들의 신앙을 실천하기를 배워야 한다." 필자는 매우 종교적인 사람들이 나이 들고 궁핍하게 된 부모를 실제로 등한히 하는 것을 본 경험을 했다. 종종 도울 수 있는 재력을 가진 자녀들이 의무를 회피하고 형제자매, 아마도 결혼하지 않은 여자에게 부모를 돌보도록 맡긴다. 그런 사람이 멋지게 기도하거나 설교하거나 찬양하는 것을 듣는 사람들은 그들이 "믿음을 실천하고 있다"고 전혀 생각하지 않을 수도 있다. 8절의 말씀은 자신의 가족에게 공급하지 않는 사람은 "믿음을 부인했으며" 불신자보다 더 나쁘다고 주장하는 데 있어 놀랍도록 강경하다. 여기서 "믿음"은 일단의 기독교 교리이다. 그 사람은 교리를 실천하는데 실패했을 뿐만 아니라 그것을 부인했다.

과부의 정확한 사회적 지위와 또한 경제적 지위는 상이한 사회에서 다양할 것이다. 또한 가용 자원이 다양할 것이다. 재혼에 관한 관례 역시 문화마다 다르다. 기독교인들은 사회에서 과부를 돌보는 일에 있어 사랑과 존경을 표현하며 교리를 실천하는 최선의 방식이 무엇인지를 결정하는 일을 사려 깊게 해나가야 한다.

노인, 특별히 과부의 궁핍함은 보편적인데, 비록 그들이 모든 사회에서 동등한 도움을 받는 것은 아니지만 말이다. 우리는 그들이 문제라고 말하는 데 주저하는데, 왜냐하면 그 단어가 나타내는 태도에 더하여 노인이 자신을 문제로 생각하는 일은 무용성과 부담과 아마도 자책감을 더할 것이기 때문이다. 비록 궁핍함이 보편적이지만, 과부와 노인은 상이한 방식으로 봐지며 대해진다. 어떤 문화는 전통적으로 다세대 가족을 가지는데, 이는 각 세대가 사랑을 받으며 필요한 존재임을 느끼는 일과 사별하거나 나이 든 사람들이 말년 내내 머무르는 일을 수반한다. 다른 문화는 그들이 빈약한 상황에서 약해질 때 그들을 모르는 체하거나 냉정하게 그들을 가정에서 내쫓으며, 함부로 "양로원"에 입소시킴에 의해 노인들을 평가 절하한다. 대비되게 새롭게 결혼한 부부가 (자녀가 생길 때까지) 단일 세대인 가족을 이룰 때, 그들은 그것에 의해 의도적은 아니더라도 사실상 자신들을 돌봄을 결국 필요로 하게 될 수 있는 부모와 조부모와 고모와 삼촌 등에게서 떠나가게 한다.

연로한 분을 위해 최선의 일을 하길 원하는 어떤 가족은 알맞은 은퇴자 공동체나 시설을 발견하지만, 그때에 자신의 집에서 개인적으로 돌보지 못함에 대해 큰 죄책감을 가진다. 필자는 우리가 필자 자신의 어머니를 우리의 친구가 정성껏 운영하는 근사한 양로원으로 차를 태워 모실 때 그분이 "이것은 내 인생 최악의 날이다"라고 말씀하셨던 것을 기억한다. 그러나 몇 개월이 안 되어 집에서 추수감사절을 보내시게 한 뒤 그것에 차로 다시 모셔다 드릴 때, 그분은 친구들이 있는 곳으로 돌아갈 것이라는 것이 얼마나 기쁜지 모른다고 말씀하심에 의해 우리를 놀라게 하셨다. 그분은 94세까지 거기에서 평화롭게 사셨다.

그렇다면 우리는 어떻게 디모데전서 5:3-16에 근거하여 과부에게 최선의 것이 무엇인지를 결정할 수 있는가? 바울은 어떤 원리들을 표명하는가? 우리는 과부의 필요와 가족의 책임과 과부 자신의 책임을 고려해야 한다.

(1) **필요를 확정하기.** 우리는 과부의 실제적 필요에 민감해야 한다. 오늘날 다수의 과부가 투자와 은퇴 프로그램과 유산으로 받은 자금을 통해 상당한 재산을 가지고 있다. 그러나 쉽게 오해되는 상이한 종류의 필요들이 존재한다. 때대로 여자가 사별할 때 남편이 전에 하던 일상사의 결정을 할 능력이 없다고 여겨진다. 가족은 그녀의 잠재적인 능력을 과소평가하고 그녀의 세밀한 감정을 충분히 고려하지 않고 그녀에 대한 결정을 내린다. 흔한 행동은 그녀가 집을 떠나 다른 상황으로 이동하며 익숙한 환경과 벗들을 떠나도록 강요하는 것이다. 이 결정은 자주 너무 쉽고 당사자와의 충분한 논의 없이 이루어진다. 다시 말하건대 우리는 그녀의 실제적 필요에 민감해야 한다.

(2) **가족의 책임.** 과부를 돌보는 일은 우선적으로 가족의 책임이다. (바울 당시의 교회와 같이) 심지어 다른 도움의 제공자가 소용되더라도, 가족이 책임을 져야 한다. 과부가 가족과 일정 정도 떨어져 사는 현대 사회에서 편지와 전화의 빈번한 이

용이 바람직하다는 점을 제안하는 일은 진부할 것 같다. 다수의 과부가 등한히 여겨지며 기억되지 않는다고 느낀다. 전화 통화나 방문이 돈이나 선물보다 더 중요하다. 필자는 90대에 계시고 기억을 유지하려고 애쓰시던 때에 필자가 필자 자신의 어머니가 어릴 때 알던 마을의 거리 지도를 가져와서 유년기의 즐거웠던 일을 기억하도록 도움을 주는 일이 그녀에게 얼마나 큰 의미가 있는 것이었는지를 회상한다.

각각의 상황이 과부, 특별히 노년의 과부에 대한 창의적 지원의 기회를 제공한다. 필자 자신의 목회 사역과 필자의 어머니의 친구들을 방문 하면서 자주 필자는 그들이 가족에게서 좀처럼 소식을 듣지 못한다는 불평을 하는 것을 들어왔다. 동전이 이면은 가족들은 자주 무엇을 하거나 말해야 할지를 모른다는 점이다. 소모성 질환으로 죽어가는 사람들에게 있어, 그들을 대면하며 의미 있고 격려가 되는 대화를 계속하기가 자주 어렵하다. 만약 노인—우리는 이것을 과부의 범주를 넘어 확대해야 함—이 더 어린 자녀를 둔 보다 젊은 사람들이 있는 집에 살거나 방문하면, 그 상황은 다른 어려움들을 가지게 될 수 있다. 젊은 세대는 아마도 자신의 용무에 몰두하며 식사 시간에 자신의 활동과 견해에 대한 대화에 열중할 것이다. 노인은 참여할 아무 것도 없이 단절되며 사용되는 말조차 이해하지 못할 것이다. 줄어든 청력 또는 초기 치매 증세가 문제를 더 복잡하게 한다.

바울이 현 구절의 4에서 진술하는 바와 같이, 가족의 가장 명백한 의무는 재정적인 것이다. 그는 우리가 부모나 조부모를 돌보는 일은 실제로 그분들이 오랜 세월동안 우리를 돌봐주신 것에 대한 보상임을 상기시키는 언사를 제공한다. 고령자가 늙어감에 따라, 우리는 자신이 부모의 부모가 되는 자리에 있게 되는 것을 발견하게 되는데, 특별히 그들의 정신적 예민함이 약화될 때 그러하다. 노인들은 가족이 부양을 위해 얼마나 많이 지불하고 있는지 깨닫지 못할 수도 있다. 더 심각하게도 그들은 자녀나 손주가 자신들의 돈이나 소유를 착복하고 있다고 의심하게 될 수도 있다. 슬프게도 이것은 때때로 사실이다. 그러나 심지어 좋은 상태에서도 노령자들은 "착복된"다는 두려움을 나타낼 수도 있다. 그들은 자신의 자금을 보관해 두었으면서 타인이 그것을 강탈했다고 비난할지도 모른다. 그런 상황은 기독교 가정에 어렵지만 "네 부모를 공경할"(출 20:12) 놀라운 기회가 되기도 한다.

또한 성경은 과부를 돌보는 일이 종교적 의무임을 가르친다(다시 한 번 약 1:27 참조). 우리는 과부, 특히 우리 자신의 가정의 과부를 등한히 하면서 하나님을 기쁘게 해드리고 있다고 주장할 수 없다. 16절은 믿는 여자가 자신의 가정의 과부를 돌봐야 함을 나타낸다. 이것은 과부에 대한 여성 편에서의 더 큰 민감성을 암시할지도 모르지만, 또한 남성이 돈을 버는 사람이고 여성은 보통 가정에 있으므로 궁핍한 가족 구성원을 돌볼 수 있었던 시기를 반영할 수도 있다. 하지만 바울의 요지는 교회가 그럴 필요가 없도록 여성이 그 부담을 지려고 노력해야 한다는 것이다. 그것은 타인에 대한 사려 깊음의 문제이다.

(3) **과부의 책임.** 상반되게 과부는 스스로 하나님을 추구하며 그분을 신뢰하고 타인을 위해 기도해야 한다. 9절은 그녀가 남편을 계속하여 존경해야 함을 시사한다. 그녀는 그것을 행함에 대해 좋은 평판을 얻을 정도로 선행을 행하며, 가능한 한 많이 타인을 돌봐야 한다. 그것은 사별 후 얼마간의 시간을 요할 것이지만, 과부는 하나님을 "주야로" 바라보며 자신의 필요와 미래에 대해 하나님을 신뢰하는 법을 배워야 한다(5절). 그 다음에 그녀는 타인의 필요에 관심을 돌릴 수 있다(10절).

젊은 과부에 관하여 이야기하자면 많은 문화에서 그들은 이미 좋은 교육을 받았으며 시장에 진입하거나 재진입할 수 있다. 많은 이들이 재혼할 것이다. 물론 모든 독신자가 (모든 사람이이 그러해야 하는 바와 같이) 자신의 성적 욕구를 제어하며 부적절한 관계를 자제할 필요가 있다. 젊은 과부가 비난되지 않으며 재혼하며 새 가정을 시작하는 것은 합당한다. 또한 바울은 재혼한 과부에게 가정을 관리하라고 권고하기 때문에, 우리는 그가 모든 결혼한 여성에게 동일한 기대를 가진다고 볼 수 있을 것이다. 바울이 여성이 지닐 유일한 관리의 역할이 가정에 한정된다고 생각하는 것으로 해석될 수도 있겠지만, 본문은 그것을 말하지 않는다. 놀라운 것은 "관리하다"라는 단어의 강도이다. 이것은 "머리"가 되려는 열망 가운데 집안일에 사사건건 간섭하며 모든 가정 관리의 영역에 개입하려 드는 남성을 질책할 것이다. 14절은 자신의 은사를 가정 관리에 쏟는 여성을 지지한다.

현대적 의미

오늘날 서양 사회에서 과부. 여성이 과부가 되는 연령은 물론 세대별로 나라별로 달라왔다. 사고와 불치병을 방지하며 오늘날 서양 사회의 여성은 출생과 다양한 전염병 가운데 살아남아 70대와 80대 그리고 90대까지 살 가능성이 더 많아졌다. 더 나은 경제적 준비가 여성의 돌봄을 위해 이루어지고 있으며, 확대된 돌봄을 위한 보험 정책이 손쉽게 이용 가능하다. 다른 문화들에서는 확대 가족들이 한 가정 안의 여러 세대와 여러 봉사자의 존재에 의해 말하자면 자체 보험을 들고 있다. 하지만 세계의 어떤 지역은 아무런 고유의 돌봄 형태도 가지고 있지 않으며, 현 구절의 규정들이 보다 관련성이 있게 된다.

그러나 동시에 의료비용과 돌봄 시설의 비용이 미국에서 천정부지로 올라왔다. 우리는 오늘날 부모의 노년 준비를 도울 뿐만 아니라 우리 자신의 노년을 계획할 필요도 가지고 있다. 어떤 사람들은 좋은 투자와 좋은 보험 상품을 구매하는 일이 신뢰의 부족을 증거하고 있다고 생각한다. 그런데 필요를 공급해주는 일의 실패는 다른 누군가—아마도 다른 친척, 아마도 정부, 아마도 교회—가 공급해야 함을 뜻한다. 오늘날 상대적으로 출판물과 기관들에서 필요한 정보를 얻으며 노년의 상황을 심리적이며 의학적이고 사회학적 등등의 측면에서 노년의 상황을 이해하는 데 도움을 줄 수 있는 노인학자와 노인병학 전문가들의 조언을 구하기가 상대적으로 용이하다. 교회는 홀로 남은 자들에게 영적 돌봄뿐만 아니라 상담과 프로그램과 재정적 지원도 제공할 수 있다. 일인실로 이루어진 호텔과 기관과 거리에서 홀로 몸부림치며 비탄에 잠겨있는 많은 과부—그리고 또한 홀아비—가 있다. 오늘날 과부를 돌보기 위해 우리 자신의 믿음과 실천을 결합할 많은 기회가 있다.

야고보서 1:27과 디모데전서 5장은 문자적인 과부를 가리킨다. 또한 도움이 필요한 문자적 고아가 있다(약 1:27). 하지만 현대 세계에는 궁핍한 자들을 돕는 일 가운데 교리와 생활의 동일한 결합을 표현할 수 있는 유사한 상황들이 존재한다. 오늘날 고독하며 상처받고 오해되며 아마도 재정적 궁핍함이 있는 많은 이혼한 사람들이 존재한다. 또한 이혼자의 자녀가 있는데, 최근의 연구들은 이혼은 보통 성년의 삶에도 계속되는 자녀에 대한 영향을 가진다. 그들은 고아가 아니지만, 이해와 돌봄을 뜻하는 사랑을 필요로 하고 있다. 또한 그들과 학대받은 여자들(또한 소수의 남자들과 함께)은 기독교인들이 믿음과 실천을 결합할 기회를 준다. 이 문제들에 있어 야고보서와 목회서신은 "종교"가 행실과 결합되어야 한다는 확신을 공유한다. 우리의 교회는 치유의 센터가 되어야 한다.

서재에서 내 주위에 있는 책들 가운데 『과부살이를 넘어서』(*Beyond Widowhood*),[23] 『과부된 여성』(*Women as Widows*),[24] 『사별: 생애 주기에 전체에 걸쳐 비통에 빠진 사람들을 상담하기』(*Bereavement: Counseling the Grieving Throughout the Life Cycle*),[25] 『우리의 노령화 사회』(*Our Aging Society*)[26]가 있다. 이 책들은 노

23. By Robert C. DiGiulio(New York: Free Press, 1989).

24. By Helena Znaniecka Lopata(New York: Elsevier, 1979).

령화와 과부 살이 양자 모두에 대해 최근에 보여 진 관심의 증거이다. 물론 이 두 주제는 관련되며 고령 시민(senior citizen)이라는 용어로 대변되는 우리 사회의 점차 증대하는 비중을 차지하는 사람들과 크게 관계된다. 다수의 공동체가 대부분이 과부인 사별자와 노인을 위한 상호 지원 집단을 가지고 있다. 사회복지가 생존한 배우자를 위한 구체적 대책들을 가지고 있다. 의료 서비스가 특별히 노인 의료 보험 제도(Medicare)를 통해 노령자에게 소용된다. 민간 보험 회사는 심지어 장기 간병 보험과 양로원 보험과 다른 특별 패키지 상품을 제공한다.

그런 프로그램들 때문에 몇 년 전에 기독교인 일반적으로 더 이상 이전 세대들에 존재하던 노인과 과부를 부양할 필요를 지니지 않는다고 말해질 수 있었다. 정부 복지후생 프로그램들이 가족들이 행해왔던 것들을 하고 있었다. 하지만 1990년대에 고령 인구는 이 프로그램들을 위해 너무 방대함이 분명해졌다. 공화당지지자들은 노인 의료 보험 제도가 곧 파산할 것이라고 하는 문제를 집요하게 다루었다. 의료 서비스의 치솟은 비용이 뜨거운 정치적 쟁점이 되었으며, 업계와 정부가 서로에게 책임을 떠넘기려고 했다. 현재 젊은 세대에 대한 미래의 부담이 (대학 비용과 더불어) 깊이 우려되고 있는 문제다.

일과 은퇴 준비는 적지 않은 책과 잡지와 사보의 주제이다. 나이 차별이 살기 위해서는 일을 계속하는 것이 필요한 사람들과 소송이 생기지 않도록 능력이 저하되고 있는 근로자를 해고하는 데 주의가 필요한 고용주들 양자 모두에게 있는 두려운 괴물이다. 또한 막다른 곳에 "삶의 질"과 안락사와 의사조력 자살과 "생명연장의 최후 수단"(heroic measures)의 중단에 대한 지시를 담은 사망 선택 유언(living will) 등의 질문들이 있다.

갑자기 교회는 기독교인들이 다시 한 번 고령자와 과부를 위해 무엇을 해야 하는지 고려해야 할 것이라는 사실에 눈을 떠야만 했다. 시카고의 라살 스트리트(LaSalle Street) 교회에 의해 몇 년 전 착수된 고령 시민을 위한 모범적 프로그램은 도시 교회가 단지 자기 자신들만이 아니라 주변 공동체에 있는 자들도 돌보는 방식을 계속하여 가리킨다. 그리스도의 사랑이 음식과 목회적 돌봄과 법률 상담과 저비용 주택에서 표현된다. 불이 나서 인근의 독신자 호텔의 고령자들의 생명과 집을 앗아갔을 때, 라살 스트리트 교회는 전체 공동체를 위한 추도식을 거행했다.

---

25. By David A. Crenshaw(New York: Continuum, 1990).
26. By Alan Pifer and Lydia Bronte, eds.(New York: W. W. Norton, 1986).

돕는 구체적 방식. 오늘날 기독교인들이 "실제로 과부"인 사람들의 필요를 충족시켜주는 몇 가지 구체적 방식이 존재한다.

(1) 그들은 말기환자 보호 치료(hospice care)에 자격이 있는 교인을 가질 수 있으며, 그렇게 함으로 만약 한 사람이 죽음에 가까웠을 경우, 그 교인은 생존한 배우자가 무엇을 경험하고 있는지를 이해하며 아마도 또한 마지막 시기의 돌봄에 참여하고 도울 수 있는 다른 기독교인들 모집하는 일도 할 것이다.

(2) 교회는 사별의 단계들에서 조력할 수 있다. 초기 단계들에서 사람들에 대한 많은 도움이 존재한다. 모두가 동일한 추이의 슬픔을 거치는 것은 아니지만, 슬픔이 취하는 형태들을 이해하는 일은 위로와 격려를 제공하길 바라는 사람들에게 도움이 된다.

(3) 또한 적어도 교인 한 명, 아마도 집사가 등록 절차와 시기와 혜택의 계산을 비롯하여 사회보장제도와 노인의료보험제도와 저소득층 의료보험제도와 같은 정부 복지후생 프로그램을 숙지하도록 하는 것이 좋을 것이다. 또한 그 교인은 아마도 은퇴 계획과 과세유예 계획과 연금 프로그램과 은퇴 후의 보조금을 세금을 막기 위해 적절한 시기에 어떻게 상환할 것인지와 같은 재정 정보를 찾아낼 수 있을 것이다. 노인의 다수는 자신의 일을 지혜롭게 처리할 수 없다고 느끼는데, 특별히 직장 경험이 없는 늙은 여성들이 그러하다.[27] 이것은 실제적 문제에서의 도움에 대해 주의하는 일 뿐만 아니라 미래의 재정적 건전성에 대한 깊은 걱정에 대해 인식하는 일을 뜻한다. 목회자와 친구와 평신도 상담자들이 이 널리 퍼진 걱정에 대해 인식해야 한다.

과부의 실제적인 재정적 필요를 평가하는 일은 민감한 문제이다. 자산이 구성되는 방식은 다양하며 많은 사람들이 자신의 재정적 문제를 타인에게 드러내는 일에 두려워하며 조심스러워 하는 경향이 있다. 그렇지만 만약 디모데전서 5장이 적용될 것이라면 책임 있는 사람들에게 필요의 정도가 알려져야 한다. 한 사람 이상이 관여하는 것이 바람직할 것인데, 그럴 때 조작의 기회나 의심의 여지가 없게 된다.

(4) 또한 가족에게도 관심이 기울어 져야 한다. 그들은 나이든 친척의 재정적 안정과 어떤 결정이 최선인지에 대해 아마도 상이한 견해들을 가질 것이다. 어떤

---

27. 다른 사람들은 아마도 지혜로운 재정 결정을 잘 할 수 있을 것이며 과도한 도움에 비하된다고 느낄 것이다.

사람들은 지원을 하는 일을 내켜하지 않거나 할 수 없다고 아마도 느낄 것이며, 따라서 디모데전서 5:4과 16절이 아마도 그들에게 설명되어야 할 것이다. 심지어 가족들은 개인적 이익을 취하려 하는 일이 있을 수도 있다. 어떤 사람들은 그 과부가 자신들에게 상당한 하사금을 주도록 설득하려 들 것이다. 이것은 그녀의 부담으로 자신들 개인에게 이익을 줄 수 있을 뿐만 아니라, 상속세를 피하려는 구실로 행해질 수 있을 것인데, 실제로 그들이 그 과부의 가시적 재산을 축소하는 일을 염두에 둘 때 그러하다. 그렇게 함으로 그녀는 국가의 원조에 자격이 있게 될 것이며, 결국 정부가 그 가족들의 책임을 떠안도록 하게 할 것이다.

(5) 과부에 대한 심방이 또한 중요하다. 필자는 나이든 기독교인 과부를 일전에 방문한 적이 있다. 부부 양자 모두 매우 영적이었으며 선교사 아들을 두었다. 필자가 들어갔을 때 그녀가 봉투들에 주소를 쓰고 있는 것을 알아챘다. 그녀는 필자에게 복음에 관한 "소책자"를 지역 전화번호부의 모든 사람에게 발송하고 있다고 말했다. 그 다음으로 그녀는 필자와 상의하길 원하는 영적 염려가 있다고 말했다. 그녀는 구원받았는지에 대해 확신이 없다고 말했다. 필자는 그녀의 하나님에 대한 사랑과 그 활동을 통해 타인이 주님께 다가오길 원하는 그녀의 바람을 고려할 때 이것이 말도 안 된다고 말하고 싶었다. 그러나 필자는 이것이 그녀의 깊은 슬픔의 징후임을 깨달았는데, 아마도 그것은 그녀가 소중하지 않아서 하나님이 남편을 데려가신 것이라는 느낌이었을 것이다. 어떤 경우이든지 그녀는 지원되며 자신의 주님과의 지속적인 관계 가운데 있을 필요가 있었는데, 이는 디모데전서 5:5과 10절에서 가르쳐지는 바와 같다.

젊은 과부. 지금까지 디모데전서의 가르침의 상당량이 늙은 과부의 개인적인 상황과 감정에 대해 적용될 수 있다. 지원 자격이 되는 연령을 포함하는 젊은 과부에 대한 교훈은 상이한 문화와 역사 시기에서의 노령에 대한 상이한 인식 때문에 더 난해하다. 오늘날 젊은 과부는 일반적으로 전문 직업 혹은 안정된 고용을 획득할 수 있어왔다. 그들은 좋은 건강을 유지하며 신체적 외모를 유지하는 방법을 알 수 있다.

본문에서 암시되듯이 많은 남자에게 젊은 여자는 성적으로 더 매력적인 것이 여전히 사실이지만, 여자의 성적 욕구는 자주 생각되어온 것보다 더 오래 지속된다. 어떤 최근의 연구는 말년에 남성이 여성보다 더 급격하게 감퇴되는 것을 보여주는 것 같다. 그러나 나이는 게으른 것과 사람들을 방문하며 돌아다니는 일(또는 오늘날의 전화하는 일)과 거의 상관이 없는 것 같다. 하지만 이메일 사용을 포함하여 자유 시간을 인터넷에 접속하여 사람들과 교분을 쌓으려고 하는 데 사용하는 일은 또 다른 문제이다. 젊은 과부들은 컴퓨터에 능숙할 가능성이 더 많다. 인터넷은 남성과 접촉하려고 하는 사람들로 하여금 손쉽게 그렇게 하도록 해준다. 가상 공간의 도덕적 문제는 잘 알려져 있으며, 사탄은 여전히 남성뿐만 아니라 여성을 위험한 상황으로 유혹할 수 있다. 따라서 디모데전서 5:11-15이 여전히 적용될 수 있다.

여자들은 (만약 주저할 경우) 결혼하도록 격려되어야 하며, 나이는 과거의 일반적 관례와 달리 분리선이 아니다. 마찬가지로 특별히 가정에 관한 여성 문헌과 자녀를 양육하며 배우자와 좋은 관계를 갖는 일에 대한 기독교 자료에 대한 접근성을 고려할 때, 여자들은 가정을 관리하도록 거의 격려될 필요가 없다. 또한 아마도 그들은 좋은 가정 관리자가 되도록 도울 보다 일반적인 배경과 교육을 갖추었을 것이다.

이 모든 점에 있어 우리는 바울의 디모데에 대한 교훈에서 과부에 대한 책임을 받아들여야 하는 것은 바로 교회임을 기억해야 한다. 비록 오늘날 바울 당시에는 없었으며 심지어 생각조차 되지 못한 다양한 가용 자원이 있지만, 정부가 그 모든 일을 할 수 없을뿐더러, 그렇게 해서도 안 된다. 교회는 여전히 하나의 "가정", 곧 하나님의 가족이다.

디모데전서 5:17-6:2

17 잘 다스리는 장로들은 배나 존경할 자로 알
되 말씀과 가르침에 수고하는 이들에게는 더
욱 그리할 것이니라
18 성경에 일렀으되 곡식을 밟아 떠는 소의 입
에 망을 씌우지 말라 하였고 또 일꾼이 그 삯
을 받는 것은 마땅하다 하였느니라
19 장로에 대한 고발은 두세 증인이 없으면 받
지 말 것이요
20 범죄한 자들을 모든 사람 앞에서 꾸짖어 나
머지 사람들로 두려워하게 하라
21 하나님과 그리스도 예수와 택하심을 받은 천
사들 앞에서 내가 엄히 명하노니 너는 편견
이 없이 이것들을 지켜 아무 일도 불공평하
게 하지 말며
22 아무에게나 경솔히 안수하지 말고 다른 사람
의 죄에 간섭하지 말며 네 자신을 지켜 정결
하게 하라
23 이제부터는 물만 마시지 말고 네 위장과 자주
나는 병을 위하여는 포도주를 조금씩 쓰라
24 어떤 사람들의 죄는 밝히 드러나 먼저 심판
에 나아가고 어떤 사람들의 죄는 그 뒤를 따
르나니
25 이와 같이 선행도 밝히 드러나고 그렇지 아
니한 것도 숨길 수 없느니라

6:1 무릇 멍에 아래에 있는 종들은 자기 상전들
을 범사에 마땅히 공경할 자로 알지니 이는
하나님의 이름과 교훈으로 비방을 받지 않게
하려 함이라
2 믿는 상전이 있는 자들은 그 상전을 형제라
고 가볍게 여기지 말고 더 잘 섬기게 하라 이
는 유익을 받는 자들이 믿는 자요 사랑을 받
는 자임이라 너는 이것들을 가르치고 권하라

원 의미

이 절들은 개인적 관계에 대한 단락을 이어간다(5:1-2 주석 참조). 이 부분에서 첫 번째 주제는 교회가 어떻게 장로를 대해야 하는가이다(5:17-25). 17-18절은 장로가 받아야 할 존경과 물질적 도움을 다룬다. 19-20절은 장로가 죄로 고발될 가능성을 다룬다. 21절은 이 맥락에서 장로가 다뤄지는 방식에 적용되는 일반적 명령이다. 22절은 죄짓는 장로의 잠재적 문제에서 기인하는 것 같다. 23절을 문맥과 관련시키기는 어렵지만, 24-25절은 20절에서 시작된 사적이며 공적인 죄의 주제를 부연한다. 6:1-2에서 바울은 노예의 문제와 노예가 그리스도인으로서 어떻게 살아야 하는지에 대한 주제로 전환한다.

장로를 존경하기(5:17-20)

3:1-7의 "감독자"에 대한 교훈은 확실히 장로에게 적용되지만, 장로에 대한 일반적인 헬라어 단어(프레스뷔테로스)는 거기에 나오지 않기 때문에, 이것은 그들에 대한 실제적 교훈의 첫 번째 분명한 용례이다. "교회 일을 잘 지도하다"(17절)라는 말은 "잘 다스리다"라는 헬라 어구에 대한 부연이다.[1] 여기서 사용되는 동사는 프로이스테미, 곧 감독자와 집사가 가족을 관리하는 일을 가리키기 위해 사용되는 것과 동일한 것이다(3:4, 12). "잘"(칼로스)이라는 부사 또한 그 맥락과 이 맥락 양자 모두에 나온다.

감독자가 자신의 자녀에게서 받아야 하는 "존경"에 대한 언급(3:4)은 여기서 언급되는 "배의 존경"과 다르지만, 장로의 위엄과 인정에 대한 증거가 양 문맥 모두에 나온다는 점이 의미심장하다. 주석자들은 "배의 존경"이라는 어구가 ⓐ 존경, ⓑ 보수, 또는 ⓒ 양자 모두인지, 그리고 만약 ⓑ라면 그들이 잘 다스리지 않거나 말씀 사역을 하지 않는 장로의 문자적으로 두배의 보수를 받아야 하는지에 대해 의견을 달리한다. ⓐ를 지지하는 것으로서, 공경은 현재 사회보다 당시 사회에서 훨씬 더 중요했으며 자격이 있는 장로에게 매우 가치 있는 보상이었다. ⓑ를 지지하는 것으로서, 다른 데서 바울은 주의 종에 대한 합당한 재정적 지원을 강력하게 주장한다(참조. 고전 9:9, 여기서 소에게 망을 씌우지 않는 일에 대한 신 25:4을 인용문을 사용함).[2] 마지막으로 필요의 공급은 공경의 구체적 표현이었을 것이기 때문에, 두 가능한 의미는 서로 배타적일 필요가 없으며, 따라서 ⓒ가 가능하다. "특별히"로 번역된 단어(말리스타)는 "곧" 또는 "다시 말해"를 뜻할 수 있지만(참조. 4:10; 5:8; 딤후 4:13; 딛 1:10과 그 구절들에 대한 주석), 여기서는 아마도 "특별히"를 뜻한다. 우리는 집단으로서의 장로들이 지도자 직분의 책임을 졌으며, 그들 모두가 교리적으로 강하며 효과적으로 가르쳐야 하지만, 그들 중 일부는 설

1. 여기의 헬라어에서 분사 구조는 관사와 분사 사이에 "잘"이라는 부사를 포함한다. 완료시제의 사용과 더불어 이것은 여기서 염두되는 사람들이 훌륭한 지도력으로 특징 지워지는 자들임을 스스로 입증했음을 암시한다.

2. 마 10:10과 눅 10:7에서 파송하는 자들에 대한 예수의 교훈을 참조하라. 각각에서 "자격이 있는"이라는 단어가 여기에서와 같이 트로포스("음식물", 곧 필요에 대한 매일의 공급)와 함께 사용된다.

교와 가르침에 추가적 재정 지원이 요구되기에 충분한 시간을 들였다고 추론할 수 있을 것이다. 이것은 "보수"라는 뜻 혹은 "공경과 지원" 양자 모두를 지지한다.

19절에서 그 구절은 장로를 공경하는 일에서 고발하는 일로 갑작스런 전환을 하는데, 비록 장로들이 고발을 하는 데 있어 신중할 것에 대한 요청에 의해 여전히 존중되지만 말이다. 교훈은 모호하지 않다. 구약성경의 두세 증인의 요구가(신 19:15) 여기서 적절히 적용된다. 그것의 사용이 여기서 중대한 데 왜냐하면 장로가 다른 사람들보다 더 중요하기 때문이 아니라, 장로의 평판이 교회의 증거에 매우 중요하며 사탄은 자신의 목적을 위해 수치를 이용할 수 있기 때문이다(참조. 3:7).

20절의 "죄를 짓다"는 단어의 현재 시제는 문제되는 장로가 단지 고발된 죄에 대해 유죄임이 증명되었을 뿐만 아니라, 그것을 계속하고 있음을 암시한다. 세상에서 하나님의 백성의 평판은 목회서신에서 매우 중요하기 때문에(또한 딛 2:5, 8, 10 참조), 만약 (적어도 두세 증인이 그것을 증언함과 함께) 장로의 죄가 드러나면, 그 일은 공개적으로 다뤄져야 한다. 그러나 존 스토트는 다음과 같이 말한다.

> 하지만 그런 공적 질책은 비록 효과적인 억제 방법이지만 최후의 수단이어야 한다. 사적인 죄는 사적으로 다뤄지고 단지 공적 죄만 공적으로 다뤄지는 것이 안전한 규정이다. 모든 가능성이 소진될 때까지 사적인 것을 공적으로 만드는 것은 올바르지 않을 뿐 만 아니라 필요하지도 않다.[3]

교회에서 죄와 정결함에 대한 추가적 교훈(5:21-25)

21절의 "편견"과 "불공평"을 피하라는 경고는 상식과 예의의 문제인 것 같다. 하지만 디모데는 장로들과 밀접하게 동역하고 있기 때문에, 그의 자연적 경향은 아마도 죄를 범한 지도자에게 강하게 반대하는 일에 대한 주저일 수 있다. "하나님과 그리스도 예수와 선택된 천사들"을 증인으로 요청하며, 단지 맹세를 결여한 준엄한 경고의 집중 포화로 이 교훈을 시작한다(또한 딤후 2:14; 4:1과 주석 참조). 여기서 "택하심을 받은 천사들"에 대한 언급은 난해한데, 특별히 그 표현이 성경의 다른 데에 나오지 않기 때문이다. "선택된"은 단지 천사적 증인의 중요성을 강

---

3. John Stott, *Guard the Truth*(Downers Grove, Ill.: InterVarsity, 1996), 139.

조하는 것일 수 있다. 하지만 그것은 또한 천사를 선택할 하나님의 주권적 권한을 강조할 수 있거나, 아마도 하나님의 종으로서 그리고 인간과 달리 죄를 짓지 않을 것을 선택할 천사의 능력을 가리킨다.

디모데는 고발된 장로 문제와 편견을 피하는 일에 있어 큰 주의를 해야 할 뿐만 아니라, "안수하는 데 경솔하지 않아야" 한다(22절). 수 년 동안 이것이 디모데전서 4:14의 의미에서 안수인지 아니면 동일한 표식으로 회개한 사람(아마도 이전의 장로)을 다시 받아들이는 일인지에 대한 논의가 오갔다.

어떤 사람들은 바울이 여기서 권면하는 주의를 초기 교회의 관례에 근거하여 해석하지만, 이것은 사도 시대에 적용될 때 시대착오적이다. 그렇지만 핸슨은 감독의 안수에 의한 출교자의 교회 복귀 관례는 "저자의 시기 백년 넘어서까지 증거되지 않는다"는 점을 인정하지만 이것이 보다 자연스러운 해석으로 생각한다.[4] 20세기의 보다 앞선 주석자들 중에 로크는 역사적 전거들과의 간략하지만 상세한 논의를 한다. 또한 그는 참회하는 죄인의 수용을 선택한다.[5]

이것이 가능하지만, 목회서신에서 지금까지 안수에 대한 유일한 언급은 4:14이다. 그러므로 다른 주석자들은 "경솔한" 행위가 장로직으로 잘못된 사람을 선택한 일이라고 생각한다. 그러나 "타인들의 죄에 참여하지" 말라는 바울의 경고와 자신을 정결하게 지키라는 디모데에 대한 바울의 훈계는 잘못을 범하는 장로의 본래적 선택에서의 죄의 실제성과 가능성을 암시한다.[6] 명백히 또한 행동—선택하거나 또는 징계하는—도 죄에 관하여 무분별하고 부주의하며 느슨해지는 "경솔한" 방식으로 행해지지 않아야 한다. 이 문제들에 있어 태만한 것은 스스로 죄를 범하는 것이다. "네 자신을 정결하게 지키라"(또한 4:12; 5:2 참조)는 디모데에 대한 지시는 특별히 악행과 연루될 가능성을 가리키는 것 혹은 일반적 명령으로 이해될 수 있다.

23절의 포도주에 대한 바울의 언사의 가장 자연스러운 설명은 정결에 대한 그의 언급이 절제 문제와 연결하는 가교 역할을 한다는 것이다. 과도한 음주의 위험은 고대 세계에 잘 알려졌다. 나실인의 서원을 한 사람들은 구별된 기간 동안 포도주를 금해야 한다(민 6:3-4). 세례 요한은 포도주를 완전히 금했다(눅 1:15; 7:33).

---

4. Hanson, *The Pastoral Epistles*, 103.
5. Lock, *The Pastoral Epistles*, 63-64.
6. Fee, *1 and 2 Timothy, Titus*, 131-32; Knight, *Pastoral Epistles*, 239; Oden, *First and Second Timothy and Titus*, 152; Scott, *Guard the Truth*, 139-40.

하지만 목회서신에 따르면 장로들은 단지 술 취함이나 중독을 피해야 했다(딤전 3:3; 딛 1:7). 디모데가 포도주를 과연 취해야 하는지를 질문했을 것임이 자연스럽다. 바울에게 서신에서 몇 가지 질문을 한 고린도인들과 같이(참조. 고전 7:1), 디모데가 바울에게 질문을 제기했을 수 있다. 사도는 디모데에게 건강의 이유로 "약간의 포도주"를 취할 것을 허용할 뿐만 아니라, 그렇게 하도록 명령한다. 그 다음으로 사적이고 공적인 죄의 문제를 다시 한 번 거론하며, 바울은 24-25절에서 조만간 죄와 선행 양자 모두가 공개될 것이라고 주장한다.

노예와 주인 (6:1-2)

이 단락에서 마지막 사례의 관계는 노예와 주인의 관계이다. 5:17의 공경에 대한 개념을 반복하며, 바울은 노예들로 하여금 주인에게 "온전한 존경"을 보이라고 권고한다. 이것의 이유는 그가 디도서 2:9-10에서 노예와 여자와 젊은 남자에 관해 든 이유들(참조. 2:5, 8)과 유사한데, 곧 공동체에서 그리스도인의 평판이라는 것이다(또한 딤전 3:7; 5:14 참조). 무례하며 불순종적인 기독교인 노예는 복음에 심각한 수치를 초래할 수도 있다.

고대 사회와 교회의 다수의 노예는 그들이 가족관계의 확대된 취급에서 떠나 있을 수 없음을 의미했다. 목회서신은 사회적 규례(Haustafeln, 삶의 다양한 역할과 위치를 다룸; 예. 엡 5:21-6:9)의 일반적 유형과 일치하지 않는다.[7] 여기서 주요한 주제는 상호관계의 어떤 전통적인 유형(에베소서에서와 같이 순종과 사랑 등)이 아니라, 삶의 다양한 관계에서 경건한 행위와 이것의 기독교 증거에 대한 영향이다. 노예의 사례에서 아무런 대응되는 주인에 대한 메시지 없이 여기서 그들에게 교훈이 주어진다.

노예는 "멍에" 아래에 있다(1절). (노예 상태라는 용어 자체가 비참한 상태를 전달하기 때문에) 그 회화적 단어를 사용하는 것이 불필요했던 반면, "멍에"는 노예가 스스로 아무런 권리도 없음을 강조한다. 바울은 "아픈 데를 꼬집고 있는" 것이 아니라 오히려 일반적으로(1절), 그리고, 노예에게 기독교인 주인이 있을 때, 특별히(2절) 양자 모두에 있어 그들이 (긍정적으로) "존경"을 보여야 하며 (부정적으로) "무례"를 범하지 말아야 한다는 그의 강력한 말씀을 준비하고 있다. 1절에서

7. 이 주제 전체에 대해서는 David C. Verner, *The Household of God*를 참조하라.

"존경"(respect)으로 번역되는 헬라어 단어는 5:17에서 장로에게 마땅한 "공경"(honor)과 동일한 것이며, "덜 존경하다"로 번역되는 단어는 4:12에서 디모데를 "업신여길" 수도 있는 자들에 대해 사용되는 것과 동일한 것이다.

"형제라고" 기독교인 주인을 이용하기보다, 노예는 자신의 소유주 역시 "신자"이며 사랑을 받는다(NIV, "그들에게 소중하다")는 것을 기억해야 한다. 그 구절은 마지막 어구인 "그들의 봉사[유에르게시스]에서 유익을 얻는 자들"을 제외하고 난해하지 않다. 유에르게시스는 헬라어 문헌에서 하위자에 대해 상위자가 하는 봉사를 가리키기 때문에, 자연스런 해석을 이상하게 만든다. 하지만 대안들 역시 약점이 있기 때문에 새국제성경(NIV)이 아마도 더 낫다.

그 단락은 "이…것들"(타우타, 4:11 주석 참조)을 가르치고 권하라는 익숙한 교훈으로 마무리된다. 그 단어는 십중팔구 늘 그렇듯이 선행하는 것을 가리키며, 따라서 새국제성경에서 그 문단의 결어로 나오지만, 3절은 거짓 교훈이라는 대조물을 설정하기 때문에 그것에서 자연스럽게 진행된다. 표준 헬라어 본문의 편집자들은 새개정표준성경(NRSV)과 같이 이 문장을 새로운 문단의 시작부에 배열한다.

상황잇기

수치와 명예와 관계. 수치와 명예의 개념은 문화적으로 민감한 것이다. 특정 신약성경의 사례에서 명예와 수치의 의미에 대한 연구는 관련된 성경 구절들에 대한 이해에 도움이 되어왔다.[8] 성경이 왜, 여기서 노예가 어떻게 주인을 존경해야 하는지 말해지는지 또는 에베소서 5장이 어떻게 남편에게 아내를 사랑하라고 말하는지와 같이, 어떤 사람에게 특정 계층의 사람을 존경하라고 명령하는지 이해하는 일은 어렵다. 후자의 경우 사랑과 결혼에 대한 미국인의 개념은 부부의 관계와 관련하여 고대 유대 혹은 로마인의 전제들과 비교하여 검토될 필요가 있다.

많은 사회는 노인에 대한 공경과 존경을 진흥해 왔는데, 비록 이것이 현대에 변해왔지만 말이다. 디모데전서 5:17에서 티메("공경")라는 단어가 단순히 공경인지 아니면 사례비인지가 명확하지 않지만(앞의 주석 참조), 공경은 확실히 포함되며, 여기서 언급되는 원리가 구약성경에서 발견된다(18절 참조; 또한 딤후 2:6 참조).

8. 누가의 저작들에서 이 주제에 대한 유용한 연구의 하나는 다음과 같다. Jerome H. Neyrey, ed., *The Social World of Luke-Acts: Models for Interpretation*(Peabody, Mass.: Hendrickson, 1991).

고된 사역은 사회뿐만 아니라 교회에서도 보상되어야 한다.

장로에 대한 깊은 존경이 장로들 중에서 가정되는 죄의 문제로 이어진다. 개인이 제기한 고발에 대해 급하게 조치가 취해져서는 안 된다. 복수의 증인이라는 구약의 원리가 그런 경우들에 중요하다. 여기서 원리는 장로가 죄악 되게 살아왔다는 말이 나돌 때, 그 교정 역시 공개적이어야 한다는 것인 것 같다.

이 모두에서 우리는 인간 상황을 명심해야 한다. 그 사회적 배경은 하나 이상의 집에서 모여왔으며, 서로 진지한 관계를 개발해왔고, 또한 서로 관계된 상대적으로 작은 집단의 개인들이다. 가정 교회에서 서로 관계되는 사람들의 숫자는 이를테면 200명의 사람이 있는 교회에서 보다 상대적으로 훨씬 더 많았을 것이다. 더욱이 노예와 주인과 아마도 수혜자와 후원자와 같은 다른 연관들이 존재했다. 그런 상황에서 불공평이 공평을 쉽게 앞설 것이다.

만약 우리가 신약 교회의 무대와 관련하여 적절한 관점과 비중에 대한 인식을 가진다면, 우리 자신의 상황에서 적절한 적용을 하는 일로 나아갈 수 있다. 공평이 항상 지켜져야 한다. 어떤 중요한 인물이 끔찍한 죄를 짓다가 붙잡히지만, 교인들의 강한 개인적 애착심 때문에 손쉽게 면책되는 일이 교회에서 없지 않다.

그런 일탈은 완전히 예견되거나 방지될 수 없지만, 장로의 선출에서의 주의가 22절이 지적하는 바와 같이 중요한 적극적 수단이다. 다수의 교회가 교회 직분을 선출하는 진지하지 않은 방식은 나중에 문제가 발생할 가능성을 커지게 할 수 있다. 이 교훈들은 우선적으로 디모데 자신에게 주어지며, 그와 같이 선교와 전도 활동을 통해 교회를 설립하거나 설립 지도자로 우러러봐지는 모든 사람에 대한 경고이다. 그런 사람들은 스스로 죄를 멀리하며 고소와 맞고소를 초월해 있어야 한다. 교회 지도자들과 여타의 사람들은 무분별한 행위 때문에 자기 자신의 객관성과 정결함을 상실할 수 있다.

기독교인의 생활에서 알코올. 23절은 선행부 그리고 후속부와 독립되어 있는 것 같은 반면, 24-25절은 17-22절에 속하는 것 같다. 이점을 유의한 뒤, 우리는 23-25절에 대해 차례로 간략히 주석할 수 있다. 처음 외국으로 여행하는 기독교인은 종종 알코올의 사용과 같은 문제에 대한 견해가 기독교인 가운데서 크게 다르다는 사실에 놀라게 된다. 그런 관례에 보편적으로 적용되는 원리를 성경에서 도출하는 일은 항상 쉬운 것이 아니지만, 이것은 꽤 명백한 것 같다. 원리들은 다음과 같다. (1) 전적인 금주는 요구되지 않으며, (2) 포도주는 적어도 특정한 건강 상태에서 권할 만하고, (3) 포도주의 사용은 적절히 되어져야 한다("약간의 포도주").

이 구절은 사교상의 음주, 알코올 중독 또는 상이한 나라와 지역에 고유한 알코올에 대한 태도 등의 보다 큰 문제들을 다루지 않는다. 다른 데서 성경은 알코올에 대한 강력한 경고를 나타낸다(잠 20:1; 32:31; 엡 5:18; 벧전 4:3). 동시에 디모데전서 4:4-5은 우리에게 다음을 상기시킨다. "하나님께서 지으신 모든 것이 선하매 감사함으로 받으면 버릴 것이 없나니 하나님의 말씀과 기도로 거룩하여짐이라."

24-25절은 죄된 생활의 심각성의 문제를 다룬다. 물론 여기서 요지는 우리가 행한 것과 관련하여 악과 선이 언젠가 드러날 것이라는 점이다. 비록 상이한 문맥에서 기록되지만, 이것은 고린도후서 5:10의 진리를 반영한다. 차이점은 거기서 바로 그리스도의 심판대 앞에서 우리가 해명을 한다는 것인 반면, 여기서 죄와 선행 양자 모두 영원히 성공적으로 감추어질 수 없다는 것이다.

현대적 의미

주의 종을 지원하는 일. 『내 모습 그대로』(*Just As I Am*)라는 자서전에서 빌리 그레이엄은 각 전도 집회 마지막에 청중에게서 사랑의 선물(love gift)을 받기보다 자신의 기관을 통해 급여를 받는 것이 더 나을 것이라고 결정한 상황을 묘사한다. 그레이엄이 그 사랑의 선물을 통해 받고 있었던 돈의 액수에 대한 신문 보도들이 있어왔다. 소문과 곤경을 방지하기 위해 "평균적인 대도시 교회의 전형적인 목사의 급여에 비교하여 뒤지지 않을"[9] 급여를 받도록 권고되었다. 비록 오늘날 운동선수의 급여는 터무니없이 높지만, 대중은 너무 많은 돈을 버는 공무원이나 설교자에 대해 더 비판적이다.

아마도 1세기 세계를 재방문하며 신약성경이 그 주제에 대해 말할 무엇을 가지고 있는지를 숙고할 시간이다(6:3-10, 11-21의 현대적 의미 단락들에서의 주석 참조). 교회가 교역자의 급여의 적절성을 평가하는 기준을 발견하기가 난해하다. 빌리 그레이엄은 도시 목회자의 그것에 상응하는 급여를 받도록 권고되었지만, 이것이 목회자의 급여를 결정하는 최선의 방식인가? 장점을 지닌 한 가지 제안은 그 지역의 교육 행정가(고등학교)의 급여를 확인하는 것인데, 그런 비교를 정당화하는 교육과 전형적 목회자의 사역의 적어도 일부분의 충분한 유사성이 존재한다. 이것은 교회나 지역의 성공적인 사업가의 그것과 일치시키는 것보다 더 나은데,

9. Graham. *Just As I Am*(Grand Rapids: Zondervan, 1997), 185-86.

비록 교회가 목회자들이 지역의 기업가와 동등한 보상을 받을 가치가 있다고 생각할 수도 있지만 말이다.

이 모든 것은 심지어 목회자가 급여를 받아야 하는가에 대한 질문을 제기한다. 필자가 섬긴 한 교회에서 필자는 "믿음으로" 살길 원했지만, 상당수의 근사하고 성공적인 교인을 가진 교회가 "사랑의 선물"과 같은 것이 너무 많을까봐 걱정했다. 우리는 결국 "사랑의 선물"에 따라 필자의 수입이 달라지도록 합의했으며, 재정 담당자에 의해 주의 깊게 점검되었다. 한 가지 위험성은 목회자가 세속 사회의 전문 직업인들과 같이 급여를 받는 전문 직업인이 되어, 매년 더 많은 액수를 기대하며 아마도 궁극적으로 더 많은 급여를 주는 교회로 옮겨가는 것이다. 또 한 가지 위험성은 소위 담임 목사가 다른 교역자보다 부적절하게 많은 액수를 받는 것이다. 한 가지 추가적인 고려점은 교회의 평판과 그에 수반되는 주님의 평판(목회서신에서 두드러진 관심사임)이 교역자에게 적절한 생활비를 지급하지 않음으로 인해 나빠져서는 안 된다는 점이다.

지도자 중에서의 일탈의 문제. 이 단락에서 교회 지도자의 도덕적 일탈의 현대적 문제들을 자세히 부연하는 것은 적절하지 않다. 오히려 필자는 다음과 같은 의견을 제시하고자 한다. (1) 도덕적 일탈의 상황은 자주 현대 목회에서의 과중한 요구와 가정 내에서의 증대된 긴장과 결손가정과 학대가정 출신인 다수의 사람들이 목회의 길로 들어오는 일 등의 존재에 의해 복잡해진다.

(2) 목회자가 어린 시절 안정적이며 자애로운 양육과 도덕적 권면을 받지 못했을 때, 목회자가 지치고, 자주 성적 문제에 대해 사람들과 상담을 하는 데 열중할 때, 그리고 가족, 특별히 배우자와 집에서 함께 할 시간을 방해하는 빈번한 저녁 모임에 분주할 때, 시험, 특히 성적인 시험이 강할 수 있다.

(3) 이것에 추가되는 것은 영적 전쟁의 부담—목회자가 영혼의 원수 그리고 우리 모두가 직면하는 야고보서 1:13-15에서 묘사되는 시험의 실재들의 유망한 공격 대상이라는 사실—이다. 이해와 상담이 그런 경우에 필요하다.

(4) 마지막으로 그런 이해와 상담은 디모데전서의 이 단락에서 묘사된 것과 같은 교회 편에서의 확실한 조치를 배제하지 않는다.

주인과 노예의 관계를 적용하기. 디모데전서 6:1-2은 (NIV가 제목을 붙이듯이) "과부와 장로와 노예에 대한 권고"를 포함하는 5장의 주제를 마무리한다. 여기서 바울의 교훈은 노예와 주인 양자 모두가 아니라 단지 노예와만 관계된다. 그는 두 가지 주장을 한다. 주인은 온전한 존경을 받을 만하며(1-2a절), 노예는 기독교인 주인에게 더 나은 봉사를 해야 한다(2b절). 이 단락은 교리와 삶의 결합의 또 한 가지 추가적인 사례를 제공한다.

주인에게 온전한 존경을 보일 이유는 하나님의 이름과 사도의 가르침이 비방을 받지 않도록 하기 위함이다. 이 존경은 충실한 봉사로 나타날 것이다. 이것은 (비록 여기서 언급되지는 않지만) 두 가지 "대 계명"을 구현하는 노동 윤리이다. 노예가 온전히 하나님을 사랑하며 이웃(이 경우 주인)을 자신과 같이 사랑한다는 것은 자신의 주인을 섬기며, 따라서 하나님께 영광을 돌리는 것을 뜻한다(참조. 딛 2:2-10). 노예에 대한 언급은 바울의 노예 제도에 대한 승인을 함의하지 않는다. 불행하게도 그것은 그렇게 적용되어왔다. 이 모두는 목회서신의 가르침과 일치하는데, 그것은 기독교인이 모든 관계에서 하나님께 영광을 돌려야 한다는 이 서신의 관심을 드러낸다.

디모데전서 6:3-10

3 누구든지 다른 교훈을 하며 바른 말 곧 우리
주 예수 그리스도의 말씀과 경건에 관한 교
훈을 따르지 아니하면
4 그는 교만하여 아무 것도 알지 못하고 변론
과 언쟁을 좋아하는 자니 이로써 투기와 분
쟁과 비방과 악한 생각이 나며
5 마음이 부패하여지고 진리를 잃어 버려 경건
을 이익의 방도로 생각하는 자들의 다툼이
일어나느니라
6 그러나 자족하는 마음이 있으면 경건은 큰
이익이 되느니라
7 우리가 세상에 아무 것도 가지고 온 것이 없
으매 또한 아무 것도 가지고 가지 못하리니
8 우리가 먹을 것과 입을 것이 있은즉 족한 줄
로 알 것이니라
9 부하려 하는 자들은 시험과 올무와 여러 가
지 어리석고 해로운 욕심에 떨어지나니 곧
사람으로 파멸과 멸망에 빠지게 하는 것이라
10 돈을 사랑함이 일만 악의 뿌리가 되나니 이
것을 탐내는 자들은 미혹을 받아 믿음에서
떠나 많은 근심으로써 자기를 찔렀도다

원 의미

이 서신의 중간 중간에 바울은 건전한 교훈과 경건한 삶 양자 모두의 필요성에 대한 주제로 거듭 돌아온다. 이 주제는 마치 논문을 쓰듯이 연관된 논리적 방식으로 전개되지 않는다. 대신 그것은 노련한 선교사가 긴급한 성격의 편지를 쓰는 일에 기대할 방식으로 제시된다. 그는 주제를 다루고, 그것의 함의들을 죽 살피거나 일정 측면들에 대해 부연하며, 다음으로 그것으로 다시 돌아와 약간 상이한 방식으로 그것을 다룬다.

거짓 교사에 대한 묘사(6:3-5)

거짓 교사에 대한 바울의 마지막 묘사는 4:1-5에 있었는데, 그것에 그는 하나님의 선한 종으로서 어떻게 행해야 하는지에 대한 디모데에게의 대조적 언사를 후속시킨다. 현 구절에서 3-5절은 거짓 교사를 묘사하며 6절은 "경건"이라는 단어의 반복으로 유발되는 대조를 형성한다.

이것과 같은 또 하나의 주요 단락은 디모데후서 3:1-9에 나오는데, 비록 거기서 대조는 디모데가 아니라 바울 자신의 삶과 관계되지만 말이다(10-11절). 디모데전서 6장과 디모데후서 3장 양자 모두에서 바울의 거짓 교사에 대한 비판의 하나는 탐욕과 관련된다. 여기서 그것은 중대한 중심부에 나오며, 디모데후서 3:1-9에서는 시작부(2절)에 나온다. 하지만 양 구절 모두에서 탐욕은 참된 경건과 대조된다. 재정적 탐욕은 거짓 교사에 대한 또 하나의 단락에서도 언급된다(딛 1:10-16, 특히 11절).

바울이 자신의 복음의 대적자들에게 재정적 동기를 돌리는 데 주저하지 않는다는 사실은 경건과 건전한 가르침을 결합하는 일에 대한 그의 주장을 유발시킬 뿐만 아니라, 그리스로마 세계의 관습, 곧 대적자의 평판을 나쁘게 하는 수단으로 그런 비난을 사용하는 관습을 반영한다.[1] 하지만 이것이 여기서 단순한 관습이 아님이 강조되어야 하는데, 곧 복음의 메시지를 재정적 이익으로 오염시키는 일이 심각한 문제였으며 문제이다.

3절은 "누구든지 거짓 교훈을 가르치면"이라는 조건절로 시작한다. 바울은 이것을 행하는 사람들이 실제로 존재함을 이미 밝혔으며, 그 조건절은 추정을 표현하는 일반적 방식이다. 그것을 "…하는 누구든지"(anyone who) 혹은 "누구든…하는 사람"(whoever, NRSV)으로 번역하는 것이 더 나을지도 모른다. 거짓 교훈을 가르침에 대한 동사(헤테로디다스칼레오)는 1:3에 나왔다(주석 참조). 이것이 여전히 그의 관심사이다.

거짓 교훈은 "건전한 교훈"과 "경건한 가르침"에 반대된다. 양 표현 모두 목회서신에서 주제와 관련된다. "건전한"이라는 단어는 좋은 건강 상태의 개념을 전달

---

1. 1세기 유대 역사가 요세푸스는 혁명가 드다(Theudas)를 고에스, 곧 마법사라고 칭했는데, 이것은 그가 이집트의 거짓 예언자와 일단의 무법자들을 묘사하는 데 사용하는 단어와 동일하다(*War* 2.13.5, 6 [261, 264]; *Ant.* 20.5.1 [97]). 새로운 종교의 모든 전도자는 마구스(즉, 사기꾼 마술사)로 비난될 수 있었다. 다른 데서 바울은 "속이는 자들[플라노이] 같으나 참되고"(고후 6:8)라는 말로 자신에 관한 대비되는 견해를 가리킨다. 그는 살후 2:3에서 자신의 호소가 "오류나 부정한 동기에 연유하지 않았다"고 역설했다. 문제되는 부정한 동기는 자주 탐욕을 포함하며, 따라서 바울은 자신이 "탐욕을 덮는 탈"(5절)을 사용하지 않고 그들에게 (재정적) "부담"이 결코 되지 아니하며 오히려 "밤낮으로"(9절) 일했다고 말함에 의해 추가적으로 자신을 변호한다. 다른 사례들에 대해서는 Walter Liefeld, *The Wandering Preacher As a Social Figure in the Roman Empire*(Ann Arbor: University Microfilms, 1968), 272-87을 참조하라. 또한 4:2 주석을 참조하라.

2. 또한 딤후 1:13; 4:3; 딛 1:9, 13; 2:1을 참조하라.

하는 동사 휘기아이노의 분사를 나타낸다(1:10 주석 참조).[2] NIV의 "교훈"(instruction)은 로고스의 복수를 나타내는데, 이것은 단순한 "말들" 보다 포괄적인 뜻을 지닌다. 따라서 그것은 그리스도의 특정한 말씀들을 가리킬 필요가 없는데, 비록 종종 (NRSV에서와 같이) 그렇게 여겨지지만 말이다. 목회서신은 이단자들이 부인하는 특정한 그리스도의 인용구절들을 들지 않는다. 오히려 그들의 가르침은 그분이 제자들에게 가르치셨던 기본적 교훈에 반대되는 것이다. "가르침"을 수식하는 "경건한"이라는 단어는 목회서신에서 중요한 단어인데, 거기서 그것은 개인의 성품과 교훈 양자 모두를 가리킨다.[3]

그 진리에 "동의하지 않는" 사람은 "자만하며 아무 것도 알지 못한다"(4절; "거만한 무식쟁이", REB; 참조. 1:7; 3:6). 다소간 유사한 묘사가 로마서 1:21-22, 25, 28에 나온다. "건강한" 교훈을 거절하는 사람은 "변론과 언쟁"에 "건강하지 않은" 혹은 병적인 집착을 가진다. 로크는 그것들을 "사소한 일을 따지는, 곧 말이 무기가 되고 또한 아마도 목표가 되며, 이면에 아무런 실체도 없는 다툼"이라고 부른다.[4]

이 다툼에 대해 열거되는 다음과 같은 다섯 가지 결과 모두는 대인 관계에 있어서의 분열과 관계된다. "투기"와 "분쟁"(자주 투기에서 발생하는 논쟁을 불러일으키는 분열)과 "비방"(블라스페미아이, 이 경우 하나님이 아니라 서로를 중상하는 일)과 "악한 의심"과 "끊임없는 불화." 단지 불화뿐만 아니라 이 역기능적 태도들 모두가 다음과 같은 세 가지 특성을 가진 사람들 가운데 나타난다. "부패한 마음"과 "진리를 빼앗김"과 왜곡된 "경건"에 대한 개념에 이끌림. 그 거짓된 개념은 경건(여기서 아마도 "종교"라는 보다 일반적 의미로)이 돈을 버는 방식이라는 것이다.

만족과 참된 경건(6:6-10)

6절에서 바울은 5절의 "이익"이라는 단어를 다루며 거기서 비판되는 경건에 대한 공리주의적 견해를 반대한다. 경건에 큰 유익이 존재하지만, 단지 그것은 탐욕의 반대인 "만족과" 결합될 경우에만 그러하다. "만족"(contentment)이라는 단어

3. 디모데전서에서 그것은 현 단락의 3, 5, 6, 11절뿐만 아니라, 2:2; 3:16; 4:7, 8에 나오며, 또한 딤후 3:5; 딛 1:1에도 나온다. 동족의 동사가 딤전 5:4 그리고 그 부사가 딤후 3:12; 딛 2:12에 나온다.

4. Lock, *Pastoral Epistles*, 68.

는 아우타르케스인데, 이것은 스토아 철학자들에 의해 자족(self-sufficiency)의 미덕에 대해 사용된 단어이다. 바울은 다음과 같은 빌립보서 4:11에서도 이 단어를 기독교적 의미로 사용했다. "내가 궁핍하므로 말하는 것이 아니니라 어떠한 형편에든지 나는 만족하기를 배웠나니."

바울이 여기서 그리스도께서 우리의 만족이시라고 말하지 않는 것은 흥미롭다. 의심의 여지없이 그것은 그분에 대해 사실이지만, 그가 7절에서 주장하는 점은 "너희가 아무 것도 가지고 가지 못한다"라는 경구에서 표현된다. 8절은 만족을 위해 필요한 필수품들, 곧 "음식과 옷"을 명기한다. 이것은 누가복음 12:13-34의 예수님의 탐욕에 반대하시며 물질적 필요에 대해 하나님을 신뢰하는 일에 대한 강력한 교훈을 담고 있다(또한 마 6:9-13, 19-34의 산상설교에서 "오늘 우리에게 일용할 양식을 주시옵고"라는 기도와 여타 가르침 참조).[5]

9-10절의 요지는 부가 잘못이라는 것이 아니라 부에 대한 욕망이 그러하다는 것이다. 다음 세 어구가 이것을 명시한다. (1) "부하기를 *원하는* 사람들", (2) "돈에 대한 *사랑*이 모든 종류의 악의 뿌리이다", (3) "돈을 *갈망하는* 어떤 사람들"(이탤릭체 덧붙임). NIV는 합당하게도 "뿌리"라는 단어 앞에서 정관사를 피하는데 왜냐하면 바울은 돈에 대한 사랑이 그 뿌리라고 말하고 있지 않기 때문이다. 또한 NIV는 "악" 앞의 "모든"이라는 단어의 함의를 보여주기 위해 "종류의"를 삽입한다.

10절 마지막 부분의 말씀은 탐욕과 "믿음"에서의 이탈과의 상호관계를 보여준다. 다시 한 번 우리는 한편의 참된 경건과 믿음의 결합과 다른 한편의 악한 동기와 불신앙의 결합의 대조를 본다. 익숙한 7절은 단지 진부한 문구가 아니라, 우리의 삶에 동기를 부여하는 강력한 사실이다. 실제로 6-10절의 전체 단락이 우리의 귀에 익숙하다.

상황잇기

바울의 염려의 배경. 앞에서 주목한 바와 같이 바울은 명백히 거짓 교사의 잘못된 교훈과 죄된 성품이라는 쓰레기들을 담고 있는 탁한 혼합물을 점차 염려하게 되었다. 이것은 철학적이며 종교적 양자 모두적인 고대 설교자들이 서로에게 퍼붓곤 했던 비열한 비난과 다르다. 바울은 단순히 상대를 비하하려고 하지 않고

5. 또한 Reggie M. Kidd, *Wealth and Beneficence in the Pastoral Epistles*에 대해 논평하는 Young, *Theology of the Pastoral Letters*, 19, 33-34를 참조하라.

있다. 그는 악한 사람들과 그들이 에베소 기독교인들에게 들이대고 있는 악한 가르침들의 관계를 보여주려고 하고 있다.

디모데는 여기서 건덕을 도모하는 것이 아니라 변론을 일으키는 지엽적인 것에 대한 끊임없는 집착으로 나타나는 지적 왜곡에 직면하고 있다. 이 거짓 교사들은 명백히 자신들의 종교적 교훈에서 다음과 같은 두 가지 가증스러운 목표를 가지고 있다: 재정적 이익과 성적 정복(또한 딤후 3:6 참조). 물론 이것은 소설가들이—어떤 경우들에서는 정당하게도—부흥사들을 묘사해왔던 상이다. 종교는 악에 대한 놀라운 가림 막을 제공한다. 나중 세기지만 여전히 로마 제국이라는 배경에서 풍자 작가 루시안(Lucian)은 돈과 성을 얻기 위해 직업을 이용하는 그 다수가 순회 설교자인 종교적이며 철학적인 설교자들에 대해 기술했다. 한 사례는 거짓 예언자 알렉산더인데, 그는 대가를 받고 예언을 팔았으며 미신적이며 잘 속는 사람들이 있는 지역에 정착했다. 그는 또한 부유한 여성 후원자를 발견했다.[6] 더 유명한 인물은 페레그리누스(Peregrinus)였다. 이 사람은 늘 관심 받는 일을 추구했으며, 마지막에는 그리스의 한 축제에서 모든 사람이 지켜보는 가운데 장작더미 위에서 자신을 불태워 죽였다. 변화가 많은 생애 과정 중에 페레그리누스는 기독교 순회 설교자들이 신실한 기독교인에게 극진하게 대접되고 후원받는 것을 발견했다. 그는 한동안 견유 철학에서 기독교로 전향했다.[7]

개인적 이익을 위해 종교적 직업을 좇는 일은 바울 시대에 이미 잘 알려져 있었다. 그는 그들 중의 누구에게도 부담이 되거나 신세를 지길 원하지 않으며, 따라서 복음을 전할 때 "밤낮으로" 생업 가운데 일했다고 데살로니가인들에게 말했다(살전 2:3-9). 단지 실라와 디모데가 마게도냐에서 도착했을 때만 전임으로 설교했는데, 아마도 그들이 거기의 신자들에게서 물자들을 가져왔기 때문이었을 것이다(행 18:5; 참조. 빌 4:10-19).[8] "경건이 이익의 방도라고 생각하는"(5절) 모든 사람들과 대비되게, "만족과 더불어 경건이 큰 이익"(6절)이라는 바울의 주장은 강한 개인적 간증이다. 여기에 종교와 실천, 경건과 만족을 결합하는 놀라운 사례가 있다.

"돈에 대한 사랑". 자신의 독자들로 하여금 음식과 의복이라는 기본적인 것들로 만족하라고 촉구한 뒤, 바울은 자주 잘못 인용되며 거의 항상 문맥에서 동떨어지

6. Lucian, *Alexander.* 또한 W. Liefeld, *The Wandering Preacher As a Social Figure*, 85-88을 참조하라.
7. Lucian, *Peregrinus.* 또한 Liefeld, *The Wandering Preacher As a Social Figure*, 53-59를 참조하라.
8. 유랑하는 견유 철학 설교자에 의한 구걸용 배낭의 사용은 예수께서 제자들에게 그런 배낭을 취하지 말라고 말하신 하나의 이유일지도 모른다.

게 인용되는 다음과 같은 경구를 확립한다. "돈에 대한 사랑이 모든 종류의 악의 뿌리이다"(10절). 바울이 돈이 모든 악의 뿌리라고 말하지 않으며, 악을 조장하는 것은 바로 돈에 대한 사랑임이 자주 올바로 지적된다. 게다가 헬라어 본문이 암시하듯이 모든 악의 그 뿌리(the root)가 아니라, 모든 종류의 악의 한 뿌리(a root, NIV, NRSV) 또는 "뿌리에"(at the root, NLT)이다.

교리와 삶을 결합하는 또 하나의 대가다운 필치로 바울은 "돈을 갈망하는 어떤 사람들이 그 믿음에서 이탈했다"(10절)라고 진술한다. 우리는 목회서신에서 "믿음" 앞의 "그"라는 단어가 염두되는 것은 그리스도에 대한 자신의 개인적인 신뢰가 아니라 일단의 기독교 교리를 암시한다는 것을 보았다. 탐욕스러운 동기는 그 믿음에서 벗어나게 한다. 바울은 이 주제를 다음 단락에서 다룰 것인데, 그때 그는 디모데에게 "그 믿음의 선한 싸움을 싸우라"고 말한다(12절).

이 모든 것은 사역에 있어 적합한 동기를 가지는 일의 중요성을 나타낸다. 마음은 실제로 교만하며, (비록 소박한 생활방식을 공언할지 모르지만) 돈에 대한 사랑과 (비록 반대하는 설교를 할지 모르지만) 퇴폐적인 욕망이 너무나 많은 사람들이 사역을 파선시키도록 이끌어왔다. 이 동인들이 더욱이 신자도 아닌 사람들의 마음 가운데 제멋대로 날뛸 때는 얼마나 더 많이 위험하겠는가?

현대적 의미

우리의 수표장(checkbook)의 "균형"을 유지하기. 우리 인간은 균형을 유지하는 일을 어려워하는 것 같다. 현 단락과 관련하여, 우리는 어떤 사람을 기분 상하게 하는 일을 피하며 결과적으로 진리의 함의를 약화시키는 경향이 있다. 바울은 악한 동기들이 적어도 종종은 악한 교리들 이면에 존재한다는 점을 명시한다. 하지만 탐욕이나 여타의 무가치한 동기의 죄에 대한 정통적 교리에 동의하지 않는 사람들을 비난하는 일은 다른 한편으로 쉽게 도를 넘을 수 있다. 우리는 바울이 기록할 때 성령의 영감을 받았으며, 그가 기록하는 것은 실제로 하나님의 말씀이기 때문에 진리였음을 결코 망각하지 말아야 한다. 대조적으로 우리에게는 사람들의 동기에 대한 오류 없는 판단이 없다. 우리는 오늘날 만일 우리의 생활이 우리가 주장하는 바를 뒷받침하지 않을 경우 사람들을 돌아서게 할 수 있을 뿐만 아니라, 또한 다른 사람들에 대해 동일한 것을 비난하기 때문에 사람들을 돌아서게 할 수도 있다. 이것은 하나님으로부터의 많은 분별력과 사랑과 담대함의 세심한 결합을 요구한다.

과거에 근본주의적 기독교인들이 물질적 소유에 대해 가톨릭교회를 크게 비판했다. 타임지의 1997년 8월 4일 판에서 모르몬교도들이 동일한 탐사의 대상이 되었다. 그러나 이 문제에 있어 우리의 생각과 말문을 막히게 하는 비싼 자동차를 가진 개신교 설교자들이 소유한 다량의 호화 주택과 호화롭게 지어진 교회들이 있다. 참으로 음식과 의복에 만족하는 기독교인은 우리가 생각하는 것보다 더 적을 수도 있다. 불행하게도 우리는 "소박한 생활방식"을 단지 1960년대부터 발생한 고상한 태도로만 여길지도 모른다.

일련의 페이지에 한 편은 "필요" 그리고 다른 편은 "욕망"으로 이름붙인 두 세로 단을 그린 뒤, 적합한 세로 단에 시장 가치를 지니는 집과 자동차와 아마도 소유한 다수의 의복과 신발과 그런 종류의 평가가 필요한 여타의 물품들을 열거하고, 다음으로 평가에 뒤따르는 적절한 조치를 취할 것을 결심하면서 기도 시간에 이 목록들을 하나님 앞에 가져가 보는 일은 설교자들에게—또는 이 문제에 있어 우리 중 누구에게도—상처를 주지 않을 것이다. 안락하게 살기에 충분한 정도의 수입이 있는 한 친구는 상당한 정도로 줄일 것을 하나님께 진지하게 약속했으며 당시에 이것이 의미할 바에 대해 경험했던 두려움을 상기한다!

디모데전서 6:11-21

11 오직 너 하나님의 사람아 이것들을 피하고
의와 경건과 믿음과 사랑과 인내와 온유를
따르며
12 믿음의 선한 싸움을 싸우라 영생을 취하라
이를 위하여 네가 부르심을 받았고 많은 증
인 앞에서 선한 증언을 하였도다
13 만물을 살게 하신 하나님 앞과 본디오 빌라
도를 향하여 선한 증언을 하신 그리스도 예
수 앞에서 내가 너를 명하노니
14 우리 주 예수 그리스도께서 나타나실 때까지
흠도 없고 책망 받을 것도 없이 이 명령을 지
키라
15 기약이 이르면 하나님이 그의 나타나심을 보
이시리니 하나님은 복되시고 유일하신 주권
자이시며 만왕의 왕이시며 만주의 주시요
16 오직 그에게만 죽지 아니함이 있고 가까이
가지 못할 빛에 거하시고 어떤 사람도 보지
못하였고 또 볼 수 없는 이시니 그에게 존귀
와 영원한 권능을 돌릴지어다 아멘
17 네가 이 세대에서 부한 자들을 명하여 마음
을 높이지 말고 정함이 없는 재물에 소망을
두지 말고 오직 우리에게 모든 것을 후히 주
사 누리게 하시는 하나님께 두며
18 선을 행하고 선한 사업을 많이 하고 나누어
주기를 좋아하며 너그러운 자가 되게 하라
19 이것이 장래에 자기를 위하여 좋은 터를 쌓
아 참된 생명을 취하는 것이니라
20 디모데야 망령되고 헛된 말과 거짓된 지식의
반론을 피함으로 네게 부탁한 것을 지키라
21 이것을 따르는 사람들이 있어 믿음에서 벗어
났느니라 은혜가 너희와 함께 있을지어다

원 의미

사도 바울은 이제 편지를 마무리하려고 한다. 이 전체 단락은 거짓 교사들을 멀리하고 기독교 신앙에 헌신된 삶을 살기를 계속해야 하는 디모데에게 지시된다. 또한 바울은 이 젊은 목회자가 세상에서 부한 자들에게 제시해야 하는 몇 가지 마지막 교훈을 포함시킨다.

소명을 이행함으로 하나님께 영광을 돌리기(6:11-16)

이 단락은 "그러나 너"라는 강한 대조의 어구로 시작하는데, 이것에 의해 디모데는 3-10절에서 묘사되는 사람들을 멀리하도록 명령된다. 바울은 그를 "하나님의 사람"이라고 부르는데, 이것은 신약에서 단지 여기와 디모데후서 3:17에서만 사용되는 어구이다. 그것은 구약성경에서 여러 번 나오는데, 곧 모세(신 33:1; 수 14:6; 스 3:2; 시 90편의 제목)와 사무엘(삼상 9:6)과 다윗(대하 8:14; 느 12:24, 36)과 엘리야(왕상 17:18)와 엘리사(왕하 4:7)에 대한 언급들을 포함한다. 처음에 그것은 강력한 지도자들을 지칭하는 것 같이 보인다. 그러나 그것이 다윗 왕에 대해 이렇게 사용되었을 수도 있지만 그에 대해 주어지는 두 언급은 예배시 레위인의 역할에 대한 그의 교훈과 관련하여 그것을 사용한다. 신약에서의 표현은 총칭적인 안드로포스("인간", 남성이라는 의미의 남자[man]가 아님)를 사용한다는 점이 주목되어야 한다.

몇 가지 명령이 곧바로 뒤따른다. "이 모두를 피하라[퓨고]"는 3-10절에서 언급된 악들을 가리킨다. 당시의 도덕 문헌에서 퓨고가 피함이나 회피의 의미를 지닐 수 있었지만, 그것이 "따르라"에 의해 바로 후속된다는 사실은 악에서 벗어나 선을 좇아 달려가는 사람에 대한 생생한 상을 보여준다. 디모데는 바울이 서신 도처에서 명령해온 성품을 유지하는 데 도움이 될 일련의 미덕을 추구해야 한다.

- "의"는 여기서 로마서의 법정적 의가 아니라 누가복음 "올곧은"이라는 단어에 의해 묘사되는 삶의 온전성인데, 그것은 누가복음 1:6에서 사가랴와 엘리사벳에게 돌려졌다.
- "경건"은 6:3-6에서 두드러지게 나타나는 유세베이아와 유사한 단어이다.
- "믿음"은 다음과 같이 목회서신에서 언급되는 처음 미덕들 중의 하나이다. 하나님의경륜은 "믿음에 의한 것이다"(1:4). 때때로 믿음이라는 용어는 (특히 정관사와 함께) 교리를 가리키며, 다른 때에는 개인의 예수님과의 관계에 대한 미덕이나 특성이다.
- 목회서신에서 믿음과 빈번하게 연결되는 미덕들 중에 "사랑"이 있다(참조. 1:5, 14; 2:15; 4:12; 딤후 1:13; 2:22; 3:10; 딛 2:2).
- 믿음과 사랑 뒤에 "인내와 온유"가 온다(또한 목회서신에서의 인내에 대해서는 딛 2:2 참조). "온유"라는 단어는 신약에서 특유한 것인데, 다음 명령이 "싸우라"임을 고려할 때 여기서 어울리지 않는 낱말로 보일 수도 있다.

하지만 "싸우라"는 동사는 군사적 전투가 아니라 운동 경기를 가리키며, 우리는 또한 디모데가 불신자들에게 교훈할 때에 자비롭고 온유해야 했다는 것을 안다(딤후 2:24-25). 실제로 6:2의 문맥은 타인과의 분쟁이 아니며, "믿음의 선한 싸움"이다. 곧 그것은 개인적 숙련을 위한 디모데의 자체적인 "육상 경기"라고 할 수 있다.

이와 관련하여 디모데는 영생을 "취해야" 한다. 그는 하나님에게서 이것을 받았으며 이제 그것을 전유해야 한다. 이 명령에서 사용된 부정과거 시제는 그것이 일회적인 사건임을 뜻하지 않는다. 디모데가 영생을 "전유한다"는 것은 하나님께서 그에게 주신 것을 전유하는 것을 뜻하는데, 왜냐하면 그는 이미 그것에 이미 부르심을 받았기 때문이다. (성경에 나타나는 소명의 다양한 측면에 대해서는 살후 2:13-14을 보라). 생명을 "취함"의 보다 구체적인 의미는 디모데전서 6:19에서 보이는데, 거기서 부한 자들은 자신의 부를 선을 위해 사용하며, 그렇게 함으로 "다가올 시대의" 자신의 미래를 위한 터를 쌓는다는 의미에서 생명을 취해야 한다.

디모데의 "선한 고백"(12절)의 의미와 시기는 논쟁된다.[1] 문제는 헬라어 보다 영어의 문제일 수 있는데, 왜냐하면 "Take hold of the eternal life to which you were called and you confessed the good confession"라는 문자적 번역은 다소 어색하다. 로마서 10:10에서 바울은 (문자적으로) "구원을 위하여[에이스] 입으로 고백이 이루어진다"라고 말한다. 하지만 만약 그 구절이 현 구절의 구조와 병행되는 것으로 여겨지면, 영생을 개인의 고백에 의존하게 만들 것이라는 점을 유념하라.

12b절에 해석에 영향을 주는 NIV의 두 가지 측면이 있다. (1) 하나는 그 고백의 시기가 디모데가 부르심을 받고 영생을 붙잡은 시기와 같다는 것이다. 그것을 고려할 때 우리는 문제에 직면하는데, 왜냐하면 그것은 본디오 빌라도 앞에서의 그리스도 예수의 고백(13절)과의 비교를 얼마간 왜곡시키기 때문이다. 그 고백은 예수 편에서는 회심과 아무런 관계도 없었으며, 또한, 만일 디모데의 세례나 안수(참조. 4:14)와 유사하다면 그러할 바와 같은, 호의적인 무리 앞에서의 고백도 아니었

1. NIV("네가 선한 고백을 할 때")는 그 고백을 그 소명과 시간적 제한을 하는 방식으로 연관시킨다. 마찬가지로 NRSV("[그것을 위하여, for which] 네가 선한 고백을 한")는, 부르심의 동사를 이끈 전치사 어구 에이스 헨["그것에", to which]로 번역됨)이 또한 고백함의 동사를 이끈다고 간주하면서, 연관을 이끈다. NLT는 어떤 까닭인지 부르심을 완전히 생략한다. NRSV와 같이 그들은 고백에 대한 절을 관계절로 구성하는데, 그것은 선행사로 "영생"을 수반하는 관계대명사 "which"에 의해 이끌어진다. 양 동사 모두 싸움의 은유를 계속하고 있다는 개념은 19세기 중반에 엘리코트(Ellicott, *Commentary on the Epistles of St. Paul*, 108)와 여타의 사람들에 의해 거절되었으며 20세기에 주석자들에게 호소력을 지니지 못하는 것 같다.

다. 그러나 만약 우리가 디모데가 겪었으며 그 가운데서 선한 고백을 했던 어떤 적대의 경험을 가정하지 않는다면, 후자의 문제는 어쨌든 존재한다.[2] 여기서 언급되는 부르심은 디모데가 영생을 얻는 일과 관계되기 때문에 그리고 4:14의 사건 오래 전에 발생했기 때문에, 이것은 십중팔구 그의 세례(추측임이 인정되어야 함) 또는 그의 기독교인 된 삶의 초기에 있었던 다른 어떤 경험을 가리킬 것이다. (2) "많은 증인이 있는 데서"라는 마지막 어구는 거의 확실하게 그에게 안수하는 단지 소수의 장로 이상을 가리킨다.

13절은 파랑겔로, 곧 "내가 명하다"라는 단어(또한 1:3; 4:11; 5:7; 6:17)로 이끌어지는 바울의 또 하나의 근엄한 명령을 담고 있다. 그것은 "하나님이 보시는 [문자적으로, 계시는] 데서" 행해지며, "만물을 살게 하시는"이라는 추가적 묘사를 수반한다. 이것은, 그 명령의 다른 증인으로서의 그리스도에 대한 후속된 언급과 함께, 이 명령에 근엄함과 효력을 부여한다. 생명 부여자로서의 하나님에 대한 언급은 디모데와 모든 인간이 매일이 생존을 위해 그분께 의존하다는 점에 대해 상기시키는 언사이다. 선한 고백자로서의 그리스도에 대한 언급은 디모데가 따라야 할 담대하고 고결한 귀감에 대해 상기시키는 언사이다.

14절에서 우리가 직면하는 첫 번째 질문은 "이 명령"을 규명하는 일에 대한 것이다. 바울은 목회서신에서 "명령"에 대해 다음과 같은 세 가지 명사를 사용한다. 에피타게(딤전 1:1; 딛 1:3; 2:15)와 파랑겔리아(딤전 1:5, 18)와 엔톨레(현 구절과 딛 1:14; 참조. 딤전 1:1, 5 주석). 피는 "명령"의 지시 대상에 대한 다양한 이해를 다음과 같이 편리하게 요약한다. (1) 총체적으로 이해되는 디모데전서 6:11-12의 권고, (2) 12절에서 암시되는 것으로서 세례시의 명령으로 주장되는 것, (3) 안수시의 명령, (4) 일종의 새율법으로 생각되는 기독교 신앙 전체, 또는 (5) 4:16에서와 같이 자신과 타인들을 구원하기 위해 자기 자신의 신앙과 사역에 있어 인내하라는 디모데에 대한 명령.

---

2. 거의 모든 주석자들이 그 상황을 "호의적인" 것으로 본다. 로크(*Pastoral Epistles*, 71)와 피(*1 and 2 Timothy, Titus*, 150)와 켈리(*Pastoral Epistles*, 141)와 스토트(*Guard the Truth*, 57)와 스코트(*Pastoral Epistles*, 77)는 이것이 세례시의 고백이었다고 간주한다. 엘리코트(*Commentary on the Epistles of St. Paul*, 108)와 나이트(*Pastoral Epistles*, 264-65)와 타우너(*1-2 Timothy & Titus*, 143)는 그것이 파송이나 안수 의식시에 있었다고 생각한다. 양 선택 사항 모두가 디벨리우스와 콘첼만(*Pastoral Epistles*)에게서 동등하게 제시된다. 핸슨(*Pastoral Epistles*, 110-11)은 그것이 그의 안수시에 주어지는 상기시키는 조언과 더불어 그의 세례를 가리킨다고 생각한다. 칼빈(*Commentaries*, 163)은 그것을 디모데의 전체 사역에 대한 언급으로 여긴다.

6:20과 디모데후서 4:7을 언급하며, 피는 마지막 선택 사항을 "디모데 자신이 믿음과 소명에 견고할 때 거짓 교사들의 흐름을 가장 잘 저지할 것이라는 그 서신의 기본적 취지를 참으로 요약하는" 것으로 선택한다. 1장과 여기에서 단일한 특정 명령을 밝히지 못하는 것이 주경에 있어 좌절감을 주지만, 바로 이 애매성은 하나님께서 다양한 수단들을 통해 반복적으로 디모데를 부르시고 지도하시고 계신다는 사실을 가리킨다. 영생으로의 소명은 사도바울이 중요한 일역을 감당하는 부르심과 지도하심의 과정의 시작이다.[3]

바울의 명령은 도덕적 함의를 지닌다. 그것은 단지 어떤 것을 하라는 명령일 뿐만 아니라, 다음과 같이 어떤 것이 되라는 사명이기도 하다. "흠도 없고 책망 받을 것도 없이." 문법적으로 "흠도 없고 책망 받을 것도 없이"는 "명령"을 수식하는 형용사들이다. 하지만 함의는 그 명령 자체가 훼손될 수 있다는 것이 아니라, 그것에 대한 디모데의 반응이 더럽혀져서 그의 임무와 사명을 불명예스럽게 할 수 있다는 것이다.

"흠 없는"으로 번역되는 단어(아스필로스)는 다른 데서 희생 제물로 드려지는 어린양으로서의 그리스도의 온전하심(벧전 1:19)과 그리스도인들에게 기대되는 성품(약 1:27; 벧후 3:14)을 묘사한다. "책망 받을 것 없는"(아네필렘프토스)은 단지 목회서신에만 나온다(또한 딤전 3:2; 5:7 참조). 그것은 그리스도인의 행위에 있어 타인에게 책망할 기회를 주지 않음에 대한 목회 서신의 주제를 재론한다. 첫 사례로 그것은 장로들에게, 둘째 사례로는 과부에 대한 업무의 처리에 대해 적용된다. 여기서 그것은 특별히 디모데에게 적용된다.

그리스도의 "나타나심"(에피파네이아)은 그분의 재림을 가리킨다(또한 딤후 1:10; 4:1, 8; 딛 2:13 참조). 관계된 동사형(에피파이노, 참조. 딛 2:11; 3:4)은 그리스도의 첫 번째 강림시 하나님의 은혜의 나타남을 가리킨다(참조. 딛 2:11, 13 주석). 디모데의 에베소에서의 특정한 가르치는 임무는 바울이 올 때까지 계속되어야 했지만(딤전 4:13), 그의 전체 기독교 사역은 평생 동안 혹은 그리스도의 나타나심까지 계속되어야 했다. 유사하게 사도행전 13:2-3에서 바울과 바나바가 안수에 의해 파송되었던 선교 여행은 14:26의 시기에 완료되지만, 바울은 "달려갈 길을 마칠" 때까지 봉사를 계속했다(딤후 4:6-8). 현 구절과 같이 이 후자의 구절은 그리스도의 나타나심을 가리킨다. 그것은 아마도 동반되는 사역에 대한 공적

3. 이 주제에 대한 추가적 관찰에 대해서는 상황잇기 부분을 참조하라.

승인의 개념을 지닐 것이다.[4] 바울이 디모데와 자신 양자 모두가 그리스도의 나타나심 까지 사역을 계속할 것을 기대한다는 사실은 목회서신이 바울 또는 아마도 후대의 저자가 그리스도의 재림시에 생존해있는 소망을 포기했을 때 기록되었다는 생각을 거절하는 이유의 하나이다.

15-16절의 송영은 하나님을 높여드리는 다채롭고 고상한 어휘를 사용한다. 이 진술은 "당신 자신의 때에"(또는 "적당한 때에", NRSV)[5] 그 나타나심을 초래하실 하나님의 주권을 강조한다. 하나님은 "복되시다"(마카리오스; 축복과 찬양의 또 하나의 단어인 율로게토스에 대해서는 엡 1:3 참조). 그분은 "유일하신 통치자"이시며, 디모데전서 1:17의 송영에서는 "유일하신 하나님"이시다. 뒤나스테스(여기서 "통치자"로 번역됨)는 신약성경의 다른 곳으로 단지 누가복음 1:52과 사도행전 8:27에서만 사용된다. 그 단어는 세속 헬라어에서 중요한 관료 혹은 그리스의 최고의 신인 제우스에 대해 사용된다. "만왕의 왕"과 "만주의 주"라는 표현들은 또한 당시에 성경 외에서도 사용되었기 때문에, 바울은 명백히 의도적으로 참된 하나님의 수월성을 표현하기 위해 독자들에게 익숙한 용어를 사용하고 있었다.[6]

이 송영에서 찬양되는 하나님의 또 하나의 독특한 특성은 불멸성이다. 여기의 형용사 모노스는 단지 하나님만이 죽음에 종속되지 않는다는 점을 강조한다. 어떤 사람들은 하나님의 영생을 받지 않은 사람에 대해 "불멸의 영혼"을 언급하는 것은 신학적으로 부적절하다고 여긴다. 그들은 단지 만약 하나님께서 이것을 부여하실 때만 인간이 불멸성을 지닌다고 믿는다(고전 15:53-54).[7]

이분은 가까이 가지 못할 빛에 거하시는 하나님이시다.[8] 하나님의 빛은 악한 모든 것을 드러낸다(엡 5:11-14). 그분은 빛으로 둘러싸이셨으며(단 2:22; 참조.

---

4. 살후 2:8에서 바울은 "불법한 자"를 언급하는데, 그는 그리스도의 오심(유사한 파루시아)의 "광채"(에피파네이아)에 의해 폐해질 것이다.

5. 그 어구가 "적절한 때"로 번역되는 2:6과 "정해진 시기"로 번역되는 딛 1:3을 참조하라.

6. "만왕의 왕"과 "만주의 주"에 대해서는 신 10:17과 시 136:2-3을 참조하라. 신약성경에서 "만왕의 왕이시며 만주의 주"라는 결합된 어구는 계 19:16까지는 나오지 않지만, 그 역순의 것인 "만주의 주시오 만왕의 왕"은 계 17:14에 나온다.

7. 불멸성에 대한 헬라어 단어(아다나시아)와 그 동족어들이 헬라(그리스) 문헌에서 신들 그리고 존경을 표하는 방식으로 인간들에 대해 사용되었다(LSJ, 30-31). 하나님의 불멸성에 대해서는 딤전 1:17에 관한 주석을 참조하며, 하나님이 신자들에게 부여하시는 불멸성에 대해서는 딤후 1:10에 관한 주석을 참조하라. "조건적 불멸성"에 대한 철저한 평가(그리고 거절)에 대해서는 Millard J. Erickson, *How Shall They Be Saved?*(Grand Rapids: Baker, 1996), 217-32를 참조하라.

8 다른 헬라어 문헌에서 "가까이 갈 수 없는"이라는 단어(아프로시토스)의 용례들에 대한 참조문들에 대해서는 LSJ, 230을 보라.

출 3:5) 빛의 옷을 입으셨다(시 104:2). 더욱이 하나님께서는 모세로 하여금 당신의 얼굴을 직접 보도록 하지 않으셨는데, "왜냐하면 아무도 나를 보고 살 수 없기 때문이다"(출 33:20)라고 하신다. 바로 그 사실이 여기서 바울에 의해 재 강화된다. 인간이 본성적으로 불멸성을 지니지 않으며 은혜로 그것이 주어지는 것과 똑같이, 죄 때문에 볼 수 없었던 자들이 언젠가 그분이 나타나실 때에 그분과 같이 될 것인데, "왜냐하면 우리가 [그때에] 그분의 모습 그대로 그분을 볼 것이기 때문이다"(요일 3:2). 이 진리들은 배타적으로 하나님께만 사실이며, 따라서 그분은 "영원히 존귀와 권능"을 받으실 만하시다.

부한 자들에 대한 말씀(6:17-19)

17절은 동사 파랑겔로, 곧 "명하다"의 마지막 용례를 가지고 있다(참조. 13절 주석; 또한 1:3). 이미 5-10절에서 다뤘으면서도 바울이 이 단락에서 부의 주제로 돌아온 것은 이상하게 보일지도 모른다. 하지만 우리는 초대 기독교 교회들에 상류의 부유한 계층에 속한 자들이 없지 않았음을 안다. 아마도 신자가 되기 전에 그들이 어떤 식으로 부를 획득할 수 있었던 간에, 그들은 현재 그것을 소유했으며 어떻게 사용할지에 대한 교훈을 필요로 한다. (1) 그런 사람들은 부가 "이 현재의 세상에서" 일시적이며, 방금 전에 암시된 대로 단지 그리스도의 나타나심 까지만 지속될 것이라는 점을 인정해야 한다. (2) 그들은 오만하지 않아야 한다. (3) 그들은 "부에 소망을 두지" 않아야 하는데, 왜냐하면 그것은 "매우 불확실하기" 때문이다.

이 경고는 강한 반의 접속사 알라("그러나")와 다음과 같이 일종의 교차대구법(chiasm)으로 부정적인 점들 하나하나에 대응하는 긍정적인 교훈에 의해 후속된다: 그들의 소망은 하나님께 두어야 하며, 그분은 "모든 것을 후히 주사 누리게 하시는" 분이시고, 오만함 대신에 그들은 "선을 행하고" "너그러우며 나누어 주기를 좋아해야" 한다(18절). 이 모든 것은 하나님 자신의 때의 그리스도의 나타나심(14-15절)으로 표식되는 "도래할 시대"(19절)에 대한 예기에 맞추어져 있다. "시대"라는 단어(NIV)가 암시되지만 헬라어 본문에는 표현되어 있지 않다. 도래할 일에 대한 "확고한[문자적으로 좋은 혹은 아름다운]" 토대가 부의 불확실함을 대체한다(17절). 디모데가 영생을 취해야 하는 것(12절)과 똑같이, 부한 자들은 "참으로 생명인 생명을 취해야" 한다.

결론(6:20-21)

20절은 디모데에 대한 마지막 개인적 언사를 시작한다. 무엇이 그에게 "맡겨졌는지" 알기 어렵다(하나님께 무언가가 맡겨지는 딤후 1:12과 디모데에게 무언가가 맡겨지는 1:14 주석 참조). 현 문맥에서 그것은 안수 받을 때에 디모데에게 주어진 부여를 가리킬지도 모른다(딤전 4:14).

그러나 디모데에게 이것을 "지키라"고 말한 직후, 바울은 "지식이라고 잘못 불리는 것"에서 돌아서는 일에 대해 기록한다. 이 명령은 진리를 따르고 이단을 반대하라고 하는 본 서신의 모든 권면의 요약인 것 같다. 만약 그렇다면, 십중팔구 "맡겨졌으며" 주의 깊게 지켜져야 하는 것은 "건전한 교훈"이었을 것이다. 이것은 확실히 디모데후서 1:14에서 그러한데, 그것은 이 "건전한 교훈의 모범"(13절)을 지킴에 대한 언급에 의해 선행된다. 디모데가 이것을 행하는 것은 특별히 중요한데 왜냐하면 어떤 사람들이 거짓을 받아들이고 "믿음에서 벗어났기" 때문이다(딤전 6:21). 1:3-7에서 디모데에게 이런 식으로 "탈선한" 자들을 교정하도록 명령되었다는 점을 주목하라.

상황잇기

어떤 기독교인들은 특별히 중요하게 생각하는 성경의 한 권이나 부분을 정기적으로 반복하여 읽는 일을 습관으로 삼는다. 이것은 시편이나 잠언이나 아마도 산상설교일 수도 있다. 디모데전서 6:11-21은 그런 반복되는 관심의 후보가 될 수 있을 것이다.

"하나님의 사람"이라는 표현은 구약성경에서 빈번한데, 보통 예언자를 가리킨다. 신약성경에서 그 용어의 유일한 다른 용례 역시 목회서신(딤후 3:17)에 있는데, 거기서 성경은 "하나님의 사람으로 하여금…모든 선한 일에 준비되게 한다." 이 신약성경의 구절들은 예언자들을 대상으로 하고 있지 않은 것 같기 때문에, 우리는 그것들이 주님을 섬기는 모든 남녀에게 적용된다고 결론 내릴 수도 있다. 만약 이것이 사실이라면, 이 진리를 현대 시기와 결부시키기가 용이해진다.

하나님의 영광에 대한 관심. 이 단락은 우리의 내적 생활과 성품과 함께 시작한다(11절). 바울은 모든 그리스도인이 싸움에 직면한다는 사실을 감안한다(12절). 그는 독자에게 모든 하나님의 사람이 소유하는 영생을 상기시키는데, 비록 우리가 지닐 수 있는 어떤 특별한 소명의 상황이 우리 가운데서 다를 것이지만 말이다. 디모데의 삶에서 그 상황이 어떤 것이었을지라도, 그것은 타인들 앞에서 "선한 고백"을 하는 일을 포함했다. 우리 모두는 빌라도 앞에서의 예수님의 모범을 회상할(look back) 수 있으며, 우리 모두는 그리스도의 미래의 나타나심을 전망(look forward)할 수 있다. 양자 모두는 우리로 하여금 우리에 대한 하나님의 부르심과 명령을 이행하도록 동기를 유발할 것이다.

하나님은 보좌에 계시며 우리의 순종뿐만 아니라 경배를 받으시기에 합당하시다. 바울이 이 서신에서 건전한 교리를 지키는 일과 그 교리에 적합한 그리스도인다운 성품을 지키는 일에 대해 보였던 관심은 궁극적으로 하나님의 평판, 곧 영광에 대한 관심이다. 그러므로 목회서신의 몇 가지 송영은 그 교리와 삶의 결합과 관련되며 적절한 표현이다.

그리스도인의 믿음의 싸움. 만약 "믿음의 선한 싸움을 싸우라"는 명령이 디모데의 사역을 가리킨다면, 그것은 다투기를 좋아하거나 적대적이지 말라는 목회서신의 교훈과 조화되어야 한다. 다른 한편으로 만약 이것이, 문맥을 고려할 때 합리적으로 보이듯이, 내적 싸움이라면, 그것은 그리스도인들이 전형적으로 경험하는 것을 묘사한다. 우리가 우리의 분투에 임할 때 승리를 얻는 일은 "영생을 취하는 일"의 한 측면일지도 모른다. 앞에서 주목되었듯이, 부한 자들은 타인의 유익과 미래에 대한 관점으로 부를 사용함에 의해 참된 생명을 취한다. 유사하게 다양한 삶의 정황에 처해 있는 디모데와 그리스도인들은 하나님이 이생에서 주신 것을 사용함에 의해 미래를 준비할 수 있다.

원 의미 단락에서 우리는 디모데의 부르심과 고백과 그 생명을 붙잡음의 가능한 관계에 대해 논의했다. 우리는 아마도 하나님의 영생으로의 부르심 자체가 영원한 차원을 지닌다고 확신할 수 있을 것이다. 하나님의 결정은 단지 디모데가 증인들이 있는 데서만 발생하지 않았다(12절). 하나님의 부르심을 확언하는 고백은 특정한 때—아마도 우리가 보았듯이 디모데의 세례시—되어졌다. 하지만 빌라도 앞에서의 예수의 사례(13절)는 세례와 같은 어떤 영적 행사가 아니라 반대의 순간에 있었는데, 이것은 우리가 언제든 고백을 하도록 요청될 수 있음을 암시한다. 다음으로 바울은 그리스도가 나타나실 완성이 때를 전망하며 불멸하시며 "영원히 존귀와 권능"을 받으실 하나님께 대한 송영으로 마무리한다.

그리스도가 영광 가운데 나타나실 것임에 대한 깨달음은 "흠도 없고 책망 받을 것도 없이" 그분께 순종하는 큰 동기이다. 고린도후서 5:10에 따르면 우리 모두는 하나님의 심판대 앞에 나타나게 될 것이다. 이것 자체가 우리를 선한 행위에 대해 동기 유발할 것이지만, 그리스도의 지상에의 나타나심 역시 신자로 하여금 거룩한 삶과 섬김에 대해 마음을 움직이게 할 것이다. "가까이 가지 못할 빛에 거하시는" 거룩하신 하나님에 대한 본 구절의 조언 역시 그러할 것이다.

고백. "고백"이라는 단어에 대한 우리의 일반적 용법은 12-13절에 대한 오해를 유발 할 수 있다. 사전과 용례들에 대한 조사는 대부분의 사람들이 이 단어가 죄의 인정을 뜻하는 것으로 이해함을 드러낸다. 그것은 보통 과오나 범죄의 시인과 관련되며 자주 하나님께나 법정에서 우리의 죄악을 시인하는 일과 관련하여 사용된다. 하지만 (교회의 신앙에 대한 위대한 "고백서들"에서와 같이) 교리적 진리에 대한 확고한 인정을 가리키는 전통적 용법이 존재한다. 또한 그것은 그리스도에 대한 우리의 신앙의 구두의 인정으로서 그리스도인의 어휘에 확고하게 자리 잡고 있다.[9] 그러므로 "고백하다"와 "고백"이라는 단어들이 유지되고 그 의미가 설명될 수 있다. 모든 세대의 신자들에게 아마도 압박 하에서 불신자들 앞에서 주님을 고백할 기회가 있을 것이다.

그리스도인과 부. 바울은, 기독교인을 자처하든 노골적 이교도를 자처하든, 다수의 거짓 교사들에게 금전적 동기가 있음을 알았다. 데살로니가전서 2:1-9에서 그는 이것이 자신에게 사실이 아니었음을 밝힌다. 그러나 그는 또한 그 부가 반드시 간교함으로 얻어지거나 탐욕으로 보유되지는 않는 사람들에 대한 조언을 가지고 있다. 부는 오만함을 유발하며 사람들로 하여금 전적으로 의지하게 할 수 있지만 (17절), 신자들은 타인에게 선을 행하며 부를 관대하게 사용해야 한다. 우리는 어떤 종류의 "보물"이 그런 사람들에게 예비되어 있는지 알지 못하지만, 자신의 자원의 선한 사용이 일정한 방식으로 "도래할 시대"의 미래적 토대를 놓는다는 점을 안다. 이것은 "참으로 생명인 생명"을 취하는 그들의 방식이다(19절).

현대적 의미

영성. 기독교인들은 영성의 구성 요소가 무엇인지와 그것이 어떻게 "회득되는지"에 대해 상이한 견해들을 가지고 있다. 어떤 사람들은 적극적 활동주의자들로서 영적 "훈련"과 절차와 프로그램에 관여한다. 다른 사람들에게 있어서는 "수동성"이 이상으로서 그리스도 안에 머무름을 강조하는 일을 수반하다. 하지만 심

9. 마 10:32-33과 그 병행 구절인 눅 12:8-9에서 NIV와 몇몇 다른 현대 번역판들은 그 헬라어를 "나를 고백하는 자마다" 보다 "나를 인정하는 자마다"로 번역한다.

지어 우리가 인간적 역할을 최소화할 때조차도, 합당한 분투가 존재한다. 성경읽기와 기도할 시간을 낼 수 있기에 충분히 아침 일찍 일어나는 일은 결심과 의도적인 행위를 요구하는데, 곧 심야의 텔레비전 쇼를 거르는 일이 도움이 된다. 마찬가지로 우리가 타인을 위한 도고 기도를 드릴 때에 산만함을 극복하는 일은 집중력을 요구한다.

또한 우리 자신의 성격을 다루는 일은 통찰력과 객관성을 요구한다. 우리가 우리 편에서의 죄에 대한 영적 비하와 낙담이라고 생각할지 모르는 것이 실제로는 다뤄질 필요가 있는 인간적인 성격적 요소들일지도 모른다. 그리고 우리가 타인에 대해 영성 혹은 그것의 결여라고 해석하는 것 역시 단순히 성격의 문제일지도 모른다. 다시 말해 영성을 평가할 때 우리 모두는 너무 쉽게 인간적 요소를 배제한다.

하지만 바울에게 있어 영성은 행할 일들을 포함한다. "피하라"와 "따르라"와 "싸우라"는 능동적 동사이다. "취하라" 역시 적극적 결정과 행동을 나타낸다. 본서신들에서 매우 중요한 그리스도인다운 성품의 개발은 지혜로운 결정과 신속한 순종을 포함한다. (1) 그리스도인은 무엇을 피해야 할지를 알 필요가 있다. 디모데후서 2:22에서 그것은 "청년의 악한 정욕"이다. 고린도전서 6:18은 우리에게 성적 부도덕을 피하라고 말하며, 10:14은 우상숭배를 피하도록 경고한다.

(2) 우리는 또한 화평(벧전 3:11-12, 시 34:12을 인용함)만이 아니라 "의와 믿음과 사랑과 [또 다시] 화평"(딤후 2:22)을 추구할 필요가 있다. 여기 디모데전서 6:11의 목록은 다음과 같이 앞의 일련의 것들의 일부를 포함하면서 보다 길다. "의와 경건과 믿음과 사랑과 인내와 온유." 경직되거나 율법주의적인 되지 않으면서, 우리는 자신의 행위를 점검하고 개선하기 위해 수일간 자유로운 시간을 갖는 대비되는 행동과 더불어 이 목적 중 하나를 선택하는 것이 현명할 것이다.

(3) 그 "싸움"은 당연히 이것을 행하려는 우리의 결심과 함께 시작된다. 사탄은 늘 우리를 "삼킬" 방법을 찾고 있기 때문에(벧전 5:8) 더 넓고 보다 포괄적인 영적 전투가 뒤따르는 것이 가능하다. 하지만 필자의 개인적 관찰은 어떤 기독교인들은 자신의 "악한 욕망"(약 1:13-15) 대신 사탄에 기인하는 개인적 실패를 너무나 함부로 비난한다는 것이다.

그리스도를 고백하기. 이 구절은 또한 우리에게 선한 고백을 하도록 가르친다. 어떤 시점에서도 신자는 그리스도를 고백하도록 요청될 수 있다. 어떤 이들에게 그것은 박해의 상황이었을 것인데, 이것은 부인 대신 고백을 하는 사람들에 대한 고문의 위협을 수반한다. 그 상황이 이 구절의 의미를 전부 규명하지 않으며 이 주석을 읽는 많은 사람들(또는 그 저자)과 관계가 없을지도 모르지만, 그것은 바로 이 순간 전 세계의 많은 사람들에게 가능한 일이다.

항상 그리스도인으로 하여금 예수를 저주하도록 강요하려고 하는 사람들이 있을 것이지만 우리는 성령에 의해 "예수를 주이시다"라고 말해야 하며 그럴 수 있다(고전 12:3). 다음과 같은 베드로의 말씀이 마음에 간직되어야 한다. "너희 마음에 그리스도를 주로 삼아 거룩하게 하고 너희 속에 있는 소망에 관한 이유를 묻는 자에게는 대답할 것을 항상 준비하되"(벧전 3:15). 그 절의 마지막 말씀, 곧 "그러나 온유와 두려움으로 이것을 행하라"는 목회서신의 강조점과 유사하다(예. 딤후 2:24-26).

송영과 경배. 목회서신의 송영들은 우리의 마음을 모든 경배와 존귀를 받으시기에 합당하신 하나님께 올려드리며 돌려드리고 있다. 하지만 우리는, 만약 이 말씀들을 단순히 우리의 연구 과정에서만 읽거나 예배 인도자가 일요일 아침 예배 의식에 통합시킬 때까지 기다린다면, 큰 기회를 놓칠 수 있다. 그것들은 언제든지 우리의 이용을 위해 거기에 존재한다!

우리의 개인적 기도 시간이 경배를 포함해야 한다고 자주 말해진다. 그런 경배는 물론 우리 자신의 말—우리의 마음과 가슴 깊은 곳에 계시는 성령님의 영감을 받는 말—로 표현될 수 있다. 그것은 또한 찬송가와 경건한 글들의 언어를 통해 행해질 수 있다. 이것은 우리의 경배의 생각과 어휘를 확장하는 유용한 방식일 뿐만 아니라, 또한 전 세계적 차원의 커다란 예배공동체로서의 교회의 일원으로서 다른 기독교 전통의 사람들의 목소리에 참여하는 수단이기도 하다. 이것은 흥미진진한 가능성들을 지닌다. 예를 들어, 개인적으로 필자는 하나님의 세계의 다른 어떤 지역에서 저녁이 되었을 때, 그 시간대의 신자들과 함께 하며 그들을 위해 기도하면서, 저녁 찬송가를 부르는 일이 놀랍도록 유익한 것을 발견한다.

하지만 무엇보다 최선의 것은 하나님을 그분 자신의 언어로—시편과 요한계시록의 찬양과 여타 구절들을 통해—경배하는 일이다. 디모데전서 1:17과 나란히 불멸하시는 하나님을 기리는 이 송영은 놀라운 경배의 도구이다. 또한 그것은 영원히 하나님을 함께 예배할 우주적 교회와 모든 존재—지상과 천상의 신자들과 천사들과 여타 존재들—를 상기하는 수단일 수 있다.

부한 자들의 책임. 그런 고상한 구절에서 물질적 부에 대한 구절로 바로 넘어가는 것은 돌연한 것으로 보일 수도 있지만, 그것은 하나님의 세계에서는 돌연하지 않다. 우리의 존재와 소유 전체가 그분의 것이다. 부유한 사람들은 "우리에게 모든 것을 후히 주사 누리게 하시는" 하나님께 소망을 둘 특별한 기회를 지닌다. 또한 그들은 자신의 부를 나눌 자유를 지닌다.

10절에서 바울의 경구의 문맥은 (1) 만족을 동반하는 경건의 중요성, (2) 우리가 내세에 소유의 어떤 것도 가져갈 수 없다는 사실, 그리고 (3) 시험과 파멸을 초래할 수 있는 부에 대한 욕망이다. 이제 긍정적 어조로 바울은 선을 행하기 위해 지상적 삶의 물질적 복을 사용함에 의한 나눔의 특권과 "영생을 취할" 기회에 대해 부연한다.

필자는 자주 큰 집과 아름다운 수영장과 탈의실과 두 대의 비싼 자동차와 한 대의 비행기를 소유했던 한 부부와의 교제를 회상한다. 필자는 여름 말기에 그들이 다수의 교회 그룹이 자신들의 수영장을 이용하도록 초대하고 나중에 청소하는 일로 인해 기진맥진했다는 사실을 인지할 정도로 그들 양자를 잘 알고 있었다. 필자는 또한 남편이 자신의 비행기를 주의 일, 특히 부흥사를 집회에 모시는 일을 위해 사용했으며, 부인은 여러 "선행" 가운데 특별히 자선 활동에 말로 다 할 수 없는 시간을 바쳤다는 것을 알았다. 그들의 친한 벗들 역시 마찬가지로 많은 사람이 알지 못하는 자선과 목회 사역에 참여했다. 잠재적인 위험 요소는 돈이 아니라, 돈에 대한 사랑이며, 이 사람들은 그 사실을 이해했고 돈이 아니라 "[주의] 나타나심"을 사모했다(딤후 4:8).

대조적으로 필자가 글을 쓰고 있는 이 순간에도 수많은 사람들이 수억 달러의 대박을 기대하며 복권을 살 수 있는 인근 주의 경계 지역으로 몰려들고 있다. 추첨이 오늘 밤에 있으며, 뉴스는 사진과 자극적인 말(한 남성은 만약 자신이 이기면 "모든 곳에서 여성을 취할 것이다"라고 말했음)로 넘쳐난다.

거짓 교사를 다루기. 우리는 디모데(그리고 디도)와 같이 한 부탁을 소유하고 있다(20절). 그 부탁을 이행하는 과정에서 우리는 그들과 같이 종종 거짓 교사들의 오류뿐만 아니라 또한 죄를 다루어야 할 과제가 주어진다. 우리가 해결하려고 하는 문제의 일부에 얽혀 들어가기 쉽다. 타인들을 오류에서 벗어나게 하는 과정에서 우리는 그들이 사용하는 종류의 분열과 논쟁을 행하지 않도록 유의해야 한다. 만약 그들이 가르치는 것이 "지식이라고 잘못 불리는" 것이라면, 우리는 그들의 오류를 드러내는데 유용한 것 이상의 것들을 주장하도록 유혹될지도 모른다.

대조적으로 우리는 어떤 직접적인 대치도 자제하며 대신 그 모든 일을 단지 기도에 의해서만 다루어야 하는 사탄의 사역으로 여기도록 결정할 수도 있다. 사탄이 여기서 언급되지 않으며, 실제로, 오류 가운데 있는 사람들이 믿음에서 "벗어났다"고 말해지는 점은 의미심장하다. 그것은 의도적 선택일 수도 있는 반면, 확실히 무심코 탈선한 사람들도 존재한다. 사탄이 사람들의 눈을 어둡게 하기 때문에 그들은 기도를 필요로 하지만, 또한 그들은 애정어리고 세심한 교훈을 필요로 한다. 줄곧 우리에게 부탁된 것을 지키며, 우리는 스스로 "불경건한 잡담"과 "대립되는 개념들"을 버리는 일을 확실히 해야 한다. 그렇게 행함에 있어 우리는 바울이 서신의 종결부에서 언급하는 은혜를 필요로 한다(21b절).

디모데후서 1:1-7

1 하나님의 뜻으로 말미암아 그리스도 예수 안
에 있는 생명의 약속대로 그리스도 예수의
사도 된 바울은
2 사랑하는 아들 디모데에게 편지하노니 하나
님 아버지와 그리스도 예수 우리 주께로부터
은혜와 긍휼과 평강이 네게 있을지어다
3 내가 밤낮 간구하는 가운데 쉬지 않고 너를
생각하여 청결한 양심으로 조상적부터 섬겨
오는 하나님께 감사하고
4 네 눈물을 생각하여 너 보기를 원함은 내 기
쁨이 가득하게 하려 함이니
5 이는 네 속에 거짓이 없는 믿음이 있음을 생
각함이라 이 믿음은 먼저 네 외조모 로이스
와 네 어머니 유니게 속에 있더니 네 속에도
있는 줄을 확신하노라
6 그러므로 내가 나의 안수함으로 네 속에 있
는 하나님의 은사를 다시 불일듯 하게 하기
위하여 너로 생각하게 하노니
7 하나님이 우리에게 주신 것은 두려워하는 마
음이 아니요 오직 능력과 사랑과 절제하는
마음이니

원 의미

우리에게 세 목회서신이 있다는 사실은 몇 가지 유용한 비교를 가능하게 한다. 거짓 교훈에 대한 경종을 우리는 디모데전서에서 바울은 단지 이단의 교사들을 강한 말씨로 묘사할 뿐만 아니라, 또한 에베소의 그의 대리인에게 글을 쓸 때에 명령의 강한 언사를 사용한다. 바울은 디모데에게 "명령하며", 다시 디모데는 회중에게 "명령한다." 바울의 자신의 사도됨에 대한 시작하는 묘사는 "명령"이라는 명사를 포함한다. 대조되게 디도에 대한 서신 역시 거짓 교사들 때문에 쓰였지만, 그 어조는 보다 긍정적이다. 이 서신에서 바울의 자신의 사도직에 대한 시작하는 언사는 "하나님의 택하신 자들의 믿음과 경건으로 이끄는 진리의 지식"에 대해 이야기한다.

바울의 인사말(1:1-2)

여기 디모데후서에서 바울은 자신의 사도직을 "그리스도 예수 안에 있는 생명의 약속에 따르는 하나님의 뜻"과 연관 짓는다. 디도서에서와 같이, 그 인사말은 생명에 대한 개념을 포함하며, 다른 두 목회서신 양자 모두와 같이, 저자와 수신자와 회중에게 있는 문제들에 대한 사실적인 상을 제공한다. 하지만 이 서신에는 다른 서신들에는 없는 뚜렷한 통렬함이 존재한다. 바울은 자신의 투옥과 고난을 언급하며(1:8), 많은 사람이 자신을 버린 슬픔을 회고하고(15절), 나중에 임박한 죽음에 대한 예고로 보이는 것은 표현한 뒤 그 주제로 되돌아온다(4:6-18). 정경에서 디모데에 대한 두 서신이 함께 배열되고, 디도서가 후속되지만, 이 서신의 어조는 많은 사람들로 하여금 연대기적으로 그것을 바울의 마지막 기록된 언사로서 디도서 뒤에 배열하도록 이끈다.

바울의 사도직(1절)에 대해서는 디모데전서 1:1 주석을 참조하라. "하나님의 뜻"에 대한 그의 언급은 목회서신들에서 단지 여기서만 나오는데, 비록 바울서신들 중에서 유일한 것은 아니지만 말이다(참조. 고전 1:1; 고후 1:1; 엡 1:1; 골 1:1).

그러나 바울은 왜 1:1에서 "그리스도 예수 안에 있는 생명의 약속"이라는 말을 덧붙일까? 그는 디도서 1:2에서 영생을 언급했지만, 그것은 믿음과 진리의 지식과 관계되며 여기서와 같이 직접적으로 바울의 사도직과 관계되지 않는다. 약속의 개념은 바울의 저술들 다른 데, 특히 갈라디아서에 나오는데, 거기서 그의 논증은 율법이 소개되기 오래 전에 "약속들"이 아브라함에게 주어졌다는 사실에 대한 언급을 포함한다(갈 3:15-22). 디모데후서 여기서의 "생명의 약속"에 대한 언급의 이유는 "바울의 사명은 이 약속이 그리스도와의 친교를 통해 성취된다는 사실을 알게 하는 것이다."[1] 이 어구는 또한 우리에게 디모데전서 4:8을 상기시키는데, 거기서 "약속"은 "금생"과 "내생" 양자 모두와 관련된다.

NIV의 "따라"(according to)는 전치사 카타("위해"[for the sake of], NRSV)를 번역하는 것이다. 그 전치사와 어구의 의미에 대한 견해는 다양하다. 엘리코트는 카타가 "'영생의 약속을 진전시키며 알리는'…그 임명의 목적과 의도"[2]를 나타낸

1. Kelly, *Pastoral Epistles*, 153.
2. Ellicott, *Commentary on the Epistles of Saint Paul*, 121.

다고 말한다. 켈리는 그것을 "관련하여"(in reference to)라고 번역한다.[3] 로크에게 있어 그 어구는 "하나님이 [바울을] 선택하고 그의 사도직이 참된 것이 틀림없는 기준을 제시한다."[4] (카타가 네 번 나오는 딛 1:1-4에 대한 필자의 주석을 참조하라. 아마도 적절함의 개념을 전달하는 디도서의 첫 번째 용례가 본구절과 유사한 것으로 보이며, 필자는 요 2:6이 또 하나의 사례를 제공한다고 제안했다.) 카타라는 단어는 십중팔구 바울의 사도직이 그 약속을 촉진하기 위함임(엘리코트)을 가리키기보다 그것에 따른 것임(NIV)을 가리킬 것이다.

1절의 "그리스도"라는 언급은 목회서신들에서의 32가지의 하나로, 거의 항상 "예수"를 동반한다. 그 결합에 있어, 디모데후서는 거의 항상 "그리스도"를 "예수" 앞에 배열하며, 당시에 "그리스도"가 직함으로 주로 사용되고 있었다고 보통 생각된다. 하지만 그 순서는 일률적이지 않다(참조. 딤전 6:3, 14; 딛 1:1; 2:13; 3:6). 물론 이것은 목회서신의 후기 연대를 요구하지 않는다. "그리스도"라는 단어는 우선적으로 하나의 직함("메시아" 혹은 "기름부음을 받은 자")이다. (공인된 바울 저작의 사례를 들자면) 빌립보서 1장에서 "그리스도"는 18번 나오는데, 단독으로 나오기도 하며 양자의 순서 모두로 예수라는 명칭과 함께 나오기도 한다. "그리스도 예수 안에"라는 전치사 구는 긴밀한 관계나 연합의 개념을 전달하는 바울의 많은 용례의 하나일 수도 있다.

2절에서 바울은 디모데를 자신의 "사랑하는 아들"이라고 밝히는 데, 이것은 "믿음 안에서 내 참 아들"(딤전 1:2; 또한 딛 1:4 참조) 보다 더 자연스럽고 개인적인 표현이다. 바울은 디모데후서 2:1의 교훈의 시작부에서 "내 아들"을 반복한다. 인사말의 1:2의 나머지 부분은 디모데전서 1:2과 디도서 1:4(참조. 딤전 1:2 주석)의 그것과 유사한데, 단지 후자가 "긍휼"이라는 단어를 누락하고 있는 점만 다르다.

디모데의 믿음과 영적 은사를 기억하기(1:3-7)

디모데전서 1:3-7과 디도서 1:5-9과 달리, 본 구절에서 서신의 수신자에 대한 언급들은 어떤 임무를 맡기는 형태를 띠지 않는다. 그것들은 보다 사색적이며 디

---

3. Kelly, *Pastoral Epistles*, 153.

4. Lock, *Pastoral Epistles*, 82; 나이트는 엘리코트의 견해를 수용한다(*Pastoral Epistles*, 364).

모데에 대한 회상에 관해 하나님께 감사하는 일로 시작한다. 이 단락의 문맥은 디모데전서나 디도서의 경우보다 그리스로마의 서신의 전형적 요소들에 더 가깝다. 수신자에 대한 다정하며, 때로 아첨하는 언급을 하는 것이 관례였다. 바울은 생각이 진실하고 상냥했다. 하지만 그는 또한 디모데에 대한 언급을 계속하기 전에 하나님께 대한 자기 자신의 섬김에 관한 발언을 슬쩍 끼워 넣는다. "섬기다"라는 단어는 라트류오를 번역한 것인데, 이것은 자주 예배, 특히 제의적 배경의 예배드림과 관련된 것을 가리킨다. 물론 70인경에서 이것은 성전에서 하나님께 드려지는 신성한 예배였다. 그것을 "섬기다"로 번역하는 것은 예배라는 배경의 의미를 상실하지만, "예배하다"로 번역하는 것은 그것이 바울의 사역에서 취한 형태가 활동적인 봉사였음을 가리키지 못할 것이다. "조상"[5]에 대한 언급은 그의 유대적 유산(빌 3:4-5)을 긍정적으로 상기시킨다. 바울의 "청결한 양심"은 디모데전서 3:9(또한 1:5, 19 참조)의 집사의 이 자격에 대한 주장을 상기시킨다. 비록 빌립보서 3장에서 바울은 구원의 수단으로서의 어떠한 공로 지향적인 의를 거절했지만, 여기서 그는 신실한 유대 조상들과 더불어 그가 하나님께 드린 진실한 봉사에 대해 청결한 양심을 지닌다.

후속되는 것은 기억이라는 언어 유형을 취한다. (1) 바울은 자신의 기도 가운데 디모데를 기억한다. ⓐ 그는 "계속하여" 그렇게 한다. 바울은 또한 다른 데서 끊임없는 것을 묘사하기 위해 이 어군의 단어들을 사용한다(롬 1:9; 살전 1:2; 2:13; 5:17에서의 기도; 롬 9:2-3에서의 불신 "형제들"에 대한 고뇌). ⓑ 그는 "밤낮으로" 기도한다. 이것은 디모데가 그의 생각에서 결코 떠나있지 않다는 것이 아니라, 그의 밤낮 없는 빈번한 기도 가운데 그 젊은 목회자를 언급하는 일을 결코 빼놓지 않는다는 것을 뜻한다. 폐를 끼치지 않기 위해 "밤낮으로" 일함에 대한 언급과 더불어 바울의 데살로니가 신자들을 위한 계속적인 기도가 참고 될 만하다(살전 1:2, 3; 2:9, 13; 3:10; 5:17; 또한 "밤낮으로 기도하기를 계속하는 과부에 관한 딤전 5:5 참조).

(2) 다음으로 바울은 디모데의 눈물을 기억한다(4절). 우리는 가리키는 시기를 알지 못한다. 그것은 바울이 에베소를 떠났을 때였을 수도 있는데(딤전 1:3), 왜냐하면 우리는 두 사람의 어떠한 추가적 만남도 알지 못하기 때문이다. 중요한 것은

5. 그 헬라어 단어는 여자를 배제하지 않는데, 비록 헬라어 문헌에서 귀네가 여성 조상을 명기하기 위해 덧붙여질 수도 있지만 말이다.

그것이 그들의 관계에 대해 무엇을 말하는 지이다. 분명히 디모데는 유일하게 슬픈 사람이 아닌데, 왜냐하면 바울은 자신이 "기쁨이 가득할" 수 있도록 디모데를 보기를 열망하기 때문이다.

(3) 그 다음으로 바울은 디모데의 "진실한 믿음"을 기억한다(5절). 이 구절을 사도행전 16:1-3과 비교하며, 우리는 그의 지인들의 견해가 디모데가 자란 가정의 성격과 관련하여 상이했음을 알게 된다. 그의 어머니가 유대인이었음이 분명한데, 이것은 디모데 역시 유대인이었음을 뜻했다. 그러나 그녀의 이방인과의 결혼은 그녀의 자신의 종교와의 단절을 뜻했다. 따라서 한편으로 디모데는 "할례 받지 않았기 때문에 엄밀히 말하면 배교자 유대인이었으며", 다른 한편으로 이방인들에 의해 실질적으로는 유대인으로 여겨졌다.[6] 그의 신분을 명확히 하며 회당에서의 그 자신에 대한 수용을 보장하기 위해, 바울은 디모데가 할례를 받도록 했다. 하지만 디모데가 어머니 유니스와 조모 로이스 덕분에 진정한 유대교 신앙을 소유했음이 그를 만났을 때 바울에게 이미 분명했다.

(4) 네 번째 기억은 실제로 바울이 하나님의 은사를 불 일듯 하게 하기 위해 디모데에게 하는 상기의 조언이다(6절). 이것은 디모데의 유효성의 감소를 전제할 수도 있다. 우리는 디모데에 대한 두 서신 간의 시간 간격을 알지 못하며, 또한 에베소에서 거짓 교사들과의 대치가 그에게 가져왔을 결과를 알지 못한다. 바울의 말은 필연적으로 디모데의 열정이 줄어들었음을 뜻하지 않는데, 비록 "불 일듯 하게 하다"라고 번역되는 동사가 꺼져가는 불을 재점화하다는 의미를 지닐 수 있지만 말이다. 바울의 권면의 기초("이 이유 때문에")는 디모데의 믿음이며(5절), 따라서 우리는 거기에 아무런 일탈도 없음을 안다.

7절을 이해하는 데 있어 "거울 독법"(mirror reading)을 하는 것일 일반적인데, 그것은 곧 "능력과 사랑과 절제"에 대한 언급은 디모데가 이것들을 결여했으며 "겁 많음"이 언급되므로 이것이 그의 문제라고 추정하는 것이다. 천성적 겁 많음이 더 커지게 되기 시작했을 때 하나님께서 사역을 위해 디모데에게 주신 내적 자질들—능력과 사랑과 절제—이 약화되고 있었을 것이라고 추정하는 것이 합리적일 것 같다. 이 독법에서 확신과 함께 말하고 행동하는 일에 대한 천성적 주저함을 극복하기 위해 디모데는 성령의 은사가 지배력을 되찾으며 그의 사역에 있어 보다

6. F. F. Bruce, *The Acts of the Apostles: Greek Text With Introduction and Commentary*, 3rd rev. (Grand Rapids: Eerdmans, 1990), 352.

높은 수준의 효력을 회복하도록 할 필요가 있다. 이 재구성은 6-7절의 모든 요소를 고려한다.[7]

"[바울의] 안수를 통해[디아]" 있게 되는 "하나님의 은사[카리스마]"의 수여에 대한 표현을 관찰하는 일이 남아 있다. 이것은 바울이 그에게 안수한 장로들 중 한 사람이었음을 암시할 수도 있다(딤전 4:14). 이 표현과 디모데전서 4:14의 표현은 차이점이 있는데, 거기서 은사의 수여는 일군의 장로의 안수를 "동반하는[메타]" 예언을 "통해[디아]" 있었다. 바울이 이제 자신의(그리고 장로들의) 역할이 단지 은사의 수여에 수반되었을 뿐만 아니라 또한 그것에 관여했음을 강조하기를 원하는지도 모른다.

아나조퓌레오, 곧 "불 일듯 하게 하다"라는 단어의 사용은 다음과 같은 신학적 문제를 야기한다. 하나님의 내적인 영적 은사가 불과 같이 약해지다가 의지의 행동에 의해 재점화될 수 있는가? 우리가 하나님의 성령의 주권적 사역인 것에 대해 통제권을 가지는가? 이 절에 대한 참된 이해는 그 질문들에 대한 대답과 조화되어야 한다. 고린도전서 14:22-40에서 바울이 영적 은사의 규제를 가르친다는 사실은 기독교인들이 그 사용에 책임이 있음을 보여준다. "절제"라고 번역된 단어 자체가 자제하며 합당하게 행동할 책임을 지님을 뜻한다. 그것은 개인이 통제력을 행사한다는 점을 시사한다. 기독교인에게 있어, 이것을 행할 동기와 힘은 성령께로부터 오지만, 우리는 올바른 결정과 행동을 함에 의해 반응해야 한다.

7절에서 언급되는 "영"은 아마도 인간의 영이 아니라 성령 자신일 것이다. 그것은 하나님께서 주신 어떤 것이며 아마도 6절에서 언급되는 은사의 일부였을 것이다. 그 은사는 단지 성령에게서만 기인하는 우리 자신의 보통의 능력을 넘어서 자

7. 대부분의 주석자가 겁 많음(또는 "소심함", 데일리아)에 대한 이 언급이 디모데를 묘사한다고 이해해왔다. 그들은 고전 16:10을 참조하며 이것을 지지할 수도 있는데, 거기서 바울은 고린도인들에게 "너희는 조심하여 그로 두려움 없이 너희 가운데 있게 하라"라고 말씀한다. 허츤(C. R. Hutson)은 이 번역에 이의를 제기한다("Was Timothy Timid? On the Rhetoric of Fearlessness [1 Corinthians 16:10-11] and Cowardice [2 Timothy 1:7]" in *Journal of the Chicago Society of Biblical Research* 42 [1997]: 58-73). 그는 고린도서의 구절에 대해 다음을 제안한다. "만약 디모데가 오면, 그가 너희에 대해 두려움이 없음을 인식하라." 그는 현 구절의 겁 많음에 대한 언급은 학생들에 대한 철학자들의 수사법에 비견될 수 있다고 주장하는데, 곧 그것은 그들이 겁먹지 않도록 하기 위해 그들의 수치심을 자극하려는 의도를 지녔다. 사도행전과 바울의 다른 어떤 서신에도 디모데가 겁이 많았음을 시사하는 아무 것도 존재하지 않는다. 반대로 그는 바울의 사역의 강력한 조력자였으며, 어떤 이유에서도 무시되지 않아야 하고 그의 특사로 받아들여져야 한다. 바울이 "까다로운 고린도인들을 다루기 위해" 보낸 사람은 "두려워 떨고 있는 신참자"가 아니었다(ibid., 62). 그것이 사실일지도 모르지만, 디모데는 여전히 에베소의 보다 적대적인 상황에서 표출되게 된 천성적 겁 많음을 지녔을 수도 있다.

신을 통제하는 일정한 혹은 일종의 능력과 힘과 사랑이었을 것으로 보인다. 그분은 두려움을 초래하는 부류의 영이 아니시다.

상황잇기

디모데전서를 특징짓는 명령의 압박 하에 있으며 악의 위력에 대항하는 긴급성의 의식이 사라졌다. 디도서의 시작부의 특색인 거짓말하며 속이는 대적과의 충돌의 의식 역시 마찬가지이다. 대조되게 디모데후서는 그리스도 안에 있는 "생명의 약속"에 대해 상기시키는 말로 시작된다. 그것은 모든 적대가 없어졌음을 뜻하지 않는다. 이미 1:15에서 바울은 자신의 불행한 상황과 버려진 느낌을 회고한다. 에베소에서 악과 이단의 존재가 서신의 나머지 부분에서 명백하게 나타난다.

그렇지만 우리는 이 서신을 읽으면서 두 친구가 대화하고 있는 것 같은 느낌을 받는다. 그들은 곤경에 대해 경계하지만, 주로 자신들의 삶과 어떻게 분쟁 가운데 공명정대할지에 대해 숙고한다. 바울은 명령자보다 조언자로 보인다. 디모데전서 1장에서 그는 자신을 구원하고 사역에로 부르신 일에 있어서의 하나님의 은혜에 놀랐다. 디모데후서에서 우리는 다음과 같은 부가적인 요소를 발견한다. 바울이 고난을 받고 있지만(1:11-12; 2:8-10; 3:10-13), 미래에 대해 하나님을 신뢰하고 있다. 대부분의 학자가 4:6-8이 임박한 사형 집행에 대한 그의 의식을 표현하는 것으로 이해한다. 디모데가, 아마도 그것의 일부를 교회와 나누면서(결국은 그것을 "공개"를 위해 내놓지만, 아마도 첫 번째 것보다는 덜 나누면서), 이 서신을 깊은 감정에 젖어 읽는 모습을 상상해보라. 우리는 바울의 죽음 이후 그가 이것을 다시 읽을 때의 느낌을 단지 짐작만 할 수 있을 뿐이다.

그리스도 안에서의 생명의 약속. 그런데 바울의 자신의 죽음에 대한 예고를 고려할 때 그가 이 서신을 "그리스도 예수 안에 있는 생명의 약속"에 대한 언급과 함께 시작하는 것은 놀랍지 않다. 이것은 우리에게 다른 바울(또는 다른 사람)이 있음을 뜻하지 않는다. 그는 여전히 디모데전서 1:5, 19에서와 마찬가지로 "청결한 양심"을 유지하는 일의 중요성에 관심을 가지지만, 바로 디모데와 그의 감정으로 관심을 돌린다. 몇 줄 지나지 않아 그는 다시 믿음을 양심과 결부시킨다. 하지만 이번에 그것은 디모데의 어머니와 조모의 믿음이다. 로이스와 유니게의 이름에 우리는 모니카(성 어거스틴의 어머니)와 수재너 웨슬리(존과 찰스의 어머니)와 자녀와 손주를 효과적으로 가르치고 그들을 위해 기도한 세대마다의 기독교인들의 이름이 덧붙여질 수 있다. 우리가 때때로 타인을 훈련하는 일에 대한 디모데후서 2:2에 두는 강조는 동일하게 자신의 가족의 기독교적 양육의 중요성에 대한 이 구절에 두어질 수 있다.

앞선 세대들에 대한 통계가 어떠하든지 간에, 지금은 너무나 자주, 비록 비기독교 가정의 많은 젊은이들이 그리스도에게 돌아오지만, 기독교 가정의 많은 자녀들이 그분에게서 돌아서고 있는 것으로 보인다. 우리는 자녀 양육에 대한 많은 문헌을 접할 수 있는 수혜자들이지만, 우리의 기독교적 가치를 자녀에게 물려주는 일에 있어 큰 어려움을 겪는 것 같다. 이것을 주시하는 것은 어떤 사람의 죄책을 덜게 하려는 것이 아니라, 가정에서의 기독교적 성품과 가르침의 중요성에 주시하려는 것이다. 심지어 디모데후서 1장에서 기술되는 기독교의 초기 단계에서도 구원의 길이 부모와 조부모에 의해 예비되었던 사람들이 있었다.

적어도 열성적인 유대교 신자들이라도 있었던 가정이 그 메시아에 대한 개인적 믿음의 놀라운 준비처가 되었다. 어떤 사람이 일전에 "하나님에게는 아무런 손주도 없다"라는 표현을 지어냈다. 이것이 각 세대가 하나님께 새롭게 나아와야 하며, 비록 부모가 하나님의 자녀일지라도, 우리는 그들의 믿음에 의해 구원받지 않는다는 것을 의미하는 한에서, 그것은 사실이다. 하지만 기독교 역사와 오랜 일생 동안 주의 사역에 참여해온 우리와 같은 사람들은 사람들이 그리스도께로 나아올 때, 자주 그들의 뒤에는 오랫동안 그리고 열성적으로 그들의 구원을 위해 기도해 온 부모나 조모나 타인들이 있었음을 보여주고 목격해 왔다.

그 "타인들"은 아마도 주일학교 교사일 수 있을 것이다. 얼마 전에 많은 친구가 있었으며 그리스도의 활동적인 증인이었지만, 교회에서 주요 지도자 직분을 결코 맡은 적이 없었던 한 남자의 장례 예배가 있었다. 하지만 그에 대해 떠올려지는 지배적인 이미지는 신실한 주일학교 교사라는 것이었다. 그의 학생이었던 많은 사람들이 거기에 참석했으며 그의 신실함과 자신들에 대한 전적인 헌신—일요일을 훨씬 넘어 확장된 헌신—에 대해 증언했다. 그의 모범과 영향력과 기도는 수십 년 동안 그들의 삶에 영향을 줄 것이다.

디모데의 은사. 6절의 하나님의 은사를 불 일듯 하게 함에 대한 언급은 디모데전서 4:14에서 처음 언급되는 안수에 대한 우리의 이해를 더해준다. 성경적 강조는 매우 분명하게 영적 은사의 부여에 있는 반면에, 교회사 내내 매우 큰 강조가 직분에 임명되는 의식으로서의 안수에 두어져 온 것은 아마도 이상하다. 성경 해석과 교회의 관례의 문제들과 별개로, 사람들이 개인에게 안수할 때 자신들을 통해 하나님 자신이 실제적으로 그 사람에게 성령으로부터의 새로운 은사나 능력을 주신다고 믿는 것보다 신분에서의 변화를 선언하는 안수 행위에 동의하는 일이 십중팔구 더 용이하다고 말해져야 한다. 하지만 전자가 정확히 양 본문 모두가 가르치는 것이며, 바울이 디모데후서 1:7에서 계속하여 논의하는 것이다.

이것은 하나님의 은사들이 또한 회심시 혹은 후속되는 상황에서 신자에게 임할 수 있음을 부인하는 것이 아니다. 또한 그것은 모든 신자가 하나님에게서 영적 은사들을 받는다는 것을 부인하는 것도 아니다. 실제로 7절은 하나님이 "우리"(만약 바울이 이것을 단지 디모데와 자신에게만 한정시키고 있었던 것이 아니라면)에게 주신 은사에 대해 말함에 의해 그들이 영적 은사들을 받는다는 것을 암시한다. 그렇지만 이 경우에 디모데는 바울의 안수를 통해 자신에게 이전에 없었던 혹은 동일한 방식이나 정도로 없었던 하나님의 은사를 분명히 받았다. 일정한 방식으로 성령께서는 디모데의 인간의 심령에 새로운 "능력과 사랑과 절제"를 가져다주셨다(7절). 기독교인들은 자주 "단념하고 하나님께 맡길지"(let go and let God), 즉 하나님께 복종하며 그분이 자신들을 영적으로 변화시키기를 수동적으로 기다릴지, 아니면 능동적으로 자기 자신의 성품을 형성해 나갈지에 대한 진퇴양난에 직면한다.

그 문제들은 깊고 복잡하며 여기서 상세한 논의를 하는 것은 무리이다. 그러나 그것들은 간과되지 않아야 하며, 여기서 안수시 디모데에게 주어진 부여와 관련하여 제기된다. 이것은 자신과 더불어 우리에게 필요한 능력과 사랑과 절제를 가져다주시는 성령 자신이라는 은사였는가, 아니면 그 은사는 자질과 재능들로 이루어졌는가? 만약 그 은사가 성령이시라면, 디모데에게 이 시기 전에는 성령이 없었는가? 그 은사는 성령의 새로운 기름부음이었는가, 또한 만약 그렇다면, 이 성령의 보완적 부여를 분명하게 묘사하고 설명하는 어떤 성경 구절이 있는가? 또한 양자 모두의 경우에서 그 은사는 디모데가 다른 방식으로는 소요하지 않았을 것인가?

그것은 "능력"에 있어서는 그러할 수도 있지만, "사랑"에 있어 그러하겠는가? 귀신을 쫓아내는 능력은 아마도 염두되고 있지 않을 것이며, 오히려 사람들을 어두움에서 빛으로 이끄는 능력일 것이다(행 26:17-18). 이것은 우리가 할 수 있는 것이 아니다. 그러나 사랑은—두 가지 대 계명에 대한 순종의 행위로서 그리고 성숙한 그리스도인의 성품의 표현으로서—우리 자신에게 책임이 있는 것이 아닌가? 또한 "절제"는 어떠한가? 그것은 우리가 하나님께 받을 것을 기다릴 것인가 아니면 성취할 책임이 우리에게 있는 것인가? 디모데가 이 은사를 불 일듯 하도록 해야 한다는 사실은 그 자신이 그것의 개발에 책임을 졌음을 시사한다.

그런 질문들에 대한 대답은 적어도 몇 가지 고려 점을 포함해야 한다. 능력과 사랑과 절제는 상품이 아니며, 태도와 행동이다. 그와 같이 그것들은 우리가 소유할 수 있는 어떤 꾸러미에 싸여있는 정적인 선물들이 아니다. 그것들은 개인에 의해 발휘되어야 한다. 그러나 그것들을 발휘하는 동기와 의지가 약하거나 결여되는 정도로, 이것들은 하나님에게서 와야 한다.

공장 고용인들의 노동의 효과 증대가 조명 수준의 양적 변화가 아니라 어떤 사람이 조명을 실험할 만큼 염려한다는 점에 대한 노동자들의 자각에 의해 유발되었음이 알려진 유명한 사건 이래로 줄곧, 동기에 대한 연구가 집중적으로 계속되었다. 어떤 활동에 있어 우리의 성과는 주로 동기를 유발하는 것에 좌우된다. 물론 이것은 외적 자극뿐만 아니라 내적인 기질이나 가치관 역시 포함한다. 두려움은 긍정적이며 부정적 양자 모두의 방식으로 강력한 동기요인이 될 수 있다. 앞에서 주목한 대로, 디모데의 문제는 두려움이나 겁 많음이나 소심함이 아니었을 수도 있지만, 세 가지 모두가 우리에게 깊은 영향을 줄 수 있다. 어떤 상황에서 두려움은 우리로 하여금 브레이크를 내리 누르거나 엑셀러레이터를 급하게 밀수 있게 할 수 있다. 소심함은 단지 브레이크를 작동시킬 뿐이다. 능력과 사랑과 절제라는 세 쌍은 겁 많음에 대한 인상적이고 효과적인 저항력을 형성한다.

현대적 의미

오늘날의 디모데들. 오늘날 선교 지도자들은 수 세대 전에 익숙했던 바와 다른 부류의 지망자들을 만나고 있다. 동일한 것이 신학교 입학 상담자 그리고 자주 교회의 목회자 청빙 위원회에 대하여 사실이다. 대단히 많은 수의 지원자들이 비기독교 가정에서 자라났으며 많은 수(기독교 가정이든 아니든)가 부모의 이혼을 겪었거나 학대를 받았다. 목회 후보자가 기독교 교리에 대한 지식을 습득하며 자라나고, 신학교를 위해 준비하기 위해 대학에서 헬라어와 라틴어와 아마도 고대사를 공부하며, 다음으로 고전적 전통의 신학교 과정을 이수했던 "옛날"은 오래 전에 사라졌다. 오늘날의 선교 이사회와 이사들은 후보자와 현장의 선교사들의 개인적인 인생사와 정서적 건강에 민감할 필요가 있다. 그들이 하나님의 봉사를 시작하기 위해 미국에서의 다년간의 마약과 자유연애의 영향을 극복할 수 있었던 것은 하나님의 은혜와 그런 후보자의 절제의 증거이다.

오늘날 하나님에 대한 봉사에 필요한 기술과 전문지식은 여러 방식으로 얻어질 수 있다. 회득되기 더 어려운 것은 성품과 지혜이다. 이것들은 종종 전문적인 종교계 인물들에게 결여되어 있는 자질이다. 신학교와 교회와 선교와 다른 여타의 패러처치 기관들은 가능한 한 많이 개인적이며 영적인 평안함에 집중함에 의해 사역 후보자들을 도울 수 있다. 심리 검사와 적절한 상담은 부정적으로가 아니라 감사하게 여겨져야 한다. 오늘날의 로이스와 유니게는 국제기독학생회의 간부와 신학교 교수일 수도 있으며, 오늘날의 바울은 선교회 이사일 수도 있다.

주의 종의 성품이나 지혜의 개발을 독려하는 일에는 결코 너무 늦은 때가 없지만, 우리는 초기 양육의 기회를 놓치지를 원하지 않는다. 자녀를 건강하게 양육하기 위해 자기 자신의 삶과 부모로서의 돌봄을 점검하는 일이 여전히 부모와 조부모의 냉철한 과제이다. 행복한 낙관론과 함께 손주들을 위해 기도해 온 조부모들은 이제 심지어 가장 훌륭한 기독교인 가정에도 있을 수 있는 약점들과 이웃과 학교와 직장에서 손주들의 영적 개발을 방해할 영향력들을 예상하며, 기도에 있어 보다 적극적이 될 필요가 있다.

또한 주일학교에서 신실하며 아마도 다양한 사역에서 조력하던 청년이 교회에서 인지되어 목회자나 다른 사람들의 돌봄을 받으며 기독교 사역을 감당하도록 목양되던 시절은 대부분 지나갔다. 오늘날 목회자와 장로와 주일학교 교사와 청소년 지도자와 여타의 사람들은 남녀 청년들이 기독교적 삶과 봉사로의 하나님의 부르심에 응답하기를 기도할 필요가 있다. 또한 여기서도 우리는 보다 적극적일 필요가 있는데, 곧 항상 기도하는 가운데 특별한 사역에 적합할 수 있는 사람들을 찾아보며 개인적으로 격려하는 일 등을 할 수 있다. 그런 사역과 선교 사역에 나아가는 상당수의 사람들이 교육과 여타 목적으로 집을 떠났으며, 많은 이들이 대학에서 회심을 했는데, 이제는 그들을 거의 알지 못하는 교회들에 자신들의 사역을 재정적으로 지원하기를 요청하고 있다.

오늘날 젊은 디모데들이 특별히 필요로 하는 것은 인격적인 멘토링인데, 이것은 단순히 정보를 제공하고 지침을 준다는 의미의 멘토링이 아니다. 너무나 자주 그것은 통제의 수단과 우리의 모든 어젠더와 견해를 포함하여 우리 자신을 타인에게서 재생산하는 일이 된다. 우리는, 어떤 사람이 우리의 사물에 대한 시각을 받아들이며, 우리가 하는 식으로 기도하며, 우리가 하는 식으로 전도하고, 만약 목회상의 관계라고 한다면, 우리가 하는 식으로 설교할 때, 그를 제자로 삼았다거나 멘토의 역할을 했다고 생각할지도 모른다. "복제"라는 단어가 떠오른다.

기독교의 예수의 우월한 경쟁자로 보여 지도록 문학적으로 만들어진 것이 분명한 한 이교도 인물에 관한 이야기인 고대의 『티아나의 아폴로니우스의 생애』(*Life of Apollonius of Tyana*)에는 그가 배로 기어올라 들어가는 흥미로운 장면이 있다. 그의 제자들은 그를 따라 그 안으로 들어갈 때에 그의 모든 동작을 일부러 흉내 낸다. 이것은 기독교적 제자 삼기와 멘토링의 모습이 아니다. 한 명의 디모데의 멘토 역할을 한다는 것은 만날 수 있으며 시간을 함께 하고 차이를 이해하며 그 사람의 독특한 은사를 통제하기보다 발전하도록 돕기를 추구하는 것을 뜻한다. 육상 선수는 홀로 뛰지만 수개월 혹은 수 년의 훈련과 격려 뒤에 그렇게 한다. 그런데 그것은 단지 코치만이 아니라, 육상 선수와 친밀한 사람들에 의해서도 행해질 수도 있다. 디모데에게 있어 바울은 친밀하며, 듣고 이해하고, 개인적 은사를 인정하며, 신뢰하는 사람이었다.

교회의 역할. 이 서신들에는 독립적이지만 교회와 밀접한 관계 속에서 활동하는 하나님의 종에 대한 상이 나타나고 있다. 디모데는 믿는 모친과 조모에 의해 양육되었다. 그는 교회에서 좋게 생각되었다(행 16:2). 그는 예루살렘 교회의 결정들을 수행하는 일에 있어 바울을 도왔다(16:4). 그는 교회 장로들의 안수를 받았다(딤전 4:14). 오늘날 많은 사람들이 교회와 별개로 그리스도에게 나아오고 있을 때에, 그들이 교회와 관계를 가지며 교회 지도자들과 협력하여 활동하도록 독려되는 일이 이 상과 일치하는 것 같다. 종종 위대한 선교사를 비롯한 사람들이 교회 지도자들의 비전 부재로 인해 독립적으로 활동해야 했지만, 건강한 교회는 주를 섬기려 하는 사람들의 사역을 격려하고 도울 것이다.

이 상은 디모데—그리고 우리—가 성품 개발의 책임을 지는 일을 포함한다. 하나님의 은사들은 개인적 성품의 대체물이 아니며, 그것의 개발을 돕는다. 한 선교사가 하나님의 성령에 의해 사랑의 은사를 주셨으므로 소모성 질환의 한 역겨운 희생자를 돕는 사랑의 행위를 하는 것이 사실인 반면, 그 선교사가 그 사랑에 반응하며, 그 가운데서 개인적으로 자라나고, 큰 필요가 있는 곳에서 그것을 실행해 옮기는 의식적인 결단을 하는 것도 사실이다. 디모데가 증거할 때에 하나님이 주신 은사들 때문에 (자신의 "감독자"인 바울의 투옥에 대한 당황하게 하는 수치심을 피할 뿐만 아니라) 증거할 때에 무력하게 하는 수치심을 극복할 수 있었던 것과 똑같이(1:8 주석 참조), 우리 역시 우리의 삶 가운데 이 은사들의 영향력을 경험할 수 있다.

요컨대 하나님의 초자연적 은사들과 우리의 순종과 성품 개발의 반응이 함께 역사하는 상호성이 존재한다. 은사들만으로도 가시적인 성취가 도출될지도 모르지만, 이 은사들이 외적일 뿐만 아니라 내적으로도 역사하도록 허용되지 않는다면, 그것들이 생산해야 할 영적이며 성품적인 개발은 일어나지 않을 것이다. 그것들은 행위 없는 믿음과 고린도전서 13장의 사랑이 없는 고린도전서 12장의 은사들과 같을 것이다. 요컨대 교회는, 부모와 조부모 같이, 디모데들을 발견하고 격려하며 그들이 하나님을 섬기는 데 필요한 기도와 영적 자원과 후원을 제공하는 일에 훨씬 더 주의를 기울여야 한다.

하지만 우리가 이 모두를 행한다 할지라도, 기독교 사역을 위한 필수적인 자질을 부여하시는 분은 여전히 바로 하나님의 영이시다. 때때로 교회지도자들이 기대보다 실망감으로 바라보고 거칠고 교육을 잘 받지 못한 사람들이 하나님의 능력만으로 나아가서 그분이 놀라운 방식으로 역사하시는 것을 목도했던 과거 세대들에서 그것은 그러했다. 예수전도단(YWAM)과 프라미스 키퍼스(Promise Keepers) 같은 우리 시대의 중대 운동들의 많은 사람들이 정식 신학 훈련을 거의 받지 않은 오늘날 그것은 사실이다. 신학교에서 성경 연구와 신학을 연마한 다수의 목회자들이 찾는이들(seekers)의 마음을 끌고 그들을 얻기 위해 단순화된 설교를 전하는 반면에, 성경이나 신학 교육을 거의 받지 못한 평신도들이 보다 깊은 가르침을 갈구하는 사람들을 대상으로 지역 사회 성경 연구 모임과 소그룹 가정 모임과 주일학교 수업에서 가르치고 있다. 이 교사들과 학습자들이 하나님의 영의 이끌림을 받고 받을 수 있는 모든 격려와 훈련을 필요로 하고 있는, 오늘의 디모데들 중의 일부라고 할 수 있다.

우리 시대의 디모데들을 격려하는 또 하나의 방식은 소수인종의 학생들과 신흥국가에서 온 학생들에게 후원과 개인적 격려를 하는 것이다. 신학교들은 장학 기금을 필요로 한다. 또한 기독국제장학재단(Christian International Scholarship Foundation)과 같이 신흥국의 유망한 기독인 사역자들의 후원을 돕는 기관들이 있다. 그것들은 이미 검증된 지도자들이지만 모국에서 보다 효과적으로 주를 섬기기 위해 보다 발전된 학업을 필요로 하는 사람들을 선발한다. 마찬가지로 해외의 성경학교와 신학교들 역시 북미의 형제자매의 도움을 필요로 하고 있다.

기도의 필요성. 디모데의 인생에서 모든 것 중에 가장 중요한 요소는 다음과 같은 3절의 짧은 말에서 식별될지도 모른다. "내가 밤낮 간구하는 가운데 쉬지 않고 너를 생각하여." 디모데는 멘토의 계속적인 구체적이며 신실한 기도를 필요로 했다. 우리 시대의 다른 많은 기독교인과 마찬가지로 본 주석의 필자는 다른 사람들의 기도의 덕을 입어왔을 뿐만 아니라, 거의 매일같이 선교사를 비롯하여 주의 사역 가운데 있는 사람들에게서의 기도 요청을 받는 특권과 책임을 가지고 있다. 이메일을 통해 필요들을 알며 즉각적으로 하나님께 가지고 가는 것이 가능해졌다.

그러나 주의 종들을 위해 "밤낮으로" 신실히 기도하기 위해 그들의 당면한 상황들을 반드시 알아야 하는 것은 아니다. 바울의 기도와 디모데의 모친과 조모의 믿음과 그에게 안수한 사람들의 확신과 그에게 부여된 하나님의 은사 이 모든 것은 다음 단락을 시작하는 다음과 같은 결론으로 이어진다. "따라서 우리 주를 증거하는 일이나 그의 죄수인 나를 부끄러워하지 말라"(1:8).

디모데후서 1:8-18

8 그러므로 너는 내가 우리 주를 증언함과 또
는 주를 위하여 갇힌 자 된 나를 부끄러워하
지 말고 오직 하나님의 능력을 따라 복음과
함께 고난을 받으라
9 하나님이 우리를 구원하사 거룩하신 소명으
로 부르심은 우리의 행위대로 하심이 아니
요 오직 자기의 뜻과 영원 전부터 그리스도
예수 안에서 우리에게 주신 은혜대로 하심
이라
10 이제는 우리 구주 그리스도 예수의 나타나심
으로 말미암아 나타났으니 그는 사망을 폐하
시고 복음으로써 생명과 썩지 아니할 것을
드러내신지라
11 내가 이 복음을 위하여 선포자와 사도와 교
사로 세우심을 입었노라
12 이로 말미암아 내가 또 이 고난을 받되 부끄
러워하지 아니함은 내가 믿는 자를 내가 알
고 또한 내가 의탁한 것을 그날까지 그가 능
히 지키실 줄을 확신함이라
13 너는 그리스도 예수 안에 있는 믿음과 사랑으
로써 내게 들은 바 바른 말을 본받아 지키고
14 우리 안에 거하시는 성령으로 말미암아 네게
부탁한 아름다운 것을 지키라
15 아시아에 있는 모든 사람이 나를 버린 이 일
을 네가 아나니 그 중에는 부겔로와 허모게
네도 있느니라
16 원하건대 주께서 오네시보로의 집에 긍휼을
베푸시옵소서 그가 나를 자주 격려해 주고
내가 사슬에 매인 것을 부끄러워하지 아니
하고
17 로마에 있을 때에 나를 부지런히 찾아와 만
났음이라
18 (원하건대 주께서 그로 하여금 그날에 주의
긍휼을 입게 하여 주옵소서) 또 그가 에베소
에서 많이 봉사한 것을 네가 잘 아느니라

원 의미

1:3-7에 기억에 관련된 용어들의 언어 유형이 있었던 것과 똑같이, 8-12절에는 부끄러움과 고난과 관계된 또 하나의 언어 유형이 있다. 이것은, 바울의 투옥에 대한 언급과 함께(8절), "나의 사슬을 부끄러워하지 않은" 오네시보로와 관련하여 16절에서 다시 다뤄진다. 8절의 고난(쉰카코파데오, 문자적으로 "함께 고난을 받다")이라는 주제가 12절에서 다시 한 번 나오며(단순 동사 파스코, "고난을 받다"), 한 번 더 복합형 쉰카코파데오("어려움을 견디다"; NRSV, "고난을 나

누다")로 2:3에서 재등장한다. 13-14절은 부끄러움이나 고난이나 투옥에 대해 아무런 언급도 하지 않지만, 디모데후서에서 처음으로 목회서신을 특징짓는 "건전한 교훈"이라는 주제를 언급한다.

부끄러워 할 이유가 전혀 없음(1:8-12)

8-12절은 헬라어에서 하나의 긴 문장을 이루고 있다. 그것은 "따라서"(또는 "그러므로")라는 단어로 이끌어지는데, 이것은 디모데의 부끄러움에 대한 저항 능력이 능력과 사랑과 절제의 은사에 기반함을 가리킨다(7절). "부끄러워하다"(에파이스퀴노마이)로 번역되는 단어는 파생시키는 단순형(아이스퀴노마이) 보다 강한 어의를 지닌 복합 동사이다. 이 문맥에서 부끄러워함은 바울과 더불어 고난에 동참함과 대비된다. 신약성경의 다른 곳에서 이 단어는 또한 특별히 그리스도를 고백하는 일과 관련하여 대비의 구문에서 사용된다. 그것은 "우리 주를 증언하는 일을 부끄러워하지 말라"라는 이 구절과 일치한다. "에파이스퀴노마이('*Ἐπαισχύνομαι*')는 초대 기독교의 신앙고백 언어에서 특별한 역할을 한다. 그것은 한 사람의 예수 그리스도에 대한 부인 또는 인자의 한 사람에 대한 부인을 지칭할 수 있다."[1]

이런 방식으로 디모데는 "복음을 위해 고난받는 일"에 있어 바울과 함께 할 수 있다. 바로 이 고난받는 일은 "그리스도의 능력에 의한" 것이다(7절의 "능력"이라는 단어 참조). 9절은 하나님이 그 능력을 표현하시는 두 가지 방식을 보여준다. 하나는 우리를 구원하심에 의한 것이며, 다른 하나는 우리를 부르심에 의한 것이다. 목회서신에서 "구원하다"라는 동사는 7번 나온다(딤전 1:15; 2:4, 15; 4:16; 딤후 1:9; 4:18; 딛 3:5). 하지만 "부르시다"라는 동사는 목회서신에서 단지 디모데전서 6:12(주석 참조)에만 나온다. 거기서 부르심은 영생에 대한 것이며, 여기서 그 함의는 그것이 "거룩한 삶"에 대한 것이다. NIV는 이것을 (문자적으로) "거룩한 소명과 함께"를 뜻하는 여격 어구에서 이끌어낸다.

고린도전서 1:2은 우리가 "성도가 되도록[거룩하도록] 부르심을 받는다"라고 말씀한다. 데살로니가전서 4:7에 따르면, "하나님이 우리를 부정하게 하시려가 아

1. A. Horstman, "*αἰσχύνομαι*," *EDNT*, 1:42-43. 막 8:38과 병행 구절, 그리고 또한 롬 1:16을 참조하라. 그런데 거기서 "내가 복음을 부끄러워하지 않는다"라는 부정의 표현은 복음의 편에 서며 복음을 고백하기를 기꺼이 한다는 긍정의 개념을 나타낸다. 이 문맥에서 그 과정은 비록 그들이 창피를 당하더라도, 그리스도를 대변하는 자들과 동일시되는 일을 기꺼이 하는 일을 포함한다.

니라, 거룩한 삶을[문자적으로 거룩함 가운데] 살게 하시려고 부르셨다." 이 두 구절과 현 구절에서 NIV는 그 부르심의 행위에 주체와 객체 양자 모두가 있으며, 우리는 하나님이 거룩하심을 알기 때문에, 그 언급되는 거룩함이 부름 받는 사람들의 삶으로 확대된다고 가정한다. 본 절에서 강조점은 하나님의 부르심의 주권적 성격에 있는데, 그것은 우리가 할 수 있을 어떤 행위들에 의거하지 않는다.

"자신의 목적과 은혜 때문에"(9절)라는 어구의 중요성은 에베소서 1:3-14에 주목함으로 더욱 온전히 깨달아질 수 있는데, 거기서 바울은 하나님의 은혜가 그분의 영원한 목적들에 기반한다는 점을 명시한다. 그 구절은 우리를 구원으로 이끄는 하나님의 목적과 지혜와 기뻐하심과 계획을 표현하는 일련의 놀라운 단어와 어구와 문법적 구조를 사용한다. 동일한 개념이 은혜가 실제로 "시간의 시작 이전에 예수 그리스도 안에서" 우리에게 주어졌지만, "그것이 [다만] 이제 드러났다"는 것을 나타내는 시간에 대한 언급에 의해 디모데후서 1:9에서 강화된다(강조 덧붙임).

10절의 세 단어는 목회서신에서 특별히 중요하다. (1) "드러나다"로 번역되는 단어(파네로오)는 디모데전서 3:16의 중요한 신조적 진술인 "그가 육신으로 나타나셨다"와 디도서 1:3의 "그리고 자기의 정하신 때에 자기의 말씀을 밝히셨으니"에서 나온다. 이 현현과 연관되는 것은 관련된 동사 에피파네이아인데, 이것은 그리스도의 나타나심을 표시한다(딤전 6:14; 딤후 4:1, 8; 딛 2:13; 또한 "나타나다"라는 동사를 포함하는 딛 2:11; 3:4과 함께 딛 2:13 주석 참조; 바울의 그리스도의 초림과 재림 양자 모두를 가리키는 데 동일한 용어를 사용함).

(2) "구주"라는 단어 역시 목회서신에서 중요한데, 왜냐하면 베드로후서를 제외하고 이 명사는 신약성경에서 상대적으로 드물기 때문이다(또한 딤전 1:1; 2:3; 4:10; 딛 1:3, 4; 2:10, 13; 3:4, 6 참조). 목회서신의 특징 중 하나는 구원을 직접적으로 하나님께 돌린다는 점에 있다. 신약의 나머지 책에서는 구약에서 하나님의 사역인 구원이 이제 하나님의 사역이라고 나온다. (목회서신에서 하나님을 구주로 여기는 점에 대해서는 딤전 1:1 주석 참조. 또한 딛 2:13에서의 하나님과 구주 예수의 연결 참조).

(3) 8절에서 시작된 긴 헬라어 문장은 한 분사("폐하셨다")와 더불어 계속 이어지는데, 이것은 그리스도께서 나타나실 때 그분의 행위를 묘사하기 위해 형용사적으로 사용된다. 그 절은 선택 가능한 진술의 양 절을 대비시키는 수단인 멘…데 구문이다. 이 단락은 문자적으로 다음과 같이 번역될 수 있다. "한편으로 사망을 폐

하셨으며 다른 한편으로 복음으로써 생명과 썩지 아니할 것을 드러내신." 그리스도께서 십자가 위에서 행하신 첫 번째 행동은 두 번째 행위 전에 이루어질 필요가 있었다. 그리스도께서 사망이 작용하지 못하게 하셨다고 우리는 말할 수 있을지 모른다. 사실 그것은 여전히 멸망되어야 할 최후의 원수이지만(고전 15:26), 심지어 지금도 그것은 신자에게 위협적인 대상이 아니다. 더욱이 우리는 그리스도께서 우리가 그분의 부활을 통해 영생을 소유하는 일을 가능하게 하셨음을 알지만, 여기서 강조점은 "생명과 썩지 아니할 것을 드러내셨다"는 사실에 있다(강조 덧붙임). 그것을 성취한 것은 복음이었다.

이 복음은 이미 그리스도에 의해 그분의 생애 동안 선포되고 있었는데, 곧 그분은 자신의 고난과 죽음뿐만 아니라 부활도 예견하셨으며(마 16:21과 여타 구절들), 바울이 자신의 설교에서 "복음"과 주된 것으로 확인한 것의 내용은 "그가 성경대로 사흘 만에 다시 살아나셨다"를 포함했다(고전 15:1-4). 이 진리들은 너무나 중요하므로 바울이 여기에 그것들을 요약하는 "미쁜 말"을 삽입하지 않은 것은 놀랄 일이다. 아마도 그는 실제로 초기 기독교적 확언의 일부분들을 인용하고 있을 수도 있다.

디모데전서 1:12-16과 간략하게 디모데후서 1:3에서 행했던 바와 같이, 바울은 이제 복음을 위한 자기 자신의 사역(11절)에 대해 이야기한다. 이 절에서 그가 언급하는 세 가지 사역—설교와 사도직과 가르침—모두 그 복음과 관계된다. 바울이 이 세 지위 가운데 역할을 하는 일은 하나님의 특별하신 행동을 요구했다. 그것은 바울이 스스로 선택한 것이 아니었는데, 비록 그는 그 임명에 대해 감사했지만 말이다.

"전파자"(herald)와 "사도"와 "교사"라는 세 단어는 이 문맥에서 상호 배타적이 되도록 의도되지 않았으며, 오히려 바울이 복음에 대해 섬기는 세 가지 구분되는 방식이다.[2] ("사도"보다) "전파자"가 먼저 나오는 사실은 바울이 자신의 지위나 권위가 아니라 오히려 복음의 대의를 진작하는 방식들에 관심을 기울이고 있음을 시사한다. 전파자가 당연히 공포를 하며 처음으로 좋은 소식을 전하는 사람으로서 먼저 나오게 된다. "교사"는 교회를 교육하는 일과 관련하여 하나님의 진리를 설명한다. "사도"는 바울의 특별한 사명을 묘사하는데, 그것의 성취에 있어 그는 선포를 하며 가르쳤지만, 다른 차원의 일들(보낸 자이신 주 예수 그리스도를 대리하

2. 동일한 세 단어가 딤전 2:7에 나타나며, 더욱이 동일한 순서로 그러함에 주목하라.

며, 가는 곳마다 그의 뜻을 성취하는 일과 같은)도 있었다. 나이트가 관찰하는 바에 따르면, 디모데는 사도가 아니었지만, 바울은 그를 전파자와 교사의 귀감이 됨에 의해 그를 격려할 수 있는데, 양자 모두 디모데가 바울의 본보기를 따름으로 수행할 수 있는 사역이다.[3]

자신의 문장의 끝에 다다르자, 바울은 12절에서 복음을 증거하는 일에 대해 말했던 것을 종합하며 바로 이 이유 때문에 "또한 이것들을 겪고 있다"(NIV, "있는 모습 그대로 내가 고난을 받고 있다")고 언명하는데, 십중팔구 이것은, 디모데에게 그러한 바와 마찬가지로(참조. 3:12), 고난이 또한 그의 사명의 일부분임을 의미할 것이다. 고난에 대한 8절을 다시 언급한 후, 자신이 디모데에게 권면했을 때, 스스로 부끄럽지 않음을 덧붙여 말한다. 이 진술은 12절의 중간에서 강한 확언에 의해 후속되는데, 그것은 접속사 가르("왜냐하면…때문이다")에 의해 도입되며, 그가 부끄럽지 않은 근거들을 대고 있다. 이것은 "내가 안다"라는 확언을 동반하는데, 이것은 바로 "내가 누구를 믿는지"라는 친숙한 절에 의해 후속되며, "내가 그날에 그에게 맡긴 것[문자적으로 내 의탁]"에 대한 하나님의 보호라는 내용을 담고 있다.

그러나 무엇이 맡겨졌으며, 누구에게 맡겨졌는가? 디모데전서 6:20에서 디모데는 자신에게 부탁된 것을 지킬 책임이 있다. 디모데후서 1:14에서 디모데는 다시 "선한 부탁"을 지킬 책임이 부과되는데, 이 경우는 "우리 안에 사시는 성령의 도움으로[문자적으로 '통해']" 그러할 책임이다. 디모데는 14절에서 바울에게 들은 "바른 교훈의 모범으로" 지키라고 가르쳐지기 때문에, 14절에서 디모데에게 맡겨지는 부탁은 그 교훈인 것이 분명한 것 같다. 그러나 하나님은 12절의 부탁을 지키실 분이시다. 이 절에서 "내 의탁"은 바울의 사역에 대한 언급인 것 같다. 따라서 12-14절에서 사고의 흐름은 다음과 같다. 바울은 복음을 위하여 고난을 받는 일과 자신의 생애와 사역을 미래의 인정에 대한 보증으로 하나님께 바치는 일에서 자신의 역할을 수행하고 있다. 디모데 자신의 편에서는 하나님이 맡기신 가르침들을 지켜야 하는데, 하나님은 그에게 이것을 행하는 것을 돕기 위해 성령을 주셨다.

3. Knight, *Pastoral Epistles*, 377-78.

건전한 교훈의 모범을 지키는 일(1:13-14)

13-14절에 대한 우리의 이해는 12절에 대한 앞선 논의와 목회서신 도처의 건전한 교훈이라는 용어의 용법을 고려해야 한다(딤전 1:10; 6:3; 딤후 4:3; 딛 1:9, 13; 2:1-2; 또한 여기서의 "건전한 교훈"의 의미의 이해에 중요한 딤전 1:10에 대한 논의 특히 참조). 13절에서 "모범"으로 번역되는 헬라어 단어는 다음 세 의미 중 어떤 하나를 가질 수 있다. 개략이나 개요, 귀감이나 모범, 또는 "어떤 것이 말로 생생하게 묘사된 수사적 표상."[4] 여기서 그것은 아마도 꼼꼼하게 따라져야 할 상세한 귀감을 가리킬 것이다. 이것은 특별히 디모데전서에서 바울이 디모데에게 하는 권위적 명령들과 관련되는 모든 말과 일치한다.

(헬라어 문장에서 첫 단어인) "모범"에 주어지는 강조는, 주요 어구인 "건전한 교훈"과 14절의 부탁을 지키는 일에 관한 구문과 함께 고려될 때, 디모데가 사도적 교훈에서 이탈하는 자유 가운데 있지 않음을 틀림없이 명시한다. "그리스도 예수 안에 있는 믿음과 사랑과 더불어"라는 말은 디모데전서 1:4(믿음), 1:5(사랑과 믿음), 그리고 1:19(믿음)에서 시작되는 목회서신을 특징짓는 개인적 경건의 차원을 반영한다.

오네시보로의 자비(1:15-18)

바울의 개인적 감정의 일부를 드러낸다. 이 단락은 8-12절에서 시작하고 끝나는 고난과 수치의 주제를 재론한다. 또한 그것은 2:1에서의 바울의 디모데에 대한 권고의 기초가 된다. "자애롭고 신실한 디모데에게 침체의 원인"이었을 수 있는 것이 "복음의 대의를 위한 새로운 노력을 고무하며 자극하는 근거"가 된다.[5]

"아시아 지역의 모든 사람"의 저버림의 성격(15절)이 논쟁의 문제이어 왔다. 아마도 이 저술 이전에 아시아에서 온 어떤 사람들이 바울의 투옥 기간 동안 로마에 있었으면서도 그를 지원하지 않았었을 것이다. 또한 여기서 "버렸다"로 번역되는 동사(아포스트레포)가 4:4과 디도서 1:14에서 교리적 이탈을 가리킨다는 사실에 비추어볼 때 어떤 교리적 이탈이 염두되고 있는 것이 가능하다. 하지만 현 구절의

4. LSJ, 1,900.

5. Ellicott, *Commentary on the Epistles of Saint Paul*, 130.

문맥은 그 이탈이 개인적이지 않은 것이었음을 암시하는 어떤 것도 내포하지 않는다(마 5:42; 26:52; 눅 23:14; 행 3:26; 롬 11:2; 히 12:25에서 교리와 상관없는 이 단어의 용법 참조). "모든 사람"으로 번역되는 단어는 자주 일반적 의미로 사용되며 여기서 전체적 저버림을 뜻하는 것으로 여겨지지 않아야 한다. 바울이 어떤 중요한 집단을 염두에 두는지에 대해 다양한 제안이 있어왔지만, 나이트가 말하듯이, "디모데는 그 사건에 대해 알지만 불행하게도 우리는 그렇지 못하다."[6] 부겔로와 허모게네는, 후메내오와 빌레도(2:17)와 달리, 이단으로 불리지 않지만, 아마도 그 배반으로 인해 바울에게 가장 큰 상처를 준 이전의 두 충실한 동료일 것이다.

오네시보로는 다른 사람들과 선명하게 대비된다. 바울의 투옥과 동료들의 그를 부끄러워하는 자연적 경향에 대한 주제를 재론하며, 바울은 오네시보로가 "나의 사슬을 부끄러워하지 않았다"고 구체적으로 말한다. 그는 바울이 "활기를 되찾도록 해주었으며" 사람이 많은 도시인 로마에서 신속하고 분주하게 행동했다. 바울은 오네시보로에 대한 너무나 호의적이어서 18절에서 "긍휼"이라는 낱말을 반복한다. "그날"은 12절에서 언급되는 것과 동일한 날인데, 그때는 현 시대가 끝나며 하나님께서 합당한 심판과 보상을 하시는 때이다. 바울은 오네시보로가 에베소에서도 자신에게 주었던 도움에 대한 언급으로 마무리하는데, 그것은 디모데가 "매우 잘" 아는 것이다.

몇 가지 특정 사항에 대해 주의가 요구된다. (1)16절에서 바울은 주께서 오네시보로의 집에 긍휼을 베풀어달라고 하는 간접적인 기도[7]를 드린다.

(2)18절에서 동일한 간접적 기도 방식을 사용하며, 바울은 오네시보로가 "그날에…긍휼을 *발견할*"(이탤릭체 덧붙임) 수 있기를 요청하는데, 이것은 표현이 있어서의 변경이다. 하지만 이 변경은 십중팔구 17절 끝의 "발견하다"(find)라는 낱말을 재선택하며, 그것에 의해 바울을 발견한 사람이 또한 긍휼을 발견할 것을 요청하는 단순히 바울 편에서의 문체적 변화에 지나지 않을 것이다. 더욱이 "그날"에 대한 언급은 오네시보로가 사망했으며 부활을 기다리고 있음을 암시할 수도 있는 반면, 나이트는 바울이 1:12에서 자신과 관련하여 "그날"을 언급하는데, 그가 여전히 살아있다는 점을 지적한다.[8]

6. Knight, *Pastoral Epistles*, 384.
7. 와일즈(Wiles)는 그런 간접적 기도를 "소원의 기도"(wish-prayer)라고 불렀다(G. T. Wiles, *Paul's Intercessory Prayers*, SNTSMS 24 [Cambridge: Cambridge Univ. Press, 1974]), 45-155.
8. Knight, *Pastoral Epistles*, 386.

(3)16절과 18절에서 긍휼에 대한 기도의 반복은 그 자체로 난제가 아닌데, 왜냐하면 그것은 바울의 깊은 감정에 근거하여 설명될 수 있기 때문이다. 문제는 오히려 첫 번째 경우에서 기도의 대상은 오네시보로 자신이 아니라 그의 "집"이라는 점이다. 또한 어떤 학자들은 본문의 이 측면에 기초하여 오네시보로가 사망했다고 제안했다. 그러나 나이트는 고린도전서 1:16에서 바울이 "그 사람이 여전히 살아 있는 동안 한 사람의 집에 대해" 이야기하고 있는 점을 지적한다(비록, 여기의 사례와 달리, 스데바나의 집이 그와 따로 언급되지는 않지만). 그러므로 오네시보로가 사망했는지 안했는지를 결정하는 일은 가능한 것 같지 않지만, 그것은 그 본문의 적용에 중요하지 않다.[9]

상황잇기

은혜와 하나님의 목적. 어마어마하고 강력한 진리들이 8-10절에 압축되어 있으면서 독자들의 마음에서 폭발할 준비가 되어 있다. 바울은 에베소인들에 대한 서신에서 이것들 중의 일부를 이미 펼쳐보였으며, 에베소서 2:1-7의 골자가 디도서 3:3-7에서 표현된다. 만약 에베소서 2장이 하나님의 은혜에 의한 구원을 가르친다면, 에베소서 1:3-14은 하나님의 영원하신 목적이라는 사실을 가르친다. 그 절들은 지혜와 선견과 목적을 표현하는 헬라어 단어와 문법 구문의 놀라운 결합을 담고 있다. 이것들 중의 다수가 다음과 같이 11절에 집중된다. "선택하셨다"와 "예정하셨다"와 "계획"과 "목적"과 "뜻." 그러므로 바울이 여기 디모데후서 1:9에서 하나님의 "목적과 은혜"에 대해 쓸 때에, 그는 아마도 에베소서의 가르침을 요약하고 있을 것이다. 또한 그가 하나님께서 우리를 구원하셨으며 "우리를 거룩한 삶으로 부르셨고" 우리가 "시간의 시작 이전에" 이 은혜를 받았다고 말할 때, 그는 다음과 같은 에베소서 1:4의 진리를 표현하고 있다. "곧 창세 전에 그리스도 안에서 우리를 택하사 그 앞에 거룩하고 흠이 없게 하시려고."

이 모든 것을 지적하는 것은 단지 주해를 검토하는 일 만이 아니다. 그것은 우리로 하여금 바울 자신의 신학에서 하나님의 목적과 하나님의 은혜의 중요성을 인지하는 데 도움을 준다. 이것이 "이제는 우리 구주 그리스도 예수의 나타나심으로

9. 만약 오네시보로가 사망했음이 증명될 수 있다면, 바울은 죽은 자를 위한 기도를 드리고 있는 것일 것이다. 그러나 그 문제가 해결되지 않았으며, 다른 데서도 그런 기도를 정당화할 수 있는 아무 것도 없기 때문에, 이 구절은 이 관례를 지지하는 데 사용될 수 없다. 나이트는 16절이 하나님에 대한 직접적 기도가 아니라 바울의 희망의 표현이라고 주장한다.

말미암아 드러났다"(10절)는 사실이 목회서신에서 계속하여 매우 강조된다(딤전 3:16; 6:14; 딤후 4:1, 8; 딛 2:11, 13; 3:4에서 보여짐). 그리스도의 에피파네이아, 곧 나타나심의 사실은, 그 가르침의 모든 기독론적이며 변증적인 효력을 동반함과 함께, 디모데의 마음에서 겁 많음과 부끄러움을 제거하는 데 확실히 도움을 줄 것이다(딤후 1:7).

계시와 구속의 순서가 또한 중요하다. 하나님께서는 "시간의 시작 이전에" 그리스도 안에서의 자신의 은혜를 주셨지만, 그것이 그리스도의 나타나심으로 말미암아 드러난 것은 바로 단지 "이제"이다. 유사하게 다시 에베소서(2:11-18)에서, 하나님께서 그리스도에게서 떨어져 있는 이방인의 이전의 상태와 그리스도 안에서의 현재의 상태의 대조를 표현하실 때에, 바울은 거리의 대조("먼"과 "가까운")와 시간의 대조("그때에"와 "이제")를 사용한다. 그는 계속하여 계시의 또 하나의 측면인 믿는 유대인과 믿는 이방인인 한 몸으로의 결합에 관한 "신비"가 "이제 그의 거룩한 사도들과 선지자들에게 성령으로 드러난 것 같이" 이전에는 알려지지 않았었는지를 설명한다(엡 3:2-6).

사망의 파멸. 디모데의 겁 많음과 부끄러움에 대한 가장 강력한 해결책은 그리스도가 "사망을 폐하셨으며" 또한 "복음으로써 생명과 썩지 아니할 것을 드러내셨다"는 점(10절)을 깨닫는 일이다. 바울은 다른 데서 사망을 "맨 나중에 멸망 받을 원수"라고 낙인을 찍는다(고전 15:26). 사망은 친구가 아니라 원수이다. 그럼에도 불구하고 신자에게 그것은 "영광의 입구"[10]이다. 히브리서 2:14-15에서 우리는 예수께서 우리의 인간성을 함께 지니셨음은 "죽음을 통하여 죽음의 세력을 잡은 자 곧 마귀를 멸하시며 또 죽기를 무서워하므로 한평생 매여 종 노릇 하는 자들을 놓아 주려 하심이라"는 점을 배운다. 기독교인들에게 죽음 너머에 있는 것에 대한 모든 염려는 사라졌다. 곧 우리는 생명으로 옮겨졌으며 불멸함("필멸의" 인간이 본성적으로 지니지 못한)이 주어졌으며, 이것은 두려움과 디모데의 경우의 겁 많음과 부끄러움을 제거했다.

죽음과 그 세력을 가진 마귀에 대한 적극적 괴멸은 그리스도의 구원하시는 죽음과 부활의 다른 측면들만큼 자주 들려지지 않는다. 그러나 그것은 선포되기에 마땅하다. 당연하게도 바울은 주님께서 그 "의탁"을 그 미래의 날까지 지키실 수

10. 크리스티안 퓌어흐테고트 겔러트(Christian Fuerchtegott Gellert, 1715-1769)의 원문인 찬미시 "예수 사셨네"(Jesus Lives)에서 옴.

있으실 것이라고 확신했다.

중동 문화에서 수치. 수치는 의로운 행동에 대한 강력한 억제책이다. 바울의 지중해 세계와 고대 근동에는 명예와 수치라는 사회적 측면이 있었는데, 그것은 오늘날에도 여전히 어떤 문화들에 존재한다(북미에서는 일반적이지 않음). 그것은 행동의 장애 요소 혹은 강력한 동기 요소일수 있다. 여기서 염두되는 수치는 기대되는 행위에서의 탈선에서 기인하는 것일지도 모르지만, 아마도 보다 개인적인 당혹감일 것이다. 증거하는 일은 공적 행동이며, 부끄러움과 당혹스러움 역시 공적이다. 다른 사람들 앞에서 그들이 동의하지 않는 어떤 것을 인정하는 일은 항상 곤란하다. "십자가의 도가 멸망하는 자들에게 미련한 것이며", 또한 "우리는 십자가에 못 박힌 그리스도를 전하니 유대인에게는 거리끼는 것이요 이방인에게는 미련한 것이다"라는 사실들(고전 1:18, 23)을 고려할 때, 디모데가 주님을 부끄러워하는 일은 당연할 것이다.

투옥된 바울의 모습 역시 디모데에게 당혹스러운 일이었을 것임에 틀림없다. 수치에 관한 단어가 디모데후서에서 4번 나오는 것은 의미심장한데, 그것은 그 책의 분량에 비해 큰 숫자이다. 디모데로 하여금 부끄러워하지 말라고 하는 바울의 요청(1:8)에 더하여, 그는 자신이 부끄러워하지 않고(1:12) 오네시보로가 바울의 "사슬"을 부끄러워하지 않았다(1:16)고 단언한다. 게다가 디모데는 부끄러워할 필요가 없는 인정받은 일꾼이어야 한다(2:15). 바울이 이 주제를 몇 차례 거론한다는 사실 자체가 그리스도인들의 죄수 된 바울을 부끄러워하는 자연스러운 경향을 보여준다. 7절에서 바울이 디모데에게 하나님께서는 그에게 겁 많음의 영을 주지 않았음을 확언한 것은 당연하다. 거기서 언급되는 능력의 영은 우리로 하여금 복음을 위해 고난에 동참할 수 있도록 한다(8절).

바울과 디모데가 부끄러워하지 않아야 할 두 가지 주요 이유가 존재한다. (1) 복음은 하나님의 주도성, 곧 시간이 시작되기 이전부터 존재한 "그분 자신의 목적과 은혜"를 드러낸다. (2) 이것과 더불어, 그리스도의 나타나심은 사망이 "폐해졌음"을 의미했다. 그러므로 그분의 나타나심은 "복음으로써 생명과 썩지 아니할 것을 드러내셨다." 이것은 강력한 메시지이다. (3) 바울의 자신의 편에서의 부끄러워하지 않는 추가적 이유는 주님에 대한 확신과 그분의 도래할 중대한 날을 위해 그 맡긴 것을 지키시는 능력에 대한 확신이다.

현대적 의미

오늘날 그리스도인으로서의 당혹스러움. 오늘날 서구 세계에서 굴욕감과 수치스러움의 이유들은 바울 시대와 매우 다르다. 전 세계에 걸쳐 끔찍한 고통과 투옥 가운데 있는 사람들이 있는 반면, 이것은 이 주석의 독자들에게는 대부분 그렇지 않다. 또한 우리는 옳다고 여기는 대의들을 위해 자발적으로 투옥을 감수하는 사람들에 익숙해져 왔다. 우리는 1960년대와 1970년대의 시민 불복종과 보다 최근에는 낙태 시위 와중에 투옥된 사람들을 생각한다. 확실히 이것들에 대해 복합적인 감정이 있지만, 그 상황은 사도 바울과 다른데, 그는 복음을 위해 강제로 투옥된 비기독교 세계에서 단독적인 인물이었다. 어떤 사람들이 복음을 전하는 방식에 대한 당혹스러움은 그들의 개인적 태도와 방법 보다 좀 더 클 것 같다.

이 문제에 대해 고려되어야 할 또 하나의 사실이 존재한다. 복음의 배제성에 대한 주장들은 오늘날의 모든 견해에 대한 관용의 원칙에 반하기 때문에, 기독교인들은 진리에 대한 증거를 위해 두드러져야 한다. 그러나 문제가 되는 것은 단지 관용이 아니라, 아무런 체계도, 심지어 자기 자신의 체계라 할지라도 절대적 진리를 주장할 수 없다는 일반적 이해이다. 대부분 "거듭난 그리스도인"이 "증거"를 하는 것은 합당하다고 동의하지만, 그것을 넘어 강력한 진리 주장들을 하는 일은 눈살이 찌푸려지게 한다. 설상가상으로 오늘날 다수의 기독교인은 자신의 믿음의 성경적이며 신학적 기초와 이유를 설명하는 데 제대로 준비되어 있지 못하다. 죄의 징벌로부터의 구원이라는 일차적 사실을 넘어서는 그리스도의 죽음의 함의와 영향을 분명하게 제시할 수 있는 사람은 별로 없다.

그렇지만 비록 우리가 여전히 기독교 신학에 대한 이해에 있어 성숙될 필요가 있을지 모르지만, 우리는 주님에 대해 증거할 수 있으며, 심지어 필요하다면 고난을 받을 수도 있다. 적어도 북미에서 편협한 사람들은 처벌됨 없이 남침례교 신자와 가톨릭 신자와 낙태 반대론자와 다른 종교를 가진 사람들을 조롱할 수 있는 반면, 다른 소수자들에 대한 동일한 비방은 올바르게도 대중적 질책을 유발할 것이다. 우리 중 다수 그리고 아마도 특별히 아이들과 젊은이들에게 또래의 비난과 조소는 투옥보다 더 나쁜 결과를 가져올 수 있다. 따라서 우리는 일종의 굴욕감과 수치심을 경험할 수 있다. 그런 식으로 느끼는 자녀가 있는 사람들에게 아마도 이 단락의 기본 요소들에 대한 설명이 도움이 될 것이다. 그러나 우리 자녀들이 느끼는 방식에 대한 이해와 우리가 이해하고 있음에 대해 그들에게 확신시키는 일은 우리의 그들에 대한 격려의 중요한 부분이다.

세계 도처의 박해. 정당하게든 부당하게든 문자 그대로의 투옥을 겪고 있는 사람들에 대하여 우리는 전 세계에 걸쳐 투옥되거나 박해받는—기독교인과 여타의—사람들의 막대한 숫자를 알 필요가 있다. 어떤 사람들은 콜롬비아에서 게릴라들에 의해 볼모로 억류되어 왔다. 어떤 사람들은 전체주의 체제의 희생자로서 중국과 아프리카의 감옥들에서 고생하고 있다. 잔혹행위들이 회교 근본주의자들과 여타 급진적인 종교 집단들에 의해 자행된다. 사람들은 중동과 북아일랜드에서 여전히 죽고 있다. 나치와 공산주의자와 미국 남부의 백인우월주의 3K단과 여타 포학한 집단들의 영향은 사회에서 완전히 사라지지 않았다. 북미의 그리스도인들은 전 세계적인 증오의 희생자들을 간과하지 않아야 한다. "오네시보로의 집"은 오늘날 부당하게 고난 받고 있는 사람들에게 도움을 베풀도록 확대될 필요가 있다.[11]

정당한 이유로 수감된 사람들 역시 소홀히 여겨지지 않아야 한다. 수감자들을 위한 교정선교 사역 등은 그 사역과 그것에 대한 기독교인들의 지원의 성경적이며 인도주의적 양자 모두의 근거들을 지닌다. 자유를 소중히 여기는 사람들이—형벌의 이유와 길이가 어떠하든—자유가 사라지고 감금되어 자주 후회와 회한과 회개의 마음을 지니며, 종종 절망과 허무감을 가지고, 항상 어떤 대가를 치루는 사람들을 돌보는 일에 앞장서야 마땅하다. 하나님에게서 일정 종류의 봉사의 소명을 받기를 열망하는 얼마나 많은 그리스도인들이 이 사역을 열망하는가?

건전한 교훈의 모범을 지키는 일. 이것은 디모데후서에 나오는 다음과 같은 목회서신의 특징적 주제의 첫 번째 사례다. 건전한 교훈과 경건한 삶의 결합. 여기서 "건전한 교훈의 모범"은 "그리스도 안에 있는 믿음과 사랑"과 결합되어야 한다. 이 경우는 "믿음"이 관사를 취하지 않으며 따라서 (목회서신에서 매우 자주 의미하는 바와 달리) 일단의 기독교 교리보다 일상생활에서의 믿음의 적용과 관련될 수 있을 것이다. 우리는 이 서신들에서 "건전한 교훈"이라는 말에 익숙했지만, "모범"이라는 개념은 추가적 의미를 지닌다. 모범 혹은 표준은 이탈을 허용하지

---

11. *Christianity Today* 42(1998)의 박해에 관한 최근의 기사들은 다음과 같은 것들을 포함하고 있다. Alford Deanne, "Imprisoned Evangelicals Dispute Accusations of Terrorism"(Feb. 9, 1998), 94; (무명의) "Assemblies of God Church Attacked"(Feb. 9, 1998), 87; Beverly Nickles, "Restrictions on Religion Get Uneven Enforcement"(April 6, 1998), 20; David L. Miller, "Columbia's Bleeding Church"(May 19, 1998), 40-43. 그리고 계속하여 *Christianity Today* 43(1999)은 다음과 같은 것들을 포함한다. (무명의) "Christians Killed, Churches Burn"(Jan. 11, 1999), 24; Michael Fisher, "The Fiery Rise of Hindu Fundamentalism"(March 1, 1999), 46-48; Frederica Mathewes-Green, "Can We Survive Persecution" (March 1, 1999), 68-69.

않는다. 혹자가 표준에서 이탈했을 때 객관적인 분별 방식들이 존재한다. 미리 결정되어 있는 표준의 본질에 더하든지 빼든지 바꾸든지, 아무런 변경도 관용되지 않아야 한다.

대규모의 기독교인이 표준적인 "건전한 교훈의 모범"을 힘차게 고수한 북미에서의 최근의 사례는 1900년대 초의 근본주의자와 현대주의자 간의 논쟁이다.[12] 성경에 대한 "고등 비평"의 등장은 여타의 요인들과 함께 기독교 교회의 역사적으로 중요한 교훈들로부터의 대규모의 이탈로 귀결되었다. 다수의 주요 신학교와 교단이 특히 그리스도의 인격과 사역과 관련하여 분명한 성경적 교훈에서의 뚜렷한 이탈을 목도하게 되었다.

『근본적인 것』(*The Fundamentals*)이라고 칭해지는 믿음의 필수 요소들에 대한 소규모 시리즈의 책들의 발행은 신학적으로 정통적인 교리들을 고수하는 사람들에 대하여 근본주의자(Fundamentalist)이라는 용어를 발생시켰다. 어떤 목회자들은 성직이 박탈되고 목회직에서 면직된 반면, 다른 목회자들은 주요 교단 안에서 활동하기를 원했으며 분리의 길을 간 사람들에 의해 타협자로 불렸다. 이 상황은 신정통주의(neoorthodoxy)의 출현으로 더 복잡해졌지만, 결국 근본주의자가 강세를 보였다. 복음주의자(evangelical)로 불리기를 선호하는 사람들의 수가 증대되어 왔다.

"건전한 교훈의 모범"을 견지하는 사람들의 전체 운동이 힘을 얻고 인정받게 되었다. 그들의 공통적으로 견지하는 교훈은 성경에 대한 교리를 포함했으며, 성경에 대한 견해가 점차 중요해졌다. 오늘날 근본주의라는 용어가 널리 퍼지게 되었으며 전 세계의 다양한 종교들의 보다 보수적인 요소들을 묘사하게 되었다. 초대 기독교 근본주의자들은 대부분 시야에서 사라졌다. 건전한 교훈의 모범에 비추어 조사될 필요가 있는 오늘날 교회가 직면한 주요 문제는 다원주의와 후현대주의이다.[13] 오늘날 그리스도인들은 무엇이 우리가 고수해야 하는 표준이나 모범에 포함되는지와 무엇이 합당하고 융통성 있는 차이의 영역인지에 대해 일정한 합의를 하는 것이 중대하다.

시대의 문제를 결정하며 항상 동시대적이 되려는 우리의 선의의 바램들이 우리

12. George M. Marsden, *Fundamentalism and American Culture: The Shaping of Twentieth-Century Evangelicalism 1870-1925*(Oxford: Oxford Univ. Press, 1980).

13. 딤전 2:1-7의 상황잇기 단락을 참조하라.

중의 어떤 사람들로 하여금 부차적인 문제들일 수 있는 것(아마도 우리 자신의 의제들)을 우리의 증거와 가르침과 설교에 끼워 넣도록 할 수도 있다. 대화와 주일학교 수업과 강단이 사회적이며 정치적인—심지어 종교적인—문제들에 대해 자신의 평론을 하는 도구가 되어, 결국 복음과 하나님의 온전한 권면을 손상시킬 수 있다. 우리는 심지어 이것을 건전한 교훈의 이름으로 행할 수도 있다. 바울의 "하나님의 목적과 은혜"에 대한 언급은 우리에게 그분의 교회에 대한 우선적인 의도들을 상기시킨다. 스스로 "단지" 평신도로 생각하든(성경적 개념이 아님) 지도자로 생각하든, 우리에게는 맡겨진 것이 있다. 복음은 비록 우리 자신의 의제들이 아무리 적절하고 중요하더라도, 그것들보다 더 밝게 빛나야 한다.

바울은 전파자로서 자신에게 선포할 중요한 메시지가 있었음을 알았다. 사도로서 그는 자신을 보내신 분과 그분의 의제를 대변해야 했으며, 교사로서 그에게는 그와 디모데와 어떤 후세대 중 어느 누구도 벗어나서는 안 되는 "건전한 교훈의 모범"이 주어졌다. 이 단락은 모든 현대 그리스도인으로 하여금 우리가 얼마나 잘 계시된 복음과 교리적 배경을 전달하고 있는지 재평가하도록 요청한다.

13절의 가르침은 그 표준을 지키고 견지하는 일에 대한 것이었으며, 14절은 맡긴 것을 간수하는 일에 대해 이야기한다. 이것은 우리 자신의 능력에 의하지 않으며 "우리 안에 거하시는 성령의 도우심으로" 말미암은 것이다. 그 모범을 지키고 그 맡긴 것을 간수하는 일 양자 모두 교회사의 여러 단계들에서 어려움을 겪어 왔다. 타협의 요구와 노골적인 박해와 출교와 책을 불사르는 일 등이 주의 종들이, 오류에 맞서 하나님의 진리를 확언할 때에, 직면한 취급 방식이어 왔다.

바울의 개인적 요소. 교리적 차이가 아시아 지역의 사람들이 바울을 떠난 이유인지 분명하지 않다(15절). 또는 그가 왜 두 사람을 특별히 거명했는지도 분명하지 않다. 여기서 그의 말의 모호함과 특정한 교리적 문제에 대한 언급의 결여 때문에, 아마도 이것은 그가 도움을 기대했던 소아시아 서부의 사람들 중 어떤 이들에게서의 개인적인 우정과 지원의 상실이었을 것이다. 오네시보로의 사례는 훌륭한 대조를 이룬다. 디모데가 그 떠나감과 오네시보로의 도움 양자 모두를 이미 알고 있었다는 점이 흥미롭다. 이것은 매우 개인적인 것까지 공유할 정도로 바울과 디모데가 친밀한 관계였음에 대한 증거의 일부이다.

바울서신 전체의 도처뿐만 아니라 목회서신의 여러 곳에서 우리는 타인에 대한 언급에서 바울의 인간적 측면을 본다. 로마서 16장은 그의 동료 사역자에 대한 감사의 훌륭한 사례이다. 안정된 사생활과 가족의 즐거움과 따스함과 2, 3세대의 육신적 후손들이 그의 이름을 지니며 그의 가치를 이어갈 소망을 빼앗긴 이 선교사가 특별히 동료들의 인정과 비판 양자 모두에 대해 예민한 태도를 지녔을 것이라고 생각하는 일은 많은 상상력을 요구하지 않는다. 그러므로 바울에게 있어 다른 기독교인의 신뢰를 상실하는 일은 아마도 현대 목회자의 부교역자의 상실보다 더 상처를 입는 일이었을 것이다.

심지어 우리들도 "어떤 일을 개인적으로 처리하는" 경향이 있다고 한다면, 독신이며 헌신적이고 탈진한 선교사는 얼마나 더 그러하겠는가! 하지만 우리는 일정 정도 그와 공감할 수 있으며, 또한―외딴 선교지에 있든, 중세 성당의 성직자들 가운데 있든, 현대의 기독교 라디오 방송국에 있든, 구제 수녀원(convent of mercy)에 있든, 아니면 가이사의 집의 참모 가운데 있든―타인과의 민감한 관계 속에서 하나님을 섬기는 모든 사람들도 그러할 수 있다. 그리스도인은 서로를 필요로 하며 비판하거나 분노 가운데 떠나는 사람들은 그 행위로 인해 상처받을지 모르는 사람들에게 열리고 자애로운 자세를 나타낼 책임이 있다. 우리는 어쩌면 그리스도인 간의 관계에서 "반대의 신학"을 건설적으로 활용할 수도 있을 것이다.

디모데후서 2:1-13

1 내 아들아 그러므로 너는 그리스도 예수 안
에 있는 은혜 가운데서 강하고
2 또 네가 많은 증인 앞에서 내게 들은 바를 충
성된 사람들에게 부탁하라 그들이 또 다른
사람들을 가르칠 수 있으리라
3 너는 그리스도 예수의 좋은 병사로 나와 함
께 고난을 받으라
4 병사로 복무하는 자는 자기 생활에 얽매이는
자가 하나도 없나니 이는 병사로 모집한 자
를 기쁘게 하려 함이라
5 경기하는 자가 법대로 경기하지 아니하면 승
리자의 관을 얻지 못할 것이며
6 수고하는 농부가 곡식을 먼저 받는 것이 마
땅하니라
7 내가 말하는 것을 생각해 보라 주께서 범사
에 네게 총명을 주시리라
8 내가 전한 복음대로 다윗의 씨로 죽은 자 가
운데서 다시 살아나신 예수 그리스도를 기억
하라
9 복음으로 말미암아 내가 죄인과 같이 매이는
데까지 고난을 받았으나 하나님의 말씀은 매
이지 아니하니라
10 그러므로 내가 택함 받은 자들을 위하여 모
든 것을 참음은 그들도 그리스도 예수 안에
있는 구원을 영원한 영광과 함께 받게 하려
함이라
11 미쁘다 이 말이여 우리가 주와 함께 죽었으
면 또한 함께 살 것이요
12 참으면 또한 함께 왕 노릇 할 것이요 우리가
주를 부인하면 주도 우리를 부인하실 것이라
13 우리는 미쁨이 없을지라도 주는 항상 미쁘시
니 자기를 부인하실 수 없으시리라

원 의미

강조적 대명사 "너는"으로 시작하며 디모데를 "내 아들"이라고 칭하는 사적인 언사를 동반하는 이 단락은 기독교적 봉사에 대한 권면을 제시한다. 그것은 목회서신의 많은 부분을 특징짓는 대립과 이단에 대한 언급에서 자유롭다.

시작 절들은 디모데를 특징지어야 하는 다음과 같은 세 가지 자질을 묘사한다. 강함(1절)과 예지력(2절)과 인내(3절). 4-6절은 다음과 같은 세 가지 이미지를 담고 있다. 군대의 이미지와 육상 경기의 이미지와 농사의 이미지. 8-10절은 다음과 같은 두 가지 초점을 지닌다. 예수 그리스도에 대한 기억과 택자들을 위한 인내. 다른 방식으로 표현하자면 디모데는 바울과 같이 복음과 그것이 가져오는 구원에 초점을 맞춰야 한다. 이 모든 것은 목회서신의 또 하나의 "미쁜 말"에 의해 후속되는데, 이번에는 조건과 결과들을 다룬다.

어려움에 대한 단호한 언사(2:1-7)

강조적인 "너는"에 뒤이어 1절은 "따라서"라는 단어를 사용한다. 이것은 독자로 하여금 1장에서 언급된 권면과 사건들을 되돌아보게 하며 "강하라"는 권면으로 이어진다. "은혜 가운데서"라는 말은 실제로 "그리스도 예수 안에서"인 것으로서 디모데의 사역의 영역을 지칭할 수도 있다. 그러나 그것은 또한 도구적인 구문일 수 있는데, 이 경우에 그리스도의 은혜는 디모데로 하여금 강하도록 능력을 부여한다. 어느 경우든 그것은 디도서 2:11-14(디모데후서 보다 앞서 기록됨)을 회상시키는데, 거기서 바울은 하나님의 은혜가 "우리에게 가르치는" 것을 전한다.

2절은 사고의 흐름에 예기치 못하게 삽입된 것으로 보일지도 모른다. 그러나 바울이 디모데(그리고 디도)에 의해 전달되도록 가르치고 명령한 것의 필요성이 목회서신 도처에서 나타난다. 이 경우 바울은 직접적 명령이나 서면상의 교훈이 아니라 디모데와 다른 "증인들"이 들었던 그의 가르침을 가리킨다. NIV의 "많은 증인이 있는 데서"라는 어구는 또한 "많은 증인을 통해"(참조. NRSV)로도 번역될 수 있다. 하지만 이 번역의 문제는 그 가르침을 직접 듣지 않았음을 암시한다는 점이다.

아마도 여기서 표현되는 개념은 증인들의 확증일 것이다. 피는 그것이 다수의 사람들에 의해 "입증되었는데", 이것은 "에베소에서의 많은 배신에 비추어 볼 때 필요한 강조점"이라고 제안한다.[1] "부탁하라"는 단어는 1:12에서 "내가 맡긴 것" 그리고 1:14에서 "부탁"으로 번역되는 단어와 같은 어원에서 왔다. 바울의 가르침은 "충성된" 사람들이 살피고 전달해야 할 가치가 있는 것이다. NIV의 "남자들"은 문맥상 부당한데, 왜냐하면 사용된 헬라어 단어(안드로포스)는 총칭적 용어이기 때문이다.[2]

---

1. Fee, *1 and 2 Timothy, Titus*, 241.
2. 나이트(*Pastoral Epistles*, 39)는 다음과 같이 딤전 2:12에 근거하여 단지 남자들만 가르칠 수 있었을 것이라고 추정한다. "그들의 책무는 전체 교회를 내포하는 청중을 '가르치는 일'이었는데, 이것은 청중 가운데 있는 남자들 때문에 여자에게는 금지된 책무였다(딤전 2:12; 참조. 고전 14:34 이하)." 그는 다음 세 가지를 추정한다. 그 청중은 전체 교회였으며, 여자들은 이것을 행할 수 없었고, 여기 2절의 가르침의 수납자들은 "장로와 감독자들"이었다.

디모데가 바울의 가르침을 맡겨야 할 사람들은 또한 "능력이 있어야"(히카노스) 한다. "능력이 있는"은 십중팔구 NIV의 "자격이 있는" 보다 나은 번역인데, 왜냐하면 비록 히카노스가 그 의미를 가질 수 있지만, 만약 단순히 앞의 신실함의 자질을 지칭하지 않는다면, 그것은 이 단락에서 대답될 수 없는 자격들에 대한 문제를 제기하기 때문이다. 아마도 그 개념은 디다크토스와 유사할 것인데, 그것은 장로들에게 요구되는 가르치는 능력을 묘사한다(딤전 3:2, 주석 참조). 이것은 이 사람들이, 나이트가 추정하는 바와 달리, 장로들임을 암시할 필요가 없다.[3]

이 교훈들이 왜 강하고 어려움을 견디는 일에 관한 단락에 나오는지 이해할 수 있다. 디모데가 이단자들과 맞서며 문제와 씨름하기를 계속하는 일에 자신의 힘과 은사를 사용하는 것은 당연할 것이지만, 자신의 사역을 이어가도록 다른 사람들을 훈련하고 동기 유발하는 일은 종종 더 어렵다. 하지만 바울의 임박한 처형을 고려할 때 타인을 교훈하는 일이 그의 마음에 큰 부담이 되었을 수 있다. 그의 서신의 이 지점 바로 앞에 나오는 1:12, 14에서 부탁을 하는 일에 대한 그의 언급은 디모데의 뒤를 이을 사람들을 교훈해야 한다는 생각을 바울의 마음에 불러일으켰을 수 있는데, 그는 그것을 적절한 상황이 되자마자 표현한 것이다.[4]

3-6절의 세 이미지들이 바울에게 있어 다른 곳에서도 나타나지만, 그 강조점들이 상이하다. 여기의 군대의 이미지는 전쟁이 아니라 기강이 잡힌 복종과 관계되며, 육상 경기의 이미지는 성공보다는 규칙에 따르는 일을 다루며, 농사의 이미지는 고된 노동을 강조한다.

군대의 이미지는 "우리와 함께 어려움을 견디라"는 가르침으로 시작된다. 여기서 사용되는 동사는 또한 1:8("나와 함께 고난을 받으라"; 주석 참조)에도 나오며 1:12에는 기본형의 동사 "고난을 받다"가 나온다. 그러나 여기서 사용되는 동사 카코파데오는 곤경에 처하는 일과 관계된다. 관련된 명사는 비참함이나 고난의 개념을 전달하는 반면, 또 하나의 관련된 명사는 "힘든 노역과 인내"를 묘사한다.[5]

---

3. Ibid.
4. 핸슨(*Pastoral Epistles*, 128-29)은 "우리는 확실히 여기서 승계의 교훈을 가지지만, 그것은 공인된 직분의 승계 보다 가르침에 있어서의 승계이다"라고 말한다. 다음으로 그는 사도직의 계승에 대한 제1 클레멘트서(42, 44장)를 인용하고, 무명의 저자가 목회서신들을 기록하고 나서 "아마도 15년 또는 20년" 뒤에 클레멘트가 기록했을 것이라고 주장하면서, 두 저작의 짧은 시간 간격 동안 사도직의 승계로의 사고의 발전이 이루어졌음을 보이려고 시도했다. (핸슨은 목회서신들이 100-105년 경에 기록되었다고 생각한다.)
5. LSJ, 862를 참조하라. 4절은 명백하게 군 복무에 대한 집중을 방해할 수 있는 일에 빠지는 것과 대조되게 자신의 의무와 부대장에 대한 헌신을 가리킨다.

그러므로 NIV는 2:3의 문맥에서 그 동사를 (NRSV와 NLT와 달리) "고난을 받다"라기 보다 "어려움을 견디다"로 번역하는 데 있어 정당하다.

4절은 분명하게 군 복무에 대한 집중을 방해할지도 모르는 일에 빠지는 것과 대조적으로 자신의 의무와 부대장에 대한 헌신을 주장한다. 바울 당시 로마제국은 오래 전부터 지배력을 유지해왔지만, 국경을 지키는 일은 계속적인 과제였다. 군대는 어디에나 있었으며, 신속한 부대 이동은 유명한 로마 도로 체계에 의해 가능해졌다. 군사들은 특별히 반역이 일어날 가능성이 높은 멀리 떨어진 국경에 집결되었다. 이것은 대대적인 훈련을 요구했다. 결단력이나 기술이나 힘의 약화는 결코 있을 수 없을 것이다. 끊임없는 훈련이 실행되었으며, 주의를 딴 데로 돌리게 하는 일은 용인될 수 없을 것이다. 그 군대의 광범위한 배치 때문에 바울의 군사의 헌신에 대한 이미지는 즉각적으로 인지되며 각인되었을 것이다.

바울은 다른 데서도 육상 경기에 대해 기록하는데, 특별히 고린도전서 9:24-27에서 그러하다. 그 구절에서 강조점은 개인적인 훈련과 단련에 있는 반면, 여기서 그것은 규칙을 지키는 일에 더 있다. 양자 모두 승리하는 일을 염두에 두고 있다. 육상 경기는 그리스로마 전통에서 인기가 있었으며 매우 중요시되었다. 도시들은 경기장을 가지고 있는 것에 대해 자부심을 지녔으며, 승자들은 큰 영광을 누렸다. 우리는 오늘날의 스포츠에서 의도적인 반칙과 개인적 과시에 익숙할지 모르지만, 바울 시대에는 규칙을 지키는 일이 기대되었다.

마찬가지로 바울은 다른 데서도 주의 종이 자신의 사역에서 재정적 보수를 받을 권리에 대해 언급한다(참조. 딤전 5:17-18; 또한 고전 9:7-14 참조). 그러나 이 구절의 메시지는 (종말론적) 보상이 주어질 때, 우선순위가 가장 열심히 사역한 자들에게 주어져야 한다는 것이다. "먼저"라는 단어는 그 이미지의 일부이며 "디모데의 상황과 관련하여 강조되지 않아야" 한다.[6] 다른 둘과 같이, 농부의 이미지가 훌륭하게 골라졌다. 무분별한 도시 확산 경향이 있는 오늘날의 나라들과 달리, 바울 시대의 모든 사람은 열심히 일하는 농부의 이미지를 알고 있었다. 어떠한 농기계도 그들의 고된 노동을 줄이지 않았다. 예수님의 비유와 비유적 말씀들과 같이 모든 세 유비는 숙고를 요구하며, 따라서 바울은 7절에서 디모데에게 주께서 통찰력을 주실 것이라고 말한다.

6. Knight, *Pastoral Epistles*, 395를 참조하라.

어려움을 견디는 이유(2:8-13)

8절은 유비에서 역사로 전환한다. 디모데가 1-7절에서 어떤 위로를 받을 수 있든지 상관없이, 가장 강력한 동기를 제공하는 것은 바로 다윗의 약속된 메시아적 후손되신 그리스도의 부활이다. 1:8의 고난과 투옥에 대한 언급과 1:16의 사슬에 대한 언급을 재론하면서, 바울은 2:9에서 자신이 "죄인과 같이" 매이는 고난을 받는 일을 언급하지만, "하나님의 말씀은 매이지 않는다"라고 덧붙인다. 이것은 사도행전의 끝 부분을 회상시키는데, 거기서 바울은 투옥에도 불구하고 "거침없이" 전도했다(행 28:31).

바울은 10절에서 "택함 받은 자들을 위하여[디아]" 필요한 어떤 것도 견딜 자신의 각오로 화제를 돌린다(참조. "택하심을 받은 천사들"에 관한 딤전 5:21과 "하나님이 택하신 자들의 믿음"에 관한 딛 1:1). 후속되는 말씀인 "그들도 그리스도 예수 안에 있는 구원을 영원한 영광과 함께 받게 하려 함이라"는 논의를 야기해 왔다. 선택의 전체 개념은 현 구절에서 가장자리에 위치하는데, 왜냐하면 여기서 바울의 강조점은 선택과 예정과 하나님의 주권의 문제가 아니라, 택함 받은 자들의 구원을 촉진할 필요성에 있기 때문이다. 우리가 선택의 문제를 어떻게 다루든, 한 사람의 회심은 구원하는 복음을 위한 신실한 사역을 포함한다.

바울의 로마서 10:14에서의 질문—"그런즉 그들이 믿지 아니하는 이를 어찌 부르리요…전파하는 자가 없이 어찌 들으리요"—이 여기서 적절하다. "영원한 영광과 함께"라는 말은 목회서신에서 단지 한 번(딤전 1:17)만 하나님을 가리키고 다섯 번(딤전 1:16; 6:12; 딤후 2:10; 딛 1:2; 3:7을 보라) 신자의 영생을 가리키는 단어("영원한")와 이 구절 외에는 단지 하나님의 영광(딤전 1:17; 3:16; 딤후 4:18)만을 가리키는 또 하나의 단어("영광")를 결합한다는 점에서 이례적이다. 현재의 절은 11-13절의 "미쁜 말"로 이어지는데 왜냐하면 그리스도와 함께 살며 왕노릇하는 일은 그분의 종말론적 영광에의 참여를 포함하기 때문이다.

"미쁜 말"(11절)은 목회 서신의 다섯 가지 중 하나이다(참조. 딤전 1:15 주석; 또한 3:1; 4:9; 딛 3:8). 현재의 미쁜 말은 시적이라고 불릴 수 있는 유일한 것이다. 구문상의 특징들이 명백한데, 특별히 다음과 같은 것들이 그러하다: "우리"와 "그"(개역개정 "주")의 형식과 조건절("만약…하면")과 귀결절(결론)의 교대. (동사 접두사 쉰을 나타내는) "함께"가 반복적으로 처음 네 동사의 셋에서 나온다. 10절에서의 "견디다"라는 동사의 사용은 바울이 12a절을 포함시키게 하는 요인임이 분명하다. 다른 동사들은 그리스도와 함께 죽으며 부활하는 일(특히 롬 6:3-11)과 도래할 그리스도의 통치에의 참여(마 19:28; 계 5:10; 20:6; 22:5)에 관한 성경 교훈을 암시한다.

비록 11절은 순교에 함의를 지닐 수도 있지만, 앞에서 언급된 로마서의 구절에서 바울이 이미 그리스도의 죽음과의 영적 일체성에 대해 강력하게 기록했다는 사실을 고려할 때 영적 함의가 가장 자연스러운 지시 내용이다.[7] 이 말이 1:8-2:10에서의 선행하는 모든 것에 비추어 견디라고 하는 격려로 분명히 의도된다는 사실을 고려할 때, 죽음과 삶에 대한 말 역시 격려의 의도를 지닌다. 다시 말해 바울은 단순히 영적이거나 신학적인 사실을 진술하고 있지 않으며, 독자들로 하여금 그리스도와 함께 죽는 일이 의미하는 바를 경험하도록 요청하고 있다.

비록 그리스도의 역사적 죽음에 근거하고 있지만, 바울은 단순히 역사적인 것을 생각하지 않으며, 확실히 육체적인 것을 생각하고 있지 않은데, 왜냐하면 우리가 실제로 죽음에 처해졌던 것은 아니기 때문이다. 오히려 우리가 이전에 살았던 죄악 된 성격의 삶의 종결을 표시하는 것으로 여겨지는 세례에서 표현되는 그리스도의 죽음과의 개인적 일체성이 있다. 그러나 이것은 다음과 같이 그리스도와 함께 의식적으로 "죽는 일"을 요청한다. "동일하게 너희 자신을 죄에 대하여는 죽었으며 그리스도 예수 안에서 하나님께 대하여는 산 것으로 간주할지어다[또는 여길지어다]"(롬 6:11). 만약 디모데후서 2:11이 로마서 6장에서 언급되는 성격의 죽음과 삶을 다룬다면, "우리가 또한 살 것이다"라는 미래 시제는 그리스도 안에서의 우리의 현재의 삶을 가리킨다(참조. 롬 6:8).

12절에서 그 인내는 본질적으로 일평생의 것이다. 그 왕 노릇은 이생에서의 영적 성격의 것이 아니라 종말론적인 것이다. "의절하다"(disown)는 단어는 헬라어 아르네오마이의 가능한 번역이지만, 우리는 그것을 부모가 자녀와의 관계를 부인하는 일과 관련하여 사용하는 경향이 있으므로 잘못된 인상을 줄 수 있다. 그 헬라어 단어는 또한 "부정하다, 거절하다" 또는 단순히 "'아니요' 라고 말하다"를 뜻하며, "부인하다"가 여기서 적절한 번역일 수 있다. 이 단어의 용례의 대부분은 복음서에 있는데, 거기서 우리는 여기서 그것의 의미를 이해하는 데 도움을 얻을 수 있다. 예를 들어 마가복음 8:34에서 예수께서는 우리가 자신을 부인해야 한다고 가르치시며, 38절은 그리스도와 그분의 말씀을 부끄러워하는 일에 대해 이야기한다.

7. 순교와 관련된 해석에 대한 논의와 반대에 대해서는 ibid., 403을 참조하라.

이 배경은 디모데후서 1:8, 12에서 부끄러워하는 일에 대한 바울의 언사로부터의 전환을 이해하는 데 도움이 되는데, 그것은 다시 2:12의 배경이 된다. 요한일서 2:20-23은 예리하게 그리스도에 대한 진리를 거절하는 일과 거짓말하는 일을 부인과 연관 짓는다. 우리는 디모데전서 5:8과 디도서 1:16로부터 심지어 분명하게 말해지지 않을 때에도 부인이 행동으로 표현될 수 있다는 점을 안다. 말과 행동 어느 것이든 여기 12절에서 가능하다. 그러므로 그리스도가 자신을 부인하는 사람을 부인할 것인 반면에, 13절은 비록 우리가 신실하지 않더라도, 그분은 자신을 부인하실 수 없으므로 계속하여 신실할 것이라고 말하는 것은 놀랍다.[8] 보다 중요하게도 우리는 13절에서 우리 주님께서는 우리를 말로 부인하지 않으실 뿐만 아니라, 또한 행동으로도 부인하지 않을 것이라고 결론내릴 수 있다. 이 사실은 비록 우리가 신실하지 않을지라도 그분은 우리에게 계속하여 신실하실 것이라는 점의 근거(가르)가 된다.

동사 아피스테오(13절)는 "의심하다" 또는 "불성실하다"나 "불충실하다"를 뜻할 수 있기 때문에, 여기서의 의미에 대한 의견은 다양하다. 그러나 그 의미는 하나님의 존재와 대비되는 것이 틀림없다. 그분에 대해 피스토스가 사용되는데, 그것은 믿다(하나님은 "믿지" 않으신다)가 아니라 "신실한"을 의미할 수 있다. 따라서 NIV의 번역("만약 우리가 신실하지 않더라도")은 올바르다. 요약하자면, 13절은 하나님의 일관성과 통일성을 주장한다. 비록 인간이 하나님에 대한 신실함을 지키지 못하더라도, 그분은 자기 자신과 모순되실 수 없으므로 우리에 대한 신실함을 저버리지 않으신다. 하나님의 신실함에 대해 말하면서 바울이 염두에 두고 있는 것이 무엇인지 확실히 알기 어렵다. 그것은 그분의 백성에 대한 신실함인가, 그분 자신의 의로우심에 대한 신실함인가, 아니면 그분의 심판에 대한 신실함인가? 세 가지 모두가 사실이며 성경 도처의 지지를 받기 때문에, 우리는 여기서 이 질문을 미해결 상태로 둠에 의해 어떠한 진리도 상실하지 않으려 한다. 가장 놀라운 것은 11-13절의 미쁜 말이 다음과 같은 하나님의 성품에 대한 위대한 진술로 마무리한다는 점이다. 그분은 자신을 부인하실 수 없다!

8. 목회서신에서 이 동사의 다른 용례는 딤전 5:8; 딤후 3:5; 딛 1:16; 2:12에 나온다. 아르네오마이에 대한 다른 문헌에 관한 추가적 자료와 언급에 대해서는 다음을 참조하라. *TDNT*, 1.469-71; *EDNT*, 1.153-55; *NIDNTT*, 1.454-56.

상황잇기

합당한 이유로 이 단락은 계속하여 빈번하게 인용되고 설교되어 있다. 그것은 단순하고 명백하며 생생하다. 그것은 일생생활에서의 예화와 교리와 기억에 남은 "미쁜 말"을 포함한다. 디모데의 책임을 요약하는 다음과 같은 일련의 명령이 있다. "강하라"(1절), "부탁하라"(2절), "우리와 함께 어려움을 견디라"(3절), "숙고하라"(7절, 앞의 3-6절의 예화를 지칭함), 그리고 마지막으로 "기억하라"(8절). 기독교 사역과 증거는 항상 이 구절에서 언급되는 힘과 인내의 요소를 요구할 것이기 때문에, 그것은 시대와 장소를 불문하고 그리스도인의 관심을 요청한다.

원리들. 이 단락에는 적어도 두 가지 중요한 원리가 담겨 있다. (1) 디모데가 바울에게 배운 건전한 가르침은 그것을 다른 세대에 전할 능력이 있는 사람들에게 전달되어야 한다. 이것은 기독교의 생명줄이다. 기독교는 소멸되는 데 단지 한 세대만 남겨놓고 있다고 말해져왔다. 그것은 개연성이 없지만, 만약 활력 있는 기독교의 생명과 믿음과 가르침이 다음 세대에 적극적으로 위탁되지 않는다면, 기독교는 역사의 부수적인 존재가 될 수도 있다(눅 18:8에서 예수의 질문 참조).

(2) 그리스도를 섬기는 것은 힘든 노역이며 전적 헌신을 요구한다. 그것이 군대와 육상 경기와 농사의 이미지들의 메시지이다. 성령의 능력이 아무리 클지라도, 만약 그리스도인들이 주님께 온전히 헌신되지 않고 그분의 사역에 개인적으로 전념하지 않는다면, 성령께서 역사하시길 원하시는 통로는 막히고 위축될 것이다. 바울이 7절에서 디모데에게 "내가 말하는 것을 숙고하라"고 촉구하며 그가 그것에 대한 하나님이 주시는 "통찰력"을 필요로 한다는 사실은 이 가르침들이 피상적인 동의 이상의 것을 요구한다는 점을 보여준다.

바울의 복음. 다른 데서와 같이, 바울은 교리, 특별히 다윗 왕의 후손된 그리스도의 부활의 교리와 관련된 헌신에 관한 자신의 개인적 권면을 덧붙인다. 그는 이것을 "나의 복음"이라고 부르기까지 하는데, 왜냐하면 그는 그것에 헌신되었고 그것을 섬기며 상당 정도로 그것의 윤곽을 형성시켰기 때문이다. 그가 고난 받고 투옥된 목적이 되는 이 복음과 구주에 대한 열심 때문에, 그는 다시 한 번 자신의 경험과 인내의 중요성을 언급한다.

마무리하는 "미쁜 말"은 번쩍 정신이 들게 하는데, 왜냐하면 우리는 그것으로부터 만약 우리가 그 조건들(예를 들어, 그리스도와 함께 죽는 일)을 충족하지 못하면, 그분과 함께 살지 않을 것이라고 추론할 수 있을 것이기 때문이다. 실제로 우리는 10절을 주목하며 만약 바울이나 다른 사람들이 "택함 받은 자들을 위하여 모든 것을 견디지" 않았다면 구원을 받지 못할 사람들이 존재하는지를 물을 수 있다. 그러나 이 구절은 그런 질문을 제기하려는 목적을 가지기 보다는 다만 그리스도인들에게 신실할 것을 독려한다.

신실함의 중요성. 전 세계의 설교자와 다른 기독교 지도자들의 활동에 대해 계속된 정보를 제공하는 대중 매체의 자원들의 출현 이전 세기들에는 대부분의 기독교인은 단지 자신의 목회자와, 주일학교 교사와 교구 수녀와 같은, 한 지역에 국한된 하나님의 종들의 활동만을 알았다. 아마도 가끔은 일부 선교사나 감독이나 순회 설교자의 사역이 관심을 받았을 것이다. 사람들은 성자와 같은 삶이 하나님에 의해 보상을 받을 것으로 기대하는 자신들의 지역의 하나님의 남여 종들을 존경했는데, 비록 그런 소규모 집단에서 모든 "결점" 역시 명확히 보여 졌을 것이지만 말이다.

오늘날은 대조적으로 평균적인 기독교인은 비범한 은사와 사역으로 명성이 있는 국내외의 다수의 재능 있는 인물에 대해 많은 것을 듣는다. 그러나 우리는 이 거물들에 대해 개인적으로는 거의 모른다. 교구 사제든, 국제단체 수장이든, 아니면 기독교 토크 쇼의 활달한 사회자든 각 개인은 유일하게 심중을 관찰하실 수 있는 하나님 앞에 서 있다. 우리는 누가 세상적인 유혹을 물리치며 마음으로부터 그분에게 정말로 순종하는지 판단할 능력이 거의 없다. 우리는 누가 참으로 신실한지, 누가 공적으로뿐만 아니라 사적으로도 하나님의 규칙에 따라 행동하는지, 또한 누가 햇빛이 비칠 때나 비가 올 때나 모든 상황에서 실제로 열심히 일하며 교회라는 대지를 경작하며 그리스도인의 성장을 육성하는지 알지 못한다. 반드시 내적으로 영적이거나 다른 사람들의 믿음의 성장을 실제로 촉진하지 않으면서도 설교하고, 지도하며, 정보와 의견을 제공하는 일이 가능하다.

하나님의 종들은 성취가 아니라 신실함에 의해 판단된다. 우리 중에 누가 자신의 결점이나 숨겨진 약점을 알면서 자신의 설교에 대한 찬사를 불편하게 듣지 않았겠는가, 또는 우리의 죄악 된 인성을 공유하고 있는 것을 알고 있는 어떤 설교자의 설교에 대한 찬사를 불편하게 듣지 않았겠는가? 우리의 칼이 더 많이 날카로울수록 또는 우리의 뇌라는 놀라운 컴퓨터가 더 잘 정비될수록, 개인적인 영적 근면함과 신실함 보다 성취에 근거하여 생각하려는 유혹이 더 많이 실제적이 된다.

이 단락은 우리의 그리스도에게의 헌신의 중요성을 다룬다. 영생이 기독교적 봉사에서의 우리의 신실함에 좌우되지 않는다는 점을 유의하라. 곧 주님께서는 여전히 신실하시다. 하지만 기독교인이 미래의 그리스도의 통치에서 얻게 될 자리는 우리의 그분을 위한 인내에 달려있다. 예수님 자신이 이렇게 말씀하셨다. "누구든지 사람 앞에서 나를 시인하면 나도 하늘에 계신 내 아버지 앞에서 그를 시인할 것이요 누구든지 사람 앞에서 나를 부인하면 나도 하늘에 계신 내 아버지 앞에서 그를 부인하리라"(마 10:32-33). 그 구절에서 "부인하다"(또는 "부정하다")로 번역되는 단어는 여기의 디모데후서 2:12에서 "부인하다"로 번역되는 것과 동일하다. 어떤 특정 기독교인이 주님을 부인하거나 그분께 불신실하게 될 가능성이 아무리 멀리 있다 하더라도, 그 가능성은 여기서 여전히 남아 있다. 확실한 것은 최종 지점에서 보여질 것이다. 비록 우리가 불신실한 것으로 판명될지라도, 주님께서는 자신의 약속, 곧 자신의 피로 인치신 언약에 신실하실 것이다. 이 구절 전체를 떠받치고 있는 우리에 대한 그리스도의 헌신에 대해 하나님께 감사하자!

"그리스도인의 불신앙"(Christian Unbelief)은 어떤 교리들에 지적으로 동의하지만 그것들이 삶을 변화시킬 정도로 믿지는 않는 그리스도인들의 경향이라는 주제에 관한 필자가 일전에 들은 적이 있는 대화의 제목이었다. 또한 그것은 11-13절을 읽었지만, 비록 다른 사람들처럼 그리스도를 성실하게 따르지 않으면서도, 그리스도와 함께하는 미래의 복된 왕 노릇에 똑같이 참여할 것이라고 생각해 온 사람들을 묘사할 수 있다. 성경이 말하고자 하는 최소한은 바로 어떤 차이가 발생할 것이라는 것이다. 이 일련의 조건과 결과들은 결과들이 존재한다는 사실을 가르친다.

20세기의 상당 기간 동안 성경의 권위를 믿지 않는 자유주의자들이 다른 한편으로는 기독교윤리를 강조한 반면, 성경 본문에 대한 믿음이 더 강한 복음주의자들은 윤리에 대한 가르침을 소홀히 하는 경향이 있었던 점은 유감스럽다.[9] 이 구절에 대한 그리스도인의 반응에 대해 유사하게 진술될 수 있을 것이다. 비록 시적인 특성을 지니며 이미지를 사용하지만, 그것은 다른 성경 진술들과 일치하는 가르침들—예를 들어, 예수님을 위해 우리의 생명을 잃는 일과 인자가 영광중에 오실 때 우리가 행한 바대로 보상될 것임에 관한 예수님의 말씀들(마 24-25장)—을 담고 있다.

9. 칼 헨리(Carl F. H. Henry)의 저작인 『현대 근본주의의 불편한 양심』(*The Uneasy Conscience of Modern Fundamentalism*, Grand Rapids: Eerdmans, 1947)은 이런 일반화의 한 예외였다.

현대적 의미

현대의 신자들을 훈련하고 지도하는 일. 현대 그리스도인은 기독교적 생활을 돕는 것들이 사방에 넘쳐난다는 점에서 이전 세대보다 유리하다. 기독교 서점에는 경건 서적과 동기부여 서적으로 가득 차 있다. 기독교 잡지와 웹사이트와 소그룹들이 일상생활 가운데 우리를 돕는 데 소용되는 자원 중에 있다. 디모데에게는 바울의 개인적 서신들과 아마도 초기 형태의 복음서와 입수 가능한 구약 성서 외에 읽을거리가 거의 없었던 반면에, 우리에게는 한 아름의 책과 시디가 있다.

1-7절의 생생한 이미지가 현대 저술들에서 계속되고 확대되어 왔다. 동일한 것이 믿음을 입증하는 증거들과 변증학에 관한 연구들과 책들에 대해서도 사실이다. 대조적으로 1세기의 에베소 시민들에게는 자신들의 믿음을 확증하고 뒷받침하는 데 도움을 주는 것이 거의 없었을 것이다.

8절의 "다윗의 후손된 죽은 자 가운데서 다시 살아나신 예수 그리스도를 기억하라"는 확언이 그들에게 특별히 소중했을 것이다. 오늘날 그리스도인들은 믿음의 기초에 대한 책과 여타의 자료를 추천하고 나눔에 의해 서로를 크게 도울 수 있다. 그리스도인들은 자신들의 믿음에 대한 자원을 의식적으로 수집하며 그리스도와 복음에 대한 진리를 선제적으로 선포할 필요가 있다.

오늘의 젊은 디모데들이 특별히 필요로 하는 것은 개인적 멘토링인데, 이것은 단순히 정보와 지침을 제공한다는 의미의 멘토링이 아니다. 너무나 자주 그것은 우리의 모든 계획과 견해를 수반하며 타인에게 우리 자신을 재생산하는 일과 통제 수단이 된다. 우리는 그들이 우리의 세계관을 채택하고, 우리와 같이 기도하며, 우리와 같이 증거하고, 만약 목회자간의 관계라면, 우리와 같이 설교할 때, 어떤 사람을 훈련시켰고 멘토링했다고 생각할 수도 있다. ("복제하다"라는 단어가 떠오른다.)

그것은 기독교적 훈련과 멘토링의 본질이 아니다. 한 명의 디모데를 멘토링한다는 것은 만날 수 있으며, 함께 시간을 보내고, 그 사람의 독특한 은사들의 사용을 통제하기보다 증진시키려고 하는 것을 뜻한다. 육상 선수는 경주에서 혼자 달리지만, 수 개월 혹은 수 년간의 훈련과 격려 뒤에 그렇게 한다. 단지 코치뿐만 아니라 다른 친구와 가족이 도중에 격려에 참여할 수도 있다. 디모데에게 있어 바울은 친밀하며, 듣고 이해하고, 개인적 은사를 인정하며, 믿어준 사람이었다.

신실한 전도. 오늘날 전 세계에 주님께 충성된 전 사회계층과 다양한 인종 집단의 그리스도인이 있다는 점을 생각하는 것은 참으로 경탄할 만한 일이다. 어떤 이들은 거의 교육을 받지 못했고 단지 복음에 대한 기초적 지식밖에 없지만 엄청나게 어려운 상황에서도 주님에 대한 신실함을 지키는 일로 우리 중 다수를 부끄럽게 하는 사람들이다.

동시에 다수의 기독교 단체들이 한 세대에서 다른 세대로의 진리의 전달을 촉진하기 위해 활동하고 있다. 네비게이토 선교회(Navigators)의 활동이 잘 알려져 있는데, 그것은 시작부터 2절의 말씀을 조직적으로 실천하려고 한 사역이다. 그것은 단지 성경 진리의 "일대일"의 전달뿐만 아니라, 교회와 선교 단체와 신학교 같은 교육 기관들의 보다 대규모이며 복합적인 사역에도 적용될 수 있다. 강한 신학교가 활동적인 교회를 보장하는 것은 아니지만, 그것은, 만약 영적이며 주님께 신실하다면, 적절한 방향으로 교회를 지도할 수 있는 사람들을 교육한다. 하지만 가슴과 지혜를 결여한 직업적인 전문성과 느슨한 신학은 그러한 과제를 성취하지 못할 것이다.

따라서 우리가 그것을 개인적으로 하든, 집단적으로 하든, 또는 기관을 통해서 하든, 그리스도인들은 주 예수 그리스도의 세대를 이어가는 제자들을 배출하기 위해 이 절들에 늘 순종해야 한다. 가장 성공적인 전도 활동도 만약 우리가 예수께서 명하신 "모든 것에 순종하도록" 다른 사람들을 충실하게 가르치지 않는다면 단지 한 세대만 지속될 것이다(마 28:20).

유동성이 큰 사회(mobile society)에서 결과들을 점검하는 일. 동시에 신앙에 관한 정보가 매우 널리 보급됨에 따라, 우리가 그 정보를 나누는 사람들과의 관계가 자주 과거보다 피상적이 된다. 사람들은 보다 빈번하게 이사를 한다. 고용 환경이 급변한다. 젊은 세대는 (비록 다수가 결혼할 때 까지 집에 머무르는 경향이 있지만) 확대 가족 안에서 살기보다 그 밖으로 이동한다. 우리의 가끔의 사람들과의 접촉은 마치 비행 중 만난 옆 자리의 승객과의 그것처럼 순식간에 끝나고 만다. 그러므로 6절의 이미지 속의 열심히 일하는 농부 된 사람들은 이 지상에서는 그들이 심은 씨앗이 뿌리를 내리고 성장했는지를 결코 모들 수도 있다. 비록 우리가 택함 받은 자들을 위해 어려움을 견딜지라도(10절), 우리의 노력이 변화된 생활환경 가운데 열매를 맺었는지를 확인하지 못할 수도 있다.

그러므로 이 구절에는 강력한 종말론적 차원이 있다. 신실한 그리스도인들이 하늘나라에 이르기까지 결과를 보거나 보상을 얻지 못할 수도 있다. 우리는 이 구절의 명령들에 대한 믿음의 응답뿐만 아니라 그것의 약속들에 훨씬 더 크게 의존해야 한다. 아마도 이 주석의 독자는 저자와 마찬가지로 때때로 전도와 대화와 설교와 혹은 수 년 전에 쓰인 저술의 한 언사가 어떻게 어떤 사람의 인생에 중대한 영향을 미쳤는지를 배우는 기쁨을 경험했을 것이다.

필자는 얼마 전 저녁 시간에 "저녁 시간을 빼앗고 싶지 않지만 선생님께서 『디시전』(*Decision*) 잡지에 기고한 글들에 대해 감사드리고 싶어요"라고 시작되는 전화를 받았다. 전화를 건 분은 전에는 영적 일들에 대해 거의 관심을 보이지 않았던 이웃이었다. 그의 인생에서 수차례 일어났던 하나님을 알고자 하는 열망에 대한 놀라운 이야기가 이어졌다. 한 에피소드는 디시전 잡지를 열심히 받는 일을 포함했지만, 더 편한 시간을 위해 모아 놓기만 했었다. 결국 은퇴하고 나서 그녀는 그 잡지들을 꺼내 보았으며 무심코 필자의 기고문들을 접하게 된다. 그녀는 필자의 아내와 필자가 그녀를 위해 기도해왔다는 것에 대해 전혀 몰랐다. 그 일이 있고 몇 년 후 우리는—이후 그들도—이사를 갔다. 만약 이 이사가 그녀가 그 기고문들을 발견하기 전에 있었다면, 우리는 하나님께서 그녀의 인생에 행하신 바를 이생에서는 알지 못했을지도 모른다.

디모데후서 2:14-26

14 너는 그들로 이 일을 기억하게 하여 말다툼
을 하지 말라고 하나님 앞에서 엄히 명하라
이는 유익이 하나도 없고 도리어 듣는 자들
을 망하게 함이라
15 너는 진리의 말씀을 옳게 분별하며 부끄러울
것이 없는 일꾼으로 인정된 자로 자신을 하
나님 앞에 드리기를 힘쓰라
16 망령되고 헛된 말을 버리라 그들은 경건하지
아니함에 점점 나아가나니
17 그들의 말은 악성 종양이 퍼져나감과 같은데
그 중에 후메내오와 빌레도가 있느니라
18 진리에 관하여는 그들이 그릇되었도다 부활
이 이미 지나갔다 함으로 어떤 사람들의 믿
음을 무너뜨리느니라
19 그러나 하나님의 견고한 터는 섰으니 인침이
있어 일렀으되 주께서 자기 백성을 아신다
하며 또 주의 이름을 부르는 자마다 불의에
서 떠날지어다 하였느니라
20 큰 집에는 금 그릇과 은 그릇뿐 아니라 나무
그릇과 질그릇도 있어 귀하게 쓰는 것도 있
고 천하게 쓰는 것도 있나니
21 그러므로 누구든지 이런 것에서 자기를 깨끗
하게 하면 귀히 쓰는 그릇이 되어 거룩하고
주인의 쓰심에 합당하며 모든 선한 일에 준
비함이 되리라
22 또한 너는 청년의 정욕을 피하고 주를 깨끗
한 마음으로 부르는 자들과 함께 의와 믿음
과 사랑과 화평을 따르라
23 어리석고 무식한 변론을 버리라 이에서 다툼
이 나는 줄 앎이라
24 주의 종은 마땅히 다투지 아니하고 모든 사
람에 대하여 온유하며 가르치기를 잘하며 참
으며
25 거역하는 자를 온유함으로 훈계할지니 혹 하
나님이 그들에게 회개함을 주사 진리를 알게
하실까 하며
26 그들로 깨어 마귀의 올무에서 벗어나 하나님
께 사로잡힌 바 되어 그 뜻을 따르게 하실까
함이라

원 의미

2:1-10의 따뜻한 격려의 말과 2:11-13의 고상한 언사에서 우리는 갑자기 이단의 교사들이 있는 에베소 교회의 현실로 다시 돌아오게 된다. 이것은 불연속성을 뜻하지는 않는데, 왜냐하면 14절은 "그들로 이 일들을 계속하여 상기하도록 하라"는 권면과 함께 방금 말해진 것을 다시 지칭하기 때문이다. 그러나 디모데의 상기시키는 행위에 경고하는 행위가 동반되어야 하는데, 그것은 "하나님 앞

에서" 행해져야 한다고 말해질 정도로 매우 진지한 행위이다.

해로운 가르침을 다루는 법(2:14-19)

NIV의 "계속하여 상기하도록 하라"(14절)는 동사의 현재 시제를 드러낸다. "경고하라"는 분사인데, 역시 현재 시제이다. 이 시제는 그 과제가 완료된 것이 아니라 계속적 관심을 요구한다는 점을 가리킨다. 직설법과 분사의 관계는 그 둘이 동시적인 것을 암시하는데, 곧 상기시키는 긍정적 행동과 경고하는 부정적 행동에 있어서 그러하다. 디모데가 그들에게 가르친 것은 경고의 준거점이다.

완성된 신약성경의 현대 독자는 말이 중요하며 정확한 표현이 정확한 신학을 위해 필요하다는 점을 잘 안다. 그러나 여기서 바울은 "말다툼을 하지[로고마케오][1] 말라"고 경고한다. 바울은 그 논쟁의 내용이 무엇인지에 대해 여기서 부연하지 않고, 오히려 그것의 허용을 반대하는 다음과 같은 두 가지 이유를 든다. 그것은 가치가 없고 무익하며, 그것은 듣는 자들을 망하게 하며 따라서 악을 행하는 것이다.

이것은 바울이 15절의 잘 알려진 말씀을 기록하는 배경이다. "최선을 다하라"라는 말은 목회서신의 헬라어 단어 스파우다조를 나타낸다(참조. 1:17[NIV에서 "열심히"로 번역됨]과 딛 3:13["네가 할 수 있는 모든 것을 하라"로 번역됨]의 관련된 부사 참조). 그 개념은 근면함 그리고 아마도 신속함과 절박함을 함께 어떤 일을 행하는 것이다. 그것은 열심의 개념을 전달한다. 디모데는 하나님의 인정에 관심이 있었을 것이며 따라서 의도적으로 그 목적에 자신을 드렸다. "인정되는"(도키모스)은 목회서신에서 단지 여기에만 나오는데, 비록 그 반대말인 아도키모스("인정되지 않는")는 3:8(NIV "거절되는")과 디도서 1:16(NIV "부적합한")에 나온다. 단순히 하나님의 인정을 받으려 하는 것이 아니라 자신을 하나님께 드릴 수 있기 위해 인정받는 성격의 사역자가 되고자 한다. "일꾼"이라는 단어는 농업 노동자에 대해 자주 사용되었다.

상기시키고 경고하라는 교훈들은 헬라어 문장의 어순에서 타우타("이것들")이라는 단어로 시작된다. 비록 평범하고 외견상 중요하지 않는 표현으로 보이지만,

1. 이 동사와 관계된 명사형이 딤전 6:4에 나오는데, 거기서 문맥은 역시 논쟁, 특별히 악의적으로 계속되는 논쟁에 관한 것이다.

그것은 목회서신에서 수차례 반복되며 바울이 디모데와 디도로 하여금 전달하라고 가르친 일련의 교리를 가리키는 상당한 중요성을 지닌다(또한 특히 딤전 4:6, 11; 6:2; 딤후 2:2; 딛 2:15; 3:8 참조). 본 장에서의 두 용례는 특정한 교훈들을 가리키거나(2절) 또는 그 교훈들 가운데 적어도 명백히 한 요소인 언사를 따른다(14절). 이것은 현 구절이 사도적 교훈들의 선포를 위한 세심한 준비의 한 전형을 재론하는 또 하나의 방식이다. 왜 어떤 사람이 일꾼이 부끄러울 수 있다고 생각하는지 질문될 수 있을 것이다(참조. 롬 1:16). 비록 부끄러움의 개념이 1:8-16에서 중요하지만, 이것은 상이한 문맥인데, 왜냐하면 이 일꾼이 자신의 열매, 즉 복음에 대해 부끄러워할 수 있을지에 대한 아무런 암시도 없기 때문이다. 오히려 후속절은 부끄러움의 이유가 될 수 있거나 없는 것의 관건은 그 일이 수행되는 방식이라는 점을 가리킨다. 이 일은 "올바로 다루다"(오르도토메오; 문자적으로 "곧게 자르다")라는 말로 묘사된다. 최근의 참고 저작과 주석들은 자르는 이미지가 올바름이라는 개념보다 덜 중요하다는 의견에 일치를 나타내는 경향이 있다.[2] 이 동사의 유일하게 다른 성경 용례는 70인경(잠 3:6; 11:5)에 있는데, 거기서 그것은 곧은 길을 내는 일을 지칭한다.

16절은 다시 한 번 거짓 교사들의 활동을 다룬다. 14절은 무익하고 파괴적인 말다툼에 대해 경고했으며, 15절은 진리에 대한 올바른 취급을 촉구했고, 16절은 "불경건한 잡담"에 반대하도록 조언한다(딤전 6:20 주석 참조). 이 헛된 말은 종교적 가치가 없으며 결과적으로 "점점 더 큰 불경건으로"(NRSV) 이끈다. 그런 말은 피해져야 하며, 불경건으로 퇴보하는 발전(비꼬는 진술)이 있을 것이다. 대조적으로 디모데전서 4:15은 (유사한 단어를 사용하며) 경건의 참된 진보를 묘사한다.

그 문장은 17절에서 불경건한 잡담을 피해야 하는 두 번째 이유와 함께 계속된다. "그들의"는 거짓 교사들을 지칭한다. "가르침"은 로고스인데, 그 단어의 사용은 15절의 "진리의 말씀[로고스]"과 강하게 대조된다. "괴저와 같이 퍼질 것이다"는 복합적 은유이다. "퍼지다"는 확장될 기회를 의미하며, "괴저"(gangrene)는 정확한 것으로서 외부 세포의 증식이라는 개념(NLT의 "암"이 그러함)이 아니라 세

---

2. 예를 들어 다음을 참조하라. H. Köster, τέμνω, *TDNT*, 8.111-12; R. Klöber, *NIDNTT*, 3.352; Fee, *1 and 2 Timothy, Titus*, 255; Knight, *Pastoral Epistles*, 411-12; Towner, *1-2 Timothy & Titus*, 182. 그 강조점이 어느 정도 "진리의 말씀"의 바른 취급에 있으며 어느 정도 그것에 대한 적절한 해석에 있는지는 논쟁의 여기가 있지만, NIV의 중립적인 "올바로 다루다"가 NRSV의 "바르게 설명함"과 *NLT*의 "올바로 설명하다"보다 선호되어야 한다.

포 조직의 부패의 진행이라는 개념을 표현한다.

17절에서 거명되는 두 거짓 교사들 중에 후메내오는 디모데전서 1:20에서 언급되는 반면, 빌레도는 단지 여기서만 언급된다. "탈선했다"(wandered away)로 번역되는 단어(아스토케오)는 디모데전서 1:6; 6:21에 나오지만, 다른 단어가 6:10에서는 그렇게 번역된다. 여기서 사용되는 단어의 이미지는 어떤 사람이 무심코 길에서 벗어나는 것이 아니라 선하고 참된 것에서 이탈하는 것이다. 그들의 오류는 "그 부활이 이미 발생했다"[3]고 말한다는 점에 있다. 이것은 미래의 부활을 가리키는데, 그것은 단지 영적 변형이 아닌 예수님의 부활과 같은 것이다(고전 15:35-49).

이 문제는 사소하게 보일지도 모르며 다른 몇몇 종말론 문제들과 같이 논쟁의 여지가 있을 수 있다. 그러나 이것은 그리스도의 육체적 부활에 대해 부정적 함의를 지니는 오류이다. 그것은 육체와 영혼 양자 모두에 대한 성경의 높은 평가와 반대되는 헬라적 개념들을 중요시하는 것으로 보이며, 아마도 인간의 몸을 비롯한 물질세계에 대해 부정적인 전영지주의적(pre-Gnostic) 개념들에 의거한 것일 수 있다. 그러므로 이 오류의 심각성은 십중팔구 단지 표면적 가르침만이 아니라 우리가 성경 신학이라고 부를 것에 대한 그들의 견해와 근본적 전제들에 있었다. 그들의 가르침의 함의로 인해 그들은 어떤 사람들을 탈선하게 했을 뿐만 아니라, 실제로 그들의 믿음을 무너뜨렸다(18절).

19절은 "하나님의 견고한 터는 섰다"라는 확언으로 이 혼란을 일으키는 상황에 대응한다. 이 절은 만약 우리가 은유들을 너무 자세하게 분석하려고 하면 그 진의를 상실할 수 있을 것이다. 예를 들어, 데메리오스는 구체적으로 기초를 뜻하는가 아니면 보다 일반적으로 건축의 시작 단계를 뜻하는가? 견고함이 중요하다는 사실은 바울이 성경 도처에 나오는 돌의 이미지를 염두에 두고 있었음을 뜻하는가?(사 28:16; 마 21:42; 벧전 2:6-8) 가정 규례에 대한 열중 때문에 그가 가정의 구성원에 대한 생각에서 "가정" 자체에 대한 생각으로 전환하게 되는가? 그는 에베소서 2:20에서와 같은 사도와 선지들의 터와 "주 안에서 성전으로 커가는" (2:21-22, NRSV) 조직체를 생각하고 있는가? 아니면 그리스도 자신이 그 기초인 고린도전서 3:10-17이 그의 기준점인가?

3. 몇몇 중요한 사본상의 증거는 "부활" 앞에 정관사를 누락하고 있으며, 연합성서공회(UBS) 본문의 그 정관사의 삽입은 단지 C등급을 받는다. 그럼에도 불구하고 그것이 선호된다.

또한 우리는 "인치다(직인을 찍다)"라는 단어는 어떻게 다뤄야 하는가? 그것은 보통 두루마리나 다른 문서에 사용되며 도장이 새겨진 반지로 찍어진 부드러운 왁스를 보통 가리키기 때문에 기초와 관련하여 사용되기에는 어울리지 않는 단어이다. 명백히 바울은 새겨진 글을 가리키고 있으며 그 인치다라는 용어를 중복되는 은유로 사용하는 데 왜냐하면 그것이 소유권의 개념을 전달하기 때문이다. 다음 절은 "큰 집"을 지칭하는데, 이것은 십중팔구 19절의 터와 관련되며, 따라서 그 해석에 영향을 줄 또 하나의 건물 은유이다.

성경 절들과 성경 외의 인용문들이 앞선 선택 사항들의 각각을 뒷받침하는 데 소개될 수 있다. 하지만 만약 우리가 그 증거들을 취합한다면, 아마도 바울이 다른 것들을 배제하고 한 가지 묘사만 선택하는 것이 아니라, 오히려 (1) 절대적으로 확고함과 (2) 하나님의 소유됨과 (3) 후메내오와 빌레도와 같은 파괴적인 인물들이 있음에도 불구하고 주장하는 것이라는 개념을 전달하기 위해 몇 가지 이미지를 결합하고 있다고 보는 것이 가장 좋다. 결국 하나님께서 그 건물을 소유하신다. 하나님의 집과 교회와 기둥과 터의 개념들이 디모데전서 3:15에서 이미 결합되었다.

하나님의 확고한 터에 찍힌 직인 또는 새겨진 글은 두 가지 상호보완적인 진리를 표현한다. 이단의 교사들과 사람들의 탈선에 의해 야기된 혼란은 "주께서 자기 백성을 아신다"라는 사실에 의해 맞서져야 한다. 그러나 비록 하나님은 아시더라도 우리는 그렇지 못하다. 그러므로 "주의 이름을 고백하는 자마다 사악함에서 떠나야 한다." 이 언명들의 각각이 다른 성경 구절에 뿌리를 두고 있다. 첫 번째 인용문은 모세에게 반역한 고라와 여타의 사람들에 대한 민수기 16:5에서 왔다. 하나님께서 누가 참으로 그분께 속했는지를 가리키시는 일이 필요했으며 결국 그 사칭자들은 심판받았다. 두 번째 인용문은 레위기 24:16; 여호수아 23:7; 욥기 36:10; 이사야 26:13; 52:11의 내용들을 포함한다(참조. 눅 13:27; 행 2:21; 롬 10:13). 아마도 곧 심판받을 고라와 그의 동료들의 장막에서의 떠남을 묘사한 민수기 16:26-27 역시 염두에 두어지고 있을 것이다.

가정의 제용품의 이미지(2:20-21)

20-21절의 이미지는 사악함에서 떠나야 할 필요성으로 마무리된 14-19절의 거짓 교사와 거짓 교훈의 주제를 이어간다. 그런데 바울은 새로운 이미지, 곧 집안의 용품의 이미지를 소개하는데, 이것은 집과 가정이라는 보다 큰 이미지에 포함되어

있다. "큰 집"은 에베소 교회의 규모에 대해 무엇을 암시하지 않고, 비유적 언사의 서사 세계와 관련된다.

부자에 의해 소유된 큰 집에는 다양한 용품이 있을 것이다. 이것은 단순히 (NRSV에서 "보통의"라는 단어에서 암시되는 바와 달리) 일반 식기와 고급 식기의 대조의 문제가 아니다. 그것은 오히려 어떤 용품은 "불명예" 또는 "수치" 또는 "부끄러움"의 함의가 있는 목적으로 사용된다는 것이다.[4] 그런 목적은 아마도 배설물을 치우기 위한 것일 수도 있다. 이것은 예를 들어 왼손이 생활 가운데 더러운 일을 하도록 정해져 있는 문화에서의 독자들에 의해 더 잘 이해될 것이다. 바로 이러한 강력한 묘사가 21절과 그것의 자신을 후자의 범주에 속하는 용품들로부터 "정결하게 할 것"에 대한 요구를 설명해준다. 이것이 그 이미지의 비인격적인 용품에서 디모데라는 인격적 영역으로의 전환을 수행하는데, 그는 "거룩하고 주인의 쓰임에 합당한" "고상한 목적들의 도구"가 될 것이다.

비록 주석자들이 예수의 가라지 비유(마 13:24-30, 36-43)와 로마서 9:19-21을 참조하는 관례가 있지만, 그 이미지는 독립적이다. 개인적 거룩함에 대한 교훈이 분명하며 주인을 위해 "어떠한 선한 일이라고 할 수 있도록 준비됨"에 대한 개념은 3:17을 예기한다.[5]

논쟁을 다루는 일에 대한 개인적 조언(2:22-26)

자신을 정결하게 함에 대한 21절의 언사가 이제 분명한 말로 설명된다. 22절은 다음과 같은 두 가지 대조적인 목적을 제시한다. 피해야 할 "청년의 정욕"과 "의와 믿음과 사랑과 화평"의 추구. 피함과 추구함의 개념은 디모데전서 6:11과 유사한데, 거기서 희망되는 목표는 "의와 경건과 믿음과 사랑과 인애와 온유"이다. 또한 바울은 나중에 디모데후서의 3:16과 4:8에서 의를 언급할 것이다(또한 딛 3:5 참조).

"믿음"(피스티스)이라는 단어는 목회서신에서 33번 나오는데, 문맥에 따라 "믿음" 또는 "신실함"을 뜻할 수 있다. "사랑"에 대해서는 또한 디모데전서 1:5, 14; 2:15; 4:12; 6:11; 디모데후서 1:7, 13; 3:10; 디도서 2:2을 보라. "화평"(에이레

---

4. BAGD, 120.
5. 목회서신에서 윤리의 중요성과 "선행들"에 대해서는 Young, *Theology of the Pastoral Letters*, 28-46을 참조하라.

네)이라는 단어는 인사말들 외에는 목회서신의 다른 데에 나오지 않는다. "깨끗한"이라는 단어는 21절의 "정결하게 하다"와 동일한 어근을 가진다. 성경 전체에서와 같이 "마음"은 선이나 악에 기울어진 내적 인격이다.

23절은 주의 종의 특징이어서는 안 되는 다툼을 야기하는 변론에 대해 경고한다(24절). 14절은 이 다툼이 진리의 대적자들이 사용하는 일종의 언어적 말다툼임을 확인해주었다. 따라서 그것은 디모데를 특징지어서는 안 된다. 여기에는 "어리석고 무식한" 변론에서 노골적인 논쟁으로의 전개가 나타난다. 여기서 마케("다툼")는 "실제로 무기가 없이 행해지는 싸움"을 가리킨다.[6] 그 헬라어 단어의 어근이 14절에서 "다투기"와 24절에서 "다투다"로 번역되는 동사에서도 눈에 띈다.

24절의 긍정적 태도들이 중요하다. "자비로운"에 해당하는 단어(신약에서 단지 여기에만 나옴)는 온유함의 개념을 지니며 논쟁적 태도와 반대된다. 디모데는 "모든 사람"에 대하여 이러한 태도를 가져야 한다. 다음 단어인 디다크티코스("가르칠 능력이 있는")는 디모데전서 3:2에서 감독자 직분의 자격의 하나이다. 바울은 수동적이 될 것을 가르치지 않는데, 왜냐하면 가르쳐져야 할 진리, 곧 강력하고 유능하게 가르쳐져야 할 진리가 존재하기 때문이다. "분개하지 않는"으로 번역되는 단어는 신약에서 단지 여기서만 나오며 우리가 악한 적대 혹은 고통을 다루는 방식을 묘사한다. NRSV의 "인내하는"은 충분히 강한 어조가 아닌 반면, "어려운 사람들을 인내하는"(NLT)은 보다 원의에 근접한다. 문맥상의 모습은 냉정함을 잃고 반격함 없이 고통을 감내하면서, 공격적이며 논쟁적인 사람들의 적대적 행동에 대처하는 것이다.

25절은 요구되어 지는 다음과 같은 적극적 반응을 묘사한다. 대적자들의 "회개"를 기대하는 훈계. 그 훈계는 "온유하게" 행해져야 하는데, 이것은 앞 절에서 묘사된 태도를 이어간다. 디모데의 변론은 회개를 일으킬 수 없을 것이며, 단지 하나님만이 하실 수 있다. 명사 "회개"는 목회서신에서 단지 여기서만 나오지만, 신약의 나머지 책들에서는 21번 나온다. 동사형은 목회서신에는 나오지 않지만 다른 데서는 24번 나온다. 본 문맥에서 "회개"는 죄 일반과 관련해서가 아니라, 특정하게 진리에 대한 적대와 관련하여 사용된다.

회개의 영적 필요는 진리에 대한 시인으로 귀결될 것이다. 바울은 이 대적자들이 "의식을 회복하길" 바라는데, 그것은 "다시 냉철해지다"를 뜻할 수도 있는 동사

6. BAGD, 496.

를 번역하는 어구이다. 이 이단자들의 오류와 호전적인 태도의 열쇠는 그들이 마귀의 올무에 걸린 점이다. 다음과 같은 두 구절이 특별히 명료하게 불신자들이 마귀의 권세 하에 놓여 있다는 사실을 보여준다. 사도행전 26:18과 골로새서 1:13. 전자는 이방인들을 "사탄의 권세에서 하나님께로" 돌아오게 할 바울의 사명을 포함하는데, 그것은 그들의 눈을 뜨게 하여 어둠에서 빛으로 이끄는 일을 내포한다(고후 4:4). 어떤 사람들은 디모데후서 2:26의 "그의 뜻"이 하나님의 뜻을 가리키며, 25절의 후반부를 재론한다고 주장했다. 그러나 보다 개연성 있는 것은 그것이 자신의 뜻을 행하게 하는 사탄의 함정과 올무와 사로잡음의 영향을 가리킨다.[7]

상황잇기

교향악단 연주회에서의 전환. 근면함과 신실함에 대한 디모데에게의 강력한 훈계는 이 단락에서 뜻밖의 전환을 맞이한다. 갑자기 청중을 유쾌하고 조리가 있는 주제에서, 아마도 금관 악기부의 거슬리는 소리로, 관련은 있지만 새로운 느낌을 전달하는 부분으로 바뀌는 교향악단 연주회에서의 전환처럼, 바울은 14절에서 다르면서도 관련이 있는 두 주제를 문법적으로 연결한다. 그는 선행부에 대한 언급("그들로 이 일들을 계속하여 상기하도록 하라")을 "말다툼하지 말라고 하나님 앞에서 그들을 경고하라"라는 의외의 명령과 결합한다.

더욱 이례적으로 보이는 것은 그 명령이 처음에 앞선 교훈들보다 덜 중요하게 보인다는 점이다. 요컨대 단순한 말다툼이 무엇이 그렇게 중요하여 군인과 육상경기자와 농부의 강렬한 이미지들(2:1-7)과 2:8에서의 그리스도에 관한 단호한 교리적 확언과 주님에 대한 신실함에 관한 미쁜 말(2:10-13)과 비교된단 말인가? 더욱이 후속되는 절(15절)은 진리의 말씀의 적절한 취급에 대한 빈번히 인용되는 말을 포함한다. 그렇다면 2장이라는 교향악단 연주회에서 부차적 주제인 것으로 보이는 것의 이 갑작스런 큰 트럼펫 소리의 삽입의 의의와 명분은 무엇인가?

이 질문은 바울이 명백히 이 서신들에서 교리적 이탈 자체의 복잡한 내용을 설명하는 일 보다 교리적 논쟁을 다루는 방식에 더 관심을 가졌다는 사실과 관계된다. 이단의 내용이 중요하지 않다는 말이 아닌데, 만약 그러하다면, 이 서신들은 쓰일 필요가 없다. 오히려 교리적 문제들을 인지하고 있는 디모데는 그것들의 심

7. 방금 표현된 결론으로 이어지는 여기서의 문제들에 대한 탁월한 논의에 대해서는 Hanson, *Pastoral Epistles*, 142-43을 보라.

각성과 그것들을 다루는 방식, 곧 그것들의 내용에 대한 자세한 취급보다 그 지지자들을 다루는 방식에 대해 상기시키는 조언을 필요로 한다.

논쟁을 다루는 일. 바울은, 과거와 마찬가지로, 어깨너머로 그 서신을 보고 있는 에베소인들에게 디모데(그리고 그레데인들에게 디도)가 설명할 특정한 오류들에 대한 충분한 해설을 제공한다. 디모데와 디도와 장로와 가정 교회들이 알 필요가 있는 것은 이 교리 논쟁들과 그 주창자들이 교회를 해체하는 일을 어떻게 막을 것이냐 하는 것이다. 악영향을 주는 논쟁들을 다룰 방식에 대한 이 관심은 주의 종이 교리의 순수성과 일치하는 삶의 순수성을 유지해야 함에 대한 바울의 주장과 조화된다. 결국 이 모두는 하나님의 이름을 거룩하게 하는 일과 그분의 명성을 지키는 일을 결합한다.

이 상황은 베트남 전쟁 후에 남은 네이팜탄을 어떻게 처분할 것인가의 문제와 비교될 수 있을 것이다. 이 물질의 내용물과 위험성에 대해서는 의문의 여지가 없다. 문제는 이 극도로 위험한 물질의 폭발과 후속되는 확산 없이 그것이 어떻게 그리고 어디에서 안전하게 이송되고 처리될 수 있는가 하는 것이었다. 그 일 자체가 열띠고 "폭발성 있는" 논쟁으로 귀결되었다.

만약 디모데 자신이 사소한 점들에 대한 열띤 논쟁에 빠지게 된다면, 그는 주요한 관심들에 대한 집중력을 잃고, 단순히 인간적인 논증의 저차원적 노선을 택할 위험이 있으며, 타인에게 존경을 상실할 가능성에 노출될 것이다. 그런 논의들은 어쨌든 열매가 없으며, 더 나쁘게는 "듣는 자들을 망하게 할" 것이다(14절). 또한 바울은 거짓 교사들의 "불경건한 잡담"에 대해 이야기하는데, 비록 그들의 가르침이 퍼져나간다고 할지라도, 그 함의는 디모데가 그들의 수준에서 논쟁에 참여함에 의해 그것을 제지할 수 없으며, 실제적으로는 그것의 확산에 기여할 수도 있다는 것이다. 바울이 하는 조언은 잠언서의 다음과 같은 지혜들을 생각나게 한다.

> 거만한 자를 징계하는 자는 도리어 능욕을 받고…. 지혜 있는 자에게 교훈을 더하라 그가 더욱 지혜로워질 것이요. (잠 9:7, 9)

> 말을 아끼는 자는 지식이 있고 성품이 냉철한 자는 명철하니라. (17:27)

> 미련한 자의 귀에 말하지 말지니 이는 그가 네 지혜로운 말을 업신여길 것임이니라. (23:9)

미련한 자의 어리석은 것을 따라 대답하지 말라. (26:4)

14-19절에는 독자로 하여금 바울의 긍정적 교훈들의 온전한 취지를 파악하도록 도움을 주는 다음과 같은 교대적 배열이 있다.

(1) 어떤 사람들이 말다툼에 빠진다. 그것을 피하라.
그것은 타인을 망하게 한다.
(2) 네 편에서 좋은 일꾼이 되라,
부끄러울 아무런 이유도 없으며,
진리의 말씀을 올바로 다루는.
(3) 어떤 사람들이 불경건한 잡담에 참여한다. 그것 역시 피하라.
그 거짓 가르침은 타인을 망하게 한다.
(4) 하나님 편에서 그분의 터는 견고하다.
그분의 누가 자신의 소유된 자들인지 아신다.
그분의 백성은 사악함에서 떠나야 한다.

이 구조는 우리로 하여금 하나님의 관점에서 분열을 야기하는 논증과 거짓 교훈을 볼 수 있게 해준다. 우리는 그것의 결과와 그것에 반대하는 법을 볼 수 있다. 잘못 가르쳐진 잘못된 교리는 올바로 가르쳐지는—또한 생활로 실천되는—참된 교리에 의해 맞서져야 한다. 하나님의 터는 견고하며 무너질 위험성이 전혀 없다. 하나님의 지식은 확실하며, 우리는 그분을 속일 수 없다. 우리는 반드시 우리의 외적 행위가 우리의 하나님과의 참된 관계에 부합되도록 해야 한다.

하나님의 집에서의 삶. 현 단락은 계속하여 20-21절에서 집의 예화를 사용하는데, 이 예화는 목회서신이 하나님의 백성을 집이라고 부르는 점을 고려할 때 적절한 것이다. 이 경우 그 집이 교회라고 확인되지 않으며, 바울은 단지 이용 가능한 이미지에 의존할 뿐이다. 그렇지만 그리스도인들이 분리되어 "[자기를] 정결하게 해야" 할 사람들은 십중팔구 거짓 교회에 속할 것이다. 이것은 중대한데, 왜냐하면 다양한 집단과 종파들이 다른 신자들로부터의 분리를 정당화하며 독립적인 교회나 단체나 운동을 형성하기 위해 이 절들을 사용해 왔기 때문이다. 여기에는 그리스도인들로 하여금 서로에게서 분리되라고 하는 아무런 요청도 없으며, 오히려 그것은 진리를 고수하며 실천하는 자들로 하여금 가르침과 삶에 있어 사악한 자들로부터 구별되라고 하는 요청이다. 그 결과는 주님에 대한 보다 큰 유익이 되어야 한다.

이것을 행하는 사람들을 묘사하는 어휘가 중요하다. 그들은 그 예화 중의 더러운 것과 배설물을 위한 용품들과 대조되데 "고상한 목적들"에 유용하다. "고상한" 이라는 단어는 명예로운 일을 행하는 것과 관계된다. 자신을 정결하게 하는 사람은 "거룩하게 된다." 그리스도인은 성도, 곧 하나님의 거룩한 자이다. 그런 사람은 "주인에게 유용하게" 되는데, 이것은 하나님 당신을 가장 적절한 방식으로 섬기도록 선택하시면서 마치 토지장이와 같이 우리를 빚으시는 하나님의 권리를 생각나게 한다. 따라서 우리는 "선한 일"을 하도록 준비된다(또한 3:17; 고후 9:8; 엡 2:10; 빌 1:6; 골 1:10). 따라서 수치스러운 용품들로부터의 분리가 최종적 행위가 아니며, 그것은 존재와 역할에서의 변화가 뒤따라야 한다.

22-26절은 하나님께서 우리에게 원하시는 특성의 인격에 대한 재진술로 시작하지만, 이제는 가정용품과 그 기능의 이미지를 동반하지는 않는다. 22절에서 바울은 하나님께서 디모데와 모든 신자에게서 기대하시는 도덕적 특성에 대해 분명한 용어들로 단도직입적으로 이야기한다. 중요하게도 이것은 바로 14절과 16절의 교훈에 대한 부연으로 바로 이어지며 "어리석고 무식한 변론"과 "다툼"을 다룬다. 여기서 앞에서 주어진 변론을 대하는 적절한 태도의 이유에 더하여 어떤 실제적 목적이 있다는 점이 명백해진다. 다투지 않는 대신 자비로운 주의 종은 타인을 잘 가르칠 수 있을 것이며 아마도 그들이 회개하고 "진리의 지식"에 이르며 "의식을 회복하고" "마귀의 올무에서 벗어나는 것"을 보게 될 것이다. 만약 주의 종의 태도가 이 결과들을 가능하게 한다면, 다음과 같이 그 정반대의 것도 가능하다는 사실을 깨닫는 것은 정신이 번쩍 들게 한다. 우리 편에서의 잘못된 태도는, 올바른 가르침에도 불구하고, 타인으로 하여금 그리스도께로 나아오지 못하도록 막을 수도 있다.

현대적 의미

기독교인이 아닌 사람을 대하는 방식. 『내게 하나님을 보이라』(*Show Me God*)의 저자인 프레드 히어런(Fred Heeren)은 세속적 견해를 지닌 과학자들과의 대화를 독려하는 일을 해왔다. 그는 최근에 이렇게 말했다. "만약 필자가 오늘날 회의론자들에게 접근하는 열쇠가 되는 어떤 한 가지를 발견했다고 한다면, 이것은 그것이다…불신자와 그 견해에 대해 온유하며 존중하는 태도를 가지라. 부정적으로 표현해서, 회의론자들에게 다가가는 것을 막는 가장 큰 단일한 중단 요소는 기독교와 과학 사이에 우리와 그들을 대립시키는 논쟁 구도를 설정하는 기독교인이다."[8] 그 배경이 갈등이 있던 초대 교회와 다르겠지만, 이것은 바울이 디모데에게 의견을 달리하는 사람들에 대해 지녀야 할 태도에 대해 말해 온 것에 부합하는 훌륭한 조언이다.

또 한 명의 저자는 다음과 같이 관찰한다.

> 거리의 사람들에게 기독교인은 어떤 존재인가? 기독교인하면 무엇이 생각나는가? 라고 질문되면, 거의 모든 경우에 "반-낙태", "반-동성애자", "반-복지"와 "이런 저런 것에 대한 반대"라는 대답이 주어진다. 또한 "냉정한", "독선적인", "불관용의", 또는 "옹졸한"과 같은 단어가 제시된다. 하지만 예수는 어떤 존재라고 생각하는가?라고 질문되는 또 다른 여론 조사에서는 동정심이 많은, 비폭력적 중재자, 그리고 화해자와 같은 단어가 대답된다. 우리는 어떻게 이 모순을 설명하는가? 예수에 대한 대중적 개념이 잘못된 것과 교회에 있는 우리들이 잘못된 의제들을 좇고 있는 것 둘 중 하나이다.[9]

목회서신의 나머지 부분들과 마찬가지로 디모데후서 2:14-16은 바울이 반-이단이며 반-불경건의 견해를 지녔음에 대해 아무런 의심의 여지도 남기지 않지만, 본 구절의 요점은 디모데가 거짓 교사들과 달리, 따지거나 다투는 것을 좋아하는 태도를 보이지 말아야 한다는 점이다. 이생에서 우리는 무엇을 반대하는 견지를 늘 취할 필요가 있을 것이지만, 문제는 그리스도인답지 못한 평판을 야기하는 그리스도인답지 못한 다툼에 참여하지 않으면서 그렇게 행할 수 있느냐의 여부이다.

수 년 전 한 교회가 디모데후서의 이 구절을 자신들의 상황에 적용하려고 시도했다. 한 소그룹 모임이 따뜻하고 복음을 전하며 성경을 가르치는 교회로부터 유익을 얻을 수 있을 한 지역에서 시작되었다. 말하자면 만반의 준비가 되어 있었다. 참여자들은 잘 교육받은 기독교인들이었다. 그들은 주님을 사랑했으며, 영적이며 당시의 복음주의적 교회들에서 일반적이지 않은 깊이로 예배드리는 데 전념했고, 그리스도를 위한 타인에게 다가가길 소원했다. 연령대는 다양했으며, 그 지역에 사회적으로 잘 조화되었다.

불행하게도 그들은 이 구절의 가르침이라고 생각하는 것을 따르는 일에 너무나

---

8. The Summer 1998 "Partners in Outreach" update of Day Star Productions, Wheeling, Illinois를 허락을 받고 인용함.
9. 『서저너스』(*Sojourners*) 잡지가 배포한 한 책자를 허락을 받고 인용함.

열성적이어서 그 구절이 동시에 가르친 타인들에 대한 긍정적 태도를 결여했는데, 그 태도는 25-26절에서 예기되는 결과들을 발생시킬 수 있었을 것이다. 그들은 영적인 일에 열중하고 성경을 믿는 기독교인들을 비롯하여 자신들의 교리에 전면적으로 동의하지 않는 모든 사람에게서 분리되는 일에 대한 집착 때문에 그런 목표들을 달성할 수 없었다. 인근의 다른 교회들은 그들의 교리의 대부분을 가지고 있으며 교회 정치와 사역과 예배에 대해 유사한 견해들을 지니고 있었다. 그러나 이 그룹에게 있어 집의 불결한 용품들로부터 자신들을 정결하게 하는 일은 심지어 그 자매 교회들로부터의 분리를 의미했다. 단지 하나님만이 타인에 대해 자비로우며 매력적이고 개방적인 태도에 의해 어떤 사람이 주님께 나아오게 되었을지와 무엇이 성취될 수 있었을지를 아실 것이다.

두 가지 개인적인 예화. 또 하나의 적용을 위해 필자는 개인적인 예화를 들 수 있을 것이다. 오래 전에 필자는 한 주요 자유주의적 신학교에서 박사과정을 밟을 기회가 있었다. 이것은 미국의 근본주의의 중대한 시기에 일어났다. 근본주의에서 보다 공격적인 목소리의 일부는 신앙에 있어 동등하게 근본적인 다른 사람들이 상이한 신념을 가진 사람들과 의미 있는 대화를 하는 일을 어렵게 만들고 있었다. 그들의 태도와 논증의 일부는 이 구절이 조심하도록 경고하는 것과 유사했다. 이런 분위기에서 필자 자신이 필자의 신앙을 그 신학교의 다른 사람들에게 설명하는 일이 어렵다는 것을 발견했다. 필자는 근본주의의 핵심적 교리들에 대해 아무런 이견도 없지만, 필자의 신학적 입장을 가진 타인들의 필자가 그 신학교에서 당시 만나고 감사하고 있던 사람들에 대한 사적인 공격은 보수적 신학을 그들에게 대변하는 일을 어렵게 만들었다.

그런데 한번은 필자에게 그 지역을 방문하고 있던 신약학자 브루스(F. F. Bruce)를 그 신학교의 부속 예배당에서 설교하도록 초대하는 일을 돕는 특권을 주어졌었다. 그는 다음과 같은 것과 비슷한 말로 시작했다. "사도 바울이 생각했을 것이라고 우리가 생각하는 것 또는 그가 말했길 우리가 바라는 것은 중요하지 않습니다. 중요한 것은 그가 실제로 말했던 것입니다." 그 후 브루스는 계속하여 명료하고 온유하게 바울 신학의 중심에 있는 성경 메시지를 제시했다.

아마도 두 번째 예화가 유용할 것이다. 간혹 기독교 신앙의 저명한 반대자들과의 공개 논쟁이나 개인적 대화나 서신을 나눌 기회가 온다. (필자는 필자가 그녀에게 일전에 썼던 것에 대한 응답으로 무신론자 매더린 머리 오헤어[Madeline Murray O'Hare]가 보낸 편지를 여전히 간직하고 있다). 한 기독교 변증가는 그녀 그리고 유사한 신념을 가진 여타의 사람들과 논쟁할 기회들을 가졌다. 한 번의 그런 참석 이후 일부는 반대자에 대한 그의 호전적이고 모욕적인 태도 때문에 어려움을 겪었다. 그의 대응은 "나는 영혼들을 구원하려고 거기 갔지만 이단자는 파멸시키기 위해 간 것이다"라는 것이었다. 필자는 사도 바울은 오히려 이단을 파멸시키고 한 영혼을 구하려고 소망했을 것이라고 믿는다.

열매 많은 대화. 현 구절의 강조점의 현대적 적용은 만약 우리가 바울의 목표를 공유한다면 어렵지 않을 것이다. 만약 이름으로만 알려진 것이 아니라 우리가 개인적으로 아는 사람들일 경우 그 삶과 가르침이 유해한 자들에게서 갈라서는 일은 항상 보다 어려울 것이다. 하지만 그것은 우리로 하여금 그들에 대해 개인적으로 관심을 가지도록 하며, 만약 우리가 그들을 안다면 우리는 궁극적인 변화를 소망할 수 있다. 가정 교회 배경에서 디모데는 바울이 경고하는 대상이 되는 바로 그 사람들과 아마도 일정 기간 동안 매주 직접적인 접촉을 가져왔을 것임에 틀림없다.

그렇다면 어떤 상황에서 우리는 열매 많은 대화에 가장 잘 착수할 수 있는가? 어떤 경우는 비기독교적인 종교와 다양한 철학적 관점의 참여자들을 포함하기도 하며 상이한 신학적이며 성경적인 견지들에 대한 공청회를 마련하는 포럼들이 있다. 우리는 미국 종교학회(the American Academy of Religion)와 성서학회(the Society of Biblical Literature)를 생각할 수 있지만, 또한 종교와 관련된 다른 학과의 주요 학회들이 있다. 불일치점이 예상되지만, 만약 그것이 정중하며 사리에 맞으면, 존중된다. 그런 대화는 발표와 토론을 통해 합당하게 일어날 수 있을 때 우리 자신의 견지들의 유포를 허용하는데, 비록 우리가 대결적인 복음전도를 위해 학문의 형식을 오용하지 않아야 하지만 말이다.

지역 교회의 차원에서 목회자를 비롯한 사람들이 목사와 사제와 아마도 랍비들과 함께 하는 목회자 모임에 관여할 수도 있는데, 거기서는 우호적 분위기 가운데 다른 신앙들에 대해 "안목 있는 연구"(좋은 어구를 차용하자면)가 가능할 수 있다. 다른 사람들을 공격하거나 그들의 진정성을 의심하지 않는(불행하게도 필자는 이런 일들이 행해지는 것을 들어 왔음), 분명한 증거가 적절하다.

하지만 우리가 양 무리를 무너뜨리며 교회를 그 신학적 토대에서 이탈하게 하려고 추구하는 "이리들"에 의한 노골적인 이단에 대면할 때는, 그 규칙이 변경되며, 주의 종은 농담이나 논쟁에 빠져있지 말아야 한다. 편이 갈라지고 양 무리의 생명이 위태로울 때, 진리는 오류에 충분히 공개적이며 단호하게 맞서야 한다.

디모데후서 3:1-9

1 너는 이것을 알라 말세에 고통하는 때가 이
르러
2 사람들이 자기를 사랑하며 돈을 사랑하며 자
랑하며 교만하며 비방하며 부모를 거역하며
감사하지 아니하며 거룩하지 아니하며
3 무정하며 원통함을 풀지 아니하며 모함하며
절제하지 못하며 사나우며 선한 것을 좋아하
지 아니하며
4 배신하며 조급하며 자만하며 쾌락을 사랑하
기를 하나님 사랑하는 것보다 더하며
5 경건의 모양은 있으나 경건의 능력은 부인하
니 이같은 자들에게서 네가 돌아서라
6 그들 중에 남의 집에 가만히 들어가 어리석
은 여자를 유인하는 자들이 있으니 그 여자
는 죄를 중히 지고 여러 가지 욕심에 끌린 바
되어
7 항상 배우나 끝내 진리의 지식에 이를 수 없
느니라
8 얀네와 얌브레가 모세를 대적한 것 같이 그
들도 진리를 대적하니 이 사람들은 그 마음
이 부패한 자요 믿음에 관하여는 버림 받은
자들이라
9 그러나 그들이 더 나아가지 못할 것은 저 두
사람이 된 것과 같이 그들의 어리석음이 드
러날 것임이라

원 의미

2장은 다음과 같이 낙관적으로 끝났다. 하나님께서 은혜로 대적자들을 사탄의 손아귀에서 구원하실 것을 소망하면서, 주의 종은 그들을 인내로 가르쳐야 한다. 그러나 3장은 가벼운 반대를 나타내는 데("그러나")와 "이것을 유의하여 들으라"라는 명령으로 이끌어지는 또 하나의 덜 낙관적인 실상을 제시한다.

혹독한 시기(3:1-5)

동사 "유의하여 듣다"는 단순한 동사 "알다"이지만, 이 문맥에서 디모데가 파악해야 할 다음과 같은 실재에 대해 상기시키는 강한 독려의 말로 쓰인다. "혹독한 시기가 도래하고 있다." "혹독한"으로 번역된 형용사는 다양한 문맥에서 "폭력적인"(마 8:28), "격렬한", 또는 "다루기 힘든"을 뜻한다. "있을 것이다"는 보통 어떤 일의 도래할 일의 상태를 묘사할 것이지만, 5절에서 그 미래가 현재임이 명백해진다. 어떤 사람들은 한 후대의 가명의 저자가 이것을 바울에게 돌렸으며, 마치 바울이 발생할 일을 정확히 예언한 것처럼 보이게 하기 위해 미래 시제를 사용했다고 주장해왔다.[1] 하지만 바울은 확실히 미래의 위험들에 대해 말하는 저술과 언사들에 의존하고 이것을 미래적 용어로 표현했을 수도 있는데, 비록 그는 이 일들이 이미 발생하고 있음을 알았지만—또한 곧 명시할 것이지만—말이다.

"마지막 날들"이라는 표현은 구약성경에서 유래했다(사 2:2 참조). 베드로(또는 행 2:17에서 베드로를 인용하는 누가)가 어떻게 오순절 설교에서 요엘 2:28을 인용하면서 그 예언자의 "그 후에"를 "마지막 날들"로 고쳐 쓰는지를 주목하라. 후속되는 단락(욜 2:28-32; 행 2:19-20)은 교회의 시작시의 사건들과 "주의 크고 영화로운 날이 이르기 전에"(행 2:20) 발생한 사건들 양자 모두를 묘사한다.[2] 이사야 역시 이사야 2:2에서 "마지막 날들"에 대한 자신의 언급에 만군의 여호와께서 "예비해 놓으신" "날"(2:12)에 대한 묘사를 후속시킨다.[3] 그런 용어는 또한 소예언서들(예컨대, 습 1:14-18)과 예수님의 가르침(마 24:29)과 베드로후서 3:10에 나온다. 아마겟돈의 전쟁이 "전능하신 하나님의 큰 날"에 발생할 것이다(계 16:14, 16).

어떤 연대기적인 예언의 열거가 가능하지만, 성경의 날과 날들에 대한 용어는 역사의 상이한 국면들을 특징짓는 주요 사건들에 관심하는 가운데 신축성이 있는 것 같다. 현 구절과 달리 ("후일"을 묘사하는) 디모데전서 4:1-3은 여기 디모데후서 3장에서 묘사되는 도덕적 타락보다는 교리적 탈선과 더 관계된다. 마지막 날들에 대한 모든 교훈은 현 세대를 악한 것으로 여기는 개념(갈 1:4)과 "그 날들이 악하므로 모든 기회를 최대한 활용하라"는 바울의 훈계(엡 5:16)와 의견을 같이 한다.

마지막 날들이 그토록 혹독한 이유들이 2-9절에서 열거되는데, 가르("왜냐하면…때문이다", NIV에서는 누락됨)라는 단어로 이끌어진다. 2-5절의 목록은 그리

1. 이것은 성경 예언에 대한 고대의 "사건 이후의 예언"(*vaticinium ex eventur*-바티치니움 엑스 에벤투르)이라는 설명 방식의 일종이다.
2. 또한 이것 그리고 유사한 용어들의 용례에 대해 다음을 참조하라. 요 6:39, 40, 44, 54; 11:24; 12:48; 히 1:2; 약 5:3; 벧전 1:5, 20; 벧후 3:3; 요일 2:18; 유 18.
3. 또한 사 10:20, 27; 13:6, 9, 13; 14:3과 같은 구절을 참조하라.

스로마 문헌에서 발견되는 악덕 목록들을 상기시킨다.[4] 때때로 현 구절에서와 같이 악행이 아니라 악행자들이 열거된다. 핸슨은 이 장에 나오는 사람들을 "부도덕한 인물들"이라고 생생하게 지칭한다.[5] 2-4절의 묘사들은 종종 그것들의 헬라어상의 언어적 유사성에 따라 분류되어 왔다. 예를 들어, "자기를 사랑하는 자들"과 "돈을 사랑하는 자들"이라는 두 단어는 헬라어 접두사 필(사랑하다와 관련됨)로 시작한다. 2절의 마지막 세 헬라어 단어와 3절의 ("참소하는"을 제외한) 모든 단어는 소위 알파 부정사([영어의 "un"과 유사하게] 긍정적인 것을 부정적인 것으로 변경하는 맨 앞의 헬라어 알파의 용법)로 시작한다. 4절의 처음 두 단어는 프로로 시작하며, 보다 중요하게도 4절 마지막 구의 두 명사는 2절에서와 동일한 필 접두어를 가지는데("하나님을 사랑하는 자들이기 보다 쾌락을 사랑하는 자들"), 이것은 그 단락 전체를 요약한다고 말해질 수 있을 것이다.

동일한 접두사에 근거하여 첫 번째와 마지막 쌍의 단어들을 합치면 또한 "돈을 사랑하는 자들"이 "하나님을 사랑하는 자들"과 대조되는데, 이것은 골로새서 3:5의 "탐심은 우상 숭배니라"를 상기시킨다(또한 딤전 6:10 참조). "자랑하며 교만한"(딤후 3:2)은 의미상으로 중첩되는 두 단어이며 "거만한 교만"으로 번역될 수 있다(롬 1:30 참조). "비방하는"(KJV와 NKJV에서는 "신성모독자들")은 보통 현재 폭넓은 의미를 가진 것으로 이해된다. 그것은 확실히 "하나님을 조롱하는 일"(NLT)을 포함할 수 있지만, (막 7:22; 엡 4:31; 골 3:8에서와 같이) 그것을 다른 악덕들과 함께 포함시킨 것은 그것이 또한 다른 사람들에 대한 중상을 가리킬 수 있음을 증명한다.[6] 부모에 대한 불량한 태도(딤후 3:2)는 디모데전서 1:9에서 극단적으로 예시되며 디도서 1:6에서 장로의 자녀에게 허용되지 않는다(또한 롬 1:30 참조).

"감사하지 않는"과 "거룩하지 않은"(2절)은 (앞에서 언급된) 로마서 1:29-31의 악덕 목록 앞에서 바울이 "하나님을 알되 하나님을 영화롭게도 아니하며 감사하지도 아니하고"(21절)라고 기록했음을 우리가 깨닫기 전까지는 연결되지 않는 것

4. 롬 1:29-31은 다음과 같이 그런 목록을 포함한다. "곧 모든 불의, 추악, 탐욕, 악의가 가득한 자요 시기, 살인, 분쟁, 사기, 악독이 가득한 자요 수군수군하는 자요 비방하는 자요 하나님께서 미워하시는 자요 능욕하는 자요 교만한 자요 자랑하는 자요 악을 도모하는 자요 부모를 거역하는 자요 우매한 자요 배약하는 자요 무정한 자요 무자비한 자라"(또한 고전 6:9-10; 갈 5:19-22; 딤전 1:9-10; 6:3-10 참조).

5. Hanson, *Pastoral Epistles*, 144. 그런 목록에 대한 그리스로마와 제2차적인 문헌에 대한 참고 문헌에 대해서는 Dibelius/Conzelmann, *Pastoral Epistles*, 115-16을 참조하라.

6. BAGD, 143.

으로 보일지도 모른다. 하나님께 감사하지 않는 것은 그분이 존재하심을 인정하기를 거절하는 것 또는 적어도 우리의 삶과 우리가 가진 모든 것이 그분에게서 왔음을 인정하기를 거절하는 것이다. NIV의 "사랑이 없는"은 결여하고 있는 다음과 같은 특정한 종류의 사랑을 제시하지 못한다. (부모와 자녀 사이에서와 같은) 보통 가족 간에 존재하는 사랑. NRSV의 "비인간적인"은 너무 강한 어조일 수도 있다. 이 결핍된 사랑의 요소가 다음과 같은 엘리코트의 별스럽지만 정확한 정의에서 표현된다: "본성이 요구하는 자들에 대한 사랑을 결여한."[7]

"용서하지 않는"(3절)이라는 단어의 의미는 그 어원에 대한 언급에 의해 도움을 받는다. 그것은 휴전 제안에 반응하지 않는 사람의 태도를 전달하는데, 그런 사람은 화해하거나 진정되기를 거절한다. "모함하는"의 헬라어 단어는 디모데전서 3:11에서 NIV에 의해 "악의적인 말을 하는 자들"로 번역된다. "절제하지 못하는"은 이것과 같은 악덕 목록에서 사용될 때 다이어트와 같이 상대적으로 해롭지 않은 문제가 아니라 도덕적 실패의 문제를 가리킨다. "사나운"은 다음 단어에 대한 좋은 번역인데, 그것은 또한 "길들여지지 않은" 또는 "야만적인"을 뜻한다. "선을 좋아하는 자가 아닌"(헬라어 문헌에서 단지 여기서만 나옴)은 악덕 목록에서 보다 강하게 "선을 미워하는 자들"(NRSV)로 번역될 수 있다. "배신하는"은 배반의 개념을 전달한다. "조급한"은 자제력을 잃은 군중을 묘사한다(행 19:36 참조). "교만한"(개역개정—"자만한")에 대해서는 디모데전서 3:6과 주석을 보라.

놀라운 것은 자신들의 악덕들에 사로잡혀 있는 이 사람들이 "경건의 모양"은 지니고 있다는 점이다. 이것은 그들이 교회에 있다는 것을 반드시 의미하지는 않지만, 바울이 디모데에게 "그들과 전적으로 상관하지 말라"고 조언한다는 사실은 그러함을 가리킬 수도 있다. 바울이 어떻게 고린도전서 5:9-11에서 신자가 세상의 부도덕한 사람이 아니라 교회의 부도덕한 사람과 절교해야 함을 명시하는지 유의하라. 경건에 해당하는 단어(유세베이아)는 경건이나 종교를 뜻하는 데 일반적으로 사용되었다. 그것은 목회서신에서 기독교적 경건을 의미하는 단어로 빈번히 나온다(참조. 딤전 2:2; 3:16; 4:7-8; 6:3, 5-6, 11; 딛 1:1). 그들의 "경건의 모양"이 어떠하든, 이 사람들은 그 능력을 부인하며 따라서 참된 하나님을 거절한다.

7. Ellicott, *Commentary on the Epistles of St. Paul*, 152.

여자들과 여타의 사람들을 희생시키는 일(3:6-9)

6-9절은 2-4절에서 매우 생생하게 묘사된 악한 사람들에 대한 경고를 계속한다. 이 악한 위선자들은 "경건의 모양"을 보이기 때문에, 어떤 사람들을 자신들의 이단을 믿도록 유인할 수 있다. 6절에서 묘사되는 사람들은 특별히 귀나이카리아—여자라는 단어의 지소적(指小的, diminutive)이며 비하적인 형태—로 묘사되는 여자들이다. "작은"은 그 단어의 폄하하는 어감을 전달하지 못할 수도 있기 때문에, 번역자들은 "의지가 약한"(NIV), "어리석은"(NRSV), "속기 쉬운"(NKJV), 그리고 "공격받기 쉬운"(NLT)과 같은 단어들에 의해 그 함의를 확장하는 경향이 있어 왔다.[8]

주경학적으로, 2-4절의 언사가 남자 일반을 묘사하지 않는 것 이상으로, 이 단어를 여자 일반에 대한 묘사가 아니라 특정 부류의 여자로 이해하는 것이 중요하다. 이 여자들은 아마도 종교적 타락이나 음행의 생활에서 벗어난 최근의 회심자였을 수도 있다. 켈리는 다음과 같이 말할 때 객관성을 상실하고 있다. "보다 직관적이며 수용적인 태도를 지니는 여자들은, 좋은 결과를 가져오든 나쁜 결과를 가져오든, 모든 연령대에서 특별히 개종하기 쉽다."[9] 다음과 같은 로크의 주석이 여기서 더 적절하다. "그들은 참된 여성성에 대한 풍자적 묘사가 되었다."[10] 어떤 여자들이 악하고 위선적인 거짓 교사들에 속고 있다는 사실은 바울 앞서 왜 그와 같이 여자들에게 금지시켰는지(딤전 2:11-15)를 설명하는 데 도움이 될 수도 있다. 이 일이 또한 에베소 밖의 교회들에서도 발생하고 있었을 것이라고 생각하는 것이 타당한데, 이 점은 그의 편에서의 포괄적인 금지를 요구했을 것이다.

6-7절에서 바울의 주안점은 여자들을 폄하하려는 것이 아니라 거짓 교사들의 배신을 보여주려는 것이다. 이 사람들이 기만 행위를 수행한 방식의 하나는 은밀히 "집에 가만히 들어가" 여자들을 희생자로 삼는 것이다. 집에 들어갈 때 이 사람들이 하는 것은 그들에게 반응할 부류의 여자들을 "통제하는" 것이다. 이 동사는 문자적으로 "포로로 잡다"를 뜻하지만, 물론 여기서 문자적 의미로 사용되지는 않

8. 피터슨의 메시지 성경은 그것을 "불안정하며 궁핍한 여자들"이라고 의역한다.
9. 이것은 사교가 보통 여자들에 의해 시작된다는 주장을 뒷받침하기 위해 하와가 속은 일에 관한 딤전 2:14를 오용하는 것과 유사하다. 이것은 일부 사교에 대해서는 사실이지만, 남자들에 의해 시작된 초대 교회에서 현재까지의 이단들은 간과하고 있다.
10. Lock, *Pastoral Epistles*, 107.

는다. 만약 "마음을 사로잡다"(captivate, NRSV)라는 단어—보통 어떤 사람을 매혹시킨다는 개념을 전달함—가 조금 더 강한 뜻이라면, 현명한 선택이 될 것이다.

이런 식으로 이용되는 여자들은 "죄를 중히 졌다." 동일한 동사가 4:3에서 스승을 많이 두는 일과 관련하여 나오며, 접두사 에피를 동반하며 "너희의 죄를 악화시키는"이라는 어구로 사도 이후 시대의 바나바서 4:6에 등장한다. 나이트가 지적하듯이, 이 동사는 완료시제로 그들이 과거의 죄의 결과로 처하게 된 상태를 가리키는 반면에, 다음 동사("동요되다", 문자적으로 "이끌리다")는 현재 분사이다.[11] "욕망"에 해당하는 단어는 그 자체로 부정적이지 않지만, 성경에서는 일반적으로 부정적 어의를 지닌다. 이 여자들은 불행하게도 "항상 배우지만 결코 진리를 인정할 수 없다"(7절). 요지는 그들이 이러한 성격의 추가적 교류를 허용하기 쉽지만, 역설적이게도 디모데의 대적자들이 회개를 통해 얻을 수 있을 진리에 대한 인식조차도 할 수 없다는 것이다.[12]

8절은 거짓 교사들에 대한 또 하나의 묘사를 포함하는데, 이번에는 성경 이외의 문헌에서 알려진 두 인물인 "얀네와 얌브레"를 언급한다. 이들은 유대 전승에서 모세와 아론이 바로 앞에서 행한 이적들을 흉내 내려고 시도한 이집트 마술사를 지칭하는 이름이다(출 7:11; 9:11).[13] 그들이 에베소의 거짓 교사들과 공유했던 점은 그들 역시 진리를 대적했으며, "부패한 마음"을 지녔고 "믿음에 관하여는 버림받았다"는 것이다(또한 "부적합한"이 여기 NIV에서 "버림을 받다"와 동일한 단어인 딛 1:16 참조). 로크는 얀네와 얌브레에 대한 언급을 "대인적인(ad hominem) 예시"라고 칭하면서 다음과 같이 말했다. 거짓 교사들은 "자신들의 유대 신화와 족보를 좋아했는데, 그렇다면, 거기서 발견될 수 있을 그들에게 가장 친숙한 유비는 그 어리석음이 밝혀진 마술사들의 유비일 것이다."[14] "…같이…도"의 구문은 그 비교를 명시한다.

참담한 묘사들이 많은 이 구절은 디모데에 대한 격려로 마무리된다. 이 이단자

11. "그들의 양심이 과거의 죄의 짐으로 눌려있으며 그들의 삶이 그런 욕심의 지배를 받는다는 것이 그들을 연약해진 상태에 놓이게 했으며 그들을 추종자로 "사로잡는" 거짓 교사들의 공격을 받기 쉽게 했다" (Knight, *Pastoral Epistles*, 434).
12. 여기 7절의 동사구에서 사용되는 것과 동일한 "진리의 지식"으로 번역되는 헬라어 표현이 나오는 2:25을 참조하라.
13. 그들의 이름은 유대 랍비 문서와 초기 기독교 수세기의 여타 문헌에서 발견된다. Carl E. Armerding, "Jannes and Jambres," *ISBE*, 2:966을 보라.
14. Lock, *Pastoral Epistles*, 107.

들은 "그리 멀리 나아가지 못할 것이다"(9절). 바울은 여기서 다소 비꼬는 말투인데, 왜냐하면 이단자들 이 나아갈 방향은 단지 불경건이기 때문이다. 한 번 더 그 비교가 "그 사람들의 경우와 같이"라는 말에 의해 명시된다. 거짓 교훈의 본질이 "의지가 약한 여자들"과 같은 사람들을 속이고 바보로 만든다는 점에 있었던 상황에서, "그들의 어리석음이 모두에게 명백해질 것이다"라는 사실을 아는 것은 디모데에게 큰 위로가 되었을 것이다.

상황잇기

타락하는 사회. 현대 젊은이들에 대한 정신이 번쩍 들게 하는 한 기고문이 수 년 전에 회자되었다. 그것은 젊은이들의 부모에 대한 불순종과 전통적 예절 규범을 지키지 않는 일 등에 대해 묘사했다. 그것은 암울한 실상이었으며, 독자들은 오늘날의 청년 문화의 방향에 대한 이 통탄에 공감할 수밖에 없었다. 그 기고문의 끝에 가서야 우리는 그 저자가 고대 그리스 철학자였다는 것을 알게 되었다. 십중팔구 많은 세대가 사회(단지 청년 문화만이 아님에 유의)가 급격히 타락하고 있는 시기에 사는 일은 자신들의 특별한 운명이라고 느껴왔을 것이다. 1-5절은 문서상의 가장 비관적인 묘사 중 하나라고 말하기에 부족하지 않을 것이다. 의심할 여지없이 많은 설교자들의 서류철은 이 문단에 나오는 다양한 타락의 분야들을 예시하는 오려낸 신문 기사들을 포함하고 있을 것이다.

높은 영적 열망을 지닌 사람들에 의해 주로 읽혀지는 성경 주석에서 "저기 밖의" 악한 세계에 대해 경건하게 도덕적으로 설명하기 쉽다. 그러나 진부한 도덕화를 피하려고 시도하면서도, 주석은 여전히 필요하다. 우리는 경향을 파악하지 못하면서 상황들을 연결시킬 수 없다. 자기 자신의 생각에 애착을 보이는 것은 단지 1세기의 이단자들이나 현대의 자아도취적 문화만이 아니다. "자기를 사랑하는 자들"은 여러 문화와 여러 수준의 사회에 걸쳐 활보해 왔다. "내가 나쁜 일을 원하든 말든 무슨 상관이야"와 "내 맘대로 하게 나두세요"가 오늘날 공공연한 말로 용인되고 있지만, 그것들은 새로운 것이 아니다. 비록 우리가 자부심을 타당하고 건전한 기독교적 태도로 평가할 수도 있지만, 우리는 모든 종교나 철학에서 왜곡을 쉽게 발견할 수 있다.

탐욕과 오만. 또한 우리는 "돈을 사랑하는 자들"을 발견하기 위해 먼 곳을 볼 필요가 없다. 미국 동부와 중부 양 지역 모두의 부촌들에서 목회하고 나서, 필자는 부자들이 너그러울 수도 탐욕스러울 수도 있음을 알게 되었다. 부의 소유 자체가 이것을 결정하지 않는다. 빈곤선 아래의 사람들에 대해서도 동일한 것이 이야기될 수 있다. 필자가 아는 가장 부유한 가정의 하나는 단지 너그러운 정도가 아니라 희생적으로 너그러웠다. 그러나 모든 시대나 나라의 문헌은 탐욕 그 자체인 전형적인 인물들을 가지고 있다.

오만—부유함으로 인해서든, 가난함으로 인해서든, 아니면 여타의 이유에서든—은 여러 형태를 취한다. 이 구절에서 "자랑하는"과 "교만한"과 "비방하는"과 "감사하지 않는"과 "용서하지 않는"과 "사나운"과 "자만한"은 그것의 특징에 속한다. 타인과의 적절한 화해 없이 예배의 제단으로 나아오거나, 한 고린도의 기독교인이 주의 만찬을 친구들과의 사교 모임의 수단으로 이용한 일에 상응하는 행동을 하는 누구나 하나님과 이웃을 사랑하는 자이기 보다 거만하게도 자기 자신을 사랑하는 자임을 드러낸다. 십중팔구 우리는 대부분의 문화에서 주의 만찬에서 사교 모임을 갖는 일을 발견하지 못할 것이지만, 빈곤한 사람들을 무시하는 다른 방식들이 존재한다. 의심의 여지없이 1세기의 노예부터 중세의 농노와 현대의 소수인종에 이르기까지 이 일이, 교묘하게든 노골적으로 잔학하게든, 행해진 다양한 방식이 있어 왔다.

간혹 선교사가 실제로 방어 능력이 없는 사람들을 노예로 삼아 왔다는 보고는 놀라운 일로 여겨질 수도 있지만, 애석하게도 어떤 목사가 자신의 교회의 여성을 학대한다는 보고는 더 이상 놀라운 일이 아니다. 이 구절의 사람들은 "부패한 마음"을 지녔으며 하나님을 참으로 사랑하는 자가 아니며, 믿음의 대적자요 "어리석은" 사람이다. 그런 태도가 교회에서 분출될 때 분별과 치리가 있어야 한다. 교회를 자신을 정결하게 해야 한다. 10-17절은 바울과 디모데와 같은 주의 종들의 순결한 삶을 대비시킬 것이다.

6-7절에 묘사된 여자들의 경험은 에베소에서만의 유일한 것이 아니었다. 주후 수 세기 동안 로마 제국은 물건이나 사상을 팔거나 선전하려고 하는 떠돌이 장사꾼과 예능인과 철학자와 사교 지도자와 여타의 사람들로 붐볐다. 순회 설교자들의 방법 중 일부는 공명정대했다. 하지만 다른 사람들은 돈을 벌려고 하거나 여타의 더 나쁜 동기를 지녔다. 바울 자신이 단교하려고 한 탐욕스런 순회 설교자들의 행동은 본 장에서 묘사된 거짓 교사들의 행동의 유용한 배경이 된다. 에베소 교회의 어떤 여자들의 연약성은 디모데전서 2:12에 나오는 바울의 여자의 사역에 대한 제한과 관계될 수도 있다.

경건의 모양. 3:1-9에서 놀라운 것은 사람들이 자랑하고 교만하며 자만하다거나 용서하지 않거나 절제하지 못한다는 점이 아니라, 이 단어들이 "경건의 모양은 있으나 그 능력은 부인하는" 자들을 묘사할 수 있다는 점이다. 바울은 범죄나 생물학전(biological warfare)을 수행하는 이교도들이 아니라 기독교 교회에서 침투한 거짓 교사들을 묘사하고 있다. 비기독교인들은 자주 교회가 위선자들로 가득 차 있다고 비난한다. 실제로 그 비난은 이 변동이 심한 거짓 교사들의 교활한 특성에 자연스럽게 비견된다. 그들은 "경건의 모양"은 취할 수 있었지만, "부패한 마음" 가운데 연약한 여자들을 약탈하고 있었다. 바울과 달리(살전 2:5) 그들은 탐욕을 감추기 위해 경건의 탈을 썼다.

그런 사람들이 관찰되는 두 가지 방식이 있었을 것 같다. 한 동안 식별되지 않을 정도로 그들은 "경건의 모양"을 가장하며 철저히 위선적이다. 동시에 그들의 반역은 자주, 얀네와 얌브레로 멀리 소급되는 사례에서와 같이, 공공연하다. 바울은 "그들의 어리석음이 모두에게 명백해질 것이다"라고 말한다. 그러므로 일찍이 그 가면이 벗겨지기 전에 이 복음의 이 대적자들을 식별해내는 일은 신자들 편에서의 일정한 분별력을 요구할 것이다.

현대적 의미

사회적 타락. 우리는 이미 사회적 타락의 몇몇 현대적 사례를 들었다. 만약 바울이 이 모든 것을 그 "마지막 날들"과 결부시킨 일이 없다면, 우리는 그가 에베소 교회에 위협이 되었던 무서운 사람들을 언급하고 있을 뿐이라고 쉽게 생각할 수 있을 것이다. 하지만 그 추락이 스스로 되돌려지지 않을 것임을 가정하면, 이 최종적인 "마지막" 날들은 바로 역사의 마지막 까지 계속하여 그 참혹함을 점점 더해갈 것이다.

아마도 사람들도 하여금 자기애와 타인에 대한 무관심이 현대 도시 거주자를 특징짓게 되기에 이르렀음을 깨닫게 한 것은 바로 수십 년 전 뉴욕시에서 키티 제노비스(Kitty Genovese)의 죽음에 관한 이야기일 것이다. 널리 퍼진 이야기는 어느 날 밤에 이 여인이 한 아파트 건물 바로 앞의 거리에서 공격받았다는 것이다. 주변 빌딩들의 거주자들이 그녀의 도와달라는 비명 소리들을 들었으며 창문으로 그 만행을 볼 수 있었지만, 돕기 위한 아무런 행동도 취하지 않았다. 그녀는 끔찍하게 죽어갔다.

만약 우리가 모든 살인자와 그 뉴욕의 장면에서의 사람들과 같은 모든 무심하고 냉정한 관찰자가 그 "마지막 날들"에 기여하고 있음을 인정한다면, 디모데후서의 이 단락의 현대적 의미를 찾아보는 일은 어렵지 않을 것이다. 대중 매체의 증거를 대는 일은 현대 사회가 나쁜 상황에 처해있음을 증명하는 데 거의 불필요할 것이다. 물론 새천년으로 전환하는 현 시기의 서양 문화가, 예를 들어, 구약 시대의 티글라트 필레세르 3세(Tiglath-Pileser III)의추정되는 잔학성이나 최악의 로마 황제들의 시기보다 명백하게 더 나쁜지에 대해서는 질문될 수 있을 것이다. 우리는 역사를 더 살펴본다면, 중세 고문실과 시베리아의 강제 노동 수용소와 보스니아 헤르체고비나의 인종청소와 같은 끔찍한 일들에 멈춰 서게 될 것이다. 도중에 우리는 알 카폰(Al Capone)와 벅스 모란(Bugs Moran)과 러키 루치아노(Lucky Luciano)와 여타의 무고한 생명을 희생시킨 조직 폭력배들을 주목할 수 있을 것이다. 그러나 그 다음으로 또한 우리 시대의 다음과 같은 다양한 형태의 폭행들의 불쌍한 희생자를 인정해야 할 것이다. 거리의 깡패들의 폭력과 차를 이용한 총격과 고속도로에서의 폭행의 비극적인 결과. 또한 "그 마지막 날들"에 대한 성경의 묘사에 따르면, 사회적 타락의 가장 어두운 때는 아마도 여전히 미래의 시기일 것이다.

그런 것들이 소름끼치는 일들이지만(또한 3절의 "사나운"이 그것들에 대한 좋은 현대적인 묘사이지만), 이 모든 것을 관통하는 공통점은 이기심이다. "사람들이 자기를 사랑하는 자가 될 것이다"와 그것의 표현들—교만과 감사하지 않음과 타인에 대한 사랑의 결여와 배은망덕과 육감적 쾌락—이 현대의 도덕적 불안을 묘사해준다.

학대의 희생자. 여성에 대한 학대가 우리의 사회적 불안과 본 구절의 적절성의 또 하나의 사례이다. 여성이 이런 저런 방식으로 학대된 역사상의 여러 시대의 사회가 있었던 것이 사실이다. 우리는 우리 시대에 여성의 지위와 자존감에 대한 높아진 인식과 더불어 학대가 줄어들기를 희망할 것이다. 1세기의 상세한 일들(예컨대, 성전 창기)은 과거의 것이지만, 남성의 공격성과 죄악 된 욕정은 어떤 남성들로 하여금 (때때로 "남성 지도권[male headship]"을 구실로) 자신의 아내와 딸을 학대하도록 만든다.[15] 더욱이 현재 널리 인식되는 바와 같이, 인터넷 접속은 적나라하고 추악한 성 정보를 양산할 수 있다. 신약성경의 소위 "악덕 목록들"은 기독교인이 오늘날 피해야 할 점검표로서 유익한 기여를 할 수 있다.

목회자와 주간 돌봄 시설 종사자와 청년 지도자와 현대 교회의 여타의 사람들

15. 이 점에 있어 필자는 비밀의 개인적 지식에 의지하고 있다.

은, 비록 현 구절에서 바울의 정죄의 대상자들과 같은 정도로 심하게는 아니더라도, 종교적 지도 때문에 그들에게 의존하는 사람들의 연약함을 이용할 가능성이 있다. (비록 예능인과 스포츠 인물과 사업가들과 같이 부흥사들이 여행을 하며, 그런 사람들이 여자를 약탈하는 것으로 알려져 왔지만) 우리는 순회 설교자와 동일한 환경을 가지고 있지 않다. 하지만 오늘날의 사회에서 사생활은 쉽게 인정되며, 목사에게 도움을 청하러 온 사람들 자신이 도움을 주는 목사에 대한 호감과 의존을 발전시킬 수도 있다. 반대로 목사들은 도움을 구하는 사람에게 매력과 동정심을 느낄 수 있으며, 그런 상황이 문제로 이어질 수 있다.

그보다 더 심하게, 부도덕한 성직자는 도움을 구하기 위해 교회를 찾는 사람들 자신을 돌보기보다 성적이거나 여타의 덜 명백한 방식으로 사람들을 착취할 수 있다. 만약 그런 사람들이 그때 교회를 떠난다면, 당연히 다른 사람들에게 "교회" 또는 "기독교인들"이 어떻게 자신들을 악용했는지를 말할 것이고, 목회서신이 지키려고 하는 하나님의 명성이 훼손될 것이다.

이 구절에서 묘사되는 악행들은 상대적으로 인지하기 쉽다. 하지만 기독교인들이 교회 밖의 그런 악행들에 너무 집중하여서 교회 내의 죄악 된 "사기꾼들"에 대한 사람들의 취약성에 대해서는 둔감할 가능성이 있다. 홈스쿨링을 하거나 자녀들을 기독교 학교와 주일학교에 보내며 젊은 자녀들로 하여금 교회 청년부에 참여하도록 독려하는 사람들은 잘못된 안도감을 가질 수도 있다. 성 중독자들이 청년부에 침입할 수 있는데, 이것은 재정 약탈자들이 말끔한 외모를 하고 교회 직분에 입후보할 수 있는 것과 똑같다. 어떤 순진한 기독교인의 탐욕이 그런 사기꾼에게 기회를 줄 수 있으며, 성에 대한 자연스런 욕구가 젊은이들로 하여금 자신들이 신뢰하는 지도자의 공격에 취약하게 할 수 있다.

디모데후서 3:10-17

10 나의 교훈과 행실과 의향과 믿음과 오래 참
음과 사랑과 인내와
11 박해를 받음과 고난과 또한 안디옥과 이고니
온과 루스드라에서 당한 일과 어떠한 박해를
받은 것을 네가 과연 보고 알았거니와 주께
서 이 모든 것 가운데서 나를 건지셨느니라
12 무릇 그리스도 예수 안에서 경건하게 살고자
하는 자는 박해를 받으리라
13 악한 사람들과 속이는 자들은 더욱 악하여져
서 속이기도 하고 속기도 하나니
14 그러나 너는 배우고 확신한 일에 거하라 너
는 네가 누구에게서 배운 것을 알며
15 또 어려서부터 성경을 알았나니 성경은 능히
너로 하여금 그리스도 예수 안에 있는 믿음
으로 말미암아 구원에 이르는 지혜가 있게
하느니라
16 모든 성경은 하나님의 감동으로 된 것으로
교훈과 책망과 바르게 함과 의로 교육하기에
유익하니
17 이는 하나님의 사람으로 온전하게 하며 모든
선한 일을 행할 능력을 갖추게 하려 함이라

원 의미

10-11절에서 바울은 자신의 생애 사례를 예시함에 의해 디모데를 격려하는 일과 2-9절에서 묘사된 부정적 특성들에 대응하는 일 양자 모두를 한다. 그는 목회서신의 다른 데서 이것을 행하기를 주저하지 않았다(딤전 1:12-16; 딤후 1:8, 12-13; 2:8-10; 4:6-8). 다음으로 바울은 디모데의 삶과 어떤 영향들이 그를 형성시켰는지의 문제로 전환한다(딤후 3:14-15). 그렇게 함에 있어 바울은 성경이 무엇인지와 성경이 한 사람의 삶 가운데 어떤 역할을 하는지를 언급한다(16-17절).

바울의 고난(3:10-13)

바울의 목회서신에서의 자전적 기록들은 몇 가지 목적에 소용된다. 그것들은 그의 삶에서의 하나님의 주권적 은혜를 증명하며, 신실한 봉사가 고난을 가져오고, 디모데에게 본보기가 된다는 것을 인정한다. 현 구절은 그 목적들 중 두 번째와 세 번째 것을 수행한다. 그것은 강조적인 "너는 그러나"로 시작하는데, 이것은 디모데를 방금 묘사된 거짓 교사들과 바울의 가르침과 삶의 방식 간의 차이의 증인이라 부른다. 바울은 "따르다"를 뜻하는 동사(NIV, "…에 관하여 전부 알다")를 선택한다. 나이트가 관찰하듯이, 이 단어는 이것들 중 어떤 것을 따르는 데 있어 바울과 함께 함과 "우선적이며 보다 근본적으로…디모데전서 4:6에서와 같이 '마음으로' 행해지며 자신이 따르는 것을 '이해하고' '자기 자신의 것으로 만드는' '따름'" 양자 모두의 이중적 의미를 지닌다.[1]

"가르침(교훈)"이라는 단어가 2-5절의 거짓 교사들의 특징들과 대조되는 긍정적인 특징들의 목록에서 첫 번째로 나온다. 가르침에 해당하는 단어(디다스칼리아)는 목회서신에서 눈에 잘 띄는 것으로 다른 데서 14번 더 나온다(딤전 1:10; 4:1, 6, 13, 16; 5:17; 6:1, 3; 딤후 3:16; 4:3; 딛 1:9; 2:1, 7, 10).[2] 이 목록의 시작부에서 디다스칼리아가 나오는 것만 중요한 것이 아닌데, 곧 그것은 16절에서 언급되는 성경의 첫 번째 중요한 용도로 다시 나온다.

바울의 목록이 10절에서 전개될 때에 그는 자만하지 않으며 오히려 자신이 붙드는 가치들이 어디에 있는지를 보여주는데, 그것들은 그 주의 종의 인생에서 선택적이거나 상대적인 것이 아니라 절대적인 중요성을 지니는 가치들이다. 단지 바울의 가르침뿐만 아니라, 그의 인품이 그를 앞에서 언급된 거짓 교사들과 순회 철학자들에게서 구별시킨다. "생활 방식"으로 번역되는 단어는 신약성경에서 단지 여기서만 나오지만, 고대 문헌에서는 흔했다. "목적"은 특이한 단어는 아니지만(그것은 신약에서 12번 나옴), 여기서 그 용법은 주의를 요하는데, 왜냐하면 1:9에서 바울은 하나님의 "목적과 은혜"에 대해 썼기 때문이다(거기의 주석 참조). 우리는 성경에 계시된 하나님의 목적을 이해하고 우리의 삶이 그 계획을 따르도록 정위시켜야 한다.

익숙한 "믿음과 소망과 사랑" 대신에 바울은 "소망"을 "오래 참음"으로 바꾸며 "사랑" 뒤에 "인내"를 쓴다. 이 네 단어는 견고함과 더불어 어떤 상황을 끝까지 기다린다는 개념을 전달하는데, 이것은 소망을 가진 사람의 합당한 행동이다. 바울

1. Knight, *Pastoral Epistles*, 438.
2. "교사"라는 단어(디다스칼로스)가 딤전 2:7; 딤후 1:11; 4:3에 나온다. 동사 "가르치다"(디다스코)는 딤전 2:12; 4:11; 6:2; 딤후 2:2; 딛 1:11에 나온다. 가르침에 해당하는 또 하나의 단어(디다케)가 딤후 4:2; 딛 1:9에 나온다.

은 목회서신에서 이미 자신의 고난들에 대해 언급한 바 있지만, 여기서는 바울이 루스드라에서 디모데를 만나기 전에 발생했던 특정 도시들에서의 사건들을 가리킨다(행 13:14-52[특히 45, 50절]; 14:1-5, 8-20[특히 19절]; 16:1-2).

비록 바울이 주께서 자신을 이 박해들로부터 구해주셨음을 언급하지만(11절), 12절에서는 "그리스도 예수 안에서 경건한 삶을 살길 원하는 모든 사람이 박해를 받을 것이다"라고 주장한다. 이 절은 1:8-12; 2:3, 9-10을 강화한다. 바울이 11절에서 "박해"라는 명사를 두 번 그리고 12절에서 관련된 동사를 한 번 언급하는 것은 놀랍다. 그는 자기 자신의 경험에서 기독교인 일반의 경험으로 전환한다. 12절의 판테스("모든 사람")는 이 문맥에서 예외 없이 모든 사람이 아니라, 바로 바울 자신과 대비되는 대상으로서의 모든 사람 일반을 뜻한다. 박해는 "경건한" 삶을 살길 원하는 사람들에게 예외적이지 않다(부사 유세보스는 목회서신에서 자주 눈에 띄는 종교나 경건에 해당하는 단어와 동일한 어원을 지님, 참조. 딤전 2:2; 3:16; 4:7-8; 6:3, 5, 6, 11; 딤후 3:5; 딛 1:1).

유일한 바울이라는 인물에서 그리스도 예수 안에서 경건한 삶을 살기를 원하는 모든 사람들로 전환하고 나서, 우리는 이제 "악한 사람들과 속이는 자들"이라는 대조적인 인물들을 만나게 된다(13절). NIV의 "…인 반면"(while)은 헬라어 데를 번역하는 것인데, 그것은 보통 "그러나"로 번역된다. 이 단락에는 실제로 다음과 같은 이중의 대조가 존재한다. (1) 12절의 경건한 사람들과 13절의 악한 사람들, 그리고 (2) 13절의 그 악한 사람들과 14절의 디모데. "악한"이라는 표현에 덧붙여 바울은 이 사람들을 "속이는 자들"(고에스, 마술사 또는 대중을 속이고 사취하는 사람)이라고 묘사하며 그들을 "속이기도 하고" "속기도 하며"라는 두 분사로 묘사한다. 이 문맥에서 고에스는 분명히 다른 사람들을 속이려는 악한 의도를 숨기려는 행위를 일삼는 사람들을 가리킨다(살전 2:3-5에서의 바울의 대비되는 태도를 참조하라).

이 속이는 자들의 비극은 그들이 단지 속이기만 하는 것이 아니라 자신들이 "속기도 한다"는 사실에 의해 더 심각해진다. 훌륭한 솜씨로 바울은 그들을 묘사하기 위해 동사 프로코프토(문자적으로, "진전을 이루다")를 다시 한 번 요구한다(여기서 그것은 "더욱 악해질 것이다"로 번역됨; 긍정적 의미로 사용된 딤전 4:15의 관련 명사와 비꼬는 말투로 사용된 딤후 2:16의 동사 프로코프토, 또한 3:9의 "그리 멀리 나아가지 못할 것이다"를 참조하라).

성경의 중요성(3:14-17)

14절은 강한 어조의 "그러나…너는"으로 시작하며 디모데에게 교리와 확신한 일에 대한 일관성의 요구를 담고 있다. 디모데는 바울과 여타의 사람들에게 진리를 배웠을 뿐만 아니라, 그것에 대해 "확신하게" 되었다. 그 이유는 조모 로이스와 어머니 유니게와 같이 그가 배움을 얻는 사람들의 진실함에 주로 있었다(1:5). 확실히 바울 자신이 또한 염두되고 있을 것이다.

"성경"은 우리가 구약으로 알고 있는 것과 유대인들이 타나크라고 부르는 것을 가리킨다. 예수께서는 부활과 승천 중간의 40일 동안 성경이 어떻게 자신과 관련되는지를 가르치셨다(눅 24:32, 44-47). 구원은 성경을 읽는 것에서 자동으로 오지 않지만, 성경은 "능히 너로 하여금 그리스도 예수 안에 있는 믿음으로 말미암아 구원에 이르는 지혜가 있게 한다."

16-17절은 성경 자체에 대한 성경 내에서의 가장 강력한 진술이다. 우리는 "성경"(그라페)이 신약성경을 포함한다고 이해하는데, 왜냐하면 베드로후서 3:16은 "성경"(역시 그라페) 중에 있는 바울의 글들을 언급하기 때문이다. NIV에서 "하나님의 숨결로 된"으로 번역되는 단어(데오프뉴스토스)는 "영감으로 된"으로 더 널리 번역되는데, 후자는 덜 어색하지만 덜 정확하기도 하다. "영감으로 된"이라는 단어는 오늘날 일반적 용법에서 너무나 광의적이기 때문에 헬라어 데오프뉴스토스의 진의를 전달하지 못하는데, 이것은 데오("하나님"이라는 단어의 어근 형태)와 프뉴스토스(숨결과 관련된 헬라어 어근)로 구성된다.

주요 주경상의 문제는 표현되지 않는 "이다"(is)를 어디에 배열하느냐와 헬라어 단어 카이("그리고"와 "심지어, 또한" 둘 중 어느 것도 뜻할 수 있음)를 어떻게 해석하느냐이다. 첫 번째 선택 사항은 표현되지 않는 "이다"가 "모든 성경" 뒤에 오는 것으로 이해하여, "하나님의 숨결로 된"이라는 묘사가 모든 성경에 대해 사실이 되는 경우이다. 이 경우 "하나님의 숨결로 된"과 "유익한"은 "그리고"(카이)로 연결되는 서술 형용사가 된다. NIV는 "이다"로 이해되는 두 번째 것을 덧붙이며 따라서 다음과 같이 번역한다. "모든 성경은 하나님의 숨결로 되었으며 유익하다" (All Scripture is God-breathed and is useful). 이것은 또한 NRSV, NKJV, NLT, JB 등의 이해이기도 하다. 대안은 동사 "이다"가 "하나님의 숨결로 된" 뒤에 오는 것으로 이해하며, 카이라는 단어가 "그리고"가 아니라 "또한"을 의미하는 것으로 이해하는 것이다. 이 경우 "하나님의 숨결로 된"은 한정 형용사로—즉 그 명사구의 일부이며 따라서 그 주어를 규정하고 제한하는 것으로—이해된다. 이 경우 그것은 "모든 하나님의 숨결로 된 성경은 또한 유익하다"를 뜻한다(참조. REB, "모든 영감으로 된 성경은 그 용도가…이다"). 이것은 영감으로 되지 않고 따라서 유익하지 않는 다른 성경이 존재할 가능성의 여지를 남긴다.[3]

가장 자연스러운 독법은 첫 번째 것이라고 주장될 수 있다. (1) 만약 "하나님의 숨결로 된"이 한정적이라면, 보다 일반적이게도 명사 "성경" 앞에 놓였을 것이다. (2) "하나님의 숨결로 되었으며 유익하다"가 그 자체로 균형을 이루는 어구이다. 하지만 다른 많은 주장과 많은 통계가 그 문제의 각 측면에 대해 제시되어 왔다. 과거 수십 년의 경향은 첫 번째 의견 쪽으로 기운 것 같으며, 현대 번역본들은 그것을 본문에 대한 선호되는 번역으로 제시한다.[4] 16절의 주안점은 그 영감이 아니라 성경의 유익성이라고 주장되어 왔다. 이것은 본문의 논리적 방향이지만, 성경의 영감은 그 유익성의 토대가 된다는 사실에 주목하는 것이 중요하다.

바울이 열거하는 성경의 첫 번째 용도는 교리적인 것이다("교훈"; 10절과 그 주석 참조). "책망"과 "바르게 함"의 용도는 현대 독자들에게 주요한 것으로 보이지 않을지도 모른다. 하지만 에베소와 그레데의 거짓 교훈의 문제를 다루려는 목회서신의 주요 기능을 고려할 때, 이 기능들은 명백히 중대하다. 여기서 이 두 단어가 쓰인 것은 아마도 바로 잡음이라는 전체 문맥에서의 그것들의 적절성과 장점 때문일 것이다. 아마도 여기에서 의도된 다음과 같은 순서가 있을 것이다. 첫째로, 디모데가 맞서고 있는 거짓 교훈을 책망하는 일, 그리고 두 번째로, 모든 일을 바르게 하는 일. 순서상 마지막 사항은 계속적인 "의로 교육하는 일"을 제시하고 있다(딛 2:11-14의 그 "교육"이라는 단어의 동사형과 거기서의 주석 참조). 구문상 "교훈"이 이 일련의 것들의 맨 처음에 나오며 그 모든 일의 목적은 17절의 "모든 선한 일을 위한"에서 표현된다.

목회서신에서 선한 일의 중요성은 아무리 강조해도 지나치지 않다. 이것은 거짓 교사에 대조되는 하나님의 진정한 종과 백성들의 표지이다. 이 강조점은 건전한 교리와 경건한 생활의 결합이라는 반복된 주제와 일치하는데, 그것은 디모데전서 1:5-19에서 청결함과 믿음과 선한 양심에 대한 언급과 더불어 시작되며, 다음

3. (특별히) NRSV는 이 대안을 다음과 같이 각주로 제시한다. "하나님에 의해 영감 받은 모든 성경은 또한 [유익하다]."

4. 이 문제에 대한 문헌은 방대하다. 아마도 가장 훌륭한 현대적 논의를 포함하고 있는 주석은 Knight, *Pastoral Epistles*, 444-48일 것이다.

으로 장로와 집사의 자격들에서 명시되고(3장), 교회의 귀감이 되는 디모데의 삶 속에서 중요하며(4:6-16), 지원받는 과부의 요건에서 보이고(5:3-10), 또한 여타의 여러 구절에서 강조된다.

디모데전서 2:10; 5:10, 25; 6:18; 디모데후서 2:21; 디도서 2:7, 14; 3:1, 8, 14과 같은 절들은 선한 일을 언급한다. 다른 구절들은 우리에게 우리가 선한 일로 구원받지 않는다는 점을 가르친다(딤후 1:9; 딛 3:5). 특별히 다음과 같은 두 가지 사역이 (문자 그대로) "선한 일"이라고 불린다. 감독자의 사역(딤전 3:1)과 전도자의 사역(딤후 4:5). 그러므로 성경의 영감과 강한 교리 교육의 중요성을 확언하는 일은 오류의 시정과 선한 일의 추구 양자 모두에 강한 함의를 지닌다.

상황잇기

그 책. 이 구절은 서로 대비되는 네 가지 별개의 그림을 제시한다. (1) 사도 바울 그리고 그와 같은 부류의 사람들이 자신의 믿음과 삶 때문에 박해를 받고 있다. (2) 박해자들은 "악하며" "속이는 자"라고 묘사된다. (3) 디모데 그리고 그와 같은 부류의 사람들이 이 서신을 읽음을 통해 배우려고 추구하고 있다. (4) 네 번째 것은 인물화가 아니라 한 책에 대한 "정물"화인데, 그것은 단지 한 책이 아니라 그 책이라고 할 수 있는 것으로서 지금까지 2천 년 동안 첫 번째 그림 속에 있는 사람들을 격려해 왔으며, 두 번째 것에 있는 사람들을 책망해 왔고, 또한 세 번째 것에 있는 사람들을 교육해 왔다. 정물이라는 표현은 예술적 어구로서는 적절하지만, 무수하게 많은 신자들을 생명으로 이끌어 온 생명력 있는 성경에 대해서는 확실히 부적절하다.

16절은 "모든 성경은 하나님의 숨결로 되었다"고 확언하는데, 그 절 전후에 그것이 이룰 수 있는 것의 사례들이 나온다. 그것은 "그리스도 예수 안에 있는 믿음으로 말미암아 구원에 이르는 지혜"가 있게 하며, "모든 선한 일을 위해" 철저히 준비시키는 일련의 기능들—교훈과 책망과 바르게 함과 의로 교육함—을 지닌다. 이것은 에베소서 2:8-10에 표현된 다음과 같은 목적을 포함한다. 선한 일을 위한 믿음으로 말미암은 은혜에 의한 구원.

중앙에 있는 영감에 대한 확언은 목적의 이런 문맥에서 분리되지 말아야 한다. 동시에 영감의 의미에 대한 신념이 그 목적들에 대한 배타적 강조에 의해 가려지지 않아야 한다. 우리는 여기서 언급되는 "성경"은 베드로후서 3:16이 바울의 글들을 "성경"이라고 언급하기 때문에 구약성경과 신약성경 양자 모두를 포함한다고 결론 내렸다. 신약성경에 바울의 서신들과 다른 책들 간에 신적 기원과 권위에 있어 아무런 구분도 되지 않으며, 따라서 디모데후서 3:16을 성경 전체에 적용하는 것이 합당하다.

성경에 대한 정설을 정의하기. 성경에 대한 "고등비평"에 대한 반작용의 시기에 성경에 대한 정통파적 교리를 정의하려는 계속적인 시도들이 있었다. (1) 처음에는 성경이 "영감을 받았다"고 하는 단순한 언명이 충분할 것으로 보였다.

(2) 그러나 그 단어의 뜻의 모호함의 가능성은 그것을 불충분하게 만들었으며, 따라서 "전체적 영감"(plenary inspiration)이라는 말이 쓰이게 되었다. 그 표현은 그 언명에 있어 전체 성경을 포함하는 장점이 있었지만, 여전히 모호함의 여지를 남기고 있었다.

(3) "축자적 영감"은 일반적 개념들 이상으로 영감의 범위와 초점을 명시했다. 하지만 이것은 또 다른 오해로 이끄는데, 왜냐하면 "축자적"이라는 말은 때때로 "받아 쓴"을 뜻하는 것으로 오해되었기 때문이다. 이것은 성경 저자들이 생각없이 알아서 하늘로부터 들은 단어와 음절들을 기계적으로 기록하는 희화적 모습이 떠올려지게 한다. 그런 과정은 개인적인 문체와 느낌과 통찰력과 같은 요소들을 배제시킬 것이다. 또한 그것은 "당신은 성경이 문자적으로 사실이라고 믿습니까?"라는 질문에서와 같이 "문자적"이라는 단어에 대한 오용을 장려했다. 물론 그 질문의 의도는 우리가 모든 단어가 사실임을 믿는지의 여부를 질문하는 것이겠지만, 만약 그 질문이 "문자적으로" 이해된다면, 그것은 실제로 성경의 모든 문헌이 상징적인 것에 반대되는 의미로서 문자적이라고 생각하는지의 여부를 질문하게 된다.

(4) 그러므로 부적절한 정의와 개념들에 반대하고 그것들 보다 더 낫게 영감의 의미를 정확히 설명하는 용어를 선택하는 데 있어 많은 주의가 요구된다. 광범위한 수용을 획득한 한 정의는 "무오"이다. 하지만 이 용어조차도 질문들이 제기되게 한다. 그것은 역사나 과학이나 신학이든 성경에 나오는 무엇이나 사실이라는 것을 뜻하는가, 아니면 신학적 진리들에만 적용되며 예를 들어 고대 저자들 편에서의 부적절한 과학 지식을 허용하는가? 거의 누구도 "태양이 진다"와 같은 표현을 문제 삼지 않을 것인데, 왜냐하면 우리는 그것을 일반적으로 관찰되는 현상에 대한 적응으로 받아들이기 때문이다. 그러나 이것은 겨자씨가 실제로 보편적으로 "모든 씨 중에 가장 작은 것"(마 13:32, NLT)인지 아니면 단지 팔레스타인이나 예수의 지식의 범위에서만 그러한지와 같은 문제들에 대한 상세한 토론이 요청되게 한다. 그런 문제들은 무오라는 용어를 사용하는 사람들에 의해 무시되지는 않지

만, 동시에 그들은 목적과 문학적 형태와 장르를 고려하면서 성경이 구체적으로 언명하는 것, 특별히 그 자체에 대해 그러한 것에 초점을 맞추기를 선호한다.[5]

영감에 대한 다양한 견해의 그런 문학적 함의들을 다루는 과정에 헬라어 단어 데오프뉴마토스("하나님의 숨결로 된")의 신학적 함의의 문제를 만나게 된다. 하나님의 숨결로 된 것이 오류를 포함할 수 있는가? 무오적인이라는 용어는 비록 세련되지 않았지만 그 문제를 구체적으로 다룬다. 그런 논의들이 수십 년 동안 신학자와 성경학자의 관심을 끌어왔는데, 이것은 정당하다. 한편으로 성경은 사람들을 그리스도에 대한 믿음으로 말미암는 구원으로 이끌며 계속하여 모든 선한 일을 위해 교육하는 역사를 이루어가고 있다.[6]

현대적 의미

성경의 유일무이함. 거리 설교자가 뉴욕시에서 흔하게 보이던 시절에 찰리 킹(Charlie King)이라 불리는 한 남자가 "이것은 살아있습니다! 이것은 살아있습니다!"라고 외치며 종종 자신의 모자 주위를 빙 돌면서 달리는 모습이 관찰될 수 있었는데, 그 모자는 타임스 광장 근처의 한 길모퉁이에 놓여 있었다. 거의 비슷한 시기에 고등학생들을 전도하던 뉴욕시의 한 기독교 단체는, 아무리 쑥스럽더라도 학교 책들 이외에 붉은 표지를 한 성경책을 휴대할 것을 독려하고 있었다. 다른 지역들에서는 복음주의적 교회와 교육기관과 여타 단체들이 자주 "무오한"이라는 단어를 포함시키면서 성경의 영감과 권위에 대한 신조상의 진술들을 작성하고 있었다.

거룩한 성경을 특징지으려는 이 시도들의 어떤 것도 비판이나 조소를 받을 수 있을 것이지만, 그 각각은 성경의 유일무이한 중요성을 선언하려는 의도적 시도였

5. 물론 본문상의 차이와 같은 다른 문제들이 있다. 한 측면에서 필사본의 사소한 차이는 부차적이며, 예를 들어, 한 러시아어 연설의 서로 다른 필사본과 번역본들과 마찬가지로 문제가 안 된다고 말해질 수 있다. 문제는 사본이 올바르냐의 여부가 아니라 원본이 사실이었느냐의 여부이다. 하지만 이 모든 것은 이 주석의 목적을 훨씬 넘어서는 학문적인 토론을 요구할 것이다.

6. 영감이라는 주제에 대해서는 오어(J. Orr)의 *Revelation and Inspiration*(1910)과 워필드(B. B. Warfield)의 *Inspiration and Authority of the Bible*(1927)과 같은 고전적 저작들 외에, "Inspiration" in *ISBE*, 2:839-49; "Inspiration, History of the Doctrine of" in *ISBE*, 2:849-54, 그리고 "Bible, Inspiration of" in *EDT*, 145-49가 탁월한 요약을 제공한다. "Bible, Inerrancy and Infallibility of" in *EDT*, 141-45의 논문 역시 유용하다. 카슨(D. A. Carson)과 존 우드브리지(John D. Woodbridge)가 편집한 다음 두 책은 관련된 논문들을 수록하고 있다. *Hermeneutics, Authority, and Canon*(Grand Rapids: Zondervan, 1986) 그리고 *Scripture and Truth*(Grand Rapids: Baker, 1992; orig. publ. by Zondervan in 1983).

다. 오늘날 우리가 이것을 할 수 있는 여러 방식이 있지만, 만약 하나님의 말씀이 마땅히 행해져야 할 바대로 순종되고 설교되고 가르쳐지지 않는다면, 우리는 그것을 정당하게 존중하지 않으며 그것이 그 목적을 이루도록 하지 않고 있는 것이다.[7] (NIV를 배포하는) 국제성경공회와 (NIV를 출판하는) 존더반과 같은 출판사와 위클리프 성경 번역자와 여타의 성경 번역 선교사와 그것을 설명하는 주일학교 교사와 그것을 선포하는 설교자들—그리고 그것을 연구하며 실천하며 그 가르침에 기초하여 가족을 양육하며 그것을 증거하며 그 메시지에 근거하여 하나님을 찬양하며 그분께 기도하는 모든 사람—모두는 성경의 적용에 중대한 일역을 담당하고 있다.

성경적 설교와 가르침. 설교자가 직접적인 강해 방식을 채택하든 안하든, 모든 설교는 성경을 토론 주제와 결부시켜야 한다. 우리는 좋은 설교는 위와 아래 양자 모두에서 온다고 말할 수도 있다. 그것은 기록된 하나님의 말씀에 기초와 권위를 둔다는 점에서 위에서(하나님에게서) 온다. 다른 한편 그것은 그것이 다루는 주제가 일정 정도 회중의 경험과 필요에서 온다는 점에서 아래(곧 우리의 삶의 자리)로부터 온다. 동시대적 삶에 적용되지 않거나 동시대적 의미를 결여하고 있는 설교는 성경에 대한 훌륭한 강해일 수는 있어도, 강해 설교는 아닌데, 정의상 이것은 청자들의 상황을 고려한다. 컴퓨터 회로와 언어에 대해 다루는 책은 기술적인 탁월성을 지닐 수는 있어도, 만약 컴퓨터를 사용하는 법을 설명하지 않는다면 사용자에게 거의 아무런 유익도 되지 못한다.

동전의 이면은 만약 훈계들이 구체적인 성경적 근거를 결여한다면 아무런 실체와 기초와 권위도 없을 것이라는 점이다. 더욱이 한 단일 본문에 대한 설교가 큰 영향력을 가질 수 있지만, 만약 우리가 청자가 집에 돌아가서 성경으로부터 추가적인 지침을 도출하기를 기대한다면, 설교자는 그 본문이 근접과 원접 문맥과 어떤 관계를 지녔는지와 그것을 이해하며 적용하는 일 양자 모두의 방식을 제시해야 한다. 주일학교 학생이 일생 동안 성경을 사랑하며 연구할 것이냐의 여부는 교사가 학생(더욱이 적절한 연령대의 어린이 역시)에게 스스로 연구하도록 동기를 부여하고 능력을 배양하는 일 양자 모두를 얼마나 잘 하느냐에 크게 좌우될 수 있다.

어린이와 성인 수업에서 가르치는 일은 높은 교리 교육을 받은 사람들만의 특

7. 신약성경에서 강해설교를 작성하는 법에 대한 단계적 설명에 대해서는 Walter Liefeld, *New Testament Exposition*(Grand Rapids: Zondervan, 1984)를 참조하라.

권이 아니다. 성경 수업은 만약 교사가 흥미롭고 삶과 연관되게 하는 기술과 동기부여를 결여한다면 말할 수 없게 지루할 수 있다. (일전에 혹자는 복음을 지겹게 만드는 일은 죄라고 말했다!) 가장 원숙해 보이고 지식이 많은 기독교인이 꼭 가장 유능한 교사가 되라는 법은 없다. 그런 유능하지도 준비되지도 않은 교사 지망생을 자제시키며, 덜 원숙해 보일지 모르지만 더 열정적이며 더 열심히 준비하는 사람의 가르치는 사역을 기꺼이 장려하는 것은 담대할 뿐만 아니라 책임 있는 목회자의 모습이다. 만약 우리가 어려서부터 성경을 알아 오는 교사들을 길러 내려면(15절), 우리는 확실히 그들을 동기부여하고 준비시킬 수단들을 갖춰야 할 것인데, 만일 그런 중대한 과제에 전념할 의향이 있다고 한다면 말이다. 교회가 성경 영감의 교리를 떠벌리는 만큼, 만약 우리 모두가 그것을 실천하지 않으며 그것이 열성적이며 효과적으로 가르쳐지지 않는다면, 우리가 바라는 것의 반대 결과를 가져올 수도 있다.

우리는 적절한 성경 사용의 최종적 결과가 교리적 완숙함이나 지적인 사역일 것이라고 기대했을지도 모른다. 대신 바울은 한 번 더 선한 일을 독려하면서(17절), 하나님은 단순히 또는 심지어 우선적으로 직업적인 교회 사역이 아니라 신자의 삶과 행동에 주로 관심을 가지신다는 것을 보여준다. 성경에 관한 이 구절이 박해받는 기독교인과 박해하는 대적자와 하나님을 섬기는 자에 대한 묘사와 연관하여 나오는 것은 결코 우연히 아니다. 성경은 하나님의 임재 가운데 살며 일하고 걷는 평범한 사람들에 대한 다량의 서사들을 포함하고 있다. "모든 선한 일을 위해" 우리를 채비시키는 것은 특정한 교리적 가르침을 동반하는 바로 이 본보기들이다.

디모데후서 4:1-8

1 하나님 앞과 살아 있는 자와 죽은 자를 심판
하실 그리스도 예수 앞에서 그가 나타나실
것과 그의 나라를 두고 엄히 명하노니
2 너는 말씀을 전파하라 때를 얻든지 못 얻든
지 항상 힘쓰라 범사에 오래 참음과 가르침
으로 경책하며 경계하며 권하라
3 때가 이르리니 사람이 바른 교훈을 받지 아
니하며 귀가 가려워서 자기의 사욕을 따를
스승을 많이 두고
4 또 그 귀를 진리에서 돌이켜 허탄한 이야기
를 따르리라
5 그러나 너는 모든 일에 신중하여 고난을 받
으며 전도자의 일을 하며 네 직무를 다하라
6 전제와 같이 내가 벌써 부어지고 나의 떠날
시각이 가까웠도다
7 나는 선한 싸움을 싸우고 나의 달려갈 길을
마치고 믿음을 지켰으니
8 이제 후로는 나를 위하여 의의 면류관이 예
비되었으므로 주 곧 의로우신 재판장이 그날
에 내게 주실 것이며 내게만 아니라 주의 나
타나심을 사모하는 모든 자에게도니라

원 의미

사도 바울은 이제 디모데에게 보내는 자신의 두 번째 편지를 마무리하려고 하고 있다. 현 장은 그의 마지막 기록된 말씀을 이루고 있다. 1-8절은 디모데에 대한 명령과 바울 자신의 주님을 위한 봉사의 삶에 대한 추가적 성찰을 포함한다. 6-8절에서 사도는 그리 더 오래 살 것을 기대하지 않으며 기독교인으로서 죽음에 처해질 것임이 명시된다.

디모데에 대한 명령(4:1-5)

1절은 디모데에 대한 바울의 최종적인 훈계와 호소를 시작한다. 그 시작부는 하나님과 그리스도의 현존을 일깨움과 "[그리스도의] 나타나심과 그의 나라"라는 (맹세 형식의) 두 추가적 언사에 의해 각성되는 명령의 형태로 되어 있다(또한 딤전 5:21; 6:13 참조). 이 명령의 심각성은 그리스도께서 "살아 있는 자와 죽은 자를 심판하실 것이다"라는 사실에 대한 언급에 의해 부각된다. 성령은 이 절에서 언급되지 않는다. 곧 심판은 성부 하나님의 권한 아래 있는데, 그분은 "심판을 다 아들에게 맡기셨으니 이는 모든 사람으로 아버지를 공경하는 것 같이 아들을 공경하게 하려 하심이라"라고 말씀된다(요 5:22-23; 또한 행 17:31 참조; 또 딤후 4:8의 "주 곧 의로우신 재판장"이라는 바울의 지칭 유의).

우리는 미래의 심판에 대한 다양한 성경 본문에서 이것이 복합적 사건일 것임을 취합할 수 있다. 영원한 생명 또는 죽음으로 이어지는 크고 흰 보좌 앞에서의 광범위한 심판이 있을 뿐만 아니라(계 20:11-15 참조), 주의 종 된 우리의 삶이 그리스도의 심판대 앞에서 평가될 것이다(고후 5:9-10). 우리의 사역에 대한 미래적 평가를 다루고 있는 또 하나의 본문인 고린도전서 3:12-15에서 바울은 특별히 각 사람이 어떻게 교회의 성장에 기여했는지에 초점을 맞춘다. 그러므로 우리의 삶은 미래, 곧 우선적으로 "그리스도의 나타나심"을 끊임없이 바라보며 살아져야 한다.[1] 그 미래의 나타나심이 바라져야 할 것이지만(8절), 그것은 또한 심판을 뜻할 것이며 따라서 그 "나라"와 연결되는데, 이것은 그리스도의 통치를 표현한다(또한 딤후 4:18 참조). 이 모든 것은 바울의 명령에 무게를 더해준다.

그 명령의 내용들이 2-5절에 포함되어 있다. 그것은 다섯 가지 명령으로 시작한다. 첫 번째 것("말씀을 전파하라")은 하나님의 진리에 대한 가르침과 설교에 대한 디모데와 디도에게의 거듭된 교훈을 반영한다. 2:9, 15에서와 같이 이 진리는 "말씀"으로 지칭된다. 다음으로 "준비하라"는 대기함, 곧 준비 태세를 갖춤의 개념을 지니는데(렘 46:14), 그런 준비는 디모데의 삶의 영원한 일부가 되어야 한다. 세 번째와 네 번째와 다섯 번째의 명령들("책망하며 바르게 하며 격려하라")은 에베소에서의 거짓 교훈을 염두에 둔 강력한 사역의 필요성을 반영한다(참조. 3:16). 수식 어구인 "큰 인내와 신중한 가르침으로"는 하나는 태도를 나타내며 다른 하나는 내용을 나타내는 상이한 두 단어를 결합하고 있다. 하지만 두 단어는 태도와 가르침 양자 모두가 중요하다는 목회서신에서의 바울의 메시지에 필수적이기 때문에 함께 나온다. "가르침"이라는 단어는 가르치는 행위와 가르치는 내용 양자 모두를 뜻할 수 있다. 여기서 그것은 십중팔구 전자일 것이다.[2]

3절은 1-2절의 명령들의 이유를 설명한다. 그 말씀은 건전한 교훈이 거절될 것

1. 바울은 이 나타나심(에피파네이아) 모든 목회서신에서 언급하는데(참조. 딤전 6:14; 딛 2:13), 딤후 1:10; 딛 2:11; 3:4에서 이 단어는 그리스도의 첫 번째 나타나심을 가리킨다.
2. 가르침의 내용의 중요성에 대해서는 3:10과 주석을 참조하라.

이기 때문에 전파되어야 한다. 3:1과 같은 미래시제(또한 딤전 4:1 참조)는 이미 나타나고 있는 상태를 묘사한다. "때"라는 단어(카이로스)는 2절에서 "제철"(season)로 번역되는 단어들과 동일한 어원을 가지는데, 그것은 바울의 임박한 죽음의 때와 관련하여 6절에서 재등장할 것이다. 다시 한 번 우리는 "건전한 교훈"이라는 표현을 만나는데, 이것은 목회서신들에서 특유하기도 하며 전형적이기도 하다(참조. 딤전 1:10과 주석; 딤후 1:13; 딛 1:9, 13; 2:8). "용납하다"라는 동사는 신약성경에서 15번 나온다(특히 고후 11:1[2회], 4, 19, 20 유의).

"대신에"는 강한 반의 접속사 알라를 나타낸다. 사람들은 "자신들 주변에 [스승들을] 모을 것인데", 이 동사는 각양 각생의 것들을 쌓는다(NRSV, "축적한다")는 개념을 전달한다. 이 교사들은 진리의 교사가 아니라 사람들의 "욕구들"에 맞추는 교사이다. 그런데 이것은 단지 교리의 문제만이 아니라 또한 도덕적 성격의 것이기도 하다. 사람들은 "그들의 가려운 귀", 곧 듣기 좋은 의례적인 말로 진정되길 원하는 귀 때문에 열심히 들을 것이다. 알렉산드리아의 클레멘트는 다양한 주제에 대해 이야기하는 소피스트들에 대해 "내 견해로는 남자답지 못하게 간질이길 원하는 귀를 긁어주고 간질이는"이라고 풍자적으로 썼다.[3]

4절은 은유적 용법에서 문자적 용법으로 전환하면서 귀에 대한 언급을 다시 하는데, 곧 사람들이 "그 귀를 진리에서 돌리고 신화로 향할 것이다"라고 말한다. "신화" 앞의 정관사의 사용은 디모데가 그런 신화들을 알고 있음을 시사한다(참조. 딤전 1:4과 주석; 4:7; 딛 1:14).

5절은 (3:10과 같이) "그러나 너는"으로 시작한다. 진리로부터의 이 이탈하는 움직임에도 불구하고, 디모데는 "(문자적으로) 모든 일에서 술 취하지 않아야" 한다. 물론 이것은, 만약 그렇지 않으면, 디모데가 알코올 때문에 흐릿한 정신을 가질 것임을 암시하지 않는데 왜냐하면 그는 심지어 약간의 포도주를 취하도록 하는 격려를 필요로 했기 때문이다(딤전 5:23). 하지만 아마도 그 동사에 대한 거의 문자적인 이해가 합당할 것이다. 정신을 잃지 않는 것은 충분하지 않으며, 그는 진행되는 모든 것을 완전히 파악하며 명료하게 사고해야 한다. 이것은 그가 "고난을 견뎌야 함"을 뜻하는데, 이것은 디모데후서 1:8, 12; 2:3에서의 바울의 고난에 대한 언사들을 기억나게 하는 훈계이다.

"전도자의 일을 하라"(참조. 행 21:18; 엡 4:11)는 직설적인 명령이며, 디모데

3. 그의 *Stromata* 1.3을 보라.

가 여타의 필요와 과제에 너무 몰두하느라 십중팔구 여행 가운데 바울과 함께 본래 행하던 일을 행하지 못할 위험에 처할지도 모른다는 점을 암시한다. "네 사역의 모든 책무들을 이행하라"는 "전도자의 일을 하라"는 교훈과 모순되게 보일지도 모른다. 디모데는 초점을 맞추고 있는가 아니면 그렇지 않은가? 해결책은 NIV에서와 달리 "…의 모든 책무들"이라는 말을 덧붙이기보다 단지 단수형의 "사역"만을 남겨놓는 것일 수 있을 것이다. 보다 문자적 번역은 다음과 같다. "네 사역을 다하라." 바울의 디모데에 대한 이 마지막 언사에서, 그 젊은 목회자는 바울이 그것을 위해 자신을 에베소에 남겨놓은 과제를 수행해야 한다(또한 다음과 같은 골 4:17 참조: "아킵보에게 이르기를 주 안에서 받은 직분을 삼가 이루라고 하라").

바울의 자신의 봉사의 삶에 대한 성찰(4:6-8)

바울은 이제 자기 자신에 대한 언급을 제공한다. "내가 전제와 같이 부어지고 있는"은 여러 종교에 공통적인 다양한 제주(祭酒)를 암시하는데, 특별히 구약성경의 전제를 드리는 일을 암시한다(출 29:40-41; 레 23:13; 민 15:4-10; 28:7). 바울은 빌립보서 2:17에서 자신의 사형 집행의 가능성과 같이, 유사한 상황들에서 동일한 이미지를 사용한다. 하지만 한 가지 뚜렷한 차이가 있다. 그 구절에서 그는 "그러나 내가 전제와 같이 부어질 지라도"라고 말하는 반면, 여기서는 "내가 이미 전제와 같이 부어지고 있다"라고 기록한다. 빌립보서를 쓸 때 그는 수 년의 추가적 사역을 희망했다. 이제 그는 자신의 지상 사역의 마지막이 가까웠음을 깨닫고 있다. "떠남"이라는 단어는 군대나 해군함정이 전투를 위해 떠나는 일에 대해 사용되었는데, 비록 그 이미지에 제한되지는 않지만 말이다.

바울이 다음 부분(7-8절)에서 행하는 것은 때때로 목회서신에 대한 바울 저작권을 반대하는 논거로 사용되어 왔다. 주님께서 자신에게 주실 것으로 기대하는 "의의 면류관"에 대한 언급을 비롯하여 여기에서와 같이 그가 자신에 대해 말하는 것은 그답지 않은 듯하다. 아마도 다년간의 활동적인 사역을 완수해 본 사람은 한 기독교인이 어떤 성취를 유산으로 남기도록 허용된 것에 대해 기꺼이 감사를 표현하는 기분을 이해할 것이다. 또한 그 사도가 이것들을 말로 표현함에 의해 해방감을 느꼈음에 틀림없다는 의견이 있을 수도 있다.

바울은 모든 성취를 표현하는 데 완료시제 동사를 사용하면서 7절에서 다음과 같은 세 가지지 진술을 한다. "내가 싸웠다"와 "내가 마쳤다"와 "지켰다." "선한 싸움"은 십중팔구 그 배경으로 군대보다 육상 경기의 이미지를 지니고 있을 것이다(딤전 6:12 참조). 바울은 (여기에서와 같이) 목회서신에서 아가도스보다 더 빈번하게 형용사 칼로스를 사용해 왔다. 칼로스는 아름답거나 고상한 것이라는 개념을 표현한다. 그것은 그가 참여해온 고상한 시합이다.

두 번째 육상 경기 은유인 "내가 경주를 마쳤다"는 빌립보서 2:16(앞의 6절에서 사용되는 그 "부어짐"의 이미지가 뒤따라 나옴)을 상기시킨다. 또한 바울은 경기장의 이미지를 고린도전서 9:24, 26에서 실제적으로 사용했다.[4]

바울이 지킨 "그 믿음"은 다른 데(딤후 1:12, 14; 또한 엡 4:5 참조)와 같이 일단의 교리를 뜻하는가, 아니면 바울의 개인적 신앙을 가리키는가? 둘 다 가능하다. "그 믿음을 지키다"가 성경 이외의 문헌에서 하나님께 신실하게 남은 사람들에게 대한 고정적 표현임을 주목하는 일은 흥미롭다.[5] 바울이 상투적 표현을 사용하지만 목회서신에서 매우 중요한 부가적 의미를 덧붙이면서 그렇게 한다고 생각해 볼 수도 있다.

8절의 "이제"라는 단어는 "남겨진 것"을 이끈다. "나를 위하여 예비된"은 누군가를 위해 마련된 보상이나 호의 그리고 심지어 벌을 기억하는 일과 관련된 명문(銘文)을 상기시킨다.[6] "의의 면류관[또는 화관]"이라는 개념은 여기서 유일무이하다. 다른 데서 우리는 "생명의 면류관"이라고 쓰여 있는 것을 본다(약 1:12; 계 2:10). 그 두 구절에서 헬라어 속격 "생명의"는 아마도 동격(곧, 면류관의 내용이 영생임)을 가리킬 것이다. 동일한 것이 여기서 사실일 수 있는데, 즉 미래의 면류관은 바로 의이다. 하지만 켈리는 이것은 "ⓐ 바울의 일반적 가르침은 신자는 이미 의롭게 되었으며, ⓑ 의가 어떻게 하늘에서 벌써 준비될 수 있는지 이해하기 쉽지 않다는 반대 의견들에 노출되어 있다."[7] 19세기 중반 엘리코트는 그것은 "교리적"이 아니라 "실천적인" 관련성을 지녔다—즉 의롭게 살아온 사람은 면류관을 받을 자격이 있다—고 제안했다.[8] 나이트는 그것이 "하나님께서 기독교인을 이끄시는…영속적이며 완벽한 '의의 상태'"로 본다.[9]

---

4. 그런 자료들은 후대의 저자가 목회서신에서 바울의 이름으로 사용하기 위해 바울의 진짜 저술들에서 이 회화적 단어들을 선택했다고 주장하는 데 사용되어 왔다. 하지만 바울 자신이 이전의 유사한 경험에서 인상적이었던 이미지들을 상기했다고 추정하는 것이 합리적이다.
5. 디벨리우스와 콘첼만(Dibelius/Conzelmann)은 이 용례들을 제공한다(*Pastoral Epistles*, 121 [note 18]).
6. Dibelius/Conzelmann, *Pastoral Epistles*, 121 (note 20).
7. Kelly, *Pastoral Epistles*, 209.
9. G. Schrenk, "δικαιοσύνη," *TDNT*, 2.210을 참조하는 Knight, *Pastoral Epistles*, 461.

그러므로 그 의미는 아마도 바울은 자신이 이미 의를 얻었음을 알고 있으며 이 의는 하늘에서 그에게 예비되었다는 말일 것이다. 의미에 대한 그런 탐구가 필요한데 왜냐하면 바울은 한편으로 하늘을 우리의 의에 의해 얻어지지 않는다라고 주장하며, 다른 한편으로는 하나님의 부여하시는 의는 이미 우리의 것이다라고 주장하기 때문이다. 세목에 대해 우리가 어떤 선택을 하든지, "상"이라는 사실을 기억해야 한다.

이 면류관을 상으로 주시는 주님은 "의로운 재판장"이시다. 그 사실은 하나님께서 그 면류관을 수여하시는 일에 있어 공의로우시다는 확신을 제시하며 또한 하나님께서 "살아 있는 자와 죽은 자를 심판할 것이다"(1절)라는 사실을 염두에 두고 있는 정신을 바짝 차리게 하는 정황을 보여준다. 이것은 "그의 나타나심을 (문자적으로) 사랑한[아가파오의 완료 시제]" 사람들에게 있어 놀라운 생각이다. 그 나타나심이 아직 발생하지 않았다는 사실을 고려할 때, "열망한"이 십중팔구 "사랑한"보다 여기의 아가페오에 대한 더 나은 번역일 것이다. "나타나심"이라는 단어는 의미심장한 에피파네이아, 곧 목회서신에서 동기를 부여하는 우리 주 예수 그리스도의 미래적 현현이다(1절과 주석 참조).

상황잇기

말씀의 전파. 성경 66권 중의 모든 절들 가운데서 디모데후서 4:2은 아마도 목사 안수식에서 가장 빈번하게 들려지는 것일 것이다. 물론 그것이 선택되는 이유는 다음과 같다. "말씀을 전파하라"는 명령, 포괄적인 시간에 대한 언급("때를 얻든지 못 얻든지"), (목회자의 전형적인 목회의 상당 부분을 포함하는) 바르게 함과 책망과 격려, 방법에 대한 언급("큰 인내와 신중한 가르침"), (심판자 되시는 하나님과 그 도래할 나라를 언급하는) 1절의 엄숙한 배경, 그리고 NIV와 여타 몇몇 번역판들의 1절에서의 "명령"이라는 단어(안수식은 보통 명령을 포함함).

이 구절을 안수시의 명령으로 사용하는 일에는 큰 유익과 중대한 약점 양자 모두가 있다. 유익은 목회에서의 하나님의 말씀의 중요함이다. 그러나 약점은 문맥상 바울의 디모데에 대한 명령은 특정 상황을 의도하고 있었으며 그것에 적용되었다는 점이다. 이 구절의 상황과 "명령" 어느 것도 오늘날의 전형적인 목회자의 직무 기술서에 부합되지 않는다. 우리는 목회서신에 현대의 담임 목사에 대한 견해를 투영하여 해석하는 경향이 있지만, 실상 디모데의 일은 주로 이단에 맞서며 그들의 가르침을 물리치는 것과 관계된 것임에 틀림없다. 그가 자신의 시간의 상당

부분을 오늘날 기독교 교회에서 보통 요구되는 성격의 목회에 할애했을 것이라는 점에 대한 아무런 암시도 존재하지 않는다. 물론 우리는 이 문제를 이런 저런 측면에서 바라볼 수 있다(현대적 적용 부분 참조). 현 시점에서 강조되어야 하는 것은 모든 사역에 있어 하나님의 말씀 사역의 중대한 위치이다.

바울은 사람들이 건전한 교훈을 용납하지 않을 도래할 때(그런데 오늘날 이 구절의 대부분의 독자는 십중팔구 그때가 이미 도래했다고 말할 것이다)를 염두에 두고 말씀의 선포를 주장했다. 듣기를 원하는 것만 듣고 진리와 쾌락에 대한 왜곡된 견해들을 반대하는 무엇에나 귀를 닫는 것이 인간 본성이다. 이것은 여기서 말씀을 전파하라고 하는 명령의 배경에 다시 한 번 관심을 기울일 것을 요청하는데, 이것은 2:15에서 "진리의 말씀을 올바로 다루라"고 하는 훈계의 배경(즉, 이단이라는 배경)과 유사하다.

바울서신에서 개인적인 내용. 6절로 이동하면서—저작권 문제의 신학적 측면들과 전적으로 별개로—바울이 자기 자신의 시나리오에서 사라지게 되었다는 것은 불행하다. 이 사람은 자기 자신의 서신들에 별안간 등장하고 사라지는 저자로서, 곧 어떨 때는 자신에 대한 하나님의 은혜에 대해, 또 어떨 때는 자신의 사명에 대해, 다른 때는 자신의 평안한 양심에 대해, 또 다른 때에는 여기에서와 같이 자신의 미래에 대한 염려에 대해 숙고한다. 목회서신을 진정성 있을 뿐만 아니라 흥미롭게 만드는 특이한 사소한 필치들이 있는데, 그것들은 한 화가 특유의 붓놀림과 색조 혹은 렘브란트가 자신의 그림 몇몇에 표현한 보잘것없는 자아상들과 같은 것이다. 방금 지적한대로 비록 3절에서 바울은 사람들이 이단을 선호할 때가 도래할 것이라고 말하지만, 6절에서는 자기 자신이 떠날 때가 이미 도래했다고 밝힌다.

그가 에베소에서의 이단의 존재에 대해 말한 모든 것을 고려할 때 우리는 사람들이 건전한 교리를 거절할 때가 이미 도래했지만, 그의 죽음에 대한 전망은 덜 확실했다고 생각했을 수도 있다. 하지만 명백히 바울은 자신의 개인적 운명은 이미 확정되었으며 "이미 전제와 같이 부어지고 있음"을 확신했다. 자신의 때가 왔음을 그가 크게 확신한 사실은 그에게 보잘것없는 자화상의 또 하나의 계기가 된다. 이것은 과장된 "뒷일은 될 대로 되라"(apres moi le deluge)는 식의 진술이 결코 아니다. 그는 자신의 죽음의 때가 믿음으로부터의 무제약적인 이탈의 때를 허용하게 될 사람으로 역사의 무대에 자신을 위치시키고 있지 않다. 그는 오히려 하나님의 종으로서, 비록 자신이 해야 할 일을 한 것뿐이지만(눅 17:10), 자신의 주인이 "잘하였다"(눅 19:17)라고 말하는 것을 듣게 될 것임을 아는 사람이다. 바울이 알았었든 몰랐었든, "내가 선한 싸움을 싸웠으며, 경주를 마쳤고, 믿음을 지켰다"라는 그의 말은 후세대의 주의 종들로 하여금 모든 장애물에도 불구하고 동일한 행동을 하도록 하는 자극제가 되었음에 틀림없다.

현대적 의미

오늘날 설교와 여타의 사역들. "말씀을 전파하라"는 목회자들의 가슴을 뜨겁게 할 뿐만 아니라 성경을 사모하는 모든 사람을 흥분시키는 명령이다. 그것은 우리가 순종하기를 열망하는 명령 중 하나다. 목회 사역자와 회중의 사역들이 아무리 광범위할지라도, 가장 눈에 띄는 것은 주일 설교이다. 전도와 상담과 훈련과 위로와 기획과 행정과 중보기도가 아무리 중요하더라도, 대부분의 신학생들이 고대하는 것은 설교이다. 거의 누구도 목회상담에 끝없는 시간을 보낸 사람들의 이름이나 얼굴은 모르지만, 조나단 에드워즈나 찰스 스펄전, 빌 하이벨스나 찰스 스윈돌과 같은 우리 시대의 위대한 설교자를 언급하며, 즉각적으로 알아본다.

이것은 다음과 같은 몇 가지를 의미한다. (1) 설교는 중요하며 그것에 대한 엄청난 양의 기도와 준비가 필요하다. (2) 설교자들은 하나님이 자신들에게 의도하신 것을 하고 있으며, 하나님이 원하시는 자리에서 섬기고 있고 하나님이 명령하시는 대로 살고 있음을 확신해야 하는데, 왜냐하면 그들의 영향력이 좋든 나쁘든 간에 지대하기 때문이다. (3) 회중은 자신들의 더 많은 시간을 사역을 나누는 데 할애하여(또는 아마도 교회 직원을 증원하여), 설교자의 은사나 소명의 영역이 아닐 수 있는 다른 많은 시간을 요하는 목회 직무들에서 자유로워 질 수 있게 해야 한다. (4) 이상의 것들에 균형을 맞추면서, 기독교인들은 다른 사역들의 중요성을 인정하고 설교자 개인을 과대평가하지 않아야 한다. 세련된 설교를 준비하기 위해 설교자가 기도와 사람을 소홀히 하기가 이미 너무 쉬워졌다.

우리는 디모데의 에베소 교회에 보내진 사도의 대리자로서의 역할—즉, 그는 거기서 이단과 이단자들을 논박하는 일에 집중해야 했음—은 현대 교회에서 전형적 목회자의 시간을 차지하는 직무와 상이하며 더 특정한 성격을 지녔음에 이미 주목했었다. 물론 이것은 목회자가 결코 주로 설교와 교리 교육을 감당하도록 하나님의 부름을 받지 않음을 뜻하지 않는다. 다수의 담임 목사는 목양 사역을 거의 맡지 않는다. 어떤 경우들에서 이것이 주로 개인적 선호에 대한 양해일 수도 있지만, 그런 전문화는 목회자 한 사람이 혼자서 다 하는 목회에 대한 아무런 성경적 근거도 없다는 사실에 부합한다. 이 사실은 최근에 증대되는 관심을 받았으며 하

나님의 모든 백성이 참여하는 목회와 다수의 목회 사역진의 장점에 대한 건강한 강조로 이어졌다.[10]

설교와 목회상담과 행정과 교육과 전도와 선교와 여타 사역의 책임을 분담하는 사역자와 장로의 팀을 구성하는 것은 성경적일 뿐만 아니라 효율적이다. 또한 일정 정도 설교 사역을 분담하는 일도 지혜롭다. 한 사람이 성경 지식과 신학적 분별력과 설교법과 목회적 감수성과 세상 물정에 밝은 일 등의 모든 은사를 독점하는 것은 아니다! 그리스도의 몸에서 다양한 은사의 존재와 중요성에 대한 성경적 가르침을 고려할 때 설교의 은사를 지닌 사람이 "담임 목사"로 항상 알려지는 반면, 상담에 수많은 시간을 들이는 다른 사역자는 더 적은 사례를 받는 "부목사"에 지나지 않는 점은 불행하다. 그것은 회중이 관례보다 더 큰 명예를 돌려야 하는 좋은 사례일 것이다.

그렇다면 "말씀을 전파하라"는 명령은 어떻게 적용되어야 하는가? 그러한 은사를 받고 소명을 받은 사람들이 그것을 해야 한다! 그들은 말씀의 권위를 가지고 설교해야 한다.[11] 왜냐하면, 비록 오류에 대항하여 진리를 가르치는 일에 초점이 있지만, 목회서신은 목양적 필요 전체에 걸쳐 교회의 설교 사역이 광범위하고 능력 있게 다뤄지는 목양 사역들에 동반되어야 함을 보여주기 때문이다.

앞에서 제안되었듯이, 설교는 아래(즉, 인간적 필요의 존재)와 위(즉, 성경의 진리) 양자 모두에서 비롯되어야 한다. 좋은 설교는 십중팔구 하나님의 도움이 요구

---

10. 다수의 최근 저술 중 다음과 같은 것들이 사역자와 평신도의 목회 지도자 직분과 관련하여 참조할 만하다. Jackson W. Carroll, *As One With Authority: Reflective Leadership in Ministry* (Louisville: Westminster/John Knox, 1991); James R. Hawkinson and Robert K. Johnston, eds., *Servant Leadership: Authority and Governance in the Evangelical Covenant Church*, vol. 1 (Chicago: Covenant Publications, 1993); James R. Hawkinson and Robert K. Johnston, eds., *Servant Leadership: Contemporary Models and the Emerging Challenge*, vol. 2 (Chicago: Covenant Publications, 1993); Calvin Miller, *The Empowered Leader: 10 Keys to Servant Leadership*(Nashville: Broadman & Holman, 1995); William R. Nelson, *Ministry Formation for Effective Leadership* (Nashville: Abingdon, 1988); Henri J. M. Nouwen, *In the Name of Jesus: Reflections on Christian Leadership*(New York: Crossroad, 1989); Eugene H. Peterson, *Working the Angles: The Shape of Pastoral Integrity*(Grand Rapids: Eerdmans, 1987); Norman Shawchuck and Roger Heuser, *Leading the Congregation: Caring for Yourself While Serving the People*(Nashville: Abingdon, 1993); Rick Warren, *The Purpose-Driven Church: Growth Without Compromising Your Message and Mission* (Grand Rapids: Zondervan, 1995).

11. James I. Packer, "Authority in Preaching," in *The Gospel in the Modern World*, Martyn Eden and David F. Wells, eds. (Downers Grove, Ill.: InterVarsity, 1991)을 참조하라. 이 책은 위대한 강해 설교자요 복음주의 지도자였던 존 스토트에게 헌정하는 것이다.

되게 하는 인간의 상황을 묘사하는 서론으로 시작할 것이지만, 이내 관련 성경 구절에 대한 강해로 전환할 것이다. 더욱이 (바르게 함과 책망과 격려와 신중하고 인내심 많은 가르침의 사역을 동반하는) 말씀의 전파가 에베소서에서 존재했던 것과 같은 교리적 위기의 시기에 특별히 중요하지만, 또한 양 떼를 보호하는 장로들의 계속적인 선제적 사역에서도 중요하다. 성경적 진리는 양 떼의 식사의 주요 영양분이어야 한다. 그것은 교회의 전체적 방향 설정에 있어 중요하며 회중의 영적 발전을 위해 필수적이다.

그 명령이 그 심판자와 왕 되신 분 앞에서 주어진다는 사실은 우리에 대한 그것의 중요성 더해준다(1절). 게다가 단지 천상에서의 칭찬에 관한 결어(8절)만을 수반하는 자신의 지상에서의 삶의 이야기의 마지막 장이 될 임박한 운명에 대한 바울의 인식(6절)은 현 시대에 하나님을 섬기는 모든 사람에 대한 강력한 동기가 된다.

사역의 책무들. 이 중대한 문장들 사이에 종종 안수시의 명령에서 거의 부차적 사항으로 사용되는 다음과 같은 또 하나의 문장이 있다. "모든 상황에서 냉정함을 잃지 말고 고난을 참으며 전도자의 일을 하고 네 사역의 모든 책무들을 이행하라" (5절). 이 책무들은 하나님의 종 된 우리의 사역의 부가적 요소들을 형성한다. 그것들은 우리에게 바울이 그리스도를 위해 겪은 고난들을 묘사한 이후에 한 언사인 다음 말씀을 상기시킨다. "이 외의 일은 고사하고 아직도 날마다 내 속에 눌리는 일이 있으니 곧 모든 교회를 위하여 염려하는 것이라"(고후 11:28). 오늘날 우리에게 주는 메시지는 단지 부담 하나를 더한다는 것이 아니라, 디모데가 자신의 직무 진술서의 주요 항목에만 몰두하여 자신의 사역의 범위를 제한하지 않았을 것임과 똑같이 오늘의 우리도 우리 주변을 돌아보며 우리 자신의 공동체들에 존재하는 놀랍도록 다양한 기회들을 관찰하도록 독려된다.

이것들은 부담이나 주의를 분산시키는 일이 되지 않아야 하는데, 왜냐하면 우리는 디모데와 같이 "모든 상황에서 [우리의] 냉정함을 잃지 말아야" 하기 때문이다. 우리는 말을 타고 동시에 사방으로 가려고 한 미련한 청년과 같이 되어서는 안 된다. 또한 우리는 쉬운 일만으로 시간을 때우려 해서도 안 되며, 오히려 기꺼이 "고난을 참아야 한다." 또한 특별히 우리는 우리의 은사를 너무 좁게 단정하여 전도의 기본적 책무를 배제하는 일이 있어서는 안 된다. 비록 모든 사람이 이 특정한 은사를 지니지는 않았지만(엡 4:11이 이점을 명시함), 우리 모두는 확실히 전도 사역을 진작시키는 증인이 되어야 한다. 의심의 여지없이 바울은 디모데에게서 전도자의 은사를 발견했다.

우리는 "[우리의] 사역의 모든 책무들을 이행해야" 하지만, 이것은 다른 사람들이 우리에게 떠넘기는 모든 책무를 감당한다는 말은 아니다. 많은 목회자와 선교사가 경계를 정하기 어려운 매우 많은 필요들에 직면하는 반면, 다른 사람들은 비전을 갖거나 사역의 기회를 발견하기가 어렵다. 또한 (갈등이나 긴장이나 위해의 높은 위험성을 수반하는 사역은 피하면서 교인들을 상담하거나 일상적인 행정일 등의) 보다 편안한, 곧 아마도 자신의 자연적 은사나 성향에 보다 부합하는 사역들을 선택하는 일이 가능하다. 도시 슬럼가 사역과 해외에서의 선구적 사역과 환자들에 대한 사역 등이 생각난다.

여기에 목회자들이 냉정함을 잃지 말아야 할 또 하나의 이유가 있다. 오늘날 기독교 목회에서 종사하는 사람들은 대부분 선배들이 지니지 못했던(아마도 지니기를 원하지 않았던) 자원을 가지고 있다. 그 자원은 바로 "평신도의 사역"—곧 하나님의 모든 백성을 사역자로 보는 현대적 운동—이다. 이러한 자각 때문에 오늘날의 교회 목회자는 보다 용이하게 자신의 일을 떠넘기려 한다는 비난을 받지 않으면서 교인들에게 다양한 사역을 분담하도록 독려할 수 있게 되었다. 지혜로운 목회자는 단순히 평신도들에게 "일거리"를 주는 것이 아니라, 어떤 사역들이 필요하고 가능하며 (목회자의 격려와 더불어) 어떻게 스스로 이 사역들을 수행할지에 대한 그들 자신의 비전을 개발하도록 독려할 것이다. 오늘날 우리에게는 국내외에서 새로운 사역의 가능성들을 찾으며, 그리스도를 위해 사람들에게 다가가는 새로운 방식을 창출하고, 그분의 교회가 자랄 수 있게 하는 놀라운 기회들이 열려 있다.[12] 이 현대적 상황 때문에 아마도 5절 말씀은 이전 세기들에서는 생각할 수 없었던 방식으로 실현될 수 있을 것이다.

배턴(baton)을 전달하기. 이 모든 훈계의 이면에는 이제 막 자신이 전달받은 거대한 책무들을 젊은이에게 맡기려고 하고 있는 위대한 사도라는 인물이 있다. 이것은 그의 편에서 상당한 신뢰를 요구했을 것임에 틀림없다. 이 본문과 그것에 대

12. 다음과 같은 책들은 평신도 사역을 강화하는 데 유익하다. David Foy Crabtree, *The Empowered Church*(New York: Alban Institute, 1989); Robert J. Banks, *Paul's Ideas of Community: The Early House Churches in Their Historical Setting*(Grand Rapids: Eerdmanns, 1980); Melvin J. Steinbron, *The Lay-Driven Church: How to Empower the People in Your Church to Share the Tasks of Ministry* (Ventura, Calif.: Regal, 1997); R. Paul Stevenson, *Liberating the Laity: Equipping All the Saints for Ministry*(Downers Grove, Ill.: InterVarsity, 1985); R. Paul Stevenson, *The Equipper's Guide to Every-Member Ministry: Eight Ways Ordinary People Can Do the Work of the Church*(Downers Grove, Ill.: InterVarsity, 1992). 다른 주제에 대해 논하는 본서의 다른 곳에서 언급되는 저서들의 일부 역시 평신도 사역에 대한 논의를 포함하고 있다.

한 내 주석을 읽자마자 필자의 아내는 다음과 같은 지적을 했다. "당신은 은퇴한 선생으로서 무슨 생각이 들어요? 모든 일을 젊은 사람에게 넘길 수 있겠어요?" 이 지적은 필자로 하여금 은퇴한 신학교 교수와 은퇴한 목사 양자 모두로서 성찰해볼 수 있는 기회가 되었다. 그런데 이 단락을 완성하기 직전 필자는 두 번의 전화를 받았다. 하나는 해외에서 탁월한 교수 사역을 감당하고 있는 필자의 이전의 제자 중 한 명에게서 걸려온 것이었다. 다른 하나는 교회 몇 군데에서 목회자로 청빙하길 원하는 또 한 명의 제자에게서 걸려온 것이었다. 필자가 무슨 생각을 하겠는가? 필자는 하나님께서 허락하신 개인적 사역의 모든 기회를 소중히 여겨왔다. 하지만 필자는 그분 자신의 사역이 필자의 은퇴로 끝나지 않고 유능한 다수의 디모데들을 통해 계속된다는 사실을 더욱 소중히 여긴다.

디모데후서 4:9-22

9 너는 어서 속히 내게로 오라
10 데마는 이 세상을 사랑하여 나를 버리고 데
살로니가로 갔고 그레스게는 갈라디아로, 디
도는 달마디아로 갔고
11 누가만 나와 함께 있느니라 네가 올 때에 마
가를 데리고 오라 그가 나의 일에 유익하니라
12 두기고는 에베소로 보내었노라
13 네가 올 때에 내가 드로아 가보의 집에 둔 겉
옷을 가지고 오고 또 책은 특별히 가죽 종이
에 쓴 것을 가져오라
14 구리 세공업자 알렉산더가 내게 해를 많이
입혔으매 주께서 그 행한 대로 그에게 갚으
시리니
15 너도 그를 주의하라 그가 우리 말을 심히 대
적하였느니라
16 내가 처음 변명할 때에 나와 함께 한 자가 하
나도 없고 다 나를 버렸으나 그들에게 허물
을 돌리지 않기를 원하노라
17 주께서 내 곁에 서서 나에게 힘을 주심은 나
로 말미암아 선포된 말씀이 온전히 전파되어
모든 이방인이 듣게 하려 하심이니 내가 사
자의 입에서 건짐을 받았느니라
18 주께서 나를 모든 악한 일에서 건져내시고
또 그의 천국에 들어가도록 구원하시리니 그
에게 영광이 세세무궁토록 있을지어다 아멘
19 브리스가와 아굴라와 및 오네시보로의 집에
문안하라
20 에라스도는 고린도에 머물러 있고 드로비모
는 병들어서 밀레도에 두었노니
21 너는 겨울 전에 어서 오라 으불로와 부데와
리노와 글라우디아와 모든 형제가 다 네게
문안하느니라
22 나는 주께서 네 심령에 함께 계시기를 바라
노니 은혜가 너희와 함께 있을지어다

원 의미

"최선을 다하라"(9절)는 스파우다조(참조. 1:17; 2:15; 4:21에서의 이 동사 혹은 관련 부사 형태의 사례들, 또한 딛 3:12)라는 단어를 번역한 것이다. 그것은 여기서 "속히"라는 낱말에 의해 증대되는 긴급성의 인식을 전달한다. 이것은 아마도 어떤 특정 이유로 가능한 한 속히 디모데와 함께 있고자 하는 바울의 소원을 표현하거나, 단순히 배편이 겨울 동안 막히기 전에 출발하라는 실제적 충고일 것이다(21절). 고대의 여행은 매우 위험했는데, 육로는 겨울철에 특별히 위험했으며, 해상 여행은 불가능했다. (바울이 로마에 있는 것을 가정할 때) 만약 디모데가 소아시아 서쪽과 에게 해에서 마게도냐를 거쳐, 마지막으로 아드리아 해를 건너는 일반적 경로를 따랐다면, 여행 중 여러 지점에서 지체되는 일에 직면할 수 있을 것이다.

하지만 여기서 주어지는 디모데가 와야 할 이유는 바울의 동행자들이 그를 떠나가고 있었다는 것이다. 그의 곤경은 만약 디모데가 겨울의 시작으로 인해 여행 도중 오래 동안 지체된다면 더욱 악화될 것이다. 데마가 바울을 버린 이유는 "이 세상을 사랑했기"(부정과거 분사는 단지 그의 이탈의 원인을 표현하는데, 이것은 그리스도의 나타나심을 "열망하는" 사람들을 묘사하는 8절의 동일한 동사 아가파오의 완료 분사와 흥미롭게도 대조됨) 때문이다. 데마는 현 세상을 선택했는데, 이것은 당장의 붉은 스튜 요리의 식사를 위해 장자 상속권을 판 에서의 행동과 비교될 수 있을 것이다(창 25:29-34). 그가 간 데살로니가는 아마도 그의 고향이었을 것이지만, 이것이 확실하지는 않다. 데마는 골로새서 4:14와 빌레몬서 24에서 언급되는데, 전자에서 그와 누가는 서로 좋은 관계 속에 있었던 것으로 보이며, 후자에서 그는 누가와 마가 그리고 또 아리스다고(데살로니가 출신임, 참조. 행 20:4)와 함께 언급된다. 디도는 달마디아로 갔는데, 십중팔구 바울이 맡긴 일 때문일 것이다(달마디아 안에 있는 니고볼리를 가리키는 딛 3:12에 대한 주석 참조).

"누가만 나와 함께 있느니라"는 11절의 진술은 어떤 감정을 전달한다. 어떤 사람들은 그것이 또한 목회서신의 저작권의 단서가 된다고 생각한다. 누가의 존재는 그가 목회서신을 작성하는 서기로서 역할하는 것을 가능하게 하는데, 아마도 바울에 의해 상당한 재량권이 주어졌을 것이다. 이 재량권은 자기 일정하게 자신의 문체와 어휘를 사용하여 바울의 생각을 표현하도록 허용했을 것이라고 제안된다(서론 참조). 이 시점에서 바울의 유일한 동행자로서의 누가에 대한 언급은 디모데에게 문안하는 다른 사람들이 언급되는 21절과 모순되지 않는다. 9-12절에서 바울은 분명히, 비록 다른 사람들이 주변에 있지만, 단지 자신의 "팀"에 속한 사람들, 곧 복음 사역의 동역자들 만을 언급한다.

"마가를 데리고 오라"(11b절)는 그가 에베소 있지 않으며 디모데가 도중에 그를 만나 함께 바울에게 와야 함을 암시한다. 바울이 마가를 원하는 이유는 "그가 내 사역에 있어 내게 유익하다"는 것이다. 그 현재 시제는 마가가 이미 바울과 재결합했음을 암시한다. 바울이 마가를 자신의 선교여행에 계속하여 동행하도록 하기를 거절한(행 15:37-40) 뒤의 일정한 시점에, 바울이 마가를 자신의 사역의 조력자로 다시 신뢰하는 일을 가능하게 했을 어떤 변화가 마가나 바울, 혹은 아마도 양자 모두에게서 일어났다. 마가의 사역의 성격이 설명되지 않지만, 여기서 사용되는 다이코니아라는 단어는 (집사의 전문화된 사역과 그리스도를 위한 종 된 직분을 묘사하는 일반적 용법 이외에) 바울과 그의 조력자들의 전도 사역을 가리킨다(고전 3:5; 엡 3:7; 6:21; 골 1:7, 23, 25; 4:7).

두기고(12절)는 바울의 중요한 조력자로 몇 군데서 나온다(행 20:4; 엡 6:21-22; 골 4:7-9). 바울은 "[그를] 에베소에 보냈는데", 이것은 부정과거 시제로서 두기고가 이미 거기로 가는 도중에 있는 단순한 과거의 행동을 가리키거나, 또는 두기고가 에베소에 도착한 후에 편지를 받을 디모데의 관점에서 쓰인 서신상의 부정과거(epistolary aorist, 참조. 엡 6:22; 골 4:8)이다(디모데가 십중팔구 에베소에 있다는 점에 유의; 참조. 딤전 1:3). 후자의 경우 바울은 두기고 편에 이 서신을 디모데에게 보냈을 수도 있다. 또 하나의 가능성은 (다른 사람에 의해 전달되는) 본 서신이 도착한 후 에베소에서 끝나게 될 임무를 맡기면서 바울이 이미 두기고를 보냈다는 것이다. 바울은 두기고가 거기서 디모데가 바울을 방문하기 위해 떠난 이후에 사역을 계속 이어갈 준비를 시작하길 원하는지도 모른다.

디모데가 그 여행시 가져와야 할 것에 대한 13절의 지시들이 학자들에 의해 면밀하게 검토되어 왔다. 복장은 당시에 오늘날과 같이 기후와 계절뿐만 아니라 신분에 따라서도 달랐다. 원로원 의원과 철학자의 예복은 뚜렷이 구별되었다. 유랑하는 견유 철학 설교자들은 가난한 모습을 보이기 위해 일부러 옷을 닳게 했다.[1] 바울이 드로아에 남겨둔 겉옷은 평범한 무거운 외투였다. 우리는 바울이 그것을 잊었다고 추정할 필요가 없는데, 겨울이 다가오고 있으며(21절), 심지어 로마(만일 바울이 여기에 있다면)와 같이 상대적으로 따뜻한 기후에서도 감옥은 습하고 추웠을 수 있다.

우리는 가보가 누구인지 알지 못한다. "두루마리"라는 단어는 파피루스로 만든 문서를 가리킬 수 있지만, 그 단어는 또한 일반적 방식의 문서에도 사용되었다. 주경자들은 보통 (올바르게도) 바울의 두루마리는 적어도 구약성경 저작의 일부를 포함했을 것이라고 제안한다.[2] 바울의 구약성경의 빈번한 사용과 그의 랍비 교육을 고려할 때, 그가 구약성경 책의 일부를 지니고 있었던 것도 놀랄 일이 아닐 것

1. 디벨리우스와 콘첼만은 "겉옷"에 대한 전문적인 사항들을 논하면서, 근거 자료와 인용문들을 제공한다(Dibelis/Conzelmann, *Pastoral Epistles*, 123).
2. 나이트(*Pastoral Epistles*, 467)는, 눅 4:17; 갈 3:10; 히 9:19; 10:7에서와 같이, 특정한 구약성경의 구절을 가리키는 그 용어의 용법을 지적한다.

이다. "양피지"는 보다 비싼 재료였으며 보통 양이나 염소의 가죽으로 만들어졌다. 그것은 파피루스보다 더 큰 내구성이 있었으며 모양이 더 좋았고, 또한 지워질 수도 있었다.[3] 우리는 바울이 요청한 양피지 문서의 내용을 알지 못한다.

"두루마리"라는 단어와 "특별히"(말리스타)라는 단어 중간에 "그리고"라는 단어가 없으며, 따라서 그 두루마리와 양피지는 서로 다른 것을 가리킬 수 없다는 점이 자주 간과된다. 오히려 바울은 아마도 그 두루마리가 바로 양피지 문서라고 말하고 있는 것일 것이다. 스키트(T. C. Skeat)[4]의 매우 중요하고 빈번히 인용되는 논문은 이 구절을 비롯하여 어떤 경우에 보통 "특별히"로 번역되는 말리스타에 후속되는 단어는 별개의 항목이 아니라 그 항목 자체를 가리킨다는 것을 설득력 있게 증명했다. 우리는 말리스타를 "말하자면" 또는 "즉"으로 번역할 수 있을 것이다.[5] 분별력 있는 주경상의 결정이 각각의 경우에서 이루어져야하는데, 왜냐하면 문맥에 따라 말리스타가 이런 동일시적 의미로 사용되는지의 여부가 판가름 날 것이기 때문이다.

"금속 세공업자 알렉산더"가 디모데전서 1:20에서 거명되는 사람과 동일인인지의 여부는 말하는 것이 불가능하다. 바울은 둘을 서로 구별하는 아무런 명백한 언급도 하지 않는데, 비록 여기의 "금속 세공업자"라는 단어가 일종의 구별하는 언급으로 이해될 수도 있을 것이지만 말이다. 14절에서의 추가적 묘사(여기의 "큰 해"는 3:11의 박해의 일부였을 수도 있음)는 디모데전서의 언급에 상응한다. 하지만 "그를 주의하라"(15절)는 디모데에게의 경고는 이 사람이 현재적 위협이 되고 있음을 암시하는 반면, 디모데전서 1:20은 그의 출교("사탄에게 내주었다")를 암시한다. 따라서 이 첫 번째로 언급되는 알렉산더가 계속적인 위협이 될 개연성은 더 작다. 생각건대 그는 외부에서 큰 해를 입혔을 수도 있는데, 특별히 그가 일정 정도 사탄의 통제 하에 있다면 말이다. 하지만 디모데전서와 디모데후서 간의 알려지지 않은 시간 간격을 고려할 때, 그가 회복되었지만, 불행하게도 여전히 "[바

---

3. 오늘날 고대 시나이와 바티칸의 사본들을 이용할 수 있는 것은 그것들이 기록된 책자 형태로 철해진 양피지 때문이다(참조. I. A. Sparks, "Parchment," *ISBE*, 3:663).

4. T. C. Skeat, "'Especially the Parchments': A Note on 2 Timothy IV. 13," *JTS* 30 (1979): 173-77.

5. 이 문제는 특별히 여기서 중요하지는 않지만, 딤전 4:10("모든 사람 특히 믿는 자들의 구주"); 5:8("누구든지 자기 친척 특히 자기 직계 가족을 돌보지 아니하면"); 5:17("장로들을 배나 존경할 자로 알되 말씀과 가르침에 수고하는 이들에게 특별히 그리할 것이니라"); 딛 1:10("불순종하는 사람들…특히 할례파에 속한 자들")에서는 중요하다(그 구절들에 대한 주석 참조). 또 하나의 민감한 본문은 다음과 같은 갈 6:10이다. "그러므로 우리는 기회 있는 대로 모든 이에게 착한 일을 하되 특히[말리스타] 신자들의 가족에 속한 자들에게 할지니라."

울의] 메시지를 강하게 반대했을" 가능성이 있다.[6]

바울은 무슨 뜻으로 16절에서 "내 첫 번째 변호"라고 말하는가? 만약 바울이 사도행전이 끝난 이후에 재판을 받았고 무죄를 선고받았으며 이제 두 번째로 구금되고 소송의 처분을 기다리고 있다면, 이 절은 자연스럽게 그 앞선 상황을 가리킬 수 있을 것이다. 이런 이해는 17절과 잘 조화될 수 있는데, 거기에는 주께서 바울에게 힘을 주셔서—곧 그의 추가적 선교 여행들을 통해—"그 메시지가 온전히 선포되고 모든 이방인이 들을 수 있게 된다"라고 기록되어 있다. "사자의 입"은 로마 황제를 가리킬 수 있을 것이다. 다른 한편, "첫 번째 변호"는 로마법에서 악시오 프리마(actio prima)로 불린 것, 곧 그의 현재의 재판의 첫 번째 단계를 가리킬 수도 있다.[7] 이 경우 우리는 17절이 바울이 개인적으로 추가적인 나라들과 이방인 청중에게 가는 것과 다른 의미의 미래의 복음 선포와 관련된다고 이해해야 할 것이다.

분명히 그 메시지의 성취는 어떤 식으로든 바울 자신을 통한 것이며 중대한 이방인 청중이 복음을 듣는 일을 포함한다. 이것은 생각건대 만약 각계각층의 사람이 참석했다면 그 사전 심리에서 일어났을 수도 있을 것이지만, 이 증거의 시점은 사도행전 말미의 재판과 현재의 재판 중간의 기간에 더 잘 들어맞는다고 말해져야 한다. "사자의 입"이라는 이미지를 해석하는 다양한 방식이 있으며, 따라서 그것은 어떤 특정한 변호와 관련된다고 단정할 수 없다. 무엇과 관련되든지 간에 양자 모두의 재판시 아무도 바울을 지지하지 않았다는 것은 이해하기 어렵다. 하지만 그는 이것을 강력하게 주장하는데, 곧 강조적인 "아무도"와 (앞서 10절에서 데마에 대해 쓰인) "버렸다"의 사용에 주목하라. "그들에게 허물을 돌리지 않기를" 바라는 바울의 "소원의 기도"는 십자가상에서의 예수의 용서의 말씀(눅 23:34)과 죽어갈 때에 자신을 돌로 치고 있던 자들에 대한 스데반의 기도(행 7:60)를 상기시킨다.[8]

바울이 이 모든 것을 디모데에게 말하고 있는 것은 이상하게 보이는데, 왜냐하면 특별히 이것의 그의 첫 번째 재판에 대한 지칭이라면, 디모데는 자세한 내용을 이미 알고 있었을 것이기 때문이다. 하지만 고대 서사에서 사건이 반복되게 하는

6. 다음과 같은 한 가지 가능성이 더 있다. "주께서 그에게 갚으실 것이다"에서의 미래 시제는 아직 이행되지 않은 형벌을 가리킬 수도 있다. 하지만 이것은 개연성이 더 작은 것 같다.

7. Ellicott, *Commentary*, 178; Kelly, *Pastoral Epistles*, 218.

8. 나이트(*Pastoral Epistles*, 468-72)는 16-17절에서 이 문제들에 대해 상세히 논하다.

일은 드물지 않았다. 이것은 18절의 "주께서 나를 건져내실 것이다"까지 이어지는 작은 서사이다. 이것은 이 단락에서 "주"에 대한 세 번째 언급이며 아마도 특별히 그리스도를 가리킬 것이다. 주기도문은 "우리를 시험에 들게 하지 마시옵고 다만 악에서 구하시옵소서"(마 6:13)를 포함한다. 뤼오마이("구하다")와 포네로스("악")라는 동일한 단어들을 사용하는 디모데후서 4장 18a절과 유사한 것이 분명하다. "건지다"에 대한 강조는 17절에서의 뤼오마이(NIV, "구해졌다", 또한 고후 1:10 참조)의 사용에 의해 거들어진다.

"모든 악한 공격"(문자적으로 "모든 악한 일")이라는 어구는 금속 세공업자 알렉산더가 행한 것과 관련된다(14절 주석 참조). 미래형의 소세이가 "나를 안전하게 데려가실 것이다"로 번역되어야 하는지 의문의 여지가 있다. 이 친숙한 동사는 목회서신에서 7번 나오는데, 보통 그리스도가 아니라 하나님이 주어가 되는 구원을 언급한다. 만약 본 절의 "주"가 (주기도문에서와 같이) 성부 하나님이시라면, 이것은 구원을 하나님에게 돌리는 또 하나의 예가 될 것이다. 바울이 언급하고 있는 구원은 "[하나님의] 하늘나라에" 가는 것이다. "나라"라는 단어는 우리에게 다시 한 번 주기도문의 "나라가 임하옵시며"라는 말씀을 생각나게 하며, "하늘"이라는 단어는 에베소서 1:3, 20; 2:6; 3:10; 6:12을 상기시킨다. 이것은 목회서신에서의 단지 두 번째 "나라"라는 단어의 용례이다(딤후 4:1과 주석 참조). 바울은 이 시점에서 간단한 송영을 드리는 일을 억제할 수 없다. "세세무궁토록"은 "천국"에 대한 그의 생각에 부합한다.

19-21절에서의 바울의 마지막 인사말과 개인적 언급은 감상적이라고 말하는 것이 가장 적절하다. "브리스길라와 아굴라"는 바울에게 중요한 인물들이었다. 그들의 이름의 순서가 의미심장하다. 고린도전서 16:19에서 아굴라가, 기대되는 대로, 먼저 언급된다. 하지만 누가는 그 교회가 그의 집이 아니라 그들의 집에서 모인다고 지적한다. 로마서 16:3에서 바울은 브리스길라의 이름을 먼저 언급한다. 또한 그 부부는 사도행전 18:2, 18, 19, 26에서 언급된다. 2절은 아굴라의 이름을 먼저 거명한다. 다음으로 18절에서 누가는 바울이 "한동안" 고린도에 있은 후, 수리아로 여행했는데, 부리스길라와 아굴라가 함께 했다. 그 즈음에 브리스길라가 남편 보다 더 많은 관심을 끌었었던 것 같다.

당시에 여자가 남편보다 더 앞서 언급되는 일은 이례적이었다. 드문 예외는 가끔의 비석에서의 역순이었다. 나이트는 이것의 몇 가지 이유를 제안하고 있는데, 브리스길라가 아굴라 보다 더 높은 지위에 있었거나 이것이 "그녀가 여자이므로 베풀어진 기독교적 호의의 표현"[9]이었을 가능성이 포함된다. 하지만 만약 그 이유가 이 제안들과 같은 것이라면, 우리는 이름의 순서가 모든 본문에서 동일할 것을 기대할 것이다. 최선의 설명은 그들의 사역이 계속됨에 따라 그녀가 더 큰 명성을 얻게 되었다는 것일 것 같다. 예를 들어 사도행전 18:26에서 브리스길라와 아굴라(이 순서로 언급됨)는 아볼로를 자신들의 집에 초대했으며 "그에게 하나님의 도를 더 적절히 설명했다." 디모데전서 2:12의 모든 적용은 이 사도행전의 구절을 고려해야 한다.

"오네시보로의 집"에 대한 언급(19b절)은 1:16-18에 대한 적절한 대응이다. 이것은 그 가정 전체에 대한 훌륭한 증언 또는 만약 그가 죽었다면 그의 유족에 대해 감정을 복받치게 하는 동정적 언사일 것이다. 그의 죽음의 가능성은 오네시보로 자신이 아닌 그의 가정이 언급되는 이례적 사실에 의해 암시된다.

"에라스도"(20절)는 사도행전 19:22에서 디모데와 동시에 언급되는 사람과 동일인일 수도 있다. 또한 로마서 16:23은 "그 시의 공공사업 관리자인" 에라스도를 언급한다(아마도 거기의 그 시는 바울이 로마서를 보내는 발신지였던 고린도일 것임). 이 경우 그는 상당한 위상을 지녔을 것이며, 실제로 고린도의 한 비문에 언급된 에라스도일지도 모른다.[10] 여기 디모데후서 4:20에서의 추가적 묘사 없는 바울의 에라스도에 대한 언급은 디모데가 그를 알고 있음을 시사한다. 여기의 고린도에 대한 언급은 그 시의 공공사업 관리자와의 가능한 연관성을 보여준다. 하지만 이 동일시의 문제는 그 사도행전 구절(거기서 에라스도는 에베소에 있음)과 로마서 16:23과의 연관성의 부재이다. 더욱이 에라스도라는 이름은 흔한 것이었다. 그러므로 이 동일시는 기껏해야 하나의 가능성으로 남겨져야 한다.

또한 "드로비모"가 사도행전 20:4에서 디모데와 동행하는 것으로 언급된다. 그는 "아시아 지역 출신"이었다. 사도행전 21:29에서 그는 "에베소 사람 드로비모"라고 칭해진다. 드로비모가 "병들어서 밀레도에" 남겨졌다는 것은 치유를 비롯한 바울의 기적적 행위들과 관련하여 의미심장할 수도 있다(행 14:8-10; 28:7-9).

21절에서 동사 스파우다조가 나오며, "겨울 전"과 해로가 막히기 전에 바울을

9. Knight, *Pastoral Epistles*, 475.

10. 그 비문에는 다음과 같이 쓰여 있다. "에라스도는 조영관(造營官) 직분(aedileship)에 대한 보답으로 자신의 비용을 들여 이 도로를 깔았다": Bruce, *The Acts of the Apostles: Greek Text with Introduction and Commentary*, 3d ed. (Grand Rapids: Eerdmans, 1990), 414에 인용되는 J. H. Kent, *Corinth VIII\3. The Inscriptions 1926-1950*(Princeton, 1996), 99을 보라.

보기 위한 디모데의 예상되는 여행의 긴급성의 어조를 전달한다. 다음으로 바울은 다음과 같은 기타 알려지지 않은 몇몇 사람을 열거한다. 으불로와 부데와 리노와 글라우디아. 리노는 때때로 추측에 의해 로마의 초기 감독 중 한 명과 연관되어 왔지만,[11] 그 이름은 너무 흔해서 어떠한 구체적 동일시도 허용하지 않는다. 또한 1세기에 단일한 주교의 통치와 같은 것이 있었는지의 여부가 질문될 수 있을 것이다. "형제들"이라고 번역되는 단어는 자매들을 포함할 수도 있다. 바울의 저작에서 "형제들"을 지칭하는 다수의 구절이 문맥상 분명하게 자매들을 포함한다는 사실을 고려할 때, 번역에서 "자매들"을 덧붙이는 일은 합당하다.

"주"가 이 서신의 종결부에서 마지막으로 언급된다. 이 낱말이 하나님을 가리키든 아니면 그리스도를 가리키든, 바로 성령의 위격 안에서 주는 우리의 심령에 함께 계신다(요 14:15-27). 마지막 인사는 고대 서신에서 전형적이지만, 1:2의 "은혜와 긍휼과 평강이 네게 있을지어다"와 마찬가지로 "은혜가 너희와 함께 있을지어다"는 독특하게 기독교적이며 바울적인 의미를 지닌다.

상황잇기

사람, 사람, 사람. 단지 하나님께서만 데마와 그레스게와 디도와 누가와 마가와 두기오와 알렉산더와 브리스길라와 아굴라와 오네비보로와 에라스도와 드로비모와 으불로와 부데와 리노와 글라우디아의 이름을 읽고 그들에게서 좋든 나쁘든 자기 자신의 삶에 영향을 준 사람들의 얼굴을 떠올리는 사람들의 수를 아실 것이다. 이것은 바울에게서와 마찬가지로 극단적 시기에 발생했을 수 있다. "아무도 나를 지지하지 않고 다 나를 버렸다"라는 애처로운 언사는 십중팔구 많은 잊혀 진 성자들에 대해 사실일 것이다. 그러나 "하지만 주께서 내 편에 계셨으며 내게 힘을 주셨다"라는 언사 역시 마찬가지이다.

마지막 인사와 함께 이 단락은 디모데후서 성경공부 시리즈 종결 시에 자주 경솔하게 읽혀진다. "이야기의 결론"을 누설할 위험성이 없기 때문에, 아마도 이 부분이 이 서신에 대한 메시지 시리즈의 시작 시에 읽혀지는 것은 나쁜 생각이 아닐 것이다. 만약 실제로 네 장 모두가 이 마지막 부분에서 묘사된 상황 가운데 쓰였다면, 바울의 사고는 (우리에 명시되든 아니든) 이 사람들의 영향을 통해 그에게 일어나던 것에 영향을 받았을 것이다. 사도 바울이 인간 바울이 되게 하는 일은 겸양

11. Irenaeus, *Against Heresies* 3.3.3.

의 겉치레가 아니라 사실적인 것이다. 그러므로 바울의 이 조력자들에 대한 묘사는 우리로 하여금 바울의 상황과 교회사 전체에 걸친 기독교인들의 상황을 이해하도록 도움을 주는 데 의의가 있을 수 있다.

바울의 경우에서 우리는 "각 사람을 그리스도 안에서 완전한 자로 세우려"(골 1:18) 하는 그의 엄청난 노력이 항상 성공적이지만은 않았던 것임을 배우게 된다. 비록 디모데후서가 (상황이나 태도의 유사한 변화가 혹자의 동행자들 가운데서 예상될 수 있는 때인) 바울의 사역의 말미의 일들을 묘사하지만, 우리는 저버림과 이탈과 질병이 주를 위한 그의 오랜 사역 가운데 흔하게 일어나던 사건들이었다고 추측할 수 있다. 실제로 바울은 날마다의 "모든 교회에 대한 [그의] 염려의 눌림"에 대해 앞서 기록했었다(고후 11:28).

치유. 드로비모가 "밀레도에 병들어서" 남겨졌음에 대한 언급은 치유의 문제를 제기한다. 만약 치유가 "구속 가운데" 있거나 믿음의 기도의 보장된 결과로 주장될 수 있다면, 바울은 왜 드로비모의 회복을 가져오는 일과 관련되는 신학적 이해나 성숙한 신앙을 가지고 있지 않았는가? 이 지속적인 문제에 대한 긴 논의가 여기서 가능하지 않지만 어떤 이유에서 드로비모(그리고 바울)가 일정정도 기독교 사역을 방해한 것이 분명한 질병을 다뤄야 했는지 지적될 수 있다. 이 문제에 대한 논의는 보통 질병 보다 치유라는 주제에 포함된다는 점은 아마도 의미심장하다. 건강은 정상적이고 바람직한 상태인 반면, 기독교인은 자주 그것의 부재에 대해서도 고민해볼 필요가 있다.[12]

에드윈 후이(Edwin Hui)는 "신체적 쇠약, 필멸성 또는 자신의 운명에 대한 통제 상실로 인한 절망의 느낌"과 같은 질병의 몇몇 개인적 결과에 대해 언급한다. 또한 소외감와 "줄어든 자존감"이 있을 수 있다.[13] 확실히 바울은 자신의 벗의 고통을 경감시키려고 시도했을 것이지만, 아마도 또한, 특별히 우리가 고난 중에 주님을 갈구하면, 하나님께서 질병 가운데서 선한 것들을 도출해 내실 수 있음을 그에게 상냥하게 상기시켰을 것이다. 기독교의 문학과 찬송가는 그런 경험 가운데 작성한 사람들에 의해 놀랍도록 풍성해져 왔다. 질병은 왜곡된 순교자 강박관념으로부터 추구되거나 오용되지 않아야 하지만, 하나님의 선하심 가운데 타인들 역시

12. 한 중요한 예외는 "치유"와 "건강"과 "질병"에 관한 기고문들을 수록하는 다음과 같은 탁월하며 실제적인 참고서가 되는 책이다. Robert Banks and R. Paul Stevens, eds., *The Complete Book of Everyday Christianity*(Downers Grove, Ill.: InterVarsity, 1997).

13. Edwin Hui, "Sickness," *Everyday Christiantity*, 895.

유익하게 할 수 있는 하나님과 더 가까이 동행할 수 있은 기회일 수도 있다.[14]

교회사 도처의 귀감들. 우리가 이 단락에서 언급하는 다양한 사람들에 대한 바울의 언사에서 어느 정도의 원리를 도출해야 하는지 알기 어렵다. 항상 그러하듯이 우리는 그가 영감하에서 글을 썼으며, 따라서 그의 잘못에 대한 공개적 언급은 우리에게 사람들에 대해 부정적으로 말할 자유를 반드시 주게 하는 일은 아니다. 하지만 일정한 특징과 행동 양식이 문화적 차이에도 불구하고 전 세계 교회에 재등장하고 있음을 인식하는 일은 유익하다. 항상 다음과 같은 사람들이 있을 것이다. 개인적 신의를 훼손하면서 현 세상을 선택하는 자, 기독교 사역에 있어 늘 "이리저리 옮겨 다니며" 다른 사람에게 우정과 도움의 상실을 겪게 하는 자, 표현되지 않는 이유로 주의 종을 "저버리는" 자, 주의 종에게 큰 해를 가져오며 그의 메시지에 대적하는 자, 선교사에게 따뜻하며 아마도 희생적인 대접을 하는 자, 아프게 되거나 사역에서 활동적일 수 없게 된 자, 그리고 하나님께 감사하게도 비록 홀로이더라도 필요 가운데 있는 기독교인들 편에 신실하게 서는 자. 우리 모두는 자신의 목록을 지닐 것이다.

교회—그리고 특별히 교회사가들—가 목회자와 교사와 위대한 지도자와 탁월한 연설가들과 같은 대중적 인물들에 초점을 맞춰 왔지만, 하나님과 기독교의 진보에 마찬가지로 중요한 귀감이 되는 다른 많은 사람들이 있다. 필자는 필자의 초기 사역에 영향을 주었고 그것을 도왔던 다음과 같은 사람들을 떠올린다. 필자를 위해 기도해주었던 진커(Zinke) 여사와 찬(Chan) 여사, 늘 격려의 말을 해준(그러나 술취한 운전자에 의해 생명이 단축된) 수석 집사와 그의 아내, 필자의 부모와 이모와 삼촌 등의 가족들, 명쾌한 성경 강해에 의해 필자로 하여금 동일한 일을 하길 원하게 한 알러버 버스웰(Oliver Buswell Jr.) 박사. 이 글을 읽는 모든 주의 종이 자신의 생애에서 유사한 사람들을 기억할 수 있을 것이다. 또한 교회사에 언급되는 모든 지도자의 이름은 그들이 영적 격려의 빚을 진 수많은 사람의 이름에 의해 덧붙여질 수 있을 것이다.

파이프 오르간 풀무가 전기로 작동되기 이전의 시기에 한 유명한 오르간 연주자가 한 번은 연주회를 했다. 그는 매 곡에 앞서 "이제 제가…를 연주하겠습니다"라고 알렸습니다. 중간 휴식 시간 이후 그는 다음 차례의 곡을 알렸지만, 연주를

14. 이와 관련된 다수의 개인적 간증을 기록하는 감화력 있는 고서는 본래 1925년에 발행되었으며 최근 존더반 출판사(1997)에 의해 재발매된 찰스 카우만(Charles E. Cowman) 여사의 대중적인 *Streams in the Desert*이다.

시작해도 아무런 소리가 나지 않았습니다. 그때에 연주실 한쪽 구석 부근에서 한 사람이 나타나서 어린 목소리로 "이제 우리가…를 연주하겠습니다라고 하죠"라고 말했다. 그 소년은 풀무의 펌프질을 재개했으며 연주회는 계속되었다.

이전에 필자는 선교사 혼자 주로 노고를 감당하고 있는 듯한 인상을 주는 많은 선교 보고들을 들어왔다. 선교사는 인근에서 사역하는 다른 선교사나 단체에 대해 거의 언급하지 않았다. 열심히 전도 사역을 하거나 교회를 섬기거나 선교사를 돕는 "현지" 기독교인에 대해서는 더더욱 기술하는 일이 드물다. 이러한 묘사는 최근에는 상당히 변화되었다. 아마도 바울이 자신의 동료들에 대해 그리는 삽화의 최선의 적용은 타인과 주목받는 일을 나누며 주의 종의 조력자가 되는 법을 배우는 것일 것이다. 이런 방식으로 우리는 사역에 있어 우리 자신의 행위와 역할을 평가할 수 있다.

현대적 의미

칭찬과 비난. 앞부분에서 언급된 이상들로부터 현대 생활의 현실로 우리는 전환할 수 있을 것이다. 바울은 사형수 감방의 상황을 의식하며 디모데후서를 썼다. 만약 거명되는 사람들의 얼굴이 그가 디모데에게 글을 쓸 때 그에게 생생하게 떠올려졌다고 한다면, 우리의 생명의 종결 시까지 그 신앙적 성공과 실패와 신의와 배신이 우리에게 격려가 되기도 하고 괴로움이 되기도 하는 우리의 동료들의 얼굴 역시 그러하다. 오늘날 주를 위해 사역하는 자들은 그 왕래가 우리의 삶과 사역에 영속적으로 영향을 미쳐온 사람들과 관계해야 하는 실제 상황 가운데 그 일을 감당한다.

가장 큰 고통을 주는 자는 사형 집행인이 아니라 이전의 동료일 수도 있으며, 기독교 지도자는 동료들 가운데서의 죄와 탈선에 대해 솔직하게 이야기해야 할 시기가 올지도 모른다. 그런 단계는 가급적 피해져야 한다. 우리는 바울과 동일한 영감을 지니고 있지 않으므로, 절제가 중요하며 동기를 판단하는 일에 있어 신중해야 한다. 그렇지만 때때로 더 이상의 해악을 막기 위해 다른 사람들이 알 필요가 있다.

(정확히 지금으로부터 50년 전) 대학원 학업을 병행하는 가운데 맡았던 뉴욕 롱 아일런드의 노스포트(Northport) 침례교회에서의 임시 목사로서의 첫 번째 봉직 이래 필자 자신의 목회 기간 동안, 필자는 종종 표창이 주어질 때 많은 사람이 간과되는 것을 보아왔다. 대조적으로 매우 잘 축하받는 사람들도 있었는데, 이를테면 50년 넘게 주일학교를 섬긴 교사와 세대에 걸쳐 주일학교를 섬긴 가정 등이

그러하다. 최근 한 장로교회의 오르간 봉헌식은 단지 헌금자들뿐만 아니라 시간과 봉사와 의견과 에너지와 지혜를 통해 도운 모든 사람에 대한 멋지고 자세한 표창에 의해 향상되었다. 나중에 어떤 사람은 이면에서 섬긴 사람들을 인정해 준 그 교회의 전설로 남을 만한 사려 깊은 태도에 대해 언급했다.

동시에 종종 표창이 부당하게 주어진다. 유력한 사람들이 지위 때문에 지목되어 칭찬된다. 바울은 결코 그런 실수를 하지 않으며, 단언컨대 정직하다. 때때로 교회직분 선출은 단지 영향력 있는 인물에 대한 보상에 지나지 않는다. 동일한 이름들이 매년 교회 직분을 맡는 반면, 교회를 위해 아직 사용되지 않은 더 큰 은사를 지닌 잘 눈에 띄지 않는 영적 사역자들이 인정되지 않고 지나쳐질 수도 있다.

예수께서는 "무릇 많이 받은 자에게는 많이 요구될 것이요"라고 말씀하셨다(눅 12:48). 유력한 지도자 지위와 신학교 지위와 언론 등의 대중 매체에서 일할 기회가 주어졌던 사람들이 종종 그 직분을 이용하여 자신과 다른 의견을 지닌 사람들을 가혹하고 공개적으로 비판해 왔다. 그런 비판자 누구도 바울이 행했을 바와 달리 좀처럼 해명이 요구되지 않아 왔다. 대조적으로 한 주요 도시에서 몇몇 목사들은 한 부정한 유력 목사를 권징하지 못한 한 인근 대형 교회의 장로들에 대해 공개하는 일에 책임감을 느꼈다. 현대 기독교인들은 실수할 수 있는 지도자의 평판보다 하나님의 평판에 더 많은 관심을 기울일 필요가 있다. 대응은 세속적이지 않으며, 갈라디아서 6:1-10의 정신으로 이루어져야 한다. 그렇지 않으면 역으로 악영향만 초래될 것이다.

죽음에 직면하는 일. 미국의 고령화와 죽음에 대한 증대하는 솔직함과 더불어, 그것의 가까움을 맞는 일이 무엇을 의미하는지에 대한 보다 큰 인식이 존재한다. 은퇴자들은 분주함을 유지할 수도 있지만, 자신들의 생산적인 시기는 줄어들었거나 지나갔음을 깨닫는다. 조부모들은 손주들과 즐거운 시간을 보낼 수도 있으며 그들에게서 사랑받고 감사하게 여겨진다는 것을 알 수도 있지만, 또한 자신들이 더 이상 활동이나 대화의 중심에 있지 않음을 인지할 수도 있다. 연이은 결혼기념일들이 아마도 이번이 함께 할 수 있는 마지막일지도 모른다는 무언의 염려와 더불어 축하된다. 생명을 연장하는 유전학적이며 약학적인 발전은 단지 그 "마지막 단계들"만을 길게 한다.

세계의 일부 지역들에서는 박해가 생명을 단축시키는 위협이 된다. 폭력주의자와 반란자와 억압적인 정부 모두 바울의 삶에 대한 불안을 많은 사람의 삶에 강제적으로 유발시킨다. 어떤 이유에서든 죽음에 가까운 사람들은—심지어 자신들에게 예비된 영광을 아는 신자들도—때때로 그 피할 수 없는 일을 순순히 받아들이지 못한다. 아마도 그것은 (바울의 "내가 경주를 마쳤다"와 대조되게) 영적 사역이 미완료되었다는 회한을 동반하는 서글픔일 것이다. 아마도 그것은 사랑하는 유족에게 비통함만을 남기는 사별자가 되는 슬픔일 것이다. 아마도 그것은 인생의 전성기에 갑자기 데려가진다는 느낌일 것이다. 학문 활동과 더불어 목회 사역을 했던 사람으로서 필자는 임종을 맞이하고 있는 사람에게 떠나가셔도 저희는 "괜찮습니다"라고 말하는 일이 어떤 의미가 있는지를 안다. 필자는 필자 자신의 94세의 어머니에게 그것을 말해야 했다.

고별인사를 하는 일은 죽음에 직면한 사람 편에서 바람직하고 사려 깊은 행동이다. 너무 많은 사람들이 죽음에 대한 예상을 실제적으로 다루려고 하지 않아 왔다. 따라서 그들은 마지막 용서의 말이나 그것에 대한 요청을 할 기회를 잃는다. 아마도 생애 동안 숨기는 것이 중요해 보였던 감정이나 비밀은, 만약(이 단어에 대한 강조와 함께) 그렇게 하는 일이 유익하다면, 이제 밝혀져야 한다. 바울은 자신의 감정을 명시했다. 그는 디모데에게 그들의 관계의 종료에 대해 알렸다. 그는 어떤 사람들에 대한 감정, 곧 이런 저런 이유로 인정하는 것이 유익한 감정을 표현했다. 동시에 바울은 죽음을 자초하고 있지 않았다. 그는 이미 앞선 경우에서 주와 함께 있는 것이 놀라운 일인 것만큼, 생존하여 교회를 섬기는 일이 더 필요하다고 결심했었다(빌 1:21-26). 요지는 그가 죽을 각오가 되어 있었다는 점이며, 그 각오가 우리에게 의미심장하다.

오네시보로의 가정과 같은 따뜻한 가정이나 그 질병의 짐을 우리가 나누는 드로비모와 같은 친애하는 벗, 혹은 "겨울 전에"(만약 이 어구의 함의를 그 직접적인 지칭 이상으로 확대할 수 있다면) 우리에게 오기를 간절히 바라는 어떤 사람의 사랑을 경험해본 사람은 복된 사람이다. 우리는 혼자가 아닌데, 왜냐하면 특별히 바울 당시와 달리 사람들이 전화나 이메일을 통해 우리와 가까울 수 있기 때문이다. 우리의 인생의 겨울이 다가올 때, 우리는 단지 전자 기구를 통한 것일지라도 이 친구들이 "다가오는" 일을 필요로 한다. 필자는 오래 전의 친구들, 특히 몇몇 더 나이든 친구들이 오랫동안 연락 없이 지내다가 필자에게 다시 연락을 취해오고 있음을 알게 되었다. 필자는 이 일에 마음이 움직였으며 이 재회하는 일에 필자 자신의 역할을 하고 있다. 우리 자신의 겨울은 다른 사람들과는 상이한 인생의 단계에서 올지도 모르지만, 친구들과의 만남을 추구하며 그들에게 동일한 복을 제공하는 것이 적절할 것이다.

디도서 1:1-16

1 하나님의 종이요 예수 그리스도의 사도인 나
바울이 사도 된 것은 하나님이 택하신 자들
의 믿음과 경건함에 속한 진리의 지식과
2 영생의 소망을 위함이라 이 영생은 거짓이 없
으신 하나님이 영원 전부터 약속하신 것인데
3 자기 때에 자기의 말씀을 전도로 나타내셨으
니 이 전도는 우리 구주 하나님이 명하신 대
로 내게 맡기신 것이라
4 같은 믿음을 따라 나의 참 아들 된 디도에게
편지하노니 하나님 아버지와 그리스도 예수
우리 구주로부터 은혜와 평강이 네게 있을지
어다
5 내가 너를 그레데에 남겨 둔 이유는 남은 일
을 정리하고 내가 명한 대로 각 성에 장로들
을 세우게 하려 함이니
6 책망할 것이 없고 한 아내의 남편이며 방탕
하다는 비난을 받거나 불순종하는 일이 없는
믿는 자녀를 둔 자라야 할지라
7 감독은 하나님의 청지기로서 책망할 것이 없
고 제 고집대로 하지 아니하며 급히 분내지
아니하며 술을 즐기지 아니하며 구타하지 아
니하며 더러운 이득을 탐하지 아니하며
8 오직 나그네를 대접하며 선행을 좋아하며 신
중하며 의로우며 거룩하며 절제하며
9 미쁜 말씀의 가르침을 그대로 지켜야 하리니
이는 능히 바른 교훈으로 권면하고 거슬러
말하는 자들을 책망하게 하려 함이라
10 불순종하고 헛된 말을 하며 속이는 자가 많
은 중 할례파 가운데 특히 그러하니
11 그들의 입을 막을 것이라 이런 자들이 더러
운 이득을 취하려고 마땅하지 아니한 것을
가르쳐 가정들을 온통 무너뜨리는도다
12 그레데인 중의 어떤 선지자가 말하되 그레데
인들은 항상 거짓말쟁이며 악한 짐승이며 배
만 위하는 게으름뱅이라 하니
13 이 증언이 참되도다 그러므로 네가 그들을
엄히 꾸짖으라 이는 그들로 하여금 믿음을
온전하게 하고
14 유대인의 허탄한 이야기와 진리를 배반하는
사람들의 명령을 따르지 않게 하려 함이라
15 깨끗한 자들에게는 모든 것이 깨끗하나 더럽
고 믿지 아니하는 자들에게는 아무 것도 깨
끗한 것이 없고 오직 그들의 마음과 양심이
더러운지라
16 그들이 하나님을 시인하나 행위로는 부인하
니 가증한 자요 복종하지 아니하는 자요 모
든 선한 일을 버리는 자니라

원 의미

저작 순서에 있어 바울의 디도에 대한 서신은 거의 확실하게 디모데전서 이후 얼마 지나지 않아서와 디모데후서 상당히 이전에 위치한다(서론 참조). 에베소의 디모데와 같이 디도는 바울에 의해 디도 섬에 그 교회를 조직하고 교회에 침투한 거짓 교사들로 인한 위기 상황을 처리하도록 남겨졌다.

확대된 서론(1:1-4)

이 서신의 시작 구절들과 디모데전후서의 그것들을 비교하는 것은 당연하다. 이렇게 하는 일은 단지 바울의 수신자들과의 관계뿐만 아니라 이 두 사도의 대리인의 특유한 임무들과 관련된 이 두 서신의 차이를 나타낼지도 모른다. 하지만 어떤 경우든 이 두 서신의 차이는 본질 보다는 단지 문체나 강조점의 차이일지도 모른다.

한 가지 차이점이 맨 처음에 나타난다. 바울은 자신을 하나님의 "종"(둘로스, "노예")이요 사도라고 밝힌다(1절).[1] 둘로스라는 단어는 빌립보서 1:1에 나오는데, 그 서신은 바울이 디모데와 공동 저술한 것이다. (바울과 실라와 디모데가 함께 저술한) 데살로니가전후서를 제외한 모든 여타의 바울 서신에서 바울은 자신을 단지 사도라고만 밝힌다. 바울은 자기 비하적인 방식으로 둘로스를 사용하지 않는다. 노예는 복종이 요구되는 타인에 의해 소유되었다. 만약 노예됨이 의무를 의미했다면, 사도직은 권위를 의미했지만, 양자 모두 책임을 의미했다.

다음과 같은 말들이 디도서와 디모데전서 양자 모두의 시작 구절들에서 나온다. "명령"과 "소망"과 "참 아들"(디모데후서에는 "사랑하는 아들"이라고 나옴)과 "믿음"과 카타로 만들어지는 전치사 구 또한 은혜와 평강(디도서에는 "긍휼"이 누락됨)뿐만 아니라 하나님과 그리스도에 대한 관례적인 지칭이 있다. 디도서 1:3에서 바울은 "우리 구주 하나님의 명령"에 의해 그에게 맡겨진 선포를 언급하며, 디모데전서 1:1에서 그는 "우리 구주 하나님과 우리의 소망이신 그리스도 예수의 명령에 의해" 사도가 되고, 디모데후서 1:1에서 그는 "하나님의 뜻에 의해" 사도가 된다.

목회서신들의 인사 부분들의 1절에서 카타(문자적으로 "…에 따라")로 시작되는 네 개의 전치사 구는 주의를 요청한다. 디모데전서 1:1에서 "하나님의 명령에 의해[카트 에피타겐]"는 바울의 사도적 소명의 기초를 표현한다. 디모데후서 1:1

---

1. 구약성경은 신 34:5; 수 1:1, 13, 15과 그 책의 다른 데서 빈번하게 모세를 "하나님의 종"이라고 지칭한다. 동일한 표현이 수 24:29; 삿 2:8에서 여호수아에 대해 사용되며 시편 18편과 36편의 제목에서 다윗에 대해 사용된다. 또한 이것은 이사야서의 "종 구절들"과 주의 종의로서의 그리스도의 사역을 상기시킨다.

에서 그 하나님의 명령의 개념은 "하나님의 뜻에 의해[디아]"라는 어구로 대체되지만, 이것은 카트 에팡겔리안("약속에 따라")에 의해 후속된다. 이 어구는 바울의 사도직의 소명의 기초 보다 하나님의 약속과의 일치를 표현한다. 디도서 1:1에서 그 전치사는 두 가지를 받는다. 주석자들은 다음과 같은 그것들 중 첫 번째 것을 해석하려고 시도하는 일에서 실수한다. "하나님의 택하신 자들의 믿음을 위하여[카타]." 전치사 여기서 기초나 일치라는 일반적 개념을 지니지 않는 것 같다.

관련된 문제들이 켈리에게서 보이는데, 그는 어떤 사람들이 생각하듯이, 그것이 "바울이 정통적 믿음에 부합되게 설교한다"는 것—다른 말로 "그의 메시지가 다른 사람들의 믿음에 의해 규제된다"는 것을 뜻하는지를 질문한다. 그는 대신 그것이, "바울이 자신의 사도직을 행사하는 영역과 그것에 의해 성취하길 바라는 목적들"을 가리키면서, "관련하여" 또는 "관하여"를 뜻하는 것으로 이해한다.[2] 개연성 있는 의미는 바울의 메시지가 "다른 사람의 믿음"과 일치한다가 아니라 그의 사명이 하나님의 택하신 자들의 믿음(즉, 참된 믿음)과 그레데에서 재확언될 필요가 있는 진리에 부합된다라는 것이다. 여기서의 의미와 가장 유사한 신약성경에서의 카타의 용법은 요한복음 2:6인데, 그것은 유대인들이 "전례상의 씻음을 위해[카타]" 사용한 돌항아리들을 언급한다. 그것들은 그 목적에 적절하며 부합된다.

이 논의는 그 전치사의 이중 목적어("믿음"과 "지식")를 가리는 것이 아니라 강조해야 한다. 바울이 그레데 교회에서 강화되길 원하는 믿음은 어떤 모호하고 유연한 주관적인 감정이 아니라 구약성경의 전통에 기반한 하나님의 "택하신 자들"의 믿음이다. "택하신 자들"이라는 단어는 여기서 예정을 강조하기보다 이 사람들을 하나님 자신의 백성으로 확인하려는 의도가 있다(시 105:42-45, 특히 43절; 사 65:9; 참조. 롬 8:33). "진리의 지식"은 디도에게 중요한데, 이점은 디모데전후서에서와 마찬가지이다(참조. 딤전 2:4, 7; 3:15; 4:3; 6:5; 딤후 2:15, 18, 25; 3:7-8; 4:4; 또한 본장의 14절). 에베소와 그레데의 거짓 교훈은 단지 진리가 이해될 때만이 교정될 수 있는데, 디모데전서를 특징짓는 것과 동일한 강조점—즉, 건전한 교리와 경건한 삶의 결합—이 여기 디도서에서 중요하며 디도서 1:1에서 일찌감치 표현된다.

"진리"와 "경건"의 일치가 이번에는 "경건"이라는 단어 앞에 나오는 또 한 번의 카타의 사용에 의해 표현된다. 이 표현은 십중팔구 "경건으로 이끄는"(NIV)이라기

2. Kelly, *Pastoral Epistles*, 226.

보다 "경건에 합당한 진리" 또는 "그들에게 경건한 삶을 사는 방식을 보여주는 진리"(NLT)를 뜻할 것이다. 바울이 디모데에게 보낸 서신들(딤전 1:1; 3:14; 4:10; 5:5; 6:17; 딤후 2:25)에서 활발하게 사용한 "소망"이라는 단어가 여기에 나온다. "믿음과 지식"이 소망에 기초한다는 말은 이상하게 보일지도 모른다. 하지만 이 소망은 인간의 마음에서 나온 것이 아니라, "거짓말을 하지 않으시는 하나님"에 의해 "시간의 시작 이전에 약속된" 것이다. 실제로 이것은 성경을 최전면으로 부각시킨다.[3] "거짓말하지 않으시는" 하나님의 말씀에 기초하는 이 영생의 소망은 또한 우리가 "그의 은혜로 의롭다함을 얻은" 일을 뒤따르기 때문에 확실하다(3:7).

2절과 3절 사이의 "시간의 시작 이전에"와 "자기의 정하신 때"(참조. 딤전 2:6; 6:15) 간의 연대기적 대조가 존재한다. 그리스도의 구원 사역의 증거와 그리스도의 미래의 나타나심 양자 모두 "적절한 [자기의] 때"에 있을 것이라고 말해진다(딤전 2:5-6; 6:14-15). 하지만 디모데전서 6:14과 ("복스러운 소망"과 관련하여) 디도서 2:13에서 사용되는 "나타나심"(에피파네이아)이라는 단어는 현 구절에서 사용되지 않고, 오히려 파네로오("드러내다, 밝히다, 나타내다")가 사용된다. 이 개념들은 연관된다. 디모데후서 1:10에서 어떻게 하나님의 은혜가 드러났으며(파네로오; NIV, "밝혀졌으며[bring to light]"), 그것이 "그리스도의 나타나심(에피파네이아)"과 짝을 이루는지 주목하라. 디도서 1:3의 "말씀"은 성경이 아니라 하나님의 메시지, 곧 복음이다. 이 메시지가 밝혀지는 수단은 "선포"(NRSV, 아마도 NIV의 "설교"보다 케뤼그마에 대한 더 나은 번역임)였다.

부탁("맡겨진")에 대한 신실함과 "하나님의 명령"에 대한 순종의 책임들이 이 구절에서 결합된다(참조. 복음이 맡겨지는 일에 관한 딤전 1:11; 또한 1:1, 3, 5; 4:11; 6:14, 17-18). 바울은 여기 디도서 1:3과 디모데전서 1:11 양자 모두에서 강조적인 "내가"(에고)를 사용한다. 그의 책임은 단지 부탁과 명령의 개념들뿐만 아니라, 여기서 "일치하는" 혹은 "부합하는"이라는 의미를 지니는 "명령"이라는 단어 앞에 놓인 전치사 카타에 의해서도 강조된다. 이 어구는 바울에게 단지 책임뿐만이 아니라 권위도 부여한다. 그는 이 위탁을 요구하지 않았지만, 그것은 하나님의 명령에 의해 그에게 주어졌다.

하나님은 "우리 구주"이시며 말 그대로 자신의 구원 메시지가 어떻게 알려져야

3. 예수의 변형되심을 그리스도에 대한 진리를 보증하는 일로 제시한 후 "또 우리에게는 더 확실한 예언이 있어…예언은 언제든지 사람의 뜻으로 낸 것이 아니요 오직 성령의 감동하심을 받은 사람들이 하나님께 받아 말한 것임이라"라고 말씀하는 벧후 1:16-21을 참조하라.

하는지를 결정할 권리가 있으시다. 디도에 대한 호칭과 인사의 나머지 부분은 간단하고 짧다. "참 아들"이라는 어구와 인사말의 다른 말들에 대해서는 디모데전서 1:2의 주석을 참조하라.

장로들의 필요성(1:5-9)

5절의 "내가 너를 남겨 두었다"는 바울이 단순히 디도를 그레데 섬에 나뒀다는 것을 의미하지 않고 바울 자신이 거기에 있었으며 그 후 디도를 남겨 놓았다는 것을 암시한다. 바울은 일전에 죄수로서 로마로 가는 도중에 잠시 거기에 갔었던 적이 있다(행 27:7-15). 그레데는 위대한 미노스 문명의 무대였지만 천 년 넘는 기간 동안 상대적으로 눈에 띄지 않게 쇠약해갔다. 그것은 주전 67년 로마 제국에 통합되었다. 유대교가 신약의 시기 동안 거기서 활발했으며, 몇몇 그레데인들이 성령이 오순절에 부어졌을 때 예루살렘에 있었다(행 2:11). 그 이후 어떤 기독교 공동체의 존재가 아마도 바울로 하여금 로마에서의 석방 후 그곳에 방문하도록 한 이유였을 것이다. 이 신자들의 무리는 잘 조직되지 않았던 것임이 분명하다. 만약 바울이 그것에 단지 잠시만 머물렀다면, 그가 왜 그 상황을 바로잡기 위해 디도를 남겨 두었는지 이해할 수 있다.

"끝나지 않고 남은 일을 바로잡다"라는 말에는 모호함이 있는데, 왜냐하면 "바로잡다"는 교정을 필요로 하는 어떤 것의 존재를 암시하는 반면, "끝나지 않고 남은 일"은 아직 완료되지 않은 어떤 것을 암시하기 때문이다. 결합되어 그 말은 바울이 떠난 이후에 남아 있는 어떤 혼란이 있었음을 시사하는데, 그것은 이전에 행해지지 않았던 다음과 같은 일에 의해 고쳐질 수 있을 것이다. 책임 있는 지도자들을 임명하는 일. 대략 156마일의 길이와 8에서 35마일에 이르는 폭을 지닌 그 섬은 그 안의 도처에 흩어져 있는 다수의 성들을 가지고 있었다. 이 성들 각각에 디도는 장로들을 임명해야 한다. 후속되는 장로의 요건들은 아마도 디도보다는 그 그레데인들이 배워야 할 것이다.

"임명하다"에 해당하는 5절의 헬라어는 카디스테미이다. KJV에서 "안수했다"로 번역되는 10가지 단어 중에 (히 5:1; 8:3에서 대제사장과 관련된 용례를 제외하고) 명백하게 "공직과 관련된" 의미를 지니는 것은 단지 한 가지 뿐이다.[4] 디도

4. "안수하다"로 번역되는 다른 단어들은 일상적 단어들인데, 한 예는 티데미이다("두다, 하다, 배열하다, 설

서에서 "장로들"에 해당하는 단어(프레스뷔테로이)는 디모데전서 3장의 에피스코포이와 동일한 것임이 분명하다(그곳과 서론에서의 주석 참조).

디모데전서 3:2에서 감독의 첫 번째 요건은 "책망할 것이 없는"(문자적으로, 비판될 수 없는) 것이다. 여기 디도서 1:6에서 "비난할 점이 없는"이라는 단어는 다른 단어(문자적으로, "고발될 수 없는")이다. 양 목록 모두에서 지배적인 개념은 장로가 더럽혀지지 않은 평판을 지녀야 한다는 것이다. "단지 한 아내의 남편"이라는 번역과 관련 문제들에 대해서는 디모데전서 3:2에 대한 주석을 보라. 그런데 아마도 이것을 "아내에게 신실한"으로 번역하는 것이 더 나을 것이다.

6절 후반부와 디모데전서 3:4 사이에는 상당한 차이점이 존재한다. 디모데전서에서 장로는 자기 집을 잘 관리하고 "자녀들로 하여금 적절한 존경심으로 복종하도록 살펴야" 한다. 여기서 장로의 자녀들은 "제멋대로 굴며 불순종적"이라는 비난에 노출되지 않아야 할 뿐만 아니라 "믿어야" 한다. 이것은 부모로 하여금 자녀의 구원에 책임이 있게 만드는 것으로 보이며, 더 나아가, 교회 지도자 직분이 장로의 자녀에게 달려있게 만들 것이다. 그러나 "믿는다"로 번역되는 헬라어 단어는 형용사(피스토스)인데, 이것은 "신실한" 혹은 "신뢰할 수 있는"을 의미할 수도 있다(그것이 NIV에서 "믿을 수 있는" 그리고 NRSV에서 "신실한"으로 번역되는 딤후 2:2 참조). 따라서 여기서 그 의미는 처음 생각하는 것보다 더 광의적일 수도 있다. 디모데전서 3장과 여기 양자 모두에서 강조점이 장로는 좋은 평판을 가진 사람이어야 한다는 것이라는 사실은, 그가 자녀의 "존경"을 받는다는 사실과 짝을 이루어, 이것이 여기서의 강조점임을 유력하게 만든다.

NIV는 "믿다"와 "제멋대로 굴며 불순종적이라는 비난에 노출되지 않는" 사이에 정당하다고 인정할 수 없는 "그리고"(and)를 삽입하는데, 이것은 마치 후자가 부가적인 요건인 것처럼 보이게 한다. 대신 두 번째 어구는 앞선 단어의 의미를 부연한다. 장로는 자녀의 행위에 대한 어떠한 질문에도 기꺼이 귀 기울여야 하는데, 이것은 다시 평판의 문제와 결부된다. 선하고 지혜로운 부모는 자녀들의 행위에 영향을 주며 그들로 하여금 신뢰할 수 있는 사람이 되도록 격려할 수 있을 것이지

치하다"; KJV는 "안수했다"라고 하며 NIV는 "임명했다"라고 하는 딤전 2:7 참조). 그것들은 성직 계급상의 용어가 아니며, 그들 중 하나도 교회의 목사를 가리키지 않는다. KJV의 이 언어 유형은 의심할 여지없이 수세기 동안 안수에 대한 견해들에 영향을 미쳤으며, 신약 교회가 안수에 대한 전문 용어를 가졌었던 것처럼 보이게 만들었다. NIV는 "임명하다"에 대한 대안으로 각주들에 "안수하다"를 기입함에 의해 이 점에 있어 개선되었다.

만, 하나님에 대한 그들의 영적 반응을 제어할 수는 없다. 자녀들은 "제멋대로 구는"(여기서 사용되는 단어는 엡 5:18과 벧전 4:4에서 "방탕"과 "난봉"으로 번역됨)이라거나 "불순종적"(이 단어가 "반역적인"으로 번역되는 딛 1:10 참조)이라는 어떠한 비난도 야기해서는 안 된다. 따라서 6절의 그 어구는 장로 직분과 교회에 대한 악평을 초래할 비정상적인 행동을 묘사한다.

7절에서 에피스코포스("감독자")가 사용되는데, 이것은 감독자와 장로가 동일함을 시사한다. 다른 견해는 그 단어가 "감독" 또는 적어도 (다른?) 장로들 보다 더 넓은 범위의 책임을 지닌 사람을 뜻한다는 것이다. 만약 그렇다면, 후속되는 자격은 단지 장로가 아닌 감독에게 특정된 것일 것이다. 하지만 특성들의 흐름에 있어 아무런 단절이 없으며 (딤전 3:1-7에서와 같이) 하나의 통합된 전체를 이루고 있으므로 이것은 개연성이 없는 것 같다. 오히려 문장을 시작하는 가르(NIV, "왜냐하면…때문이다")는 이것이 일련의 부가적 요건이 아니라 선행하는 것의 설명 또는 기초임을 암시한다.

감독자/장로는 다음과 같은 특정한 이유로 "비난할 것이 없어야"(6절에서와 동일한 단어임) 한다. 그는 하나님의 청지기(오이코노모스; NIV, "하나님의 일이 맡겨지는")로서 행동한다. 후속되는 일련의 자격들은 만약 비난할 것이 없는 것으로 여겨지려면 장로를 특징지을 수 없는 행동 유형들을 명기한다. 어떤 장로도 "거만해서는" 안 된다. 그런데 이 단어는 베드로후서 2:10(NIV, "오만한")에서 마지막 날들의 무서운 거짓 교사들을 묘사하는 데 사용되며, "아집에 찬" 혹은 "고집스러운"으로 번역될 수도 있다. "성미가 급한"은 단지 냉정함을 잃는 일 뿐만 아니라 분노와 화를 잘 내는 경향의 상태를 나타내는 형용사의 불충분한 번역이다. 피해야 할 다음 세 가지 특징—술 취함과 폭력과 "부정한 이익의 추구"—은 디모데전서 3:3, 8에서 상응하는 것들을 지닌다.

8절에서 언급되는 바람직한 특징은 디모데전서 3:2에 나오는 다음 두 가지 것들을 포함한다. 환대와 자제(후자에 있어서는 관련된 단어를 동반하는 동일한 개념이 딤전 2:9, 15; 딤후 1:7; 딛 2:2, 4-6, 12에 나옴). "의로운"이라는 단어는 디모데후서 4:8에서 하나님을 묘사하며, 디모데전서 1:9-10에서는 불법한 자들과 대조되는 "의로운 자"에 대해 사용된다. "거룩한"에 해당하는 단어는 또한 "순결한" 또는 "독실한"을 뜻할 수도 있다(딤전 2:8 참조). 마지막 단어 "규율이 바른"은 신약성경의 다른 부분에 나오지 않지만, 그 동족어들은 나오는데, 한 예는 "절제"(갈 5:23)로 번역되는 성령의 열매의 한 측면을 묘사하는 단어다.

이 특징들은 단지 장로들에게만 해당하는 것으로 의도되지 않음을 유의해야 하는데, 왜냐하면 이런저런 형태로 그것들은 모든 남녀 기독교인의 이상적 성품을 기술하기 때문이다. 여기서 그것들의 역할은 주님과 그분의 교회를 수치스럽게 하지 않은 도덕적으로 잘 갖추어진 사람을 묘사하는 것이다.

디도서(1:9)에 장로가 교리적으로 건전하며 이단자들을 논박할 능력이 있을 필요에 대해 디모데전서 3:1-7의 경우보다 더 많은 것이 언급되는 것은 이상하게 보일지도 모르는데, 왜냐하면 전자의 서신이 거짓 교사와 가르침에 대해 더 강력하고 반복적으로 다루기 때문이다. 현 구절은 계속하여 오류를 논박할 필요성에 대해 이야기하는 반면(딛 1:10-16), 여기서의 내용은 디모데전서보다 약하며 단지 3:9-11에서만 다시 거론된다. 차이점은 아마도 에베소에서는 장로들이 이미 존재했었으며(행 20:17-35), 장로들의 교리적 가르침의 필요성이 이미 명백했고, 이단자들의 삶과 대조되게 건전한 교리가 거룩한 생활과 결합되어야 하는 큰 필요성이 깨달아져야 했다는 것일 수 있다. 다른 한편으로 디도서에서는 비록 그레데의 풍토가 잘못된 생각들이 자라나기 좋은 것이었을지라도, 가르치는 장로들의 필요성이 그들에게 이전에 지적되지 않았을 수도 있다. 켈리는 디도서 1:9의 후반부의 "신실한 자를 세우고 오류를 제거하는 이중적 책무"가 장로 또는 감독자의 "주요 과제"라고 말한다.[5]

그레데 섬의 교회의 상황(1:10-16)

이 단락은 그 가르침이 교리적으로 능력을 갖춘 장로들에 의해 반대되어야 할 사람들을 소개한다. 비록, 디도서에서 그 초점이 "할례파"에게 있는 점을 볼 때, 그레데의 거짓 교사들의 폭이 디모데전서에서 다뤄지는 에베소의 거짓 교사들보다 좁은 것 같지만, "많은"이라고 불리며 주요 문제가 되기에 충분히 그들의 수는 컸다. 첫 번째 묘사하는 단어는 "반역적인"인데, 이것은 6절에서 "불순종적인"으로 번역되는 단어와 동일하다. 명백하게 만약 한 장로의 자녀들이 이 대적자들과 같

---

5. Kelly, *Pastoral Epistles*, 32. 영(Young, *Theology of the Pastoral Letters*, 74-84)은 목회서신의 건전한 교훈에 관한 단락을 가지고 있는데, 이어서 "고대 세계에서 가르침과 배움" 그리고 유명한 철학자들에 관한 유용한 논의들이 나온다. 그 장의 마지막의 짧은 단락은 목회서신의 교리가 후대의 정통파적 신념과 동일시 될 수 있는지를 질문한다. 그녀의 지적 자극을 주는 저서의 나머지 부분과 마찬가지로 이 단락은 계속적인 연구를 독려한다.

은 방식으로 행동한다면, 그는 좀처럼 신뢰를 얻지 못할 것이다.

"단순한 공론가와 사기꾼"은, NIV가 암시할 수도 있는 바와 달리, 그들이 하는 것은 말뿐이기 때문에 큰 위협이 되지 않는다는 것을 뜻하지 않는다. 오히려 "단순한 공론가"로 번역되는 단어는 헛되거나 함부로 말하는 것을 뜻하며, 우리는 아마도 "성급하게 말하는 것(shooting from the hip)"이라고 이야기할 수 있을 것이다. 또한 연결되는 단어("사기꾼")는 마음이나 정신을 속인다는 것을 뜻한다.[6]

바울은 특히 "할례파"를 염두에 두고 있다("특별히" [말리스타]의 의미에 대해서는 딤전 4:10; 딤후 4:13에 대한 주석 참조). 여기서 그 의미는 할례파 사람들이 다른 사람들보다 더 많은 문제를 야기한다는 것이 아니라, 반역적인 사람들이 바로 "할례파"라는 것이다. 이 일에 있어 긴급성이 존재한다. 에베소의 거짓 교사들의 몇몇은 특정한 여성들을 대상으로 삼았던 반면(딤후 3:6), 그레데의 거짓 교사들은 가정 전체를 엉망으로 만들고 있었다. 아마도 "그들이 가르치지 않아야 하는 것"은 가족 구성원 중 누군가가 따른다면 관계를 무너뜨리는 일종의 율법주의적 행습들을 포함할 것이다. 더욱이 그레데 섬의 이 교사들은 진실함이 아니라, 개인적 이익을 추구하고 있던 에베소의 거짓 교사들(딤전 6:5)과 똑같이, "부정한 이익을 위해" 활동하고 있다. 탐욕스러운 거짓 교사들의 존재를 고려할 때, 바울이 장로들은 특별히 그런 평판을 피해야 한다고 주장했던 것은 놀랍지 않다(7절; 또한 딤전 3:8의 집사에 대한 그의 언급 참조).

"그레데인들은 항상 거짓말쟁이이다"라고 시작되는 12절의 인용문은 많은 논의를 야기해왔다.[7] (우리가 오늘날 인종적 중상으로 여길 것의 용도에 대해서는 뒤의 상황잇기 단락을 참조하라). 학문적 논란은 그 인용문의 유래와 관계된다.[8] 바

6. 이 두 단어와 그것들의 동족어에 대한 이해를 위해서는 LSJ, 1084와 1954를 참조하라.

7. 이 주제에 관하여 Polybius, *Histories* 6.46을 인용하는 Dibelius/Conzelmann, *Pastoral Epistles*, 135: "실제로 부정한 이익에 대한 탐욕과 부에 대한 욕망이 그레데인들 가운데 너무나 많이 퍼져 있어서 그들은 이익만 되면 어떠한 일도 수치스럽지 않다고 생각한 세상의 유일한 사람들이다." 그 인용문에서 "부정한 이익에 대한 탐욕"은 헬라어 아이스크로케르데이아를 번역한 것인데, 이것은 바울이 장로들의 것이 되어서는 안 된다고 한 특징인 아이스크로케르데스의 동족어이다(앞의 7절과 주석 참조).

8. 이 문제에 대해서는 특히 Lock, *Pastoral Epistles*, 132-35; Dibelius/Conzelmann, *Pastoral Epistles*, 136-37을 참조하라. 이 인용문의 저자로 간주되는 에피메니데스(Epimenides)가 고대에 선지자로 여겨졌다는 증거가 존재한다. 다른 헬라 작가들 역시 그레데인들을 비판하는데, 거짓말은 그 비난들 중의 단지 하나일 뿐이다. 그것이 선택된 이유는 그레데인들이 제우스가 자신들의 섬에 묻혔다는 터무니없는 주장을 했다는 것일 수도 있다. 물론 이것은 자신의 제우스 찬가(*Hymn to Zeus*)에서 이점에 대해 그레데인들을 비판하는 칼리마쿠스(Callimachus)뿐만 아니라 다른 사람들에게도 매우 거슬렸을 것이다. 불멸의 신들 중의 최고신의 실제 무덤을 가지고 있다고 뻔뻔하게 주장하며 부끄러워하지 않는 어떤 민족도 확실히 신뢰

울 자신은 이 격언의 저자를 한 선지자로 여기지 않으며, 그가 있었던 고대 세계의 일반적 이해에 호소한다. 이것은 이 인용문을 더욱 유효성 있게 한다. 이 인용문의 역할은 그 거짓 선지들을 불신하는 이유를 제시하며 게으름과 저급한 욕망의 충족을 조장하는 사회의 대중은 그들의 거짓 교사들의 "부정한 이익"의 욕망을 쉽게 장려한다는 것을 지적하는 일이다. 그 교회 구성원과 지도자들이 그레데 사회의 구성원들과 동일한 특징에 종속되었다고 주장될 수 있을 것이다. 하지만 만약 그 교회의 핵심이 유대인이었으며(행 2:11은 개종한 그레데인들이 유대 오순절 절기에 참석했음을 나타냄), 만약 이방인 신자들이 자신들의 자연적인 인종적이며 민족적인 정체성을 거절할 정도로까지 하나님의 구약 백성과 동질감을 가졌다면, 그 묘사는 더욱 명백해 진다.

13절 초두에 그레데인들에 대한 격언을 둘러싸는 괄호를 이루는 두 진술 중 다음과 같은 두 번째 것을 삽입한다(첫 번째 것은 "선지자" 된 그 격언의 저자의 평판에 대한 바울의 언급임). "이 증언이 참되도다." 다음 언사는 "이 이유로"(NRSV) 또는 "이것 때문에"로 번역될 수도 있는데, NIV의 "그러므로"는 헬라어 표현의 효과를 담아내지 못한다. "꾸짖다"는 강한 어조의 단어이다(참조. 9절; 2:15의 용례; 또한 딤전 5:20; 딤후 4:2). 바울이 거짓 교사들보다 기만을 당하고 있는 그레데인들을 염두에 두고 있다고 주장된다.[9] 하지만 그 문장 구조는 이것을 요구하지 않으며, 심지어 선호하지도 않는다. 디도서 1:13의 나머지는 디모데후서 2:25-26과 유사한데, 그것은 디모데를 대적하는 자들이 진리로 나아오며 사탄의 올무에서 벗어나게 될 소망을 피력한다.

14절은 거절되어야 할 "할례파"의 가르침의 두 가지 측면을 진술한다. (1) 하나는 "유대 신화"이다(딤전 1:4과 주석; 딤후 4:4; 딤전 1:4의 "끝없는 족보"를 재론하는 딛 3:9). 고대 세계에서 유대인의 존재는 비성경적인 일탈의 이야기들을 퍼뜨리는 자들이 잘못된 것들을 유포할 수 있는 네트워크를 제공했다. 그들이 에베소와 그레데 양자 모두에 나타난 일은 놀랍지 않다.

(2) 이단자들의 가르침의 다른 측면은 다음과 같이 일상생활과 관계된다. "진리를 거부하는 자들[문자적으로, 사람들]의 명령." 수식하는 용어 안드로폰의 의미를 드러내지 않는 현대 번역들(예를 들어, "단순한 사람들")은 다음과 같은 이사야

될 수 없을 것이다.

9. 예를 들어, Knight, *Pastoral Epistles*, 299-300과, 덜 강하게, Fee, *1 and 2 Timothy, Titus*, 180을 참조하라.

29:13과의 관련성을 나타낼 기회를 상실한다. "그들의 나에 대한 경외는 단지 사람들에 의해 가르쳐진 규칙들로만 이루어졌을 뿐이라." 이 구절은 예수님에 의해 인용되었으며(마 15:9; 막 7:7) 골로새서 2:22에 반영된다.[10] 따라서 하나님의 명령들의 인간적인 명령들로의 대체는 명백히 신화와 족보들을 따르는 일보다 훨씬 더 만연했을 것이다.

오류의 양 측면 모두에 기초가 되는 것은 "진리"에 대한 거부이다. 이것이 소위 유대교를 지지한다고 하는 사람들에 의해 행해진다는 점이 특별히 유감스러운데, 왜냐하면 유대인들은 진리를 담고 있는 구약성경의 유산을 가지고 있기 때문이다. 거짓 교사들은 "신랄하게"(13절; 또는 "엄하게", 고후 13:10 참조) 꾸짖어져야 한다. 분명히 거짓 교사들이 회개할 소망이 있는데, 왜냐하면 이 견책의 목적은 그들이 "그 믿음에 있어 건전하게" 되며 잘못된 것을 거부할 수 있게 하려는 것이기 때문이다. (목회서신의 "건전하다, 건강하다"라는 동사에 대한 바울의 용법에 관해서는 딤전 1:10에 대한 주석을 보며, 딤전 6:3; 딤후 1:13; 4:3; 딛 1:9; 2:1-2을 참조하라.) "그 믿음"은 기독교 신앙의 교리를 가리킨다.

제의적 정결과 음식법과 관계되는 것이 분명한 15절에서의 바울의 그 할례파의 명령들에 대한 반응은 신학적이지 않고 경구적이다. 우리는 율법에서의 자유에 대한 갈라디아서와 유사한 진술을 기대했을지도 모른다. 대신 다음과 같이 교차대구법 형태로 표현된 금언적 진술이 있다(이하에서 문자적으로 번역됨).

A 모든 것이 깨끗[한지라]

    B 깨끗한 자들에게는

    B′ 그러나 부패하고 믿지 않는 자들에게는

A′ 아무 것도 깨끗하지 않[은지라]

분사 "부패한"으로 표현된 동사(미아이노)는 그 이후 다음과 같이 다음 절의 시작부에서 반복된다(문자적으로, 번역됨). "하지만 부패한지라 그들의 마음과 양심 양자 모두가." 이것은 예상 밖의 논의의 전환이다. 그것은 신화들을 주의 깊게 추적하며 복원한 고대 음식법을 따름에 의해 강력하게 정결함을 추구하는 겉으로 보

---

10. NIV와 NRSV는 이사야서의 구절에서 인간적 요소를 명백히 드러내지만 여기 딛 1:14에서는 그렇지 않음에 유의하라. NKJV와 REB는 각각 "사람들의"와 "인간적인"이라고 되어 있지만, NIV와 NRSV는 단지 "자들"(those)이라고 되어 있다.

기에 초종교적인 사람들에게 직접적으로 책임을 돌린다. 그러나 실제로 만약 그들이 정말로 정결하다면, 그런 법들의 필요성에 그토록 집착하지 않았을 것이다. 그들의 불순한 마음과 양심[11]으로 말미암아 모든 것이 불결하게 보였으며 따라서 율법주의적인 규정을 필요로 한 것이다.

거짓 교사들에 대한 공격은 16절에서 절정에 달한다. 다음과 같은 대조가 유죄를 입증한다. 하나님을 안다고 주장하는 자들이 그 행위를 그 말에 일치시키지 않을 뿐만 아니라 그 행위로 실제로는 그분을 부인한다(참조. 롬 1:28-32). 이것은 마음과 양심 모두 "부패했다"고 하는 15절 끝의 방금 진술된 사실과 연결된다. "가증한"으로 번역되는 강한 어조의 단어는 신약성경에서 단지 여기서만 나온다(비록 위선자들에 대한 그 명사형이 눅 16:15에서 다음과 같이 나오지만 말이다. "사람 중에 높이 평가되는 것이 하나님 보시기에 가증하도다"). 놀랍지 않게 그레데의 이단자들은 또한 "불순종적"이다(참조. 3:3; 또한 롬 1:30; 딤후 3:2). "부적합한"(아도키모스)은 인정되지 않는 무언가를 가리키며, "평판이 안 좋은"과 "유기된"이라는 보다 강한 의미를 수반한다(참조. 롬 1:28의 "타락한"; 또한 딤후 3:8).[12]

상황잇기

그레데 사회를 검토하기. 디도서의 시작부는 우리가 디도가 사역하고 있는 사회를 생각해볼 때 특별한 의의를 지닌다. 디도서 1:12의 그레데 사람들에 대한 다음과 같은 사회적 평가는 잘 알려져 있다. "그레데인들은 항상 거짓말쟁이며 악한 짐승이며 게으른 대식가라." 그와 같은 사회에 자리한 교회에 관여하게 된 디도에게는 강력하고 모호하지 않은 복음에 대한 긴급한 필요가 존재한다. 바울의 서신의 시작부가 바로 그것을 성취해내고 있다. 하나님의 백성은 그분의 "택하신 자들"(1:1)인데, 이들은 심지어 가장 타락하고 적대적인 사회에서도 하나님의 작정의 대상이 된 자로서 안전함을 느낄 수 있다. 그들의 믿음은 "지식"과 짝을 이루며 그 기초는 "영생의 소망"이다(1:2). 다른 바울 문헌에서와 마찬가지로, 소망은 주관적 느낌이 아니라 확실한 것이다(특히 롬 5:1-11; 8:18-39 참조). 거짓된 그레

11. "양심"이라는 단어에 대해서는 딤전 1:5, 19에 대한 주석을 참조하라. 이것들과 유사한 격언들에 대해서는 Lock, *Pastoral Epistles*, 135-36을 참조하라.

12. 고전 9:27; 고후 13:5-6; 히 6:8과 같은 구절에서 이 단어는 무익하거나 참되지 않은 것으로 거절된다는 개념을 좀 더 지닌다.

데인들과 대조되게 "하나님께서는 거짓말하지 않으시며"(딛 1:2), 따라서 "시간의 시작 이전에 약속된" 영생이 그리스도인의 소망의 확고한 목표이다.

하나님은 자신의 일정, 곧 "자기의 정하신 때"(1:3)에 따라 일하고 계시며, 따라서 올바른 시점에 그분은 바울에게 "맡기신" 선포를 통해 "자기의 말씀을 밝히셨다"("공개하셨다"라고 말할 수도 있음). 이 "공개"는 목회서신의 특징적 교훈이다.[13] 그것은 두 가지 관점에서 중요하다. (1) 계속적인 구원사 가운데 하나님께서는 점진적으로 연속적인 사건들 가운데 자신의 뜻을 이루셨으며 진리를 드러내셨는데, 이것은 자신의 아들을 통한 그분의 은혜의 "나타나심"에서 절정을 이루었다. (2) 당시 종교들과의 경쟁에서 이런저런 신의 나타남의 개념이 찬양되었다. 의심의 여지없이 이 "초기 로마 제국에서의 종교들의 대립"(conflict of religions in the early Roman Empire)[14]에 있어 기독교 역시 그 현현들이 있었음을 보이는 일은 중요했다.

바울의 사역은 "우리 구주 하나님의 명령에 의해" 수행되는 것인데(1:3), 이것은 바울의 디모데와의 서신과 유사한 표현이다.[15] 명령은 맡김 또는 청지기직을 포함하는데, 이것 역시 목회서신의 주제의 하나이다. 디모데전서 1:11에서 바울은 "내게 맡기신 바 복되신 하나님의 영광의 복음"에 대해 기록했다.[16] 이런 식으로 바울은 디모데전서의 시작부에서와 같이 확고하게 거짓 교훈에 반대하는 말을 기록한다. 바울의 권위는 이제 개인적 은사와 더불어 그가 기록한 것에 내재한다. 하나님의 종이 어떤 신학적 훈련을 받았든지, 그 종의 권위는 은사나 훈련에 있는 것이 아니라, 그것은 하나님의 말씀에 존재한다.

상호 불신이나 종교적 주장에 대한 회의나 미래에 대한 두려운 불확실성이 존재하는 사회는 하나님의 계시된 말씀이 제공하는 성격의 확고한 기초와 분명한 지침을 필요로 한다. 그러나 그 진리가 진리로 받아들여지고 전유되려면 그것이 들려지고 이해되어야 한다. 이 일에 있어 한 단계는 성경 번역이다. 선교사와 신학자들이 특별히 지난 반세기 동안 노력을 기울였던 또 하나의 단계는 상황화와 토착

---

13. 에피파네이아/에피파이노("나타남, 나타나다") 어군의 단어들이 딤전 6:14; 딤후 1:10; 4:1, 8; 딛 2:11, 13; 3:4에 나온다. 파네로오라는 동사("드러내다")는 딤전 3:16; 딤후 1:10; 그리고 여기서 발견된다. 그 개념은 계시, 현시, 밝혀짐이다. 특히 딛 2-3장의 반복되는 언급을 참조하라.
14. 이것은 T. R. Glover(London: Methuen, 1909)에 의한 그 주제에 대한 고전적 저작의 제목이다.
15. 지금까지 목회서신에서 그런 명령의 표현은 딤전 1:1, 3, 5, 18; 4:11; 5:7; 6:13, 17에서 나왔으며, 딛 2:15에서 다시 나올 것이다. 과오를 깨닫게 함에 관한 단어가 딤후 3:16; 4:2; 딛 2:15에 나온다.
16. 바울이 "복음을 위탁받았다"고 말한 살전 2:4을 참조하라.

화의 책무였다. 하나님의 말씀은 각각의 문화에 의미 있게 적용될 필요가 있다. 복음이 모든 문화의 모든 사람에게 적절하고 충분함이 사실이지만, 지금은 그것이 이해될 수 있기 위해서는 "상황화될" 필요가 있다는 점이 일반적으로 동의된다.

각각의 상황화의 수단과 범위가 많이 논의되어 왔다. 그러나 의사소통 이상의 일이 결부된다. 세계관과 영적 세계에 대한 이해와 사후세계에 대한 개념과 윤리의 기준 등등에 있어서의 차이점은 성경 진리의 상이한 측면들을 요구하게 한다. 20세기 시작될 즈음에 일본 선교사 패짓 윌키스(A. Paget Wilkes)는 자신이 전하고 있던 복음이 진리임에도 불구하고 회심자를 얻지 못하고 있음을 확신하게 되었다. 그는 일본인들이 자신들의 생각과 두려움과 필요들에 대해 표현할 때 더욱 열심히 들으려고 노력했다. 이것들 중에 사후에 있는 일에 대한 불안과 염려가 있었다. 따라서 윌키스는 특별히 부활과 영생을 다루는 성경 본문들을 강조하기 시작했다. 일본에 있는 한 강한 현지 교회가 그의 사역의 증거이다.[17]

세계 도처의 사회에 공통된 희망과 두려움이 있지만, 또한 상이한 세계관을 발생시켜 온 특정한 신앙체계와 가치와 대중 철학들이 있다. 유럽인과 케추아족 사람과 월스트리트 중개인과 하키 선수와 중세 농노와 16세기 탐험가와 중국 외교관과 컴퓨터 프로그래머 등의 각각의 하위문화 또는 인간 집단은 자체적인 특유의 단점과 가치를 지녀 왔다. 우리는 이것들에 대하여 권면하거나 글을 쓰는 일에 더욱 익숙해졌지만, 바울 역시 유대인과 야만인과 지혜자와 노예와 그레데인에게 다가가려고 할 때 그러했다. 모든 시대와 장소의 기독교인에게 전달되려면 의미 있게 설명되고 적용되어야 하는 복음이 맡겨져 왔다. 만약 그렇지 않으면, 우리가 성경에 돌리야 마땅한 권위가 약화될 것이다.

교회에서 질서와 지도자 직분의 중요성. 데이 러너스(Day Runners)와 여타의 소위 "조직 전문가들"은 단지 매우 조직적인 사람들뿐만 아니라 조직의 필요성이 절실한 비조직적인 사람들에게도 호소력 있다. 스티븐 코비(Stephen R. Covey)의 저작인 『성공하는 사람의 7가지 습관』(*The Seven Habits of Highly Effective People*)과 여타의 책들은 사람들이 자신들의 삶을 질서 있게 하는 일을 돕는 데 큰 성공을 거두어 왔다. 그레데에는 미완성된 일의 형태의 일정한 무질서가 있었던 것이 분명하다. 열광적인 기독교인이 교회 정치에 대해 과도하게 독단적일 가능성이 있지

17. Alphacus Nelson Paget Wilkes, *The Dynamic of Service*(London: Japan Evangelistic Band, 1931; also Kansas City, Mo.: Beacon Hill, n.d.).

만, 혼란과 무정부상태는 더 안 좋다. 수 년 전 미국 동부의 한 독립 교회는 임명된 장로들 없이 합의에 의한 느슨한 의사 결정 형태로 잘 운영되는 것 같았다. 그러므로 교회가 한 특정한 개인을 권징할 필요가 발생했을 때, 그 사람은 교회의 누구도 그런 일을 행할 권위가 없다고 주장했다. 오래 지나지 않아 그 교회는 장로 직분을 세웠다.

장로들은 일보다 절제와 성품에 있어 "성공적인" 사람들이어야 한다. 확실히 그런 사람들은 실제로 자주 일에서도 성공적이지만, 도덕적 자질들이 그것보다 더 중요하다는 말이다. 디도서 1:6-8에서 언급되는 개인적 자질들 중 단지 한 가지—"하나님의 일이 맡겨지는"—만 영적 사역과 관련된다. 그러나 9절에서 감독자는 "미쁜 메시지를 가르쳐진 대로 확고하게 고수해야 하는데" 이는 "건전한 교훈으로 다른 사람들을 권면할" 뿐만 아니라 "그것에 대적하는 자들을 논박할" 수 있기 위함이었다. 이것은 그 교회가 속해 있던 사회의 타락한 상태와 그 교회를 위협하던 거짓 교사들의 공격에 대한 직접적인 대응이다.

그런 공격에 대처하기 위해 장로들은 신자들의 존경을 받아야 한다. 우리는 이미 디모데전서 3:1-7에서 주변 공동체에서의 장로의 평판이 중요하다는 점을 살펴보았다. 그러나 이 지도자들은 또한 자신들의 거짓 교사들에 대한 처리가 교회의 지지를 얻으려면 교회에서도 확고한 자리를 잡고 공경을 받아야 한다. 개인적인 역학관계가 불가피하게 그런 상황에 개입된다. 장로들이 어떤 문제에 있어 과실이 있다고 여기는 사람들에게는 자주 장로들보다 그들을 더 높이 평가하는 동료와 지지자들이 있다. 이 상황은 장로들에 대해 인식되는 권위를 약화시키며 종국에는 교회의 분열이나 장로들에 대한 그 반대자들의 승리로 귀결될 수 있다.

"깨끗한 자들에게는 모든 것이 깨끗한지라"라는 격언은 자주 문맥을 벗어나 인용되어 왔다. 그것은 선한 사람은 악한 일 때문에 결코 고민하지 말아야 한다거나, 아무튼 악한 일이나 생각도 선한 것으로 바뀔 것임을 의미하는 것으로 쉽게 곡해될 수 있다. 이 격언이 나오는 부분의 단락의 주안점은 마음속으로 선한 것조차 악한 것으로 바꾸는 악한 생각과 동기를 가진 사람들이 자주 외적 의식에 의해 보상을 추구한다. 그러나 마음이 깨끗한 사람들은 하나님의 세계에서 내재적인 선을 발견하며 그런 연금술을 필요로 하지 않는다. 우리는 이미 디모데전서 4:1-5에서 묘사되는 금욕주의적인 행습에서 이러한 사고방식을 대면했었다.

현대적 의미

다원주의적 사회에서 진리를 선포하기. 우리의 다원주의적이며 후현대적인 사회는 어떤 진리 체계가 과연 가능하다는 것이 가능한지의 여부에 대한 의심과 절망에 노출되어 있다. 이례적이며 예상 밖의 메시지들이 확실성을 추구하는 사람들을 관심을 사로잡는다. 종종 이 메시지들이 진리의 요소들을 포함한다. 예를 들어 1990년대 초에는 천사에 대한 증대된 관심이 있었다. 1996년에 이르러 이 관심은 "천사의 손길"(Touched by an Angel)이라는 텔레비전 시리즈로 구체화되었는데, 그것은 닐슨 시청률의 최상위나 최상위 권에 계속하여 머물렀다.

다른 종류의 사례는 1950년대 이래 모르몬 교회의 엄청난 성장이다. 비록 역사적으로 조사될 때 그 기원에 대한 주장되는 상황이 흔들리며, 그 교리가 정통 기독교와 배치되지만, (천사 모로나이에 대한 관심뿐만 아니라) 이 종교의 "가족 가치"와 여타 도덕주의적 행습은 전 세계적으로 엄청난 호소력을 지닌다. 새천년이 다가오자 신비로운 것들에 대한 거의 광신적 종교 집단과 같은 관심이 등장했다. 1900년대 말과 2000년대 초는 디도서의 시작 절들에서 표현되는 확실한 것들에 대해 선포할 특별한 기회로 재고될 수도 있을 것이다.

기독교는 자주 유대교와 별개의 혹은 심지어 경쟁하는 것으로 여겨져 왔다. 그러나 우리는 기독교가 그리스도 약 2천 년 전의 아브라함의 부르심과 더불어 시작된 그분의 특별한 백성 중에서의 하나님의 계속적인 계시와 역사적 활동에 속한다는 점을 결코 잊어서는 안 된다. 그리스도는 역사적 진공상태에가 아니라, 하나님의 사역과 히브리어 성경에 대한 그분의 영감과 메시아에 대한 특별한 예언들의 절정으로 오셨다. 역으로 이것은 인간의 역사 속에 설정되었는데, 그것은 영원 전부터 존재하는 하나님의 사역 안에 있는 것이다. 복음 안에서 선포되는 영생은 "시간의 시작 이전에 약속되었으며"(2절) 바로 그 복음 안에서 밝혀졌다.

이 모든 것은 그리스도에 대한 진리 주장들을 위한 논거를 진술하는 데 큰 도움이 될 것이다. 이스라엘의 역사와 메시아 예언들은 복음의 확고한 기초가 되며 현재보다 더 많이 우리의 전도에 포함되어야 한다. 유대인들에게 복음을 전하는 자들이 이점을 지적하는 일은 일반적이며 타당하지만, 그 일은 또한 우리 기독교 변증(즉, 기독교에 대한 논리적 입증)에서도 강력한 요소가 될 수 있다. 이 구절에서 진리라는 주제는 하나님은 "거짓말하지 않으신다"는 사실과 연관된다(2절).

또 하나의 변증적 요소는 이 진리의 지식이 "경건으로 이끈다"는 점이다(1절). 우리는 자주 변화된 삶을 복음의 진리의 증거로 사용하는데 이것은 맞는 말이다.

그러나 이 주장은 다른 종교들의 진지한 신봉자들 역시 자주 그들의 신앙의 윤리적 교훈에 대한 의식적 순종 가운데서의 올곧은 생활을 한다는 사실에 대한 정직한 인정과 더불어 행해져야 한다. 더욱이 그 주장은 어떤 그리스도인들이 배운 것과 일치하는 삶을 사는 데 있어 실패하는 일로 말미암아 약화될 수 있다. 그렇지만 이 서신은, 디모데에 대한 두 서신과 마찬가지로, 기독교 복음은 기독교적 삶, 곧 "경건"에 의해 뒷받침되어야 함을 주장한다. 이것이 그레데에서 중요했으며, 시애틀, 애틀랜타, 토론토, 미식 축구 경기, 이사회실, 혹은 신학교 예배실 그 어느 곳에서도 똑같이 필수적이다. 필자가 글을 쓸 때에 또 한 명의 목사가 시카고 지역에서 체포되었는데, 이번에는 인터넷에서 알게 된 소녀를 성적 목적으로 만나려는 계획 때문에 그렇게 되었다. 그의 "연애 상대"는 여성 경찰관이었던 것으로 밝혀졌다.

교회 직제에 관한 모든 세목이 오늘날 준수되어야 하는가? 디모데전서 3:1-7에 대한 현대적 의미 단락은 이미 교회 직제 문제의 적용을 위한 몇몇 제안을 했다. 여기 디도서에 주어진 장로의 자격들은 거기에서의 감독자들에 대해 열거된 자격들과 거의 동일하다. 이 유사성은 그것들이 모든 교회에 중요한 것임에 대한 개연성을 강화한다. 그러나 그것들이 일률적으로 적용될 수 있는가? 그것들은 특정한 사례들과 어떤 연관성이 있지 않는가? 만약 그 사례들이 다르다면 다른 자격들을 요구한다는 조건 가운데 그것들이 형성된 것인가?

비교될 수 있게도 교회의 주요 교리들 중의 일부는 교리적 분쟁의 상황에서 명확하게 표명되게 되었다. 이 교리적 진술들을 도출한 다양한 공의회들은 특정한 상활들을 다루도록 요청되었으며, 그러므로 교리들은 그 상황들 때문에 형성되었다. 그것들의 작성에 연관된 일부 정치적 요소들에도 불구하고, 교회는 그와 같이 공식화된 교리들을, 특별히 기독론을 다루는 것들을 기독교 신앙의 핵심에 있는 것으로서 일반적으로 존중해왔다. 마찬가지로 다양한 교파의 시작은 새로운 교회로 하여금 특정한 교리나 관계나 가치를 강조하도록 이끈 상황들에 기인했다. 때때로 이것들은 창시자들의 개성과 경험을 반영하면서 특이한 것들이었지만, 소홀하게 여겨진 진리들을 회복하며 대중의 관심을 다시 받도록 하는 한에서 인정되어야 한다.

다음으로 교회 직제의 문제는 어떠한가? 이점에 있어 교회는 상이한 관점과 관례들을 가져왔다. 성례와 의식에 있어서, 비록 그 의미와 관례는 다르지만, 거의 모든 기독교인이 세례와 주의 만찬은 모든 시대와 상황의 교회를 위한 것으로 주 예수께서 의도하셨다고 믿는다. 교회 지도자 직분에 대해서는 비록 어떤 지도자 직분은 성경적이며 필수적인 것으로 보통 인정되지만, 그 형태들이 또한 상이하다. 바울의 교회들에는 심지어 고린도의 은사를 강조하는 분위기에도 불구하고 일반적으로 일정한 조직이 있었다. 영적 지도자 직분이 관료주의와 무정부주의 양자 모두보다 선호될 수 있는데, 비록 대부분의 기독교인은 지도자 직분의 형태를 필수적 교리들과 동일한 수준으로 중요시하지 않지만 말이다.

감독자들의 자격에 대해 우리는 십중팔구 디도서 1장과 디모데전서 3장에서 열거되는 것은 모든 신자에게 바람직하며 모든 시대에 요구되어야 하는 본질의 도덕적 성품을 묘사한다는 점에 동의할 수 있을 것이다. 그러나 어떤 특정 자격이 상이한 상황에서 다른 자격보다 더 중요한가? 우리가 그 원래의 의미와 앞에서 논의되었으며 디모데전서 3장과 연관된 문제들을 적절히 고려한 후, 어떤 원리들이 현대 교회에서 구체적으로 적용될 수 있는가?

한 아내의 남편이라는 규정은 비록 신실함이라는 마음의 태도를 뜻하는 것으로 이해될지라도, 오늘날 상이한 문화에서 상이하게 적용될 것이다. 예를 들어, 여러 차례의 결혼이 보편적이며, 따라서 이혼하지 않은 능력 있는 지도자 후보가 좀처럼 없을 주로 새신자로 구성된 미국 교회의 경우에 그러하다. 자주 이혼에 있어 "결백한 쪽"을 결정하는 간단하고 명료한 방식이 없지만, 어떤 교회들은 이혼의 원인들을 평가해보려고 시도한다. 결혼상의 정절을 깨뜨린 것이 한쪽 편에만 있고 다른 편은 그렇지 않은가? 다른 어떤 요인들이 결혼을 파국에 이르게 했는가? 누가 이혼을 제기했는가? 장로 직분에 고려되고 있는 사람은 이혼 후에 기독교인이 되었는가? 만약 재혼이 있었다면, 현재의 결혼은 양호한 상태인가? 그런 질문들에 대한 대답에 따라 그 사람을 장로 직분으로 받아들이는 일이 정당화될 수도 있다.

이 목회서신들이 여성의 지도자 직분은 그 사회에서 생각할 수 없으며 무례했던 때에 기록되었다는 사실은 오늘날 우리가 남편된 자로서의 장로에 대한 언급을 적용하는 방식에 영향을 미치는가? 혹자는 남편인 장로에 대한 언급은 자격으로 의도되지 않았으며 단지 상황적일 뿐이라고 생각한다. 이 문제는 세심한 고찰을 요구한다. 집사들은 디모데전서에 그들에 대한 지침이 있기 때문에 요구되는가, 아니면 디도서에서 언급되지 않기 때문에 선택적인 것인가? 몇몇 제안들이 디모데전서 3장에 관한 부분에서 행해졌으며, 따라서 여기서의 가장 적절한 언사는 아마도 심사숙고와 상식과 진지하고 영적인 사고의 기독교인들도 서로 달랐음에 대한 겸손한 인정의 요청일 것이다. 다른 문제들에서와 마찬가지로, 성령의 통일성이 유지되어야 한다(엡 4:3).

종종 요구되는 강력한 권징. 10-16절은 강력한 적용을 요구한다. 비록 바울의 권면, 특별히 디모데에 대한 권면은 바르게 하는 일에 있어 온유해야 한다는 것이지만, 단호한 권징 행위와 공개적 질책이 요구되는 때가 있는데, 특별히 "거역하고" "사기꾼"이며(10절), "부정한 이익을 위해 가정 전체를 무너뜨리고"(11절), "부패하며"(15절), 하나님을 부인하고, "가증스러우며", "불순종적인" 자들에 대해 그러하다. 만약 교회에서 강하고 인정받는 지도자 직분이 세워져 있지 않다면 그런 사람들을 치리하기가 어렵다.

복수의 지도자가 중요한 한 사례를 들면 다음과 같다. (앞에서 언급한 상황), 곧 성숙하고 지혜로운 회중의 복을 받은 한 작은 교회에, 장로들에 대한 아무런 필요도 없는 것 같았었다. 그러나 한 교인이 자신의 아내를 학대하고 누구도 자신을 막을 권위가 없다고 (올바르게도) 말했을 때, 교회는 장로들이 필요한 것으로 결의했다. 이윽고 그는 장로들 중 한 명을 죽이겠다고 위협했으며, 교회는 그를 치리할 수 있었다. 디도서 1:1-16의 오늘을 위한 메시지는 단지 지도자만이 아니라 권위가 부여된 지도자가 발생할 수 있는 어떤 상황과 개인적 적대를 다룰 필요가 있다는 것이다.

장로들은 죄의 문제를 처리하기 위해서는 스스로 좋은 평판을 지녀야 한다. 그들은 오류를 다루기 위해 교리적으로 건전해야 하며, 그 자녀가 그 양육을 잘 따르는 자들로 알려져서 입을 다물도록 조치되지 않으면 교회를 무너뜨릴 사람들을 권징하는 데 있어 공평하며 바르고 능력을 갖춘 것으로 기대될 수 있어야 한다. 이 모든 일에 있어 늘 그렇듯이 오늘날 그 목적은 회복이어야 한다. 이 경우에 그것은 오류를 인정하고 믿음에 있어 건전하며 거짓을 가르치는 모든 사람을 의도적으로 거부하는 일을 의미한다(14절).

만약 이 거짓 교사들이 불순한 눈으로 모든 것을 바라본다면, 순결한 것에 대한 그들의 평가가 영향을 받을 것이다. 성적으로 불순한 웹사이트를 방문하기 위해 인터넷을 탐색하는 자들에게서와 마찬가지로, 그들의 "마음과 양심"을 불순한 것으로 채울 것이다(15절). 그들의 하나님과 사회에 대한 관계가 왜곡되고 부패할 것이다. 이것은 전적으로 내적 인격의 문제이며 그런 사람들은 하나님을 안다고 주장하기 때문에(16절), 아무도 무슨 일이 일어나고 있는지 깨닫지 못할 것이다. 1950년대와 1960년대의 인기 있는 국제기독학생회의 부흥사 폴 리틀(Paul Little)은 도덕적 펑크를 갑자기 맞이하는 것 같은 기독교인은 십중팔구 보이지 않는 느린 누출을 겪었을 것이라고 말했다. 이 구절은 불순한 볼거리와 생각들에 유혹을 받으며, 삶과 교리에 대해 기이한 개념을 품고, 실천 없이 말로만 하는 하나님에 대한 신앙을 공언하는 모든 사람에게 각성을 촉구하는 역할을 할 것이다.

슬프게도 종종 가장 영적으로 보이는 사람이 실제로는 하나님과 가장 멀리 떨어져 있을 수 있다. 영성은 성경 지식이나 경건한 기도나 종교 모임의 참석으로 측정될 수 없다. 이 주석의 모든 독자는 그것을 알듯이 우리는 영성을 너무나 중요시하여서 실제로는 그렇지 않은데도 겉모습으로 영성을 추구하기도 한다. 영성은 성령께서 우리의 삶에 동기를 주시며, 권세를 부여하시고, 변화를 일으키시는 정도의 문제이다. 그분은 거룩하시며 영이시며, 따라서 아무런 부정함이나 육신적이거나 육욕적인 동기들은 우리의 삶에 있어서의 그분의 역사와 양립할 수 없다. 성령은 거룩한 사람을 만드신다. 거룩성에 더해지는 순종과 믿음과 하나님과 타인에 대한 사랑은 "그리스도의 형상"이 우리 안에서 이루어지는 것(갈 4:19)과 같은 그리스도인다운 성품을 만든다. 오늘의 교회는 너무나 행동주의적이며, 프로그램 중심적이고, 그 예배에 있어 과시적이므로 그 참여자들의 성품은 쉽게 낮은 수준의 우선순위로 미끄러져 내려간다.

선행을 하기. 우리는 목회서신에서 거듭하여 선을 행하는 일(16절)이 우선적으로 중요한 것을 발견한다. 명백히 참된 교사와 거짓 교사의 주요한 차이는 행위이다. 도덕과 윤리가 중요하다. 로마서와 갈라디아서를 야고보서와 비교하면서, 후자가 선한 일의 증명적이며 실천적인 측면을 가르치고 있는 것으로 보는 것이 일반적이다. 목회서신은 참된 신자에게 기대되는 선과 선행에 대한 언급의 수에 있어 야고보서를 훨씬 앞지른다.

앞선 언급들은 거룩함과 그리스도인다운 성품의 중요성을 지적했다. 참으로 영적인 사람은 자신의 내적 거룩함을 드러내려고 하지 않을 것이지만, 내적 자아는 그럼에도 불구하고 보여 질 것이며, 선행을 함에 있어서도 당연히 그러할 것이다. "그들의 열매로 그들을 알리라"(마 7:20)는 여전히 훌륭한 권면이다.

디도서 2:1-10

1 오직 너는 바른 교훈에 합당한 것을 말하여
2 늙은 남자로는 절제하며 경건하며 신중하며
믿음과 사랑과 인내함에 온전하게 하고
3 늙은 여자로는 이와 같이 행실이 거룩하며
모함하지 말며 많은 술의 종이 되지 아니하
며 선한 것을 가르치는 자들이 되고
4 그들로 젊은 여자들을 교훈하되 그 남편과
자녀를 사랑하며
5 신중하며 순전하며 집안 일을 하며 선하며
자기 남편에게 복종하게 하라 이는 하나님의
말씀이 비방을 받지 않게 하려 함이라
6 너는 이와 같이 젊은 남자들을 신중하도록
권면하되
7 범사에 네 자신이 선한 일의 본을 보이며 교
훈에 부패하지 아니함과 단정함과
8 책망할 것이 없는 바른 말을 하게 하라 이는
대적하는 자로 하여금 부끄러워 우리를 악하
다 할 것이 없게 하려 함이라
9 종들은 자기 상전들에게 범사에 순종하여 기
쁘게 하고 거슬러 말하지 말며
10 훔치지 말고 오히려 모든 참된 신실성을 나
타내게 하라 이는 범사에 우리 구주 하나님
의 교훈을 빛나게 하려 함이라

원 의미

"건전한 교훈에 합당한 것을 가르쳐야 한다"라는 2장을 시작하는 명령은 후속부가 목회서신에 특징적인 참된 믿음을 품은 자들은 삶 가운데 특정한 유형의 행위를 드러낼 것이라는 기대를 특별히 다룰 것임을 나타낸다.

"가르치다"는 헬라어 랄레오를 번역한다. 이 단어는 일반적으로 단순히 말하는 행동을 지칭하지만, 목회서신에서는 가르침의 지위를 가정한다(참조. 2:15). 그 가르침은 바울이 목회서신 도처에서 변호해온 "건전한 교훈"에 "합당한"(즉, 적절한 또는 "일치하는", NRSV) 것이어야 한다. ("건전한"의 용법에 대해서는 디모데전서 1:10; 6:3에 대한 주석들을 참조하라. 또한 딤후 1:13; 4:3; 딛 1:9, 13을 참조하라.) 여기서의 가르침은 그 자체로 교리적이지 않으며, 교리에 기초하는 실제적 교훈이다.

후속되는 교훈의 목록에서 "가정"의 이미지가 다시 한 번 가정 규례에서 환기된다(딤전 5:1-16 주석 참조).[1] 그것은 하나의 이미지 이상인데 왜냐하면 목회서신에서 기독교인의 회합은, 비록 아마도 그리스도의 몸으로서의 교회에 대한 바울의 개념과 동일한 정도로 생생한 묘사는 아니지만, 그 역할에 있어 하나의 가정이기 때문이다.

이 가정에서 늙은 남자는 많은 사회와 달리 단지 나이 때문만이 아니라 성품 때문에도 공경되어야 한다. 다음 표는 디모데전서 3장의 감독자와 집사와 디도서 1장의 장로에 대한 묘사와 비교되는 바람직한 특성들을 열거한다.

헬라어	디도서 2장	디모데전서 3장	디도서 1장
네팔리우스	"절제하는"	2, 11절	[참조. 7절]
셈누스	"존경할 만한"	4, 8, 11절	
소프로나스	"자제하는"	2절	8절
휘기아이논타스	"건전한		
테 피스테이	믿음에	9, 13절	
테 아가페	사랑에		
테 휘포모네	인내함에"		

유사한 비교로, 늙은 여자는 다음과 같아야 한다.

헬라어	디도서 2장	디모데전서 3장	디도서 1장
히에로프레페이스	"경외하는"		
메 디아볼루스	"모함하는 자들이 아닌"	11절	
메데 오이노 폴로	"많은 포도주에	3, 8절	7절
데둘로메나스	중독되지 않은"		
칼로디다스칼루스	"선한 것을 가르치는"	2절	9절

1. "목회서신의 저자는 교회 구성원들의 가정생활이라는 주제를 자체적인 화제로 결코 다루지 않는다. 오히려 그 가정생활이라는 주제를 소개할 때마다, 그는 하나님의 가정에서의 이런저런 생활의 측면을 논의하는 가운데 그렇게 한다"(David C. Verner, *The Household of God*, 128). 또한 Robert Banks, *Paul's Idea of Community: The Early House Churches in Their Historical Setting*(Grand Rapids: Eerdmans, 1980)을 참조하라.

이 특정한 병행어들에 더하여, 늙은 남자와 여자에 대해 묘사되는 일반적 행실은 심지어 특정 단어가 같지 않더라도 장로의 성품과 일반적 유사성을 나타내는 몇 가지 점을 지닌다. 건전함이나 건강과 관련되는 특징적 용어가 2절에 나온다(앞의 주석들 참조). 하지만 이번에는 건전해야 하는 것은 (여기서의 "믿음"이 일단의 기독교 진리를 뜻한다고 한다면) 단지 교리만이 아니라, 사랑과 인내함이다.

늙은 여자는 비록 어떤 특성은 다르지만 유사한 책임(3절의 "이와 같이")을 지닌다. 어떻게 살아야 하는지에 대한 질문(그들의 행실이나 행위)에 있어, 이 여자들은 "경외하는 방식으로",[2] 곧 거룩한 장소에서 행해야 하는 방식으로 행해야 한다. 두 가지 가능한 결점은 고약한 험담과 알코올 중독이다. 아마도 이 여자들은 높은 도덕적 기준을 가지고, 오류를 찾아내고 잔소리하는 데 여유 시간을 보내면서, 타인에 대해 명시적으로 비판하는 경향이 있었을 것이다. "중독된"으로 번역되는 헬라어는 안타깝게도 심지어 경건한 늙은 여자를 묘사할 수도 있다. 그런 행위와 대조되게, 이 여자들은 자신들의 성숙한 지혜에 의지하며 "선한 것"을 가르치는 데, 특히 젊은 여자들을 가르치는 데, 자신의 시간을 써야 한다.

"훈련하다"(4절)는 단어는 주목할 만한 가치가 있는데, 왜냐하면 특별히 그 헬라어 단어가 5절의 "자제"라는 단어와 관련되기 때문이다. 이 단어군은 "합리적인, 냉철한, 절제하는, 자제하는"과 같은 미덕과 관계된다. 고전 헬라어에서 여기서 사용되는 특정 동사는 어떤 사람을 정신 차리게 하다를 뜻했다. 결과적으로 그것은 좋은 권고나 격려를 하다를 뜻하게 되었다. NIV의 "훈련하다"는 젊은 여자들이 왜 자신의 가족을 사랑하도록 훈련되는 일이 필요한지에 대한 의문들을 제기할 수도 있다. 그러나 그 헬라어 단어는 어떤 것을 상기시킬 필요성을 암시할 수 있는데, 이 경우 남편과 자녀에 대한 원래의 사랑의 범주와 함의, 곧 환경이나 타인의 반응의 결여로 인해 감소될 수 있는 사랑의 범주와 함의를 상기시킬 필요성을 암시할 수 있다. "젊은 여자"라는 어구는 단지 젊은 어른뿐만 아니라 늙었다고 생각되지 않는 어떤 여자도 지칭할 수 있을 것이다. 아마도 그런 훈련이나 격려의 필요는 사랑 그 자체보다는 그 사랑이 초래할 것에 대한 각성일 것이다.

---

2. 여기서 사용되는 헬라어는 이교 사원에서 보일 바와 같은 "경외"(또는 우리의 종교적 배경에서 대성당에서 느낄 수 있는 일종의 고요한 경외심)의 개념을 전달한다(참조. LSJ, 822). BAGD(372)는 "보다 전문적인 여사제와 같은[을 뜻하는 것]"이 "아마도" 여기서 "가능할" 수도 있을 것이라고 조심스럽게 제안한다. 이것은 태도와 관계되며, 이 여자들은 여사제로 여겨지지 않았다. 크루거 부부가 이 여자들을 "제사장직"에 합당할 것이 요구되는 "여성 장로"로 칭하는 것은 증거에 비해 너무 많은 해석을 하는 것이다(Kroeger and Kroeger, *I Suffer Not a Woman*, 91).

늙은 여자가 젊은 여자를 가르치는 일에 대한 추가적 내용(4절)은 흥미로운 복합적 주제이지만, 그 사회의 기독교 가정 규례에서 예기되지 못할 바는 아니다. "자제"는 어원적으로 동사 "격려하다, 권면하다"와 관련된다(앞의 언급들 참조). 그것은 행위에 있어서의 신중한 절제를 암시한다. "순결한"과 "자비로운" 사이에 나오는 말은 다음과 같이 다양하게 번역된다. "집 지키는 사람"(KJV, 너무 예스러움), "집에서 일하는 사람"(NASB, 오늘날 재택근무를 암시할 수도 있음), "가정의 훌륭한 관리자"(NRSV, 그것이 마치 딤전 5:14의 오이코데스포테인인 것으로 여기는 과도한 번역임), 또는 "자신들의 가정을 돌보도록"(NLT, 합당한 번역임). NIV의 "집에서 분주한"은 문자적 번역이다. 수십 년 전에 일반적이었던 전업주부(homemaker)가 십중팔구 바울 당시 사회에서 의미했던 뜻을 가장 잘 전달할 것이다.

아내가 자기 남편에게 복종하는 것은 에베소서 5:22과 골로새서 3:18과 일치한다. 그런 복종과 다른 미덕이 여기서 주어지는 이유는 "아무도 하나님의 말씀을 비방하지 않게 하려 함이다." 바울은 어떤 그리스도인 여성이 이 문제들에 있어 탈선하는 일이 기독교 복음 그리고 결과적으로 주님 자신에 대한 심각한 비판을 초래할 수 있음을 알고 있다. 도덕적으로 예민하며 고대 가정규례에서 표현되는 기준에 대해 알고 있는 잠재적 회심자가 돌아설 수 있을 것이다. 그것은 이것이 바울이 열거하는 미덕들의 유일한 이유임을 뜻하는 것은 아니다. 그러나 우리는 아내의 복종에 대한 명령과 어떤 사람으로 하여금 하나님의 말씀을 비방하도록 유발하는 일을 피하려는 명시적 목적 사이의 인접성을 간과할 수 없다.

바울은 계속하여 디도에게 "젊은 남자들"에게 지시하라고 말하지만(6절), (5절의) 자제하라는 명령을 반복한 후, 추가적인 지시를 하는 대신에 사도 바울은 디도에게 그가 어떻게 그들의 본이 될 수 있는지를 말한다. "선한 일을 행함"은 목회서신에서 반복되는 명령을 반영한다(딤전 2:10; 5:10, 25; 6:18; 딤후 2:21; 3:17; 딛 1:8; 2:3, 14; 3:1, 8, 14). 아무도 이 강조점을 파악하지 않고는 이 서신의 메시지를 이해할 수 없다. 목록의 나머지 부분은 바울이 목회서신 도처에서 촉구해 온 성격의 성품을 강조한다. 디도의 교훈은 "순전함"을 나타내야 하는데, 이것은 "건전함"이라는 유사한 개념을 반영하는 표현으로 쓰이는 단어이다.[3] "진지함"은 존경심을 유발하는 자질이며 집사와 그 아내(딤전 3:8, 11) 그리고 늙은 여자(딛

3. 1절의 "건전한 교훈"에 대한 주석을 참조하라.

2:2)에 대해 사용된다. 우리는 이것이 젊은 남자를 특징짓는 것으로 늘 생각하지는 않는다. 다시 한 번 우리는 이제 말에 적용되는 "건전한/건전함"의 단어를 대면한다. 이것은 거짓 교사들에 의해 유발되는 말다툼에 관련되는 일을 반대하는 바울의 경고와 관계될 수도 있지만(딤후 2:14), 또한 "건전한" 말로 표현되는 디도의 내적 거룩함과 좀 더 관계될 수도 있다(또한 엡 5:4 참조). 젊은 여자들의 자질들과 같이 이 자질들은 그 자체로 중요하지만, 또한 발생할 수 있는 불신자들의 비난을 예방하는 수단이 되기도 한다.

노예에 대한 지시(9절)는 에베소서 6:5과 골로새서 3:22의 것과 유사하다. 그 관계의 모든 영역에서 순종하는 일에 더하여, 바울은 말과 행동에 있어서의 순전함을 촉구한다. 노예들은 주인에게 "말대꾸해서는" 안 된다. 이 관용어는 어떤 사람이 말하는 것에 이의를 제기하는 일, 직접적으로 반대하는 일, 또는 더 심하게는, 기대되는 행위를 하기를 거부할 정도로 대적하는 일과 관계된다(롬 10:21). 이것은 기독교인 노예들이 주인을 기쁘게 하려고 노력하는 대신에 나타내는 끔찍한 태도일 것이다(9절). 최악의 행동은 주인에게서 훔치는 일이다. 그 대신 "온전히 신뢰될" 수 있음을 보임에 의해 노예는 "하나님의 교훈을 매력적으로 만들 것이다." 이제 (5절과 8절과 함께) 세 번째로 바울의 교훈은 디도와 그레데 기독교인에게 성품과 선한 행동이 어떻게 다른 사람들을 그리스도께 이끄는 일을 도울 수 있는지를 보여준다.

상황잇기

건전한 교리와 도덕적 성품. 2-10절은 다음과 같은 목회서신의 주요 주제의 하나, 또는 거의 틀림없이, 목회서신의 주요 주제 자체를 표현하는 1절의 명령의 의미를 해명한다. 기독교인의 도덕적 성품이 건전한 교리와 일치해야 한다. 하나님은 목회서신의 몇 가지 송영들에서와 같이 단지 말로만이 아니라, 또한 그리스도에 대한 신앙을 고백하는 자들의 선행을 통해서도 영광 받으신다(서론 참조). 도덕적 성품과 선행의 중요성이 디모데와 디도와 그 교회 지도자들에게 반복적으로 적용되어왔지만, 그것은 모든 신자에게 기대된다. 여기서 촉구되는 선행은 그 자체뿐만 아니라 복음의 선교적 메시지를 계속 이어가는 것으로서도 중요하다.

1-5절의 평범한 기독교인 남녀의 특성의 다수가 장로들에게 기대되는 것들(딤전 3:1-7; 딛 1:6-9)과 비슷하다는 점에 주목할 만하다. 이것은 교회 지도자의 성품의 순전함의 중요성에 관한 목회서신의 교훈을 강화한다. 그들은 친구들에 의해

후보로 지명되고 단순한 재직 기간으로 관례상 한 회기 혹은 두 회기를 섬기도록 선출되는 사람들이 아니다. 그것을 훨씬 넘어서, 그들은 이미 교회에서 존경을 받으며 모든 신자에게 기대되는 자질들을 매우 일관되게 지니고 있는 것으로 알려진 사람들이다. 감독자의 "고상한 책무"를 바라는 자들(딤전 3:1)은 이 구절의 교훈을 따르는 자들 가운데 속해야 한다.

매우 상이한 문화들을 연결하는 원리들. 바울 시대의 사람들이 소위 가정 규례—즉 다양한 사회 계층들의 상호 관계에 기대되는 의무 목록—에 익숙했다는 것을 아는 것으로 충분하지 않다. 오히려 우리는 주어진 사례들이 정확하게 따라져야 하는지 혹은 구체적 지시 사항을 복제하지 않으면서 원리들이 도출되어야 하는지를 질문해야 한다.

이와 관련하여 명백하게 논의하기 용이한 사례는 노예제이다. 그런데 그것은 우리에게는 용이하지만, 1800년대의 미국에서는 그렇지 않았다. 구약과 신약 양자 모두의 성경에는 노예제의 관행을 가정하며 계속하는 명백한 가르침들이 있다. 만약 바울이 노예들에게 주인에게 복종하라고 말했다면, 예를 들어, 1780년이나 1850년의 노예도 동일한 일을 해야 하지 않는가? 이 문제에 대해 많은 것이 기록되었는데, 그 당시의 신학자와 성경학자들은 상반된 입장들을 취했다. 그런 문제들에 대한 윌러드 스와트리(Willard M. Swartley)의 상당히 흥미로운 저서는 그 문제들을 선별하고 또 하나의 난제인 여성의 "위치"에 적용하는 데 유용하다.[4] 노예제를 지지하기 위해 성경 본문들이 사용되었던 방식과 오늘날 여성에 대한 논의에서 특정 본문들이 사용되는 방식 간에 일정한 유사성이 있음을 배우는 것은 교훈적이다.

그러나 혹자들이 하듯이 다음과 같이 질문하는 것 역시 합당하다. 만약 지금은 일시적인 것으로 보이는 어떤 지배적 제도(예를 들어, 노예제)가 실제적 지지는 아니지만 규정하는 교훈을 할 정도로 바울에게 수용되었다면, 아내의 순종이라는 결혼관계의 어떤 측면들 역시 합당하게도 일시적인 것으로 여겨질 수 있지 않는가? 그런 문제들이 어떻게 결정되더라도—또한 그것들이 여기서 두어지는 것보다 더 많은 해석학적 관심을 요구하더라도—결국 적용의 문제가 해결되어야 한다. 다행히도 이 경우에는 만약 우리가 충분히 신중하고 민감하다면 우리를 교훈할 수 있는 명료한 원리들이 존재한다.

---

4. *Slavery, Sabbath, War and Women: Case Studies in Biblical Application* (Scottdale, Pa.: Herald, 1983).

이 원리들은 5, 8, 10절 끝의 세 절에서 발견된다. (1) 5절은 모든 시대와 문화의 지혜로운 그리스도인이 도덕적 온전함을 지닌 현대인들이 남녀관계를 바라보는 방식을 평가할 것을 제안한다. 만약 우리가 좋은 선교사가 되며 타인을 그리스도께 이끌기를 추구하려 한다면, 우리의 도덕과 대인관계의 기준은 최소한 불신자의 기준만큼은 되어야 한다.

바울은 선교사의 마음과 선교적 원리들을 지녔다. 그는 다음과 같이 기록했다 (고전 9:19-23).

> 내가 모든 사람에게서 자유로우나 스스로 모든 사람에게 종이 된 것은 더 많은 사람을 얻고자 함이라 유대인들에게 내가 유대인과 같이 된 것은 유대인들을 얻고자 함이요 율법 아래에 있는 자들에게는 (내가 율법 아래에 있지 아니하나) 율법 아래에 있는 자 같이 된 것은 율법 아래에 있는 자들을 얻고자 함이요 율법 없는 자에게는 (내가 하나님께는 율법 없는 자가 아니요 도리어 그리스도의 율법 아래에 있는 자이나) 율법 없는 자와 같이 된 것은 율법 없는 자들을 얻고자 함이라 약한 자들에게는 내가 약한 자와 같이 된 것은 약한 자들을 얻고자 함이요 내가 여러 사람에게 여러 모습이 된 것은 아무쪼록 몇 사람이라도 구원하고자 함이니 내가 복음을 위하여 모든 것을 행함은 복음에 참여하고자 함이라.

만약 사도 바울이 선교적 목적으로 심지어 (그가 명확하고 견고한 확신을 가졌던) 율법과 관련된 그들의 관점에 순응할 정도로 당시 사회의 다른 사람들과 그들의 방식으로 교류하길 기꺼이 했다면, 우리는 성별의 문제에 있어 우리의 동시대인들을 소외시키는 일을 피할 수 있어야 한다. 이것은 우리의 확신을 포기한다는 것을 뜻하지 않고, 그 수사법을 부드럽게 한다는 것을 뜻한다. 더 이상의 논의를 하는 일은 현대적 의미 단락으로 넘어가는 일일 뿐만 아니라, 이 주석의 한계를 넘어서는 일일 것이다.

5절에 진술되는 바울의 원리의 귀결은 "아무도 하나님의 말씀을 비방하지 않게 하려" 함이다. 그는 계속하여 어떻게 그리스도인들이 비방을 받는 일을 방지할 수 있을지를 보여줄 것이지만, 여기서 바울은 복음 자체가 그것을 선포하는 사람들의 삶으로 증명되는 일에 관심한다.

(2) 8절의 원리는 우리의 행위가 나무랄 데가 없어서 심지어 복음의 대적자들까지도 우리를 악하다고 비난할 근거가 없도록 해야 한다고 제안한다. 첫 번째 원

리와 마찬가지로 이것은 목회서신 도처에서 발견되는 관심을 반영하고 있다. 또한 그것은 바울의 선교적 원리를 반영한다. 그러나 그 차이는 주목할 만하다. 단지 기독교인의 순전함이 분명히 나타나야 할 뿐만 아니라, 그 대적자들이 부끄러워야 한다. 디모데후서 2:15에서 바울은 기독교인 된 일꾼은 부끄럽지 않아야 한다. 여기서 그 비판자와 그 비판자가 비난하는 대상자의 대조가 분명하다. 전자는 부끄러움을 유발한다.

(3) 10절 역시 훌륭한 선교의 원리의 하나를 들고 있다. 근래에 대중화된 "생활전도"(lifestyle evangelism)의 실천은 이것에 부합한다. 불행하게도 그것은 종종 "복음 전하기"의 대체 행위로 생각되어왔다. 하지만 그 의도는 복음 제시를 촉진하려는 것이다. 본문의 전제는 신자들이 "우리 구주 하나님의 교훈"을 선포하고 있다는 것이다. 우리의 행위는 단지 타인을 소외시키지 않아야 하는 것이 아니라, 사람들을 복음으로 이끌어야 하는 것이다. 복음은 단지 그것을 고백하는 사람들의 행위만큼만 세상에 매력을 지닐 것이다.

현대적 의미

곡선부과 경사부. 만약 목회서신에 오늘날 적용될 필요가 있는 어떤 메시지가 있다면, 그것은 바로 이 구절일 것이다. 기독교인들은 불신자들이 "하나님의 말씀을 비방하거나", "우리에 대해 말할 나쁜" 어떤 것이나, 또는 기독교 교리를 매력 없게 보이게 할 수 있는 아무런 이유도 지니지 못하도록 사는 데 힘써야 한다.

하지만 용이하게 적용될 수 있는 단순한 권고로 보일 수도 있는 것에 도로에서와 같이 빠져나가야 할 곡선부와 경사부가 있는 것으로 판명될 것이다. 오늘날 노인 남성과 여성들은, 경건하고 냉담하게 보이기보다는, 현대적이며 손주들과 "친구"가 되려고 열심히 노력한다. 흔들의자에서 뜨개질을 하고, 쪽진 머리를 가졌으며, 찬송가를 흥얼거리는 할머니의 과거 이미지는 오래 전에 사라졌다. 젊은 여자들은 보통 여기에서의 의미로 단지 "집에서 분주하기"만 하지 않고, 오히려 판사석이나 시내 회사의 임원실에 있거나, 또는 최신 컴퓨터 프로그램을 능숙하게 다루며 최근의 흥미진진한 웹사이트를 검색하고 있을 것 같다. 야망이 이들과 많은 젊은 남자들을 사로잡았는데, 그들은 아침 일찍 일어나 운동을 위해 헬스클럽에는 가지만 도덕적이거나 종교적 관심을 위한 여유 시간은 없다. 그들은 이른 아침 기차를 타거나 고속도로에서 씨름하며, 사무실에서의 오랜 근무 시간 동안 회의를 겸한 오찬 모임을 가지고, 아마도 시간을 짜내서 가끔 비행기를 타고 뉴욕에 출장을 다녀오지만, 시즌별로 교대되는 텔레비전에서의 미식축구나 농구나 야구를 시청하는 일에 대해서는 아무런 이야기도 하지 않는다. 다음으로 노예는 어떠한가? 그 문단이 도대체 어떻게 관련성을 지닐 수 있는가?

관련성을 지니는 것은 바로 1세기와 여타의 모든 세기의 사람들과 마찬가지로 우리가 성품과 영성과 자녀와 손주와 이웃에 대한 성경 진리의 전달에 열심을 내야 한다는 사실이다. 증조부는 아마도 트랙터도 없이 농장에서 무덥고 땀나는 시간을 참으며, 저임금에 노조도 없이 일한 방식에서 자신의 경건을 보였을지도 모른다. 오늘날 우리는 시차로 인한 피로를 겪으면서도 하루 종일 사무실에서 근무하는 일, 주식 시장이 하향세가 되어도 평정심을 유지하는 일, 또는 더 나쁜 것으로는, 아픔을 주며 머리가 빠지게 하는 화학 요법의 치료를 받으면서도 존엄성과 희망을 유지하는 일에서 우리의 경건을 나타낼 수도 있다.

오늘날의 노인들을 위해 기독교가 해야 할 일. 남녀 노인들은 나이에 집착하거나 판매원이 처음으로 묻지도 않고 경로우대를 해줄 때 괴로워하지 않아야 한다. 그러나 그들은 자신들의 시간이 (적어도) 55세 이전에 그랬던 것보다 확실히 더 제한되어 있음을 인정해야 한다. 비록 조숙한 사람은 다른 사람들보다 빠르겠지만, 일반적으로 단지 시간의 경과에 따르는 성품의 성숙이 존재한다. 믿음과 순종은 심지어 새 신자를 특징지을 수도 있는데, 곧 그가 하나님의 명령에 긍정적으로 반응할 때마다 그러하다. 우리는 어떤 나이든 성령으로 채워질 수 있다. 하지만 영성이란 시간을 요하는 성령에 대한 우리의 습관적 반응이다. 하나님과 동행하는 것은 일련의 단계를 요구한다. 인내함(2절)은 말 그대로 시간이나 거리에 의해 측정된다. 사랑은 깊어진다. 지혜는 하나님이 알려지시기를 원하는 대로 그분을 알게 되는 경험이라는 배경을 요구한다.

그러므로 노년은 본질적으로 기회라고 할 수 있다. 노인은 도전과 성과가 있는 젊은이들과 동일한 종류의 활동이나 사역을 할 필요는 없다. 관절염은 행동은 제한할 수도 있지만, 기도를 제한하지는 않는다. 시력이 청력의 상실도 마찬가지이다. 즐거움과 전도의 최대의 기회는 회사 전용기가 아니라 양로원에서 찾아올 수도 있다. 손주들은 아마도 할아버지의 젊은 시절에 관한 반복적인 충고와 도덕적 훈계를 억지로 듣는 일을 좋아하지 않을 것이지만, 만약 할아버지가 그들의 시합이나 연주회에 가며, 그들의 기쁨과 슬픔에 귀 기울인다면 복될 것이며, (아마도 알지 못하더라도) 우리의 기도의 혜택을 누릴 수 있을 것이다.

"프렌즈 포럼"(Friends' Forum)은 북 일리노이의 한 교회의 노인 교우들의 모임이다. 그들은 처음에 주로 청년들로 구성된 교회에서 다른 남성들과 의미 있는 친분을 맺는 일을 어려워하는 남성들을 돕기 위해 모였다. 그들은 이제는 단지 서로 알며 즐거운 시간을 함께 하는 것만이 아니라, 다른 사람들을 돕는 데 솔선해오고 있다. 초창기 회원 중 한 명은 가나에서 온 대학 교수였는데, 그는 이후 돌아가 가르치는 일을 계속하며 교회 목사로 섬기고 있다. 그들은 그와 교제를 계속해왔으며, 그가 젊은 기독교인들을 위해 사용할 수 있는 책들을 보내줬다. 그 모임의 다른 한 회원은 어떻게 죽음을 맞이할지의 본을 보여주고 있다. 그는 이미 의사들이 예고한 시한을 넘어서 있다. 로런드(Roland)는 솔직하고 불평 없이 자신의 질병의 진행과 그에 대한 생각을 나누어주었다. 이 모임은 노화와 임종을 진지하게 생각하며, 믿음을 적용할 기회로 본다.[5]

이 구절의 견지에서 가장 중요하게도 이 늙은 남자들은 젊은 남자들과 교제하며, (그들에게 설교하지 않고) 그들과 자신들이 그 동안 주님께 배운 것을 나누는 방식을 찾고 있다. 그 교회의 남성들 중에는 세대를 초월하여 사역하려는 의향이 있는데, 비록 자연스럽게 동년배의 사람들과 함께 하는 경향이 있지만 말이다. 또한 노소의 차이가 있지만 모두 백인인 이 남성 교인들은 하나가 되어 한 흑인 교회의 남성 교인들과 인종과 교파의 구분을 초월한 교제를 나누고 있다. 이러한 방식들로 그 모임은 늙은 남자들에 대한 주님의 기대들을 충족시키기를 적극적으로 추구하며 디도서 2:2의 좋은 본이 되고 있다.

젊은 여자들과 남자들. 젊은 여성들은 자주 늙은 여성들의 반복되는 비판에 싫증이 나는데, 왜냐하면 그들은 일하러 가며, 아이들을 주간 돌봄 기관(day care)에 맡기고, 남편과 의사결정을 분담하기 때문이다. 그들은 일을 해야 하며 다른 사람들이 자신의 자녀를 돌보도록 하는 데 이미 서글픔을 느끼며 심지어 죄책감을 느낄 수도 있으며, 비판보다는 이해와 격려를 필요로 한다. 늙은 여성들은 심지어 맞벌이 부부의 월급을 합쳐도 주택담보대출 상환금과 식비와 세금이 얼마나 많은 부분을 차지하는지에 대한 개념이 거의 없을지도 모른다. 또한 예를 들어, 만약 엄마나 할머니가 미셜(Michelle)이라고 불리는 딸의 차 두 대와 큰 스크린 텔레비전에 대한 지불이 지혜롭지 못하고 불필요하다고 생각한다면, 아마도 가정을 돌보는 일에 대한 배움에 있어서의 보다 많은 기도와 애정 어린 도움이 미셜을 새로운 영적 관점과 가치로 이끌 것이다.

5. 필자가 이글을 쓴 이후 로런드는 사망했다. 그의 추도식은 그의 솔직함과 믿음에 대한 증거였다.

바울 당시의 여성들이 오늘날에는 실제로 생각할 수 없을 방식과 정도로 남편에게 복종하도록 기대되었다는 것이 사실이다. 그러나 20세기의 세속적 페미니즘의 일부 양상은 다수의 남성뿐만 아니라 여성도 동일하게 너무 나갔다고 느낄 정도로 남성에 대한 과도한 적대성을 포함했다. 남자들은 때때로 굴욕감과 전혀 동등하지 않음을 느껴왔다(혹자는 이제까지 여성들이 경험해왔던 것의 맛을 보고 있다고 말할 것이다). 아내가 남편을 존경해야 한다는 에베소서 5:33의 지시는 오늘날에도 주목할 만한 가치가 있다. 동등하며 서로 사랑하고 존경하는 관계가 사람들로 하여금 하나님의 말씀을 비방하지 못하게 할 증거가 될 것이다.

오늘날 젊은 남성들은 한 개인에게 있어 최악의 것을 쉽게 유발할 수 있는 세계에 살고 있다. 유혹과 압박이 극심하다. 운동경기든 판매든 인기든 경쟁이 항상 존재한다. 그런 문제들이 여기서 상론될 필요가 거의 없을 것이다. 이러한 환경에서 "자제하는"과 "선한 일을 행하는"과 같은 어구들이 중요하다. "순전함"과 "진지함"과 "말의 건전함"과 관련하여 디도와 같은 지도자의 본은 큰 자극제가 될 수 있으며 아마도 떳떳하지 못한 행위와 추한 농담에 대응하는 데 도움이 될 것이다.

만약 노예들이 주인에게 말대꾸하는 일을 금해야 했다면, 자발적으로 고용된 직장인들은 얼마나 더 사무실에서의 비방에서 초연해져야 하겠는가? 딜버트 만화(Dilbert cartoon)는 우리의 삶에 매우 실제적이기 때문에 우스운 것이다. 그와 같이 기독교인은 일의 우스운 측면을 관찰하고 분석하며 상사를 꿰뚫어 볼 수 있지만, 여전히 순전함과 존경과 건전한 야심으로 행해야 한다. 노동하는 매일 매일이 "우리 구주 하나님의 교훈을 매력 있게 만들" 수 있는 길을 제공한다.

우리가 여기서와 목회서신의 다른 데서 발견하는 윤리적 명령의 일부를 설교하는 일은 청중에 대한 이해를 요구한다. 주일 아침 예배의 회중이 그것들 전부에 익숙하며 지지를 보내던 시절은 오래전에 지나갔다. 사회 전반이 거짓말과 속임수에 반대하는 윤리적 기준에서 많이 벗어나 있을 뿐만 아니라, 순결의 도덕적 기준에서도—미국 대통령의 외도에 대한 대중의 반응에서 보여는 바와 같이—멀리 떨어져 있다. 합의가 더 이상 이루어질 수 없을 것인데, 심지어 교회 출석자들 가운데서도 마찬가지일 것이다.

설교자는 회중 편에서의 윤리적 명령에 대한 순종을 요청할 필요가 있지만, 또한 이 가치들을 공유하지 않는 사람들에 대한 좀 더 세심한 접근법도 필요하다.

그것들의 의미와 타당성이 입증될 필요가 있으며, 우리는 성령께서 세상으로 하여금 죄를 깨닫게 하실 것임을 신뢰해야 한다. 아마도 밧세바와 관련된 나단의 다윗에 대한 비유적 접근법(삼하 12:1-14)은 현대인들로 하여금 적의가 아니라 회개를 야기하는 일을 수반하며 자신들의 죄를 깨닫게 하는 방식의 한 본보기일 것이다.

디도서 2:11-15

11 모든 사람에게 구원을 주시는 하나님의 은혜
가 나타나
12 우리를 양육하시되 경건하지 않은 것과 이
세상 정욕을 다 버리고 신중함과 의로움과
경건함으로 이 세상에 살고
13 복스러운 소망과 우리의 크신 하나님 구주
예수 그리스도의 영광이 나타나심을 기다리
게 하셨으니
14 그가 우리를 대신하여 자신을 주심은 모든
불법에서 우리를 속량하시고 우리를 깨끗하
게 하사 선한 일을 열심히 하는 자기 백성이
되게 하려 하심이라
15 너는 이것을 말하고 권면하며 모든 권위로
책망하여 누구에게서든지 업신여김을 받지
말라

원 의미

이 단락은 두 가지 "나타남"에 대해 다룬다. 첫 번째는 그리스도의 초림를 암시하는 언급(11절)인 하나님의 은혜의 나타남인데, 이때 하나님의 은혜는 "우리 구주 그리스도 예수의 나타나심으로 말미암아" 드러났다(딤후 1:10). 디도서 2:13은 "복스러운 소망"으로 묘사되며 그리스도의 재림인 두 번째 나타나심을 언급한다. 이 두 언급은 디모데전서 3:16에서 처음 나온 예수의 참된 본질과 성취와 관련하여 예수에 대한 변호와 공개에 관한 주제를 이어가고 있다.

그리스도의 초림과 재림의 사실은 2:1-10의 교훈의 기초가 된다(선행부의 근거를 이끄는 "왜냐하면…때문이다"[가르]라는 단어 참조). 이것은 목회서신에서의 교대의 유형을 계속하고 있는데, 곧 목회서신에서는 긴 교리 단락에 긴 구체적 적용 단락이 뒤따르는 보다 전형적인 바울의 유형 대신에, 짧은 교리와 적용 단락이 빈번히 뒤바뀌는 유형이 나타난다.

이 근거는 단지 그리스도의 그 두 차례의 오심의 사실뿐만 아니라, 또한 (1) 그 초림이 구원을 가져오며 자제를 가르치는 "하나님의 은혜"의 나타남이며, 다른 한편으로 (2) 그 재림은 단지 구주이실 뿐만 아니라, 실제로 "우리의 크신 하나님"이신 분의 귀환으로 실현될 큰 소망이 된다는 점이다(13절). 하지만 11절의 표현은 모호성을 지닌다. 핵심 질문은 "모두[모든 사람]에게"라는 어구의 간접 목적어가 (1) "나타났다"라는 동사를 받는가(즉 "하나님의 은혜가…[모든 사람에게] 나타났다"), 아니면 (2) 형용사 소테리오스("구원을 가져오는")를 받는가(즉 "모두[모든 사람]에게 구원을 가져오는 하나님의 은혜가…")의 여부이다. 이것은 다음과 같은 도해로 설명될 수 있다(첫째와 셋째 줄은 헬라어 본문의 어순을 나타내며, 둘째와 넷째 줄은 두 가지 상이한 독법의 순서를 나타냄).

나타났다	왜냐하면…때문이다	하나님의 은혜가	구원을 가져오는	모든 사람에게
4	1	2	3	5

나타났다	왜냐하면…때문이다	하나님의 은혜가	구원을 가져오는	모든 사람에게
3	1	2	4	5

"모두[모든 사람]에게"를 "나타났다"보다는 "구원을 가져오는"과 연관시키는 것을 지지하는 강력한 논거는 근접성인데, 반면 헬라어 문장의 맨 처음에 나오는 "나타났다"는 "모든 사람들에게"에서 일곱 단어 떨어져 있다. 그러나 그러한 연결에 반대하는 가장 강력한 이유는 신학적인 것이다. 두 번째 선택 사항이 가르치는 것으로 보이는 것과 달리, 하나님의 은혜는 모든 사람을 구원하지 않는다(즉 보편구원론이 아님). 그러나 만약 "모두[모든 사람]에게 구원을 가져옴"이 문자적이며 전부를 포함한다는 의미로 사실이 아니기 때문에 거절된다면, "모두[모든 사람]에게 나타남" 역시, 2천 년이 지난 지금에도 복음은 여전히 모든 사람에게 미치지 않았다고 주장될 수도 있기 때문에, 거절되어야 할 것이다.

하지만 다른 가능성들이 존재한다. (1) "모두[모든 사람]"은 모든 신자를 가리키는 것으로 이해될 수 있다. "모두"라는 단어는 단독으로 사용될 때 그런 의미로 사용될 수 있지만(예컨대, 롬 5:18b; 고전 15:22 참조), 이하를 더 참조하라. (2) "모두"는 대신 분배적으로 이해되어 "구별 없이 모든 사람"을 뜻할 수 있다.

그 문장이 계속되는 방식 역시 우리의 결정에서 고려되어야 한다. 12절은 분사(NIV에서 "가르치다"라는 정동사로 번역됨)로 시작되는데, 이것은 문법적으로 명사 카리스("은혜", 11절)와 관련된다. 그것의 목적어는 "우리"인데, 이것은 문맥상 신자들을 뜻하는 것이 틀림없다. 그 문장은 "우리를 구속하시기 위해 자신을 주신 우리의 크신 하나님 구주…의 영광스러운 나타나심"에서 절정에 이른다. 따라서 그것은 "우리가 [우리를 구속하신 분을] 기다리는 동안…우리를 가르치는…은혜"이다(강조 덧붙임). 구원과 그것의 우리의 삶에 대한 구속적 결과에 대한 이 강조점은 모든 신자에게 구원을 가져오며 또한, 일단 구원 받았다면, 그들에게 다시 오실 구주를 위해 어떻게 살지를 가르치는 은혜를 가리킨다.

하지만 만약 이것이 그 의미라면, 왜 앞선 절에서 하나님의 백성을 자주 지칭하는 라오스와 같은 단어가 아니라 안드로포이스("인간들, 사람들")가 사용되었는지 설명하기 어렵다. 더욱이 이 단락의 말미(13절)에서의 "나타남"의 사용은 (그리스도의 재림이 모든 인류에 대한 것임을 가정하면) "구원을 가져오는"이 아니라 "나타남"이 "모두[모든 사람]"를 받는다고 이해할 수 있는 근거를 제공한다. 또한 "구원을 가져오는"은 실현되는 의미가 아닌 잠재적 의미, 곧 "구원을 제의하는"의 의미일 수 있다고 제안되었다. 하지만 고전 헬라어에서 그 어구는 단지 그렇게 하려고 시도하는 것이 아니라, 실제로 어떤 사람을 구조하거나나 안전하게 한다는 의미를 지닌다는 점을 유의해야 한다.[1]

그럼에도 불구하고 (다음 절이 명시하듯이) 현 문맥에서 많은 사람은 구원을 받아들이지 않아 온 반면, 다른 많은 사람들은 받아들여 왔다. 아마도 그 절을 이해하는 최선의 방식은 "구원을 가져오는"이 후속되는 말인 "모두[모든 사람]"와 결합되게 하며 "모든"을 분배적으로 이해함으로 하나님의 은혜가 받아들일 모든 사람에게 구원을 가져온다는 의미를 수반하게 하는 것이다. 이것은 다음과 같이 대비되는 것으로서의 12절로 이어진다. 우리는 그것에 의해 가르침을 받는 자들이다.[2]

요약하자면, 선택 사항들은 다음과 같다.

1. 은혜가 모든 사람에게 나타났다	문자적 의미로는 사실이지 않지만, "나타남"에 대한 문맥상의 강조와 조화됨
2. 은혜가 모든 종류의 사람들에게 나타났다	가능한 의미지만, 여기서의 강조점은 아님; "모두"의 의미를

1. LSJ, 1751 참조.

2. 이 특정한 주경상의 문제가 어떤 식으로 해결될 수 있든, 목회서신에서 하나님의 은혜의 복음의 중요성은 의심의 여지가 없으며 주경상의 논의에서 상실되지 않아야 한다. "구주"가 또한 이 단락 바로 앞의 10절에서 언급된다는 점을 유의하는 것이 중요하다.

	확대 해석함
3. 은혜가 모든 신자에게 나타났다	가능하고 의미심장한데, 특히 강조점이 구원이 아니라 나타남에 있을 경우 그러함; 그러나 안드로포이스의 사용이 문제가 됨
4. 은혜가 모든 사람에게 구원을 가져온다	신학적으로 사실이 아님
5. 은혜가 모든 종류의 사람에게 구원을 가져온다	2번과 동일함
6. 은혜가 모든 신자에게 구원을 가져온다	가능하고 의미심장한데, 특히 그 구절의 강조점이 나타남이 아니라 구원에 있을 경우 그러함; 그러나 안드로포이스의 사용이 문제가 됨
7. 은혜는 그 중 다수가 받아들이는 무제한적인 수의 사람에게 구원의 가능성을 가져온다.	가능하며, 문맥상의 강조와 조화되며 언급된 고전적 용법의 가능한 확대 해석임[3]

하나님의 은혜는 단지 구원할 뿐만 아니라, "가르친다"(12절; 아마도 NRSV에서와 같이 "훈련하다"가 더 나음). 여기서 사용되는 파이데이아 어군은 교육에 대한 포괄적인 헬라어 용어이다. 그것은 규율이 잡힌 성격의 생활의 형성 또는 훈련을 함의한다. 그러나 심지어 "훈련"도 헬라어의 모든 의미를 전달하지는 못한다. 12절에서 뒤따르는 이 훈련이 성취해야 할 것에 대한 묘사는 어떤 단일한 영어 단어보다 더 낫게 그 동사의 의미를 나타낸다. 다음과 같은 두 가지 목적이 존재한

3. "구원이 모든 사람을 위한 것이다"라는 피터슨의 의역은 이 선택 사항의 뜻을 잘 전달하고 있다(*The Message*).

다. 두 가지 특정한 바람직하지 못한 생활습관을 버리는 부정적 목적과 대신하여 세 가지 바람직한 습관을 채택하는 긍정적 목적.

(1) 부정적 목적들은 "'아니요' 라고 말하다"[4] 라는 말로 이끌어진다. 버리거나 거절해야 할 것은 사람이 아니라 "불경건하고 제멋대로 하는 생활"[5]이다. 언급된 짝을 이루는 구체적 단어들은 "불경건"과 "세상적 정욕"이다. ⓐ 이것들 중 첫 번째 것(아세베이아, 참조. 딤후 2:16)은 매우 바람직한 성품상의 특성인 유세베이아("경건")의 반대말이다(이 절의 뒷부분 참조). 그것은 하나님의 진노의 대상이며(롬 1:18) 유다서 15, 18에서 그의 심판의 대상들을 묘사한다. ⓑ 다른 특성은 선할 수도 있고 악할(더 일반적임) 수도 있는 욕구의 개념을 수식어 "세상적"과 결합하는데, 그 수식어는 그들이 하나님을 무시하거나 경멸하는 인간 사회에 속해 있는 것으로 특징짓는다.

(2) 또한 하나님의 은혜는 긍정적으로 "자제하며 올바르고[또는 의롭고] 경건한" 방식의 기독교적 생활을 받아들이도록 우리를 훈련한다. 마지막 단어는 유세비아의 부사 형태인데, 이것은 하나님을 기쁘게 해드리는 삶의 중요한 요소로서 목회서신에 빈번히 나온다(딤전 2:2; 3:16; 4:7, 8; 6:3, 5, 6, 11; 딛 1:1, 특히 딤전 2:2; 3:16에 대한 주석 참조). 나이트는 이 세 부사가 자기 자신과 타인과의 관계와 하나님과의 관계를 가리킨다고 제안한다.[6] 그것이 바울 편에서의 의식적인 의도였든 아니든, 그것들은 십중팔구 다소간 중첩되며, 결합하여 포괄적이 된다.

바울이 여기 지금에서의 우리의 성품과 삶의 방식은 무시하면서 그리스도의 재림에 대한 우리의 소망의 미래적 완성에 집중하지도, 역으로 기독교인의 소망이라는 배경에 설정하지 않으면서 행실의 문제들에 집중하지도 않는다는 점이 중대하다. 13절에서의 그 "소망"에 대한 소개는 실제로 수식하는 분사의 사용(NIV에서 "우리가 기다리는 동안"으로 번역됨)에 의해 문법적으로 윤리적 교훈들과 연결된다. 이 모든 것—생활 방식과 마음의 기대—이 은혜가 우리에게 제공하는 훈련의 내용이다.

다른 말로, 바울은 그 "복스러운 소망"을 다루기 전에, 은혜가 "이 현재의 시대

4. 이 동사에 대해 베드로의 그리스도에 대한 부인(마 10:33; 26:70, 72)과 딛 1:15(하나님을 안다고 주장하지만, 행동으로는 그분을 부인하는 자들에 관련됨)을 참조하라(또한 딤후 2:12-13과 주석 참조).

5. *The Message.*

6. Knight, *Pastoral Epistles*, 320.

에" 우리로 하여금 받아들이고 실천하도록 가르치는 미덕들을 언급한다. 이 동일한 어구가 바울의 저술의 다른 곳에 나오지 않지만, 그는 "현재의"[7]라는 단어는 자주 사용한다. 바울은 두 시대에 대한 유대적 개념—현 시대(종종 "세상"으로 번역됨)[8]가 도래할 시대와 대비됨—을 수용하고 있다.

13절의 "기다리다"는 하나님의 나라(막 15:43; 눅 23:51)와 이스라엘의 "위로"(눅 2:25)와 이스라엘의 구속(눅 2:38)을 비롯한 여타의 주목할 만한 대상들을 동반하며 신약성경의 다른 곳들에서도 나온다. 이 모두는 예수 시대에 경건한 유대인들의 소망을 표현한다. (딛 2:12-13과 같이) 불경건한 자들을 하나님의 긍휼을 기다리는 자들과 대비시키는 유다서 21을 특별히 주목하라. 여기 디도서에서 그 기다림의 대상은 "소망"이다. 우리의 소망은 하나님에게 있으며(딤전 4:10; 5:5; 6:17), 그리스도 자신이 우리의 소망이시고(딤전 1:1), 우리의 소망은 영생에 대한 것이다(딛 1:2; 3:7).

그 소망은 "복스러운" 것으로 묘사된다. 보통 성경에서 "복스러운" 것으로 묘사되는 것은 사물이 아니라 사람이다. 그렇지만 창조시 "하나님이 그 일곱째 날을 복되게 하사 거룩하게 하셨다"(창 2:3). 이것은 그것을 특유하며 거룩한 날로 만들었다. 또한 여호와께서는 밭(창 27:27)과 반죽 그릇(신 28:5)을 복되게 하셨으며, 명백히 그 소유자의 이익을 위해 그것들이 잘 되게 하셨다. 유추하자면 그 소망은 거룩하거나, 비록 덜 개연성 있게 보이지만, 우리에게 이익을 가져오기 때문에 복될 것이다.

비록 우리의 기다림의 대상이 "그 복스러운 소망과 영광스러운 나타나심"으로 이중적이지만, 개념적으로는 일체인데, 곧 그 두 명사는 헬라어 본문에서 하나의 관사로 결합되어 있다. NIV는 그 둘 사이에 "그리고"가 아니라 대시(dash)를 사용함에 의해 이것을 훌륭하게 표현한다. 그 "복스러운 소망"의 내용에 대한 문법 구조를 파악하는 데 있어 몇 가지 선택 사항이 존재한다. 그것들의 특이점들을 관찰하는 데 도움을 주기 위해 그것들은 다음과 같이 의역되고 도해될 수 있을 것이다.

1. 우리의 크신 하나님(이요) 구주(되신) 예수 그리스도의 영광스러운 나타나심

7. 롬 3:26; 8:18, 22; 갈 4:25; 엡 2:2; 딤전 4:8; 6:17을 보라.

8. 롬 12:2; 고전 1:20; 2:6, 8; 3:18; 고후 4:4; 엡 1:21을 보며, 갈 1:4을 참조하라.

2. 크신 하나님과 우리 구주 예수 그리스도의 영광스러운 나타나심
3. 우리의 크신 하나님(이요) 구주(되신) 예수 그리스도의 영광의 나타남
4. 크신 하나님과 우리 구주 예수 그리스도의 영광의 나타남

여기에는 두 가지 문제가 존재한다. "영광의"라는 속격이 히브리어의 묘사적 속격(곧 "영광스러운", 1번과 2번 참조)으로 번역되어야 하는가 아니면 단순히 "영광의"(3번과 4번 참조)로 번역되어야 하는가? "나타나심/ 나타남"에 후속되는 단어들을 연관 짓는 일은 어떠한가? "영광" 뒤의 단일 관사는 "하나님"과 "구주" 양자 모두에게 속하는가(즉, "그 크신 하나님 우리 구주 예수 그리스도", 1번과 3번), 아니면 단지 "하나님"에게만 속하는가?(즉, "그 크신 하나님과 우리 구주 예수 그리스도", 2번과 4번)[9]

첫 번째 문제와 관련하여 "영광스러운 나타나심"이 가능하지만, "하나님의 영광의 나타남"이, 아마도 의도적으로, 11절의 "하나님의 은혜의" 나타남에 상응하며 따라서 보다 개연성 있는 것 같다. 두 번째 문제에 있어서는, 개념상의 일체를 이루는 단어들을 연결하는 헬라어 정관사의 용법(예. 13절 더 앞부분의 "소망"과 "나타남"에 대한 단일 관사의 사용)은 우리로 하여금 "하나님"과 "구주"를 결합되는 것으로 볼 수 있게 한다. 목회서신에서 하나님은 반복적으로 "구주"라 불린다(딤전 1:1; 2:3; 4:10; 딛 1:3; 2:10; 3:4). 그분을 "크신" 하나님과 구주(Savior)로 호칭함에 의해, 바울은 이 진리가 자신들의 신들을 구주(savior)로 숭배하는 그리스로마의 이교들과 배치된다는 것을 확언한다.[10] 만약 바울이 이 문장에서 하나님과 그리스도를 구분하며 그리스도께 어떠한 신성도 돌리기를 피하고자 했다면, 그것은 문법적 정확함을 통해 쉽게 수행될 수 있었을 것이다.

14절의 "자신을 주신"은 그리스도께서 우리를 위해 십자가상에서 자발적인 제물 되신 일을 가리킨다(막 10:45; 갈 1:4; 엡 5:25; 참조. 히 10:5-10). 또한 하나님께서 우리에게 그분을 주셨으며 우리를 위해 그분을 내어주셨다는 것도 사실이다(요 3:16; 롬 8:32). 앞서 바울은 은혜가 우리에게 부여하는 훈련은 긍정적인

9. "헬라어 신약성경에서의 정관사"라는 부록과 결합된 이 문제에 대한 탁월한 논의가 머리 해리스(Murry J. Harris)의 『하나님 되신 예수』(*Jesus as God*[Grand Rapids: Baker], 1992, 173-85, 301-13)라는 중요한 저작에 나온다. 해리스는 몇 가지 상이한 문법적인 선택 사항들에 의거하여 자신의 논의를 체계화하는데, 그것들 중 넷을 필자가 앞에서 통합시켰다(그는 또한 다섯 번째의 보다 복잡한 선택 사항을 언급함).
10. 딤전 1:1에 대한 주석과 또한 거기의 "우리 구주 하나님"에 관한 상황잇기 단락을 참조하라.

형태와 부정적인 형태 양자 모두를 띤다는 점을 지적했다. 여기서 동일하게 짝을 이루는 것은 다음과 같은 우리 주님의 희생의 결과다. 부정적으로, "우리를 모든 사악함에서 구속하며", 긍정적으로, "자신을 위해, 선한 일을 하는 데 열심인, 바로 자기 자신의 소유된 백성을 깨끗하게 하기 위해." 이 마지막 단어들은 베드로전서 2:8, 특히 "하나님께 속한 백성"을 상기시킨다. 디도서에서 은혜에 의해 가르쳐지는 하나님의 백성은 선행을 해야 하며(참조. 엡 2:10), 베드로전서에서 하나님의 택하심을 받은 자들은 그분에 대한 찬미를 선포해야 한다.

15절의 "이것들"은 강조를 위해 처음에 나온다. 디도는 이것들을 "가르쳐야" 한다(2:1의 "가르침"에 대한 주석 참조). 다음과 같은 두 동사가 이어진다. "권면하다"(NRSV의 "훈계하다"가 이 문맥에서 더 적절할 수도 있음)와 "책망하다." 이것은 목회서신의 어조를 이어가고 있다(참조. 딤전 4:11; 5:1, 20; 6:2; 딤후 4:2; 딛 1:9). 이 세 동사는 (나이트가 주장하듯이) "이것들을" 그 목적어로 취할 수 있다.[11] 하지만 디도가 건전한 교훈으로 권면하며 그것에 대적한 자들을 책망하도록 지시된 디도서 1:9의 문법은 여기 2:15에서 "가르치다"와 "권면하다"와 "책망하다" 전부가 사람을 그 목적어로 취한다는 것을 시사한다.

디모데는 "모든 권위"로 이것을 행해야 했다. 디모데는 이단자들이 가르치는 일을 중단하도록 "명령하기" 위해 권위를 필요로 하는데,(참조. 딤전 1:3 주석; 또한 4:11; 5:7; 6:17), 이것은 바울이 디모데에게 자신의 명령을 지키도록 명령했던 것과 똑같다(6:13-14). 여기 디도서 2:15에서 권위에 대한 단어는 에피타게, 곧 어떤 특정한 명령이다. 1:3에서의 이 단어의 사용은 디도가 지니는 권위의 성격을 이해하는 데 도움이 된다. 거기서 바울은 하나님 우리 구주의 "명령"(에피타게)에 의해 그에게 맡겨진 설교(또는 "선포")에 대해 기록한다. 이 선포가 바울에게 맡겨졌던 것과 똑같이, 바울은 그것을 디도에게 맡긴다. 또한 바울이 하나님의 명령 하에서 역할을 했던 것과 똑같이, 디도는 바울의 사도적 명령 하에서 역할을 감당해야 했다. 비록 디도가 바울이 지녔던 광범위한 사도적 권위를 지녔는지에 대한 아무런 암시도 없지만 말이다.

11. Knight, *Pastoral Epistles*, 329.

상황잇기

어떻게 살지를 배우기. 1-10절에서 디도는 몇몇 특정 사회 계층들에게 사는 방식으로 하나님의 말씀을 증명할 것을 말해야 했다. 이제 우리는 그들과 우리가 그렇게 할 수 있는 다음과 같은 중요한 이유를 본다. 우리의 죄의 형벌로부터 구원하는 것과 동일한 은혜가 어떻게 살지에 대해 우리를 "훈련함"으로 우리의 삶을 개조한다. 비록 교육의 상이한 유형들을 내포하지만, 고대 헬라어들은 헬라 교육을 특징짓게 된 단어를 가졌었다. 그 단어는 다음과 같은 파이데이아이다. 성숙하고 지혜로 사람으로서의 삶을 위해 개인을 훈련함. 그것은 높은 이상이었다.

하지만 헬라 교육의 어떤 측면들은 실용주의를 선호하여 이상주의를 상실했다. 언어 공부와 수사법이나 웅변술의 폭넓은 훈련은 긍정적 면이 있었지만, 수사적 능력이나 법적 논쟁과 관련하여 단순히 연단에서 돋보이게 하는 일로 변질될 수 있었다. 한 희극 작가는 소피스트를 더 나은 주장은 더 나쁘게 들리도록 만드는 반면, 더 빈약한 주장은 더 낫게 들리도록 만드는 자로 풍자했다. 소피스트적 논법은 우리가 제2 소피스트 시대(대략 주후 2세기)로 칭하는 시기에 재등장했는데, 그때 그것의 "주요 특징은 삶과의 무관성[이었다]."[12] 따라서 헬라의 파이데이아에 속한 것이든 기독교 교육에 속한 것이든, 심지어 최고의 이상들도 말과 견해에 대한 주장과 단순한 과시로 전락할 수 있다.

그러나 히브리적 교육은 헬라 교육을 시기적으로 앞설 뿐만 아니라 능가했다. 사실을 암기하는 일과 역사를 배우는 일과 율법의 교훈을 숙달하는 일 전부가 자신들의 조상을 애굽에서 구원하신 하나님을 위해 사는 방편이 되도록 의도되었다. 이것은 하나님께서 그들에게 가르쳐주신 율법에 대한 순종의 직접적 함의를 지녔다. 행위는 지식의 필수적 열매였다. 그 목적은 비록 최고의 헬라적 의미일지라도, 교양인이 되는 일이 아니라, 언약의 선한 아들딸이 되는 일이다. 지혜는 철학적이거나 수학적 문제를 풀거나 논쟁에서 이기는 능력이 아니라, 집단적이며 개인적인 구원을 가져오시는 초월적이시지만 여전히 인격적이신 하나님을 아는 일이다. 유대적 교육은 출애굽이라는 배경 하에서 가장 잘 이해되는데, 즉 그들을 구원하신 은혜가 또한 그들을 교훈하기도 한다. 시편 119편은 하나님의 말씀이 삶의 모든 영역에서 실천되어야 함을 상기시키는 격조 높은 조언이었다.

따라서 하나님의 구원하시는 은혜는 그 구원의 결정적 순간에서 끝나는 것 아

---

12. Moses Hadas, *A History of Greek Literature*(New York: Columbia Univ. Press, 1950), 244.

니라, 우리의 새로운 삶의 계속되는 여정 가운데 우리와 함께 하며 우리의 구속받은 현재의 삶을 갱신하는 데 필요한 지혜와 방향을 제공한다. 12절 자체의 대조가, 대조법이 자주 그러하듯이 교훈적 기능을 지닌다. 한 가지 선택 사항에 대한 "예"는 또 하나의 선택 사항에 대해서는 "아니요"를 요구한다. 바울은 여기서 유사하게 발음되는 한 쌍의 친숙한 단어들(유세베이아와 아세이베이아)을 의도적으로 사용하는데, 그것들은 경건하고 온전한 삶을 그것과 정반대되는 삶과 대조한다. 긍정적인 것이든 부정적인 것이든 바울이 사용하는 다른 표현들은 그 심상을 더 구체화한다.

"이 현재의 시대"라는 언급은 (앞에서 지적한대로) 도래할 시대와 대비되는 현 시대에 대한 개념에 익숙했던 유대인 독자들에게 친숙했다. 하지만 모든 문화의 비유대인 독자들 역시 만약 우리가 어떤 "소망"의 실현을 "기다리는" "현재의" 시기가 있다면, 그 간격의 대소와 무관하게, 그 소망이 성취되는 일종의 미래의 "시기"가 있음이 틀림없음을 인지할 수 있을 것이다. 그 현 시대는 또한 기독교인들이 그리스도의 두 번의 "나타나심" 중간에, 곧 하나님의 구원하시는 은혜(그리스도의 초림)와 그분의 재림을 가리키는 또 한 번의 나타나심 중간에, 높은 도덕적 성격의 삶을 살 수 있는 기회의 시간이기도 하다. 그러한 성격의 삶은 가능할 뿐만 아니라 요구되기도 하는데, 왜냐하면 우리가 사악함에서 "구속되었으며"(또는 "해방되었으며") 선을 행하도록 "정결해졌기" 때문이다(14절). 이와 같이 우리에게는 "아니요"와 "예"라는 두 가지 주장과 두 가지 삶의 방식과 두 시대와 그리스도의 두 번의 나타나심과 구속됨과 정결해짐의 두 신적 행위가 있는데, 이 모두는 "자기 자신의 소유된 백성"에게 사실이다.

13절의 우리가 기다리는 객관적 실제로서의 소망에 대한 묘사는 기독교에서 소망은 단순한 주관적 감정이 아니라는 사실과 일치하다. 로마서 5:1-11은 기독교적 소망은 하나님께서 우리의 구속의 보다 어려운 부분을 이미 성취하셨다는 사실에 기반하는데, 이것은 우리가 아직 무력한 죄인이요 하나님의 원수일 때 그리스도께서 우리를 위해 죽으셨다는 점에서 그러하다. 우리가 "하나님의 영광의 소망 안에서 즐거워한다"(롬 5:2)가 문맥상 디도서 2:13과 비견될 수 있다. 로마서 8:22-25에서는 심지어 고난의 상황에도 그리스도인에게는 강한 소망이 주어진다.

이 단락은 하나님이 자신의 백성, 특히 교회 지도자에게 기대하시는 성품이라는 목회서신의 매우 중요한 주제를 계속한다. 그러므로 다시 한 번 우리는 이 주제의 빈번한 반복이라는 사실과 그것이 교리적 문제와 불가분하게 연관되는 방식 양자 모두가 목회서신의 고유한 특징이라는 점을 주시해야 한다. 우리는 목회서신의 전반적 주제가 단지 몇 군데서만 나오는 교회 질서 혹은, 비록 목회서신 저작의 원인이 되며 긴급한 문제이지만, 이단의 논박이 아니라, 정통 교리와 성품의 결합의 중요성이라는 것을 다시 한 번 단언한다.

권위의 문제. 교회와 패러처치 기관에서의 가장 지속적이며 보편적인 문제의 하나는 권위의 문제이다. 권위는 사도적 승계 또는 그와 유사한 전달 방식(한 선교단체의 설립자에게서 그 설립자가 고른 계승자에게 그러하듯이) 으로 계승되는 전해지는가, 아니면 그런 과정은 비영적인 영향에 제한되고 취약한가? 교회 지도자 직분은 민주적 선거에 의해 가장 잘 뽑히는가, 아니면 이것은 특별히 사람들이 후보자들과 그들의 자격에 대해 알지 못할 만큼 너무 큰 교회에서는 잘못된 방식인가? 장로들은 임기가 영속적인가, 아니면 이것은 연고주의와 파벌주의를 야기하는가? 설교단을 차지하고 있는 사람은 다른 사람들과는 다른 권위가 주어지거나 그런 권위를 가지는 것으로 여겨지는 것이 옳은가? 또한 교회 장로들과 회중과 감독과 목사들 중 누가 목회자의 임지와 퇴임 시기를 결정해야 하는가?

목회서신이 교회에서 지도자 직분을 영속화하는 특정한 방법을 다루지 않는 반면, (1) 교회의 건강성을 위해 교리적 올바름을 규정하며, (2) 윤리적으로 바른 교사들이 하나님의 명령들을 전달해야 할 필요성을 나타낸다는 것이 이제 분명하다. 디모데와 디도가 이 명령들을 전달해야 했지만, 계속되는 교회에서 권위를 행사하는 것은 에베소의 디모데나 그레데의 디도와 같은 일개인 또는 그들의 어떤 후계자가 아니라, 그들이 세워지는 것을 지켜볼 감독자들이나 장로들이었다. 이것은 (빌레몬에 대한 개인적 서신을 제외한) 여타의 바울 서신들이 왜 어떤 개인적인 교회 지도자가 아니라 "성도" 일반을 수신자(특히 빌립보서는 "감독자들과 집사들"이라는 복수의 지도자들을 수신자로 하는 일을 동반함, 빌 1:1)로 하는지를 설명해준다.

다른 말로 하자면, 지속적인 이상은 복수의 지도자 직분이었는데, 이것은 "으뜸 되기를 좋아하는" 현존하는 모든 디오드레베에 대한 경고를 수반한다(요삼 9). 하지만 이것은 권위의 중요성을 약화시키는 것이 아니라, 반대로 그것을 강화한다. 바울의 에베소에서 온 장로들에 대한 연설은 장로들이 교리적 순결성을 유지하며 양 떼를 이단자들에게서 반드시 지킬 수 있어야 함을 보여주었다(행 20:25-31). 바로 그것이 권위의 기능인데, 이것은 목회서신의 관심사와 유사하다.

현대적 의미

이 현 시대에 살기. 오늘날 기독교 복음을 접할 수 있는 폭넓은 가능성은 놀라운 실제이다. 비록 여전히 그리스도의 이름을 결코 들어보지 못한 지구에 거주하는 많은 사람들이 있지만, 하나님의 은혜는 세계적으로 매우 큰 수의 사람들에게 "나타났으며", 심지어 전통적으로 반대하고 적대적인 자들 가운데서도 예기치 못할 반응들이 있었다. 한 명의 선교 권위자를 들자면, 랠프 윈터(Ralph Winter)는 세계의 "종족 집단" 중에서의 복음의 진전을 거듭 보여주어 왔다. 위클리프 성경 번역자들과 여타의 덜 알려진 번역자들은 하나님의 말씀을 가장 잘 이해할 수 있는 언어로 점점 더 소수 집단의 사람들이 접할 수 있게 해주어왔다. 우리의 제시에 있어서의 약점과 오해에도 불구하고, 하나님의 은혜는 수많은 사람들에게 복음의 구원의 말씀을 강력하게 제공해왔다.

거대 도시와 시골 지역과 부족 거주지와 대학과 사무실과 병원과 여타 다 파악할 수 없는 장소들에서, 이 복음의 메시지가 그 삶이 그 말을 인정받게 하는 진지한 증인들에 의해 제공되어왔다. 순교자와 왕들이 분명한 양심으로 주님을 변호해왔다. 그러나 우리가 알거나 알기를 원하는 것보다 더 빈번히, 하나님의 은혜의 전달자가 바로 그 은혜의 가르침을 받는 일에 실패해 왔다.[13] 또한 비록 그들의 실패가 발견되지 않았더라도 그들의 영향력은 보이지 않는 세계에서의 영적 전투로 인해 약화되었을 수 있다. 상담 없이 세 번째 결혼을 원하는 두 번 이혼 경험이 있는 교회 사무실 방문자에게 목사가 "아니요"라고 말하기는 쉽다. 교인이 되길 원하는 다수의 아내를 가진 최근에 회심한 한 부족장의 문제를 선교사가 다루는 일은 더 어려울 것이다. 그러나 우리 자신의 욕정과 무절제한 시간과 돈의 사용에 대해 "아니요!"라고 말하는 일은 더욱 더 어려울 것이다. 참된 신자는 "선한 일을 행하는데 열심이어야" 한다.

오래전 필자의 삼촌 몇 분과 이모 한 분이 뉴욕의 한 기독교 출판사와 그 제휴 인쇄소에 고용되었다. 이 인쇄소의 한 제작물은 특별히 1940년대에 많은 가정에서 구입되었다. 그것은 "아마도 오늘 달력"(Perhaps Today Calendar)이라고 불리는 것이었다. 그것을 사용한 사람들은 교회의 천상으로의 휴거 이전에는 아무런 성경 사건도 발생할 필요가 없다는 종말론적 확신을 지녔다. 우리는 우리 구주의 오심

13. 은혜와 그것의 기독교인의 삶에 대한 많은 함의들에 대한 중요하고도 도전적인 한 논의에 대해서는 Philip Yancey, *What's So Amazing About Grace*(Grand Rapids: Zondervan, 1997)을 보라.

에 초점을 맞추고 예비하는 "복스러운 소망"으로 이해되는 것을 기다려야 했다. 물론 "은밀한 휴거"가 아니라, 온 세상에의 그리스도의 영광스러운 나타나심을 기대한 많은 사람들이 있어왔다. 어느 경우든 주님의 귀환에 대한 그런 강렬한 소망과 열렬한 고대는 칭찬할 만한 것이기도 하지만, 다른 한편으로 너무나 쉽게 상실된다.

그리스도와 천국을 보다 갈망하게 한두 차례의 세계대전과 경제적 침체기 이후 지난 수십 년 동안 세계사적 변화와 그에 상응하는 분위기가 조성되어왔다. 인터넷과 비디오 게임과 비디오디스크와 인터액티브 텔레비전과 같은 우리의 관심을 끄는 경쟁물들이 그 "복스러운 소망"에 대한 기다림을 덜 매력적으로 만들고 있는 것 같다. 성과 기준을 유지하려고 열심히 노력하며 승진을 얻는 데 몰두하면서 회사생활에 깊이 빠져있는 사람들은 당연히 생필품을 구하려고 씨름하는 사람들보다 초자연적인 종말론적 사건을 중시하기가 더 어려울 것이다. 의심할 여지없이 만약 우리가 우리의 내적 성향을 솔직히 살펴본다면 우리 중의 어떤 사람들은 모든 눈이 우리의 텔레비전 화면의 주요뉴스의 사건이 될 그 "영광스러운 나타나심"을 놀라움으로 응시하기 전에는 지상에서의 추가적인 개인적 목표를 달성하는 데 시간을 투여하려고 할 것이다.

권위와 그 한계점. 우리는 디모데와 디도에게 목회서신 도처에서 재진술되며 산재되는 명확한 사명이 바울에 의해 주어지는 것을 보았다. 그러나 디모데와 디도에게 있는 권위는 자율적인 것이 아니었다. 그것은 그들이 바울에게 받은 임무와 메시지에 내재된 권위였다. 오늘날 설교자의 권위는 설교되는 말씀에서 온다. 디모데와 디도는 그 말씀을 사도 바울에게서 직접 받았던 반면, 우리는 그것을 성경에서 얻는다. 이것은 개인적 권위에 대한 불건전한 인식을 가진 목사들에 대한 경고가 된다. 만약 권위가 떨어지고 있다고 느끼면, 그들은 불법적인 사도적 권위 주장에 의지함에 의해 적대적 회중을 통제하려고 시도할 수도 있다. 그런 사도와 관련한 언사는 본래의 문맥에서의 합법적인 권위 사용의 상황과 동떨어져서는 안 된다.

"업신여겨 진다"는 느낌을 받지 않으면서 15절에서 언급되는 가르침과 권면과 책망을 결합하는 일은 성숙함과 주님의 사명에 대한 확신을 요구한다. 다년간 학문적 교수뿐만 아니라 설교에 전념해온 사람으로서 필자는 설교자가 비판에 매우 민감하며 만약 회중에 훈계에 반응하지 않는 것 같다면 실망할 수 있음을 증거할 수 있다. (우리는 여기서 개인들에 대한 그 가르침과 권면과 책망이 공개적이 아니라 개인적으로 이루어져야 함에 유의해야 한다. 너무나 자주 강단에서의 책망이 얄팍한 인신공격이 되고 있다.) 설교에 대한 개혁파적 강조와 더불어, 목사들은 비록 다른 영역에서는 효과적일 수도 있지만, 사역의 이 측면에서 부족하다면 부적합하거나 심지어 실패한 것으로 느낄 수 있다.

하지만 동시에 설교에서의 기술이 교만과 다른 책임들에 대한 경시를 쉽게 야기할 수 있다. 게다가 소위 "훌륭한 설교단"(bully pulpit, 시어도어 루즈벨트의 표현으로 오늘날에도 여전히 사용됨)이 "으스대는 설교단"(bullying pulput)이 될 수 있는 것이다. 그러므로 그것은 군림하려는 태도가 아니라 디모데후서 4:2에서 언급되는 "큰 인내와 신중한 가르침"을 요구한다. 이와 관련하여 율법 학자 에스라의 태도가 교훈적이다. 그는 (1) 여호와의 율법을 연구하며 (2) 순종하는 학도로서 그것을 행하고 (3) 이스라엘에서 율례와 규례들을 가르치기로 결심했다(스 7:10, NRSV). 최근에 강해설교의 실천이 많이 논의되고 높이 평가되어왔다. 하지만 우리는 강해설교는 단지 전달되는 진리만이 아니라, 설교자의 삶에 의해서도 입증된다는 점을 기억해야 한다.

더욱이 설교는 한 본문에 대한 단순한 순차적 언급의 문제가 아니라, 문맥상의 자리와 기능에 적절한 관심을 기울이는 일을 수반하는 성경의 한 부분에 대한 설명과 적용이다.[14] 15절의 현대적 의미는 복합적이며 매우 중대하다. 위협받는 회중에게 사도의 대리인으로 보내진 디도의 특유한 사명과 더 폭넓으며 덜 권위적인 범주의 책임들을 지닌 오늘날의 교회 사역자들의 사명의 차이점들에 대한 정당한 고려를 수반하면서, 원리들이 도출되어야 한다. 하지만 이 구절은, 목회서신의 다른 구절들과 마찬가지로, 건전한 교리를 전달하는 일의 중요성을 가르치는데, 그 교리는 신적 권위를 지닌다. 성경을 적절하게 가르치며 적용하고 있음을 확인하면서 "주님께서 이렇게 말씀하신다" 또는 "성경이 다음과 같이 말씀한다"라고 말하는 것은 정당하다.

14. 딤후 4:2에 대한 현대적 의미 난락을 참조하라. 또한 다음을 참조하라. Sidney Greidanus, *The Modern Preacher and the Ancient Text: Interpreting and Preaching Biblical Literature*(Grand Rapids: Eerdmans, 1988); Walter Liefeld, *New Testament Exposition*; D. Martyn Lloyd-Jones, *Preaching and Preachers*(Grand Rapids: Zondervan, 1971).

디도서 3:1-11

1 너는 그들로 하여금 통치자들과 권세 잡은
자들에게 복종하며 순종하며 모든 선한 일
행하기를 준비하게 하며
2 아무도 비방하지 말며 다투지 말며 관용하며
범사에 온유함을 모든 사람에게 나타낼 것을
기억하게 하라
3 우리도 전에는 어리석은 자요 순종하지 아니
한 자요 속은 자요 여러 가지 정욕과 행락에
종 노릇 한 자요 악독과 투기를 일삼은 자요
가증스러운 자요 피차 미워한 자였으나
4 우리 구주 하나님의 자비와 사람 사랑하심이
나타날 때에
5 우리를 구원하시되 우리가 행한 바 의로운
행위로 말미암지 아니하고 오직 그의 긍휼하
심을 따라 중생의 씻음과 성령의 새롭게 하
심으로 하셨나니
6 우리 구주 예수 그리스도로 말미암아 우리에
게 그 성령을 풍성히 부어 주사
7 우리로 그의 은혜를 힘입어 의롭다 하심을
얻어 영생의 소망을 따라 상속자가 되게 하
려 하심이라
8 이 말이 미쁘도다 원하건대 너는 이 여러 것
에 대하여 굳세게 말하라 이는 하나님을 믿
는 자들로 하여금 조심하여 선한 일을 힘쓰
게 하려 함이라 이것은 아름다우며 사람들에
게 유익하니라
9 그러나 어리석은 변론과 족보 이야기와 분쟁
과 율법에 대한 다툼은 피하라 이것은 무익
한 것이요 헛된 것이니라
10 이단에 속한 사람을 한두 번 훈계한 후에 멀
리하라
11 이러한 사람은 네가 아는 바와 같이 부패하
여 스스로 정죄한 자로서 죄를 짓느니라

원 의미

3장은 얼핏 보기에 구조상 2장의 반복으로 보이는 것을 포함하고 있다. 1-2절은 유사한 유형의 미덕의 목록을 가진 또 하나의 수정된 형태의 가정규례를 포함한다. 이것은 2:2-10의 다양한 집단에 대한 교훈에 권세 잡은 자들에 대한 복종의 주제를 덧붙이고 있다. 다음으로 3-8절은 하나님의 은혜로 인한 불신앙의 상태에서 새로운 삶으로의 전환을 묘사하는데(참조. 2:11-14), 그 뒷부분은 "선한 일"을 행하는 것의 중요성에 초점이 있다. 9-11절은 가르침의 사명과 관련된 디모데에 대한 교훈을 담고 있다(참조. 2:15).

참된 회심은 변화를 가져올 것이다(3:1-8)

1절은 "상기시키다"라는 단어로 시작되는데, 이것은 디모데가 그레데인들이 이미 들었던 가르침을 강화할 수 있는 은혜로우면서도 끈덕진 방식이다. 또한 이것은 2장의 대인 관계들에 관한 교훈이 그 교회에 아마도 보다 새로운 것이라는 함의를 지니면서 2장과 3장을 구분하는 표시의 역할을 할지도 모른다. 바울의 "상기시키는 단락"은 불신자 세계에 특별한 초점을 두면서 선행의 주제를 다룬다. 그가 단지 우리의 회심시의 하나님의 은혜를 단언할 뿐만 아니라, 우리의 그리스도인이 되기 이전의 상태를 아직 회심하지 않은 다른 사람들의 상태와 동일시하려고 하는 3절에 유의하라.

세속적인 "통치자들과 권세 잡은 자들"에 대한 합당한 태도는 복종과 순종과 "선한 일은 무엇이든 하려는" 준비 태세이다. 순종이 복종과 별개로 언급된다는 사실은 모든 복종이 순종을 요구하는 것은 아님을 가리킨다(엡 5:22은 이것의 한 사례일 수 있음). 세속 당국에 대한 시민으로서의 의무는 고대 "가정규례"에서 하나의 주요사항이다. "선한 일은 무엇이든 하려는 준비가 되어 있는" 것은 "거의 상투적 문구"[1]라고 핸슨은 말한다(목회서신에서 이 주제의 중요성에 주목하라. 딤전 2:10; 5:10, 25; 6:18; 딤후 2:21; 딛 2:7, 14; 3:8, 14).

2절에서 후속되는 본보기들은 타인을 비방하는 일의 금지와 평화로움(문자적으로 "다투지 않음")과 "사려 깊음"(딤전 3:3에서 장로의 요건임; 또한 빌 4:5 참조)과 모든 사람에게 진정한 "겸손"을 나타냄을 포함한다. "겸손"이라는 명사(프라위테스)는 겸양뿐만 아니라 상냥함의 개념도 지닌다. 이것은 주목할 만한 특징인데 왜냐하면 우리 주 예수에 의해 가르쳐지며 체현되며(마 5:5; 11:29; 21:5; 고후 10:1) 갈라디아서 5:23과 에베소서 4:2과 골로새서 3:12과 같은 구절에서 촉구되고 있기 때문이다.

3절은 가르("왜냐하면…때문이다", NIV에서 번역되지 않음)라는 단어로 선행부와 연결된다. 다른 말로 하자면, 이 단락은 1-2절에 적합한 토대 혹은 본보기가 되는 정보를 제공한다. 이런 관련성이 즉각적으로 명백해 보이지 않을 수도 있는데, 왜냐하면 1-2절은 다만 사회에서 역할을 잘 감당하는 일에 대한 교훈들을 제시

---

1. 핸슨(*Pastoral Epistles*, 189)은 한 가지 사례를 든다. 그가 얼마나 빈번히 이 "상투적 문구"의 사용을 발견했는지는 분명하지 않다.

할 뿐이기 때문이다. 하지만 1세대 기독교인은, 아직 기독교인이 아닌 자들과 같이, 역할을 잘못하며 살아갈 수 있다는 사실이 이면에 있다. 그러므로 그 교훈들은 단순한 도덕적 상투어가 전혀 아니다. 그것들은 주변 사회와 대조되는 삶을 가리킨다.

3절의 다음 단어는 포테("이전에"; NIV, "한때는")인데, 그것은 4절의 호테("…때에")와 짝을 이룬다. 이것은 전후를 나타내는 양식이다(또한 엡 2:11, 13; 5:8; 골 1:21-22 참조). 다음 말인 "우리 역시"는 기독교인의 회심 전의 경험을 그레데의 주변 사람들의 경험과 동일시하는 기능을 한다. 이 모든 것의 효과는 기독교인을 겸손하게 하며(참조. 딛 3:2), 현재의 불신자에게 소망을 제공하고, 불신자를 묘사하는 강한 어조의 단어들의 사용을 용인하는 것인데, 왜냐하면 다음과 같은 특징들이 한때 회심자들에게도 사실이었기 때문이다. "어리석은"(롬 1:14 참조), "불순종적인"(딛 3:1의 "순종적인" 참조), "속는"(딤전 4:1; 딤후 3:13 참조), 그리고 "노예노릇 하는." 노예 됨에 대한 언급은 그 주인 되는 것들의 정체에 관심을 돌리게 하는데, 곧 그것들은 "여러 가지 정욕과 쾌락"일 뿐만 아니라, 이것이 포함하는 다음과 같은 성품의 타락이기도 하다. "악독"과 "투기"와 "미움을 받음"과 "미워함."

피는 문법적으로는 3절이 1-2절에서 행해지는 호소의 이유를 제시하지만, 형식에 있어서는 "악덕"의 목록처럼 보인다고 진술한다.[2] 마찬가지로 형식에 있어 1-2절은 "미덕"의 목록처럼 보인다.[3] 이러한 구조를 고려할 때, 대응하는 긍정과 부정의 특성들을 기대하는 것은 당연하다. 이것은 모든 곳에서 증명될 수는 없지만, 확실히 1-2절이 권면하는 타인에 대한 훌륭한 태도는 3절의 마지막 부분에서의 끔찍한 대조물을 지닌다.

3절의 묘사하는 단어들은 불신자에 관한 몇 가지 사실을 드러낸다. "어리석음"은 우매한 상태에서 분별력이 없음을 나타내는데, 이것은 의도적이고 반역적인 선택이며 단순히 지성이 부족한 사람의 상태가 아니다. 이것은 시편 14:1; 53:1의 믿지 않는 어리석은 자와 잠언과 전도서 도처의 하나님의 지혜를 결여하고 있는 사람과 누가복음 12:20에서 하나님이 "어리석은 자"라고 칭하는 자들뿐만 아니라, 로마서 1:21과 그 전후 문맥에서 묘사되는 자들을 생각나게 한다. 마찬가지로 "불

2. Fee, *1 and 2 Timothy, Titus*, 202.

3. 참고 문헌을 동반하는 신약성경의 윤리적 목록과 추정되는 배경에 대한 간략한 검토에 대해서는 *DPL*, 962-63에 있는 C. G. Kruse, "Virtues and Vices"를 보라.

순종적인" 자들은 자신들에 대한 하나님의 주권을 부정한다. "속는" 자들은 사탄에 의해 오도된다(참조. 딤후 3:13; 또한 딤전 4:1["미혹하는 영"]). 우리는 고린도후서 4:4과 11:2로부터 사탄이 사람들을 혼미하게 하며 그리스도인들을 미혹하는 일(고후 11:3)에 적극적임을 알 수 있다. 따라서 이 불신자들은 사탄의 미혹을 받고 자기 자신의 정욕과 쾌락에 사로잡혀 하나님의 지혜와 주되심을 거부한다. 그들의 타인에 대한 태도는 이러한 정신의 당연한 결과이다.

4절은 에베소서 2:4에서 발견되는 다음과 같은 종류의 은혜의 간섭을 제시한다. "그러나 긍휼이 풍성하신 하나님이 우리를 사랑하신 그 큰 사랑을 인하여"(문자적 번역). 에베소서 2장에서 주요한 단어는 자비와 사랑과 긍휼과 은혜이다. 그것들은 여기서 다음과 같이 (영어 본문에서) 다른 순서로 재등장한다. 자비와 사랑과 긍휼과 은혜. 양 구절 모두에서 하나님께서 우리를 "구원하셨다." 에베소서에서 그분은 우리를 살리셨으며 천상에서 우리를 그리스도와 함께 앉히셨으며, 여기서 그분을 우리를 씻으시고 새롭게 하시며 우리에게 "영생의 소망"을 주신다(딛 3:7). 에베소서의 구절은 선행에 대한 요청으로 마무리되는데, 동일한 강조가 8절에서 이 구절을 마무리한다.

다음과 같은 도해는 이 단락의 절들(clauses)과 구들(phrases)의 관계를 개념화하는 데 도움이 될 수 있을 것이다.

접속사	**그러나**
구원의 때	우리 구주 하나님의 자비와
(=상황)	사랑이 나타날 때
구원의 잘못된 근거	의로움 가운데 우리가 행한
	일들로부터가(즉, 때문이) 아니라
구원의 참된 근거	그의 긍휼하심을 따라
확언	**그가 우리를 구원하셨다**
(구원의) 수단	씻음을 통해
("씻음"을 수식하는 속격)	중생의
(구원의) 수단	그리고 새롭게 하심[을 통해]
(새롭게 하심의) 매개	성령[에 의한]
	/**또는**:
/*구원의 수단*	*씻음을 통해*

{("씻음"을 수식하는) 속격	*중생의*
{("씻음"을 수식하는) 속격	*그리고 새롭게 하심[의]*
{(새롭게 하심의) 매개	*성령[에 의한]}*
관계절(=성령의 수여의 방식)	그가 우리에게 풍성히 부어 주신
(성령의 수여의) 매개	우리 구주 예수 그리스도를 통해
접속사	하려는(so that)
상황(=기초)	그의 은혜로 의롭다 하심을 얻어
목적	우리가 상속자가 될 수 있게
일치	영생의 소망을 따라

4-7절의 첫 번째 절은 앞에서 지적했듯이 때를 나타낸다. 목회서신의 특징적인 용어를 사용하여, 이 절에서 쓰이는 동사는 에피파이노(문자적으로, "나타났다")이다. 또한 동일한 동사가 사용되는 2:11과 같이 그것은 그리스도를 그 주어로 직접 표현하지 않고, 완곡하게 그를 가리킨다. 따라서 나타난 것은 2:11에서 "구원을 가져오는 하나님의 은혜"였던 것과 마찬가지로 "우리 구주 하나님의 자비와 사랑"이다. 앞 단락에서 그 나타남의 주제가 "우리 하나님 구주 예수 그리스도"를 주어로 하며 다시 한 번 나온다. 바울의 강조점은 단지 구주 되신 그리스도의 오심만이 아니라 또한 (1) 자비롭고 은혜로운 구원 사역과 (2) 다시 한 번 구주 되신 하나님이라는 특징적 언급을 사용하면서 이것이 하나님의 사역이었다는 사실(또한 딤전 1:1; 2:3; 4:10; 딛 1:3; 2:10 참조)에 있다. "자비"라는 단어는 단지 선함이라는 뜻 이상의 의미를 지니는데, 곧 그것은 박애의 개념을 지닌다.

헬라어 구문에서 다음 두 구는 그 문장의 "그가 구원하셨다"라는 주동사를 수식하는 전치사 구이다. 첫 번째 구는 우리가 잘못된 근거라고 부를 수 있는 것을 표현한다. 하나님이 우리를 구원하신 기초는 우리가 행한 선한 것들이 아니다(문자적으로, "우리가 의로움 가운데 행한 일들로부터가 아니다") 강조적인 "우리"가 그 구의 끝에 나오는데, 이것은 그것이 우리의 행함이 아님을 강조한다(비교. 엡 2:8-9). 두 번째 구는 강한 반의 접속사 알라에 의해 이끌어지며 첫 번째 것과 강하게 대조되는데, 그것은 하나님이 우리를 구원하신 다음과 같은 참된 근거를 가리킨다. "그의 긍휼."

다음 단어는 단순 과거 시제의 주동사 "구원하셨다"인데, 이것은 완료된 일이라는 기본적 사실을 나타낸다. 다음으로 바울은 하나님이 이것을 이루신 수단을 언급한다. 전치사 디아("통해") 뒤의 헬라어 속격이 중요하며 완전히 이해하기가 쉽지 않다. 첫 번째로 우리는 그것을 "중생의 씻음과 성령의 새롭게 하심을 통해"로 읽을 수 있다. 이 독법에서 그 씻음은 중생으로 특징지어지거나 중생을 야기하며, 그 새롭게 하심은 성령에 의해 이루어지거나 아마도 근원이 되시는 성령에게서 연유한다.

그러나 이 구들은 또한 "중생과 성령의 새롭게 하심의 씻음을 통해"로 이해될 수도 있다. 이 독법에서 중생과 새롭게 하심 양자 모두 씻음의 역할이다. 하지만 양 독법 모두에서 중생(성경보다 그리스로마 세계에서 더 많이 사용된 단어임, 그러나 NIV에서 "새롭게 함"인 마 19:28 참조)을 씻음과 분리하기는 어렵다.

신학적 질문은 이것이 세례상의 중생을 가르치느냐의 여부이다. 한편으로 이것을 기독교적 관점에서 이해할 때 세례를 생각하지 않기가 쉽지 않으며, 이점은 특별히 제의가 지금보다 교회 생활의 더 많은 부분을 차지하던 초기 몇 세기 동안 사실이었다. 다른 한편으로 "씻음"이라는 단어를 세례와 동일시하며 단지 그것만을 지칭하는 일은 필연적이지 않다. 세례는 성령과 그 말씀되시는 분이 십자가에서 흘리신 그리스도의 피에 기초하여 우리를 정결하게 하신다는 사실을 제거함 없이 씻음의 가시적 형태로 이해될 수 있다. 만약 두 속격 명사("중생"과 "새롭게 함")를 "씻음"과 연관시킨다면, 이것은 문법적이며 신학적으로 가능하지만, 이것이 수식하는 추가적 속격 구("성령에 의한")가 나온다는 사실을 과소평가하는 일은 허용되지 않아야 한다. 우리는 구원의 수단이 (세례에 의해 대표되지만, 그것과 동일하지는 않은) 씻음과 중생과 새롭게 함인 반면, 그 새롭게 함의 매개자는 성령과, 그 성령이 우리에게 그토록 풍성하게 부어진 통로가 되시는, 우리 구주 예수 그리스도라고 말할 수 있을 것이다.

이 과정의 목적은 추가적으로 "구원하셨다"를 (문법적으로는 아니지만 의미상으로) 수식하거나, 그렇지 않으면 "우리가 상속자가 될 수 있게"(7절)를 수식하는 것으로 여겨질 수 있는 한 가지 추가적인 상황, 곧 "그의 은혜로 의롭다 하심을 얻어"를 포함한다. 다음과 같은 전체적인 요지가 분명하다. 우리의 삶에 있어 하나님의 긍휼과 은혜와 자비의 목적은 우리에게 "영생의 소망"이 있다는 점과 밀접하게 연관되는 개념인 우리가 하나님의 상속자가 될 수 있게 "하려는" 것이다(참조. 롬 8:16-17과 전후문맥).

8절에서 언급되는 "미쁜 말"은 목회서신의 소위 "믿을 수 있는 말들"(faithful sayings) 중의 하나이다.[4] 문맥의 어떤 언사가 바울이 인용하는 "믿을 수 있는 말"

인지 말하기가 항상 용이한 것은 아니다. 이 경우 그것은 아마도 4-7절일 것이다. 보통 미쁜 말은 바울에게 돌려지는 저작들에 특징적이지 않은 표현들을 포함한다.[5] 이 경우 그런 언어가 4-7절 도처에 산재해 있다. 또한 후속되는 부분(8-11절)에는 인용의 구조가 없다는 점에 주목하라.

앞서 주목했듯이, 8절의 뒷부분은, 에베소서 2:8-10과 일치되게, 하나님의 은혜를 경험한 자들의 선행의 중요성을 제시한다. 우리는 바울이 다음으로 이 일들이 하나님의 영광이나 신자의 유익이 된다고 진술하는 것을 기대했을지도 모르지만, 그는 그것들이 훌륭하며(참조. 딛 2:7, 14; 3:14) 모두에게 유익하다는 폭넓은 진술을 한다. 다시 한 번 사도 바울은 주변 세상에 대한 관심을 보여준다.

다음과 같은 몇 가지 강한 어조의 단어들이 8절에서 주목될만하다. "역설하다"(즉, 강하게 주장하다, 디도의 권위의 행사와 관련됨)와 "주의 깊은"과 "전념하다"(어떤 것에 관심을 가지거나 그것을 소중히 여기는 일을 뜻함).

논쟁에 관한 마지막 언사(3:9-11)

2:11-14에서와 마찬가지로 바울의 교훈은 여기서 긍정적 측면뿐만 아니라 부정적 측면도 지닌다. 교리와 삶에 대한 강한 단언과 대조되게, 피해야 할 일들이 있다(9절). 논쟁에 대한 논의는 목회서신의 중요한 문제다(참조. 딤전 1:4, 7; 6:4; 딤후 2:23과 그 주석들). 여기서 주어지는 그것들을 피해야 할 이유는 그것들이 "무익하고 무용하다"는 점이다. 디모데후서 2:23에서 그 이유는 어리석은 변론은 다툼을 야기하는데, 이것은 다른 사람들을 주님께 이끌려고 노력하는 가운데 주의 종의 지녀야 할 태도와 반대된다. 여기 디도서에서 논쟁의 무용성은 다른 사람들을 변화시키는 데 있어서의 무효성과 관련된다. 그러므로 몇 번의 경고 후에(딛 3:10), 디도는 그 사람과 "상관하지" 말아야 한다.

"네가 확신할 수 있을 것이다"(11절)라는 말은 이 사람이 거절되어야 하는 다음과 같은 이유를 제시한다. 그 사람 자신의 가망 없는 본성. 이것은 은혜가 결코 베풀어지지 않았다는 것을 뜻하지 않는데, 왜냐하면 그 사람에게는 이미 두 번째 기회가 주어졌기 때문이다(10절; 참조. 마 18:15-17). 이 "불화를 일으키는 사람"이

4. 딤전 1:15; 3:1; 4:9; 딤후 2:11; 그리고 1:15에 대한 주석과 이 주제에 관한 주요 저작인 Knight, *The Faithful Sayings in the Pastoral Letters*를 참조하라.

5. 증거에 대해서는 Knight, *Pastoral Epistles*, 347-49를 참조하라.

구속될 수 없음이 확증되었다. 그는 단지 "비뚤어지고 죄 많을" 뿐만 아니라 또한 자기 자신을 정죄했으며, 따라서 책임이 디모데에게 있지 않다.

상황잇기

목회서신에서 반복되는 주제. 이 시리즈의 다른 주석을 쓰고 있는 어떤 사람이 필자에게 원 의미와 상황잇기와 현대적 의미를 작성하면서 동일한 것을 반복하지 않는 일이 얼마나 어려운지를 언급했다. 물론 그것은 이러한 구성에 당연한데, 왜냐하면 본질적으로 본문에서 가르쳐지는 것이 원리상 상황들 전반과 특별히 우리 자신의 세계 양자 모두에서 사실이기 때문이다. 그러나 목회서신을 연구할 때, 이 반복은 배가되는데, 왜냐하면 그 세 서신은 다음과 같은 동일한 주제를 반복하는 경향이 있기 때문이다. 연이은 구절들에서 건전한 교리가 경건한 삶을 동반해야 한다. 그렇지만 이 단락에서 바울은 다음과 같이 말한다. "하나님을 신뢰하는 자들이 선한 일을 하는 데 전념하는 일에 깊이 주의하도록 나는 네가 이 일들을 역설하기를 바라노라"(8절). 만약 바울이 이 주제들을 역설한다면, 우리 역시 그러해야 한다.

이 단락은 통치자와 권세 잡은 자들에 복종하고 순종하라는 조언으로 시작한다. 물론 이것은 바울의 저술에서 새로운 것이 아니다(특히 롬 13:1-10 참조). 디도서의 이 짧은 문단은 특정한 정부 법규에 대한 요구에서 모든 사회관계에 있어서의 그리스도인의 겸손한 태도의 소유로 독자의 시선을 전환하게 한다. 중간 단계들이 필연적으로 어떤 논리적 순서로 되어있는 것은 아니며, 말하자면 오히려 타인에 대한 기독교적 태도의 표본적 요소들을 재론한다. 선을 행하며, 사람들을 비방하지 않고, 관계에 있어 평화로우며, 타인에게 사려 깊음은 우리로 하여금 단순한 율법 준수를 자화자찬하지 못하게 한다.

하나님의 율법의 목적인 사랑을 표현하려고 노력하는 그리스도인과 심지어 세속 당국에도 복종하거나 순종할 수 없는 사람 간의 암시되는 대조가 존재한다. 아마도 우리는 궁핍한 사람들을 도우려고 최대한 많이 기부를 하는 사업가와 대조되는 세금을 피하게 해줄 법률상의 허점을 찾으면서 회계사와 세무 전문 변호사와 상의하는 부유한 스크루지를 생각해볼 수 있다.

하나님의 긍휼을 바라기. 그것을 말한 뒤, 바울은 또 하나의 목록을 시작하는데, 이번에는 기독교 이전의 삶을 매우 부정적인 말로 묘사한다. 그는 법규에 대한 불순종과 개인적 정욕에 사로잡힘과 타인에 대한 적대적 행위에 초점을 맞춘다. 바울은 자기 자신을 그리스도인이 되기 이전의 행위의 한 본보기로 포함시키기 때문에 이 목록은 받아들이기가 더 쉬어지지만, 이것은 아직 신자가 아닌 사람들을 얼마만큼 혹독하게 특징지어야 하는지에 대한 질문을 제기한다. 결국 우리는 "모든 사람이 죄를 범하였으매 하나님의 영광에 이르지 못하느니라"라는 점을 알지만, 하나님은 인류에게 아무런 표준이나 도덕과 자비의 흔적도 남아 있지 않게 하시지 않았음도 사실이다. 단지 기독교인들만 자선 봉사에 자원하는 것이 아니다. 비록 다른 사람을 위해 행하는 일에도 최소한 약간의 이기심이 개입된다고 말해질 수 있지만, 불신자들이 타인의 유익을 위해 영웅적인 희생을 할 수 있다.

루이스(C. S. Lewis)가 일전에 어떤 비기독교인은 왜 기독교인보다 훌륭한가라는 질문을 다룬 적이 있다. "불신자인 딕 퍼킨보다 자비롭지 않은 혀를 가지고 있을 수도 있는" 그가 "미스 베이츠"라고 부르는 기독교인 여성을 가정하면서, 그는 질문은 "만약 기독교인이 아니라면 미스 베이츠의 혀는 어떠할까"라고 말한다. 더욱이 "딕의 차분한 기질과 친근한 성향은…하나님 자신이 만드신 자연적 원인에 비롯된다."[6] 행위와 관련하여, 이것이 3-8절의 요지인데, 비록 루이스가 성품과 성격을 좀 더 다루고 있었지만 말이다. 아무도 자연적 선함에 의해 구원될 수 없으며, "하나님을 신뢰한" 자들은 "선한 일"을 행해야 하는데, 이것은 "미스 베이츠의 혀의 사용"을 포함할 것이다.

하나님이 "우리가 행한 의로운 일들 때문이 아닌" 것으로 우리를 구원하셨다는 바울의 3:5의 언사에는 아마도 의도되지는 않았겠지만 빈정거림의 기미가 있다. 이것은 비기독교인의 참담한 행위에 대한 묘사를 뒤따르기 때문에, 그런 사람들이 "의로운 일들"을 구원의 기초로 주장하지 않았음이 분명하다. 그러나 보다 넓은 문맥과 특별히 회심 이전 바울이 자신의 종교적 성취들을 묘사하는 빌립보서 3:4-6과 같은 구절들을 회상할 때, 이 구절의 의미가 좀 더 분명해진다. 종교적인 사람들이 나쁜 일들을 행할 수 있으며, 악한 사람들이 선한 일들을 행할 수 있다. 우리 중 어느 누구도 구원받기 위해서는 하나님의 긍휼을 요구한다.

디도서 3:3-8과 에베소서 2:1-10은 매 점마다 유사성을 보인다. 양자 모두 구원 전의 죄악 된 삶(참조. 엡 2:2-3)과 하나님의 사랑의 개입(참조. 2:4-5)과 우리의 선행에 의하지 않는 하나님의 우리에 대한 구원하심(참조. 2:8-9) 그리고 우리의 새로운 삶과 소망으로의 살아남과 우리가 "선행"(2:10)에 전념하며 "선한 일"

6. C. S. Lewis, *Mere Christianity* (New York: Macmillan, 1943), 116-64.

(딛 3:8)을 행하는 그 원해지는 결과를 다룬다. 에베소서에서 바울은 우리에게 교회에서의 하나님의 목적에 대한 천상적 관점을 보여주는데, 선행이 초자연적 존재들에게 알려진 하나님의 지혜의 현시와 관련된다는 점에서 그러하다(엡 3:10-11). 디도서에서 선을 행하는 일은 복음의 대적자의 성품과 대조되는 변화된 삶의 현시와 관계된다.

불화를 야기하는 사람에 대한 다시 한 번의 경고. 오늘날의 우리가 이해하기 어려운 수많은 문제들이 목회서신에 등장한다. 이것들은 "족보"와 "율법에 대한 다툼"을 포함한다(딛 3:9). 그러나 지속되는 원리는 (비록 종종 중요하지만) 이 논쟁들의 본질이 아니라 그것들이 논쟁을 낳으며 불화를 야기하는 의도로 발생한다는 사실이다. 9-11절의 요지는 잘못된 교훈을 파악하고 고치려는 것보다 불화를 야기하는 사람을 침묵시키려는 것이다. 어떤 교회들은 악의가 있는 진리 옹호가 솔직함이 있는 작은 오류만큼이나 파괴적일 수 있음을 뼈아프게 깨달아왔다. 이것은 이단의 심각함이나 목회서신이 사악한 마음의 이단자들을 다루고 있다는 사실을 간과하는 일이 아니다. 그러나 특별히 이 구절은 의도에 있어 분열적인, 곧 "비뚤어지고 죄 많은" 사람들과 관계된다.

우리는 고린도전서 5:9-11에서 바울이 기독교인이 교회에서 상관하지 않아야 할 부류의 사람들(예컨대, 부도덕한 자, 탐욕스러운 자, 우상 숭배자, 술주정뱅이와 사기꾼)에 대해 말할 때 말로 모욕을 주는 사람(KJV "악담하는 자"; NRSV "욕설하는 자"; NIV "비방하는 자")을 목록에 넣는다는 점을 인지함에 의해 이에 대한 관점을 얻을 수 있다. 모든 목회자가 그런 사람들이 교회 생활에 초래할 수 있는 위협에 대해 알 것이다. 불행하게도 목회자는 사역자나 아마도 직접적으로 목회자 자신을 향하기까지 그런 행위에 정면으로 대처하지 않고 관용할 수도 있다.

현대적 의미

이웃 공동체에서 "선을 행하기". 1절과 8절 양자 모두 선을 행함에 대해 이야기한다. 만약 기독교인들이 정기적으로 마주 앉아 자신들의 지역 공동체에서 어떻게 선을 행하며 주님을 더 잘 대변할 수 있을지를 논의한다면 유익할 것이다. 마을 술주정꾼과 비정한 채권자와 유혹하는 매춘부와 같은 전형적인 인물들이 있어 늘 있을 것이지만, 악의 함의는 장소와 세대에 따라 변화한다. 한 교회의 이웃 교인들끼리 모이는 소그룹은 단지 자신들 서로 간의 문제를 위해 기도하거나 종말론을 논하기보다, 만약 이웃 공동체의 영적 풍토와 어떻게 삶 가운데 그리스도의 복음을 더 잘 실천할 수 있을지를 함께 이야기한다면, 이웃 공동체에서의 전도의 큰 진전을 이룰 수 있다.

확실히 상이한 공동체에 증거하는 특유의 방식이 있을 뿐만 아니라, 일개인이 증인이 되는 특유의 방식도 있을 것이다. 변화된 인생의 이야기는 사람들을 그리스도께로 돌이키게 하는 커다란 능력을 지닌다. 그러나 그 인생은 단지 죄를 그치는 일 뿐만 아니라 선을 행하는 일과 관련해서도 진정으로 변화되어야 한다. 에베소서 4:28은 우리에게 도둑질하는 자는 단지 도둑질하는 일을 멈춰야할 뿐만 아니라 "가난한 자에게 나눠줄 수 있도록 자기 손으로 유익한 일"을 해야 한다고 말씀한다. 상스러운 말을 하는 사람은 단지 그런 것을 말하는 일을 멈춰야할 뿐만 아니라 "듣는 자들에게 유익할 수 있도록 그들의 필요에 따라 타인들을 세우는 데 도움이 되는" 것을 말해야 한다. 바로 이러한 종류의 선행이 효과적인 증거에 기여할 것이다(참조. 딛 3:8). 모든 공동체는 특별한 기독교적 반응을 요청하는 자체적인 일련의 필요와 문제와 위기와 기회를 가지고 있을 것이지만, "이 일들은 훌륭하며 모두에게 유익하다."

어두운 측면을 다루기. 모든 목회자에게 두렵게 여겨지는 목회의 특정 측면들이 있을 것이다. 죽음의 골짜기를 헤매는 사람들이나 최근에 사별을 당한 사람들과 함께 슬퍼하는 일은 자주 귀한 특권일 뿐만 아니라 힘든 경험이기도 하다. 그러나 가장 어려운 과제의 하나는 완고하게 불화를 야기하는 교회 지도자들과 대치하면서 사역하는 것이다(10절). 이것은 때때로 잘 드러나지 않게 점차적으로 사랑과 화합을 침식하며 발생한다. 그러나 때때로 그것은 공동체 전체가 볼 수 있게 공개적이다.

"48시간"이라고 불리는 CBS 텔레비전 프로그램의 1998년의 한 부분은 한 부흥사와 한 근본주의 설교자의 충돌을 중점적으로 다루었는데, 후자는 전자의 아내와 불륜을 저질러왔다. 그 근본주의 설교자를 살해하기 위해 (실제로 비밀 첩보원이었던) 청부 살인자를 고용한 일은 후자의 투옥으로 귀결되었다. "서글픔과 당혹스러움"과 더불어 시청한 필자가 받은 인상은 그 적대자들의 비타협적 태도와 우리가 목회서신에서 목격해온 바로 다음과 같은 주제에 대한 기독교 목사라고 하는 자들의 명백한 무관심이었다. 건전한 교리와 주변 공동체 앞에서의 경건한 삶의 결합. 비타협적 태도는 이단자에서 목사에 이르기까지 어느 누구나 특징지을 수 있다. 경건한 목회자는 그런 사람들을 9-11절에서 기술되는 모든 지혜와 인내와 담대함으로 대해야 한다. 이단으로부터의 자유는 논쟁으로부터의 자유를 뜻하지 않는다. 교회와 목회자가 이것을 어떻게 다루느냐가 앞으로의 교회의 증거에 영향을 줄 수도 있다.

기독교 지도자들의 편에서의 강한 행동을 요구하는 논쟁과 불화(9-10절)는 겸손과 권위, 그리고 사랑과 비타협적인 훈계의 절묘한 결합을 요구한다. 포용력이 큰 사랑과 순전함과 품행에 있어서의 정중함에 대한 교회와 그 지도자의 평판이 더 강하면 강할수록, 그들의 교리적 순수성에 대한 강력한 주장은 더 효과적일 것이다. 만약 예수께서 동정심을 결여한 강경파로서의 평판을 지니셨다면, 오류와 죄악에 대한 그분의 단호한 반대는 거룩한 선지자와 애정 어린 구주의 거룩한 분개라기보다 병적인 잔소리꾼의 감정의 폭발로 여겨졌을 것이다.

디도서 3:12-15

12 내가 아데마나 두기고를 네게 보내리니 그때
에 네가 급히 니고볼리로 내게 오라 내가 거
기서 겨울을 지내기로 작정하였노라
13 율법교사 세나와 및 아볼로를 급히 먼저 보
내어 그들로 부족함이 없게 하고
14 또 우리 사람들도 열매 없는 자가 되지 않게
하기 위하여 필요한 것을 준비하는 좋은 일
에 힘 쓰기를 배우게 하라
15 나와 함께 있는 자가 다 네게 문안하니 믿음
안에서 우리를 사랑하는 자들에게 너도 문안
하라 은혜가 너희 무리에게 있을지어다

원 의미

바울의 12-15절에서의 마지막 언사는 개인적 요청(12-13절)과 3:8의 뒷부분의 반복(선행에 대한 강조를 되풀이함, 14절)과 마지막으로 인사말과 축도(15절)를 포함한다. 목회서신은 개인적 교훈으로 가득하지만, 종결부는 에베소서 6:21-22과 골로새서 4:7-9에 나오는 종류의 구체적인 교훈을 허용한다.

세 목회서신들의 결어를 비교하면서, 피는 디모데전서와 디도서는 좀 더 "일 중심적"인 반면, 디모데후서는 "좀 더 모든 면에서 개인적"이라고 본다.[1] 이것은 확실히 사실이며 그 서신 각각의 특성을 반영한다. 바울은 디도를 대신하기 위해 아데마나 두기고를 보내려고 하는데(딛 3:12), 사도 바울은 디도를 니고볼리에서 만나길 원한다. 이곳은 바울이 겨울에 가기 좋은 곳이었다. 이곳은 그리스 서쪽 끝의 아드리아 해에 있었는데, 현재의 알바니아와 그리스의 국경 남쪽으로 50마일 남짓하게 떨어져 있다.

더 이상의 것이 아데마에 대해 알려지지 않는 반면, 두기고는 잘 알려져 있다(행 20:4; 엡 6:21; 골 4:7). 우리가 디모데후서 4:12로부터 두기고가 에베소에 갔었음(그리고 그 무렵 디도가 달마디아에 갔었음, 4:10)을 알기 때문에, 아데마가

1. Fee, *1 and 2 Timothy, Titus*, 213.

그레데의 필수적 사역을 이어갔던 자였을 것이라고 추정할 수 있다. 이때에 바울은 아마도 여전히 마게도냐에서 사역하고 있었을 것이다(딤전 1:3).

3:13에서 디도는 여행 도중에 있는 세나와 아볼로를 도울 수 있는 모든 일을 하라고 지시를 받는다. "법률가 세나"가 유대 율법 전문가였는지 아니면 로마법 전문가였는지에 대한 엇갈리는 견해가 존재한다. 바울이 그를 전자의 전문가로 언급했을 것 같지 않으며, 로마법의 중요성을 고려할 때, 로마법 분야의 전문가인 것이 특별한 일이었을 것이다. 아볼로는 신약성경에서 잘 알려져 있다(행 18:24-19:1; 고전 1:12; 3:4-22; 16:12).

동사 프로펨포("어떤 사람을 도중에 보내다")에 있어, 고대에 유랑하는 설교자들은 다양한 방식으로 지원되었는데, 곧 빈번히 구걸을 하거나 여타의 방식으로 돈을 모금하려고 시도했다. 바울은 이렇게 하지 않겠다고 결심했으며, 자립하기 위해 손수 일하기를 선호했다(살전 2:5-9). 초기 기독교 전도자들은 전도 대상자가 되는 사람들보다는 그들의 필요를 공급해주는 이미 세워진 교회의 사람들에게 의존했다. 주의 종이 한 곳에서 다른 곳으로 갈 때에, 출발지의 기독교인들이 여행을 위한 것들을 공급해 줬을 것이다. 동사 프로펨포는 원래 여행을 떠날 때 얼마간 동행하는 것을 뜻했다. 이것이 나중에 (실제로 동행하지 않으면서) 필요를 제공하는 일을 의미하게 되었다. 이것이 요한삼서 6절에서 특별히 중요한데, 거기서 그것은 기독교인과 비기독교인 순회 설교자의 대조를 보여준다.[2] 프로펨포의 이 의미는 "그들이 필요로 하는 모든 것을 가질 수 있도록 살피라"라는 말의 지지를 받는다.

14절은 8절의 뒷부분을 재론하면서, 다음과 같은 동일한 어순의 동일한 단어들을 반복한다. "선한 일을 하는 데 전념하다." 이것은 신자는 타인에게 부담이 되는 일을 피하기 위해 자립할 뿐만 아니라, 또한 추정하기에 타인에게 공급해주는 일에 있어서도 성과가 있음을 뜻한다.

15절의 마지막 인사말은 따뜻하며 발신자들과 수신자들 양자 모두를 전부 포함한다. "은혜가 너희 모두에게 있을지어다"라는 간단한 말이 편지를 마무리하는데, 이것은 하나님의 구원의 은혜를 상기시키는 마지막 언사이다.

---

2. 또한 행 15:3; 20:38; 21:5; 롬 15:24; 고전 16:6, 11; 고후 1:16을 참조하라.

상황잇기

모든 사람이 사람들에 관한 이야기를 좋아한다. 『리더스 다이제스트』는 매우 오래 전에 이 사실을 발견했다. 기독교 서점의 인기 있는 책은 자주 사람들에 대한 예화가 가득한 것들이다. 복음서들은 사람들에 대한 서사와 비유들을 수록하고 있다. 따라서 디도에게 보내는 이 서신의 무거운 교훈 이후 바울이 또한 사람들에 대해 이야기할 때 우리는 거의 안도감을 느낄 수 있을 것이다.

이 종결부는 우리의 상상력을 자극한다. 우리는 분주한 사도가 겨울을 보낼 곳을 위해 채비하는 일에 대해 생각해 보는 일을 좋아할 것이다. 그는 휴가를 위한 시간을 낼 것을 계획하고 있었을까? 우리는 법률가 세나가 어떤 사람이었으며 그와 아볼로가 왜 바울의 애정 어린 돌봄의 특별한 대상이었는지 궁금해 할 것이다. 바울이 선을 행하는 것이 무엇을 의미하는지, 곧 "일용품(또는 "긴급한 필수품", NRSV)을 공급하는 일"에 대해 설명하는 곳은 바로 이 문단이다. 우리는 늘 그의 벗들에 대한 인사말을 읽기를 좋아할 것이다(15절).

교리에 대한 모든 교훈과 이단에 대한 모든 경고와 거룩함과 선행에 대한 모든 권면은 단지 그것이 실재하는 사람들의 삶에서 깨달아질 때만이 효과가 있을 것이다. 확실히 천국의 기쁨 중의 하나는 모두가 자신의 삶에서의 하나님의 은혜를 간증하는 1세기와 노예와 주인, 중세의 소작농과 영주, 청교도, 인도의 사업가, 체코의 선생님, 그리고 아시아의 컴퓨터 과학자를 만나는 일일 것이다. 모든 시대의 기독교인의 기쁨은 그리스도의 사랑을 사람들에게 전하는 일이다.

현대적 의미

오늘날 대부분의 선교 편지와 잡지는 특정한 선교단이나 선교사가 그리스도를 위해 다가가고 있는 사람들의 생생한 사진이나 묘사를 담고 있다. 기독교 단체들은 중국인에게 성경을 제공하며, 남아 있는 미전도 종족에게 선교사를 파송하고, 고아들을 후원하기 위해 그림을 이용한 호소를 한다. 이 모든 일이 선하며 현대적인 생산과 소통 수단에 의해 촉진될 수 있다. 궁핍한 지역의 어린이를 돌보는 단체와 같은 자선 단체들은 가능한 한 기부된 모든 재정을 가난한 사람들에게 꼭 전달해야 한다.

또한 디도서의 결어는 우리에게 바로 우리 주변의 사람들, 곧 여러 가지 인생길의 도중에 격려를 필요로 하는 세나와 아볼로와 같은 사람들을 생각나게 한다. 그것은 어떤 사람의 하루를 밝게 만들기 위해 전화를 하거나 이메일을 보내게 일을 상기시키는 역할을 한다. 이 모든 것은 주석에서 평범하고 진부하게 들릴지도 모르지만 위대한 사도 바울에게는 진부하지 않았다.